U0113685

社 科 学 术 文 库

LIBRARY OF
ACADEMIC WORKS OF
SOCIAL SCIENCES

外国历史大事集

近代部分·第三分册

朱庭光 ◉ 主　编

张椿年 ◉ 副主编

李显荣　张宏儒　汤重南 ◉ 分册主编

中国社会科学出版社

图书在版编目（CIP）数据

外国历史大事集. 近代部分. 第三分册/朱庭光主编. —北京：
中国社会科学出版社，2017.3
（社科学术文库）
ISBN 978 – 7 – 5161 – 9653 – 3

Ⅰ.①外… Ⅱ.①朱… Ⅲ.①世界史—近代史 Ⅳ.①K1

中国版本图书馆 CIP 数据核字（2017）第 005366 号

出 版 人	赵剑英
责任编辑	刘志兵
特约编辑	张翠萍等
责任校对	董晓月
责任印制	李寡寡

出　　　版	中国社会科学出版社
社　　　址	北京鼓楼西大街甲 158 号
邮　　　编	100720
网　　　址	http://www.csspw.cn
发 行 部	010 – 84083685
门 市 部	010 – 84029450
经　　　销	新华书店及其他书店

印刷装订	北京君升印刷有限公司
版　　　次	2017 年 3 月第 1 版
印　　　次	2017 年 3 月第 1 次印刷

开　　　本	710×1000　1/16
印　　　张	35
插　　　页	2
字　　　数	596 千字
定　　　价	145.00 元

再版说明

　　《外国历史大事集》出版于 20 世纪 80 年代，是当时我国世界史学界知名学者们多年辛苦劳动的集体成果，体现出了扎实的学术功底和应用价值，是重要的学术参考书。二三十年过去了，此书仍然受到我国世界史学界的重视和广大读者的欢迎。

　　《外国历史大事集》此次再版，受到中国社会科学院创新工程的大力支持，将其列入社科学术文库。根据中国社会科学出版社的建议，此次再版时，将版式改为小 16 开；消除了原著中的一些错别字，对表述不够准确的地方也进行了推敲审定；删除了不清晰的插图，增加了古代部分的大事记内容。再版工作受到世界历史研究所专家们，包括一些退休专家的大力支持，他们对原著进行了细心审读，付出了辛苦劳动。参加审读的专家有如下同志：古代部分：第一分册，刘健；第二分册，郭方。近代部分：第一分册，于沛；第二分册，汤重南；第三分册，于沛；第四分册，部彦秀。现代部分：第一分册，沈永兴；第二分册，王章辉；第三分册，于沛；第四分册，姜芃。世界历史研究所科研处的同志也为再版修订做了大量工作。

　　衷心感谢中国社会科学院创新工程的支持！感谢参加修订工作的各位同志的辛勤劳动！对中国社会科学出版社决定再版《外国历史大事集》和出版社有关人员的辛苦劳动表示衷心感谢！

中国社会科学院世界历史研究所

2016 年 11 月

初版说明

　　《外国历史大事集·近代部分·第三分册》共辑入世界近代史上有一定历史地位和国际影响的重大历史事件记述 42 篇，起自 19 世纪 70 年代初普法战争，迄于 19 世纪末从自由资本主义过渡到帝国主义阶段之时。各篇所述历史背景起始年限相差甚远，均取其足以阐明该事件渊源及起因需要而定；下限亦由其结局和后果之故而有多篇延伸至 20 世纪初。本册大致仍按事件发生年代先后以欧洲、美洲、亚洲、非洲顺序编排，有关科学技术、文学艺术的几个专题则因其阐述内容涉及地区和人物而编排在欧洲与美洲各篇之间。

　　本册编辑小组由李显荣、张宏儒、汤重南、梅伟强、唐枢、于沛、孙娴七位同志组成，李显荣、张宏儒、汤重南任主编。组织和处理稿件的分工是：西欧、北美，由张宏儒、孙娴负责；苏联、东欧和科学技术、文学艺术，由李显荣、于沛负责；亚洲、非洲、拉丁美洲，由汤重南、梅伟强负责。统审阅改稿件，由张宏儒、李显荣负责；统一体例和技术处理，由唐枢、汤重南负责。张小雪参加了选定插图的编辑工作。张椿年审读了部分稿件，朱庭光通读了所有稿件并定稿。地图绘制张路红，封面设计姜樑。

1985 年 3 月

目　录

普法战争

郭华榕

普法战争（1870—1871 年）是在法兰西第二帝国和普鲁士王国之间进行的一场争夺欧洲霸权的战争。战争期间两国的政体皆发生变化，最后由法兰西第三共和国与德意志帝国签订和约，结束战争。普法战争敲响了法兰西第二帝国的丧钟，促进了法兰西第三共和国的诞生，加速了德意志的统一，明显地改变了欧洲大国之间的力量对比。从军事角度来看，普法战争也是当时世界上规模较大的一场战争。

法普之间的深刻矛盾

从 1701 年普鲁士王国正式建立到普法战争的 170 年中，法普两国的关系几经沧桑。18 世纪，双方以和平为主，冲突甚少。法国大革命时期，普鲁士并非反法联盟自始至终的主力，但两国已经互相作战。1806 年，普鲁士在耶拿与奥埃尔施泰特战败。1807 年签订的提尔西特和约使普鲁士处于不利地位。后来，普鲁士参加了摧毁拿破仑一世帝国的战争，还与俄奥等国组织神圣同盟，在欧洲政治舞台上压制法兰西。1866 年普奥战争中，普鲁士军队于萨多瓦取胜，夺得统一德意志的领导权。此后，法普关系急转直下，迅速恶化，终于导致普法战争的爆发。

普法战争是双方战前政策的继续，也是两国长期矛盾和冲突的结果。

法兰西第二帝国发动此次战争具有多种考虑：保持欧陆优势，阻碍德意志统一，夺取莱茵河左岸地区，防止腹背受敌和摆脱国内政治危机。

英、法、奥、俄等欧洲大国历来皆在争夺欧洲优势，为此不仅竭力扩大自身版图，而且尽量防止另一大国增添其政治经济力量。1853—1856 年的克里木战争①使法国再度成为欧洲大陆首屈一指的强国，并且在 10 多年内基本保持了这种优势。法兰西第二帝国的波拿巴王朝难于忘却普鲁士王国参与摧毁拿破仑一世帝国的历史仇恨。它更不愿看到在德意志内部纷争中，普鲁士日益获得优势。以前，较为强大的奥地利帝国在历史上曾与法国几度角逐。1866 年 7 月萨多瓦战役之后，普鲁士取代奥地利在德意志民族中所占据的重要地位，并以更加强大的政治经济力量逐步成为德意志民族的核心。面对这个强盛的德意志国家，法兰西第二帝国的统治者们感到很不安。为了挫败争夺欧陆优势的对手，法兰西第二帝国过去曾与奥地利作战，现在准备不惜代价反对普鲁士的兴起，防止由它来实现德意志的统一。法国的对德政策在于尽可能保持德意志的分裂状态，让它们的力量由于内部矛盾而互相抵消，为法国从中渔利提供机会。帝国国务大臣卢埃尔于 1867 年在立法团关于促使德意志保持"一分为三（按：指普、奥和南德），永远不得统一"的演说反映了拿破仑三世的政策。不仅如此，法国政府还企图控制德意志南部巴登大公国、符腾堡王国和巴伐利亚王国等地区。

　　莱茵河左岸的土地为法国统治阶级垂涎已久的地方。第二帝国统治者心目中的"莱茵河左岸"，实际包括：莱茵河与摩泽尔河之间的德意志地区，即当时普鲁士王国莱茵省的一小部分、巴伐利亚王国的普法尔茨等地；卢森堡大公国和比利时王国。拿破仑一世时期，上述地区皆曾划入法国版图。法兰西第一帝国虽已烟消云散，成为历史旧事，但法国资产阶级并未放弃对于莱茵河左岸的野心。普奥战争前，1862—1866 年，在俾斯麦和拿破仑三世及法国外交官员的多次会谈中，双方取得谅解：如果法国对普奥战争保持中立，普鲁士同意在领土方面给法国以"补偿"。当时双方各怀鬼胎，未曾明确商定补偿领土的具体内容。奥地利在萨多瓦败北后，1866 年 3 月，法国驻普鲁士大使两次向俾斯麦要求补偿。法国希望获得莱茵河与摩泽尔河之间的德意志地区，要求卢森堡改变它与德意志联邦的关系。法国还要求获得比利时。作为交换条件，法国将与普鲁士订立攻守同盟，并同意全部德意志国家加入普鲁士为首之北德意志联邦。俾斯麦并不公开反对法国对于卢森堡和比利时的要求，他宣称这是法国因在普奥战争中持中立态度而"要求小费"，俾斯麦表示将用军队捍卫德意志的利益。法国资产阶级政府扩张领土的企图未能实现，法普矛盾激化。

---

　　① 　参见《外国历史大事集·近代部分·第二分册》中《克里木战争》一文。

法国决定进行战争还出于一种军事考虑。16 世纪哈布斯堡王朝的查理五世为德意志民族的神圣罗马帝国皇帝时，其领土包括德意志诸邦国、西属尼德兰、弗朗什—孔德、萨瓦、尼斯、皮埃蒙特、西班牙、撒丁、那不勒斯和西西里等处。法国除面临大西洋和地中海之外，处在哈布斯堡王朝的两面夹攻之中，对外关系陷入十分被动的局面。如果霍亨索伦王朝的普鲁士统一德意志，又在西班牙执掌政权，那么法国将重陷腹背受敌的境地。对此，不仅拿破仑三世宫廷感到危险，在野的政治家们也深为忧虑。

帝国政府走向战争的最后一种考虑在于用对外战争转移国内视线，以军事胜利解救国内政治危机。60 年代后期，法兰西第二帝国正在改革其政治体制，资产阶级议会制逐步恢复，国内政治生活大为活跃，共和派运动和工人运动皆掀起新高潮。掌权的大资产者正寻找机会摆脱困境。同时，以皇后欧仁妮为代表的专制制度拥护者们也希望发动战争，乘机否定改革，恢复专制。上述种种原因促使法国政府在 60 年代后期推行一种准备与普鲁士决战的对外政策。

普鲁士王国发动此次战争也有自己的打算：实现霍亨索伦王朝领导下的德意志统一，争夺欧陆优势和吞并法国的部分土地。

19 世纪 50 年代，德意志的领导权还掌握在奥地利手中。普鲁士由于力量不足，不敢直接与奥地利争夺。它在国内实行军事改革，于 1853 年恢复"德意志关税同盟"，以求继续笼络一系列小邦国。它在奥地利对法意的战争中支持哈布斯堡王室。普鲁士甚至联合奥地利击败丹麦。当普鲁士自感羽毛丰满、国力大增时，它便与奥地利一决雌雄，萨多瓦胜利保证它得到统一德意志的领导权。此后，统一德意志的巨大阻力仅仅剩下法兰西第二帝国。法国既公开反对以普鲁士为首统一德意志，又索取莱茵河左岸土地，从而激怒了普鲁士的容克地主与资产者。同时，法国在德意志事务中的影响也使普鲁士感到不安。汉诺威王国和萨克森王国不愿与普鲁士持同样立场。巴伐利亚王国与普鲁士的对立最突出，它与符腾堡王国、巴登大公国等南德诸邦怀疑普鲁士的意图，受到法国的支持。普鲁士统治阶级认识到，不击败法兰西，便无法控制南德诸邦进而实现德意志的统一。

霍亨索伦王朝所代表的容克地主和资产阶级具有争雄欧陆，甚至海外的野心。它于 18 世纪后 30 年曾三次参加瓜分波兰，夺得大片土地。它曾参加反法联盟，又为神圣同盟的三个台柱之一。自从打败了奥地利之后，它的野心更大，逐步走向争夺欧陆优势。在普法战争前夕，由于西班牙王位空缺，出现了霍亨索伦家族成员出任西班牙国王的可能性。普鲁士统治阶级珍惜继承西班牙王位的良机，西班牙及其殖民地和海外贸易对于它具有巨大的吸引力。

法国的阿尔萨斯与洛林、卢森堡和比利时等地区为普鲁士王国梦寐以求的土地。普鲁士王国还以阿尔萨斯和部分洛林地区通用德语为名，提出吞并要求。此外，上述地区的铁矿如能与鲁尔地区的煤矿相结合，将给当时普鲁士正在进行的工业革命以巨大的推动力。容克地主与资产者对外扩张的野心在争夺邻国领土方面暴露无遗。俾斯麦在普法战争中曾声明需要土地、要塞和边界。可见，普鲁士也怀有扩张领土的野心。

普王威廉一世与俾斯麦所代表的霍亨索伦王朝还准备利用对法战争之机，打击普鲁士内部的民主反对派，以便保证容克贵族在国内的统治地位与其对于全德意志事务的领导权。

普鲁士王国并非德意志。普法战争前，德意志未成为一个统一国家。16世纪初，它的诗人赛巴斯廷·勃兰特已经为祖国的悲惨状况哀叹："我们的国土没有统一，没有和平……我们像狮子般互相吞噬，像恶狼般互相厮杀……我们的毁灭即将来临。德意志啊！悲泣吧！末日为期不远！"直至19世纪中叶，德意志统一的问题还悬而未决，这影响到经济难于迅速发展，工业革命无法迅速进行，它的内部事务受到法、俄、英诸国的干预，很难以强国姿态自立于欧洲大国之林。

60年代后期，法普两国关系日趋恶化，莱茵河上空逐渐汇集战争乌云。法普双方都在寻找盟友，以求壮大自己和孤立对手。奥地利最有可能与法国结盟，但萨多瓦战役之后，它尚未恢复元气，同时还要考虑多数德意志邦国已经倾向普鲁士的趋势。因此，它采取观望态度。意大利对普法之争也持观望立场。奥意两国政府准备当法国在战场上取得初步战果时，再公开反对普鲁士。英国海军强大而陆军甚弱，难于直接插手大陆战争。它从自己利益出发，一向致力于维持欧陆均势。英国对于法国企图吞并比利时甚为不满，当法国政府明确否认上述打算时，英国便对法普冲突持中立态度。俄国与普鲁士于1868年订立互助条约，它倾向普鲁士，并愿出兵牵制奥地利，以阻止奥地利联法反普。普鲁士既有欧洲强国俄罗斯的支持，又逐渐获得南部德意志诸邦的赞同。相反，法兰西第二帝国缺乏盟友，独自投入战争。

从爱姆斯电报至停战协定

普法战争历时 10 个月之久，它是继克里木（克里米亚）战争之后又一次激烈的战争。爱姆斯电报是这场战争的导火线。

爱姆斯电报产生于争夺西班牙王位的外交角逐。1868 年西班牙发生革命，代表大资产者和资产阶级化地主掌权的军人政府建立君主立宪制。为了应付国内各派相争的政局，他们寻找一位外国王族成员充当西班牙国王。几经尝试后，他们在俾斯麦的支持下选中霍亨索伦王室的利奥波尔德亲王。1870 年 6 月，利奥波尔德本人接受邀请，并得到普鲁士国王的批准。普王主张作为私人事件处理，但俾斯麦代表容克、资产者和军界的要求，利用此事对法国施加压力。同年 7 月 3 日，有关消息在巴黎传开。从外交大臣至拿破仑三世都立即联想起查理五世时期法国两面受敌的危险。帝国驻普鲁士大使贝涅德蒂奉命与普方交涉，并取得成果。利奥波尔德以同意西班牙请求放弃的方式，拒绝王位。

此时，法国政府得寸进尺，竟然要求普鲁士国王保证以后不再发生类似情况。普王威廉一世予以拒绝，他于 7 月 13 日将在温泉疗养地爱姆斯会见贝涅德蒂的情况和自己的意见电告普鲁士驻各国的外交代表和新闻界。俾斯麦对此电报加以删改，包括下述词句："国王陛下拒绝接见法国大使，并吩咐值班副官转告他：国王陛下不再有任何事情通知大使。"删改后的电报具有侮辱法国的语调。公布后，法国报刊哗然，政府决定诉诸战争。19 日，法国政府对普鲁士宣战。这正是俾斯麦多年寻求的机会。巴伐利亚、巴登、符腾堡和黑森等南德诸邦国参战支持普鲁士。

7 月末、8 月初，法普双方动员和集中兵力，法国约 26 万人，分为 2 个军团。普鲁士共 45 万人，分为 3 个军团。8 月 2 日，法军以 3 师之众侵入德意志，占领萨尔布吕肯，企图占领萨尔河流域。4 日，普军开始进攻，侵入法国领土。太子弗里德里希·威廉以大于对方 10 倍的兵力，于维桑堡战役中首次取胜。法军死伤 23%。6 日，普法两军于弗勒施维勒尔再战。法军重骑兵曾发起勇猛冲锋，但普军有 13 万，打败了麦克马洪所部 4 万法军，占领弗勒施维勒尔，打开了通往阿尔萨斯的大门。同日，两军还在福尔巴克作战，法军再败，敞开了进入洛林地区之路。麦克马洪军团被击溃，它与巴赞军团的联系被切断。

法军初战失利立即产生政治影响。奥利维埃尔内阁垮台。8 月 10 日改由库赞—蒙托邦①领导政府。此人年已 74 岁，属皇后为首的积极主战派。12 日，巴赞元帅代替病魔缠身的拿破仑三世任法军总司令。

福尔巴克战役之后有一个战事间歇时期。普军由于兵力尚未充分展开，不能连续进攻，乘胜追击。法军则无所举动，未曾利用时机使两个军团会合。后来，普军由南拐向正北，切断巴赞退往凡尔登之路，从而完全阻止了法国两个军团的会合。8 月中旬，普军在麦茨周围进行了三次战役：博尔尼（14 日），格拉维洛特（16—18 日）和圣普里瓦（18 日）。博尔尼战役不分胜负。哥本指挥的普军在格拉维洛特与法军浴血苦战。法军炮火颇为猛烈。普军第一和第二军在圣普里瓦与康罗贝尔元帅所部法军对阵，普鲁士王家近卫军在此损失惨重。后来，普军逼迫巴赞的法军退入麦茨，并完成了对该城的包围。

8 月底至 9 月初为普法战争的关键时期。普军在博蒙打败法军，尾随法军由西向东横渡马斯河，将麦克马洪军团以及法国皇帝围入色当要塞。普鲁士和参战的德意志诸邦国的军队以优势兵力展开围攻。当时随军出征的德国国会议员弗兰根堡在日记中记载了战斗情景："透过绽破之浓雾可以看到波光涟涟的马斯河与黑影朦胧的色当要塞……如钢似铁的包围圈不断收缩，挤压着麦克马洪的军队。巴伐利亚的炮兵直接轰击色当城，城内与四郊多处起火……从各部送来的消息皆说法军惊慌失措地钻入堡垒避难。"9 月 1 日下午，拿破仑三世下令升起白旗，并致信普王："我亲爱的兄弟，由于我未能战死军中，只能将佩剑献给陛下。"第二天，他和麦克马洪元帅以及 39 名将军与 8 万多士兵成为普军俘虏。

法军在色当投降产生严重后果，本来已经处在危机中的第二帝国随即崩溃，9 月 4 日巴黎革命宣告第三共和国诞生。新的共和国政府自称"国防政府"，特罗胥为政府首脑。这个政府不敢动员全国进行抵抗，实际奉行卖国政策。19 日，普鲁士第八军开始围困巴黎。9—10 月，梯也尔曾代表政府出使英国、奥地利、俄国和意大利，但他未曾找到盟友，失望而归。10 月初，当时任内政部长后任军事部长的甘必大乘气球飞出巴黎，在南方图尔等地组织新的军队反抗普军。10 月中，普军南下占领奥尔良市，一度渡过卢瓦尔河，但无力继续南侵。10 月底，普军在北部取得进展。巴赞元帅于 27 日率领 17 万余士兵在麦茨投降。

---

① 　夏尔·库赞—蒙托邦（1796—1878 年）即所谓八里桥伯爵。

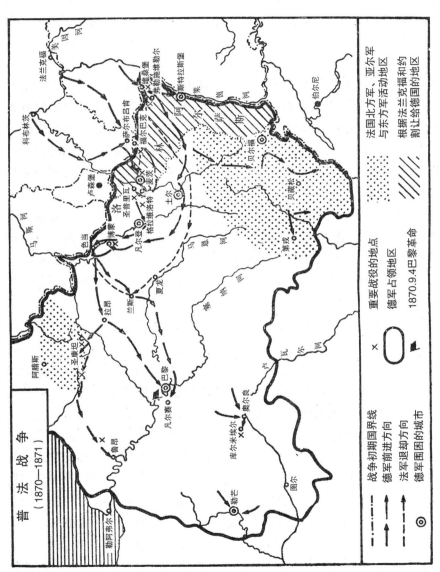

普法战争 (1870—1871)

法国南方于 10—12 月先后组建数支新军，如卢瓦尔第一军、卢瓦尔第二军、北方军，东方军和孚日军①。卢瓦尔第一军于 11 月初在库尔米埃尔击败巴伐利亚军队，夺回重镇奥尔良。后于 12 月初企图北上解救巴黎，但未能到达枫丹白露。普军重新占领奥尔良。12 月末，加里波第在法国东部率领孚日军（16000 人）从普军手中夺回第戎市。贝尔福市的抵抗从 11 月 3 日一直坚持至达成停战协定之日。

1870 年底，在法作战的德意志军队达 84 万，另有预备队 40 万人。他们于 1871 年 1 月遇到了法军新的抵抗。1 月 2—3 日，北方军在巴博姆战胜哥本的普鲁士军队，后收复该城。8—9 日，东方军在维勒尔塞克泽尔击败敌军，但胜利后滞留不前达 4 日之久。1 月中旬发生三次战役：西部的勒芒、北部圣康坦与东部的埃里库尔。法国卢瓦尔第二军、北方军和东方军分别战败。东方军被敌人切断后路，只得退入瑞士境内。

战争开始后，法国各地组织国民自卫军。巴黎的国民自卫军等武装力量在围困期间曾数次出击，如 10 月末与 12 月末国民自卫军在布尔热、12 月初正规军在尚皮尼，均遭失败。1871 年 1 月 19 日，巴黎西南郊比藏瓦尔出击成为普法战争的最后一战。国防政府命令国民自卫军执行最危险的任务，牺牲数千人，正规军未曾给予增援。

普鲁士赢得了这次战争的胜利。1 月 18 日在凡尔赛宫的镜厅②宣布成立德意志帝国。

德意志军队所到之处掠夺财物，焚烧村镇，欺压百姓。巴黎被困的数月中，广大群众忍饥受冻，度日如年。德军的压迫在法国各地激起了普遍的反抗。法国人民组成许多游击队，与敌人进行了英勇的斗争。

普法在此次战争中的胜负各有其深刻原因。就军事方面而言，法军参谋部原定计划向美因河上的法兰克福进攻，目的在于切断普鲁士与南德诸邦的联系，迫使南德中立，便于法普单独决战。法国政府轻敌思想颇为严重，据说早在宣战之前，法国军事大臣勒伯弗曾公开表示："我们准备好了，完全准备好了，我们的军队一切就绪，直至最后一个士兵护腿套上的最后一个纽扣。"实际上法军计划不周，动员缓慢，将领无能，指挥混乱和供应不足，这一切大为削弱了法军的作战能力。法军先进的沙斯波式步枪和勇猛的重骑

---

① 孚日军因法国东部的孚日山脉而得名。
② 镜厅在凡尔赛宫内，长 75 米，宽 10 米。

兵无法挽回败局。

　　普鲁士方面，由国王威廉一世任总司令，很有军事才能的毛奇为总参谋长（实际上是全权指挥），俾斯麦随军出征。虽俾斯麦与毛奇意见不一并不时发生冲突，但普军计划周密，动员迅速，装备良好，基本上实现了攻占阿尔萨斯和洛林、在北部击溃法军并进攻巴黎的目的。普鲁士政府曾在阿尔萨斯—洛林地区派遣众多情报人员，搜集军事情报和进行破坏活动。德意志军队不仅人数远远超过法军，而且拥有上述可靠的优势。

　　法国政府早已准备与敌人讲和。1870 年 9 月 19—20 日，国防政府外长茹尔·法夫尔曾在弗里埃尔与俾斯麦和谈，但未成功，1871 年 1 月，法国败局已定。23 日，法夫尔与俾斯麦在凡尔赛再次谈判，并达成协议：双方停战3 周，巴黎投降、巴黎的正规军绝大部分要缴械并被宣布为俘虏，法国于 15日内赔款 2 亿法郎并迅速选举法国国民议会以结束战争。28 日，法国政府批准上述协定。政府成员中仅仅甘必大主张继续作战，他于 2 月 6 日退出政府，以示抗议。但此举无济于事。此时德军已占领法国 1/3 领土，包括 1000万居民。

战争的历史分析

　　从停战协定到缔结和约经历了 3 个多月的时间。2 月 8 日选出的法国国民议会于 12 日在波尔多开会。17 日，梯也尔出任内阁首脑，政府由奥尔良派、合法王朝派与共和派资产者组成，得到英、奥、意、俄等国的承认。梯也尔政府继续和平谈判。2 月 28 日梯也尔、法夫尔与俾斯麦代表法德两国在凡尔赛签订和约草案。3 月 1 日波尔多国民议会予以批准。和约草案主要内容如下：法国对德割让阿尔萨斯和铁矿丰富的大部洛林地区，面积 14000 平方公里，居民为 160 万人。法国赔款总额为 50 亿法郎，3 年内分期付清。在此之前，德军对法国约 1/3 领土实行占领。法国负责供应占领军的给养。和约草案批准后，德军开始分期分批撤退回国。巴黎保留 4 万驻军，其他法国正规军队退到卢瓦尔河以南。对法国来说，这是一项苛刻的丧权辱国的条约，而俾斯麦所代表的德意志容克地主和资产者的侵略扩张野心则得到了满足。

　　3 月 1 日，德军开入巴黎，到达香榭丽舍林荫大道一带。参谋部设在爱丽舍宫。德国占领军遭到了居民尤其是劳动群众的普遍反对。商店关门，街道空荡无人，喷泉干涸，许多致哀的黑旗高挂在屋顶或窗前。昔日彻夜灯火的巴黎完全改变了面貌。当时一位目击者如此记载："到处一片漆黑，林荫大道原来是人群熙熙攘攘，如今空空荡荡比其他街道更令人吃惊。多大的变化啊！"巴黎的普遍敌视，它的国民自卫军还拥有武器等，迫使占领者不敢久留。3 日，法德批准和约草案后互相换文。同日，德军匆匆撤出巴黎，他们的实际占领仅仅 48 小时。俾斯麦曾悄悄地到巴黎察看。德国皇帝未进入巴黎举行祝捷仪式。此时在法国的德军达 135 万，但他们无法对付充满着复仇怒火的巴黎和全法国的居民。

签订和约草案之后，梯也尔政府获得喘息机会。3 月 10 日，国民议会决定迁往凡尔赛。15 日，梯也尔率领政府等机构迁回巴黎。此时，正值法国国内阶级斗争激化时期。18 日巴黎发生起义，28 日建立巴黎公社。公社接受了和约草案。德国宣布中立，不介入法国内战。实际上，法德两国政府相互勾结镇压巴黎公社。德国陆续释放了 10 万法军俘虏，后者立即转入凡尔赛军队。俾斯麦为此要求法国加速付清赔款和尽快镇压巴黎公社。他还建议用德军帮助镇压革命。

5 月初，俾斯麦与毛奇等为一方，法夫尔等为另一方，在法兰克福举行谈判，10 日签订了最终和约。它与和约草案基本相同，另增加了若干内容：减缓了德军撤退的速度，不得用法兰西银行的纸币支付赔款，法国应在贸易和航运方面为德国提供最优惠条件，阿尔萨斯与洛林人可在 1872 年 10 月之前选择法国国籍。德国同意将贝尔福及周围地区归还法国。

普法战争就法兰西第二帝国和普鲁士王国而言，皆为一场王朝战争，这是双方政策的阶级实质决定的。战争的性质不取决于进攻或防守。在这次战争中，法军首先进入德意志。但从总体而言，主要是德军不断在法国境内采取攻势。列宁曾明确指出："战争的性质……不取决于是谁进攻，'敌人'在谁的国境内，而取决于哪一个阶级进行战争，这个战争是哪一种政治的继续。"①

众所公认，拿破仑三世与普鲁士作战的目的是非正义的。但对于俾斯麦政策的估计往往引起争论。马克思早有正确评论："是谁使路易·波拿巴有可能对德国进行战争呢？正是普鲁士！正是俾斯麦曾和这个路易·波拿巴暗

---

① 《列宁选集》第 3 卷，人民出版社 1972 年版，第 672 页。

中勾结，以期摧毁普鲁士内部的民主反对派，并使霍亨索伦王朝兼并德国。"[①] "战争不是法国人民，而是帝国发动的，俾斯麦实质上是和波拿巴一样有罪的。"[②] 当代德国的史学家也认为：普鲁士宫廷和德意志大资产阶级"他们自始便是追求王朝的侵略的目的"。

普军在占领地区的征集政策足以证明其政府的意图。法国居民被迫向普军士兵每人每日提供 700 克面包，500 克肉，250 克猪油，30 克咖啡，60 克烟或 5 支雪茄，半公升葡萄酒（1 公升啤酒或 100 克白酒），向军官每人每日提供 6—8 法郎，即相当于士兵供应 3—4 倍的价值；为每匹马每日提供 6 公斤燕麦、2 公斤干草和 1500 克麦穗。普军还将一些工业企业的设备拆运回国。普鲁士进行的王朝战争当时已遭到德意志工人运动先进分子的谴责。马克思在国际工人协会总委员会关于普法战争的第一篇宣言（7 月 23 日）中引用了萨克森 5 万工人抗议大会的决议、不伦瑞克工人大会的宣言和国际柏林支部的宣言。德意志工人们纷纷谴责这场王朝战争。

但是，还应看到整个德意志的民族要求和国家利益。数十年来，法俄等欧洲大国都在阻碍德意志的统一，都在反对一个强盛的德意志国家的兴起。自从克里木战争后，法国拥有欧陆优势，在反对德意志统一中起着主要作用。德意志统一有利于该地区由封建主义向资本主义的过渡，符合历史发展潮流。拿破仑三世有关政策正与此背道而驰。列宁对此写道："从德国方面看来，1870—1871 年的战争在拿破仑第三失败以前，是具有历史进步意义的，因为拿破仑第三和沙皇曾一道压迫了德国许多年，支持了德国的封建割据。"[③] 就普鲁士主观意图而言是为了使霍亨索伦王朝统治整个德意志，但在色当投降之前，它所进行的战争客观上有利于德意志统一的事业。

色当投降和法兰西第二帝国崩溃为普法战争的转折点。拿破仑三世政权得到应有下场，法兰西第三共和国随即产生，德意志统一的主要阻力已经消失，而德军却还占领着法国广大地区，继续对法国人民进行掠夺。这样，战争便成为"反对法国人民"的战争和"掠夺法兰西"的战争。停战协定、和约草案与最终和约的苛刻条件都表明了霍亨索伦王朝的侵略意图。

色当之后，法国实际并未丧失抵抗能力。它还拥有丰富资源、充足财力

---

① 《马克思恩格斯选集》第 2 卷，人民出版社 1972 年版，第 339 页。
② 《马克思恩格斯全集》第 33 卷，人民出版社 1973 年版，第 279 页。
③ 《列宁选集》第 2 卷，人民出版社 1972 年版，第 677 页。

与卢瓦尔河以南的广阔国土和众多居民。法国后来于 1872 年提前交清 50 亿法郎赔款促使德军于 1873 年 9 月 16 日提前全部撤走，充分证明了法国巨大的财政力量。后来建立的数支新军作战时有胜有负，仍具备相当作战能力。各地的游击斗争也是打击侵略者的一种力量。但是，法国资产阶级不敢发动全国人民抗击侵略军与占领者。特罗胥政府面对国内日益高涨的革命运动，实行卖国投降政策。"国防政府在民族义务和阶级利益二者发生矛盾的时候，没有片刻的犹豫便把自己变成了卖国政府"①。梯也尔政府继续推行前任政策。当时，只有法国人民自发奋起反抗，只有甘必大等少数资产阶级共和派力图继续抵抗挽救危亡。

普法战争给法国带来了严重后果。法国丧失了阿尔萨斯与大部分洛林地区及其重要工业与铁矿资源。德军的强行征集导致法国农业的破产。战败的法兰西完全丧失了它在欧陆的优势。另一方面，战胜的德意志帝国成为欧陆强国之一。德国兴起与法国战败为导致 19 世纪末欧洲国际斗争激化的因素之一。此后，德国竭力阻碍法国的复兴，法国始终不忘复仇，俄国对于德国的强大也逐渐不满，法俄接近的可能性与日俱增。第一次世界大战的某些迹象已经依稀可辨。

---

① 《马克思恩格斯选集》第 2 卷，人民出版社 1972 年版，第 354 页。

1871 年巴黎公社

张宏儒

1871 年 3 月 18 日，巴黎爆发人民起义。在这次起义胜利后建立的巴黎公社是人类历史上第一次无产阶级专政的尝试。尽管这个政权仅仅存在了 72 天，但它在世界历史上占有重要地位，产生了广泛而深远的影响。

革命的酝酿

巴黎公社革命是法兰西第二帝国时期法国社会矛盾和阶级斗争演变的结果，是在普法战争造成的资产阶级统治危机形势下发生的。

在第二帝国时期，法国资本主义得到迅速发展，基本上完成了工业革命。从 19 世纪 50 年代初至 60 年代末，蒸汽机从 6080 台增加到 27088 台，蒸汽机动力从 76000 马力增加到 336000 马力。煤和生铁产量分别增长 2 倍，1869 年煤产量为 1351 万吨，生铁产量达到 138 万吨。钢产量从 1851 年的 14000 吨增加到 1869 年的 11 万吨，即增长 7 倍。工业总产值增加 2 倍，60 年代末达到 120 亿法郎。法国成为仅次于英国的资本主义强国。

伴随着资本主义的发展，生产的社会化同生产资料私人占有之间的矛盾明显暴露出来。1857 年和 1866—1867 年，先后爆发两次经济危机。1857 年的危机使工业生产水平平均倒退 3—4 年。1858 年，全法国约 600 万人难以维持最低生活水平。

在 1848 年欧洲革命失败后一度低落的工人运动，到 60 年代初重新活跃起来。1864 年底，第一国际巴黎支部建立。到 1867 年 9 月，全法国约有 50 个国际支部进行活动。截至 1870 年，法国的国际会员达到 30 万人。第一国际给了当时法国工人运动以重大影响，1867 年经济危机后，大规模的工人罢工不断爆发，工人们在政治生活中的影响越来越大，成为反对第二帝国的最坚决的力量。

城市小资产阶级和工商业资产阶级对路易·波拿巴政府的统治也强烈不满，出现了小资产阶级民主运动和资产阶级共和运动。1857 年，资产阶级共和派的代表作为反对派第一次出现在议会。60 年代，资产阶级"第三党"发展成一支在议会中与保皇派相抗衡的政治力量。

到 60 年代后期，工人运动、小资产阶级民主运动和资产阶级共和主义运动汇合成冲击第二帝国统治的强大革命洪流。

波拿巴政府疯狂镇压工人运动和民主运动，从 1868 年至 1870 年，对国际巴黎支部领导人进行了 3 次审讯。1870 年 1 月，路易·波拿巴的堂兄弟彼埃尔·波拿巴杀害了共和派记者维克多·努瓦尔。1 月 12 日，巴黎 20 万人为努瓦尔送葬，高呼"绞死波拿巴""共和国万岁"的口号。为了转移人民视线，缓和国内矛盾，波拿巴政府铤而走险，发动了对普鲁士的战争。

战争爆发后，第二帝国军队迅速溃败，9 月 2 日，路易·波拿巴在色当投降。9 月 4 日，巴黎爆发革命，推翻了第二帝国统治，建立共和国。以前帝国巴黎总督特罗胥将军为首脑的"国防政府"掌握了政权。

从 1870 年 9 月 4 日革命到 1871 年 3 月 18 日巴黎起义，法国社会矛盾发生了变化。国防政府成立初期，普鲁士军队继续向法国纵深和巴黎推进，法兰西民族面临着抵御外敌侵略，保卫祖国的任务。民族矛盾是法国社会的主要矛盾。但是，国防政府是个挂着"国防"招牌的卖国政府。在 1870 年 9 月 4 日第一次政府会议上，特罗胥宣称："在目前的情况下，巴黎要想抵挡住普鲁士军队的围困，那简直是一件蠢举。"由于国防政府采取投降政策，普鲁士军队几乎没有遇到有组织的抵抗，于 9 月 19 日包围了巴黎。

9 月 4 日革命后，巴黎人民始终保持着高涨的抗敌热情。巴黎被围给人民生活带来极大困难，食品供应紧张，燃料不足，甚至出现饿死人的现象。被围的困苦，政府的卖国，民族的屈辱，使巴黎人民对国防政府的不满急剧增长。与此同时，巴黎人民的组织程度也迅速提高。20 个区相继建立了区警备委员会，每个区警备委员会选派 4 名代表共 80 人组成巴黎二十区国防共和中央委员会（以下简称二十区中央委员会）。这个组织成为巴黎人民斗争的组织中心。更令资产阶级政府恐惧的是巴黎形成了一支以工人为主体的国民自卫军。1870 年 9 月 4 日革命后，国防政府宣布除原有的 60 个国民自卫军营队外，在 48 小时内再建 60 个新营，每营定员 1500 人。爱国热情高涨的工人们冲破了政府的限制，在 3 个星期内组成了 194 个新营。一批著名革命者被推举为工人营指挥官，其中包括布朗基、瓦尔兰、弗路朗斯，埃德、里果、马隆、瓦莱斯、米里哀尔等。

国防政府害怕武装起来的巴黎人民，加快了投降活动的步伐。10 月 27 日，被普军包围在麦茨的 17 万法军投降。28 日，由于国防政府拒绝增援，一度被法军攻取的巴黎东北的布尔热村得而复失。30 日，国防政府决定恢复停战谈判。国防政府的卖国行径证明，只有推翻它，才能拯救法国。人民群众同卖国政府的矛盾逐渐激化。10 月 31 日，巴黎人民举行起义，企图以公社代替卖国政府。这次起义是自发的，由于缺乏充分准备和统一领导而失败。1871 年 1 月 22 日，巴黎人民再次起义，与政府军发生武装冲突，遭到血腥镇压。国防政府两次镇压人民起义，越来越清楚地暴露了它反人民的真面目，加速了新的革命形势的到来。

1 月 28 日，即普鲁士国王威廉一世在凡尔赛宣布建立德意志帝国后的 10 天，国防政府同德国签订了《停战和巴黎投降协定》，彻底暴露了它的卖国本质。马克思把这件事看作"他们在普鲁士协助下对共和国和巴黎发动内战的开端"①。法国人民同资产阶级政府的矛盾演变为法国社会的主要矛盾。

按照停战协定的要求，2 月 12 日，国民议会在波尔多召开。国防政府宣布卸任。2 月 17 日，议会推举梯也尔为政府首脑。梯也尔一上台，就在 2 月 26 日同德国在凡尔赛签署了和约草案。

资产阶级政府加紧投降卖国活动的同时，巴黎人民革命力量却在不断增长。1871 年 2 月 15 日，3000 名国民自卫军代表开会，决定成立国民自卫军联合会，选出一个由 20 人组成的临时中央委员会。3 月 3 日，国民自卫军代表会议通过了国民自卫军联合会章程。章程具体规定了国民自卫军的组织机构。3 月 15 日，正式建立国民自卫军中央委员会，选出 40 名中央委员。第一国际会员瓦尔兰、茹尔德、阿西、克雷芒斯、潘迪等当选。代表们推举意大利民族英雄加里波第为国民自卫军总司令。

在国民自卫军各营队联合过程中，二十区中央委员会和各区警备委员会的多数成员成了国民自卫军的骨干力量。国民自卫军联合会及其中央委员会开始代替二十区中央委员会而成为巴黎革命斗争的领导中心。马克思说："从国民议会在波尔多集会起到 3 月 18 日止这一整个期间，中央委员会一直

---

① 《马克思恩格斯选集》第 2 卷，人民出版社 1972 年版，第 361 页。

是首都的人民政府"①。反动的《论坛报》在3月9日惊呼:"巴黎在当前存在着另一个政府——蒙马特尔政府,而它已成为唯一真正的政府。"梯也尔恼怒地说,中央委员会已作为"全权的主人"下达命令!

1871年3月1日,法国国民议会以546票赞成,107票反对,23票弃权,批准了法德两国2月26日签订的和约草案,这标志着普法战争的结束。在这以后,梯也尔政府全力投入发动内战的准备。

蒙马特尔高地的枪声

充满革命情绪的巴黎是资产阶级政府的心腹之患。为了消除心腹之患,梯也尔政府采取了一系列措施。3月3日,政府任命第二帝国将军奥·德·帕拉丹为国民自卫军总司令。帕拉丹3月5日发布第一号命令,宣称:"我打算坚决果断地镇压一切破坏城市安宁的人。"3月9日,军事法庭以煽动内战的罪名缺席判处布朗基和弗路朗斯死刑,以威胁巴黎革命者。3月10日,国民议会以427票对54票通过决议,将会址迁到凡尔赛。这个决定实际上取消了巴黎作为法国首都的政治地位,其目的是利用凡尔赛邻近巴黎,君主派势力强大的有利地位,为镇压巴黎革命力量做好准备。

与此同时,梯也尔政府向巴黎调兵遣将。在与德国签订和约草案前,巴黎有政府军12000人,宪兵3000人。3月8日至17日从外省挑选15000—20000人调入巴黎。在这一过程中,梯也尔政府得到德国政府的支持。俾斯麦不仅让法军通过德军防区进驻巴黎,还准备释放战俘,并交还12000支步枪,以便加强梯也尔政府的实力。

一切准备就绪之后,3月15日梯也尔来到巴黎。16日,他任命第二帝国宪兵将军瓦伦顿代替文官索朋担任巴黎警察局局长。同一天,他接见了政府高级官员和军队指挥官,决定"结束当前的非常状态",并由第二帝国将军、巴黎总督维努亚宣布巴黎处于戒严状态。17日,梯也尔政府成员开会,通过了夺取国民自卫军大炮和逮捕中央委员会委员的决定,委任维努亚为行动总指挥。会后,维努亚和陆军部长勒夫洛拟订了行动计划。

3月18日凌晨2时,政府军按预订计划开始行动。当时,国民自卫军的417门大炮分别停放在17个地点,主要集中在蒙马特尔和梭蒙两个高地。晨

---

① 《马克思恩格斯全集》第17卷,人民出版社1963年版,第633页。

5 时，当勒康特率领的政府军第 88 陆军团接近蒙马特尔高地时，被国民自卫军哨兵发觉。政府军很快占领了停炮场，开始拖运大炮。蒙马特尔高地的枪声惊醒了附近的居民，大炮被抢的消息迅速传开。蒙马特尔区响起警钟，国民自卫军战士闻警集合，妇女、老人、儿童随国民自卫军战士奔向高地，包围了第 88 团士兵。勒康特命令士兵开枪，士兵们犹豫不定。当随军警察企图逮捕抗命士兵时，被激怒的士兵同人民联合起来，立即逮捕了勒康特和一些反动军官、警察。勒康特被迫签署了撤退命令。政府军偷袭蒙马特尔高地的行动遂告破产。

偷袭梭蒙高地的政府军第 35 团遭到了第 88 团同样的命运。而搜捕革命者的计划也未能实现。上午 10 时，维努亚不得不向政府军下令从东部工人区后撤。

国民自卫军夺回蒙马特尔和梭蒙高地的大炮后，起义在巴黎各区相继展开。下午，起义者开始越出本区，向巴黎市中心推进。起义由防御转入进攻。

这天，梯也尔及其政府成员集中在外交部大楼里，同政府军司令部、巴黎市政厅和警察局保持电讯联系。随着国民自卫军向市中心挺进，梯也尔召集紧急会议，要求政府迅速撤退。下午 4 时，梯也尔从外交部大楼旁门溜出，顾不得通知家属，乘上马车狼狈地向凡尔赛逃去。他还命令维努亚把包括守备炮台的部队在内的全部政府军撤出巴黎，放弃了塞纳河左岸的伊西、旺夫、蒙鲁日、比塞特尔和伊弗里五个炮台，其他政府官员竞相出逃。资产阶级政府在巴黎的统治迅速土崩瓦解。

傍晚以后，国民自卫军开始占领市中心各政府大楼。晚 10 时，起义者占领市政厅，升起红旗。巴黎的无产阶级光荣地赢得了世界历史上无产阶级革命的第一次胜利。

3 月 18 日，巴黎革命胜利的消息传到外省，里昂、马赛、圣太田、勒克勒佐、图鲁兹、纳尔榜等城市先后爆发起义，建立起公社。在 3 月至 5 月期间，全法国大约有 41 个城镇爆发过起义或游行示威。但是，外省的公社运动同巴黎公社运动相比，规模小，时间短，影响远不及后者。由于这些地方工人力量薄弱，运动领导者资产阶级激进派的软弱，彼此之间又缺乏联系，先后都遭到了失败。尽管如此，外省的公社运动是在巴黎革命的影响和推动下发生的，它们是 1871 年巴黎公社革命的一部分。

巴黎公社的诞生

3月19日上午，国民自卫军中央委员会委员在莫罗的主持下举行革命胜利后的第一次会议。决定立即准备进行公社选举，接管国家机关，整顿局势。中央委员会成为实际上的临时政府。

中央委员会采取了一系列紧急革命措施；坚决镇压3月21日、22日两次反革命分子的暴乱和国民自卫军中少数资产阶级营队的反抗，粉碎资产阶级反夺权的阴谋；撤换对抗新政权的怠工者；把流散在巴黎的政府军士兵编入国民自卫军，收缴多余武器；释放政治犯；打击刑事犯罪活动；等等。新政权还妥善处理同德军的关系。3月21日，中央委员会发表声明，宣布"国民自卫军中央委员会决定恪守和约条款"，使德军干涉失去借口。

3月18日革命胜利后，中央委员会把主要注意力集中在公社选举上。选举在3月26日举行。

这日，巴黎沉浸在欢乐的气氛中。在工人住区，劳动群众十分踊跃地前往投票站，各选区参加投票的人数大都超过在册选民的一半。第20区的22000选民中，有近17000人参加投票。资产阶级住区第7区和第8区只有不到1/4的选民投票，全巴黎485569注册选民中，有229167人投票。由于普法战争和3月18日革命后不少人出逃，巴黎居民锐减①。据公社委员阿尔努估计，参加投票的人数相当于当时在巴黎的选民的2/3以上。这远远超过1870年11月区长选举和公社失败后巴黎市政选举参加投票人数的比例②。

原定选出90名公社委员，由于著名革命家布朗基、德勒克吕兹、瓦尔兰、弗路朗斯、泰斯和阿尔努同时在两个或三个区当选，实际选出86名，其中资产者代表约20名，优秀的工人代表和革命派人士占了绝对优势。选举后不久，有21名当选者，主要是资产阶级分子，先后退出公社。4月16日，进行补选，增选的17名新委员中，包括第一国际会员赛拉叶、龙格、鲍狄埃等，还有著名艺术家库尔贝。

经过选举和补选，经常参加公社活动的委员共81人。其中出身于工人

---

① 3月18日革命后，政府官员，军队、警察、资产阶级分子逃往凡尔赛的人数约8万，据梯也尔估计，逃亡者超过10万人。

② 1870年11月选举投票人数为227000，公社失败后选举投票人数为14万。

和知识分子的公社委员各占 30 多人。公社委员中有 30 人是国民自卫军中央委员会委员，约 40 人是二十区中央委员会委员（其中许多人同时兼任这两个委员会的委员）。公社委员中有 37 名第一国际会员。大多数公社委员分别属于布朗基派、蒲鲁东派和新雅各宾派，只有少数委员是无党派人士。

3 月 28 日，在市政厅广场举行盛大集会，20 万群众汇成欢腾的海洋。下午 4 时，布律涅耳高举军刀向国民自卫军战士们致敬。中央委员会委员布西埃宣读当选的公社委员名单后，朗维耶宣布："我以人民的名义，宣告公社成立！"在"公社万岁""共和国万岁"的欢呼声和《马赛曲》歌声中，人类历史上第一个无产阶级国家政权诞生了。

3 月 29 日，在公社成立后的第一次会议上，决定设立 10 个委员会，取代以前的政府各部。这 10 个委员会是：执行委员会，负责执行公社的一切法令和其他委员会的一切决议；军事委员会，负责公社的军事工作和治安；粮食委员会，负责巴黎的粮食供应；财政委员会，负责公社的经费，解决拨款、房租、债务、征税等问题；司法委员会，管理一切诉讼案件；治安委员会，维持秩序和社会治安；劳动、工业与交换委员会，管理工业、公共工程，商业贸易；社会服务委员会，领导和监督邮政、电信、交通；对外联络委员会，负责巴黎与外省的联络及外交工作；教育委员会，管理教育事业。这次会议上还选举产生了各委员会的组成人选。各委员会下属职能机关，也派遣了工人阶级的代表去管理。

4 月 20、21 日，公社对各委员会进行调整。每个委员会产生代表 1 人，领导该委员会的工作，并由这些代表组成执行委员会。执行委员会的 9 名代表是：军事代表克吕泽烈，财政代表茹尔德，粮食代表维阿尔，对外联络代表格鲁塞，教育代表瓦扬，司法代表普罗托，治安代表里果，社会服务代表安德里约，劳动与交换代表弗兰克尔。

公社还对巴黎各区区政府等基层政权机构进行了改造，由各区选举的公社委员直接担任本区政府的领导职务。

巴黎公社成立后，在与凡尔赛分子进行殊死斗争的同时，在政治、经济和文化教育各个方面采取了一系列革命措施，取得了具有深远影响的成就，充分体现了公社作为无产阶级新型国家的本质。

3 月 29 日，公社通过了关于"巴黎公社为现今唯一的政权"的重要法令，宣布巴黎公社不承认凡尔赛政府，"凡尔赛政府及其附庸发出的命令或通告，今后对各国家机关的职员一概无效"。同日，公社颁布以国民自卫军取代旧军队的法令。同时，警察的职能由国民自卫军取代。公社还对司法机构和司法制度进行了改革，规定司法人员不得利用职权营私舞弊，禁止任意逮捕和监禁，力图建立完善的司法程序，保护人民的正当权利。这些措施是公社摧毁资产阶级国家机器的重要步骤。

在消灭资产阶级国家压迫人民的物质力量的同时，公社着手摧毁其精神压迫的工具，即"僧侣势力"。4月2日，公社通过政教分离法令，宣布属于宗教团体的所谓永世产业，即所有动产和不动产，为国家财产。公社并不限制人们的宗教信仰，法令指出："信仰自由是一切自由之中首要的自由。"

为了防止国家机关及其工作人员由"社会公仆"变为"社会主人"，公社采取了两项重要措施。

第一，实行民主选举制。作为最高领导机构和权力机关的公社委员会的代表，国民自卫军营以下的指挥官，企业系统的厂长、车间主任、工长等负责人，均通过民主选举产生。从上至下实行普遍的、广泛的选举，体现了人民管理国家的民主精神。职能机构的负责人，如邮政局长、税务局长、警察局长及其下属，国民自卫军营以上军事指挥官，则实行委任制，以保证工作效率。公社所有公职人员受到人民群众的切实监督，对不称职者实行撤换原则。第8区选出的公社委员阿利克斯由于健康原因不能胜任工作，被免除区长职务。公社警察官员、美术局局长皮洛泰尔擅用职权，徇私舞弊，被撤职，并在报上公布。

第二，取消高薪，规定合理的劳动报酬。4月1日，公社通过法令，指出"鉴于到目前为止，各公共机关的高级职务均享有高薪，因而被视为可钻营和私授的肥缺，鉴于在真正的民主共和国里，既不应有闲职，也不应有高薪"，"规定各公社机关职员最高薪金每年为6000法郎"。这个数字相当于当时法国熟练工人的工资。公社还规定兼职不得兼薪，以保证上述法令的切实执行。按照这个原则，担负最高行政领导职务的公社委员年薪5400法郎；第3区区政府工作人员平均年薪为1400法郎；电报局局长年薪从15000法郎降为5000法郎，而邮递员年工资由800—1000法郎增加到1400—1600法郎。

公社的公职人员忠诚地履行人民的委托，成为负责的社会公仆。当茹尔德掌握公社财经大权的时候，他的妻子却在塞纳河边洗衣浆被。埃德将军用公款定做了一套贵重服装，瓦尔兰毫不留情地退回账单，批道："公社没有钱购买贵重的服装。"著名波兰籍公社将领符卢勃列夫斯基放弃了将军的薪俸，谢绝公社拨给他的住宅。他说："将军的住处只能在士兵中间。"公社的公职人员始终与人民保持着密切联系，保持着普通劳动者的本色。

公社坚持无产阶级国际主义原则。3 月 26 日，匈牙利革命家弗兰克尔当选为公社委员。3 月 30 日，选举委员会为此专门向公社会议提出报告，并得到公社批准。报告写道："公社的旗帜是世界共和国的旗帜"，因此，"外国人可以加入公社，并建议你们允许公民弗兰克尔加入"。这是向一切资产阶级沙文主义表现的勇敢挑战。5 月 6 日，公社拆毁了象征军国主义和沙文主义的旺多姆纪念柱①。

在社会经济方面，公社开始进行某些具有社会主义倾向的改革。

4 月 16 日，公社通过"关于将逃亡业主所遗弃的工场转交工人协作社的法令"，规定成立一个调查委员会，"统计被遗弃的工场数目，确切编制关于工场现况和现有工具设备的清册"，"提出报告，拟订这些工场迅速开工的切实措施"，"拟订工人协作社章程草案"，成立仲裁委员会，负责裁决逃亡业主归来后协作社应付业主的赎金数额。这些规定触及资本家的私有财产，触及资本主义所有制关系。

公社为实现人民对企业的民主管理进行了试验。4 月 16 日法令颁布后，卢浮军械修配厂建立了工人协作社，草拟工厂新章程。5 月 3 日，经公社委员阿夫里阿耳审阅，得到公社批准。章程共 22 章，其主要内容包括：明确规定工厂各级领导的职责和权限；工长以上各级领导由工人民主选举产生，受工人监督，不称职者可随时撤换；由干部和工人代表组成工厂管理委员会；设立由工人代表组成的工人监督委员会；规定工作时间为每日 10 小时；规定保持一定差别的合理的劳动报酬，厂代表月薪 250 法郎，厂长月薪 210 法郎，工长计日工资每小时 75 生丁②，工人每小时不超过 60 生丁。这个章程为工人参加企业管理设计了一幅缜密而又新颖的蓝图。

公社作为工人阶级政府，制定了有利于工人的劳动立法。4 月 20 日，执行委员会通过"关于取缔面包房夜班制的决议"，以保证面包工人的身体健康和有机会参加政治活动。4 月 27 日，执行委员会通过"禁止任意罚款和非法克扣职工工资的决定"，保障职工的工资收入，限制企业主对职工的剥削。5 月 12 日，公社通过关于包工合同法令，要求"凡是能够直接同工人协会签订的一切包工合同，都要委托给工人协会"，以免承包商从中渔利；法令还

① 旺多姆纪念柱是为宣扬拿破仑一世的"战功"，于 1806—1810 年在巴黎旺多姆广场建立的。

② 1 法郎等于 100 生丁。

规定不得随意降低承包价格。

在战时的紧张状态下，公社采取措施，保障人民生活，维护人民利益。公社实现了劳动人民建立"廉价政府"的要求，公职人员廉洁奉公，财政支出极为节俭，大大减轻了人民的负担。公社克服巨大困难，冲破敌人封锁，保障食品供应。4月17日，公社通过关于债务无息延期偿付的法令，规定一切债务一律无息3年内分期偿付，大大减轻了小资产阶级的债务负担。3月29日，公社颁布禁止变卖当铺典押物品的法令；5月6日，又通过了无偿发还典当金额不超过20法郎的低档典押物品的法令，按此法令规定，应发还的典押品约80万件。3月29日公社所通过的房租法令规定，1870年10月至1871年3月拖欠的房租一律免缴，1871年4—6月的房租也予免缴。

在文化教育方面，由博学多才的公社委员瓦扬主持进行教育改革。4月28日，瓦扬签署命令，要求各区"把宗教教育加速改造成为世俗教育"，排除教会对学校的控制。教师提高了政治地位，薪金平均增加1—3倍。

公社提倡和鼓励文学艺术为革命斗争服务。具有革命内容的漫画、速写、音乐、戏剧、诗歌成为鼓舞人民英勇斗争的精神武器。现实主义艺术家库尔贝领导的艺术家联合会，为保护巴黎珍贵的文化遗产做了许多工作。

公社时期，群众的革命积极性空前高涨，各种群众组织十分活跃。工人们建立了34个同业工会、43个生产合作社和7个食品合作社。妇女组织发挥了巨大作用，最著名的是"保卫巴黎和救护伤员妇女协会"，设有中央委员会和各区委员会，拟订了章程。这个组织在4月11日至5月14日的一个多月时间里，召开过24次群众大会，做了大量宣传和组织工作。遍布巴黎各区大约40个俱乐部，发展成为巴黎人民参与政治活动和公社团结人民群众的重要组织形式。

公社也得到广大小资产阶级群众，甚至一部分中等资产阶级激进共和派人士的拥护。共济会、各省共和主义联盟、中央共和主义联盟、各省协会联合会等社会团体，逐渐公开站在公社一边，同凡尔赛反动政府作斗争。共济会在中小资产阶级中有广泛影响，参加这个组织的有民主主义者、共和主义者，也有少数社会主义者。4月8日，共济会通过宣言，并责成一个7人组成的委员会向巴黎和凡尔赛分别宣读宣言，以促使双方达成和解协议。4月26日，当他们得知梯也尔政府拒绝和解后，决定把自己的旗帜插上巴黎的城防工事，决心与公社携手，抗击凡尔赛分子。29日，1万多名共济会员游行，郑重宣布归附巴黎公社。

公社期间，巴黎有三四十种革命报刊和民主报刊。最重要的报纸《法兰西共和国公报》是新政权的机关报，从 3 月 20 日至 5 月 24 日共出版 66 期。影响很大的《杜歇老爹报》每天发行 6 万—7 万份。由著名记者瓦莱斯主编的《人民呼声报》每天印数达 8 万—10 万份。这些报纸刊载公社的法令和决议，向群众宣传公社的政策；还刊登群众来信，反映人民的要求；报纸揭露资产阶级政府的卖国行径，团结和教育人民。

保卫公社的战斗

3 月 18 日革命胜利后，梯也尔政府只有残兵败将 15000—16000 人，而巴黎国民自卫军在数量上占有极大优势①。梯也尔政府利用喘息之机，迅速增补兵员，到 4 月初，凡尔赛军队已达到 65000 人。

4 月 2 日，1 万多名凡尔赛分子从西北方向对巴黎发动突然袭击。沉浸在起义胜利欢乐中的巴黎公社革命者对凡尔赛政府可能发动的进攻估计不足。2000 多名守卫战士仓促应战，库尔贝瓦和纳伊桥等据点很快失守。

初次交锋的失利使巴黎受到震惊，要求向凡尔赛进军的呼声顿时高涨起来。4 月 3 日凌晨，公社匆忙调集约 4 万名国民自卫军战士，在公社军事委员会委员埃德、贝热瑞和杜瓦尔三位将军率领下，分三路向凡尔赛进军。由于缺乏周密的作战部署和严格的军事训练，遭到惨重损失。公社著名将领杜瓦尔和弗路朗斯壮烈牺牲，2000 多人被俘。

4 月 6 日，梯也尔任命麦克马洪为总司令兼第一军军长，下设 3 个军团，包围巴黎西部和南部（东部和北部被德军占领）；第二军即后备军，由维努亚统率，占据中路。4 月下旬，德军释放 6 万名俘虏，组成凡尔赛政府军第四、五军团。至此，凡尔赛军队兵力达 11 万多人。

公社方面，4 月 2 日执行委员会任命旧军官克吕泽烈与埃德同时担任军事代表，成为公社军事工作的实际领导人。克吕泽烈采取了一些改革措施，例如，把国民自卫军按年龄分成战斗部队和驻防部队；选拔有军事知识和作战经验的指挥人员，其中最著名的有波兰革命家东布罗夫斯基代替贝热瑞，被任命为巴黎城防司令，负责指挥西线，符卢勃列夫斯基指挥巴黎南线。克

---

① 据 1871 年 5 月 4 日《法兰西共和国公报》记载，国民自卫军总共约有军官 6500 人，士兵 162000 人，病员、休假和开小差的士兵不计算在内。

吕泽烈还建立军事法庭，整顿军纪。这些措施使公社军事工作得到某些改善，但不少做法脱离巴黎的实际，公社又对军事工作不够重视，因而收效不大，未能达到除弊图新的目的。

4月中、下旬，凡尔赛军队在巴黎西部和南部发动进攻。公社战士在东布罗夫斯基和符卢勃列夫斯基指挥下，浴血奋战。4月份的战况暴露出公社在军事领导上的许多问题：首先，前线兵力不足。4月7—8日以后，公社用于巴黎防务的兵力总共不过30000—35000人；到4月底5月初，兵力减少到15000—16000人，要抗击8倍于己的凡尔赛分子的进攻。其次，后勤工作差。公社共有大炮和速射榴弹炮1740门，但炮兵和马匹不足，只能利用其中的321门，运输调配不当，前线弹药不足。最后，缺乏统一的军事指挥中心。国民自卫军中央委员会中大多数最有威望的委员被选入公社委员会之后，中央委员会的影响和作用大大下降。公社委员会同中央委员会的职责始终未能明确，它们都干预军事工作，令出多门，各自为政。

4月30日，巴黎西南部公社控制的伊西炮台一度被凡尔赛军攻陷。公社委员们对克吕泽烈没有认真对待前线战报，未派出援军，表示强烈不满。当天的公社会议决定将他撤职逮捕，任命国民自卫军参谋长罗谢尔上校代理他的职务。

随着军事斗争的加剧和公社军事领导的混乱，越来越多的公社委员要求加强公社的集中统一领导。4月28日，布朗基主义者米奥提出成立救国委员会的提案。5月1日，公社会议上以45票赞成、23票反对，通过了米奥的提案。投赞成票的主要是布朗基主义者和新雅各宾党人，称为"多数派"，投反对票的主要是蒲鲁东主义者，其中包括布朗基派的重要成员特里东，称为"少数派"。只有37人参加投票，选出的救国委员会5名成员都属多数派，包括3名布朗基主义者：安·阿尔诺、朗维耶、沙·日拉丹，2名新雅各宾党人：梅叶、皮阿。这个五人委员会威望不高，未能发挥领导核心作用。

5月，公社的军事形势进一步恶化。凡尔赛至少有12万兵力，而公社的兵力已不足3万人。前线公社战士的处境越来越困难。东布罗夫斯基主张改变消极防御的错误做法，采取积极反攻的行动。他指挥西线的公社战士顶住了凡尔赛主力的进攻，牵制了10倍于己的敌军，还支援了南线部队。5月3日，皮阿等人擅自命令东布罗夫斯基和符卢勃列夫斯基驰援伊西炮台，致使木兰—萨克多面堡失守，250名公社战士牺牲，300人被俘。次日，罗谢尔向公社提出控告。皮阿矢口否认曾签署过命令，在物证面前仍进行狡辩。5月4日至6日的公社会议围绕救国委员会的权限纷争不已，严重影响了对战事的统一指挥。5月9日，伊西炮台失守。罗谢尔对公社前途悲观失望，提出辞职。

5月9日，救国委员会在一片指责声中改组。第二届救国委员会仍然排斥少数派，5名委员中，朗维耶、阿尔诺、埃德属布朗基派，冈邦、德勒克吕兹属新雅各宾派。5月10日，德勒克吕兹当选为军事代表。

5月中旬，公社内部两派的矛盾日趋尖锐。由于德勒克吕兹任军事代表，救国委员会准备补选1名委员。少数派提出最有威望的工人运动领袖瓦尔兰为候选人。这本是一个弥合分歧、加强团结的好机会，但是，5月12日却选举了多数派的比约雷。紧接着，多数派开始把少数派成员从其他权力机构排挤出去。5月15日，少数派发表宣言，对救国委员会提出批评，表示不再参加公社会议，准备回到各区投入保卫公社的战斗。

少数派宣言公开暴露了公社内部的分歧，在人民群众中引起强烈反响。他们通过群众集会和报刊，敦促两派消除分歧，团结起来。大多数公社委员转而采取了正确立场。在保卫公社的最后战斗中，两派成员携手并肩战斗。

5月以后，国内外反动派为镇压巴黎革命进一步勾结起来。5月10日，凡尔赛政府与俾斯麦政府正式签订《法兰克福和约》。谈判过程中，双方达成秘密协定，允许凡尔赛军队越过德军防线进攻巴黎。德军司令部还向公社发出拆除巴黎城防工事的最后通牒，并对巴黎实行封锁，切断粮食供应。

凡尔赛军13日占领旺夫炮台。从17日起，凡尔赛军的炮队轰击巴黎，城内5个区遭到炮击。5月21日，凡尔赛军队从圣克鲁门攻入巴黎，震撼世界的"五月流血周"开始了。

巴黎人民同仇敌忾，奋起保卫公社。他们用木材、家具、沙袋、木桶筑起几百个街垒。离市政厅越近，街垒修得越高，装备越好，使凡尔赛军队每推进一步都付出很大代价。在激烈的巷战中，在一个个街垒前，妇女、儿童、老人与公社战士并肩战斗，绝不屈服，涌现出许多可歌可泣的动人事迹。

公社革命者英勇献身，谱写了无产阶级斗争史上极为壮丽的诗篇。勇敢的国际主义战士东布罗夫斯基始终在最前线，以他杰出的军事才能指挥公社战士以少胜多，英勇抗击凡尔赛军的进攻。凡尔赛政府用150万法郎收买，派密探暗杀。5月23日，他在蒙马特尔街垒战中献身。为民主和共和战斗了大半生的老战士德勒克吕兹，拒绝友人让他躲藏起来的劝告，怀着舍生取义的决心与公社战士同生死，24日在沙托得奥广场战斗中殉职。瓦尔兰受命于危难之中，毅然肩负起军事代表的重任，率领公社战士坚守最后的阵地，28日在拉姆庞诺街街垒失陷后被敌人抓获。他受尽折磨凌辱，依然昂首挺胸面对死亡，保持了公社革命者威武不屈的尊严。

至27日晨，战斗集中到梭蒙高地和拉雪兹神甫公墓。27日夜间，梭蒙高地被敌人占领。不到200名公社战士在拉雪兹神甫墓地抗击5000名凡尔赛分子。到28日晚，公社战士弹尽粮绝，同敌人展开肉搏，全部殉难。人类历史上第一个无产阶级政权被淹没在血泊之中。

随之而来的是对公社被俘战士空前残酷的屠杀和迫害。面对反动派疯狂的阶级报复，公社战士表现出无产阶级大无畏的英雄气概。公社委员费雷、特兰凯、"蒙马特尔的红色姑娘"路易斯·米歇尔、马赛公社领袖加斯通·克莱米约等，在法庭上大义凛然，控诉凡尔赛分子的罪恶，向全世界宣告公社事业的正义性和无产阶级必胜的信念。费雷和克莱米约在刑场上镇定自若，视死如归，拒绝蒙住双眼而从容就义。

在五月流血周和以后的屠杀迫害中，究竟有多少公社战士被杀害，其说不一①。《巴黎公社社员们》一书的作者汉斯·马雷茨基统计：29804人遭反动派残杀，72941人在战斗中牺牲，60917人被投入监狱或被流放。

19世纪最伟大的社会革命

巴黎公社革命的失败如同它的发生一样，也有其历史必然性。

从客观上说，19世纪六七十年代法国资本主义处于迅速发展时期，资本主义生产方式还有容纳社会生产力发展的广阔余地。与此相适应，无产阶级与资产阶级的矛盾也还没有发展到严重对抗的程度，解决这个矛盾的条件没有成熟。巴黎公社革命是由于特定的历史环境、民族矛盾和阶级矛盾交织在一起，产生了资产阶级的统治危机，因而触发了一场无产阶级革命。但是，公社革命所要消灭的资本主义生产方式，还有它存在的历史依据。无论在国

---

① 《陆海军手册》记载，在5月21—28日街垒战中，阵亡总人数约为25000人。G. 拉隆兹《1871年公社史》估计，公社被镇压时，被捕者达5万人。布吕阿、多特里、泰尔桑主编的《1871年的公社》指出，被枪杀的准确人数无从查明，不同历史学家所引用的数字从17000至35000不等。

际范围，还是在法国，无产阶级与资产阶级之间的力量对比都是悬殊的，无产阶级缺乏取得革命胜利的客观历史条件。

从主观上说，当时法国工人阶级在政治上还不成熟，科学社会主义只为少数先进分子所接受，蒲鲁东主义和布朗基主义在公社中有广泛影响。工人阶级的不成熟使公社在政治上、军事上犯了一系列致命的错误。3 月 18 日以后，公社革命者没有利用有利时机和军事上的优势乘胜追击消灭已濒于瓦解的梯也尔政府反动军队，使梯也尔政府得到了喘息之机，以重整旗鼓，卷土重来，扑灭巴黎革命。对严重危害公社安全的反革命破坏活动镇压不力；没有剥夺资产阶级反动分子的政治权利，使他们能以"合法"方式进行反对公社的活动。公社没有没收法兰西银行来改善十分困难的财政状况，加强公社的经济实力。公社存在期间，该银行仅向公社提供 1669 万法郎，而在同一时间里给凡尔赛政府的汇款是 25800 万法郎，相当于给公社款项的 15 倍。况且，法兰西银行的股东达 15000 人，储户 9 万多，掌握了一半以上股票的 200 名股东是金融、实业界重要人物，控制这个银行无疑可对凡尔赛政府施加巨大的政治压力。此外，在公社委员会内部，忽视必要的集中，始终没有形成一个有权威的领导核心，在无休止的讨论中浪费了不少时间，致使公社领导软弱无力。公社对团结农民的重要性认识不足，未能建立工农之间的革命联盟。

所有这些客观的和主观的原因导致了公社革命的失败。

巴黎公社革命具有伟大而深远的历史意义，它是无产阶级推翻资产阶级统治，建立无产阶级专政的第一次尝试，它为国际无产阶级提供了进行暴力革命，打碎资产阶级军事官僚机器，用真正民主的无产阶级新型国家取代旧国家的初步经验。巴黎公社创建新社会的伟大实践在世界历史上是没有先例的，它以崭新的创造载入史册，当之无愧地成为"19 世纪最伟大的无产阶级运动最伟大的典范"。[①]

公社革命的经验和教训极大地丰富了科学社会主义理论宝库。在巴黎公社之前，马克思、恩格斯关于无产阶级革命和无产阶级专政的理论，严格说来还只是一种科学的预见，巴黎公社不朽的历史功绩在于：它使社会主义理论的科学预见第一次变成现实，它使无产阶级新型国家的概念——无产阶级专政，第一次受到检验。巴黎公社的历史经验证明：无产阶级专政的首要条

---

① 《列宁全集》第 13 卷，人民出版社 1963 年版，第 454 页。

件就是无产阶级军队，无产阶级革命必须打碎资产阶级国家机器，才能建立无产阶级专政，无产阶级必须建立新的真正民主的国家政权，并运用这个政权消灭阶级对立的阶级基础，用共产主义方式组织社会生活，使劳动者获得彻底解放；在农村人口占多数的国家，工农联盟是无产阶级专政的重要阶级基础，以科学社会主义理论做指导的无产阶级革命政党的正确领导，是建立和巩固无产阶级专政的根本保证。

巴黎公社的这些历史经验是国际无产阶级的宝贵财富，推动无产阶级解放事业广泛深入的发展。所以，当公社的曙光刚刚出现在欧洲地平线上的时候，马克思就天才地预见到："工人阶级反对资本家阶级及其国家的斗争，由于巴黎人的斗争而进入了一个新阶段。不管这件事情的直接结果怎样，具有世界历史意义的新起点毕竟是已经取得了。"①

---

① 《马克思恩格斯选集》第 4 卷，人民出版社 1972 年版，第 394 页。

德雷福斯案件

戴成钧　楼均信

德雷福斯案件是 19 世纪末法国政治生活中出现的一起震惊欧洲的大冤案。它对当时法国的政局产生了重大影响。

案件发生的历史背景

德雷福斯案件的出现，是当时法国严重的政治危机和精神危机的反映。

19 世纪 90 年代，法国逐步向帝国主义阶段过渡，社会经济和政治生活发生了急剧转变。随着 90 年代中期的工业发展，资产阶级，尤其是大资产阶级的经济实力加强了。1873—1891 年，10％ 的人掌握了总财富的 92.08％。1894—1895 年，年收入在 10 万法郎以上的有 3000 人，握有的总金额达 57200 万法郎，而年收入在 2500 法郎以下的 9509800 人中，握有的总金额仅 1234200 万法郎。工业资本家、银行资本家与国家高、中级官员形成了资产阶级新权贵。旧贵族尽管在政治上已失去了地位，但在经济上仍有很大实力，他们往往是矿业或其他公司、银行的大股东。新旧剥削阶级融为一体，向广大农民和无产阶级发起了新的进攻。

90 年代的法国，农村人口仍然占优势。由于八九十年代持续的农业危机，农民生活日趋贫困。在诺尔省农村，有 25 万人靠慈善机构的救济为生。无产阶级的劳动条件日益恶化，工作日一般是 10—12 小时，有的长达 16—17 小时。女工的工资比男工少一半。当时法国几乎没有什么有效的社会立法，工人的物质生活和民主权利得不到应有的保障。因此，国内阶级斗争和政治斗争日趋激烈。

法国无产阶级与资产阶级展开了新的斗争，出现了工人运动的高涨。

1890 年，法国工人响应第二国际的号召，举行了历史上第一次"五一"示威游行。1891 年 5 月 1 日，里昂的示威群众与军队发生了激烈的殴斗。诺尔省的工业小城富米尔，在法国工人党的号召下，工人们也举行了"五一"游行示威。企业主和政府当局慌忙从边防军第 84、第 145 团各抽两个连队到富米尔。游行群众与军队发生了冲突，军队开枪射击，10 名工人被打死，30 人受伤。但是，富米尔屠杀并没有阻止罢工运动的发展。5 月 25—27 日，巴黎公共汽车、电车驾驶员和售票员 7000 人罢工，要求增加工资，缩短工时。1892 年 8 月 15 日，卡尔莫煤矿 3000 工人宣布罢工。总理卢贝派兵 1200 人前往镇压。工人坚持斗争 3 个月，终于取得了胜利。煤矿公司经理、保皇派索拉热被迫辞去阿尔比第二选区的议员。翌年 1 月，社会主义者饶勒斯取代索拉热当选为议员。1893 年，罢工运动达到了高潮，1871—1892 年平均每年罢工 157 次，而 1893 年一年就达 634 次，有 172000 人参加，是 1870 年以来罢工最多的一年。

随着工人运动的发展，法国社会主义运动愈来愈在政治舞台上显示了它的力量。法国工人党的队伍扩大了。它的党员由 1889 年的 2000 人增加到 1893 年的 1 万人。社会主义各派联合的倾向也有所加强。在 1893 年的议会选举中，社会主义各派获得了 60 万票，有 50 名社会主义者当选为议员，这是社会主义派空前的重大胜利。

工人运动和社会主义运动的迅速发展，使法国统治集团非常害怕。资产阶级的温和共和派政府日趋反动，公开宣称"社会主义就是敌人"。此后颁布两项"最恶毒的法律"，禁止出版自由，加强镇压措施，矛头直指社会主义。同时，竭力鼓吹与教会妥协的"新精神"。1894 年 3 月初，卡西米尔—佩里埃内阁的宗教部长西皮勒公开扬言，现在是"同一切狂热作斗争，反对一切宗派的时期"。他向教会表示："你们能够依靠政府的警惕以维护国家的权力。在'新精神'下推动法国社会的一切公民趋于和解。"6 月，卡西米尔—佩里埃当了总统。议会中的社会主义党团向全国发表声明，反对这个反动的奥尔良分子为总统，高呼"打倒反动派"。9 月 20 日，《喧闹报》发表题为《打倒卡西米尔》的文章，最后指出："今天，公民们在他路过时沉默不言，明天，将响彻人民的呼声，'打倒卡西米尔！劳动者的共和国万岁！'"经过几个月的激烈斗争，佩里埃被迫辞职，大皮革商费里克斯·富尔继任总统。此后，法国政治舞台上，派别斗争激烈，内阁更迭频繁，政治危机重重。随着巴拿马丑剧①的发生，共和派威信扫地，全社会动荡不安。一些保皇派和教权派乘机利用民族主义和反犹主义来反对共和制度。

在法国，自从普法战争中失去了阿尔萨斯、洛林之后，长期以来普遍存在着对德复仇情绪，因此，民族主义猖獗一时。反犹主义则成为民族主义的重要表现。而法国军队就成为反犹主义的重要阵地。保皇派面对共和制度的胜利，并不甘心退出政治舞台。在1893年选举中，七月王朝的后裔巴黎伯爵利用一切手段，甚至从自己的私人资金中拿出250万法郎，供沙文主义的布朗热分子从事选举活动，妄图重登皇位。保皇派残余势力在教会、军队中窃居要位。如总参谋长布瓦代弗尔是著名的保皇党人和教权主义者。情报处长桑德埃尔是狂热的反犹主义者。他的助手亨利也是个反动的反犹分子。陆军部长梅西埃尔是个不学无术的教权主义者。这些反动军官都充满了反犹主义情绪。虽然法国的犹太人总数不多，但在法国的社会生活中影响很大。由于法国的犹太人曾积极地参加了普法战争，因此，犹太人团体发展很快，其成员由1870年的4万人增加到1894年的8万人。军队里的犹太军官也有相当数量，达500人。犹太人在法国经济界，特别是在金融界更拥有强大的实力。犹太资本家与法国的资本家集团常常发生尖锐的冲突。法国军队中的高级军官眼看犹太军官的迅速增加，产生了严重的不满和仇视。犹太人被当时民族主义、教权主义和军国主义视为主要危险。德雷福斯案件就是在这种错综复杂的情况下发生的。

德雷福斯案件的发生

阿尔弗莱德·德雷福斯（1859—1935年）出生在阿尔萨斯省牟罗兹镇一个犹太血统纺织厂主家庭。因为家乡被普鲁士侵占，从小就有强烈的爱国感情。他11岁立志从戎，想当一名爱国军官。1892年以优异成绩毕业于圣·西尔陆军学校后，进入陆军部总参谋部，任上尉见习参谋。1890年4月，他和巴黎珠宝商的女儿露西耶·阿达马尔特结婚。他们有两个孩子。

① 1880年，"开凿巴拿马运河公司"为筹集资金发行股票。1888年，工程停顿，不久公司破产，几十万股票持有者遭受很大损失。一个由33人组成的委员会在调查此事时发现，不少参议员、众议员、部长已被巴拿马运河公司收买。巴拿马丑剧即官商勾结的欺骗勾当。

1894 年，德雷福斯被诬告为出卖祖国的间谍，蒙受不白之冤达 12 年之久。

冤案的编造是十分离奇的。1894 年 9 月中旬，在德国驻巴黎大使馆充当女仆的法国侦探巴斯蒂安，在德国武官冯·施瓦尔茨科本上校办公室的废纸篓里，发现了一张被撕成碎片的便笺，既无日期，又无署名，上面开列了 5 项有关法国国防机密文件的清单，计有：（1）120 毫米口径大炮水压制动器及其性能的情报；（2）关于边防部队部署的情报（按新的作战计划会有一些变化）；（3）关于炮兵部队部署变动的情报；（4）关于马达加斯加的情报；（5）野战炮发射说明书草案（1894 年 3 月 14 日）。这就是被人称为的向德国间谍头子提供情报的"清单"。

情报处副处长亨利少校获得清单后，明知这是出于他的同伙埃斯特拉齐少校的手笔。可是，他隐瞒真情，于 9 月 25 日向情报处军官出示了这一清单，商议侦破事宜。四局局长法布尔上校认为清单的字迹与德雷福斯相似，立即逐级上报总参谋长布瓦代弗尔将军和陆军部长梅西埃尔将军。梅西埃尔指示法布尔派巴蒂·德·克朗少校查明清单真相。因为德雷福斯是犹太人，他就以笔迹雷同为依据，向他的上级报告德雷福斯就是罪犯。亨利为掩护自己，拼命散布谣言，使人相信德雷福斯的罪行是无疑的。然而，鉴于德雷福斯的平日表现，陆军部的另一些军官向梅西埃尔建议：在掌握确凿证据之前不要表态。于是，陆军部又装模作样地请了一些笔迹专家鉴定。10 月 13 日，法兰西银行的笔迹鉴定专家戈贝尔提出了报告，认为"笔迹有明显差别"。可是，同一日，在上司的授意下，警察局鉴定处的阿尔方斯·贝蒂荣却提出了相反的报告，认定"明显出自同一手的笔迹"。陆军部长梅西埃尔就以后一种意见为根据，单独会见总统卡西米尔—佩里埃、总理迪皮伊，并在内阁会议上断言犹太军官德雷福斯有罪。10 月 15 日，陆军部长下令逮捕德雷福斯，并由巴蒂·德·克朗负责进一步调查。

在德雷福斯被捕的当天中午，他们搜查了他的家，德·克朗威胁德雷福斯夫人说："一个字，哪怕是泄露一个字，都将给你的丈夫带来无法挽回的损失，拯救你丈夫的唯一方法就是沉默。"德·克朗还到监狱对德雷福斯进行逼供和诱供。与此同时，巴黎警察局奉司法部指令，又指派 3 名鉴定人对笔迹进行新的鉴定。仍然说法不一，得不出一致结论。这时，亨利为把罪责强加到德雷福斯头上，向反犹报纸和天主教报纸泄露了正在侦查中的案件情况，进一步断定德雷福斯犯罪属实。

10 月 29 日，反犹主义的《自由言论报》发表短文，谴责道："最近，依照军事当局指令逮捕了一名重要的权势人物是真的吗？被捕人被控为侦探。如果消息属实，军事当局为何保持沉默？"11 月 1 日，大多数报纸都披露了德雷福斯的姓名。《自由言论报》则登出大字标题"大背叛，犹太军官德雷福斯被捕"。梅西埃尔也于 11 月 17 日、27 日，两次向《晨报》《费加罗报》的记者公开宣布德雷福斯的犯罪是无可争辩的。

11 月中，第一军事法庭开始审理德雷福斯案件，共提审了 12 次，于 11 月 29 日结束。每一次审讯，德雷福斯都严正表明自己没有犯罪，并对所提问题作了准确无误的回答。12 月 19 日，军事法庭不顾德雷福斯辩护律师德芒热的反对，决定进行秘密审判。亨利以所谓证人的身份出庭作证，一口咬定德雷福斯有罪。辩护人德芒热据理辩驳，表示没有证据不能服人。庭长蛮横地打断律师的讲话，表示"他不需要任何证据"，并威胁律师"不再允许你继续这样做""我要逮捕你"。接着，庭长以"任意决定权"宣布休庭。判决之前，在没有任何旁听的情况下，陆军部向法庭送来了保存在参谋部的"密档"，里面有几份材料，其中提到"我会见了那个叫 D. 的家伙，他要我随信附上 12 份关于尼斯的地图"。其实，稍后发现这完全是一种栽赃。"D"是指交地图的"杜波依斯"，而且原信本无日期，估计是 1892 年或 1893 年发的，可是却伪造为 1894 年 3 月。法庭就以捏造的材料为依据，于 12 月 22 日判处德雷福斯终身流放。

1895 年 1 月 5 日，德雷福斯被正式革除军职。但是，他毫不畏惧地表示："我对我的妻子和孩子起誓，我是无罪的。法兰西万岁！"4 月中，德雷福斯被押送到法属圭亚那附近的魔鬼岛服刑，被囚禁在简陋的石砌小屋里，艰难地熬煎了 1500 多天。

争取重审的斗争

德雷福斯在被提审的最初日子里，完全与世隔绝。只是到了 12 月初，即被捕 7 个星期之后，才被允许给他妻子写信。12 月 6 日，他给妻子的第一封信中表示，对强加在他头上的莫须有罪名深恶痛绝，决心保持自己的理智，维护自己的名誉，要找出那出卖祖国的小人，对待这叛徒的惩罚将是无情的。以后，他不断给妻子写信，表示："站在战友面前的我，将是一名无愧的、无懈可击的战士""我已把自己所有的力量和能力献给了祖国，我因此而无所畏惧。"

　　德雷福斯的妻子露西耶、兄弟马蒂厄·德雷福斯都坚信德雷福斯是无罪的；并为这个案子的重审、为恢复德雷福斯的名誉，进行了长期的、艰苦的努力。1894 年 12 月 30 日，他的妻子鼓励他说："你必须坚强、果断，永远也不要灰心丧气"。"你切不可自我折磨，我们全都一心一意、同心同德地致力于这件事，你可以完完全全地信赖、依靠我们"。马蒂厄·德雷福斯原来也是个军官，是棉纺厂主，在社会上有一定影响。从 1895 年 2 月开始，他与其朋友、新闻记者贝尔纳德·拉扎尔联络，并通过他与参议院副议长休雷·凯斯特内取得联系。他们确信德雷福斯是无罪的，且用一切方式向军事当局提出了抗议，从而使他们的营救活动在文化知识界得到了越来越大的反响。

　　同年 7 月，皮卡尔上校升任为情报处长。他也是毕业于圣·西尔军校的犹太人，曾代表陆军部参加过对德雷福斯案件的审讯，对审理的案子提出过怀疑。他上任后，更加注视案情的发展。1896 年 3 月，他截获了德国武官施瓦尔茨科本上校给埃斯特拉齐少校的"气压传递信"。当时人们称为"Petit bleu"（气压传递的急件，一般用蓝纸）。埃斯特拉齐是出身于匈牙利的法国军官，生活腐化，混在情报处从事间谍活动，为德国提供情报。后来，皮卡尔又从德国武官办公室里找到了埃斯特拉齐送的一些气压传递信碎片，其笔迹与清单的笔迹完全一样。因此，皮卡尔确定清单的作者、真正的罪犯是埃斯特拉齐。他一面叫部下亨利监视埃斯特拉齐，一面于 8 月向总参谋部报告。可是，副总参谋长莫斯将军却敷衍搪塞。皮卡尔坚持要认真调查，并审问埃斯特拉齐。贡斯等反动军官却要维持原判。9 月 15 日，他对皮卡尔说，"德雷福斯已关在魔鬼岛，你为什么要如此坚持己见？""这是个不再重审的案件""如果你不说，任何人也不会知道"。正当双方争执之时，亨利为掩护埃斯特拉齐和自己的罪行，于 11 月初，拿出一份意大利武官帕尼扎尔蒂给德国武官的信件。信中提到一个议员对德雷福斯问题的质询，并承认他自己"曾同这个犹太人有关系"，要求德国武官也这么说，以统一口径，最后伪造署名为亚历山大里内。贡斯将军就以亨利的伪造为依据，维持原判。为了遮人耳目，总参谋部决定把皮卡尔调离法国本土，去突尼斯南部边境服役，而由亨利接替了皮卡尔的职务。这就为重审德雷福斯案件设置了新的障碍。

　　但是，争取重审案件的斗争仍在发展着。皮卡尔临行前，把揭露案情真相的致共和国总统的信交给了他的朋友勒布卢瓦律师。11 月 6 日，犹太血统的作家贝尔纳德拉扎莱发表了《一个错误的审判，关于案件的真相》小册子。马蒂厄·德雷福斯也多次找副参议长休雷·凯斯特内、议员让·饶勒斯、作家左拉等人，呼吁他们主持公道。1897 年 7 月，凯斯特奈公开声明他站在德雷福斯派一边，要求政府重新审理。10 月 29 日，他求见总统、激进党人费里克斯·富尔。他声明说，他认为对德雷福斯的判决是不公正的，他决心尽一切可能为重新审理案件而斗争。接着，他又奔走陆军部长、内政部长，总理等要员家中，都受到了冷遇。于是，他决定诉诸公众舆论。11 月 14 日，《时代》报发表了他的公开信。第二天，马蒂埃·德雷福斯写了另一封公开信。他们揭露埃斯特拉齐是真正的罪犯，要求重审德雷福斯案件。

两大对立阵营的严重搏斗

1898 年 1 月 11 日，军事法庭宣布埃斯特拉齐无罪，而主持公道的皮卡尔却遭到了逮捕。当局的卑鄙行径立即引起了社会舆论的公愤。

1 月 13 日，法国著名作家左拉在克列孟梭主编的《震旦报》上以《我控诉》的头条通栏标题，发表了致共和国总统费里克斯·富尔的公开信，揭露了法国总参谋部在德雷福斯案件中的各种阴谋诡计，并控告陆军部长、总参谋部的主要官员以及埃斯特拉齐案件中的笔迹专家，蓄意制造冤案，诬陷无辜者。左拉在公开信的结尾愤怒地写道：“真理在前进，任何力量都无法阻挡……当人们把真理埋在地下，它就会在地下积聚起来，汇成爆炸性的巨大力量；而且一旦爆发，就会使一切归于毁灭。”“至于我所控告的那些人，我并不认识他们，也从未见过他们，我对他们既无冤又无仇。在我看来，他们只不过是心怀社会邪恶灵魂的几个实体罢了。而我在这里所做的工作，仅仅是促使真理和正义早日大白天下的一种革命手段……我的愤怒的抗议只是发自我心灵的呼声。让他们把我带到刑庭受审吧！但审讯必须公开进行！我期待您的回答。”

左拉的公开信在法国和国际上引起了广泛而强烈的反响。人们竞相争购登载公开信的《震旦报》，在当天就销售了 30 万份。各国的进步人士纷纷打电报给左拉，对他不畏强暴、主持正义的果敢举动深表钦佩和支持。侨居在法国的俄国著名作家契诃夫当即给友人写了信，高度赞扬左拉的公开信。他写道：这封公开信“像新鲜空气一样，使每个法国人都感到：谢天谢地，世间尚有公理存在，如果有人受到冤枉，还有人替他申冤明理"。

左拉的公开信激起了各界人士对德雷福斯案件的密切关注，许多原来漠不关心的民众，也参与到这场支持正义的斗争。在法国很快形成了相互敌对的两大阵营：德雷福斯派和反德雷福斯派。一些资产阶级共和派、开明知识分子、新教徒及广大的先进工人和部分社会主义者，组成了保卫人权和公民权同盟，坚决站在左拉一边，主张重审此案，成为德雷福斯派，代表了法国的民主势力。反动的军国主义者、民族沙文主义者、君主主义者，反犹太分子及教权派，组成了法兰西同盟，坚决反对重审德雷福斯案件，成为反德雷福斯派，代表了法国的反动势力。两大对立阵营怀着不同的政治目的展开了激烈的搏斗，从而使一起冤屈的诉讼案件顿时演变成全国性的政治事件。

在这场严肃的斗争中，法国的大多数社会主义者认为这是资产阶级的内部混战，社会主义者不应帮助任何资产阶级派别，因而采取了"不介入"的错误策略。1898 年 1 月 19 日，即左拉的公开信发表后 6 天，社会主义者议会党团的代表向全国工人发表声明，公开表明了对这一案件的立场，认为德雷福斯案件实质上"变成了资产阶级对垒的两个派别、两大资产阶级集团即机会主义派和教权派的战场"。号召工人阶级"不要加入这场资产阶级内战中的任何一方"，提出必须"打倒犹太资本主义和基督教资本主义！打倒教权主义！打倒军阀！"社会主义者各派的著名代表，如盖得、杰维尔、饶勒斯、米勒兰、瓦扬等 22 人均在声明中签了名。

但是，饶勒斯很快就放弃了上述声明中的不介入立场，坚决站在德雷福斯派一边，与反动势力展开了猛烈斗争。法国的反动势力眼见左拉公开信的强大威力，惶恐不安，把左拉交付法庭审讯。一批以总参谋长为首的高级军官，为左右裁决结果，以武力和辞职相威胁，狂喊"如果法庭拒不同意我们所要求的判决，我们就要立即辞职，放弃我们负责的国防不管"。在军国主义者通牒式的威胁下，2 月 23 日，法庭指控左拉污蔑军队，犯了诽谤罪，判处 1 年徒刑和 3000 法郎罚款。左拉被迫逃往英国。对左拉的无理判决，激起了法国民主势力的强烈不满，他们继续与反动势力搏斗。饶勒斯毅然出庭为左拉做证，在法庭上发表了长篇演说，为德雷福斯申冤明理。饶勒斯有力地揭露军国主义者和教权派的罪恶勾当，揭穿了政府的虚伪和欺骗，指出"在一个自称享有自由的国家里，无论是制定法律的地方还是执行法律的地方，都无法知道法律是否被人遵守，这真是咄咄怪事"。他指责政府说："你们对左拉的拙劣指控，首先暴露出来的是谎话连篇、懦弱无能。"

饶勒斯的行动得到了广大群众的同情和支持，也促使了社会主义者内部的激烈分化。可能派和阿列曼派①紧跟在后，转向德雷福斯派。独立社会党人米勒兰、维维安尼等人，坚决反对介入此一案件。盖得派和布朗基派中的多数成员，也坚持不介入立场。但盖得和瓦扬等领导人是赞同饶勒斯的见解的，认为德雷福斯是无罪的。盖得还把左拉的公开信称为19世纪最伟大的革命行动。可是，他们的党却继续告诫党员不要介入这场争论。1898年7月24日，盖得派的法国工人党全国委员会发表了告法国劳动者书，再次阐明两派都是无产阶级的敌人，是社会主义的敌人，无产阶级"既不要站在这一边，也不要站在另一边"。

当时，保尔·拉法格作为工人党的领导人之一签发了这一文件，但他个人并不同意这一声明所采取的立场，他认为工人党不能采取模棱两可和袖手旁观的态度，而应该投入这场斗争。随着斗争的深入发展，工人党的态度略有改变。在1898年9月举行的工人党全国代表大会上，通过决议表示"党必须围绕最近的军事、司法、政府方面的丑闻展开必要的鼓动，以便补充对无产阶级进行社会主义教育和革命教育"。要求坚决谴责民族主义和反犹太主义。

在议会内外，围绕着德雷福斯案件的争论，两派斗争深入发展。1898年7月7日，新上任的陆军部长卡芬雅克在议会中的一次演说中，公然宣称他掌握了证明德雷福斯有罪的新证据，还煞有介事地公布了所谓罪证确凿的三个"新文件"，即几封与德国间谍机关来往的密码信。证明德雷福斯是地道的叛国者。这是反动势力向进步势力反扑的信号。在一些反动分子的要求下，还将这一新文件印发张贴各市镇。鼓吹民族沙文主义的爱国者同盟的头目德鲁莱德随即从席位上跳起来高呼："我以法兰西的名义感谢您！"反德雷福斯派借此机会准备大规模地迫害德雷福斯派。卡芬雅克还秘密拟订了一份决定送交最高法院审判的人员名单，其中有克列孟梭、饶勒斯和左拉等德雷福斯派的著名人物。

饶勒斯不顾个人安危，在《小共和国报》上连续发表文章，提供大量关于德雷福斯无罪的确凿证据，并且得出这样的结论："（1）德雷福斯被判罪纯属非法，被告的各项基本权利全遭践踏。（2）德雷福斯一案纯属错案。无

---

①　阿列曼原属可能派。1890年9月分裂出来，组成阿列曼派，又称革命社会主义工人党。宣扬"市政社会主义"，鼓吹"工人自治"。

辜者受尽折磨，真正的罪犯却逍遥法外"。同时指出所谓三个新文件只有其中一个牵连到德雷福斯，而且明显是伪造的，不足为凭。

在进步力量的积极努力下，饶勒斯的结论很快得到证实。1898年8月30日，总参谋部情报处处长亨利中校被迫向卡芬雅克供认，三个新文件中最主要的那一份材料是他伪造的。政府只得将他逮捕，次日晨发现亨利在狱中自杀身亡。亨利的供认与自杀轰动了全国，舆论强烈谴责反动当局，一致要求惩办真正的凶手。与此案有直接牵连的埃斯特拉齐闻讯后，立即畏罪潜逃。总参谋长希瓦代弗尔和陆军部长卡芬雅克在群情激愤中被迫辞职。10月，当权的希里杜内阁害怕事态扩大，随即表示要按法律程序提交最高法院重审此案。

反动势力继续顽抗，反德雷福斯派纠集在一起，不惜为亨利伪造文件的卑鄙行为辩护，说亨利伪造文件是一种爱国行动，完全出于策略考虑。他是用伪造的文件来代替某些一时无法公开的真实叛国罪证。因为这种文件如果公布，就有同德国发生战争的危险。从而，把亨利打扮成真正的爱国者。与此同时，他们还纠集各种反动的民族主义组织，在1898年秋冬多次召开反对重审德雷福斯案件的大会，一些民族主义分子和反犹太分子还在巴黎和一些市镇组织游行示威，狂喊："打死犹太人，军队万岁！"甚至疯狂冲击德雷福斯派组织的群众大会，进行暴力恐吓。

反动军事当局卑鄙伪造阴谋的被揭穿以及反德雷福斯分子的横行不法，激起了广大群众和进步人士的无比愤怒。1898年9月13日，巴黎17000名建筑工人宣布罢工，接着许多行业的工人也纷纷举行罢工，以示抗议。两派斗争趋向白热化。反动政府于10月上旬，将大批军队调进巴黎，占领主要街道、火车站及各交通要道，宣布巴黎戒严，准备对付罢工者。与此同时，社会上流传着巴黎卫戍司令泽林顿和第四军司令梅西埃正在合谋策划军事政变，以推翻共和国，建立军事专政，法国共和政体再度出现严重的政治危机。

在共和国处于严重的危机之时，法国社会主义者议会党团，一面通过决议反对巴黎戒严，一面号召各社会主义政党联合起来，采取一致行动，以对付反动势力。各派社会主义者开始从分裂状态中摆脱出来，逐步走向统一。工人党宣布放弃不介入政策，投身斗争行列。10月16日，召开了各社会主义政党的代表大会，成立了统一的常设机构——警惕委员会，会议结束时发表声明，号召所有的社会党人团结一致，准备应付一切突然事变，表示"绝不允许军国主义的阴谋触动绝无仅有的一点共和制自由，也决不会听任反动派在街头横行无阻，为所欲为"。并决心"依靠整个无产阶级来保卫共和国"。警惕委员会虽然不久因共和危机的消失而解散，但它表明在反动势力面前，社会主义者正在团结起来，与之斗争。

争取重审的胜利

正当两大阵营斗争白热化之时，1899年2月16日，共和国总统富尔因脑溢血突然死去，倾向重审德雷福斯案件的共和党人卢贝当选总统。德雷福斯派表示坚决支持卢贝。该派的首领之一克列孟梭在卢贝当选的第二天，就以醒目的标题在《晨报》上撰文："我投票支持卢贝！"反德雷福斯派却以新总统纵容德雷福斯派为名，组织一系列的游行示威进行反对。爱国者同盟还利用在2月23日举行的富尔总统的葬礼，煽动军队向爱丽舍宫进军，以发动军事政变，可是，因响应者寥寥无几而流产。在进步势力的压力下，1899年6月3日最高法院被迫宣布撤销军事法庭的原判，决定重审此案。反德雷福斯派极为恼怒，煽动不满分子举行游行示威表示反对。他们还把不满发泄在新任总统身上，6月4日卢贝总统在观看一年一度的跑马比赛时遭到了保皇分子的辱骂和殴打。为了回击反动势力的挑衅，在社会党的号召下，于6月11日，在龙香跑马场举行了有10万人参加的大规模示威游行，抗议反动势力的卑劣行径，显示了进步势力的强大力量。

德雷福斯派和反德雷福斯派各自进行了针锋相对的示威游行，愈来愈多的群众投入了德雷福斯派的斗争行列，两派斗争已经发展到了顶峰，两派争端如再不解决，就有可能引起新的暴力冲突。为平息事态，巩固统治，1899年6月22日，瓦尔德克·卢梭奉命组阁，他吸收各派政治代表参加内阁，从中调和，以欺骗群众。他看到德雷福斯派的巨大力量，就表示支持重审此案。他一方面解除了反对重审此案的所有将军的职务，以阴谋颠覆共和政权的名义先后逮捕了爱国者同盟的头目德鲁莱特及其成员24人，另一方面，将德雷福斯从魔鬼岛转移到雷恩陆军监狱，并于8月开始重新审讯。军事法庭对德雷福斯是否有罪的问题进行了长达33天的激烈辩论，在一些高级军官的压力下，法院于9月11日仍然以5∶3票的多数作出德雷福斯有罪的判决，但迫于形势改判为10年徒刑。反德雷福斯派在报纸上大肆宣传判决的胜利，称此次对德雷福斯的有罪判决是"一次新的奥斯特里茨战役"，是法国人的一次"伟大的胜利"。

但是，判决却激起了法国广大群众和世界上近 20 个国家的示威抗议。德雷福斯派不断在报纸上揭露军事法庭重新作出的有罪判决是对德雷福斯这位无辜者的玷污与侮辱，是公然侵犯人权，违反人道。为平息事态，卢贝总统只得于 9 月 19 日下令宣布赦免德雷福斯，陆军部长也随即匆忙宣布"此案件已结束"，准备草草收场。并号召各派从此实行和解，表示对反德雷福斯派的军官也不追究。1900 年 12 月 18 日，议会通过大赦法案，赦免所有由于德雷福斯案件而判刑的人员。1903 年，法国进步人士又一次掀起要求对德雷斯福重新进行公正审判的斗争。经过长期的斗争，直到 1906 年 7 月 12 日，最高法院不得不再次重审此案，宣判德雷福斯无罪，并撤销原判。7 月 13 日，众议院以 432 票对 32 票，参议院以 182 票对 30 票的压倒多数，通过关于德雷福斯无罪的法律。7 月 20 日，授予德雷福斯荣誉军团勋章，并恢复了军职。因主持正义而遭诬陷的皮卡尔中校也同时平反，晋升为将军。

由于法国广大人民群众和民主人士始终坚持法国光荣的民主传统和发扬不屈的斗争精神，开展长期的英勇斗争，终于使长达 12 年的沉冤得到昭雪。然而，这一案件中的真正罪犯并未受到法律追究。可见，民主势力的胜利是不彻底的。

德雷福斯案件是法国反动军阀、保皇派和教权派为了煽动民族沙文主义和反犹太主义情绪进而反对共和制度、镇压民主力量以及围剿犹太人而蓄意制造的大冤案。这一案件的受理过程，充分说明了在资本主义社会里民主的虚伪性，彻底暴露出资本主义制度的腐败和专横以及资产阶级法庭的反动实质。这一案件"证明了资产阶级费尽心机企图掩盖这样一个真理：即使在最民主的共和国内，实际上也是资产阶级的恐怖和专政居统治地位。"①

---

① 《列宁选集》第 3 卷，人民出版社 1972 年版，第 721 页。

英国的殖民扩张

南纪德

英国素以"殖民帝国"著称。英国的殖民地曾遍布全球，自称"日不落帝国"。殖民扩张在英国具有典型性，它对英国资本主义的兴衰有决定性的意义，对世界近代历史和地理政治的演变有极大影响。

英国早在 12 世纪，就侵占了爱尔兰的"佩耳"地区。它是英国海外的第一个殖民地。不过这是封建的殖民地。

英国资本主义的殖民扩张是同英国资本主义发展的三个主要阶段——商业资本阶段、工业资本阶段和金融资本阶段——相联系、相适应的。谈论殖民扩张，不能忽视与其相联系的各个时期社会经济形态的区别。列宁指出：殖民政策在资本主义以前就已经有了。以奴隶制为基础的罗马就推行过殖民政策，"就是资本主义过去各阶段的资本主义殖民政策，同金融资本的殖民政策也是有重大差别的"①。

资本主义具有强烈的外向性和掠夺性，如果它不扩张，并把非资本主义地区不断卷入世界经济旋涡之中，它就不能生存和发展。历史发展的不平衡，使美国，还有其他欧洲一些国家较早地进入资本主义，而原先走在世界前列，为人类创造过灿烂古代文化的亚、非、拉美广大地区的人民，却停留在前资本主义社会发展的不同阶段，结果成了欧洲资本主义列强的俎上肉。

英国原始积累时期的殖民扩张

资本原始积累是为资本主义生产方式的建立创造条件的。在原始积累时

---

① 《列宁选集》第 2 卷，人民出版社 1972 年版，第 802 页。

期，商业资本起主要作用，而商业资本家则成为殖民掠夺的主要推动者。

英国原始积累时期的殖民扩张，始于16世纪初，一直延续到英国工业革命兴起之时，即18世纪末叶。

英国的圈地运动是原始积累全部过程的基础。它为资本主义的发展提供了大批雇佣劳动力和国内市场；而对外掠夺和殖民扩张则是英国原始积累的另一重要方式，它为资本主义的发展提供了巨额资本和广阔的国外市场。

推动英国以及西欧其他国家走上殖民道路的重大事件，是发生于15世纪末16世纪初的地理大发现。

在此以前，意大利人曾垄断了东西方的贸易。但是自土耳其人占领了君士坦丁堡（1453年），而阿拉伯人控制了由埃及、红海通往东方的航路以后，无论是"丝绸之路"还是"香料之路"都被堵截。于是促成了新航路的开辟。结果，欧洲贸易中心就由地中海转向了大西洋沿岸。

一些商业资本较发达、占有航海便利条件的大西洋沿岸国家，为了积累更多的货币财富，都奉行重商主义政策。这些国家的商人、冒险家在政府的支持下"以最残酷的暴力为基础"①，大力推进殖民远征。从此，一部用火与剑写的世界殖民扩张史开始了。

葡萄牙和西班牙是最早走上争夺殖民地和海上霸权的国家。它们之间的斗争导致1494年达成划分殖民势力范围的协定：在西经41°到45°范围划一分界线。线以东发现的土地属葡萄牙，线以西属西班牙。这样，葡萄牙掠夺的主要地区在非洲和亚洲，而西班牙则面向美洲及太平洋各岛。

到16世纪上半叶，葡萄牙已发展为当时最大的殖民帝国。它在非洲沿岸占有多处据点：休达、几内亚、桑给巴尔、莫桑比克等；在亚洲，占有印度的果阿、第乌和达曼；还有香料群岛（今马鲁古群岛）、澳门（1557年）等地。垄断东西方贸易达一个世纪之久。此外，它在南美还占有幅员广阔的巴西。

西班牙从1496年在西印度的圣多明各建立第一个美洲殖民地后，到16世纪，陆续占领从墨西哥到南美西部、北部的广大地区，继而又在北美的佛罗里达、佐治亚、奥尔巴尼和得克萨斯等地建立殖民地。

然而，这两个国家从殖民地掠夺来的巨额金银财宝，未能在本国转化为工业资本，而是被封建王室挥霍殆尽，部分则流入欧洲其他国家的贸易市

---

① 《马克思恩格斯选集》第2卷，人民出版社1972年版，第255页。

场，引起当地的"价格革命"①，加速了那里原始积累的过程。结果，这两个国家相继衰微。葡萄牙在1581年一度为西班牙吞并；而西班牙威名赫赫的"无敌舰队"自远征英国遭到灭顶之灾（1588—1603年）后，它的海上霸主地位也就宣告陨落。但是，这并不妨碍它在18世纪又征服北美西南部的旧金山等地（所谓"新西班牙"）。

继葡、西而起的殖民强国是荷兰、英国以及稍后的法国。荷兰作为"17世纪标准的资本主义国家"②，终于掌握了海上的霸权。它夺取了葡、西在亚、非的许多殖民据点（例如1642年从西班牙手中夺占了台湾北部的基隆、淡水两港）。它拥有的船只10倍于英国，被称为"海上马车夫"，成为一个充分发展了殖民制度的商业强国。不过，荷兰海外贸易远较工业更占优势的特点，稍后就成为它经济发展中的主要弱点。17世纪下半叶发生的3次英、荷商业战争，荷兰都被工场手工业占优势的英国击败。这样，英国的殖民事业终于后来居上了。

英国的海外扩张最早是从北美濒临大西洋沿岸的地带开始的。在葡、西称霸海上时，伦敦商人为了同东方贸易，曾不得不试图从西北，即从北海往西北另辟航道。伊丽莎白时代的汉·吉尔伯特还为此写过一本书：《论经西北去中国之航道》。但西北航线的尝试为坚冰所阻失败。于是，北美遂成为英国殖民活动的目标。

英国在北美的探险活动可追溯到1496年。这一年，威尼斯人卡伯特获英王亨利七世的特许状，曾远航到纽芬兰的布里敦角。1583—1587年，汉·吉尔伯特和沃·雷利奉伊丽莎白女王命，数度航行到今切萨皮克湾和北卡罗来纳一带，并命名该地为弗吉尼亚，以纪念未婚的女王。在这一阶段，英国海外的原始积累还不是靠殖民，而主要靠劫掠西班牙在南美的殖民据点及其商船的海盗行径，以及贩运黑奴的走私活动。英国击败无敌舰队的海军将领弗·德雷克和约·霍金斯早先就是以干这种行当著称的。德雷克是英国历史上的头号江洋大盗。霍金斯是英国贩卖黑奴的开山祖。他们的肮脏勾当受到女王赏识。两人都被封为爵士，授以勋章。

英国用掠夺殖民地的方法加速原始积累和发展资本主义是在排除西班牙

① 价格低廉的金银大量流入欧洲各国市场，引起物价飞涨。资产阶级以及与市场有密切联系的经营地主，从"价格革命"取得巨大利益。

② 《马克思恩格斯选集》第2卷，人民出版社1972年版，第256页。

的海上霸权之后。英国资产阶级革命的胜利则给殖民扩张注入新的巨大动力。在这一时期，英国扩张采取的基本形式同荷兰、法国一样，是通过由政府授予特权的贸易垄断公司进行的。1606年，詹姆士一世分别给新建立的伦敦公司（一名弗吉尼亚公司）和普利茅斯公司（后与马萨诸塞公司合并）以开发西属佛罗里达以北和法属加拿大以南的土地的特许状。随后，一批批移民来到北美，开始了真正的殖民活动。头一个定居点是1607年弗吉尼亚的詹姆斯敦。到1773年，英国在阿巴拉契亚山以东地区共建立了13个殖民地。

1612年，弗吉尼亚公司开始在大西洋上的百慕大岛殖民。随后，英国把殖民活动扩及西印度群岛。在17世纪二三十年代，先后占领了圣克里斯托弗，巴巴多斯、圣基茨、尼维斯、托尔图加、蒙特塞拉特、安提瓜、普罗维登斯、巴哈马、特克斯、瓜德罗普和马提尼克诸岛，把这些岛屿变成种植场、贩奴基地和海盗出没之地。

克伦威尔统治年代，英国吞并了爱尔兰（1652年），并远征西印度，从西班牙手中夺取了奴隶贸易中心——牙买加岛。克伦威尔死后不久，英国又占领了维尔京岛和大西洋的圣赫勒拿岛。

英国殖民者入侵北美时，当地的印第安人尚处在原始公社阶段，民风淳朴。他们对乍来到新大陆生活艰难的移民分以食物，帮助其建立家园。然而为时不久，络绎而来的移民竟鹊巢鸠占，肆无忌惮地抢占印第安人的牧场、狩猎区，把他们驱往荒僻地区，甚至捕人为奴。由于印第安人捍卫自己的自由和土地，英国殖民者就悍然实行灭绝种族的政策。1703年，新英格兰那些虔诚的清教徒在他们的立法会议上竟通过了用重赏剥取印第安人头盖皮的决定。英国议会也无耻地声称：杀戮和剥取印第安人的头盖皮是"上帝和自然赋予它的手段"。印第安人的人口从此锐减，在英属西印度群岛上的印第安人更是被消灭殆尽。

这种情况，造成殖民地种植园和矿井的劳力奇缺，于是从非洲猎捕和贩运黑奴的事业勃兴，其规模愈来愈大，历时数世纪之久。其原因不单是黑奴因被残酷剥削，死亡率极高，需要不断补充，而且还由于贩运黑奴是一本万利的买卖。欧洲殖民者在奴隶贸易的竞争中，葡、荷曾相继居领先地位，但是英国在完成资产阶级革命后，凭借其雄厚的资本和强大的海军，很快就成为最大的人贩子。1713年《乌得勒支和约》规定英国享有30年的贩奴特权，更标志英国在这方面的垄断地位。源源不断地从大洋彼岸运来的黑奴，成为美洲，特别是西印度种植园奴隶主剥削的基本群众，在当地人口中占了极大比例。以1775年英属牙买加岛为例，在全岛21万居民中，黑奴有19.2万人。

非洲由于殖民者的掠夺，整个的部落被灭绝，社会的正常发展遭到严重破坏，而英国的许多海港和工业城市却由此而兴盛。以奴隶贸易扬名的利物浦，由过去的荒僻小村，一跃而为英国的第二大港，有些工业大亨还直接从买卖奴隶起家，英国冶铁业的巨头安东尼·培根就是典型的例子。

马克思指出："美洲金银产地的发现，土著居民的被剿灭、被奴役和被埋葬于矿井，对东印度开始进行的征服和掠夺，非洲变成商业性地猎获黑人的场所：这一切标志着资本主义生产时代的曙光。这些田园诗式的过程是原始积累的主要因素。"① 马克思的这段话概括了英国的情况。他还指出：原始积累的各种因素在17世纪末已在英国系统地综合为"殖民制度"②。

从17世纪开始，英国殖民的主要竞争者是法国。法国在北美殖民略早于英国。1605年，法国在新斯科舍建立第一个殖民点后，即逐步向加拿大、纽芬兰和拉布拉多扩展。1682年，法国宣布密西西比河流域为其领地，取名路易斯安娜（纪念路易十四），而以新奥尔良为首府。这样一来，英属北美各州的狭长地带就处于法国半月形领地包围之中，英国向阿巴拉契亚山脉以西扩展的道路被封闭了。除此以外，两国在欧洲、在印度，也矛盾重重，结果，酿成一次又一次的战争。这就是：1689年以法国不承认荷兰执政者威廉入主英国为导火线的奥格斯堡同盟战争；1702年为争夺西班牙及其殖民地而爆发的西班牙王位继承战争；1740年奥地利王位继承战争以及七年战争（1756—1763年）③。每次战争后来都发展为席卷欧洲数国及其殖民地的全面火并。

这几次战争，最后都以资本主义的英国战胜封建专制的波旁王朝告终。1713年，按照《乌得勒支和约》，英国取得了法属新斯科舍半岛、纽芬兰和哈得逊湾沿岸的所有权，还取得西班牙的直布罗陀和梅诺卡岛。1763年，按照《巴黎和约》，英国还从法国取得了加拿大、布里敦、圣劳伦斯河沿岸和海湾的所有岛屿，还有密西西比河左岸、格林纳达、圣文森特、多米尼加、

---

① 《马克思恩格斯选集》第2卷，人民出版社1972年版，第255页。
② 同上。
③ 是欧洲两个国家联盟间的战争，一方是英、普和汉诺威，另一方是法、俄、奥、萨克森、瑞典、西班牙。这次战争的主要原因之一，是英、法两国在殖民地和贸易方面的争夺。

多巴哥诸岛以及非洲的塞内加尔（1783 年根据凡尔赛条约，塞内加尔又归还法国，而将冈比亚划归英国）；从西班牙取得了佛罗里达。此外，西班牙确认伯利兹归属英国（1862 年改称英属洪都拉斯），为此，英国则将夺得的古巴还给西班牙，将马提尼克和瓜德罗普两岛交给法国。密西西比河右岸和新奥尔良则由法国交给西班牙。在印度，英国仅允许法国保留本地治里等 5 个通商口岸。

七年战争在英国扩张史上占有重要篇章。可是当它庆祝这次胜利时，万万没有料到 10 多年后会丧失它在北美的宝地。

英属北美 13 州，除最初建立的弗吉尼亚和马萨诸塞属公司特许殖民地外，其他开始时多为英王赐给其臣属的所谓业主殖民地。例如纽约，即 1644 年女王赐给约克公爵的业主殖民地。但是，英王为了加强控制，后来将这些殖民地中的 8 个都改为直辖殖民地。英国统治者力图保持北美殖民地的农业附庸性质。但资本主义工业还是不可遏止地发展了起来，尤其是在北方。资本主义关系的发展不仅产生了本地的工商业资产阶级，而且形成了以英国移民为主体并有欧洲其他国家移民组成的特殊民族。他们反对宗主国的暴政和经济上的盘剥。英国政府将七年战争期间的财政负担转嫁给北美殖民地的人民，向他们横征暴敛，只能是火上浇油，促使他们走上了民族解放战争的道路。其结果是 1776 年美国成立，北美 13 州脱离英国而独立。

丧失北美 13 州是英国扩张过程中遭受到的最大挫折。但是，失之东隅，收之桑榆，英国此时在印度的殖民扩张却取得重大进展。英国的殖民重心从此由西方转向东方来了。

英国的东方殖民机构是 1600 年成立的东印度公司。1607 年，它的商船驶抵印度西海岸的苏拉特。两年后，在苏拉特建立了商站，从此开始了入侵印度的行动。

17 世纪的印度半岛，除南端的德干高原外，都处在大莫卧儿封建王朝的统治之下。世界奇迹——泰姬陵，还有德里大清真寺等著名建筑是这个王朝前半世纪兴盛的象征。同这样一个帝国打交道，东印度公司开始只能采取经济渗透的办法——取得贸易特权，在沿海重镇，如乌苏利巴丹姆（今班达）、马德拉斯、孟买等地增设商站。它利用商站广泛联系土著掮客，残酷地剥削印度广大的小手工业者，主要是纺织工。输出布匹成了那一时期公司的重要业务。不过，东印度公司绝不是单纯的贸易团体，而是握有极大行政权力的英国海外组织。1661 年，英国政府更授予它以招募军队、建立要塞的大权，并把它的司法权力扩及整个东方的英籍侨民。

莫卧儿帝国从 17 世纪末起，开始走向衰微。德里的皇帝这时实际上成为拥兵自立的各个封建土邦手中的傀儡。帝国内部长期的混战分裂局面，社会的种姓和教派纷争，民族成分的复杂，农村公社的封闭性以及西北边境伊朗和阿富汗的不断侵扰。这些都有利于英国殖民者实行分而治之的策略。一个以夺取印度领土为目标的新的殖民阶段开始了。

实现这一目标必须首先打败法国竞争者。法国和英国一样，是一个老练的殖民国家。法国在 1664 年成立自己的东印度公司后，也逐步在印度的本地治里、开里开尔、亚南、昌德纳果尔、马埃建立商站。法国还是毒辣的"西帕依"（由印度士兵组成的雇佣武装）和"军费补助金条约"（在印度土邦驻军，军费由土邦补助）的"发明者"。不过，英国殖民者很快就学会了这套"发明"，而且运用得更为娴熟。两个殖民强盗就这样各自施展诡计，插手印度的封建内讧，为争夺对印度的统治展开了激烈的斗争。到了奥地利王位继承战争时期，更发展为在印度土地上的公开军事冲突。1746 年，法国舰队到本地治里后，两国的东印度公司首先在德干半岛大打出手。法国先还得势，但几个回合后，1751 年，卡尔那蒂克终于落入英国的傀儡手中，法国仅保持在海德拉巴的实权。

英、法在印度的决定性战斗是在七年战争期间进行的。英国一开始就决定夺取法国支持下的孟加拉土邦。1757 年的普拉西战役决定了孟加拉的命运。这次战役，由于英国东印度公司的罗·克莱武上校买通了孟加拉的扎法尔将军而轻易地取得了胜利。克莱武让扎法尔当上了孟加拉的"纳瓦布"（总督），并以"永久租借"的名义囊括了加尔各答以南的广大领土，使英国成为印度斯坦的真正主人。法国不甘失败，调远征军前来反扑，但是随着 1761 年英军攻陷本地治里，法国在印度争夺统治权的斗争终告结束。如前所述，法国在印度仅保留了 5 个不设防的通商口岸。

七年战争的战场之一在加拿大，但是对英国具有首要意义的却是印度战场。马克思指出："七年战争使东印度公司由一个商业强权变成了一个军事的和拥有领土的强权。正是那个时候，才奠定了现时的这个东方不列颠帝国的基础。"[1]

英国控制印度东北地区后，便把侵略的矛头对准南部的迈索尔邦和中部

---

[1] 《马克思恩格斯全集》第 9 卷，人民出版社 1961 年版，第 168 页。

马拉塔人的土邦联盟。1767—1799 年，英国 4 次发动对迈索尔的战争。迈索尔的铁普素丹在困战中曾求助于拿破仑，但无济于事。最后，他英勇地战死国门，迈索尔沦陷。马拉塔联盟是比迈索尔更难制伏的力量。1803—1804年，英国发动侵略马拉塔人的大规模战争，虽然抢占了克塔克以及恒河与朱木拿河之间的大片沃土（包括德里、阿格里在内），但并未达到摧毁马拉塔人抵抗力量的目的。

英国在印度进行原始积累，自征服孟加拉后，即不再靠贸易手段，而主要靠赤裸裸的搜刮和掠夺。东印度公司每攻下一个土邦，便首先洗劫那里的宫廷国库。例如攻下孟加拉时，一次就洗劫了价值 6000 万英镑的宫廷财宝。其次，田赋是公司每年最大的一项收入。1765 年，孟加拉的田赋收入即达147 万英镑，到 1793 年，更激增至 300 万英镑，几乎占公司在孟加拉收入的1/3。军费补助金条约是向土邦勒索贡赋的另一重要手段，而当土邦无力供养驻军时，就不得不沦为英国的债务人。以卡尔那蒂克为例，它的长期债务，到 1785 年，竟高达 4800 万英镑。除此之外，公司还可从盐、鸦片、槟榔和其他商品的垄断贸易中获取暴利。根据统计，在 1757—1815 年的半个多世纪中，英国从印度侵吞的财富即高达 10 亿英镑之巨。

正是在这种原始积累的基础上，英国加速了工业革命的步伐，一跃成为19 世纪首屈一指的资本主义强国。而那个一度以其灿烂文明吸引过它的古老印度，现在则呻吟在它的铁蹄之下，贫穷而落后，成为近代殖民地的突出典型。

到 18 世纪，英国在印度的统治地位已无人敢于问鼎。英国在 1780—1784 年与荷兰殖民者作战过程中，还夺得西苏门答腊。1786 年从吉打素丹手中割走槟榔屿。1795 年又从荷兰人手中夺占了马六甲。鲜为世人所知的澳大利亚和新西兰，则在 1768—1779 年经库克船长考察后，被宣布为英王所有。最后，拿破仑的失败使英国保持了在战争期间从法国、荷兰、西班牙手中抢占来的海外属地——塞舌尔岛、毛里求斯岛、锡兰、开普、部分圭亚那、圣卢西亚岛、特立尼达岛，以及马耳他岛和伊奥尼亚群岛。英国染有殖民地人民斑斑血痕的旗帜在这一时期已插遍世界的五大洲了。

英国在自由资本主义时期的殖民扩张

19 世纪是英国工业资本占统治地位的时期。随着工业革命的发展和完

成，英国成为世界工厂。英国对世界工业生产和贸易的垄断地位，要求殖民
地成为宗主国的产品销售市场和农产品、原料的供应基地。英国资产阶级这
时相信自己商品的威力，把自由贸易主义奉为经济侵略和殖民扩张的方针。

对于东印度公司独占印度市场，英国新兴的工业资产阶级早已不满。
1813 年，政府终于撤销了公司的贸易垄断权。一个新的殖民时期开始了。这
就是工业资本掠夺殖民地的时期。英国的机制棉布大量涌入印度。到 19 世
纪中叶，英国生产的纺织品有 1/4 是输往印度的。印度驰名的传统手工纺织
业被无情地摧毁。殖民者迫使印度农民生产棉花、黄麻、茶叶一类的原料和
食品。强征田赋达农民总收成的 50％—70％。结果，千百万印度的手工业者
和农民被抛到了饥饿线上。

扩占殖民地的军事行动在继续进行。1818 年，英国调集 10 万大军扑灭
了马拉塔联盟的反抗。1843—1849 年又先后兼并了西北边境的信德、克什米
尔和旁遮普。从而完成了对全印度的征服。

向印度邻近地区的扩张从 19 世纪初就开始了。1814—1816 年英国迫使
尼泊尔割让其南部大片土地，以进窥中国的西藏和喀什噶尔。接着在 1824
年和 1852 年两次发动侵缅战争，把阿萨姆和沿海的若开、丹那沙林地区并
入印度。为了与沙俄争夺近东，英国多次进犯阿富汗（1839—1842 年）和
伊朗（1856 年）。1864—1865 年，英国侵略不丹，将不丹的达岭、噶伦堡地
区并入印度。

英国在马六甲海峡和东印度群岛与荷兰殖民者角逐多年后，1824 年双方
达成协议：新加坡归英占有，马来亚划为英国势力范围。东印度仍保留为荷
属殖民地。1826 年英国将马六甲（1814 年一度归还荷兰，1825 年又由荷割
让与英）、新加坡和槟榔屿并为海峡殖民地，由东印度公司管辖。1867 年又
将其改为直辖殖民地。

在婆罗洲，1841 年文莱素丹将沙捞越割让给英属东印度公司的官员布鲁
克管辖。次年又将北婆罗割让与英。1847 年和 1888 年，文莱两次订约被置
于英国保护之下。

英国还以保卫通往印度的航路为借口，于 1839 年占领土耳其人控制下
的亚丁。1857 年又将丕林岛置于自己的统治之下。

在非洲，西海岸的塞拉利昂、黄金海岸和尼日利亚这几个从十六七世纪
以来就是英国奴隶贩子活动的重要场地，在这一时期并未因英国废除殖民地
的奴隶制（1833 年）而减弱其控制，而是扩大侵略范围，使其相继沦为自

己的殖民地。1843 年，非洲东南海岸的纳塔尔也被英国据为己有。

　　靠近阿根廷南部海域的马尔维纳斯群岛，历史上飘扬过好几个国家的旗帜，英国的、法国的、西班牙的、阿根廷的。1833 年该岛终被英国占领（称福克兰群岛）。

　　对于中国这个比印度幅员更广、人口更多的市场，英国垂涎已久。虽然英国对华贸易总额从 18 世纪中叶起即居欧美各国之首，但它仍然不满意清政府限制贸易的规定。1840 年，英国在遭到中国禁烟运动的有力打击后，悍然发动了侵略中国的第一次鸦片战争，迫使腐朽的清政府签订了包括割让香港在内的第一个不平等条约——《南京条约》（1842 年）。这是封建的中国走向半殖民地半封建社会的开端。1856 年，英国又伙同法国发动了第二次鸦片战争，火烧圆明园，迫使清廷又签订了屈辱的《北京条约》（1860 年），中国九龙半岛南端界限街以南的领土就是这次被英国割去的。

　　正当英国强盗狼奔豕突、到处扩张、忘乎所以的时候，1857 年（普拉西战役后的 100 年），印度爆发了举世震惊的民族大起义。人们没有料到，这次起义是"英国人一手培育、受到英国人宠幸的西帕依发动的"。[①] 起义消除了印度人民内部的分歧与不和，如燎原烈火，几乎席卷了整个恒河盆地。最后，斗争转向中印，以詹西土邦女王拉克什米·巴伊英勇殉国而转入低潮。这次以"士兵起义"著称于世的反英斗争持续达两年，它标志着印度民族的觉醒。

　　1858 年，英国为了加强对印度的统治，消除工业资产阶级的不满，撤销了东印度公司的行政大权，将印度改为直辖领地，同时保存了约占印度 1/3 面积和 1/4 人口的 500 个大小不等的封建王公。这些王公是英国专制政治的奴性十足的工具，是给印度民族团结设置的路障。

　　英国海外殖民地可大致分为两类。一类像印度，在那里，英国是以统治者和奴役者的面目出现的，其目的不在移民；另一类像加拿大、澳大利亚，则是由英国移民驱赶和消灭当地土著居民而发展起来的。英国把后一类殖民地作为它的工业附庸，但是这类殖民地也像美国独立前一样，它们自己的资本主义经济还是蓬勃地发展了起来。那里的资产阶级后来都为本土争得了相对独立的自治领地位。

　　加拿大是第一个赢得这种自治领地位的。加拿大新兴的资产阶级对宗主

---

　　① 《马克思恩格斯全集》第 12 卷，人民出版社 1962 年版，第 309 页。

国实行的关税和租税政策早已不满，英国土地投机者的活动，又大大损害了移民者的利益；另外，加拿大有大量法裔移民，他们要求维护本民族的利益，因而矛盾重重。在法国 1830 年革命和英国 1832 年议会改革的影响下，加拿大的资产阶级，还有要求土地买卖自由的农民群众，终于举行了声势浩大的起义（1837—1838 年）。英国政府虽然镇压了这次起义，但确实被震惊。事后派德拉姆勋爵前往调查。这位自由党人在其调查报告中，建议给加拿大以内部事务的自治权，同时撤销上下加拿大的省界划分，予以合并，以加强英裔加拿大人的影响。英国统治者总结了丧失北美 13 州的惨痛教训，同时，对美国支持加拿大起义一事心有余悸，因而不得不作出让步。1847年，加拿大建立责任政府，以限制总督的专权。1867 年加拿大组成联邦，正式成为英国的自治领地。英国资产阶级和加拿大资产阶级的联盟由此得到巩固，从而维系了英帝国的殖民体系。往后，澳大利亚、新西兰也分别在 1901年和 1907 年成为英帝国的自治领。

　　19 世纪 40—60 年代是英国自由竞争的全盛时期。自由贸易主义者对帝国殖民政策曾经采取过批判态度。他们提出"生产得更便宜些"的口号，认为只要商品好，将无往而不利，而维持海外殖民地，则代价大而得益小。1852 年，著名的保守党人迪斯雷利甚至声称："殖民地是挂在我们颈项上的一个磨盘。"然而这种放弃殖民地的论调不久就被淹没在"英国人负有整顿落后国家秩序，向落后民族传播基督教和西方文明使命"的扩张主义分子的叫嚣声中。殖民地人民的起义仍然到处被镇压，殖民扩张仍继续在进行。

英国在帝国主义形成时期的殖民扩张

　　1873 年爆发的空前深刻的经济危机，标志着资本主义开始由自由竞争阶段向垄断阶段的过渡，然而各主要资本主义国家的发展是不平衡的。英国由于长期垄断世界市场，有广大的殖民地，国外投资更为有利，妨碍了国内固定资本的更新与扩大。结果，逐渐丧失了在世界上的工业垄断地位，到 80年代，美国首先在工业总产量方面超过了英国，20 世纪初，德国也超过了它。但是，在资本输出方面，英国仍居世界领先地位。这同它拥有最广大的殖民地和附属国有密切的关系。英国丧失工业和贸易的世界垄断地位，更使它把殖民扩张作为开辟新财源和市场的既定国策。此外，国内阶级斗争的形势也促使它把对外扩张作为转移人民斗争视线，腐蚀工人群众的手段。因此，英国的金融资本和金融寡头在这一时期，除竭力巩固老的殖民地外，又为瓜分和重新瓜分新殖民地在海外各地进行了激烈的争夺。

印度仍然是这一时期英国最倚重的殖民地。它被称作大英帝国皇冠上的一颗珍珠。而赋予这句话以实际含义的就是先前高唱摆脱殖民负担的那个迪斯累利。1876 年，他作为首相，将印度命名为印度帝国，次年元旦，又让维多利亚女王在德里举行了隆重的印度女皇加冕礼。从此，女王有了一个显赫的称号："蒙上帝恩赐，大不列颠及爱尔兰联合王国和所有不列颠海外领土的女王，基督教信仰的保护者，印度女皇维多利亚。"大英帝国此时真可谓如日中天，猗欤盛哉！然而透过盛况的背后，人们看到，在印度广大的平原上，却到处铺盖着饿殍的白骨。根据官方统计：由于殖民者敲骨吸髓的掠夺引起的大饥荒，在这个世纪的后 25 年，印度的 6000 万劳动者竟有 1/4 丧生！

英国继续向印度周围地区扩张。在西部，1876 年占领了俾路支。1878—1879 年第二次入侵阿富汗，阿富汗被迫沦为英国的附属国。1893 年又强迫阿富汗承认"杜兰线"为印度与阿富汗的分界线。在东部，1886 年第三次入侵缅甸，占领曼德勒，从而完成将整个缅甸并入印度的计划。在北部，1887 年入侵哲孟雄（锡金），随后宣布为其保护国。

伊朗的南北疆土在这一时期也分别沦为英国和沙俄的半殖民地。

靠近印度的荷属马尔代夫群岛在 1887 年变成了英国的保护地。

在马来半岛，1874—1895 年，英国先后将霹雳、雪兰莪、森美兰和彭亨四邦的素丹置于自己的保护之下。1896 年将这四个邦并为英属马来联邦。1909 年，英国又迫使暹罗将吉打、玻璃市、吉兰丹和丁加奴四邦归自己保护，称马来属邦。至于柔佛，先是在 1885 年剥夺其素丹的外交权，继而在 1914 年控制其内政。于是，马来半岛整个南部都落入英国之手。

在大洋洲，英国于 1874 年占有斐济岛，1884 年宣布新几内亚南面的巴布亚为其保护地。1893—1904 年又先后将所罗门、汤加、吉尔伯特、库克、埃利斯和菲尼克斯群岛等占为殖民地。1906 年，与法国共管新赫布里底群岛（今瓦努阿图）。

在地中海，英国在 1878 年从土耳其人手中又夺得一个战略要地——塞浦路斯岛。

英国侵占中国的野心不死。在通过两次鸦片战争打开中国沿海大门后，它主要以印度为后方，频频进犯中国的西部地区。

英国派遣所谓"探险队"，由缅甸八莫入侵云南，制造事端，迫使清政府签订《烟台条约》（1876 年），开放云南，增辟商埠，扩大领事裁判权。

为了夺取新疆，英国扶持、收买窃据南疆的野心家阿古柏。此人原为中亚浩罕王国的陆军司令。窜入新疆后自立为王。英国资以军火，派遣军官，助其扩充地盘，同时策使卖国贼李鸿章说服清廷承认阿古柏反动政权，企图阻挠左宗棠的征讨。左宗棠识破这乃是英人"为印度增一屏障"的险恶用心。1876 年，左宗棠排除阻力，进军新疆，夺回了乌鲁木齐等城镇，次年又迅克南疆各地。阿古柏途穷自杀。英国的图谋宣告破产。

英国觊觎西藏已久。自哲孟雄为英控制后，西藏即门户洞开。1890 年，英迫使清政府签订了《藏印条约》。1893 年，又签订《藏印续约》。规定开亚东为商埠，并取得在藏的领事裁判权。

甲午战争中清军的溃败，进一步暴露清廷的腐败无能，结果招致列强在中国掀起割地狂潮。1897 年，英国以法国夺走云南的猛乌、乌德为由，强行割去广西野人山的部分地区。1898 年 3 月，又强租威海卫。当清廷大臣央求英国不要再提新要求时，英驻华使节竟蛮横地说："取得威海卫只是为在北方对抗俄国，而为了在南方对抗法国（指法租广州湾），还必须提出新要求！"这年 6 月，经李鸿章手，清廷终于又被迫签订《中英展拓香港界址专条》，将九龙半岛北部（界限街以北深圳河以南）及其附近岛屿（现统称新界）租与英国，为期 99 年。

帝国主义者以为在中国是可以为所欲为的了。英国甚至组织所谓"瓜分中国和平会"，企图通过"和平协商"，分得更大份额。然而，积蓄在中国人民心中的怒火终于像火山似的爆发。这就是以"灭洋"为斗争旗帜的义和团革命运动（1899—1900 年）。虽然这一运动最后为八国联军所扼杀，但是它终究使外国侵略者们恐惧地看到：中国人民是不可侮的，从而制止了瓜分中国势态的发展。英国当时外交副大臣得出的结论是："团匪之事即可取以为鉴，我英不能以待印度者待中国也。"

帝国主义列强在这一时期，能够用"自由占领"方式瓜分其土地的唯一大陆只剩下非洲了。由于金融资本对估计中的原料产地亦绝不放过，所以对非洲莽莽腹地的争夺十分激烈。1876 年以前，欧洲列强占领非洲沿海土地尚只占大陆面积的 10.8%，到 1900 年，即占 90.4%，而到 1912 年，更高达 96% 了。英国凭借武力和狡诈狠毒的手腕，抢夺了其中最丰厚、最具有战略和经济价值的部分。

英国争夺非洲大陆是从南部开始的。那里已有开普为其重要基地。但荷兰殖民者的后裔——布尔人建立的德兰士瓦和奥伦治两个共和国挡住了它北上的道路。为了消除这一障碍，英国进行了一系列扫清外围的活动。1868年，英国宣布巴苏陀兰受其保护，从而使开普与纳塔尔连接，以包围布尔人的共和国。1885年又宣布贝专纳受其保护，以切断德属西南非洲与布尔人的联系；1887年英国占领祖鲁以北之地，堵死了布尔人唯一的出海口。

1889年，采掘南非钻石、金矿的金融巨头、帝国主义分子罗德斯创办的"英国南非公司"获得女王特许状。次年，他当上了开普的总理，积极推行其臭名昭著的"两开计划"（修建由开普敦到开罗纵贯非洲的大铁路）。不几年，罗德斯就用机关枪摧毁了马塔贝兰人用长矛进行的英勇抵抗，占领了津巴布韦，并将赞比河以北广大地区，还有尼亚萨兰（今马拉维）的土著部落统统置于自己的保护之下。1895年，南非公司公然将津巴布韦和赞比河以北地区命名为罗得西亚。鲸吞整个南非的阴谋只是由于这一年偷袭约翰内斯堡的鲁莽行动受挫，而暂时搁置下来。

非洲的另一角逐地在东非。80—90年代，英国通过与土著酋长签订欺骗性的条约，经过与德、法、意等国的较量，先后将"东非之角"，扼红海出海口的索科特拉岛和索马里北部，还有中部的乌干达、肯尼亚和桑给巴尔都变成自己的保护国。

英国在东非争夺的焦点是埃及和尼罗河盆地，它的竞争对手主要是法国。1874年，迪斯累利利用埃及（名义上是奥斯曼帝国的一个行省）的财政危机，收买了苏伊士运河的股票，把开凿这条运河的法国资本排挤出埃及，随后派英国人担任埃及的财政部长。1882年，英国不顾与法国达成的共同监督埃军的方案，炮轰亚历山大港和开罗，把埃及实际变成自己的殖民地。

在埃及管辖下的苏丹，它的总督从1877年起，就是英国的戈登将军——一个镇压过太平天国运动的刽子手。1881年，苏丹人民不堪忍受外国奴役者的压迫和封建官吏的盘剥，举行了非洲解放斗争史上著名的"马赫迪"（救世主）起义。1885年，起义军攻克喀土穆，击毙戈登。把英埃侵略军赶出苏丹，迫使英国10年未敢再犯。

1896年，尼罗河盆地的上空再度阴云密布。插足东非和中非的德、意、比、法诸国，此时对苏丹形成包围之势。其中法国，有可能侵占苏丹以建立从吉布堤直到非洲西海岸的大片殖民地。这使英国感到极大威胁，于是在这年冬天，再次进犯苏丹。马赫迪派的主力在经过顽强抵抗后，于1898年在恩图曼城下被击溃。英国远征军乘胜向白尼罗河上的战略要地法绍达疾进。然而，从西非沿刚果河上游赶来的法国先头部队已捷足先登。两个强盗在法绍达对峙，眼看就要火并，当时在英军服役的年轻的丘吉尔跃跃欲试地说，"可能几小时就会表明，是否要用战争来保持应属于我们的东西"。最后，法国迫于国内外的不利形势，撤出法绍达，并与英国达成按尼罗河盆地和乍得湖分水岭划分两国领地的协定。法绍达的撤退被认为是法国的"第二个色当"。从此，法国完全被赶出尼罗河谷，而英国在实现罗德斯计划的道路上又迈进一大步。

1899 年，英国认为收拾布尔人的时机到来。因为法国的野心已被制止，德国被英国划分非洲势力范围的虚假承诺而心满意足。布尔人被孤立了。于是在这年 10 月，迫使布尔人开战。这是帝国主义初期为重新瓜分世界而进行的一次重要战争。英国这场仗打得很艰苦，直到 1902 年才迫使布尔人签订和约，结果，布尔人的两个共和国都被并入英帝国的版图。1910 年，德兰士瓦、奥伦治和开普、纳塔尔组成了英国新的自治领——南非联邦。

非洲大陆到 1912 年时，除了埃塞俄比亚和利比里亚两个国家尚保持名义上的独立外，其余都呻吟在帝国主义列强的铁蹄下。英国占有它的最大部分：770 万平方公里的土地和 3700 万人口。它打通了从开普敦到开罗的非洲东半壁。德属东非固然是插入其间的一个楔子，但英国在印度洋上的制海权，部分地克服了这一弱点。

19 世纪末 20 世纪初，世界领土已被瓜分完毕，形成了帝国主义的殖民体系。它是囊括世界资本主义体系的重要组成部分，是帝国主义赖以生存的重要条件。

在这个殖民体系中，英国占的比重最大，扩张也最为迅速。1876 年，它已拥有 2250 万平方公里的领地和 25190 万人口。到 1914 年，它就增加为 3350 万平方公里的土地和 39350 万人口了。而它的本土，方圆不过 244200 平方公里，人口为 4680 万。也就是说它拥有比本土大 137 倍的殖民地和 8 倍多的人口。

从 16 世纪末以来的 300 多年中，英国在世界经济和政治的舞台上，一直扮演主角，并且长期是一个霸权国家。

到 19 世纪，英国已是世界上最大的殖民帝国和世界市场的垄断者，与此相联系，它也是最大的资本输出国。它的广大的殖民地首先就是它的有保证的投资场所。英国比其他资本主义国家更早地显露出帝国主义的特征。

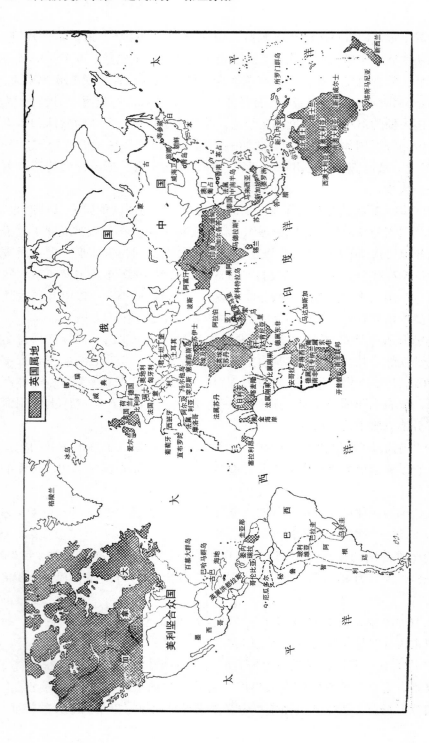

20世纪初期英国的殖民地

伦敦作为世界的金融中心，还可不费一兵一卒，将老大的葡萄牙和独立的阿根廷这样一些国家，作为自己的商业殖民地。但是工业资本的过早成熟和热衷于国外投资，在一定程度上却延缓了它在国内固定资本的增长，延缓了财政资本的形成。英国逐渐丧失其世界工业的垄断地位而成为一个放债国了。1899 年，英国全部对外贸易和殖民地的贸易得到的利润为 1800 万英镑，而投资收入，也即食利层的收入，却占 9000 万英镑至 1 亿英镑。列宁将英国概括为"殖民帝国主义"，并指出这正是它寄生性和腐朽性的突出表现。

帝国主义就是战争。1914 年，以英、德为主要矛盾双方的第一次世界大战爆发了。这是列强为重新瓜分世界而进行的一场历时 4 年之久的肮脏战争。英国依靠强大的海军最后夺取了德国海外绝大部分的殖民地，并在分赃的巴黎和会上，以委任统治地的名义，将它们统统纳入帝国领域之内。原德属西南非洲交给南非联邦。坦噶尼喀由联合王国直接统治。多哥与喀麦隆与法国共分。新几内亚岛的德属部分，还有瑙鲁，分给澳大利亚。西萨摩亚交给新西兰。此外，原属奥斯曼帝国的巴勒斯坦（包括外约旦）和美索不达米亚（改称伊拉克）也划归英国。英国殖民地的面积这次总共又增加了2855000 平方公里。英国外交大臣寇松在结束这次大战时骄矜地宣称："目前，不列颠的旗帜已飘扬在一个强大而统一的帝国领土之上。"

然而，英国扩张主义者们醉心于自己的胜利之日，也即是大英帝国由盛而衰之时。四年大战，使英国商船损失 70%。英国在世界市场上的地位急剧恶化，外贸出现巨额逆差。由于债台高筑，英国由美国的债权人一降而为美国的债务人。资本主义世界的金融中心也由伦敦转到纽约。而且至关重要的是，英国在 1921—1922 年的华盛顿会议上，再也不能坚持它的"双强标准"（英国舰队相当其他两强舰队之和）。英国赖以开拓和维护殖民帝国达 100 余年之久的海上霸权地位，从此一去不复返了。

伟大的十月革命动摇了资本主义世界统治的基础，使殖民主义体系产生了危机。在英国的殖民地、附属国内，民族解放斗争的烽火迭起。1918—1922 年，印度人民展开了大规模的反英斗争；1919 年，阿富汗在挫败英国第三次入侵后，取得独立。1922 年，埃及迫使英国废除 1914 年实行的保护制度，为争取完全独立创造了前提。1923 年，伊朗废除了不平等的英伊条约。

英国最老的殖民地——爱尔兰，经过顽强斗争，1921 年南部，26 郡取得自治地位，称"爱尔兰自由邦"。英国仅保有爱尔兰的北部 6 郡，并将国名改为"大不列颠及北爱尔兰联合王国"。

离心倾向的发展使一些老的自治领要求有更大的自主权。最突出的是加拿大，它带头闹独立性。1931年，英国终于被迫正式承认各自治领是地位平等的"自由结合的英联邦的成员"。

第二次世界大战后，随着帝国主义势力的进一步削弱和社会主义中国的崛起，民族解放的革命怒潮席卷全球，其势锐不可当。帝国主义的殖民体系被冲击得土崩瓦解，而首当其冲的正是大英帝国。丘吉尔这个终生狂热维护帝国殖民利益的保守党领袖人物，眼观战后风云，竟不得不发出"我万分沉痛地看到大英帝国的丧失威望和衰落"的哀鸣。

青山遮不住，毕竟东流去。今天，英国仅剩下寥寥可数的几个殖民地了。1982年的马岛之战，英国倾其全力，虽取得了对阿根廷的胜利，却有似这个垂死殖民帝国的回光返照。而比马岛重要性大得多的香港，中国已通过1984年的谈判确定予以收回香港主权。这一重大事件意味着英国殖民时代的终结。目前最使英国统治阶级坐卧不宁的是北爱尔兰人民的不屈斗争，这个斗争提出不列颠能不能将"联合王国"的旗帜长久打下去的问题。

英国的工联主义

刘克华

工联主义（Trade Unionism）是工人运动史上的一种改良主义思想体系[①]。工联主义者主张工人组成工会，在资本主义制度的范围内为改善无产阶级的经济状况和法律地位进行斗争，但是他们不要求推翻资本主义制度，反对无产阶级革命。在工联主义者看来，资本主义社会工人运动的任务，仅限于为工人争取较为有利的出卖劳动力的条件，而不是要从根本上消除资本奴役劳动的状况。

在国际工人运动的历史上，这种改良主义的思想体系曾经以不同的形式在不少国家中出现过。它并不是英国一个国家特有的现象，而是一种国际现象。不过只有在英国，它才具有典型的意义：它在这里出现得最早，发展得最充分，在一段很长的时间里统治过英国的工会运动和工人运动，对英国无产阶级解放事业的进程产生过巨大影响。正因为如此，所以这种改良主义的思想体系才获得了工联主义这样一个名称。

工联主义之所以在英国得到充分发展，原因在于英国资本主义发展的历史特点。英国首先开始并最早完成产业革命，为工联主义的发展提供了经济条件，而英国资产阶级所实行的自由主义工人政策则对这种发展起了强有力的促进作用。与英国资本主义发展的各个历史阶段相适应，英国工联主义的历史也经历了不同的发展阶段：（1）工联主义产生或初步形成的阶段（大体上与英国产业革命的时间相当）。（2）工联主义充分发展并在工人运动中占据统治地位的阶段（大体上与英国在世界上占有工业垄断地位的时间相当）。（3）工联主义与社会改良主义逐渐融合的阶段（大体上开始于英国的世界工

[①] 在英国史学家的著作中，Trade Uniooism 一词通常被用来泛指工会运动，它和我们这里所说的工联主义是两个不同的概念。

业垄断地位丧失之时）。

工联主义的产生

英国的工联主义是在工会运动中产生的。

英国是世界上工会组织出现较早的国家之一。至迟到 17 世纪后半叶，随着商品经济的发展和行会制度的衰落，那些逐渐沦入终生雇佣地位、生活条件日渐失去保障的手艺工人，已经开始在成衣、制帽等行业中设立基金，组织永久性团体，通过集体谈判，甚至采取罢工手段，来为工资和工人们的其他要求同雇主进行斗争了。不过，在产业革命前，由于生产规模狭小、雇主通常还和工人一道参加劳动、阶级界限还不十分明朗等原因，工人们的阶级意识极不发展，当时真正以团结工人同雇主作斗争为目标的工会组织为数不多，绝大部分工人团体，实际上只是一种为了互助或联谊目的而成立的工人俱乐部。

产业革命开始后，工业人口的不断增长和集中，阶级对立的日趋明显，初期工厂工人恶劣的劳动条件，机器生产对手工工人的生存造成的威胁，所有这些，都有力地促进了工人们阶级意识的发展，并推动他们组织工会维护自己的切身利益。同时，政府工业政策的改变也促进了工会运动的发展和工人斗争方式的改变①。因此，随着产业革命的进行，从 18 世纪末叶起，英国的工会运动进入了一个新阶段，不仅工会的数目日益增多，罢工、破坏机器等直接行动方式在工会活动中所占的位置日益突出，而且工会作为阶级斗争工具的性质也越来越明显。

虽然议会在 1799 年和 1800 年通过了全面禁止工人在一切行业里组织工会的法令，宣布违反法令者要判处 3 个月以上的监禁或 2 个月以上的苦役劳动，但是新结社法使统治阶级并没有达到目的。在该法令存在的 20 多年中，工会不仅未被消灭，而且数目不断增加，规模日益扩大，组织也越来越健全。1824 年这项法令被迫取消后，工会运动发展的速度进一步加快起来。

---

① 产业革命以前，英国政府一直认为调节劳资关系（原定工资额、维护学徒法规等）是自己的职责，当工人们遇到雇主侵犯自己利益的情况时，可以请求议会、政府或治安法官干预或帮助。但从 18 世纪中叶以后，随着产业革命的进行，由于雇主坚持订约自由的原则，政府逐渐改变了立场，认为传统的政策不再适应新的经济条件，拒绝继续受理工人的申诉。于是，失去了国家保护的工人便转而求助于直接行动来维护自己的利益。

　　到19世纪30年代初，工会的发展进入了第一个高潮。这时，英国棉纺工人工会、建筑工人工会、制陶工人工会等全国性的行业工会纷纷建立，还成立了全国劳工保护协会这样的全国各业总工会，试图把全国的工会运动统一领导起来。有的英国史学家估计，当这个高潮在1834年达到顶点时，全国工会会员的总数曾经达到过100万人。

　　在英国工人运动的这个阶段上，工会在团结工人群众、维护工会会员的利益以及通过联合行动促使工人们认识自身的力量方面，曾经起过十分积极的作用。但是，由于种种原因，这一时期的工会运动存在许多相当严重的弱点。

　　英国各个产业部门开始产业革命的时间先后不一。在机器生产和工厂制度已经在诸如棉纺织业等部门中建立起来以后的很长一段时间里，国内仍然有大量生产部门仍旧沿用着传统的生产方法。有些生产部门虽然受到新生产方式的影响，但程度并不深。在这样的产业部门中，生产的规模依旧比较狭小，雇主同雇工之间的关系依旧比较密切，技术工人依旧像从前那样享有某些历史形成的特权，有较高的工资，长子享受充当该行业学徒的特殊地位等。他们同雇主之间的社会差异并不比他们同没有技术的普通工人之间的社会差异更大。即使是在像棉纺织业这样的新兴工厂产业中，技术工人和他们的下手之间（例如纺工和接线工之间）的地位悬殊和工资差别也十分醒目。这种情况助长了技术工人的特权思想，妨碍了工人群众阶级意识的发展。

　　然而，正是这些技术工人，特别是旧手艺行业里的技术工人，构成了这一时期工会运动的基本力量。这是因为，在旧手艺行业里，技术工人的手艺的价值使他们易于从雇主那里取得让步。他们较高的收入又使他们能够负担工会所需的捐献。他们中间许多人能读会写的情况则使工会的组织工作易于进行。相比之下，在像棉纺织业这样的新兴工厂产业中，由于雇主的力量较大而手艺的价值较小，工会运动的发展就困难一些。至于那些没有技术、收入极低、完全没有文化的普通工人，要在他们中间组织工会，则是一件十分困难的事。

　　由于存在上述情况，所以早期的英国工会基本上是一些由某个行业里的少数技术工人组成的行业团体，具有一定程度的行业帮派习气和技术工人的排外主义倾向。由于阶级觉悟不高，工会会员们平日所关心的，主要是维护本行业的狭隘的行业利益和技术工人在行业内部的特殊地位，争取解决他们在日常生活和劳动中所遇到的具体问题，而不是维护无产阶级的整体利益，争取无产阶级的彻底解放。

当时工会活动的主要内容，除了设法为会员提供各种福利（失业、疾病、丧葬等各类津贴）之外，几乎完全局限于争取调整工资、工时和改善劳动条件之类的职业性事务上。总之，早期的工会运动缺乏明确远大的政治目标，基本上是一种职业性运动，而不是争取阶级解放的革命运动。指导这个运动的思想主要是一种工联主义思想，而不是社会主义思想。

工会运动的这个阶段正是资产阶级激进派不断发动议会改革运动的时代，他们在19世纪30年代初，掀起要求改革腐败的议会制度的政治运动，试图改变土地贵族垄断政权的局面。资产阶级激进派所进行的政治鼓动，曾把不少工会会员吸引到政治斗争中来，从而增强了他们的政治意识。这种情况有助于克服主张工会工作严格限制在纯职业性事务范围内的情绪，却无论如何不曾把工会会员们的思想提高到推翻资本主义制度的水平。

19世纪20年代中叶以后，欧文的空想社会主义学说逐渐渗入工会运动。欧文的思想对他那个时代的英国工人所起的作用是十分复杂的。一方面，他对私有制和资本主义社会种种不合理现象所做的揭露和批判，他关于建立一个没有剥削的新道德世界来取代资本主义的号召，对工人群众具有很大的启发和鼓舞作用。另一方面，他向工人们提出的许多实际方案，如在资本主义社会中建立合作村，组织合作生产来解决失业问题；向商品生产者发放劳动券代替货币充当交换媒介，使生产者免受商人的中间剥削；由工会控制本行业的全部生产活动，排挤资产阶级，等等，却渗透了空想色彩，把工人运动引上了错误的道路。

欧文的学说吸引了一部分年轻的工人，他们变成了欧文主义的信徒。某些工会出于帮助失业会员寻找职业的实际考虑，接受了欧文提出的合作生产思想，着手建立属于工会的合作车间和合作工厂。到1829年以后，当欧文在美洲进行共产主义新村的试验失败，把目光转向工人阶级的时候，欧文主义在工人中间的影响开始扩大。

1832年的改革法令①在工人群众中引起对政治改革运动的普遍失望情绪，欧文的思想在工人运动中的影响迅速增长起来。1832年以后，欧文主义

---

① 1832年，英国议会通过了英国历史上的第一个议会改革法令，取消了某些腐败选区的议员席位，增加了新兴工业城市的议席，扩大了选民范围。这项法令使工业资产阶级得以正式厕身于政权之列，而工人阶级在这次改革中却一无所获。虽然工人们在促成法令通过上起了很大作用，但他们并没有得到选举权。

者在伦敦和外地创办"公平交换劳动商场"，工会工人积极参加了这项活动。1833 年，建筑工人工会在其欧文主义领导人莫里逊的影响下率先通过一项带有欧文主义色彩的计划，决定建立一个全国建筑业基尔特①，试图通过它逐步由工会接管整个建筑业务，把资本家从建筑行业里排挤出去。1834 年，在欧文倡导下，全国各业大统一工会宣告成立，试图统一全国工会运动的力量来实现欧文的理想。大统一工会成立后，各地原有的工会纷纷加入，而且新成立了大量工会组织。甚至从未组织过工会的农业工人和女工也开始建立工会。出现了一个欧文主义工会运动的高潮。据某些英国历史学家估计，当时参加大统一工会的工人大约有 50 万。

诚然，当时一般的工会工人并不真正理解欧文的学说，但是确有不少工会受了欧文思想的影响或者同情欧文的宗旨，不少工会工人曾经怀着朦胧的愿望，试图按照欧文的想法逐步用合作生产来取代资本主义。这样，英国的工会运动于 19 世纪 30 年代初在某种程度上突破了工联主义的思想框架，朝着改变整个生产制度的方向发展起来。

欧文的空想计划是注定不能实现的。30 年代初的欧文主义工会运动只是昙花一现。它一哄而起，很快便烟消云散了。欧文主义工会运动的失败和不久以后（1836 年）爆发的严重经济危机沉重地打击了英国的工会运动。工会组织纷纷瓦解，会员人数急剧减少②。统一全国工会运动的组织不复存在。许多全国性的工会重新分裂成地方性的行业团体，再度埋头于内部福利活动和纯职业性的事务。工联主义思想又一次成为工会活动的指导思想。

当宪章运动在全国轰轰烈烈地展开时，英国的工会正好就处于这样一种状态。因此，在整个宪章运动时期，工会组织总的来说是站在运动之外的，基本上采取了一种袖手旁观的立场。虽然在国内经济情况严重恶化的时候，有些工会曾经一度靠拢过运动。例如在 1842 年夏天的严重经济萧条时期，北部工业区工人举行大罢工时，郎卡郡和约克郡的工会组织代表会议曾通过"在人民宪章成为法律之前决不上工"的决议。但是，一旦经济形势好转，它们很快就和运动脱离了关系。特别是在 40 年代中叶以后，工联主义的倾向表现得更加明显。工会在宪章运动时期所采取的这种消极立场，引起了奥

① 基尔特（Guild）本意为行会，这里是借用其意。
② 韦伯夫妇估计 40 年代初全国工会会员人数不到 10 万人，很多史学家认为这一数字估计过低。

康诺和奥布莱恩等宪章派领导人的强烈不满。奥布莱恩曾公开指责英国工会代表的只是"工人贵族"的利益。

总之，在 19 世纪中叶以前，英国的工会运动是在工联主义思想的引导下向前发展的。不过，工会运动当时并没有定型。普通的工会工人还充满了斗争精神，他们在摸索工会运动前进的道路。这时期是英国工联主义产生或初步形成的阶段，它还没有完备的理论表现。在这段时间里，政治性的工人运动在英国工人运动中一直处于主导地位，工会运动只是整个工人运动的一个组成部分。它还没有像在下一阶段那样成为工人运动的主体。因此，工联主义当时在工人运动中的影响是有限的。

工联主义在英国工人运动中占据统治地位

19 世纪中叶以后，上述情况发生了根本性的变化。这时，产业革命已经完成，英国变成了"世界工厂"，垄断了国际市场。巨额利润每年源源不断地从世界各地流进英国资产阶级的腰包。资本主义的发展进入了自己的黄金时代。随着资本主义经济繁荣局面的到来，资产阶级自由主义的原则也在国家政治经济生活的各个领域里取得了全面胜利。

在劳资关系方面，资产阶级采取了自由主义的工人政策："从前被所有工厂主视为可畏之物的工厂法，现在他们不但自愿地遵守，而且还容许把它推广到差不多所有部门中去。以前被看做恶魔现形的工联，现在被厂主们当做完全合法的机构，当做在工人中间传播健康的经济观点的有用工具而受到宠爱和保护。甚至直到 1848 年还被宣布不受法律保护的罢工，现在也逐渐被认为有时很有用处，特别是当工厂主老爷们在需要时主动挑起罢工的时候。"①

在经济方面，资产阶级放弃了它在资本主义的"青年时期"那种原始的、打小算盘的剥削方式，不惜拿出一点剥削收入，着手改善城市卫生状况和厂矿劳动条件，并让一部分工人能够维持一定的生活水平，以便使他们觉得，无产阶级的物质状况会随着资本主义的发展而逐步得到改善。于是，随着资本主义发展的新时期的到来，资产阶级思想在工人运动中的影响急剧增长起来。工联主义终于找到了滋长蔓延的肥沃土壤，迅速发展成了一套完整

---

① 《马克思恩格斯全集》第 21 卷，人民出版社 1965 年版，第 226 页。

的思想和政策体系。

积极鼓吹工联主义思想和推行工联主义政策的，是各级工会中那些脱离劳动的领取薪俸的工会干部或工会官僚。而作为工联主义社会基础的，则是在新的历史条件下人数和力量都在不断增长的工人贵族阶层。

工会运动的这个新阶段大体上是从 19 世纪 40 年代中叶开始的。40 年代中叶以后，随着经济情况的好转，出现了一个所谓"工会复兴"的时期。这时，不仅那些由于欧文主义工会运动的失败和 30 年代末 40 年代初的经济萧条而瓦解了的旧工会恢复了活动，而且还建立了一些新的行业工会。这些工会越来越自觉地把工联主义的思想作为自己全部活动的依据。

真正能充分体现新时期工联主义思想和政策的，是 50 年代以后出现的所谓"新模范工会"。以 1851 年成立的混合机器工人协会和 1860 年成立的混合木工协会为代表的新模范工会是一批由技术工人组成的新的全国性行业工会。与原有的工会不同，新模范工会拥有雄厚的基金、完备的章程、专职的工会干部和集中的领导，这使它们逐渐在工会世界中取得了强固有力的地位，并且使它们能够先是通过伦敦工联理事会，然后通过全国职工大会控制了全国工会运动的领导权。但是，这些工会建立的目的，却不是争取无产阶级的解放和改变社会制度，而只是想在现存制度下设法维护本行业中少数技术工人的特殊地位。这些新模范工会的政策，概括起来大体上具有下面这样一些共同的特征。

第一，实行严格的关门主义和排外主义。

新模范工会的许多领导人都信奉自由主义的经济学说，认为工资的高低取决于劳动力市场的供求情况，如果某一行业里的工人想把工资维持在较高水平上，就必须设法限制本行业中从业工人的人数。或者像混合机器工人协会的章程中所说的那样，"防止在我们的行业里出现过剩的劳动力"。根据这种信念，新模范工会采取了一系列措施来维护本行业中少数技术工人的特权地位，使之不致受到工人之间相互竞争的影响。例如，它们严格限制会员条件，规定只有在本行业几年学徒期满的人才能加入工会，成为正式工人；它们设立补助金来鼓励本行业中多余的工人移居国外或迁往外地；它们要求雇主只雇用本工会的会员，等等。

第二，强调工会的福利活动。

成立新模范工会的目的主要是帮助会员应付生活上遇到的困难，因而它们一般都把自己的工作重点放在会员内部的互助上，"采取措施向其会员提供福利"。为了进行这项工作，新模范工会用向会员征收高额会费的办法来筹集基金，然后设立失业、疾病、丧葬、老年等各种名目的补助金，以便在会员急需时向他们提供津贴。据统计，混合机器工人协会在1851—1889年用于各种互助金的开支共计为2987993英镑，而同一时期用在罢工上的支出仅为87614英镑。这充分说明了新模范工会活动的方向。

第三，注意同雇主保持良好的关系。

新模范工会的领导人认为，工人阶级的利益同雇主阶级的利益是密切联系的。"两个阶级谁都不能在损害对方的时候不同时损害自己"。他们极力鼓吹劳资合作，宣传"雇主与雇工之间的正确状态是和睦"。在发生劳资纠纷时，他们总是强调谈判和协商，反对采取激烈的对抗行动。他们把罢工看成是一种"最后的手段"，"尽一切可能阻止罢工"，不到万不得已绝不采取罢工行动。

第四，反对工人参与政治。

在这段时间，政治必须排除在工会事务之外的思想得到了广泛传播。有的新模范工会甚至在其章程中明文规定会员不得参加政治活动。新模范工会的领导人不仅反对工人采取推翻资本主义制度的政治行动，而且心甘情愿地把工人阶级的"政治利益几乎完全交给托利党、辉格党和激进党这些上层阶级的人物"[①]。这并不是说他们拒绝一切政治活动。新模范工会领导人所反对的，实质上只是反对资本主义的政治。他们对那种与工会的眼前利益直接有关的政治，即列宁所说的"工联主义的政治"（如争取废除不利于工会的法令，为工会会员争取选举权等），不仅不反对，而且有时还相当积极地参加。

这些新模范工会政策的主要内容，可以说是工联主义思想的典型表现。

除新模范工会外，还存在其他类型的工会。这些工会的组织结构、活动方式和工作重点与新模范工会不完全一样。例如，棉纺织业工人的工会采用联盟式的结构，工会基金仍由地方工会控制。而且由于棉纺织业本身的特点，它们不需要也不可能像新模范工会那样实行严格的学徒制度。它们首先关心的是通过立法手段来限制工作日长短和改进工厂的劳动条件。

另外，许多工会，特别是北方工业区的工会，比新模范工会表现出更多的战斗精神。它们对罢工问题的态度比新模范工会积极得多。尽管这些工会的具体政策与新模范工会不同，它们的基本思想倾向，着眼于现存制度范围

---

① 《马克思恩格斯全集》第19卷，人民出版社1963年版，第304页。

内改善工人的处境，主张劳资协调等等，同新模范工会没有本质上的区别。因此，指导新模范工会进行活动的工联主义思想，实际上也就是这一时期英国整个工会运动的指导思想。随着时间的推移，这种思想以及从这种思想中产生出来的具体政策，还在实践过程中被右翼工会官僚们不断发展和补充，变得越来越完备、越来越系统。

随着宪章运动的失败和政治性的工人运动的衰落，英国工人阶级的政治团体已经不再发挥什么作用了，工会已经变成工人阶级唯一重要的组织中心。因此，工联主义在工会运动中的胜利，意味着它在整个英国工人运动中占据了统治地位。

英国工会在这段时间的活动取得了一定的实际成果。英国的工会运动变成了一个从全国职工大会，各工业城市中的工联理事会，直到基层工会的完整的组织系统，变成了一支社会公认的力量。通过工会的斗争，议会终于在1871年通过《工会法》，在1875年通过《阴谋与财产保护法》，正式承认了工会的法律地位和进行罢工的权利。并且根据1867年和1884年的议会改革法令使相当多的工人获得了选举权。但是，在英国工会运动取得这些实际成果的同时，工联主义却严重地腐蚀了英国工人的革命意识，阻碍了社会主义思想在工人中的传播和独立的无产阶级政党的建立。它使英国工人运动离开了自己的最根本的目标——推翻资本主义制度。结果是，英国这个工人阶级出现最早、人数最多、组织最完善，而且当时社会主义革命的客观物质条件又最充分的国家，工人运动的发展却落在其他一些国家的后面。

如果说在工人运动的前一阶段，工联主义所反映的主要是一种工人群众反抗资本压迫的自发倾向（这种倾向虽然是工人觉悟不高的一种表现，但它为推动工人斗争仍具有很大积极作用），那么，在工人运动的这个新阶段上，工联主义的性质和作用就不一样了。它实质上是资产阶级自由主义工人政策的产物，是资产阶级思想在工人运动中的一种表现形式。它把工人运动引上了一条适应资产阶级需要的道路，使资本主义制度不致受到无产阶级革命运动的冲击。如果不消除工联主义的影响，英国的工人运动就不可能胜利前进。

为了促使英国的工人运动走上健康发展的轨道，马克思和恩格斯曾经同工联主义和英国工会领袖背弃无产阶级长远利益的行为进行过顽强的斗争。他们一方面肯定工联作为抵抗资本进攻的中心，行动得颇有成效，另一方面又向工人指出，英国工会根据工联主义原则所进行的活动不可能根本改变无产阶级被奴役的状况，因为它们"只限于进行游击式的斗争以反对现存制度所产生的结果，而不同时力求改变这个制度"。他们曾号召英国工人坚决"摒弃'做一天公平的工作，得一天公平的工资！'这种保守的格言，而要在自己的旗帜上写上革命的口号：'消灭雇佣劳动制度！'"①

由于当时英国历史的具体条件，马克思、恩格斯的这种斗争并没有收到明显的效果。一直要到19世纪末、20世纪初，工联主义统治英国工人运动的局面，才由于英国经济生活中发生的新变动而遭到破坏。

工联主义与社会改良主义的融合

19世纪70年代中叶以后，英国资本主义的黄金时代结束了。由于德、美和其他国家经济的迅速发展以及国际市场上的竞争日益激烈，英国逐渐丧失了自己的工业垄断地位。七八十年代，英国的经济很不景气，许多重要的工业部门处于停滞状态。工业发展的速度明显地放慢了。由于美洲和澳大利亚廉价农产品的大量倾销，英国的农业陷入长时间的危机之中。在这种情况下，社会各阶层开始感受到经济变动的压力。英国资本主义永久繁荣的信念逐渐在人们的心目中发生动摇。社会主义运动又重新在英国出现，劳资之间的冲突也变得日益频繁和激烈起来。

在经济不景气的情况下，资产阶级试图用减少工资、延长工作时间等手段来降低成本，增强竞争能力，以保持利润。但是，19世纪最后20多年间经济不景气的突出反映，乃是持续不断的严重失业现象。根据工会的统计材料，失业率在1872—1879年由1%猛增到12%。在80年代初一度有所缓和。但在1882年以后不景气重新到来时，失业率很快又开始上升，在1885年和1886年达到10%。大量的失业使得工人群众的贫困情况变得更为严重。那些大工会的会员失业后或许还能从工会领得某些补助，广大的非熟练工人和普通工人一旦失业，只能依靠救济、施舍或乞讨来维持生活。调查材料证明，当时工人群众中至少有1/3挣扎在饥饿和极端贫困的境遇之中。

面对资产阶级的进攻和工人群众的苦难，旧派工会领袖们却顽固地坚持其妥协调和的政策。他们对广大非熟练工人和普通工人的疾苦视而不见，一心只求在不景气中设法维持自己的工会不致覆灭。他们极力抑制工人群众的

①《马克思恩格斯全集》第16卷，人民出版社1964年版，第169页。

反抗要求和斗争精神，继续鼓吹劳资协调的老调。旧派工会报纸《工会会员》1899 年 2 月份发表的一篇题为《工业和平》的社论，甚至配合资产阶级的宣传，大谈什么"同其他国家的尖锐竞争，已经不容再发生那种经常的和长时间的停工所造成的可怕浪费了……英国的工业已经达到了一个只有依靠有关各方的明智合作才能维持其现有地位的阶段"。

工联主义者所奉行的政策受到社会主义者和左翼工会活动家们越来越激烈的批评，受到工人群众日益有力的反抗。

80 年代末和 90 年代初兴起的新工会运动是英国工人阶级对工联主义者在工人运动中的统治地位所进行的第一次大规模冲击。过去曾经长期被工联主义者排斥在工会门外的广大的非熟练工人和普通工人，如煤气工人、码头工人、运输工人等，纷纷建立起自己的工会。他们不仅掀起了波澜壮阔的罢工浪潮来反对资产阶级的剥削和压迫，而且对旧工会领袖的统治及其推行的路线提出了有力的挑战。

同传统的工联主义思想针锋相对，新工会运动的活动家汤姆·曼和本·铁勒特等人明确提出：工会不应该再像过去那样仅仅满足于在现存制度下谋求工资不致降低，它应该"成为消灭贫穷的强有力的武器"，工会应该"成为启蒙的中心而不只是发放补助金和接受捐献的集会场所"，工会应该"传授必要的经济学知识，以便工人们日后不再受各个政党的摆布"；工会不应该只维护少数技术工人的利益，它应该"把归入非熟练工人的那些人组织起来"，形成浩浩荡荡的阶级大军。

为了用这些原则来改造英国的工会运动，新工会运动的活动家在职工大会、各个工联理事会和许多工会中同旧工会领袖进行了激烈的斗争，一度取得了相当可观的成果。他们把盘踞职工大会议会委员会书记职位 10 余年之久的旧派工会首脑人物布罗德赫斯特赶下了台，促使职工大会通过了支持"法定的八小时工作日"的决议。许多大工业中心的工联理事会由于他们的努力而变得生气勃勃。甚至像混合机器工人协会这样典型的新模范工会也被迫修改章程，放宽了入会限制。

新工会运动虽然在资本家和旧工会领袖的联合进攻下失败了，它的影响却是十分深远的。由于新工会运动的兴起，广大非熟练工人和普通工人迅速觉醒并且逐步组织起来，正式加入了英国工人运动的行列。这就改变了英国工会的构成情况，并把战斗精神带进了工会运动，因而削弱了旧工会领袖的统治基础，使工联主义的推行遇到了越来越大的困难。

独立劳工政治运动的兴起是 19 世纪末英国工人阶级对工联主义原则提出的又一个有力的挑战。工联主义者曾经在长达几十年的时间里把英国工人的政治利益交给统治阶级的政党去处理，"甘愿充当'伟大的自由党'的尾巴"①。但是，在 1884 年议会改革使得大量的工人获得选举权之后不久，工人群众中发出了日益强烈的呼声，反对"再满足于在政治领域里充当资本的工具"（劳工联盟 1889 年 8 月发表的宣言），要求建立独立的劳工政党，开展独立的工人阶级政治行动。80 年代末和 90 年代初，各国先进工人纷纷建立政治团体，如苏格兰工党、布雷德福劳工联盟、曼彻斯特独立工党等。1893 年，在这些团体的基础上建立了英国独立工党。

尽管独立劳工政治运动的发展受到了充满自由主义思想的旧工会领袖的抵制，独立工党得不到工会的支持而未能发展成为群众性的工人政党，但是，这个新运动仍然迅猛发展，势不可当，致使旧工会领袖不得不在组织上与自由党决裂。1900 年终于出现了一个以工会为基础的群众性工人阶级政治组织——劳工代表委员会（日后的工党）。这样一来，宪章运动失败以来工会独占英国工人运动舞台的局面正式宣告结束。工联主义的政治信条受到了沉重打击。

工联主义所遇到的最严重的挑战，无疑是社会主义思想的传播。随着 70 年代中叶以后英国经济生活中发生的新变动，80 年代以后各式各样的社会主义学说开始在英国社会中流行起来。1889 年建立了社会民主联盟、社会主义同盟和费边社，英国开始了所谓的社会主义运动的复兴。社会民主联盟和社会主义同盟成立后，立即展开宣传活动，积极参加了失业工人运动。但是，不论是社会民主联盟、社会主义同盟，还是费边社，最初都只是狭小的宣传团体。它们同群众性的工人运动基本上是脱节的，在工人中间的影响是有限的。

新工会运动和独立劳工政治运动的兴起为社会主义同工人运动的结合提供了良好的机会。由于参加运动领导工作的社会主义者的努力，社会主义思想逐渐在工人群众中间传播开来。某些新工会（例如煤气工人工会）将社会主义的原则明确写入自己的章程。独立工党把实行生产资料集体所有制列为党的目标。职工大会 1894 年通过工业国有化的决议。这些都表明社会主义在工人中间的影响在不断扩大。90 年代，《号角报》编辑希拉奇福德宣传社

① 《马克思恩格斯全集》第 19 卷，人民出版社 1963 年版，第 304 页。

会主义的小册子《欢乐的英格兰》发行仅仅一年多就销售了近百万册，生动地说明社会主义思想受到工人群众的欢迎和拥护。在此之后，社会主义影响扩大的趋势不仅没有停止，而且随着第一次世界大战前夕英国国内政治形势的日趋紧张而有增无减。正如列宁在 1908 年评论英国工党加入第二国际的问题时所指出的那样，由于社会主义思想的影响在工会工人中间不断增长，以致保守的英国工会也已开始"走向社会主义，尽管它们走得不敏捷，不彻底，不直接，但毕竟是在走向社会主义"[①]。不言而喻，社会主义影响的扩大也就是工联主义影响的缩小。英国的工人群众正在脱离传统的运动轨道，转向新方向。

　　总之，随着英国资本主义的发展在 19 世纪末叶出现新转折，整个国内形势和工人运动的状况逐渐发生了巨大变化。工联主义在工人运动中的统治地位日益动摇。资产阶级及其在工人运动内部的代理人想要继续原封不动地依靠它来控制工人运动已经不大可能了。在这种新的历史条件下，必须寻找新的思想武器才能适应潮流的需要和群众的口味。于是，以费边社和独立工党领袖们的思想为代表的社会改良主义思潮应运而生，并且逐渐取代工联主义，在英国工人运动中占据了统治地位。那些过去一贯把社会主义看成洪水猛兽的旧工会领袖，现在随着形势的变化，纷纷穿起了"社会主义"的外衣。这样一来，英国工人运动中工联主义和社会改良主义逐渐融合。工联主义并没有消失，它还继续存在，仍然在工人运动中起着作用，不过从此以后它逐渐变成了社会改良主义的附庸。英国工联主义和社会改良主义的融合，经历了一个历史过程。1918 年以工会为基础组成的工党把社会改良主义思想写进自己的章程，宣布它准备在英国实行生产、分配和交换手段的公有制，可以看作是这个过程当中的一个里程碑。

---

① 《列宁全集》第 15 卷，人民出版社 1959 年版，第 211 页。

俄国民粹派运动

部彦秀

19世纪60—70年代，俄国平民知识分子为解放农民掀起了一场社会运动。70年代初，大批平民知识分子和青年学生穿上农民服装，到农村去发动农民进行革命，反对沙皇专制制度，形成了一股"到民间去"的热潮，因此被称为民粹派运动。这场运动一直延续到19世纪90年代。民粹派大体上可以分为革命民粹派和自由主义民粹派。革命民粹派从运动兴起到80年代初占主导地位，他们反映和捍卫被压迫农民阶级的利益，在俄国历史上起过进步作用；自由主义民粹派从80年代中期起逐步取代革命民粹派而居于运动的主导地位，他们代表富农阶级的利益，主张向沙皇专制制度妥协，放弃革命斗争，成为马克思主义的敌人。

民粹主义的产生

民粹主义思想同赫尔岑和车尔尼雪夫斯基的某些观点是有联系的。19世纪50年代，赫尔岑在《钟声》杂志上宣传解放农民，并把村社土地所有制和农民的"地权"思想看作社会主义。车尔尼雪夫斯基进一步明确主张通过农民村社过渡到社会主义，宣扬农民革命及推翻旧政权的思想。这些理论观点成了民粹主义思想的主要基础。

俄国在克里木战争（1853—1856年）中的失败，使国内的阶级矛盾更加尖锐。政府为弥补战争的损失，加剧了对农民的盘剥，强占农民耕地，增加赋税，激起农民的强烈不满和反抗，仅1855—1861年就发生了79次较大的农民暴动。沙皇亚历山大二世慑于农民运动的压力，于1861年2月19日批准了关于农民摆脱农奴制依附关系的改革法令，同时签署了废除农奴制度的特别诏书。这次改革削弱了地主奴役农民的权力，使农民获得了人身自由，有了从事商品生产或依附于新出现的资本的可能，为工业无产阶级的发展提供了充足的后备军，同时也促进了生产技术的改进和铁路交通、工业、商业的发展，为俄国资本主义经济发展创造了有利条件。但是这次改革是极不彻底的，改革后的俄国仍保存了大量的农奴制残余，农奴主剥削农民的主要形式——劳役租和代役租继续存在。法律规定每个农民只能从地主那里得到 2—12 俄亩"份地"，而且要对地主履行苛刻的"临时义务"，即交代役租和服劳役租，根据地区不同规定代役租一般每份地为 8—12 卢布，劳役租每年男工 40 天、女工 30 天。这种临时义务没有明确时间，实际上是无限期的。此外，改革法令还规定地主可以在帝国境内随意占领土地，大部分好地、森林、牧场和水源等均被地主霸占。据统计，19 世纪 60 年代初，在全俄 9300 万俄亩耕地中，贵族地主占 7310 万俄亩，为 78.6%。1877 年，地主、贵族占有俄国全部土地的 77.8%，商人和市民占有 14.2%，农民仅占有 7%。为了生活，农民被迫高价租种地主的土地，实际上仍然依附于地主。

广大农民不堪忍受地主的盘剥和掠夺，纷纷起来抗租抗税，仅改革的当年就发生了 784 次农民起义，蔓延到 2034 个村庄。农民运动波及俄罗斯、乌克兰、白俄罗斯、立陶宛和其他民族地区。例如 1861 年 4 月 5 日，平扎省克连斯克县的坎杰耶夫村的农民暴动，起义者从拒服劳役开始，邻近各村纷纷响应。农民们进一步提出要将地主霸占的全部土地、森林、草原、房屋，无偿地交给农民。此后反抗斗争连年不断。

如火如荼的斗争形势，对出身牧师、商人、小市民、小官吏、农民和教师的平民知识分子是极大的鼓舞，他们当中越来越多的人主张推翻专制制度，把农民连同土地解放出来。

俄国民粹派是在当时俄国特定的历史条件下产生的。俄国资本主义发展较晚，工人阶级力量薄弱，还没有成为独立的政治力量。而小生产者农民占人口的绝大多数，文化水平极低，生活极端贫困。特别是专制制度的政治压迫，对广大人民来说无民主可言，从而窒息了整个社会的发展。所有这些都成为民粹派产生和发展的适宜土壤。在国际上，世界各地出现的解放斗争的高涨，尤其是马克思、恩格斯领导的第一国际的活动和巴黎公社的革命斗争，对俄国革命运动起了积极的推动作用。马克思的《资本论》《法兰西内战》等名著已传入俄国。

但在 70 年代，俄国的工人运动还没有很好地开展，民粹派分子看不清工人阶级的历史地位和前途，不可能把马克思主义同俄国工人运动结合起来。他们提出消灭地主土地所有制、推翻现存社会制度的革命口号，显然当时俄国并不具备实现这些主张的客观条件。但他们毕竟"从小生产者、小资产者的角度代表生产者的利益"①。含有空想成分的民粹派的这种"不成熟的理论，是和不成熟的资本主义生产状况、不成熟的阶级状况相适应的"②。

革命民粹派的基本理论观点是，相信俄国村社是社会主义的基础，认为不经资本主义发展阶段直接由村社过渡到社会主义；把农民理想化认为农民是实现社会主义革命的主要力量，农民是"本能的社会主义者和天生的革命者"；主张解放农民，推翻沙皇专制制度。在民粹派运动中因对实现革命目标所采取的策略不同，因分别受著名的思想理论家拉甫罗夫、巴枯宁、特卡乔夫的理论观点影响，而形成三个主要流派。

早期民粹派的宣传活动

19 世纪 60 年代末至 70 年代初，拉甫罗夫发表的著作和文章，同情农民、充满对沙皇专制制度的憎恨，很快吸引了民粹派分子。拉甫罗夫虽然没有直接参加民粹派运动，但他提出的理论、口号迎合了运动初期革命者的需要，他成了民粹派分子心目中的精神领袖。

彼·拉·拉甫罗夫（1823—1900 年）是俄国著名的政论家、社会学家。他在 60 年代民主运动高涨时期卷入社会斗争旋涡，参加过秘密团体，进行反政府活动，曾被捕和流放。后又参加过巴黎公社斗争，是马克思和恩格斯的朋友。他在《历史书简》（1869 年）中提出向人民"还债"的思想。他认为，被压迫的劳动者为创造社会文明付出了昂贵代价，享受文明的少数人，即知识分子应该承担同代和后代人的苦难，要向人民还债，而且这种债是永远还不清的。《历史书简》一度被革命民粹派视为必读书，争相阅读。书中关于知识分子团结起来、为寻求真理和建立公正的社会制度而努力的主张，尤其是"还债"的思想，在平民知识分子中引起强烈共鸣。他们以此作为投身社会革命的理论依据。

拉甫罗夫在《前进，我们的纲领》（1873 年）一文中，强调革命者"反

① 《列宁全集》第 1 卷，人民出版社 1955 年版，第 374 页。
② 《马克思恩格斯选集》第 3 卷，人民出版社 1972 年版，第 409 页。

对的不是个人，而是社会原则，是社会制度的不公正"。他说，人们应当牢记两种斗争：一是现实的世界观反对神学的世界观的斗争，即科学反对宗教的斗争；一是劳动反对游手好闲地享受生活福利的斗争，也就是争取实现最公正的社会制度的斗争。拉甫罗夫在该纲领中还提出，革命者应当抛弃向人民恩赐的陈旧观念，把人民动员起来，自己实现革命。为迎接革命的到来，向往革命的青年应该向人民进行长期的、耐心的宣传，提高人民觉悟，使之认识到革命是自己的真正需要，并相信自己有力量和义务从事革命斗争。在这些理论观点的感召下，一些平民知识分子和青年学生结合组成小组，投身社会运动。他们按照拉甫罗夫的理论侧重宣传，强调进行革命的准备工作，因此被称为"拉甫罗夫派"，也称"宣传派"或"准备派"。60年代末至70年代中期的民粹派小组主要是拉甫罗夫派。

1863年，具有民粹主义思想倾向的伊舒金小组在莫斯科成立。负责人伊舒金是莫斯科大学的旁听生，主要成员有叶尔莫洛夫、尤拉索夫、卡拉卡佐夫等8人，多数是大学生。他们的目标是实现"经济变革"，主张用"模范农场""生产协会"的组织形式，向人们展示新的生活方式，使人民认识到"共同的劳动，比单独劳动有无可比拟的好处；共同的生活，比单独生活有无可比拟的益处"。他们错误地认为，恐怖暗杀是实现社会革命的手段。该小组成员卡拉卡佐夫于1866年4月4日在彼得堡向沙皇亚历山大二世开枪射击，谋杀未遂，被处绞刑，结果招致整个小组的垮台。

60年代末、70年代初的民粹派小组，组织程度差，人数少，活动范围小，没有明确的纲领和章程。在莫斯科，普鲁加文等20名大学生于1870年组织了一个小组，通过组织互助会，开办图书馆、小商店、饭馆等，搞一些方便人民生活的活动，还组织晚会，介绍和讨论进步书籍，研究如何在群众中进行宣传。1871年11月，由彼得堡工学院学生卢托亨倡导成立的"人民福利社"，提出了改善人们生活，使贫困人民摆脱商人和企业主的剥削的设想，该小组于1872年2月被政府当局破坏。

70年代初，在哈尔科夫以索尔采娃和科瓦尔斯基为首的小组，开展文化启蒙活动，经常有成群的中学教员、大中学生和渴望求知的工人在索尔采娃家中相聚，研究西欧空想社会主义者欧文、傅立叶等人的著作，并研究西方国家制度。这些文化活动为"未来开展广泛的社会活动——解放和革命活动，培养了有觉悟的分子"。

这个时期影响比较大的民粹派小组是柴科夫小组和多尔古申小组。

柴科夫小组于 1869 年春在彼得堡成立，其成员有纳坦松、亚历山大罗夫、佩罗夫斯卡娅、克拉夫钦斯基、热里雅鲍夫等十多人，著名的俄国无政府主义理论家克鲁泡特金也是该小组的成员。这个组织在彼得堡设有本部，在莫斯科、基辅、敖德萨、赫尔松等城市设有分部，它在某种程度上起了全俄革命活动中心的作用。起初，小组主要是借帮助买降价专业书的机会，把有革命内容的政治书籍带到学生中去，后来发展到组织秘密自修小组，阅读和讨论车尔尼雪夫斯基、杜勃罗留波夫、拉萨尔、路易·勃朗的著作，在学生中培养运动骨干，为深入群众开展宣传作准备。1871 年巴黎公社战士的斗争极大地鼓舞了小组成员，他们对马克思主义著作产生浓厚兴趣，翻译出版了《法兰西内战》，有一些人还传抄《资本论》《国际工人协会章程》等，积极阅读并试图从中寻求解决自己面临的迫切问题的答案。

1872 年，柴科夫小组到工人中间去，教工人学文化，给工人讲解西欧和俄国工人运动史。小组成员认为，工人中有许多人是农闲进城的农民，通过在工人中的活动，既可加强同农民的联系，更重要的是可以在工人中培养一批活动家，以便到农村去宣传和发动农民。这一活动一直继续到 1873 年夏天。柴科夫小组曾有过直接深入农村的设想，并在自建的制靴、木工等作坊里学手艺，做了一些下乡的准备，该小组许多成员是后来"到民间去"运动的倡导者和积极参加者。

1872 年秋在彼得堡建立的多尔古申小组，其成员除了在理论上探索社会问题。并对人民直接进行宣传。他们开办器皿作坊，向工人揭露现实社会的腐败黑暗。1873 年春，该小组还创办了秘密印刷所，编印和散发《告俄国人民书》《按照自然和真理的规律应当怎样生活》等民粹主义传单，号召知识分子到民间去，发动人民举行起义。他们还挑选宣传家，研究活动路线，做了到民间去的准备，被许多民粹派分子称作新时期革命活动的开拓者。多尔古申小组于 1873 年 9 月被沙皇政府当局破坏，它的计划和理想也未能实现。

"到民间去"

随着运动的发展，民粹派的革命情绪日益高涨。他们对拉甫罗夫主义的学究倾向、单一的和无止境的宣传，越来越不满意。多尔古申小组和其他激进青年主张直接进行革命斗争。1873 年底，民粹派开始与农民进行直接接触。巴枯宁的理论和主张对这一运动的发展，起了推动作用。

巴枯宁（1814—1876 年）是无政府主义者。1868 年，他和茹柯夫斯基在《人民事业》杂志上发表了《我们的纲领》一文，提出人民的彻底的精神解放、社会经济解放和政治解放的问题。纲领认为，人民的经济生活任何时候都是最基本的，没有社会经济解放，自由就是无耻的谎言。没有精神解放，人民的政治自由和社会自由既不能彻底，也不能巩固。纲领提出，为了人民的政治解放，首先要彻底摧毁国家，废除一切国家制度和行政设施。这些观点对准备采取激进行动的民粹派有诱惑力。1873 年，巴枯宁的《国家制度和无政府状态》一书在瑞士出版，很快传入俄国。该书的主导思想是反对一切性质的国家，宣扬无政府状态，把国家解释为一切祸害的根源，认为立即消灭任何形式的国家是社会变革的目的。巴枯宁的理论在俄国平民知识分子中赢得了不少拥护者，形成了巴枯宁派，也称"暴动派"。他们反对进行单纯的宣传，认为"必须一下子发动所有农村"，来一次摧毁人民传统宗法观念的直接革命；他们认为极端贫困的俄国农民已陷入绝望，实际上做好了进行社会变革的准备；革命者的任务是把所有优秀农民、先进人士和工人联合起来，立即组织席卷俄罗斯帝国广大区域的人民暴动。

自 1873 年底起，民粹派发起了大规模的到民间去运动。数以千计的革命民粹派分子，穿上农民式样的服装，从彼得堡、莫斯科、基辅、哈尔科夫、敖德萨、下诺夫哥罗德、喀山等城市出发，奔赴伏尔加河、顿河流域、乌克兰和乌拉尔地区的广大农村。民粹派认为这些地区受过农民起义的战斗洗礼，有革命斗争传统，群众易于发动。宣传者努力模仿农民的语言，深入浅出地向农民讲解革命道理。1874 年夏天，运动达到高潮，迅速发展到 37 个省。在伏尔加河流域，来自彼得堡、莫斯科的革命者，得到当地青年学生的支持，运动开展得更为广泛。

梅什金、沃伊纳拉尔斯基、科瓦利克等人在到民间去运动中，起了先锋作用。沃伊纳拉尔斯基在农民集会上公开指出，由于政府、沙皇和地主的共同掠夺，农民地少租税重，过着悲惨生活。他号召农民同剥削者斗争，反对沙皇政府。民粹派用各种办法同农民接近，同他们一起干活儿，给他们做木工、修鞋、看病，很快取得大多数农民的信任。革命者向农民揭露农奴制改革给农民带来的灾难，说明沙皇是俄国最大的剥削者，是专制统治的总代表，农民要获得真正解放，必须举行暴动，打倒农奴主，推翻专制制度，夺取地主土地。

　　当时的俄国还不具备消灭地主土地占有制和推翻专制统治的条件；闭塞无知、极度分散的农民在政治上还很落后，他们对暴动的态度非常冷淡。尽管民粹派日夜忙碌，为掀起暴动四处奔走呼号，农民并没有跟他们走。

　　1874 年底，沙皇政府当局指使警察串通各地地主对民粹派运动进行疯狂镇压，逮捕了大批民粹派革命家，到民间去运动被扑灭了。1875 年初，一些民粹派分子成立了"莫斯科人社"（又称"全俄社会革命组织"），总结失败的教训，把城市作为活动场所，致力于培养工人活动积极分子，作为知识分子与农民之间的"中间人"。该组织的主要成员来自在瑞士苏黎世留学的一些前俄国大学的女生小组和格鲁吉亚大学生小组，如菲格涅尔姐妹、柳芭托维奇姐妹、芭尔吉娜等人，后来又吸收一些大学生和工人，著名工人革命家彼得·阿列克谢耶夫也参加了这个组织。他们以普通工人身份到莫斯科、基辅、敖德萨等城市的工厂中活动，宣传巴枯宁的理论，提出要在全国各地发起暴动。1875 年 4 月，莫斯科人社被破坏，大批民粹派和工人被捕。

　　沙皇当局慑于革命形势和社会舆论的压力，直到 1877 年才对被捕的革命者进行审判。民粹派革命家把法庭当作宣传和斗争的舞台。1877 年 2 月，索菲娅在枢密院审理涉及莫斯科人社的"50 人案件"的法庭上，义正词严地说："道义的力量，思想和历史进步的力量在我们一边，而思想用刺刀是抓不住的。"织布工人出身的革命家阿列克谢耶夫在法庭上发出铿锵的声音："等到千百万工人群众举起筋肉条条的拳头，士兵刺刀保卫着的专制枷锁就会被粉碎！"[①] 这话被列宁誉为俄国工人革命家的伟大预言。

　　1877 年 10 月，沙皇政府审理到民间去的革命者，史称"193 人案件"，法庭简直成了战场。梅什金在法庭上对沙皇统治者作了淋漓尽致的揭露，痛斥法庭比妓院还坏，官吏厚颜无耻地"出卖人类一切最宝贵的东西"。宪兵冲进法庭与革命者展开激烈搏斗，吓得首席法官仓忙退席。

　　到民间去运动虽然失败了，但平民知识分子的革命实践在俄国思想界产生了巨大影响，它在人民与知识分子之间架起了沟通思想感情的桥梁，鼓舞进步知识分子进一步同专制制度作斗争的热情与决心。

---

　　① 转引自《列宁全集》第 4 卷，人民出版社 1958 年版，第 333 页。

土地与自由社

　　民粹派从到民间去运动的失败中认识到，农民具有"共产主义本能"的想法是幼稚的。广大农民对暴动并不感兴趣，革命者应解决农民当前最关心、最迫切的问题，这就是土地和自由。因此大多数暴动派提出用"土地与自由"代替前段提出的"社会主义"口号，把它写在自己的旗帜上，并以此作为制定新的行动纲领的出发点。1876 年底①，纳坦松、普列汉诺夫、米海依洛夫、阿普捷克曼等人于彼得堡在原来"北方民粹派协会"的基础上，建立了革命民粹派组织"土地与自由社"。

　　土地与自由社是个秘密的革命组织。中央小组下设知识分子、工人、编辑、印刷和破坏 5 个小组，并制定了斗争纲领。比起以前的民粹派组织，土地与自由社具备了比较完整和严密的组织形式，被列宁称作"模范的出色的组织"②。

　　该组织的纲领提出将全部土地交给村社农民进行平均分配，实行彻底的村社自治和宗教自由。这反映了农民反对农奴制残余和谋求平等的思想，其中包含有对农奴制的土地占有制否定因素，突破了民粹派的空想主义。但是，该纲领没有明确提出废除专制制度。

　　土地与自由派总结了初期的小组活动和到民间去运动的实践，认为单纯的宣传活动效果有限，应把鼓动农民暴动，各种抗议行为和罢工都纳入行动计划，把宣传与这些斗争形式结合起来。他们改变了原来分散的、游击式的宣传方式，在群众革命情绪高涨的地区建立固定宣传点，启发农民觉悟，发动农民暴动。土地与自由派先后在萨马拉、萨拉托夫、察里津、阿斯特拉罕、乌拉尔、罗斯托夫等地，建立了固定宣传点。他们以教师、医生、文书等身份，通过免费给农民看病，教识字等方式接近农民。革命者生活简朴，同地主、官吏形成了鲜明对照，很快取得农民信任。

　　土地与自由派把农村当作主要阵地，同时也在工人比较集中的城市开展活动，参加工人集会、游行和罢工。1876 年 12 月 6 日，土地与自由派在彼

---

　　①　关于这个组织建立的时间说法不一。民粹主义运动史学家谢尔勃里亚克认为建立于 1876 年秋，巴古乔尔斯基认为建立于 1876 年底。据一些"土地与自由社"成员的回忆录记载，这个组织是建立于 1876 年底。

　　②　《列宁全集》第 5 卷，人民出版社 1959 年版，第 444 页。

得堡喀山大教堂广场组织了一次有 200 名工人参加的示威。彼得堡矿业学院学生、20 岁的普列汉诺夫对示威群众发表了热情的演说，宣布"参加这次集会的人，同那些为人民解放事业牺牲了自己生命的俄国人民的优秀儿女是团结一致，他们准备再接再厉地继续进行业已开始的斗争"。但是，示威群众很快被驱散，许多示威者被监禁、流放和罚做苦役。

土地与自由派的活动没有取得预期效果。

19 世纪七八十年代俄国工人运动发展很快。莫斯科、哈尔科夫、卡卢加、比尔姆等地的纺织工人，基辅、沃龙涅什的铁路工人，敖德萨的卷烟工人以及雷宾斯克的搬运工人，先后举行罢工，1870—1880 年，较大的罢工有220 多次，而且罢工时间长，表现了一定的组织性和团结性。农民运动也蓬勃发展。据不完全统计，1877 年有 11 个省发生过农民暴动，1879 年发展到29 个省。在这种形势的影响下，许多土地与自由派对原来的活动方式产生了怀疑。

1878 年 8 月 4 日，著名的民粹派分子谢·斯捷普尼亚克（克拉夫钦斯基）在彼得堡暗杀了宪兵司令梅津佐夫。由于这种个人谋杀的偶然成功，土地与自由社的不少成员开始把胜利的希望寄托在少数知识分子与政府的斗争上。于是，在土地与自由社内部，对斗争策略问题产生了明显分歧。一部分人坚持原来的原则，主张继续在农村搞宣传，发动农民举行暴动，一部分人则主张把主要力量转向直接同政府作斗争，矛头对准统治阶级的代表人物，惩治政府机关中的罪大恶极者。土地与自由社召开会议弥合分歧，但双方均各持己见，结果于 1879 年 8 月分裂成两个独立的组织："土地平分社"和"民意党"。

以普列汉诺夫为首的土地平分派，按照土地与自由社原来的原则，把农村作为活动的阵地，但是越来越多的人被吸引到激进的政治斗争中去，旧的纲领无法实施，土地平分社没过多久就瓦解了。普列汉诺夫等人受马克思主义影响，脱离了民粹主义，于 1883 年建立了马克思主义组织"劳动解放社"，从事马克思主义的宣传活动。

民意党

民意党是在 70 年代末期俄国国内阶级斗争高涨时期登上历史舞台的。1879 年 6 月在里别茨克会议上，建立了以热里雅鲍夫为首的执行委员会，同年 8 月在彼得堡成立了民意党。民意党执行委员会行使中央领导职能。执委会章程要求每个成员要有坐牢、服苦役甚至牺牲的思想准备，还严格规定了执委会成员的条件、组织纪律等。执委会下设专门组织，负责宣传、生产活动或者募捐用于慈善事业的资金等。

《民意党执行委员会纲领》由季霍米洛夫起草，经讨论修改后于 1880 年 1 月通过。这个纲领详细阐述了党的政治主张和斗争策略，宣称民意党人是"社会主义者和民粹主义者"，人民的福利和人民的意志是党的两个最神圣的原则。纲领说，要改变现行的不合理的制度，唯一的方法就是"暴力变革"。

民意党还建立了工人革命组织，积极支持工人武装起来反对专制制度。热里雅鲍夫、彼罗夫斯卡娅等优秀活动家经常出席工人集会，发表演讲，参加罢工等。热里雅鲍夫和卡科夫斯基于 1880 年起草的《民意党工人成员纲领》指出，"资本家势力越来越大，分散的工人很难同他们作斗争"，号召工人和农民联合起来共同对付政府、厂主和地主。1880 年 12 月，民意党创办了《工人报》作为对工人进行思想理论教育的阵地。报纸深入浅出地说明工人贫困的原因，揭露专制制度的黑暗和腐朽，宣传民粹派的所谓"社会主义"。报纸声称，俄国的主人不是沙皇，而是俄国人民，提出"让暴君灭亡，寄生虫滚开，自由和劳动王国万岁！"的革命口号。虽然民意党人对工人阶级的作用还缺乏正确的认识，但他们在工人中的活动和宣传教育工作，却为俄国培养了一批优秀的工人革命家。

在军队中建立革命组织是民意党的又一功绩。民意党人认为只要有军队的支持，即使没有人民的帮助也能推翻沙皇政府，决定把最优秀的军官吸收到党里来。热里雅鲍夫在组建军人组织的工作中起了重要作用。他首先建立了军人中央组织，领导各军官小组。他还参与制定民意党《革命军人组织纲领》的工作。纲领详细论述了军队在政治斗争中的柱石作用，以及军人组织的原则和活动方式等。民意党依靠军队实行政治变革的计划没有实现。但在军队中产生了革命影响，一些军官在民意党分子的鼓动下，开始产生对沙皇政府和专制制度的不满情绪。

民意党在斗争中采取了特卡乔夫的策略，即"少数人阴谋夺取政权"的斗争手段。特卡乔夫（1844—1885 年）是俄国民粹派运动中的布朗基派思想家。1875 年他在国外的《警钟》杂志上发表的《敲起警钟！》一文和《致恩格斯的公开信》，充分表达了他的策略思想。他主张"革命的少数人"用阴谋手段夺取政权，而且认为只有革命知识分子组成的阴谋小组才能担负起社会变革的任务。他认为，革命者面对着的是一个没有任何社会支柱，"悬在空中"的专制的沙皇俄国，因此，在俄国只要少数知识分子行动起来，专制制度就会垮台，革命者就可以夺取政权。特卡乔夫的理论和策略被民意党接受并付诸实践，最后甚至发展到把恐怖活动看作斗争的唯一手段。

民意党人错误地认为，如果能同时杀死十几个沙皇统治集团的关键人物，尤其是杀死沙皇本人，革命会很容易成功。因此，他们把自己队伍中最优秀的分子都投入了恐怖活动，直至全力以赴策划暗杀沙皇亚历山大二世。

民意党人经过周密策划，充分准备，先后搞了几次谋杀沙皇的行动。其中最大的一次是1880年2月5日的冬宫爆炸事件。由执委会决定，在热里雅鲍夫的亲自指导下，民意党成员哈尔土林打入沙皇侍从人员中，偷偷地将炸药带入冬宫，放在御膳厅地下室里，制造了一次爆炸事件。虽因炸药数量不够，没有伤及沙皇，但这次事件影响很大，引起了俄国和整个欧洲的极大震动。1881年3月1日，在彼罗夫斯卡娅的指挥下，民意党分子格利涅维茨基等人在彼得堡大街上，用炸弹炸死了沙皇亚历山大二世。

同民意党人的预想相反，暗杀沙皇的成功并没有引起人民起义，推翻专制制度的理想未能实现，反而使革命者遭到了残酷镇压。民意党的领袖人物及主要活动家热里雅鲍夫、彼罗夫斯卡娅、基巴里钦、米哈依洛夫、雷萨科夫等被捕、被杀，党的组织被严重破坏，实践证明了特卡乔夫的恐怖策略的错误。

1886年底，民意党革命家、列宁的哥哥亚·伊，乌里扬诺夫在彼得堡组织一批大学生，建立一个称作"民意党恐怖派"的小组，继续进行恐怖活动。1887年3月1日，他们谋刺沙皇亚历山大三世未遂，亚·伊·乌里扬诺夫等人被捕。在狱中，他写下了《民意党恐怖派纲领》，其中说，我们是社会主义者，坚信社会主义制度一定胜利，因为它是资本主义生产及其产生的阶级关系的必然结果。恐怖派的纲领比以前的民粹派纲领前进了一步，说明作者受了马克思主义的影响。当年，亚·伊·乌里扬诺夫被判处死刑。

自由主义民粹派

民意党的活动失败后，革命民粹派运动及其影响渐渐减弱。民粹派队伍开始分化和蜕变，一部分人情绪消沉，丧失斗志。自由主义民粹派日趋活跃，从80年代末起，逐渐取代革命民粹派居于主导地位，一直活动到90年代。其主要代表人物有米哈依洛夫斯基、沃龙佐夫、丹尼尔逊、尤沙柯夫等。他们一面著书立说，一面以《俄国财富》《俄国思想》，以及其他刊物为阵地，宣传自由主义民粹派的理论观点。

自由主义民粹派在政治上主张同沙皇政府妥协。他们建议沙皇亚历山大三世采取调整地租、组织劳动互助社、巩固农民村社等改良措施，转移人民的视线、诱惑人民放弃反对沙皇专制制度的斗争，号召知识分子从事"文化主义"的工作，"做小事情"等，彻底背叛了革命民粹派发动农民反对现存社会基础的社会革命的政治纲领，幻想在保存现存社会基础的条件下改善农民的状况。

在经济方面，自由主义民粹派主张改良，不触及当时的土地占有制，把改组农民银行、成立垦殖局、整顿官地租佃等作为所谓"复兴人民经济"的纲领，通过取消对村社的监护，过渡到共耕制，发放低利贷款，组织劳动组合制的经济，改良技术，发明廉价机器等，来避免资本主义。这实际上是代表富农利益，"完完全全站在现代社会的基地上（即站在资本主义制度基地上，不过他们自己没有意识到这一点），只图修补这个社会，借此敷衍了事，而不懂得他们的这些进步办法，如低利贷款、技术改良、银行等等，只能加强和发展资产阶级"。[①]

在哲学上，自由主义民粹派用主观唯心论的方法分析和解释社会，认为人的主观意识可以改变历史的进程，宣扬个人，即"善于批判的独立思考的人"，创造历史。民粹派分子宣扬个人英雄史观，而把人民群众看成是没有创造性的"惰性"力量。自由主义民粹派的首领米哈依诺夫斯基认为，社会就是观点简单、平凡而又庸俗的"群氓"。只有靠"英雄人物"组织"群氓"，使他们内部有暂时的联系，并引导他们去进行斗争。

自由主义民粹派在理论上歪曲马克思主义基本原理，否认它的普遍意义。他们说《资本论》只不过涉及某一类历史现象的经济方面，声称马克思主义作为一种理论，只适用于西欧某些国家。责备马克思把自己的"公式"强加于俄国，认为俄国发展资本主义是"衰落""后退"，因而发出"制止"资本主义的"破坏"的叫喊。

自由主义民粹派宣扬的反动理论严重地阻碍了俄国革命运动的发展，受到了马克思主义者的严厉批判。普列汉诺夫在《社会主义和政治斗争》《论

---

① 《列宁全集》第1卷，人民出版社1955年版，第216页。

一元论历史观之发展》等著作中，批判了自由主义民粹派的种种谬论，特别是批判了他们的英雄史观，为马克思主义在俄国的传播，做出了重大贡献。90 年代，伟大革命导师列宁写了《什么是"人民之友"以及他们如何攻击社会民主主义者?》《我们究竟拒绝什么遗点》《民粹主义空想计划的典型》等重要著作，对自由主义民粹派的整个思想体系，进行了全面系统的批驳，为马克思主义在俄国的传播和在俄国建立无产阶级政党扫清了道路。

劳动解放社

于　沛

　　1883 年成立的劳动解放社是俄国第一个马克思主义组织。其成员有：格·瓦·普列汉诺夫、巴·勃·阿克雪里罗德、维·伊·查苏利奇、列·格·捷依奇和瓦·尼·依格纳托夫①。劳动解放社建立后，开始了马克思主义在俄国的传播，同时以马克思主义为武器，展开了对民粹主义的批判。1883—1903 年，劳动解放社存在了 20 年，在俄国工人运动史上占有重要地位，为俄国革命作出了很大贡献。列宁指出，劳动解放社是俄国科学社会主义的奠基者、代表者和最忠实的捍卫者。"俄国的马克思主义是在 19 世纪 80 年代初期的一个侨民团体（'劳动解放社'）的著作中产生的。"②

劳动解放社的建立

　　1861 年俄国农奴制改革后，俄国资本主义有了较大发展。正如列宁所说的那样："1861 年以后，俄国资本主义的发展是这样的迅速，只用数十年的工夫就完成了欧洲某些旧国家整整几个世纪才能完成的转变。"③ 以 100 万卢布为单位计算，1860—1876 年，棉纱的产值由 28.7 增至 44.2，棉织品由 42.9 增至 96.3；以 100 万普特为单位计算，石油由 0.6 增至 10.9，煤炭由 18.3 增至 111.3，钢由 0.1 增至 1.1，生铁由 19.6 增至 25.5。俄国铁路建设

---

　　①　这个小组的成员直到最后几乎没有什么变化。1885 年，伊格纳托夫因病去世。1884 年，捷依奇准备把秘密书刊运往俄国时，在德国被捕，并被引渡给沙皇政府。他在流放 13 年后，直到 1901 年才回到瑞士，继续在劳动解放社从事革命活动。1888 年，曾吸收新成员谢·米·英格尔曼。1891 年他离开劳动解放社去美国。
　　②　《列宁全集》第 15 卷，人民出版社 1959 年版，第 367 页。
　　③　《列宁全集》第 17 卷，人民出版社 1959 年版，第 104 页。

也有较大的发展。1860 年铁路总长度为 1600 公里，1870 年为 10700 公里，70 年代末，则增至 23000 公里。铁路网的逐步形成，加速了自然经济的解体和资本主义的普遍发展。彼得堡成为机器制造中心，莫斯科成为纺织业中心，顿涅茨成为煤炭开采中心，以叶卡特林诺斯拉夫为中心的第聂伯河流域成为冶金中心，巴库成为石油工业的中心。

随着资本主义的发展，俄国的社会结构也发生了很大变化，其中最重要的现象是俄国无产阶级形成并迅速发展。1865 年，俄国有工人 706000 名，1890 年则发展到 1433000 人，比 1865 年增加了 1 倍。这些工人中的 48.3% 集中在拥有 500 名工人以上的大企业中。到 19 世纪末，俄国的工人已达 1000 万左右。

农奴制改革后，封建土地所有制并没受到彻底破坏，地主贵族仍是统治阶级。1877—1878 年，欧俄 49 省 9150 万俄亩私人土地总数中，有 7300 万俄亩土地，即 80% 的土地属于贵族，广大农民继续受地主贵族的残酷剥削。在工厂中，广泛采用着农奴制的经营方法。如伊万诺沃的加列林纺织厂明文规定，日工作时间为 14 小时，实际上往往长达 16—18 小时。工人还被企业主强迫到工厂商店用高价购买食品及生活必需品，使他们所得到的实际工资比名义上的工资少得多。为了反抗沙皇政府的军事封建统治，城乡工农掀起了大规模的反抗斗争。1870—1880 年，共发生罢工 220 次。1870 年，彼得堡涅瓦棉纺厂工人的罢工，1872 年，爱沙尼亚克林哥尔姆手工场罢工，1878 年、1879 年彼得堡新棉纺厂大罢工，开始显示出俄国无产阶级的力量，使沙皇政府感到惊慌。在农村，1877 年欧俄有 11 个省发生农民骚动，1879 年已席卷 29 个省，1880 年扩展到 34 个省。

在俄国革命运动发展史上，从 1861 年农奴制改革到 90 年代中期，属于资产阶级民主时期。民粹派是这一时期的主要小资产阶级派别，他们把激进的资产阶级民主主义纲领同空想社会主义思想相结合，既反对农奴制残余，又反对俄国资本主义的发展。1875 年，200 余名敖德萨工人建立南俄工人协会，同年年底被沙皇政府解散。1876 年，在彼得堡又成立俄国北方工人协会，并宣布以推翻国内现有的政治经济制度为己任。但是这些协会都没有摆脱民粹主义思想的影响，不是独立的无产阶级政治力量。1880 年，俄国北方工人协会被沙皇政府摧毁后，该协会的主要领导人，细木工斯捷潘·哈尔土林走上了民粹派的恐怖主义道路，以后被沙皇政府绞死。

70 年代是民粹派的活跃时期，一批先进知识分子提出"到民间去"的口号，企图在农村发动农民起来革命，推翻沙皇专制制度。普列汉诺夫是民粹派的宣传家。1856年，他出生在沃龙涅什省利佩茨克县一个世袭贵族的家庭。18岁时进入彼得堡矿业学院学习，开始广泛阅读俄国革命民主主义者的著作。1876年成为"土地与自由社"成员。当时他也认为，通过农民的革命斗争可以实现社会主义。他说："资本主义只有在'土地公社早已毁于对中世纪封建制度的斗争中的西方'，才是社会主义的必然的先行者；而在村社'构成我们农民对土地关系的基本特点'的俄国，社会主义的胜利是可以完全经过别的道路来达到的；土地的集体所有制，可以作为根据社会主义原理组织人民各方面的经济生活的出发点。"不过他也承认，俄国村社正在瓦解，资本主义已有了长足发展。他经常身穿工人短衫出入工厂，重视在工人群众中进行宣传鼓动。1876年12月6日，工人和革命学生在彼得堡喀山教堂前举行集会。普列汉诺夫面对沙皇政府的军警密探，发表了充满革命激情的演讲。他说："朋友们，我们聚集在这里，为的是向全彼得堡、全俄国宣告，我们的旗帜上写着：土地和自由归于农民和工人！也就是土地和自由万岁！"

普列汉诺夫在斗争实践中开始认识到工人阶级的伟大力量，对民粹派认为农民是主要的革命力量，村社是社会主义的萌芽和基础等理论产生怀疑。他后来曾回忆说："正是我从事工人运动，所取得的经验，为我掌握马克思主义作好了准备。"

"到民间去"在1874年夏达到高潮，但很快便遭到失败。一方面，闭塞、分散、落后的农民没有无产阶级政党的领导，不可能自发走上革命的道路；另一方面，沙皇政府加紧镇压革命者，数以千计的青年革命者被投入监狱。严酷的事实使大部分民粹主义者开始放弃这一口号。1879年夏，土地与自由社在沃龙涅什召开大会。当讨论到今后革命的道路时，安·伊·热里雅鲍夫为首的一派人主张放弃土地斗争，依靠少数人实行恐怖主义策略。普列汉诺夫坚决反对实行恐怖手段，主张继续从事宣传活动。他认为恐怖手段的结果，将会使白色恐怖加强。不久，土地与自由社正式分裂。以普列汉诺夫为首，阿克雪里罗德、查苏利奇等30余人组成土地平分社；以热里雅鲍夫为首，建立了民意党，其成员有500余人，在50个城市建立了小组。

为了躲避沙皇政府的追捕，同时也是为了学习西欧各国无产阶级的斗争经验，普列汉诺夫等人于1880年1月到瑞士。不久，查苏利奇和捷依奇也到了瑞士，同普列汉诺夫在日内瓦会晤。年底普列汉诺夫夫妇又到了法国。

1881 年 3 月 1 日，沙皇亚历山大二世被民意党人伊格纳季、格利涅维茨基用炸弹炸死。格利涅维茨基也当场牺牲。但是，这并没能炸毁沙皇专制制度，新沙皇亚历山大三世上台后，对人民实行了更加凶残的统治。在白色恐怖中，民意党的主要领导人热里雅鲍夫、彼罗夫斯卡娅，以及米哈伊洛夫、雷萨科夫等都被处死。普列汉诺夫说："民意党人的炸药不仅杀死了亚历山大二世，而且也杀死了民粹主义理论"，革命运动实际上停止了。

普列汉诺夫在国外努力学习马克思主义，开始用马克思主义分析民粹主义的错误观点。1881 年底，他研读并着手翻译《共产党宣言》这一经典著作。这对于普列汉诺夫从革命民粹派向马克思主义转变有重要意义。他以异常欣喜的心情描述说："阅读《共产党宣言》构成我生活的一个时代。我被《共产党宣言》所深深感动，只是在这时我才决定把它译成俄文。"普列汉诺夫请马克思、恩格斯为他的俄译本撰写序言，同时他自己于 1882 年也为俄译本写了导言。普列汉诺夫表示完全赞同马克思、恩格斯所揭示的革命真理。他说："《宣言》及其作者们的其他著作开辟了社会主义文献和经济文献史上的新时代——无情地批判现时劳资关系以及与任何乌托邦不同的、科学地论证社会主义的时代。"这表明，普列汉诺夫已彻底摆脱了民粹主义立场，开始转变为马克思主义者。他在 1910 年回忆说："我之成为马克思主义者不是在 1884 年，而是在 1882 年。"在普列汉诺夫的影响下，流亡在国外的土地平分社的其他领导人查苏利奇、阿克雪里罗德、捷依奇等也都接受了马克思主义。他们在国外刻苦研读在俄国读不到的马克思主义著作，亲眼见到西欧工人运动的蓬勃发展，从而彻底放弃了民粹派思想。普列汉诺夫曾说："没有同我们一起经历那个时期的人很难设想，我们多么贪婪地攻读社会民主主义的文献，其中德国伟大理论家们的作品自然占着首要地位。我们读的社会民主主义文献越多，我们就越清楚我们以前观点的弱点，我们自身的革命经验在我们眼里就变得越加正确。"

1882 年底，作为马克思主义者的普列汉诺夫写成《社会主义和政治斗争》这一名著，并将它交给《民意导报》编辑部，希望民意党人接受他的观点，从民粹主义转到马克思主义立场上来。但民意党人没有接受他的意见，并对他肆意攻击谩骂，这一著作也没能发表。普列汉诺夫和他的战友们决定断绝同他们的联系，并公开宣布说："我们是坚决信仰马克思主义的人，我们始终忠于我们导师的嘉言，我们要走自己的道路，别人想说，就让他去说吧！"

普列汉诺夫认识到，想使民意党人转到马克思主义立场上的一切努力都是徒劳的。他决定和志同道合的战友建立独立的马克思主义的组织。1883 年 9 月 25 日，在日内瓦罗纳河畔的一家咖啡馆里，普列汉诺夫和查苏利奇、阿克雪里罗德、捷依奇、伊格纳托夫五名"土地平分社"的成员宣布彻底放弃民粹主义，在马克思主义的原则基础上，建立了劳动解放社。他们发表声明说："为了改变我们现今同专制主义斗争的纲领，为了组织俄国工人阶级为一个具有自己社会政治纲领的特殊的党，过去'土地平分社'的成员现在建立一个新的组织——'劳动解放社'，并彻底同旧时的无政府主义倾向实行决裂。"

劳动解放社的建立标志着俄国工人运动开始与马克思主义相结合，揭开了俄国革命崭新的一页。

传播马克思主义，批判民粹派

劳动解放社成立后，宣布它的任务主要是以下两点："一、把马克思恩格斯学派的最主要著作以及以各种不同的知识程度的读者为对象的文章译成俄文，借以在俄国传播科学社会主义的思想。二、批判在俄国革命者中间占统治地位的学说，并从科学社会主义的观点和俄国劳动人民的利益出发，阐明俄国社会生活中的各种重大问题。"

劳动解放社从成立之日起，就着手准备《现代社会主义丛书》的出版。他们认为出版工人读物是宣传马克思主义的必要条件。这一丛书简明扼要、通俗易懂地介绍马克思主义，阐明俄国当前最迫切的社会政治任务。从 1884 年秋开始，劳动解放社又开始准备出版《工人丛书》，这一丛书主要是向俄国工人阶级介绍西欧各国无产阶级斗争的历史经验，为他们指明在俄国进行革命的途径和方式。阿克雪里罗德的《工人运动和社会民主》、查苏利奇的《瓦尔伦在感化警察局的法庭前》等都曾作为《工人丛书》出版。

为在俄国传播马克思主义，劳动解放社翻译了许多马克思、恩格斯的著作。除普列汉诺夫已于 1882 年将《共产党宣言》译成俄文外，还翻译出版了《雇佣劳动与资本》（1883 年）、《社会主义从空想到科学的发展》（1884 年）、《关于自由贸易的演说》（1885 年）、《哲学的贫困》（1889 年）、《路德维希·费尔巴哈与德国古典哲学的终结》（1892 年）、《路易·波拿巴的雾月十八日》（1894 年）、《论俄国的社会问题》（1894 年）等。查苏利奇准确优美的译文得到了恩格斯的赞扬。他曾给她写信说："《哲学的贫困》俄文译本出版的日子，不论对我或对马克思的女儿们来说，都将是一个节日。"恩格斯在信中还写道，那本《社会主义从空想到科学的发展》，"我认为您译得好极了。俄语是多么美的语言啊！"1894年他声明授权查苏利奇将他的全部著作译成俄文①。马克思、恩格斯专为他们某些著作的俄文版写了序言。为了躲避沙皇政府的审查，这些著作在国外刊印，然后秘密运入俄国发行。这对于促使俄国人民的觉醒，特别是帮助革命青年站在马克思主义立场上观察和研究俄国革命问题，起了重要作用。随着这些著作的出版，俄国青年学生，先进工人和知识分子在彼得堡、莫斯科、下诺夫哥罗德、萨马拉、喀山、基辅等地都建立了马克思主义小组；90年代初，在拉脱维亚、爱沙尼亚、格鲁吉亚也出现了第一批马克思主义小组。不少小组同劳动解放社或恩格斯建立了联系。劳动解放社的出版物成为各马克思主义小组秘密阅读的书籍。

劳动解放社翻译出版马克思、恩格斯著作的同时，普列汉诺夫在马克思主义指导下积极撰写有关俄国问题的著作。1883年10月底，他写的《社会主义和政治斗争》作为《现代社会主义丛书》第一辑出版。在这部灰封皮小开本书的扉页上，普列汉诺夫引用《共产党宣言》中的"一切阶级斗争都是政治斗争"作为全书的题词。这是俄国马克思主义者的第一本著作。民粹派鼓吹俄国的特殊性，认为资本主义俄国是一种倒退落后的偶然现象，应继续保持前资本主义的小生产，"农民村社"是社会主义的萌芽。普列汉诺夫在《社会主义和政治斗争》一书中针锋相对地批驳民粹派，指出马克思主义完全适用于俄国，只有在马克思主义指引下，俄国革命才能获得胜利。他说："马克思的一般哲学——历史观对现代西欧的关系，正如对希腊和罗马、印度和埃及的关系一样。它们包括人类的整个文化史，只有在它们一般的不能成立时才不能应用于俄国。"民粹派认为俄国革命的动力是农民，不是无产阶级。普列汉诺夫明确指出，1861年农奴制改革后，俄国资本主义已有了较大的发展，无产阶级同时也逐步成长起来。俄国革命不能超越民主革命阶段，但当俄国革命发展到社会主义阶段时，必须建立起无产阶级专政。列宁高度赞扬《社会主义和政治斗争》这部著作，认为它对俄国革命有同《共

---

① 《马克思恩格斯全集》第36卷，人民出版社1974年版，第121、123页。

产党宣言》同样的意义，是俄国社会主义的第一个信条①。

　　1885 年，普列汉诺夫《我们的意见分歧》作为《现代社会主义丛书》第三辑出版了（在此之前，出版了第二辑，是恩格斯的《社会主义从空想到科学的发展》）。《我们的意见分歧》用马克思主义分析了俄国经济结构。在撰写过程中，劳动解放社的其他成员多次研讨书的内容，提出修改和补充意见。因此，这一著作也是劳动解放社集体的力量和智慧的结晶。该书在阐述马克思主义基本原理的同时，深刻地剖析了民粹派关于农奴制改革后俄国社会历史发展的种种错误思想，是用马克思主义分析俄国极其错综复杂的社会关系的最初尝试。在准备撰写过程中，普列汉诺夫认真研究了赫尔岑，车尔尼雪夫斯基等人的空想社会主义理论；搜集了俄国经济发展的大量文献资料，如工厂数目、工人人数，国内市场的发展，手工业者状况等；同时还阅读了巴枯宁、拉甫罗夫、吉霍米罗夫等民粹派思想家的大量著作。普列汉诺夫在书中指出，俄国已经进入了资本主义发展阶段，民粹派寄以希望的村社不仅不是社会主义的基础，而且在迅速发展的资本主义影响下正趋于瓦解。俄国历史发展固然有其特殊性，但这些特殊性并不能使它脱离马克思主义所揭示的社会矛盾运动的客观规律。他还指出，民粹派认为知识分子领导的农民是俄国革命的主力是完全错误的。事实是随着俄国资本主义的发展，工业无产阶级已经形成，它已经成为俄国社会的基本阶级之一。普列汉诺夫这时已认识到建立无产阶级政党的必要性和迫切性。他写道："尽可能迅速地组成工人党，是解决现代俄国所有经济和政治矛盾的唯一手段。在这条道路上等待我们的，是成功和胜利，其他的道路只有导向失败和软弱无力。"书出版后，查苏利奇立即将书寄给恩格斯等人，征求意见。恩格斯高度赞扬了劳动解放社的革命活动，他说："我感到自豪的是，在俄国青年中有一派真诚地、无保留地接受了马克思的伟大的经济理论和历史理论，并坚决地同他们前辈的一切无政府主义的和带有一点斯拉夫主义的传统决裂。如果马克思能够多活几年，那他本人也同样会以此自豪的。这是一个对俄国革命运动发展具有重大意义的进步。"② 列宁指出，《我们的意见分歧》一书是"第一本社会民主主义著作"，普列汉诺夫同他的战友们"像马克思主义者只能回答的

---

① 参见《列宁全集》第 4 卷，人民出版社 1958 年版，第 252 页。

② 《马克思恩格斯全集》第 36 卷，人民出版社 1974 年版，第 301 页。

那样"回答了俄国革命的现实问题①。

　　1895 年 1 月，普列汉诺夫根据国内社会民主主义者的要求，以别尔托夫的笔名在彼得堡公开出版了《论一元论历史观之发展》。这一著作以马克思主义的唯物史观为武器迎头痛击了米哈伊洛夫斯基等自由主义民粹派对马克思主义的攻击。民粹派认为社会发展没有任何规律可言，因为决定社会发展的是有着天赋的意识，并按自由意志而行动的人。他们还认为历史唯物主义原理没有经过实践的检验，是不连贯的。普列汉诺夫在书中指出：人的理性不能是历史的动力，因为它本身是历史的产物，可是既然出现了这个产物，它不应该而且按其天性说亦不能够服从以前的历史所遗留下来的现实；它必然地要依照自己的式样和类型来改造现实，使它更理性些……辩证唯物主义是行动的哲学。米哈伊洛夫斯基诬蔑马克思主义是历史的宿命论，它判决一切国家，其中也包括俄国要永远忍受资本主义带来的痛苦。普列汉诺夫对此回答道：辩证唯物主义并不判决任何国家走任何道路，他不指出对于任何民族在任何特定时间的共同的和"当然的"道路，任何特定社会今后的发展永远是决定于其内部的和社会力量的互相关系。这一著作受到俄国革命者的热烈欢迎。不少人感到长久以来从没有过的喜悦，它对马克思主义在俄国的传播有着不可估量的作用。列宁说这一著作"培养了一整代俄国马克思主义者"②。书出版后的第一个月，恩格斯即给普列汉诺夫写信祝贺说："您争取到使这本书在本国出版，这本身无论如何是一项巨大的胜利。"③

　　民粹派否认历史发展的规律性，这同他们唯心主义的英雄史观有着直接联系。民粹派认为杰出人物的意志和活动是历史发展的动力。为了批判这一错误认识，普列汉诺夫于 1898 年发表了《论个人在历史上的作用》。普列汉诺夫在书中写道："大人物凭靠他们那种头脑和性格上的特点，虽然也能使各个事变的单个外貌以及各个事变的某些局部后果改变一个样子，但是这些特点终究不能改变事变的一般方向，因为这种方向是由别种因素决定的。"别种因素是什么呢？普列汉诺夫具体指出：应该把生产力发展情形看作人类历史运动的终极的和最一般的原因，人类社会关系方面的历次变迁是由这种生产力决定的。除这种一般原因外，发生作用的还有一些特殊原因，即某个

　　① 《列宁全集》第 1 卷，人民出版社 1955 年版，第 173、174 页。

　　② 《列宁全集》第 16 卷，人民出版社 1959 年版，第 267 页。

　　③ 《马克思恩格斯全集》第 39 卷，人民出版社 1974 年版，第 383 页。

民族生产力发展进程所处的历史环境；除特殊原因的影响外还有个别原因的作用。但是，个别原因不可能根本改变一般原因和特殊原因的作用，而且总是由它们所制约的。普列汉诺夫强调，历史上的英雄，其所以是个英雄，并不是说他能阻止或改变客观自然事变进程，而是说他的活动是这个必然和不自觉进程的自觉自由的表现。他的作用全在于此，他的力量也全在于此。普列汉诺夫论述了个人如何才能在历史上发挥作用，正确地指出了个人在历史上的作用既与历史必然性又与历史偶然性有关。

劳动解放社编辑的《现代社会主义丛书》，5 年内共出版了 15 部马克思、恩格斯著作以及普列汉诺夫及其他工人运动活动家的著作。这些著作扩大了科学社会主义在俄国的影响，深刻地批判了在俄国革命者中有广泛影响的民粹主义，为马克思主义在俄国进一步传播，并与工人运动相结合打下了基础。

促进建立俄国无产阶级政党

劳动解放社成立后即提出在俄国建立无产阶级政党的问题。1883 年秋，普列汉诺夫拟定了《社会民主主义"劳动解放社"纲领》。这一纲领还没有完全摆脱民粹派的思想影响，劳动解放社仍容忍对沙皇政府采取恐怖手段的斗争方法。纲领在 1884 年传到了俄国，普列汉诺夫根据国内革命者对纲领提出的意见作了修改，于 1885 年完成定稿，即著名的《俄国社会民主党人纲领草案》，列宁称它为 1885 年纲领。1885 年纲领草案比 1883 年的纲领前进了一大步，它虽仍然没有彻底摆脱民粹主义的影响，对拉萨尔主义作了让步，如提出革命"必须以废除现行政治代表制，代之以人民立法制为先决条件"，同意拉萨尔提出而已被马克思批判过的"依靠国家帮助建立生产合作社"的主张，但却从理论上明确论述了建立无产阶级政党的战略策略问题。1885 年纲领主要包括以下各点：（1）工业无产阶级是唯一能成为争取社会主义的独立战士的阶级。（2）无产阶级的奋斗目标是实现共产主义。（3）改造现有社会关系，最终实现共产主义的前提是无产阶级夺取政权。（4）俄国社会当前的特点是广大群众受资本主义和封建主义经济的双重压迫。（5）彻底改变俄国的土地关系，即改变赎买土地和把土地分给村社的条件。农民有权自由放弃份地和退出村社，等等。（6）在俄国建立无产阶级政党是必要的，规定党的迫切任务是推翻沙皇专制制度，实行资产阶级民主革命，而不是像民粹派所认为的那样，直接向社会主义过渡。列宁评价这一纲领草案时说："所有这些内容都是社会民主工党纲领必不可少的，因为这些原理提出来以后，无论在社会主义理论的发展中或在各国工人运动的发展中，已经不断地得到了证实。因此我们认为，俄国社会民主党人可以而且应该把'劳动解放社'的草案作为俄国社会民主工党纲领的基础，只要作局部的校正、修改和补充就行了。"[①]

为了加强同在国外的俄国革命者的联系，团结他们共同支持俄国国内正在开展的革命运动，根据劳动解放社的倡议，俄国社会民主党人国外联合会于1894年在日内瓦成立。劳动解放社作为独立的集体组织参加了联合会。1898年3月，俄国社会民主工党第一次代表大会在明斯克举行，大会虽然没有完成建党的任务，但却宣布了党的成立。大会决定吸收俄国社会民主党人国外联合会参加党，并作为它的驻国外机关。大会决议特别指出，劳动解决社成员普列汉诺夫、查苏利奇、阿克雪里罗德等是俄国社会民主主义的奠基人，大会向他们表示极大的尊敬。俄国社会民主党人国外联合会成立时，宣布全体会员承认劳动解放社的纲领，并决定它的出版物由劳动解放社负责编辑。但从1898年底起，经济派在联合会内占了优势。劳动解放社同联合会内经济派的代表人物康塔赫塔寥夫、普罗柯波维奇等人进行了不调和的斗争，拒绝为联合会继续编辑出版物。经济派是俄国第一个机会主义流派。他们鼓吹用改良现代社会的意图代替夺取政权的意图，用经济斗争代替政治斗争。他们崇拜工人运动的自发性，认为社会主义是自发工人运动的产物，否认马克思主义的指导作用。从1899年4月起，联合会开始出版《工人事业》杂志，由经济派分子担任编辑。1900年4月，在俄国社会民主党人国外联合会第二次代表大会上，劳动解放社同机会主义分子彻底决裂，宣布退出联合会，许多拥护劳动解放社的革命者也随即退出，成立了"社会民主党人"独立的革命组织。此后，联合会成为经济派在俄国社会民主党内的代表。

为了揭露经济派的本质，普列汉诺夫写有《一个社会民主党人的笔记摘录》（1900年）、《再论社会主义与政治斗争》（1901年）、《下一步是什么》（1901年）等论文。他指出，经济派是伯恩施坦修正主义在俄国的变种，他们已抛弃了马克思主义，而在伯恩施坦的观点中为自己找到了理论依据。经济派反对建立独立的无产阶级政党，认为这"无非是把他人的任务，他人的

---

① 《列宁全集》第4卷，人民出版社1958年版，第204页。

成绩搬到俄国土地上来"。他们还反对把关于社会主义的条文写入党纲，胡说社会主义是"连上帝本人也不知道的巅峰"。对此，普列汉诺夫指出，经济派的这些理论已彻底背叛了马克思主义的基本原理，把无产阶级的解放斗争局限在自由主义政党经济斗争的范围内，是地地道道的尾巴主义。他还指出，党的纲领必须指出消灭（而不是缓和）资本主义剥削和生产资料公有制的必要性及不可避免性，否则就是对社会主义事业的背叛。

在国外开展革命活动的劳动解放社，同在国内进行革命斗争的列宁保持着密切的联系。1895 年 2 月，列宁出席了在彼得堡召开的俄国社会民主主义小组联席会议。会议决定派代表到瑞士同劳动解放社建立联系，并在国外出版通俗的工人读物，对广大群众进行马克思主义的宣传鼓动。同年 5 月，列宁取道奥地利来到日内瓦。普列汉诺夫同他在兰多尔特咖啡馆见了面。为了躲避暗探的跟踪，他们又来到苏黎世。普列汉诺夫虽比列宁大 14 岁，但他对列宁却十分钦佩。他认为列宁不仅博学多才，而且还有完整的无产阶级世界观。他在给妻子的信中写道："来了一个年轻同志（指列宁），很有教养，很有口才，在我们革命运动中有这样的年轻人，真是万幸。"列宁同时还结识了阿克雪里罗德及劳动解放社的其他成员，约定由劳动解放社在瑞士定期为俄国革命者出版《工人》文集。同年秋，列宁回到彼得堡，将彼得堡各马克思主义小组联合成为统一的社会民主主义组织——"工人阶级解放斗争协会"，并立即同劳动解放社建立了密切的联系。1896 年，工人阶级解放斗争协会组织了 3 万名工人大罢工，1000 多名先进工人被沙皇政府逮捕，劳动解放社立即向国际无产阶级求援，查苏利奇在英国发起了声援俄国工人罢工的捐款运动。普列汉诺夫也写信给李卜克内西，请求为俄国罢工工人捐款，在国际无产阶级的支持下，罢工斗争取得胜利，沙皇政府被迫答应日工作时间不超过 11.5 小时。

1895 年 12 月 8 日夜，列宁被捕。劳动解放社同他的联系中断了。1896年春，列宁仍在监狱中，劳动解放社这时出版的《工人》文集第 1—2 期合刊上发表了列宁的《弗里德里希·恩格斯》一文。1897 年 2 月 13 日，沙皇政府宣布将列宁流放到西伯利亚东部，由警察公开监视 3 年。在流放期间，劳动解放社同列宁又恢复了联系。列宁从俄国的实际出发，提出建立统一的无产阶级政党首先不应是召开党的代表大会，而是出版全俄的马克思主义报纸为建党作准备，即用革命理论把分散在全国各地的革命者从思想上统一起来，改变工人运动中的涣散现象，进而把零散的马克思主义小组联合起来。

列宁强调革命理论对党的建设具有重大意义，指出自发的工人运动不能产生科学社会主义和无产阶级政党，而只能产生工联主义。

1900 年 3 月，列宁刚一结束流放生活即开始筹办报纸。这时，刚回国不久的查苏利奇代表劳动解放社，多次同列宁会晤，一起讨论在国外出版马克思主义报纸和劳动解放社参加办报等问题。同年 8 月初，列宁抵瑞士，在日内瓦附近的科尔斯耶同劳动解放社研究办报工作。当时有些人强调保持独立，反对同劳动解放社合作。列宁说：“我们要保持独立”，可“我们并不认为，没有像普列汉诺夫和‘劳动解放社’这样的力量，工作可以进行，但是谁也不能由此得出结论说，我们会失去一点独立性”①。列宁在瑞士首先受到了阿克雪里罗德的热烈欢迎。他说，劳动解放社成员的一切都是和出版全俄性报刊的计划联系在一起的。但是，在研究具体问题时，普列汉诺夫同列宁产生了严重的分歧。这一分歧主要表现在如何正确对待经济派和“合法马克思主义者”的问题上。列宁深刻地揭露和批判了经济派及合法马克思主义者，但是他认为，应该团结和争取受经济派影响的工人革命者，把他们团结在自己的身边；同时在一定的条件下，可以和合法马克思主义者达成某种临时协议，共同进行出版活动。普列汉诺夫指责列宁的调子“过于温和”，他脱离俄国的实际，无视工人运动内部的复杂情况，采取所谓“不调和的态度”。列宁建议在德国出版报纸，也使普列汉诺夫不快。他曾想实行编辑一人负责制，即由他一人负责，反对实行集体领导。然而，列宁的原则立场终于使普列汉诺夫放弃了自己的主张。1900 年底，俄国马克思主义者第一份全国性的政治报纸在莱比锡正式出版，报头题词是十二月党人给普希金回信中的一句诗：“行见星星之火，燃成熊熊之焰！”这就是著名的《火星报》。报纸编辑部成员除俄国社会民主党组织的代表列宁、波特列索夫、马尔托夫外，还有劳动解放社的三名成员普列汉诺夫、查苏利奇、阿克雪里罗德。不久，克鲁普斯卡娅来到德国，担任编辑部的秘书。

在《火星报》创刊号上，刊有列宁撰写的社论《我们运动的迫切任务》。社论指出，俄国革命当前主要的和基本的任务，就是促进工人阶级的政治发展和建立马克思主义政党。否则，工人阶级永远不能完成肩负的伟大历史使命。《火星报》出版后，有力地促进了零散的马克思主义团体真正形成统一的无产阶级政党。劳动解放社为此进行了不懈的努力。普列汉诺夫审

---

① 《列宁全集》第 34 卷，人民出版社 1959 年版，第 30 页。

阅了大量稿件，提出许多极有价值的意见。他在给列宁的信中回答列宁对他的感谢时说：您用不着感谢我，我是把您的事情看作自己的事情。我们的目标是一致的。普列汉诺夫还亲自为《火星报》写了不少文章。在第1—52号《火星报》上，他写有37篇文章，仅次于列宁。查苏利奇同样以极大的热情投身到火星报的工作中。该报无论是在慕尼黑还是在伦敦出版，她都没有离开编辑部。据克鲁普斯卡娅回忆，列宁曾称赞她是一个水晶般纯洁的人。

《火星报》为建立无产阶级政党进行了必要的思想准备和组织准备，把制定党纲作为自己重要的工作之一。1901年夏，这一工作已提上日程，列宁被委托起草土地问题和结尾部分，其余部分由普列汉诺夫起草。1902年1月和3月，普列汉诺夫起草了两个党纲草案，列宁对其内容进行了批评并提出了自己的建议和修正案。列宁坚持在党纲中写进马克思主义的精髓，即无产阶级专政。经过多次争论，他们在主要问题上取得了一致意见。列宁提出的100余条意见中有90条被采纳。1902年6月1日，《火星报》第21号发表了党纲草案的定稿。党纲草案包括最高纲领和最低纲领两部分。最低纲领规定党迫切的任务是推翻沙皇制度，建立民主共和国；最高纲领则宣布党的最终目的，是用社会主义代替资本主义，消灭资产阶级，建立无产阶级专政。同年年底，俄国主要的马克思主义组织都团结在火星报的周围，建立俄国马克思主义政党的条件日趋成熟。1903年7月17日，俄国社会民主工党第二次代表大会在布鲁塞尔召开（一周后移至伦敦继续举行），大会通过了党纲和党章，正式建立了俄国无产阶级政党。在这次具有历史意义的会上，普列汉诺夫受大会组织委员会委托宣布大会开幕。他说："我之所以有这个巨大的荣幸，完全是由于组织委员会想通过我对于我国社会民主党老战士表示同志式的支持。因为这批人在20年以前，即1883年，最早在俄国革命书刊上宣传了社会民主主义思想。"普列汉诺夫代表劳动解放社的老战士向大会表示诚挚的谢意，同时还说："我要请你们相信，至少在我们中间有一些人必定还要长久地同新的、年轻的、为数越来越多的战士一起在红旗下并肩战斗。"

在国际斗争的舞台上

劳动解放社作为俄国第一个马克思主义团体积极参加了国际社会主义运动。普列汉诺夫在1885年纲领草案中已明确指出，社会主义革命不是哪一个国家无产阶级的事情，它具有鲜明的国际主义性质。劳动解放社成立后，同德国、法国、英国、波兰、保加利亚、瑞士、奥地利、匈牙利的社会主义政党或组织保持着联系。

1889年7月14日，即法国大革命100周年那天，国际社会主义者代表大会（第二国际成立大会）在巴黎开幕。普列汉诺夫和阿克雪里罗德是俄国社会主义者代表团的成员，出席了这次大会。在国外一些社会主义者看来，劳动解放社是俄国最有资格参加这次大会的组织。普列汉诺夫代表劳动解放社在会上发表了演讲。他说，那种认为俄国革命极端落后的观点是错误的，不应把俄国置身于欧洲最近的社会主义运动之外。他还指出：劳动解放社认为俄国当前最重要的实际目标，是建立马克思主义武装起来的独立的工人政党。俄国的革命运动只有是工人的革命运动，才能取得胜利，我们没有，也不能有第二条道路！大会结束后，普列汉诺夫和阿克雪里罗德专程取道伦敦，拜见了恩格斯，就社会主义运动的许多理论问题和实际问题进行了长谈。普列汉诺夫后来就这次会见给恩格斯的信中写道："在伦敦跟您在一起度过的日子将在我的一生中留下最幸福的回忆"，"我的全部愿望就是成为一个多少无愧于像马克思和您这样的导师的学生。"1891年，普列汉诺夫和查苏利奇出席了第二国际布鲁塞尔大会，并向大会提交了关于俄国革命的备忘录，介绍了正在蓬勃发展的俄国工人运动，并研究了如何使其转变为群众性运动的措施。1893年8月，普列汉诺夫，查苏利奇和阿克雪里罗德出席了第二国际苏黎世会议。在这次会议上，普列汉诺夫被选入军事问题委员会，同时，他还是会议主要议题战争问题的报告人。普列汉诺夫发言说：沙皇俄国是早就该铲除的国际宪兵，如果它向邻国开战，俄国社会主义者将同它进行殊死的斗争。1896年7月，第二国际在伦敦召开了第四次代表大会。这时恩格斯已逝世，第二国际一直在"和平"时期进行活动；在帝国主义时代，资本主义国家出现了一批工人贵族，小资产阶级大量破产流入无产阶级队伍，但还保持着小私有者的劣根性，这些使工人运动中的右倾机会主义思潮不断增长。普列汉诺夫和查苏利奇出席了这次大会。大会宣布，拒绝无政府主义者参加，荷兰代表纽文胡斯等为抗议这一决定宣布退出大会。普列汉诺夫拥护这一决定。这时，他在1894年用德文写的小册子《无政府主义和社会主义》已译成英文和法文出版，对批判无政府主义起着积极作用。他在会上发言，再次对无政府主义进行批判，阐明科学社会主义同无政府主义的本质区别。

　　这次会议结束后，机会主义气焰日益嚣张。他们扬言马克思主义的基本原理已经过时，公开提出要"修正"马克思主义。1896 年至 1898 年，伯恩施坦以《社会主义问题》为总题目在《新时代》杂志上发表多篇文章，歪曲、攻击马克思主义。1899 年，他在考茨基和阿德勒的纵容和支持下，又写出《社会主义的前提和社会民主党的任务》，从哲学、政治经济学、政治学等方面对马克思主义进行了全面的修正，博得了第二国际各国党内机会主义者的喝彩。这时，劳动解放社为保卫马克思主义开始了新的战斗。普列汉诺夫在《新时代》第 44 期发表了《伯恩施坦和唯物主义》一文，这是反对伯恩施坦修正主义的第一篇论文。此后，他又写出《唯物主义和康德主义》《Cant 反对康德，或伯恩施坦先生的精神遗嘱》等。普列汉诺夫指出，伯恩施坦在哲学方面站在新康德主义立场上，提出"回到康德去"的荒谬口号，其目的是抹杀唯物主义和唯心主义的本质区别。针对伯恩施坦反对马克思《资本论》的经典论述，普列汉诺夫批判了其反动经济理论。他用许多事实证明，伯恩施坦认为资本主义经济危机"今后不具有尖锐的和普遍的性质"是没有根据的，宣扬这一理论的目的，在于企图用资本主义和平地长入社会主义理论代替马克思主义革命理论，不使"暴力革命的灾祸"去"威胁"资产阶级的统治。普列汉诺夫深刻地揭露了伯恩施坦"发展"马克思主义的实质。他说，伯恩施坦是带有使资产阶级安心的特别目的来"重新审查"马克思主义的。资产阶级明白，被他"审查"过的马克思主义对他们是有利的。普列汉诺夫第一个站出来坚决要求把伯恩施坦开除出德国社会民主党。列宁坚决支持并高度评价了普列汉诺夫所进行的斗争。他说："俄国社会民主党创始人和领袖之一的普列汉诺夫，对伯恩施坦的最时髦的'批判'作了无情的批判，他做得完全正确。"[1] 普列汉诺夫是"从彻底的辩证唯物主义观点批判过修正主义者在这里大讲特讲的庸俗不堪的滥调的唯一马克思主义者。"[2]

　　1899 年夏，法国社会主义运动"独立社会主义派"的米勒兰当选为议员，参加了反动的资产阶级政府，担任工商部长。米勒兰说，一个社会主义者接受了部长的职位，这是夺取政权的第一个步骤，我们已经拥有市长、顾问和议员，那么我们为什么不能再拥有部长呢？米勒兰这一行径是伯恩施坦

---

[1] 《列宁全集》第 4 卷，人民出版社 1958 年版，第 187 页。
[2] 《列宁全集》第 15 卷，人民出版社 1959 年版，第 15、16 页。

"阶级合作"谬论的具体实践，在国际工人运动中引起了极大的愤慨。1900年10月，第二国际在巴黎举行代表会议，中心议题是米勒兰入阁问题。劳动解放社的成员普列汉诺夫、查苏利奇、阿克雪里罗德出席了这次大会。以卢森堡为代表的左派坚决批判了米勒兰的叛卖行为，而伯恩施坦、饶勒斯等右派却支持米勒兰入阁。在这场针锋相对的斗争中，劳动解放社坚定地站在左派一边批判米勒兰的叛卖行为，同时投票赞成法国工人党领袖盖得提出的谴责米勒兰的决议案。

1900年9月，普列汉诺夫译的《共产党宣言》第二版问世。为了批判伯恩施坦修正主义，他写了一篇新的序言，捍卫马克思主义关于原始社会瓦解以来，一切历史都是阶级斗争历史这一基本原理。他写道：自从人类社会产生阶级以来，阶级斗争就是不可避免的。"相互斗争着的任何一个阶级都必须而且自然地力求取得对敌人的完全胜利和对敌人的彻底统治。"他强调暴力革命同合法斗争并不矛盾。无产阶级在进行合法斗争时，不应放弃用暴力革命的方法去夺取政权。

从1883年劳动解放社成立时开始的俄国社会民主主义运动，到1903年俄国社会民主工党第二次代表大会召开虽只有20年，但俄国革命却发生了巨大变化。它的组织者和领导者普列汉诺夫，在艰苦斗争中度过了一生最有光彩的20年。劳动解放社虽"只是在理论上为社会民主主义奠定了基础，只走了迎接工人运动的第一步"[1]，但却为俄国工人运动"提供了深湛的理论知识、广阔的政治视野、丰富的革命经验这些不可缺少的东西"[2]。

在1903年俄国社会民主工党第二次代表大会上，建立了同第二国际各国党完全不同的新型马克思主义政党，布尔什维主义的出现标志着列宁主义的诞生。8月19日，代表大会举行第29次会议时，捷依奇代表劳动解放社宣布，在党已经建立起来的情况下，劳动解放社停止活动，它"已经融合于党组织之中"。

---

① 《列宁全集》第20卷，人民出版社1958年版，第275页。
② 《列宁全集》第5卷，人民出版社1959年版，第288页。

保加利亚1876年四月起义

启永　远方

1876年4月，在巴尔干半岛的东南部爆发了声势浩大的反抗奥斯曼帝国封建统治的起义。这次起义几乎波及整个保加利亚，使奥斯曼帝国在保加利亚的统治遭到沉重的打击，对保加利亚历史发展产生了重大影响。

起义前保加利亚的社会经济状况

奥斯曼帝国于1396年占领保加利亚，使它成为奥斯曼帝国的一个行省，在保加利亚国土上建立了军事封建制度。18世纪下半叶，在奥斯曼帝国统治下的保加利亚开始产生资本主义生产关系。19世纪初，保加利亚城镇中的手工业者和小商人日益增多，城市资产阶级变得更加富裕。城市经济有了一定的发展，手工业者与国内市场的关系日益密切，同时还出现了一批使用机器进行生产的企业。到了19世纪上半叶，资本主义生产关系的发展导致军事封建制度的解体。1832年，奥斯曼帝国政府废除军事采邑制，促进了城乡商品、货币关系的扩大。至六七十年代，资本主义生产方式在保加利亚经济中的作用明显增大。一些商人通过经商和放高利贷等方式积累了资金，开始兴办早期资本主义企业。到1877年，保加利亚已有20个较大的工厂、企业，其中有9个面粉厂、5个刀具厂、4个纺织厂、1个饮料厂、1个五金厂。有些工厂的规模不小，斯利文纺织厂拥有500多工人。保加利亚当时已有10多家工商业股份公司，诸如"布尔加斯商业股份公司""保加利亚进出口股份公司""保加利亚棉业股份公司""保加利亚蜂业股份公司"和"保加利亚商业兄弟股份公司"等。在这一时期，保加利亚修筑了从多瑙河港口鲁塞至黑海港口瓦尔纳的铁路，贝洛沃—兹拉蒂多尔—斯维伦格勒铁路，兹拉蒂多尔—延保尔铁路，贝洛沃—君士坦丁堡铁路，便利了保加利亚内地产品运往外地和出口，出口商品逐年增加。

资本主义生产方式在农业中的出现，使部分农产品商品化。有些封建领主出卖土地后，进城经商；也有些人从外国引进农业技术（如封建领主阿尔福索就曾使用数百名德国技术工人），种植多种经济作物，雇佣农业工人生产，使领主庄园变成综合性农业企业。

所有这一切，为保加利亚资本主义经济进一步发展创造了条件，同时产生了新的保加利亚的资产阶级"乔尔巴吉"，他们是大土地占有者、大商人、企业所有者、高利贷者。奥斯曼帝国的封建领主和保加利亚的资产阶级构成了最有权势的阶级。城乡劳动者，早期资本主义企业工人、手工业者以及农民处于被压迫、被剥削地位。

1853—1856 年克里木战争后，奥斯曼帝国逐渐沦为欧洲资本主义列强的殖民地。帝国政府向西欧列强大量借款，1855—1873 年共与它们签订 15 项贷款合同。奥斯曼帝国的财政赤字在 1875 年达 500 万英镑，欠外债 50 多亿法郎；60% 的国家预算用来偿还外债利息。财政危机使奥斯曼帝国政府难以支付各级官员的薪金。帝国政府在财政危机加深的情况下，大量增加赋税，把危机转嫁到人民头上。据当时的报刊报道，烟草税增加 200 万英镑，营业税增加 80 万英镑，实物税增加 12%—12.5%。什一税仅在 1868 年增加 58.4%，农民缴纳的什一税高达占自己收成的 75%。除增收旧的赋税外，还增加新的赋税。其中，战争税向 16—60 岁的非伊斯兰教民征收。非动产税、收入所得税和非动产所得税向 16—55 岁的公民征收。仅 1864—1870 年，帝国在保加利亚的赋税收入就增加 50% 多。

这一时期，西方资本主义国家的大量商品充斥保加利亚市场。1854—1859 年，奥斯曼帝国与英国的贸易额从 700 万英镑增至 1769 万英镑，小麦、羊毛、棉花、丝织品占进口商品的 90% 以上。技术落后的保加利亚城乡手工业者在与西欧廉价商品的竞争中纷纷破产。一度繁荣的手工业中心，其中有以皮革业著称并拥有良种牛马 11000 多头的帕纳吉尤里什特，素有"货栈"之称的科普里费什蒂查以及加布罗沃和斯利文，这时都已衰落。卡尔洛沃、卡洛费尔、索波特和科普里费什蒂查等地的妇女们，再也无法靠纺纱织布维持生计。人们"所见妇女们的穿戴，全部是进口货"。破产的城乡手工业者沦为无产者、半无产者，到四月起义前，其数量超过 10 万人。

保加利亚人民，特别是农民和手工业者除受封建的、资本主义的剥削和外族压迫外，还由于信仰东正教而受到歧视。不准保加利亚人骑马、穿华丽衣服。禁止修建东正教堂，原有的许多教堂被拆除或改为清真寺。

1874 年夏季发生空前旱灾，接着又是一个严寒的冬天，农民的牲畜因缺饲料而大批死亡。克里木战争后，从高加索迁居保加利亚的 8 万多塞尔卡西人和鞑靼人又大肆掠夺。人民在死亡线上挣扎，有些地方饿殍遍野，人们逃荒觅生。保加利亚人民对奥斯曼帝国封建统治者、剥削者充满仇恨。

1875 年 7—8 月，在巴尔干半岛西部的波斯尼亚和黑塞哥维那（今日南斯拉夫境内），先后爆发了反抗奥斯曼帝国奴役的起义，接着塞尔维亚和门的内哥罗两公国为争取独立，于 1876 年 6 月对奥斯曼帝国宣战，这一切均鼓舞了保加利亚人民为争取民族解放而斗争。

起义的准备和过程

从 1396 年起，保加利亚人民不断地反抗奥斯曼帝国的封建统治和民族压迫，至 1878 年解放，这一斗争经过了近 5 个世纪的漫长岁月。保加利亚的民族解放运动，从农民暴动和"哈伊杜克"（除暴锄奸、劫富济贫的绿林好汉运动）的自发阶段，至 19 世纪 60 年代进入了自觉的有组织的政治运动阶段。

1866 年，保加利亚革命者在布加勒斯特建立了秘密革命中央委员会，准备在保加利亚发动起义。秘密革命中央委员会是一个资产阶级改良主义组织，主张建立土耳其—保加利亚君主政体。1867 年和 1868 年，它曾派遣两支武装队伍回国，均遭失败。

1870—1871 年，保加利亚革命民主主义者瓦·列夫斯基（1837—1873 年），在国内建立了以洛沃奇为中心的地方革命委员会网。1872 年 4 月，成立了统一的保加利亚中央革命委员会，并通过了纲领和章程。纲领确定中央革命委员会的主要任务是："通过精神上的革命和武装斗争解放保加利亚"，建立"民主共和国"，号召反对"暴君专制制度和维护这个制度的那些人，其中包括保加利亚的'乔尔巴吉'"。列夫斯基力图联合保加利亚的一切革命力量，为实现这个革命目标而奋斗。但他在 1872 年 12 月被奥斯曼帝国当局逮捕，后来被处以绞刑。列夫斯基的战友、著名的革命民主主义者和诗人赫·鲍特夫（1848—1876 年）继续领导保加利亚中央革命委员会的工作。他主张贯彻中央革命委员会的纲领，立即举行武装起义。1875 年 11 月，鲍特夫的战友们为准备起义，在罗马尼亚的丘尔吉沃城（今朱尔朱市）召开了保加利亚历史上著名的丘尔吉沃会议。出席会议的有来自保加利亚和布加勒斯特的革命委员会的代表格·本科夫斯基、尼·奥勃雷特诺夫、斯·扎伊莫夫等 12 人，后来又陆续来了一批代表。但是，鲍特夫由于不赞成中央革命委员会内部反对起义的以帕·赫托夫为代表的温和派，已于同年 9 月退出了中央革命委员会，而没有出席这次会议。出席丘尔吉沃会议的代表，一致通过了计划，决定于 1876 年 5 月 1 日举行全民起义。

根据起义计划，保加利亚全国分四个革命区：东北部，以图尔诺沃城为中心，是第一革命区；东南部，以斯利文城为中心，是第二革命区；西北部，以弗拉查城为中心，是第三革命区；西南部，以普罗夫迪夫城为中心，是第四革命区。丘尔吉沃会议选举产生了新的保加利亚中央革命委员会（革命最高领导机构）。中央革命委员会委派了各革命区的主要领导人和助手，其中第一革命区主要领导人是斯·斯塔姆鲍洛夫，助手是格·伊兹米尔里耶夫、赫·卡拉蒙科夫，第四革命区主要领导人是帕·沃洛夫，助手格·本科夫斯基、格·伊科诺莫夫。

丘尔吉沃中央革命委员会就筹集武器装备，破坏敌人交通通过了相应决议，提出靠自己制造、从敌人手中夺取或从国外偷运来解决武器问题。中央革命委员会还派专人前往布加勒斯特和君士坦丁堡秘密购买武器，并用土法制造火药。

丘尔吉沃会议结束后，中央革命委员会向鲍特夫通报了会议召开的情况和决议。鲍特夫表示同意和支持会议决议，并决定，起义一旦爆发，他将率领在罗马尼亚的保加利亚侨民组成的武装支队开赴国内，支援起义。

1876 年 1 月，丘尔吉沃会议代表利用冰封的多瑙河，从罗马尼亚进入保加利亚本土，分别到达各革命区，积极进行起义的准备工作。沃洛夫、本科夫斯基和伊科诺莫夫到达第四革命区后，和当地革命委员会领导人，走遍了数以百计的乡村、城镇。他们每到一地，就举行革命者宣誓仪式，以表示对革命的忠诚。这些革命领导人指示各村镇革命委员会，对凡能拿起武器进行战斗的人，根据当地情况按每十人、百人、千人编成支队，还任命了千人支队长。同时还要求起义者每人至少有一种武器。有条件的地方，革命委员会就地组织了操练和军事演习。第四革命区的妇女们还做了义旗，旗面一边为红色，一边为绿色，上面写着"不自由毋宁死"的字样和雄狮践踏半月形的图案①。各革命委员会还建立了秘密邮政，规定了行军联络暗号和口令。

---

① 雄狮象征保加利亚人民，半月形代表奥斯曼帝国。

第四革命区革命委员会于 1876 年 4 月 13 日在奥鲍里什特召开了各村镇革命委员会领导人会议，汇报丘尔吉沃中央革命委员会决议执行情况和起义的准备情况。出席会议的代表有 57 人，其中农民代表 49 人，城镇代表 8 人。会议推选本科夫斯基为第四革命区起义统领，并选举产生了起义领导委员会。会议确定，起义将采取防御性策略；规定帕纳吉尤里什特城为革命区首府；重申按丘尔吉沃中央革命委员会的决定，5 月 1 日举行起义；如果出现特殊情况，起义日期可以提前。

由于奥鲍里什特会议混进了奥斯曼帝国奸细内·斯托扬诺夫，奥斯曼帝国政府很快获悉会议作出的决定，急令普罗夫迪夫城的帝国地方政府采取行动。普罗夫迪夫总督阿罕默德和内贾普率警察队分别开赴帕纳吉尤里什特城和科普里费什蒂查城，捉拿起义者。内贾普抵达科普里费什蒂查城后，两次登门拜访当地革命领导人托·卡勃列什科夫，佯称从普罗夫迪夫捎来信件，要亲自递交。卡勃列什科夫及时识破了这一诡计，没有露面。他立即召集革命委员会成员磋商，决定提前起义。

1876 年 4 月 20 日科普里费什蒂查城教堂的钟声，召唤被压迫的保加利亚人民去勇敢战斗。起义人民闻钟声而动，迅速攻占了政府机关，杀掉了镇长和官吏。卡勃列什科夫用击毙的镇长的鲜血写信给第四革命区的负责人本科夫斯基，报告起义胜利的消息，这就是保加利亚历史上有名的"血书"，信中写道："写信的此时此刻，起义的旗帜在奥斯曼帝国政府衙门上空飘扬。枪声、教堂的钟声交织在一起，在天空中回响……弟兄们，如果你们是真正的爱国者，自由的圣徒，就像我们这样，在帕纳吉尤里什特城高举义旗。"血书同时分送于第三革命区领导人斯·扎伊莫夫。

当时，帕纳吉尤里什特的形势已很紧张。特别是得知阿罕默德要搜查藏有炸药的当地革命委员会成员纳·特利诺夫的家，更引起人们的不安。但本科夫斯基镇定自若，他指示在出现意外时，放火引爆。正在这紧张时刻，本科夫斯基收到了血书。他当机立断地对在场的战友们说："暴动！起义！"，下令鸣钟为号。战斗打响后一个多小时，起义人民击溃了当地奥斯曼帝国封建统治的武装力量，很快使帕纳吉尤里什特城获得了解放，并且成立了以本科夫斯基为首的第四革命区临时革命政府。革命政府由奥鲍里什特会议选举产生的起义领导委员会成员本科夫斯基、德里诺夫、基里诺夫、鲍贝科夫等 13 人组成。帕纳吉尤里什特城解放的消息，很快传遍周围的村镇。4 月 20 日，杰利苏拉城人民在尼卡拉卓夫领导下起义，消灭了当地奥斯曼帝国武装力量，夺取了政权。斯特雷尔恰村于 20 日晚起义，把当地政府武装人员逼困在清真寺里。

为了迅速扩大起义的范围，本科夫斯基组成一支骑兵队奔赴帕纳吉尤里什特西部村庄，组织和发动人民起义。骑兵队所到之处，农民和手工业者积极响应，队伍迅速增至 200 多人。麦奇卡等村的农民起义声势很大。他们分别转移至帕纳吉尤里什特城和巴尔干山脉的埃列吉克峰。在埃列吉克峰建立了以贫农格·特尔林斯基为首的 11 人军事委员会，领导反击奥斯曼帝国军队的进攻。佩什特拉、巴塔克等较大的村庄以及马里查河以南的罗多彼山区，都爆发了起义，建立了人民政权。

第一革命区的起义规模不及第四革命区。图尔诺沃地区起义的人民，由几个村联合组建武装支队。其中有比亚拉·齐尔卡瓦、米哈尔茨、维绍夫等地起义者组成的 160 人支队，由哈里顿牧师任支队长。支队 97% 的成员是农民，其中一半以上的农民来自比亚拉·齐尔卡瓦村，所以这个支队称比亚拉·齐尔卡瓦支队。支队开往加布罗沃城，准备与那里的起义武装力量汇合，但途中遭奥斯曼帝国武装力量截击。支队被迫退入德里亚诺沃修道院固守。4 月 29 日至 5 月 7 日，仅有旧式步枪的起义者，英勇地击退了拥有新式步枪和大炮的奥斯曼帝国正规军的多次进攻，坚守 9 天 9 夜。战斗的第 4 天，哈里顿不幸牺牲，由佩·马尔马科夫任队长，帕·基罗任副队长。奥斯曼帝国当局集结了 1000 多人的正规军和地方部队，连续发起进攻。在久攻不克的情况下，遂利用德里亚诺沃的乔尔巴吉写信劝降，但遭到起义支队的坚决拒绝。奥斯曼帝国政府又从舒门调来两门钢炮，并写信威胁起义的勇士们说："若不投降，修道院将化为灰烬。"起义首领义正词严地回答道："我们起义，要求政府承认我们人民应有的权利，不达目的，誓不罢休，决心以死忠于自己的誓言。"5 月 7 日，帝国军队炮轰修道院。守卫者在夜战中突围，幸存者仅 47 人，马尔马科夫牺牲。帕·基罗被俘后，在敌人法庭上大义凛然，高声朗诵自己写作的战斗诗篇。

1876 年 4 月 30 日，在加布罗沃城教堂，由仓·久斯塔巴诺夫领导组建了 200 人的支队。支队开往夫利埃沃地区，途经巴戈舍沃村时与当地起义农民联合组成 480 人的支队。支队到达诺沃村和克雷维内克村后，扩建为两支分别为 200 人和 300 人的支队，顿·费西切夫和扬·卡拉丘佐夫分别担任支队长。由久斯塔巴诺夫、卡拉丘佐夫和德拉加诺夫组成联合指挥部。支队在村内的交通要道修筑工事，多次击溃数量超过自己 1 倍以上敌人的多次进攻。起义者除了用很差的武器来杀伤敌人，并利用有利地形，以滚动石块来阻挡敌人。妇女和儿童也参加战斗，整个村庄成为战斗堡垒。但最后由于力量悬殊，帝国军队于 5 月 6 日、9 日先后攻克了诺沃村和克雷维内克村。久斯塔巴诺夫只得率领余部进入马拉基迪克山区，继续战斗。

在第二革命区起义伊始，主要领导人内·戈斯波丁诺夫被捕。斯利文和延保尔附近的几个村庄起义的农民联合组成了约 60 人的支队，由格·奥勃雷诺夫任支队长，伊·德拉戈斯特诺夫任副队长，支队与奥斯曼帝国军队进行了英勇的战斗，最后被装备和数量占绝对优势的奥斯曼帝国军队击败，支队领导人均英勇牺牲。

第三革命区革命委员会主要领导人斯·扎伊莫夫的助手尼·斯拉夫科夫，很快被帝国当局逮捕了。另一名助手奥勃雷特诺夫无法前往特德文斯科区执行自己的任务，被迫在扎伊莫夫家住了一个多月，未能进行任何有效活动而返回罗马尼亚，后来参加了鲍特夫的武装支队。扎伊莫夫难于贯彻丘尔吉沃中央委员会决议，不仅是由于失去两位助手，还由于第三革命区革命委员会中有相当一部分成员是大商人和富裕手工业者，对革命缺乏真诚，加上奥斯曼帝国当局控制严格，这个区未能举行起义。

最激烈的战斗是第四革命区首府帕纳吉尤里什特城的保卫战。奥斯曼帝国政府从帕扎季克和哈斯科沃地区调来 2000—3000 正规军和大批地方部队，配有大炮，在夏富兹帕夏统领下，从 4 月 27 日开始进攻革命首府。临时政府领导成员帕·鲍贝科夫撕毁了夏富兹帕夏的劝降书，决心与敌人决一死战。战斗起初在城郊进行，帝国军队未能取胜。4 月 30 日，帝国军队包围起义军坚守的高地，与革命军总指挥伊·索科洛夫的部队激战。鲍贝科夫率战斗小组迂回于敌军后方，打击敌人。战斗逐渐转入城内进行。卡缅尼查和斯巴索夫丁两处的起义战士，用土炮杀伤敌人，牵制了大部分奥斯曼帝国军队。保卫战持续了四个昼夜，4 月 30 日帕纳吉尤里什特陷落。

这天晚上，本科夫斯基在巴尔干山埃列吉克峰看到革命首府火光冲天，于 5 月 1 日率部赶来营救，终因敌我力量悬殊而失败。本科夫斯基率余部向巴尔干山撤退，途中遇敌人伏击而牺牲。

在各革命区起义的烈火濒于被扑灭的时候，赫·鲍特夫从多瑙河彼岸罗马尼亚率 200 人武装支队赶来支援。1876 年 5 月 16 日，支队从多瑙河丘尔吉沃码头登上奥地利商船"拉德茨基号"，队员们装扮成园艺工人，武器和军服用木箱包装。5 月 17 日，拉德茨基号到达科兹杜伊村时，鲍特夫发出信号，"园艺工人"占据船只，强迫船长在科兹洛杜伊村靠岸，支队登上了保加利亚国土，"不自由　毋宁死"的义旗迎风招展，支队向弗拉查挺进。

奥斯曼帝国政府获悉鲍特夫支队进入保加利亚境内，马上派骑兵追击。5月18日晨，支队到达达米林高地，与奥斯曼帝国军队交战，击败敌人多次进攻，重创敌人，支队也伤亡30人。5月20日，鲍特夫支队在沃拉山遭到奥斯曼帝国地方部队截击，战斗了一整天。傍晚，鲍特夫和几位战友商议下一步行动的时候，被冷枪夺去了生命。鲍特夫牺牲后，尼·沃伊诺夫斯基率支队向塞尔维亚边境转移，途中被奥斯曼帝国军队消灭。

起义失败的原因及影响

四月起义，4月20日至5月20日，历时30天，终于被奥斯曼帝国封建统治者血腥地镇压下去。这次起义具有资产阶级民主革命的性质。起义的主要目的是推翻奥斯曼帝国"暴君专制制度"的封建统治；把保加利亚从异族奴役下解放出来，争取民族独立。

四月起义的主要力量是贫苦农民，他们约占起义人民的2/3。对农民来说，这是反封建的土地革命。他们强烈要求消灭封建压迫，获得土地。与农民并肩战斗的是城乡手工业者、小商人，还有教师、神职人员等，他们大多属于小资产阶级。还有早期资本主义企业工人，现代无产者，不过当时数量不多，力量还弱。这些人要求摆脱奥斯曼帝国封建主义枷锁，积极投身起义，也是起义的重要力量。由于奥斯曼帝国政府实行低税率政策，大量进口西方商品，阻碍了民族工业的发展，伤害了保加利亚资产阶级的利益，所以部分资产阶级分子也同情和参加起义。四月起义是一次人民起义。

由于保加利亚资产阶级软弱、动摇，而工人阶级还在形成过程中，尚未成为一支独立的政治力量，这不能不使这次起义本身带有许多不可避免的弱点。资产阶级的左翼同情革命，有些人参加了革命委员会，但在革命的关键时刻表现动摇，这是第三革命区未能举行起义的原因之一。资产阶级右翼反对革命，他们与奥斯曼帝国有利害关系，德里亚诺沃乔尔巴吉的活动和行为，清楚地说明了这一点。

起义领导者的主观错误是起义失败的重要原因。首先，起义缺乏统一领导，各革命区的起义队伍缺乏必要的联系，未能一致行动。丘尔吉沃革命中央委员会没有很好地起到领导起义的司令部的作用。各革命区的起义各自为战，孤立无援，最终被敌人各个击破。其次，未能采取积极进攻的策略。第四革命区起义爆发后，不少地方夺取了政权，可是起义人民只是就地坚持阵地，修筑工事，而没有抓住敌人还来不及集结军队的有利时机，主动向敌人进攻，抢夺武器弹药库以武装自己，扩大革命力量。第一、第二革命区，起义者离开广大农村，脱离了群众，使自己处于被动挨打地位。最后，各革命区没有执行丘尔吉沃中央革命委员会关于破坏敌人交通要道，火烧奥德林、普罗夫迪夫、帕扎季克、伊赫蒂曼等重镇的决议，致使奥斯曼帝国政府顺利地从大城镇调兵遣将以对付起义的人民。

四月起义虽然失败了，但影响很大。奥斯曼帝国在保加利亚的统治遭到起义的沉重打击，从此一蹶不振。本科夫斯基在巴尔干山巅遥望革命首府时说："我们已使暴君的心脏受到了重伤，他再也不能复原了。"在1个月里，起义几乎遍及整个保加利亚。仅帕纳吉尤里什特城周围就有60个村镇夺取了政权。奥斯曼帝国在保加利亚长达数世纪的统治，从来没有遇到过这样严重的危机，使奥斯曼帝国统治者惶恐不安。为了挽救自己的统治地位，奥斯曼帝国政府动用了为数2万人的正规军和地方部队镇压起义人民。帝国政府对革命人民进行了疯狂的报复。3万名保加利亚男女老幼被杀害。仅巴塔克一个村就有5000人被杀，其中男人都是用铡刀杀死的。3万名儿童成为孤儿。1万人被投入监狱。80个村庄被烧毁，200个村庄被洗劫一空，30万头大小牲畜被抢走。

四月起义在国际上引起强烈反响。事件发生后，欧洲一些国家的进步人士举行集会，纷纷谴责奥斯曼帝国统治者在保加利亚所犯的罪行，掀起支持保加利亚人民的运动，并为救济受害的保加利亚人民进行了募捐。法国作家维克多·雨果，意大利革命民主主义者加里波第，英国著名学者达尔文，俄国一些著名的作家、学者如托尔斯泰、屠格涅夫、陀思妥耶夫斯基、门捷列夫等愤怒地谴责奥斯曼帝国统治者的残酷暴行，表达了对保加利亚人民的深切同情。仅从1876年6月到9月，欧洲有200家报刊刊登了有关保加利亚1876年四月起义的信件、文章、评论、报道和漫画。俄、英、美等国还组成了国际调查团，对保加利亚发生起义的各革命区，特别是巴塔克村，进行实地调查，以大量的事实证实了奥斯曼帝国统治者对保加利亚人民犯下的罪行。这一切，给奥斯曼帝国统治者以政治上和道义上的沉重打击。

四月起义使俄国与西方列强（英、法、德、奥匈帝国）之间存在已久的"东方问题"的矛盾更加尖锐。长期以来，俄国力图摧毁奥斯曼帝国，独霸黑海海峡并得以侵入地中海；而英、法等西方列强都要控制奥斯曼帝国，使之成为自己的半殖民地。欧洲进步舆论对四月起义的反映，使西方列强对奥斯曼帝国的一贯立场陷于被动，但对俄国的传统政策则是有利的，为它对土宣战和分割其"遗产"，提供了政治上、外交上的借口。由于俄国政府的坚持，1876年底在君士坦丁堡召开了一次欧洲列强代表会议，研究处理因保加利亚、波斯尼亚和黑塞哥维那的起义而引起的一些问题。会议经过长时间的讨论后采纳了俄国的建议，即给予保加利亚、黑塞哥维那和波斯尼亚以自治权。奥匈帝国和英国政府还坚持把保加利亚分成两个自治区，即以图尔诺沃为首府的东保加利亚和以索菲亚为首府的西保加利亚。但奥斯曼帝国政府拒绝接受这一计划。于是，俄国以此为借口，打着支持保加利亚人民的旗号于1877年4月12日对奥斯曼帝国宣战，爆发了1877—1878年俄国与奥斯曼帝国的战争。保加利亚人民继续发扬四月起义的革命精神，同奥斯曼帝国封建统治者展开了英勇的斗争，最终获得了解放。

马克思恩格斯对巴枯宁主义的批判

李显荣

巴枯宁（1814—1876 年）是欧洲无政府主义思想的著名代表人物，同时也是一个泛斯拉夫主义者。巴枯宁主义与拉萨尔主义、蒲鲁东主义是早期国际工人运动中的三大机会主义派别。巴枯宁加入第一国际后，在国际内部从事分裂活动。马克思、恩格斯为了推动国际工人运动的健康发展和坚持无产阶级革命原则，曾对巴枯宁主义进行了有力的批判，并对巴枯宁在国际内部的阴谋分裂活动进行彻底的揭露。

巴枯宁早年的活动及其泛斯拉夫主义

巴枯宁诞生在俄国特维尔省一个官僚贵族家庭，1833 年毕业于彼得堡炮兵学校。1836 年，他到莫斯科，参加了斯坦凯维奇哲学小组①的活动，同别林斯基等人一起研究德国哲学。1840 年秋，巴枯宁到德国，于第二年进入柏林大学学习。1842 年 10 月，他在卢格主编的《德意志年鉴》上发表了《德国的反动》一文，宣传资产阶级"自由、平等、博爱"的口号。1843 年 6 月，巴枯宁写了《论共产主义》一文，发表在瑞士资产阶级保守派杂志《观察家》上，表示不同意魏特林的空想共产主义学说。

1848 年欧洲革命爆发前，巴枯宁曾在瑞士、法国、比利时等国居留，结识了德国空想共产主义者魏特林（当时流亡在瑞士）、法国空想社会主义者埃蒂耶纳·卡贝、小资产阶级社会主义者路易·勃朗和蒲鲁东等著名人物。在 1848 年欧洲革命时期，巴枯宁是一个资产阶级革命民主主义者，反对封

---

① 这是以俄国青年哲学家尼·弗·斯坦凯维奇（1813—1840 年）为首的哲学—文学小团体，于 1831 年成立，1839 年解散。

建专制制度，同情被压迫民族的解放。他是 1848—1849 年欧洲革命的直接参加者，先是在巴黎参加法国二月革命，后又曾到德国参加德累斯顿人民武装起义（1849 年 5 月），并且是这次起义的指挥者之一。对此，恩格斯给予很高的评价，指出巴枯宁在德累斯顿起义中是"一个能干的、头脑冷静的指挥者"①。

但是，当巴枯宁积极参加 1848 年欧洲革命的时候，同时也开始宣传泛斯拉夫主义观点。

泛斯拉夫主义思想于 19 世纪初叶产生在奥地利统治下的布拉格等地。这一思想的倡导者是捷克语文学家多勃罗夫斯基和斯洛伐克诗人科勒。捷克民族主义者、历史学家帕拉茨基后来成为泛斯拉夫主义运动的重要领导人。这个运动的主要目的先是加强斯拉夫民族之间的文化联系，进而达到政治上的团结。泛斯夫主义思想出现后，在俄国出现了一个斯拉夫派，其代表人物有卡特柯夫、波哥金、阿克萨柯夫，等等。俄国泛斯拉夫主义有着明显的政治色彩，是为沙皇政府向外扩张作舆论宣传。

斯拉夫派分子主张所有的斯拉夫人联合起来，成立一个以俄罗斯为主体、以俄国沙皇为首的斯拉夫联邦国家，使遭受奥地利帝国和奥斯曼帝国压迫的斯拉夫人获得"解放"，同正在兴起的日耳曼人抗衡。当巴枯宁还未成为一个无政府主义者的时候，也主张建立斯拉夫联邦国家，以反抗泛日耳曼主义。虽然巴枯宁不像斯拉夫派分子那样，美化东斯拉夫人的那种封建宗法制度和反对俄国革命民主主义运动，但在宣传泛斯拉夫主义思想上，却同斯拉夫派分子有某些相似之处。

1848 年 6 月，斯拉夫人代表大会在布拉格召开，巴枯宁是出席大会的代表之一。他向大会提出一个名为《新斯拉夫政策的基础》的方案，试图以它作为解决斯拉夫民族问题的纲领。他说，斯拉夫人的不幸在于他们的分散，如果联合起来将是不可战胜的。可惜，他们陷于四分五裂，而且狂热地坚持这种状态，忘记了无疑应当把他们联合在一起来完成共同使命的种族和血统的神圣关系。因此，巴枯宁在这里明确提出了建立"斯拉夫联邦"的主张，使各斯拉夫民族结成联邦的统一体。他认为建立代表斯拉夫民族的"斯拉夫委员会"，是各斯拉夫民族共同联盟的体现。这个委员会作为首要的政权机构，领导所有斯拉夫民族；所有斯拉夫民族必须服从它的命令和执行它的

---

① 《马克思恩格斯选集》第 1 卷，人民出版社 1972 年版，第 590 页。

决定。

巴枯宁关于建立斯拉夫联邦的思想是反动的。恩格斯在 1849 年批评了巴枯宁的这种主张，认为这种主张无非是要给在各方面"都依附于德国人和马扎尔人的零散的奥地利斯拉夫人一个据点，这个据点一方面是俄国，另一方面是由斯拉夫人的多数所统治的、依附于俄国的奥地利联合君主国"①。显然，斯拉夫联邦的建立意味着俄国对奥地利的庇护，是让中欧和南欧的斯拉夫人寻求沙皇政府的保护，这在客观上正符合沙皇俄国向外扩张侵略的愿望。

巴枯宁在《新斯拉夫政策的基础》一文中还认为，构成斯拉夫人联盟（斯拉夫联邦）的原则是：一切人平等，一切人自由和兄弟之爱。后来，他又以俄国爱国志士、布拉格斯拉夫人代表大会的名义，发表了一篇宣言式的文章《告斯拉夫人书》（1848 年 12 月），要求斯拉夫人按照联邦原则组成一个统一的巨大的政治机体。他向斯拉夫人空谈自由、平等、博爱、正义和人道。

根据 1848 年欧洲革命的经验教训，针对巴枯宁等人的观点，1849 年初恩格斯在《新莱茵报》上发表的《民主的泛斯拉夫主义》一文中认为，沉痛的经验使人们认识到，要实现欧洲各族人民的兄弟同盟，不能依靠空洞的言辞和美好的意愿，而必须通过彻底的革命和流血的斗争。"'正义'、'人道'、'自由'、'平等'、'博爱'、'独立'——直到现在除了这些或多或少属于道德范畴的字眼外，我们在泛斯拉夫主义的宣言中没有找到任何别的东西。"② 由于巴枯宁当时还是一个革命民主主义者，所以恩格斯对他的批评，其语气还是比较缓和的。

1848 年欧洲革命失败后，沙皇政府把巴枯宁引渡回俄国，将他投进彼得堡的监狱里。他在狱中仍在鼓吹泛斯拉夫主义。1851 年夏天，巴枯宁写成了一份很长的《忏悔书》，呈交沙皇尼古拉一世。他在这份《忏悔书》中写道，如果陛下举起斯拉夫的旗帜，那么所有讲斯拉夫语的人，"都会欢欣鼓舞、兴高采烈地投身于俄国雄鹰的宽阔翅膀之下，同仇敌忾地去不仅反对不共戴天的德国人，而且向整个西欧挺进"。他甚至要尼古拉一世当"全体斯拉夫人的皇帝"。

19 世纪 60 年代初，巴枯宁逃出西伯利亚后，再次到西欧，发表了《告俄国、波兰和全体斯拉夫族友人书》（以下简称《告友人书》）和长篇文章

---

① 《马克思恩格斯全集》第 6 卷，人民出版社 1961 年版，第 327 页。

② 同上书，第 325 页。

《罗曼诺夫、普加乔夫还是彼斯捷里。人民事业》（以下简称《人民事业》），又在宣扬泛斯拉夫主义。在《告友人书》中，巴枯宁主张把居住在俄国的鞑靼人"发送到亚洲去"，把居住在俄国的日耳曼人"发送到德国去"。在《人民事业》一文中巴枯宁说，"我们将同一切斯拉夫部族一起，力求实现斯拉夫人梦寐以求的理想：建立伟大的、自由的全斯拉夫族的联邦"，以便有一个统一的、不可分割的全斯拉夫族的力量。他希望俄国沙皇亚历山大二世成为各自由民族的自由联邦的首脑，大胆地举起全斯拉夫族的旗帜，充当"斯拉夫世界的救主"！

巴枯宁在19世纪60年代发表的泛斯拉夫主义言论，比他在1848年所宣传的泛斯拉夫主义更为露骨，并且直接吹捧俄国沙皇，因此后来遭到马克思和恩格斯的严厉批判。1873年，他们对巴枯宁的《告友人书》和《人民事业》中的泛斯拉夫主义观点作了揭露，说《告友人书》是一篇泛斯拉夫主义宣言，而在《人民事业》中巴枯宁所提出的建立全斯拉夫族的联邦和其他主张，则是沙皇式的人民事业的纲领。

马克思和恩格斯还指出，巴枯宁在1862年为了俄国政府的利益宣扬种族战争。泛斯拉夫主义是圣彼得堡内阁的发明，它的目的无非是要把俄国的欧洲疆界向西面和南面推进。他们认为，从尼古拉的泛斯拉夫主义一直到巴枯宁的泛斯拉夫主义，"所追求的是同一个目的，实质上它们彼此之间是完全一致的"[1]。这就是说，巴枯宁的泛斯拉夫主义，客观上也是为沙皇俄国政府的向外侵略扩张效劳的。

当然，巴枯宁也反对沙皇专制制度，对被压迫的斯拉夫民族表示过同情。比如说，1847年11月，在巴黎举行的纪念波兰人民1830年反沙皇政府起义17周年大会上，巴枯宁向参加大会的波兰侨民和法国人士发表演说，抨击了沙皇俄国专制制度。他说在俄国"没有正义""没有自由，也没有对人的尊严的尊重"。他批评沙皇政府对1830—1831年波兰起义的镇压是丧失理智的，是犯罪行为。

对巴枯宁无政府主义的批判

巴枯宁早在1842年写的《德国的反动》一文中就提出了这样一个带有

---

[1]　《马克思恩格斯全集》第18卷，人民出版社1964年版，第492页。

某些无政府主义色彩的口号："破坏的欲望同时也就是创造的欲望！"1844年秋天，他又在巴黎结识了法国无政府主义者蒲鲁东。但在 19 世纪 40 年代至 50 年代，巴枯宁还不是一个无政府主义者。他的无政府主义观点形成于60 年代中期，在这以后他才以一个无政府主义者的面目出现。后来，人们把他同施蒂纳、蒲鲁东并称为无政府主义三大鼻祖。巴枯宁还被称之为无政府主义之父。可见，他在无政府主义思想的发展史上占有很重要的地位。

　　巴枯宁的无政府主义观点是在他的泛斯拉夫主义幻想破灭之后形成的。1863 年，波兰人民进行反对沙皇政府的起义，巴枯宁对于这次起义是抱同情和支持的态度。这次起义一开始，巴枯宁就想直接奔赴波兰，亲自参加战斗；同时，也想利用这个时机在波兰宣传他的泛斯拉夫主义。但因他从瑞典搭乘的海轮在途中遭到强大的风暴袭击，致使轮船遇难，未能抵达波兰。而这次波兰人民起义也很快被沙皇政府镇压下去了。于是，巴枯宁主要把自己的注意力转向西欧国家的社会革命运动上。

　　19 世纪 60 年代中期，巴枯宁居留在意大利佛罗伦萨、那不勒斯等地。在这些地方，他时常混迹于失意的小资产阶级知识界，并接触了一些流氓无产者。这些人对现状不满，他们因受失业之苦而滋长了一种绝望的心理，怀有"憎恨一切"的情绪。在资本主义经济发展缓慢、工人运动落后的意大利，巴枯宁看不到无产阶级的力量和前途，而把处于社会底层的流氓无产者和一些激进的小资产阶级知识分子看作促使旧社会消亡的动力，把这些人作为无政府主义的"社会革命"的主要支柱，并依靠这些人建立起秘密的无政府主义团体。

　　1865 年秋天，巴枯宁在那不勒斯建立了一个秘密团体"国际兄弟会"（又名"国际革命协会"）。他认为这个团体的任务，就是"要彻底消灭一切现存的宗教、政治、经济和社会的组织和机构，并且首先在欧洲，然后在世界范围内重新建立以自由、理智、正义和劳动为基础的社会"。这个秘密团体，实际上是一个无政府主义组织，其宗旨是与第一国际的革命纲领相违背的。

　　巴枯宁直言不讳地声称自己是无政府主义者，说"不害怕无政府状态，而且呼吁这种状态"。他把"无政府状态"的社会，看成是最理想的社会。它是由小型的城乡公社组成，实行以"自由原则"为基础的普遍联合。在这里，每个公社、每个乡镇以及每个人都应该是自治的，不要任何权威原则。巴枯宁所希望的这样一种无政府状态的社会，只不过是各自独立、互不往来、不受任何社会联系约束的自治公社的总和。恩格斯在批判巴枯宁的这种无政府主义乌托邦时写道："每一个人、每一个乡镇，都是自治的；但是，一个哪怕只由两个人组成的社会，如果每个人都不放弃一些自治权，又怎么可能存在，——关于这一点巴枯宁又闭口不谈。"①

巴枯宁认为无政府状态的社会是在废除一切权威原则的基础上实现的。他把任何权威原则看成是"祸害""罪孽"，主张"要绝对消除权威原则的任何利用和表现"。他认为，任何由官方强加于人的权威和任何权力的影响，都会直接变成压迫和虚伪，都会把奴隶性和荒谬性强加于人。他说，权威原则应用到成年人的身上，就会变成一种怪物，变成否认人性的罪孽，变成奴役和精神堕落与道德堕落的源泉。恩格斯认为，把权威原则说成是绝对坏的东西，而把自治原则说成是绝对好的东西，这是荒谬的。

事实上，在现实生活中是不能排除权威原则的。社会政治斗争需要权威，自不待说。就是在人们的集体生产劳动和科学实验中同样需要权威和权威原则。恩格斯在批判无政府主义者的反权威论时说，现代社会的大生产需要权威。现代化的工农业大生产就是联合活动。联合活动就是组织起来，而没有权威能够组织起来吗？所以，一方面是要一定的权威，不管它是怎样造成的，另一方面是要一定的服从。"这两者，不管社会组织怎样，在产品的生产和流通赖以进行的物质条件下，都是我们所必需的。"②

巴枯宁幻想不存在任何权威原则的无政府主义社会立刻到来，所以他像其他无政府主义者一样，主张立刻"废除国家"。他试图把这种无政府主义理论变为实际行动。

1870 年 9 月 4 日，正是普法战争期间，巴黎爆发了起义。起义者涌入波旁宫，要求成立共和国和保卫祖国。同一天在法国里昂也成立了民众救亡委员会。9 月 11 日，巴枯宁来到里昂，当时这里的城市政权还是属于以市长为首的市政委员会。但过了几天之后，在里昂举行了一个大规模的群众集会，通过建立拯救法兰西中央委员会的决议。巴枯宁也成为这个委员会的领导人之一。于是，巴枯宁就准备在里昂举行武装暴动。9 月 28 日，巴枯宁和他的支持者带领一批工人和市民，夺取里昂市政局，赶跑了市政局官员。

巴枯宁等人立即颁布了他们预先拟订的无政府主义纲领：（1）废除已变

---

① 《马克思恩格斯选集》第 4 卷，人民出版社 1972 年版，第 401 页。
② 《马克思恩格斯选集》第 2 卷，人民出版社 1972 年版，第 553 页。

得无能为力的行政的和政府的国家机器。由法兰西人民自己掌握全权。
（2）关闭一切刑事和民事法庭，代之以人民审判制。（3）停止缴税款和支
付抵押借款，以向各联邦公社的纳款代替税收，这些纳款根据拯救法兰西委
员会的需要向富有阶级征收。（4）业已解体的国家不能对私人租税的交付再
进行干预。（5）解散一切现行的市政机构，由一切联邦公社中拯救法兰西委
员会取代，后者在人民的直接监督下行使一切权力。（6）每个省会的委员会
派两名代表，共同组成拯救法兰西革命公会。（7）这个公会将立即在里昂市
政府开会，里昂是法国的第二大城市，它比其他城市更为关心保卫国家。

　　巴枯宁及其追随者在夺取里昂市政局之后，便陶醉于他们这种无政府主
义式的"社会革命"的胜利，根本不去考虑法国资产阶级政府及其强大的武
装力量的存在。当巴枯宁等人宣布他们这个无政府主义纲领不过 24 小时，
很快就被法国政府派来的一支不大的军队赶出市政局。巴枯宁遭受了一顿毒
打，仓忙逃出里昂，返回瑞士。马克思和恩格斯在批评巴枯宁的这种轻率行
动时指出："里昂事件表明，只用一纸废除国家的命令远远不足以实现这一
切美妙的诺言。但是，只用资产阶级国民自卫军的两个连，就足以粉碎这个
美妙的幻想并且迫使巴枯宁收起他那创造奇迹的命令赶忙溜往日内瓦去
了。"① 巴枯宁本来是想在里昂进行所谓立刻废除国家政权的试验，却遭到彻
底的失败。

　　巴枯宁是从蒲鲁东那里接受关于废除国家政权的理论。他完全赞同蒲鲁
东的这种观点："谁谈论国家政权，谁就谈论着统治，但任何统治都是有以
服从于这一统治的群众存在为前提的，因此，国家是群众的敌人。"于是，
巴枯宁不加区分地把任何国家政权都看成是对人类的最大否定，因而一律持
反对态度。

　　由于巴枯宁是一切国家政权的反对者，所以他不承认无产阶级社会主义
革命的客观规律性，竭力否定建立无产阶级专政国家的必要性。他认为任何
国家、任何政府都是置于人民之外和人民之上的，是同人民格格不入的。他
在其无政府主义思想的代表作《国家制度和无政府状态》一书（1873 年出
版）中写道："所谓的人民国家（指无产阶级国家——引者）不是别的，而
是由真正的或冒牌的学者所组成的一个新的人数很少的贵族阶级非常专制地
管理人民群众。"他说这种人民国家本质上不外是从上而下的统治人民，它

---

① 《马克思恩格斯全集》第 18 卷，人民出版社 1964 年版，第 383 页。

同任何国家一样，"都是一种羁绊，它一方面产生专制，另一方面产生奴役"。总之，巴枯宁认为无产阶级专政，将会施用强制手段或暴力措施，同样会对广大人民进行新的统治。马克思主义认为无产阶级专政之所以必要，这是客观的历史发展进程决定的。马克思在批判巴枯宁的《国家制度和无政府状态》一书时指出："只要其他阶级特别是资本家阶级还存在，只要无产阶级还在同它们进行斗争（因为在无产阶级掌握政权后无产阶级的敌人还没有消失，旧的社会组织还没有消失），无产阶级就必须采用暴力措施，也就是政府的措施。"①

在对待巴黎公社问题上，明显地反映了巴枯宁主张废除国家、否定无产阶级专政的无政府主义观点。他说巴黎公社时期的巴黎人民："为了法国、欧洲、全世界的自由和生活而抛弃了自己的桂冠，热情地摈弃了自己的权力！"并认为巴黎公社"是对国家的大胆的、明确的否定"。他歪曲巴黎公社，说在巴黎公社里可以以自愿联合的自由公社来代替工人政权（无产阶级专政），不要建立工人国家。事实上，同巴枯宁的无政府主义观点相反，巴黎公社正是法国工人在历史上第一次建立起自己的政权。

巴枯宁之所以竭力反对革命权威，反对包括无产阶级专政在内的一切国家政权，因为他认为任何国家政权限制并扼杀个人自由。而巴枯宁的无政府主义正是以极端的个人主义为基础，要求无限制的个人自由，鼓吹唯意志论。他认为自由是一切成年男女无须求得任何人批准而进行活动的绝对权利，他们只听从自己的良心和自己的理性的决定，他们的行动只能由自己的意志来决定。

事实上，巴枯宁所鼓吹的这种不受任何法律和纪律所约束的绝对自由无论在有阶级或无阶级的社会里，都是不可能实现的。自由是相对的、有条件的。只有在不违背自然规律和社会发展的客观规律的前提下，人们的意志自由、活动自由才有可能，也才是合理的。巴枯宁的无政府主义绝对自由观和唯意志论，是主观唯心主义的反动空想。恩格斯指出，"自由是对必然的认识"，"意志自由只是借助于对事物的认识来作出决定的那种能力"②。

巴枯宁在谈论个人自由的同时，并鼓吹"阶级平等"。因此，巴枯宁的无政府主义纲领，实质上"是通过两个抽象的原则——'自由'原则和

① 《马克思恩格斯全集》第18卷，人民出版社1964年版，第694页。
② 《马克思恩格斯选集》第3卷，人民出版社1972年版，第153—154页。

'平等'原则的一致而得到的总和"。他认为平等是自由的绝对必要条件，而"个人自由只能在一切人的平等中才能得到实现"。他从平等是自由的必要前提出发，主张"实现各阶级和个人（不分男女）在政治、经济和社会方面的平等"。在巴枯宁看来，只有实现各阶级的平等，才能保证每个人的自由。但在阶级社会里，要使所有的社会成员在政治上和经济上一律平等，这只能是一种空想，而且是一种鼓吹阶级调和的反动空想。

马克思在批判巴枯宁的这种论调时指出："'各阶级的平等'，如果照字面上理解，不过是资产阶级社会主义者所宣扬的'资本和劳动的协调'的另一种说法而已。不是'各阶级平等'——这在逻辑上是不可能的，——相反地是历史地必然出现的'消灭阶级'，才是国际工人协会力求达到的最终目标"[1]。恩格斯认为无产阶级平等要求的实际内容都是消灭阶级的要求。任何超出这个范围的平等要求，都必然流于荒谬。

巴枯宁在谈论"阶级平等"时，同取消财产继承权联系起来。在他看来，同私有制有密切关系的继承权促使土地和其他社会财富发生有利于少数人而不利于多数人的异化，一切形式的继承权是造成一切社会和政治的不平等的重要因素。巴枯宁不但把财产继承权看成是资产阶级社会中阶级不平等的根源，而且说它是私有制的基础。他认为如果废除财产继承权，使人们把财产交给全社会，那么将消灭私有制。也就是说，取消财产继承权是进行"社会革命"（"社会清算"）的出发点。马克思主义认为，财产继承权绝不是生产资料私有制的基础，它不过是现存资本主义社会经济基础的上层建筑。马克思在批判巴枯宁的无政府主义纲领时说，"以废除继承权作为社会运动的起点"，这是"圣西门主义者的胡说"[2]。

揭露巴枯宁在第一国际中的阴谋活动

1864 年 11 月 3 日，当第一国际成立后一个多月，巴枯宁在伦敦会见了马克思。在会见之前，马克思从国际总委员会委员列斯纳（1825—1910 年）那里得知巴枯宁正在伦敦。在这次会见中巴枯宁在马克思面前表现得很热忱，表示愿为国际工人协会效劳，答应"不懈怠地为协会工作"。因此，马

---

① 《马克思恩格斯全集》第 32 卷，人民出版社 1974 年版，第 256 页。
② 《马克思恩格斯选集》第 4 卷，人民出版社 1972 年版，第 395 页。

克思也答应接受他加入国际工人协会。但后来巴枯宁不但没有履行自己对马克思和国际工人协会所许下的诺言，而且从事反对马克思和第一国际的活动，给国际工人运动带来莫大的危害。

1868 年秋天，当国际布鲁塞尔代表大会召开后不久，巴枯宁纠集了一批人，在日内瓦建立了一个名曰"国际社会主义民主同盟"的组织（以下简称"民主同盟"）。参加这个组织的成员有瑞士、意大利、西班牙等国的无政府主义者，"和平与自由同盟"（资产阶级的和平主义组织）成员，旅居瑞士的俄国政治流亡者，等等。巴枯宁妄图以"民主同盟"这个组织作为他篡夺第一国际领导权的工具和后盾。

"民主同盟"是一个半秘密、半公开的阴谋组织。在这个组织的纲领中虽然也不乏激进的革命词句，但就其总的思想内容来看，却是巴枯宁那一套无政府主义，同马克思起草的国际工人协会成立宣言及其章程是相抵触的。民主同盟的秘密纲领规定：（1）在欧洲破坏任何统治和一切权力，从而也就是破坏现在的一切国家及其全部政治、法律、官僚和财政机构。（2）在以集体所有制、平等和正义为起点的，自由联合起来的劳动这个唯一的基础上建立新社会。

民主同盟的秘密章程规定，在同盟的上面还有"国际兄弟会"和"民族兄弟会"，民族兄弟会受国际兄弟会领导，国际兄弟会的人员只限于 100 名。这些人被称之为巴枯宁的"百人近卫军"，是他最积极的支持者。因此，对于第一国际的危害性来说，主要还不是巴枯宁的无政府主义理论，而是他所建立的阴谋组织本身。所以马克思指出，"这个'同盟'的理论纲领只不过是一种无耻的把戏。问题的实质在于它的实际组织"[1]。

巴枯宁要求把"民主同盟"作为一个独立的组织加入国际工人协会。他指使约翰·贝克尔[2]出面代表"民主同盟"向第一国际总委员会写申请书，提出加入第一国际的要求。1868 年 11 月 29 日，贝克尔将"民主同盟"的公开文件寄给国际总委员会。而巴枯宁却对国际总委员会隐瞒了"民主同盟"的秘密纲领和秘密章程。巴枯宁要求把"民主同盟"作为集体成员加入第一国际后仍保留自己的组织和纲领，并且有权召开自己的代表大会。

① 《马克思恩格斯选集》第 2 卷，人民出版社 1972 年版，第 304 页。

② 贝克尔（1809—1886 年）——德国工人运动活动家，一度受巴枯宁的思想影响，但后来与巴枯宁决裂。

马克思和恩格斯立即识破了巴枯宁的阴谋。1868 年 12 月 15 日，马克思在写给恩格斯的信中说，巴枯宁"躲在幕后活动"，国际总委员会决定拒绝承认"民主同盟"这个团体。恩格斯给马克思回信说，国际不能赞同巴枯宁"这种欺骗行为，这是十分明显的。否则，就会有两个总委员会，甚至两个代表大会；这是国中之国……正如不能有两个总委员会一样，在国际内也不能有两个国际的（按任务说）组织"①。同恩格斯商量之后，马克思于 1868 年 12 月 22 日起草了一个题为《国际工人协会和社会民主同盟》的正式通告，发给国际工人协会的所有支部。这个通告明确指出，不接纳国际社会主义民主同盟作为一个分部加入国际工人协会。

这个通告的发布，使巴枯宁的初步计谋未能得逞。但巴枯宁及其追随者却耍弄两面派的手法，表示愿意接受国际总委员会所提出的条件，口头上答应解散国际社会主义民主同盟。直到 1869 年 6 月，这个组织表面上宣布解散，被合并于第一国际瑞士支部。但巴枯宁及其支持者暗地里继续保留自己的组织，在第一国际内建立自己的秘密支部。在国际巴塞尔代表大会召开前几个月内，巴枯宁指使其亲信在瑞士、意大利、西班牙、法国等地发展他们的宗派组织，企图在 1869 年 9 月召开的巴塞尔代表大会上，造成巴枯宁主义者"人多势众"的局面，以便夺取国际总委员会的领导权。

巴塞尔代表大会讨论了关于国际总委员会的权限问题。巴枯宁的反权威原则本来是同加强国际总委员会职权的决议相抵触的。但在这次会上他不但同意扩大总委员会的职权，而且建议赋予总委员会以解散旧支部和拒绝接纳新支部的权力。这样，如果巴枯宁被选进国际总委员会领导机构，则将更便于他发号施令，把国际变成他手中的工具。对此，恩格斯写道："当时这些先生们曾希望获得多数并且把总委员会抓到自己手里。当时无论怎样扩大总委员会的职权，他们都觉得不够。"②

巴塞尔代表大会选举的结果，巴枯宁未被选进国际总委员会，致使他的希望落空。于是，他寻找各种借口，攻击马克思领导的国际总委员会。他反对总委员会直接领导英国各支部，要求总委员会必须放弃对英国事务的监督。他反对总委员会支持爱尔兰的民族解放运动，认为总委员会有关爱尔兰问题的决定，是超越了自己的职权范围。

---

① 《马克思恩格斯全集》第 32 卷，人民出版社 1974 年版，第 220 页。
② 《马克思恩格斯选集》第 2 卷，人民出版社 1972 年版，第 448 页。

1870 年 3 月底，马克思起草了一个《机密通知》，说明根本不能同意巴枯宁要求国际总委员会放弃对英国事务的"直接监督"，驳斥他企图使英国工人运动脱离国际的领导以及他对总委员会关于爱尔兰问题所做的决定的歪曲。在这个文献中，马克思还揭露了巴枯宁自第一国际成立以来所玩弄的两面派手法以及所干的阴谋活动，并且指出巴枯宁"这个极端危险的阴谋家的手法，至少在国际的范围内，很快就要完蛋了"[①]。这个《机密通知》的发出，使巴枯宁处境颇为不利。但他仍然指使其信徒，以扩大"国际"的组织为由，继续发展"民主同盟"的队伍，与国际总委员会相对抗。特别在巴黎公社起义失败后，巴枯宁进一步加紧分裂国际的活动。

1871 年 3 月 18 日巴黎公社革命发生后，以马克思为首的国际总委员会积极支持了巴黎公社，第一国际中的不少会员积极参加了保卫巴黎公社的战斗。公社起义失败后，欧洲各国资产阶级对第一国际进行了反革命的"围剿"，迫害国际各支部的成员，使第一国际处于不利的境地。巴枯宁趁机加紧篡夺第一国际领导权的活动。这时候，巴枯宁力图把日内瓦的汝拉联合会作为反对国际总委员会的据点，并指使他的一些信徒在意大利、西班牙等地加紧建立和发展他们的宗派组织，扩大自己的队伍，以便实现自己的篡权阴谋。

为了总结巴黎公社的经验教训和揭露巴枯宁主义者的阴谋活动，国际总委员会根据恩格斯的提议，在 1871 年 9 月召开了伦敦会议，马克思亲自到会。会上几名巴枯宁分子根据巴枯宁的指示，要求无产阶级放弃政治斗争，不赞成讨论无产阶级的政治行动问题。恩格斯在会上指出："向工人鼓吹放弃政治，就等于把他们推入资产阶级的怀抱。特别是在巴黎公社已经把无产阶级的政治行动提到日程上来以后，放弃政治是根本不可能的。"[②] 这次会议还通过关于工人阶级的政治行动的决议，说明工人阶级在它反对有产阶级联合权力的斗争中，只有组织成为与有产阶级建立的一切旧政党对立的独立政党，才能作为一个阶级来行动。伦敦会议对于主张放弃政治和否认有必要建立无产阶级政党的巴枯宁主义者以严厉的批判。

伦敦会议之后，巴枯宁主义者于 1871 年 11 月在瑞士桑维耳耶召开了汝拉各支部代表大会（桑维耳耶代表大会）。他们把这次大会称为"反权威主

[①] 《马克思恩格斯选集》第 2 卷，人民出版社 1972 年版，第 316 页。

[②] 同上书，第 440 页。

义大会"，攻击伦敦会议，诬蔑国际总委会正在成为"钩心斗角的策源地"，要求国际总委员会"仅仅作为一个普通的通讯机关和统计中心"，必须"抛弃一切追求权力，追求专政的思想"。他们鼓吹国际各支部的"自治原则"和"自由联合"。

针对巴枯宁主义者的破坏活动和分裂活动，马克思和恩格斯为国际写了一个通告——《所谓国际内部的分裂》。他们在通告中指出："当欧洲反动派在这个团体（民主同盟——引者）所干的丑事中为自己找到了支柱，当国际经受着从它创立以来从未经受过的危机的时候，总委员会就不得不对所有这些阴谋作一个历史的概述。"[1] 在这里，马克思和恩格斯向各国工人阶级说明了巴枯宁主义者的真正面目，指出他们同工人阶级的异己分子的联系，揭露巴枯宁的"民主同盟"在工人运动内部的阴谋活动及其危害性。

巴枯宁把马克思主义者对他的批判和揭露，说成是"为了个人的野心而在协会中散播纠纷和瓦解的种子"，对此"要负可怕的责任"，将"受到公意审判"。巴枯宁还诽谤马克思是"独裁者""国际的教皇""搞自我中心主义"。

为了回击巴枯宁的挑战和彻底揭露巴枯宁的阴谋活动，国际总委员会于1872年6月确定，这年9月在海牙召开国际第五次代表大会。会前，马克思指示国际会员拉法格、吴亭[2]等人在西班牙、瑞士和俄国等地大力搜集巴枯宁分子的材料，以便在海牙大会上作为揭露巴枯宁分子的有力证据。

国际海牙代表大会是在两军对垒的情况下召开的。出席这次大会的有15个国家的67名代表，其中约40名是拥护马克思路线的。出席这次大会的巴枯宁分子和其他反对派分子有20多个。马克思、恩格斯出席了大会，但巴枯宁没有参加大会，而是派其亲信吉约姆前来。

大会认真地审查了巴枯宁所控制的"民主同盟"。国际总委员会根据大会前和会上所掌握的材料，以确切的事实揭露"民主同盟"自1868年成立以来在第一国际内部所进行的阴谋活动，给国际造成很大的危害。大会决定将巴枯宁、吉约姆等人开除出第一国际。这次大会标志着马克思主义对巴枯宁主义斗争的重大胜利。

---

[1]　《马克思恩格斯全集》第18卷，人民出版社1964年版，第7页。

[2]　尼·伊·吴亭（1845—1883年）——俄国革命家，1862年加入俄国革命组织"土地和自由社"。1863年侨居国外，1867年加入第一国际。

　　海牙大会的召开并不意味着马克思对巴枯宁主义斗争的结束。半年多以后，马克思和恩格斯在拉法格的协助下写成《社会主义民主同盟和国际工人协会》一书，于 1873 年 8 月在伦敦和汉堡出版。作者根据海牙代表大会公布的报告和文件，经过认真的分析，系统而又全面地揭示了巴枯宁所施展的种种阴谋和篡权活动，完全暴露了他的两面派真面目。马克思和恩格斯在总结同巴枯宁的阴谋活动作斗争的经验时指出，"要对付这一切阴谋诡计，只有一个办法，然而是具有毁灭性力量的办法，这就是把它彻底公开，把这些阴谋彻头彻尾地加以揭穿，就是使它们失去任何力量"①。同时，他们在这本书的结束语中还警告巴枯宁及其追随者，必须"永远放弃秘密领导无产阶级运动的幻想"②。

　　巴枯宁从事政治活动几十年，是国际工人运动史上的著名人物。他的政治活动范围是很广的，从东欧俄国到西欧英国，从北欧瑞典到南欧意大利，甚至还到过日本和美国，其足迹遍布当时许多资本主义国家。他往往以超革命的词句，迷惑一些工人群众和小资产阶级知识分子。巴枯宁主义作为国际工人运动中的左倾机会主义流派，在欧洲各国，特别是在当时小生产占优势的意大利、西班牙、瑞士和法国一些地区有着较大的影响，它给国际工人运动带来很大的危害。

　　所以，马克思、恩格斯开展对巴枯宁主义的斗争是完全必要的，而这一斗争的胜利则有着重大的历史意义和巨大的历史功绩。他们对巴枯宁的泛斯拉夫主义和无政府主义的批判，有利于无产阶级国际主义和马克思主义在欧洲各国的传播，促进各国无产阶级和被压迫民族的团结，推动国际工人革命运动的向前发展。

　　马克思、恩格斯对巴枯宁主义者阴谋活动的揭露，使巴枯宁主义者篡夺国际领导权的图谋不能得逞，从而保持国际无产阶级组织的纯洁性，保证马克思主义者在国际工人运动中的领导地位，并为各国工人阶级锻造出了统一的无产阶级斗争策略。马克思、恩格斯同巴枯宁主义的斗争，不但为以后的各国马克思主义者同各种机会主义的斗争提供了指导原则和宝贵经验，而且在这一斗争中培养了一批坚持马克思主义原则和忠于无产阶级革命事业的工人运动骨干，为以后各国工人政党的建立提供了一批干部。

---

① 《马克思恩格斯全集》第 18 卷，人民出版社 1964 年版，第 372 页。

② 同上书，第 484 页。

德国社会民主党的建立

孙耀文

德国社会民主党是世界上第一个全国范围内的群众性的社会主义工人政党。1863 年，拉萨尔等人领导成立全德工人联合会，为社会民主党的建立迈出了一步。具有决定意义的是 1869 年倍倍尔、威廉·李卜克内西、白拉克等人领导创立的社会民主工党，它以科学社会主义的基本原则为指南，为德国群众性工人政党奠定了思想基础。随后，德国工人运动中的这两个派别在 1875 年联合为统一的工人党——社会民主党，德国工人阶级有了统一的领导核心。它的成立标志着德国和国际工人运动的重大发展。

建党任务提上历史日程

19 世纪五六十年代，德国资本主义获得迅速发展。它在工业上虽落后于当时称为"世界工厂"的英国，却已赶上法国。1850—1870 年，德国的煤产量由 670 万吨增加到 3400 万吨，增长 4.1 倍；生铁产量由 21 万吨增加到 139 万吨，增长 5.6 倍；钢产量由 5900 吨增加到 17 万吨，增长近 28 倍；蒸汽机普遍使用，功率由 26 万马力上升到 248 万马力，增长 8.5 倍；铁路长度由 6000 公里增加到 18876 公里，货运量增长 27.1 倍。1870 年，德国已在世界工业总产值中占 13.2%，居世界前列，成为最发达的工业国之一。

德国工人阶级队伍也相应壮大。工人人数显著增加。在普鲁士王国，从事工业和手工业的人数，1861 年比 1849 年增加 21%，即从 147 万余人增至 178 万余人，其中从事机器制造业的工人增长近 1 倍。个别大工厂已集中上千工人，埃森的克虏伯工厂在 1860 年有 2000 工人，而到 1870 年已达 16000 工人。不过，在小企业中劳动的手工工人仍在全国工人中居多数。工人的工作时间每日长达 13—14 小时，纺织等行业中甚至达 15 小时。他们的工资只相当于英、美、法等国工人工资的 1/4—4/5。

50 年代中，德国工人处在白色恐怖统治下。根据 1854 年结社法，一切以"政治、社会主义和共产主义为宗旨"的工人团体都被解散。但是，各类自助合作社、信贷会、互助储金会、医疗保险储金会吸引了不少手工工人，此外还有体育协会、歌咏团体、教育协会等。1850—1859 年，工人为维护经济利益还举行过 107 次罢工。共产主义者同盟虽然在 1852 年解散，它的一些成员就是在反动年代中也没有终止秘密宣传，尤其在主要工业区莱茵省许多城市的工人中有很大影响。古·勒维、卡尔·克莱因、卡尔·克林格斯等都是当地工人团体的领导人。马克思同勒维等人保持着联系，了解工人运动状况，并尽可能提供指导。

50 年代末，随着欧洲各国的民族民主运动重新高涨，争取民族统一的政治浪潮再次席卷德国各地。普鲁士容克竭力坚持通过王朝战争兼并其他各邦，确保自己在统一后的德国的统治地位；自由资产阶级则力图同容克分享政权，在 1861 年 6 月成立了德国进步党。容克和王权拥护者也在同年 9 月建立了国民联盟（后为保守党）。广大群众展开了要求消除封建专制统治的民主运动。对激烈的政治动荡十分恐惧的国王在 1862 年 9 月一度想退位，当月又任命容克贵族俾斯麦为首相。

在激烈的政治斗争中，工人运动出现逐渐活跃的新局面。工人群众不仅参加到在民主基础上实现德国统一的运动中来，而且开始意识到要为自身的阶级利益而斗争。工人教育协会在各地纷纷成立，到 1862 年已有 100 余个。

根据德国工人运动重新兴起的新形势，马克思在 1861 年及时提出建立新的工人政党的设想，并准备从创办革命工人报刊做起。他在 1861 年、1862 年先后两次同拉萨尔商谈，只是由于拉萨尔坚持他的错误观点而没有成果。

这时，先进工人逐渐觉察进步党领导人舒尔采—德里奇等人鼓吹工人集资组织自助合作社就会摆脱贫困，不过是向工人散布幻想，进而认识到建立自己的政治组织、独立展开斗争的必要性。工人瓦尔泰希和弗里茨舍在 1861 年 2 月在莱比锡工艺联合会的大会上提议，建立不依附资产阶级的独立的工人组织，进行政治宣传。他们在第二年 4 月退出工人教育协会，成立了工人政治组织"前进"协会。新协会召集工人大会，选出了以瓦尔泰希为主席的委员会（称"莱比锡委员会"），筹备召开全德工人代表大会，"建立一个代表工人利益的组织"。委员会在当年 11 月向全德各地发出"宣言"，明确指出："工人们有能力并且有权利自己自觉地支配自己的命运。"召开全德工人代表大会的呼吁，在柏林、汉堡、纽伦堡，特别是受共产主义者同盟原成员影响较深的莱茵省的许多城市的工人中得到广泛响应。柏林工人大会选出了以油漆工艾希勒为主席的委员会，协助莱比锡委员会筹备全德工人代表大会。

工人们对容克及其代表插手工人运动也很警觉。柏林委员会主席艾希勒1862年10月到莱比锡联络，向工人说，对进步党不能期待什么，而应当相信俾斯麦，只有俾斯麦能实施普选权，并为工人生产合作社付出创办资金。工人们揭露了艾希勒的特务面目。

德国的经济发展和政治斗争的客观条件以及工人阶级队伍的壮大和觉悟的提高，把建立工人政党的任务提上了历史日程。然而，马克思、恩格斯当时都流亡在国外，他们的著作在工人教育协会这类团体的工人中还几乎没有人读过。建党活动缺乏科学社会主义理论的指导。莱比锡委员会为了给即将成立的全德工人政治组织拟定纲领，不得不求助于拉萨尔。

拉萨尔和全德工人联合会

在工人运动出现新高涨的趋向时，拉萨尔开始了他在工人中的宣传鼓动。他在1862年4月第一次向柏林工人发表演说（后出版小册子《工人纲领》），指出工人同资产阶级是对立的阶级，宣称工人等级的任务是要把自己的原则上升为国家和社会的统治原则。这些观点很快吸引了刚卷进政治潮流的工人，对启发他们的觉悟有积极作用。拉萨尔自己也在工人群众中获得名声。因此，当拉萨尔的朋友勒维把《工人纲领》推荐给瓦尔泰希等人后，莱比锡委员会决定请他来起草工人运动的纲领，担当运动的领导工作。

1863年1月，瓦尔泰希等同拉萨尔晤谈，同意未来工人组织名为"全德工人联合会"。随后，委员会正式请拉萨尔以"公开答复"形式起草纲领，要求他阐明：德国应成为统一的共和国，而在其他的国家形式中工人的统治是不可能的；除了革命，无法建立工人阶级的统治；说明德国现状与工人对各党派的态度；全德工人联合会应是全德国统一的群众性工人组织等各点。这些要求清楚地表明了工人们所要建立的独立政党的原则立场。

拉萨尔在同年3月写出《公开答复》。其中指出："工人等级应当建立独立的政党"，"德国工人党应当成为一个强大的、独立的、追求比普鲁士进步党更有原则的政治目的的党"，工人应争取普选权。还指出，普鲁士政府是当时德国最落后的政府；并说："在有共同利益的地方和问题上支持进步党，但是只要它离开了共同利益就坚决抛弃它，反对它"。这些言辞是符合正在建立本阶级政党的工人们的愿望的。于是，委员会以 6 票对 4 票赞成把《公开答复》作为运动的正式纲领，同时将它交各地工人讨论，在一些工人集会上被通过。

1863 年 5 月 23 日，全德工人联合会成立。拉萨尔被选为主席，瓦尔泰希为书记，理事中有勒维、克林格斯、约克等工人活动家。联合会到 8 月有 1000 名会员。他们脱离资产阶级控制的工人教育协会，建立起独立的工人政治组织，是建立工人政党的重要一步。拉萨尔的宣传鼓动起了推动作用。

但是，全德工人联合会还不是无产阶级政党。它的纲领《公开答复》没有指出无产阶级解放的根本任务和正确道路。这个纲领把资本主义制度下工人的贫困归因于存在所谓"铁的工资规律"①。它不是宣传消灭资本主义剥削制度，而把由国家资助创建生产合作社，作为取消"铁的工资规律"，解除工人贫困的基本办法；而工人进行和平、合法的宣传，争得普选权，工人在议会中得到席位，被说成使国家为工人合作社出钱以解放工人的有效手段。联合会章程规定它的宗旨是"通过和平和合法的道路"，"为实行普遍的、平等的和直接的选举权而进行活动"。莱比锡委员会为成立工人政党而提出的只有通过革命才能确立无产阶级统治的根本原则，被一笔勾销。

在联合会中工人会员占绝大多数。但章程规定，主席拥有独裁权力，可决定联合会大会是否召开及会址，决定副主席及继承人的人选，向会员发指令。结果，联合会的活动被限制为发展会员，组织会员听拉萨尔的讲演，散发他的小册子，染上了浓厚的宗派色彩。

拉萨尔的机会主义政治策略也对联合会的活动产生了消极影响。他多次与俾斯麦密谈，担保联合会将同保守党结盟，共同对付进步党，同时在工人集会上煽动会员"站在王权一边反对资产阶级"，支持普鲁士通过王朝战争

---

① 拉萨尔认为，一个国家的工人的平均工资，始终停留在为维持工人生存和养育后代按习惯所要求的必要的生活水平上。工人的实际工资总是在平均工资上下摆动。如果实际工资长期高于平均工资，工人生活改善，就会刺激人口激增，造成劳动力过多，从而使工资下降到平均工资之下；如果实际工资长期低于平均工资，工人生活状况恶化，生育就会减少，造成劳动力供应不足，而使工资上升到平均工资之上。因此，工人只能得到维持最低生活水平的工资，工人争取提高工资的任何努力都属徒劳。根据这个"规律"，拉萨尔派反对组织工会，反对工人开展增加工资，改善劳动和生活条件的经济斗争。

统一德国。俾斯麦通过拉萨尔掌握联合会的组织发展和活动情况。

先进工人很快发现，他们争取建立的党还没有出现。当年 8 月，瓦尔泰希向拉萨尔提议，应当重新"创立一个能够领导未来革命的组织"。第二年初，他辞去联合会书记职务，在他周围形成了革命反对派。威廉·李卜克内西也在柏林组成了反对派。他们提出了改变联合会的政策和组织原则的强烈要求，商定了取消主席独裁制、撤换拉萨尔的步骤。

为创建社会民主工党而斗争

要在德国建立无产阶级政党，当时最迫切的是向工人群众广泛传播科学社会主义思想。马克思、恩格斯为此付出了巨大努力。在他们的指导下，李卜克内西，随后是倍倍尔、白拉克等人，为建党积极开展了宣传活动。

马克思在 1864 年 6 月初写信对李卜克内西说："尽管我们从策略上考虑暂时不干涉拉萨尔的行动，但是我们无论如何不能把自己同他混在一起。"①马克思在同李卜克内西、克林格斯等工人活动家的通信中批评拉萨尔，说明指望普鲁士王国恩赐工人解放是十足的幻想。

1864 年冬，拉萨尔分子施韦泽创办《社会民主党人报》。马克思、恩格斯应邀撰稿，通过报纸直接向工人宣传。马克思把他起草的第一国际成立宣言译成德文寄去刊载，宣言通俗地阐明了无产阶级解放斗争的目标和途径。1865 年 2 月，他又在该报发表论蒲鲁东的文章，在批评蒲鲁东的小资产阶级社会主义时，批驳了拉萨尔的错误观点。恩格斯写作小册子《普鲁士军事问题与工人政党》，论证了建立独立的工人政党的必要性，并阐明工人阶级既要批判资产阶级进步党的怯懦，尤其要对普鲁士军事官僚君主制作不调和的斗争。由于施韦泽连续发表文章，向俾斯麦及其政府献媚，马克思、恩格斯在德国报刊上公开谴责了施韦泽。

同时，李卜克内西在全德工人联合会中宣传和介绍马克思、恩格斯的著作，说明马克思是德国工人运动的先驱，以打破联合会内对拉萨尔的迷信。李卜克内西在 1865 年 3 月柏林分会的多次集会上公开批评拉萨尔主义，明确指出：工人阶级既不能屈从于俾斯麦政府，也不能依附于资产阶级，而要"建立一个独立的政党"。

---

① 《马克思恩格斯全集》第 30 卷，人民出版社 1974 年版，第 400 页。

革命反对派获得了新发展。莱茵地区工人纷纷支持马克思对施韦泽的谴责，开始在组织上同拉萨尔派决裂。佐林根的反对派在 1865 年 4 月从全德工人联合会中分离出来。莱茵地区一些城市和汉堡、莱比锡、美因茨也相继建立独立的反对派分会。

第一国际德国各支部的广泛建立对各工人团体克服错误思潮影响起了重大促进作用。马克思积极推动工人和工人团体加入第一国际。1865 年 9 月，第一个支部在佐林根成立。柏林、马格德堡、科伦等城市也相继建立支部。第一国际支部在 1866 年已达 26 个。同年 1 月，马克思同意约·菲·贝克尔的建议，国内各支部暂时归瑞士日内瓦德语区各支部中央委员会领导。作为第一国际德国通讯书记，马克思还同国内活动家频繁联系，对一些支部给予直接指导。

秘密成立的国际支部在合法的工人团体中宣传无产阶级解放斗争与国际团结的思想，组织国际会员阅读马克思、恩格斯的著作，批评拉萨尔的错误观点。柏林支部领导人艾希霍夫在马克思指导下撰写的《国际工人协会》这本小册子，介绍了第一国际的基本原则。全德工人联合会反对派代表组成的支部成为团结联合会内先进工人的核心。

拉萨尔派首领仍然坚持拉萨尔的政策和独裁制，但内部也发生激烈分化。拉萨尔临终指定为联合会主席的伯·贝克尔在 1865 年 11 月下台，施韦泽则日益得势，一年半后夺得主席权位，继续同普鲁士政府暗中勾搭。而以拉萨尔的密友哈茨费尔特伯爵夫人为首的一伙人，特别狂热地鼓吹对拉萨尔的迷信，在 1867 年 5 月分裂出去，以"拉萨尔的全德工人联合会"为招牌，单立小宗派。

工人教育协会这时也有了进展。1863 年 6 月联合组成德意志工人协会联合会。1865 年 8 月，李卜克内西到莱比锡之后，同担任莱比锡工人教育协会主席的倍倍尔结下亲密友谊。倍倍尔在他的帮助下很快接受了科学社会主义，于 1866 年底加入第一国际。他们以德意志工人协会联合会为基础，为建立工人政党共同斗争。

资产阶级思想还束缚着工人协会联合会。1866 年 8 月，萨克森工人教育协会在开姆尼茨举行会议，工人同小资产阶级民主派联合成立了萨克森人民党。开姆尼茨纲领提出了建立统一的民主共和国等项民主要求，但没有强调工人阶级的利益，只笼统提到工人要从任何压迫中解放出来，还说要实现普遍富裕、消除劳资对立，对小资产阶级民主派作了妥协。

1867 年春，工人协会联合会在弗兰肯堡召开会议，根据当时担任德累斯顿工人协会领导的瓦尔泰希的议案，通过一项决议，申明拒绝资产阶级进步党人舒尔采—德里奇向工人鼓吹的解决社会问题的方法。同年 10 月举行的联合会格拉代表大会上，倍倍尔击败选举对手、进步党人麦·希尔施，当选为理事会主席。联合会在思想上、政治上开始摆脱资产阶级的束缚。

1867 年 9 月，马克思的《资本论》第 1 卷出版，在工人中掀起了传播科学社会主义的热潮。恩格斯在德国许多报刊上发表评介文章。李卜克内西主编的《民主周报》上刊载了工人哲学家狄慈根等人的评论。艾希霍夫在柏林工人集会上讲演，介绍《资本论》的基本观点。全德工人联合会理事、不伦瑞克分会领导人白拉克认真研读它之后，发表了题为《雇佣劳动和资本》的文章。

这时，就连拉萨尔派首领施韦泽也出面邀请马克思以贵宾身份出席全德工人联合会 1868 年 8 月汉堡代表大会。争取政治自由、规定标准工作日、工人阶级的国际团结等项，被列入议程。白拉克在会上作关于《资本论》的报告。大会认为，卡尔·马克思的著作"为工人阶级作出了不可磨灭的功绩"。这表明广大工人会员在逐步摆脱拉萨尔主义的束缚。

同年 9 月，在纽伦堡举行的德意志工人协会联合会代表大会，通过了以第一国际章程为基础的政治纲领，实现了同资产阶级自由派的决裂。纽伦堡纲领明确指出：劳动阶级的解放必须由劳动阶级自己去争取，消灭一切阶级统治是无产阶级的最终目标。纲领成了吸引和集合德国工人运动先进分子的旗帜，工人协会联合会也成为建立工人政党的基本力量。

然而，施韦泽一伙仍然坚持拉萨尔的政策和宗派立场，并敌视工人协会联合会。为了团结和壮大觉悟工人的队伍，使工人政党早日建立，李卜克内西和倍倍尔根据马克思的指示，进一步揭露和孤立施韦泽等拉萨尔首领。在 1869 年 3 月全德工人联合会巴门—爱北斐特大会上，他们应邀到会参加公开辩论，当众揭发施韦泽同普鲁士政府有勾搭。14 名代表（代表 4500 名会员）在会上拒绝对施韦泽投信任票（另有 42 人代表 7000 多会员投了信任票）。施韦泽受到沉重打击后，动用开除等高压手段打击先进工人代表，甚至限令在极短时间内实现同哈茨费尔特伯爵夫人操纵的小宗派合并。这种倒行逆施在联合会内激起极大愤慨，会员大批退出。盖布、约克、邦霍尔斯特等活动家都加入白拉克领导的反对派行列。全德工人联合会反对派成员同工人协会联合会、第一国际各支部的代表在 7 月 17 日联合发出在爱森纳赫召开全德社会民主派工人代表大会的宣言，共同发起创立社会民主工党。

8月7—9日，社会民主工党成立大会在爱森纳赫举行。施韦泽煽动一些拉萨尔分子挤进会场的企图没有得逞。小资产阶级民主派分子、人民党代表宗纳曼也退出了会议。爱森纳赫派以工人协会联合会、全德工人联合会反对派和第一国际各支部的有社会主义思想的工人为基本队伍。

倍倍尔就纲领问题和组织问题作了报告。大会通过的纲领几乎逐字逐句地采用了第一国际章程引言部分的重要原则，指出：工人对资本家的经济依赖性构成一切形式的奴役的基础，社会民主工党致力于"废除现在的生产方式"，即消灭资本主义雇佣劳动制度。工人阶级争取解放的斗争并不是为了争得阶级特权，而是为消除一切阶级统治而斗争，工人阶级政治的和经济的解放只有在它共同一致地进行斗争时才是可能的。纲领还表达了劳动解放要求各国无产阶级共同奋斗的思想，郑重声明社会民主工党是第一国际的"分支"。纲领表明，党已经初步站立在科学社会主义基本原理的基础上。这对于一个拥有1万名党员的群众性工人政党来说具有重要意义。

爱森纳赫纲领的明显缺点是，没有明确指出要确立无产阶级的政治统治，含混地说社会问题的解决只有在民主国家中才有可能，还说党力求建立自由的人民国家，混淆了争取民主和社会主义的不同斗争目标。纲领在近期要求中包含了拉萨尔的国家贷款给合作社，使每个工人得到自己全部劳动成果等错误观点。这是多数领导人对科学社会主义还缺乏深刻认识的反映。

爱森纳赫代表大会采取民主制与集中制相结合的原则，在德国境内建立了党的统一领导中心。大会特别强调民主制，这是对拉萨尔派独裁制的否定。白拉克依据拉萨尔派组织的教训指出："运动的力量必须根植于广大党员群众中，而不是靠以这种或那种特性而显露头角的两三个杰出个人。"大会选举白拉克、邦霍尔斯特等5人组成的委员会作为党的领导机构，它对全国代表大会负责；为防止5人委员会专权，同时设立了11人监察委员会。大会还决定《民主周报》（不久改名为《人民国家报》）为党的机关报，继续由李卜克内西领导。工人协会联合会决定解散，而加入社会民主工党。第一国际德国各支部也都加入该党。

社会民主工党的诞生是德国工人运动发展途程中的巨大进步。虽然拉萨尔派还存在，工人运动暂时还是分裂的，但是社会民主工党的成立，使德国工人阶级在反对容克统治、反对资本剥削、争取解放的斗争中有了革命的领导核心，同时为工人运动的统一开拓了道路，准备了思想、组织的基础。当英国、法国的工人还分别受工联主义、蒲鲁东主义等错误思想的束缚，还没有建立自己的政党之时，德国工人阶级则由于最早创建了社会民主工党而居于国际工人运动的前列。

统一的社会民主党的成立

社会民主工党在对普鲁士的专制统治坚持斗争时，并继续清除拉萨尔主义对工人运动的消极影响，争取实现工人阶级在马克思主义基础上的团结和统一。

在普法战争期间，社会民主工党委员会发表宣言，抨击普鲁士兼并法国阿尔萨斯、洛林的掠夺计划。倍倍尔和李卜克内西在 1870 年 12 月的联邦国会上谴责普鲁士的侵略政策，投票反对战争拨款。他们两人以"叛国罪"被当局监禁。党委员会成员白拉克等人以及党报编辑也先后遭迫害。但是社会民主工党依然顽强地发展。它在国会选举中获得的选票由 1871 年的 38975 张上升到 1874 年的 171351 张。

社会民主工党同时努力争取与全德工人联合会共同开展革命斗争。全德工人联合会广大工人会员同社会民主工党党员多次共同集会，反对普鲁士兼并阿尔萨斯、洛林，声援巴黎公社的革命斗争。1871 年德国实现统一后，两派在国家统一问题上的分歧已消除，迫切要求联合起来对德意志帝国的统治进行斗争。1874 年初，两个组织的群众在帝国国会选举中互相支持。社会民主工党还在许多城市动员拉萨尔派组织的工人参加反对军事法案的斗争，在科伦、汉堡等城市共同举行数千工人的抗议集会。

两个工人组织联合起来的愿望，在工人群众中日益强烈。在全德工人联合会 1872 年柏林代表大会上，第一次有代表正式建议寻求使两派统一起来的途径。同年举行的社会民主工党美因茨代表大会决定，委托党委员会不断试探同全德工人联合会进行原则性合作。

然而，拉萨尔派首领没有放弃错误立场。1871 年 3 月，施韦泽因威信扫地而辞职，继任者哈森克莱维尔及其同伙拒绝同社会民主工党合作。全德工人联合会 1873 年柏林代表大会通过特耳克等人的提议，宣称社会民主工党的纲领、组织和策略同全德工人联合会完全不相容，指责社会民主工党分裂工人队伍，坚决反对同它合并。1874 年，拉萨尔派首领又拒绝与社会民主工党议员组成共同的国会党团。在汉诺威代表大会上，虽然 69 名代表中有 19

名赞成同社会民主工党就实现联合举行谈判，但是，哈森克莱维尔、特耳克等人还是操纵大会再次拒绝与社会民主工党联合。

恩格斯在 1873 年 6 月致信倍倍尔，及时警告社会民主工党不要追求同拉萨尔派组织无条件的联合，同时希望进一步清除拉萨尔主义的影响。白拉克在同年 8 月发表题为《拉萨尔的建议》的小册子，着重批判了拉萨尔的国家资助合作社的观点，并建议当月举行的党代表大会修改党纲，将拉萨尔上述观点删除。代表大会鉴于拉萨尔派的顽固态度，决定停止进行合并的尝试，同时组成李卜克内西、狄慈根、盖布参加的修改党纲委员会。在第二年 7 月科堡代表大会上，围绕同拉萨尔派组织合并问题发生了激烈争论。大会接受了李卜克内西提出的"要统一，不要合并"的正确口号。但大会忽略了修改党纲、删除拉萨尔观点的问题，也没有强调要对工人群众加强宣传工作和批判拉萨尔主义。

当拉萨尔派组织的群众日益投入反对专制统治的斗争之后，全德工人联合会遭到了政治迫害。1874 年 6 月，全德工人联合会在柏林被查封，各地组织也遭解散，会员人数此后一年内减少 30%。陷入危机的拉萨尔派首领内部加剧分化，以哈赛尔曼为首的反对派同哈森克莱维尔、特耳克一派激烈争权夺利。他们一反常态，都想抢先同社会民主工党联合来摆脱困境。10 月 10—11 日，特耳克、哈赛尔曼分别请求同李卜克内西进行合并谈判。

社会民主工党领导人本来应当在这种有利形势下，向全德工人联合会的广大会员揭露拉萨尔主义的破产，引导他们摆脱它的束缚，转到社会民主工党队伍中来，同时迫使拉萨尔派首领承认，如果不放弃拉萨尔派的错误纲领，就谈不上合并。但是，李卜克内西、盖布、奥艾尔等领导人相信拉萨尔派首领有合并诚意，而抛弃了"要统一，不要合并"的正确立场，匆忙同意在 11 月初商谈合并，却把纲领问题搁在一边。李卜克内西还向马克思、恩格斯隐瞒合并谈判情况，也瞒着仍在狱中的倍倍尔和生病的白拉克。

拉萨尔派首领发现社会民主工党领导人急于实现合并，便在 1875 年2 月合并大会的预备会议上要求把拉萨尔的观点纳入共同纲领中。参加会议的李卜克内西、奥艾尔、伯恩施坦等人面临这样的被动局面：要合并，就只得接受拉萨尔的信条作纲领条文，否则就要承担破坏合并的责任。在他们作了妥协后，3 月 7 日公布了合并纲领草案。铁的工资规律、国家资助合作社、不折不扣地分配劳动产品，以及对工人阶级来说，其他一切阶级只是反动的一帮等拉萨尔的主要信条都被囊括其中。

在看到这个纲领草案后，马克思、恩格斯对社会民主工党领导人向拉萨尔派首领作原则性妥协极为愤慨。恩格斯在 3 月 28 日致信倍倍尔，首先对纲领草案中的拉萨尔主义观点提出严肃批评。5 月 5 日，马克思致信白拉克，附上对纲领草案的详细批注，对纲领草案的主要条文逐条作了深刻的分析批判。他表示，他绝不会承认一个"极其糟糕的、会使党堕落的纲领"，并指出："合并这一事实本身是使工人感到满意的；但是，如果有人以为这种一时的成功不是用过高的代价换来的，那他就错了。"①

倍倍尔和白拉克同样反对无原则的合并，并计划向即将举行的哥达合并代表大会提出自己拟定的新纲领草案，作为对 3 月 7 日纲领草案的对案。然而，李卜克内西竭力劝说 4 月初出狱的倍倍尔不要公开出面反对。倍倍尔和白拉克考虑到不利局面既已形成，提出对案不仅于事无补，反而会导致领导人的分裂，特别是考虑到合并总还是实现了工人运动的统一，是有益的成果，因而在大会前撤销了对案。李卜克内西本人也起草了批判拉萨尔主义条款的纲领建议，其中还吸取了马克思对纲领草案的批注的思想。但是，他也没有把建议提交大会，只是在大会上就个别问题批驳了拉萨尔观点。

合并代表大会于 1875 年 5 月 22—27 日在哥达举行。社会民主工党的许多代表不顾李卜克内西在纲领问题报告中提出接受纲领草案的要求，反对"铁的工资规律"的观点，并提议删除有关"反动的一帮"、依靠国家帮助建立生产合作社等条文。但是，拉萨尔派代表不同意对纲领草案作原则性修改。因此，大会通过的党纲列入了拉萨尔的基本信条。纲领宣称，德国工人党"力求用一切合法手段来争取自由国家和社会主义社会，废除工资制度连同铁的工资规律"，要求"在劳动人民的民主监督下依靠国家帮助建立社会主义生产合作社"。它在指出"劳动的解放应当是工人阶级的事情"后，又断言"对它说来，其他一切阶级只是反动的一帮"。纲领还要求劳动所得应当按照平等权利公平分配。纲领没有提到建立无产阶级政治统治的根本要求，而只以"一切合法手段"争取所谓"自由国家"。虽然如此，党纲还是提出，工人阶级的解放要求把劳动资料变为社会的公共财产。此外，纲领也包含德国工人阶级将履行国际主义义务的正确要求。大会还通过了一项承认组织工会的必要性的提案，实际上抵消了"铁的工资规律"的条款。但整个说来，哥达纲领比爱森纳赫纲领有明显的倒退。

---

① 《马克思恩格斯选集》第 3 卷，人民出版社 1972 年版，第 4 页。

代表大会通过的党章则基本上依据社会民主工党的章程。取消了主席独裁制。党章规定党代表大会是党的最高机构，由两名主席、两名书记和一名司库等多人组成执行委员会，实行集体领导，同时设监察委员会。党章规定，取得党籍必须承认党纲并积极支持无产阶级的阶级利益。党章还规定党员有广泛的民主权利，以利克服盲目信从。拉萨尔派组织的宗派性质在此已基本消除，确立了革命工人党的组织原则。

哥达代表大会宣布成立德国社会主义工人党。虽然直到1890年哈雷代表大会上才正式改名为德国社会民主党，但实际上在合并后通常就已使用这个名称。

在哥达实现的合并消除了两派工人组织的分裂和对立，形成了一个统一的社会主义的群众性工人政党。党员人数在此后1年中由25000激增至38000余。党报数至1877年增加到42种。1877年，帝国国会选举中党获得近50万张选票，有12名议员，比1874年增加约15万张选票和3名议员，并已组成统一的国会党团。党的力量获得很大发展。继党的合并实现后，原属两派领导的工会即在哥达举行代表大会，工会运动也趋统一。到1877年底，会员增至5万人左右，发行15种工会报刊。

在哥达代表大会选出的执行委员会中，拉萨尔派的哈森克莱维尔和哈特曼任两主席，德罗西任书记，爱森纳赫派方面只有奥艾尔任书记，盖布任司库，拉萨尔派居优势。但是在党的实际活动中，起决定作用的还是社会民主工党的领导人李卜克内西、倍倍尔和白拉克等人。两派的机关报在合并后仍分别发行。翌年8月，党代表大会决定创办统一的机关报。倍倍尔在会上指出：莱比锡出版的《人民国家报》是党的"精神中心"。大会确定新机关报《前进报》在莱比锡（而不是在前拉萨尔派分子建议的柏林）出版。李卜克内西和哈森克莱维尔同任编委，但实际编辑工作完全是李卜克内西领导的，从而保证该报执行正确的方针。

由于倍倍尔、李卜克内西等领导人在实际活动中坚持工人运动的革命原则，并不断得到马克思、恩格斯帮助，社会民主党领导工人阶级对德意志帝国的专制统治和资本主义剥削进行了不懈的斗争，即使在俾斯麦实行反社会主义者的非常法期间（1878—1890年），党依然得到发展。党还逐渐突破了党纲中的拉萨尔信条。1880年秘密召开的维登代表大会改变了党纲中只"用一切合法的手段"的规定，而决定在党纲中确认党有责任"运用一切手段"来达到自己的目的。1891年，爱尔福特代表大会进一步以新的爱尔福特纲领取代了哥达纲领，以马克思主义的基本观点来指导党的活动。

然而，社会民主党成立时对拉萨尔派首领的妥协，对党的发展也有一定消极作用。正如马克思在 1877 年 10 月 19 日给左尔格的信中所说："同拉萨尔分子的妥协已经导致同其他不彻底分子的妥协。"① 先是杜林的思想一度在党内蔓延，党内杜林分子甚至竭力阻止恩格斯的著作《反杜林论》在《前进报》上发表。接着是苏黎世三人团鼓吹走合法、改良的道路。19 世纪末的伯恩施坦修正主义思潮直接承袭了拉萨尔传统。

德国社会民主党的成立在国际上也产生了很大影响。第一国际解散后，它继续维护和发展工人阶级的国际团结。随着欧美一些国家相继建立社会主义工人政党，德国社会民主党在恩格斯指导下，同法国工人党一起，直接承担了筹备创建第二国际的重任。在第二国际的活动中它发挥了重大作用，在当时国际工人运动中占有重要的地位。

---

① 《马克思恩格斯全集》第 34 卷，人民出版社 1972 年版，第 281 页。

欧美国家社会主义政党的建立

李兴耕

　　1871 年巴黎公社以后，国际工人运动进入了一个新的发展时期。公社的实践表明，无产阶级要胜利地组织和领导革命斗争，必须要有独立的政党。1871 年 9 月举行的第一国际伦敦代表会议总结了这一经验，明确地提出了在各国建立独立的工人政党的问题。会议通过的《关于工人阶级的政治行动》的决议指出："工人阶级在它反对有产阶级联合权力的斗争中，只有组织成为与有产阶级建立的一切旧政党对立的独立政党，才能作为一个阶级来行动。"① 1872 年 9 月在海牙举行的第一国际代表大会又通过决议，将伦敦代表会议的上述决议内容列入《国际工人协会章程》。这一决议的通过标志着马克思主义取得了重大胜利，给了否认建立政党的必要性的巴枯宁主义者以沉重的打击，从而为各国社会主义政党的建立扫清了道路。

　　19 世纪 70—80 年代，在欧美各国已经具备了建立社会主义政党的客观前提。随着资本主义的发展，无产阶级的数量大大增加了，他们的阶级觉悟和组织性也迅速得到提高。第一国际在同蒲鲁东主义、工联主义、巴枯宁主义等小资产阶级社会主义流派的斗争中制定了无产阶级政党的基本纲领、策略原则和组织原则，培养了一大批忠于革命事业的无产阶级领导骨干。马克思、恩格斯的著作被译成各种文字出版，并受到先进工人的热烈欢迎。各种社会主义刊物像雨后春笋一般在各国创办起来，促进了马克思主义的广泛传播。欧美各国工人运动的高涨及其同马克思主义逐步相结合，导致第一批社会主义政党的出现。除了当时影响最大的德国社会民主党②外，在法国、奥匈帝国、意大利、美国、英国和其他国家，也相继建立了社会主义组织和政党。

---

① 《马克思恩格斯全集》第 17 卷，人民出版社 1963 年版，第 455 页。
② 参见本书《德国社会民主党的建立》一文。

法国工人党的建立

巴黎公社失败后，法国无产阶级遭到残酷镇压，将近 3 万名公社社员被枪杀，7 万多人在战斗中牺牲，6 万多人被投入监狱或被流放。许多革命者不得不流亡国外，法国的工人运动处于低潮时期。梯也尔一伙叫嚷已把社会主义彻底"埋葬了"。但是，法国无产阶级很快就重新投入战斗。从 19 世纪 70 年代中期开始，出现了罢工运动的高潮。在 1874 年发生罢工 21 次，参加者 2730 人；在 1876 年罢工增加到 50 次，参加者 7173 人。工人们在斗争中开始认识到组织起来的必要性。1875 年，法国共有 135 个工团（这是当时法国对工会的称呼），此外，还成立了各种合作社和互助组织。当时，以新闻记者巴伯雷为代表的合作社主义者在工人中有较大的影响。他们鼓吹通过建立合作社和各种互助组织使无产阶级获得解放，反对罢工，反对任何革命的斗争手段。1876 年，在巴黎举行了第一次全国工人代表大会。虽然这次大会通过的决议是十分温和的，带有浓厚的合作社主义的色彩，但是大会的召开这一事实本身具有重大的意义，它标志着法国工人运动的复苏。

与此同时，马克思主义在法国得到进一步的传播。1872—1875 年《资本论》法文版出版，给了法国革命者强大的思想武器。1877 年 11 月，茹尔·盖得在巴黎创办了《平等报》，这是法国第一个宣传马克思主义的刊物。盖得在发刊词中宣布："《平等报》不仅仅在政治上是共和主义的，在宗教上是无神论的，它首先是社会主义的。"他明确提出了废除私有制，实行生产资料集体所有制的思想。因此盖得及其战友们被称作集体主义派。1878 年 1 月底至 2 月初在里昂举行的第二次全国工人代表大会上，集体主义派的代表巴利韦和迪皮尔提出了要求实现土地和生产工具集体所有制的决议案。虽然这一决议案遭到多数代表的否决，但是集体主义派在这次大会上已经表现为一支重要的力量。

1879 年初，盖得同马克思建立了直接的通信联系。马克思在写给盖得的信中指出：当务之急是建立"独立的和战斗的工人党"[①]。盖得在回信中表示完全赞同马克思的意见。当时侨居伦敦的保尔·拉法格也同盖得取得了联系，他们一起为在法国建立独立的无产阶级政党做了大量工作。

---

① 《马克思恩格斯全集》第 34 卷，人民出版社 1972 年版，第 339 页。

1879 年 10 月 20—31 日，在马赛召开了第三次全国工人代表大会，集体主义派在会上占据多数，合作社主义者处于少数地位。大会通过了成立独立的无产阶级政党——法国社会主义工人党联合会（简称法国工人党）的决议，并制定了党的章程。工人党在组织上分为 6 个联合会：中部联合会联盟，东部联合会联盟，北部联合会，南部联合会联盟，西部联合会联盟和阿尔及利亚联合会。大会还通过了一项关于所有制问题的决议，明确指出："应采取一切可能的办法争取实现全部劳动工具和生产力的集体占有。"这次大会在法国工人运动史上具有划时代的意义。马克思指出："法国真正的工人党的第一个组织是从马赛代表大会开始建立的。"①

马赛代表大会结束后，制定党的纲领问题被提上了日程。1880 年 5 月初，工人党的主要领导人盖得和拉法格在马克思恩格斯的直接指导下在伦敦起草了党的纲领。它分为"导言"和"最低纲领"两部分。导言是由马克思向盖得口授的，它确定了党的奋斗目标——实现生产资料的公有制，并且指出了实现这一目标的具体途径：建立独立的无产阶级政党，开展积极的革命活动，夺取政权，剥夺资本家阶级。最低纲领分为政治部分和经济部分，其中提出了一系列当前必须实行的民主改革要求。在讨论经济部分时，盖得主张将规定最低工资额这一条带有拉萨尔主义的"铁的工资规律"色彩的要求写到纲领中去，因而遭到马克思的严肃批评。马克思向他解释说，如果这样的要求实现了，那么由于经济规律，这个确定下来的最低额就会成为最高额。但是盖得坚持自己的错误意见。除了这一条之外，经济部分的其他要求都是"真正从工人运动本身直接产生出来的"②。1880 年 10 月，这个纲领在法国工人党哈佛尔代表大会上获得通过。这是马克思主义在法国工人运动中取得的重大胜利。马克思认为，哈佛尔纲领的制定"是把法国工人从空话的云雾中拉回现实的土地上来的一个强有力的步骤"③。

大会结束后，工人党内以保尔·布鲁斯和贝努瓦·马隆为代表的机会主义派竭力攻击哈佛尔纲领，明目张胆地进行分裂活动。他们反对把哈佛尔纲领作为全党必须遵守的统一的纲领，主张党的各地方组织有制定各自的竞选纲领的自由；反对党的集中领导和严格纪律，主张建立结构松散的、各地方组织实行

---

① 《马克思恩格斯全集》第 35 卷，人民出版社 1971 年版，第 111 页。
② 《马克思恩格斯全集》第 34 卷，人民出版社 1972 年版，第 451 页。
③ 同上。

自治的党，反对无产阶级通过革命行动夺取政权，宣扬所谓"市政社会主义"（又称"公用事业"论）。按照这种理论，社会主义者只要通过选举，争取在市镇代议机构中获得多数席位，就可以将一些大的垄断企业（例如自来水公司、电力公司等）变为工人参加管理的公用事业。这样，用不着进行无产阶级革命，社会主义就可以和平地、逐步地代替资本主义。他们还对盖得和拉法格进行人身攻击，污蔑哈佛尔纲领是在"泰晤士河的大雾"中炮制出来的"私人纲领"，诽谤盖得是马克思的传声筒，想要充当工人党的独裁者，等等。1881年11月，布鲁斯发表了《再论社会主义的团结》一文，要求工人党放弃革命的最终目标，只争取当前可能实现的某些局部改良。他写道："我们宁可放弃迄今采取的'一下子全部解决'、通常以'一无所成'告终的方法，而把理想目标划分成若干重要阶段，以某种方式直接争取我们的某些要求，使之终于可能实现，以免徒劳地踏步不前。"他把这种政策称作"可能的政策"，由此布鲁斯和马隆一伙人就被称作"可能派"。

1882年9月，法国工人党第六次全国代表大会在圣亚田开幕。可能派由于采取伪造代表资格证书等卑鄙手法，在会上占据了多数。在出席大会的112名代表中，可能派占86名。他们还控制了大会的代表资格审查委员会，力图使大会通过谴责盖得及其战友们的决议。在这种情况下，盖得派的代表退出了圣亚田代表大会，到罗昂召开了自己的代表大会。他们确认哈佛尔纲领是全党必须遵守的统一的纲领，并对它作了若干补充。罗昂代表大会决定党的正式名称是法国工人党。留在圣亚田代表大会上的可能派公开宣布抛弃哈佛尔纲领，并且单独组成了一个改良主义政党。大会确定党的名称是"革命社会主义工人党"，副称是"法国社会主义工人联合会"。从1883年起，可能派正式采用了后一名称。从此盖得派和可能派在组织上彻底决裂了。

马克思和恩格斯认为，盖得派和可能派之间的争论完全是原则性的："是应当把斗争作为无产阶级对资产阶级的阶级斗争来进行呢，还是应当象机会主义者（翻译成社会主义者的语言就是：可能派）那样，只要能获得更多的选票和更多的'支持者'，就可以把运动的阶级性和纲领都丢开不管？马隆和布鲁斯赞成后一种做法，从而牺牲了运动的无产阶级的阶级性，并且使分裂成为不可避免的事。"① 盖得派的力量集中在工业较发达的法国北部和中部地区，它的基本群众是纺织工人、冶金工人和矿工。可能派的势力主要

---

① 《马克思恩格斯全集》第35卷，人民出版社1971年版，第380页。

在巴黎地区。80 年代初，他们在建筑业、小手工业和服装业的一部分工人中有一定影响。

法国工人党在传播马克思主义，组织和教育工人群众，捍卫无产阶级的利益，反对机会主义等方面，都作出了重要的贡献。但是工人党的领导人由于对马克思主义的理论领会得不够深刻，缺乏对法国形势的具体分析，在斗争中往往表现出教条主义和宗派主义倾向和在策略上缺乏灵活性，因此受到马克思和恩格斯的严肃批评。

1881 年 7 月，爱德华·瓦扬、艾米尔·埃德等布朗基主义者在巴黎建立了中央革命委员会，宣布忠于法国革命家、空想共产主义者布朗基（1805—1881 年）的思想和传统①。它在原则声明中宣称自己是无神论的、共和主义的、共产主义的、爱国主义和国际主义的革命组织。后来在瓦扬的影响下，它逐渐接受了马克思主义的一些观点，在斗争中与法国工人党进行合作。从 1898 年起，中央革命委员会改称革命社会主义党。

1890 年 10 月，可能派发生分裂。以让·阿列曼和阿尔蒂尔·格鲁西埃为首的一些人退出法国社会主义工人联合会，另组新党，党的名称为法国革命社会主义工人党，通称阿列曼派。它带有明显的无政府工团主义②倾向。他们一方面宣扬经济总罢工，另一方面又宣扬通过竞选在议会和地方自治机构中取得多数，把夺取市政机构看作改造社会的必要条件。1896 年从阿列曼派分裂出以阿尔蒂尔·格鲁西埃和维克多·德让特为首的革命共产主义同盟。这是一个人数很少的团体，没有明确的理论和纲领，通常与布朗基派的革命社会主义党采取一致行动。

此外，还有以亚历山大·米勒兰和让·饶勒斯为代表的独立社会主义者。他们大多是原属资产阶级激进派的律师、新闻记者和议员，在理论上和组织上都标榜独立，鼓吹阶级调和，通过参加竞选争取在议会中获得尽可能多的席位，实行自上而下的改革。他们人数不多，但在议会内外有相当大的影响。在 1898 年以前他们一直没有全国性的组织，1898 年组成独立社会主义者联盟。

---

① 布朗基主义者主张通过少数职业革命家的密谋，推翻资产阶级政府，消灭资本主义制度，建立革命专政。他们忽视在工人中进行广泛的宣传和组织工作。

② 无政府工团主义是国际工人运动中一种受到无政府主义影响的小资产阶级机会主义思潮。它否认工人进行政治斗争的必要性，认为工会（工团）是工人阶级的唯一战斗组织形式，要求通过所谓"直接行动"，例如，经济总罢工、怠工、示威等，推翻资产阶级统治，立即消灭国家。

奥地利社会民主工党的产生

多民族的奥匈帝国建立于 1867 年。随着资本主义的发展和阶级矛盾的激化，工人运动开始重新活跃起来。1867 年底，在维也纳成立了工人教育协会，它同第一国际建立了联系，并出版了自己的报纸《工人报》。1868 年 8 月 30 日，在维也纳工人教育协会召开的大会上，宣布成立了奥地利社会民主党，并通过了党的纲领。这个纲领提出了一些民主改革要求，同时也包含有通过和平与合法的途径建立"自由国家"以及靠国家资助的生产合作社等拉萨尔主义原则①。党纲中还提出了实行民族自决权的要求。由于领导力量薄弱，加之政府的迫害，这个党很快就停止了活动。

70 年代初，在奥地利工人运动中形成了互相对立的两派：以亨·奥伯温德②为首的"温和派"和以安·肖伊为首的"激进派"。温和派反对采取革命斗争方法，只满足于通过合法途径争取细小的改良，力图使工人运动屈从于自由资产阶级。激进派则反对奥伯温德的政策，主张采取革命的斗争方法。

在激进派的努力和广大工人的支持下，在 1874 年 4 月于诺伊德尔费耳（匈牙利）秘密召开的代表大会上宣布成立统一的奥地利社会民主党。党的中央委员会设在格拉茨。德文《平等》和捷克文《工人报》被确定为党的中央机关报。大会通过的纲领宣称：工人运动的目的是推翻资本家的统治，消灭阶级社会，建立社会主义社会。纲领承认各民族有自决的权利。纲领中具体的经济要求和政治要求接近于德国社会民主工党爱森纳赫纲领③。统一的奥地利社会民主党的建立，对于奥匈帝国工人运动的发展具有重要的意义。马克思曾对此表示祝贺，认为这是奥地利工人阶级在极端困难的条件下取得的"巨大的成就"④。但是党的纲领没有得到贯彻，党内仍存在着激烈的派别斗争。在政府的残酷镇压下，党的许多地方组织被解散了，党的一些

---

① 拉萨尔把国家看作是一种伦理的、超阶级的组织，认为"国家的宗旨就是教育和推动人类走向自由"。他要求通过普选，把普鲁士专制国家变为"自由国家"，然后由这个"自由国家"出资建立生产合作社，从而彻底改善工人阶级的物质状况。

② 奥伯温德在 1887 年被揭露是警察的密探（参见《马克思恩格斯全集》第 36 卷，人民出版社 1974 年版，第 706—708 页）。

③ 指 1869 年 8 月 7—9 日在爱森纳赫召开的德国社会民主工党成立大会所通过的纲领，它基本上是符合第一国际的革命原则的。参见本书《德国社会民主党的建立》一文。

④ 《马克思恩格斯全集》第 33 卷，人民出版社 1973 年版，第 638 页。

领导人被迫流亡国外，党在实际上处于瘫痪状态。

与此同时，德国无政府主义者约·莫斯特的拥护者在奥地利有很大影响。他们在1883年底至1884年初采取了几次恐怖主义行动。奥地利政府以此为借口对工人运动发起新的进攻。1884年1月30日，它在维也纳等地实行紧急状态。许多工人组织遭到禁止，社会主义报刊受到迫害，一些工人运动活动家被投入监狱。

但是，奥地利工人并没有放弃斗争。政府的镇压措施反而促使各社会主义组织克服分裂状态，联合起来进行战斗。在1888年12月30日—1889年1月1日于海因菲尔德召开的统一代表大会上，宣布成立新的奥地利社会民主工党。党的主要领导人是维克多·阿德勒。大会通过了《原则宣言》作为党的纲领。这个文件是由阿德勒起草的，卡尔·考茨基参加了最后的定稿工作。宣言指出，党的目标是"不分民族、种族和性别的区别，使全体人民摆脱经济依附的枷锁，消除政治上的无权地位，并克服精神上的衰退"。它论证了把生产资料变为公有制的必要性，并且提出一系列旨在改善劳动人民的物质状况的要求。它强调党的国际主义性质，"谴责民族特权以及由出身、财产和血统造成的特权"。这个纲领基本上立足于科学社会主义的基础之上。它的主要缺点是没有提到推翻君主制和建立共和国的必要性，忽略了农民问题。尽管如此，这个纲领的制定奠定了奥地利工人政党的理论基础，在奥地利工人运动史上起了积极的作用。1889年7月开始出版的《工人报》成为党的主要机关报。

1878年4月，以列奥·弗兰克尔为首的匈牙利革命者召开第一次社会主义工人代表大会，宣布成立"非选民党"①。这个党以争取政治权利，首先是普选权，作为公开宣布的斗争目标。由于考虑到当时的警察统治制度，它没有正式宣布党的社会主义目标。弗兰克尔把这个党看作建立真正社会主义政党的第一步。不久以后，在匈牙利还建立了另一个组织——工人党，它处于拉萨尔派的影响之下。1880年5月，在布达佩斯召开统一代表大会，"非选民党"和工人党实行联合，建立了匈牙利全国工人党。1890年12月，改称匈牙利社会民主党。

1878年还建立了捷克斯拉夫社会民主党，这个党加入了奥地利社会民主党。

———————

① 由于当时匈牙利的工人群众被剥夺了选举权，为了对此表示抗议，所以称为"非选民党"。

从社会主义小组到意大利社会党

19世纪70年代初，无政府主义在意大利工人运动中还有很大影响。马克思、恩格斯在反对无政府主义的斗争中，非常注意批判巴枯宁主义者在意大利的活动。从70年代中期开始，意大利的许多工人和先进知识分子逐渐脱离巴枯宁主义，转向科学社会主义。

70年代末80年代初，产生了一批社会主义小组。同恩格斯有着密切联系的恩·比尼亚米出版的《人民报》在宣传社会主义思想方面起了很大的作用。在以《人民报》为核心的一些社会主义者的积极参加下，1876年，建立了上意大利联合会，团结了伦巴第、皮埃蒙特和威尼托等地区的反巴枯宁主义的团体和小组。1877年2月，在米兰举行的上意大利联合会代表大会作出了对意大利工人运动有重要意义的决议。这个决议中提出应采取一切可能的手段（包括政治手段）进行斗争，建立独立的无产阶级政党以及同无政府主义者分裂等要求，"从而彻底地脱离巴枯宁主义的宗派而同伟大的欧洲工人运动采取了共同的立场"①。一些原先的无政府主义者开始同巴枯宁派划清界限。

1879年7月，意大利著名的无政府主义活动家安·科斯塔在《人民报》上发表一封公开信，宣布抛弃巴枯宁派的观点，并号召建立独立的无产阶级政党。1881年4月，他创办了《前进报》，从事社会主义思想的宣传工作。同年8月，在里米尼秘密代表大会上建立了罗马涅②革命社会党。安·科斯塔成为该党的主要领导人。1884年，罗马涅革命社会党改称意大利革命社会党。

意大利的另一个社会主义组织是1882年在米兰建立的意大利工人党。该党把从资本主义奴役制度下解放全体劳动者作为自己的最终目标，并且提出了限制工作日、实行普选制、保障政治自由、废除常备军等要求，但是对无产阶级革命和无产阶级专政缺乏明确的认识。在实际斗争中它把工人的经济要求放在首位，轻视政治斗争的意义。参加该党的主要是一些工会组织和其他工人团体。

---

① 《马克思恩格斯全集》第19卷，人民出版社1963年版，第114页。

② 罗马涅位于意大利北部。

19世纪80年代末90年代初，意大利经历了严重的经济危机，国内阶级矛盾变得更加尖锐，出现了罢工运动和农民运动的高潮。一些进步知识分子的代表也投身于工人运动。1889年，菲利浦·屠拉梯在米兰建立了社会主义同盟，1891年又创办了《社会评论》杂志，宣传马克思主义学说。著名的哲学教授安·拉布里奥拉也在80年代末转到马克思主义立场上来，并同罗马的工人建立了密切的联系。

90年代初，在意大利建立统一的社会主义政党的条件日趋成熟。1892年8月，意大利各社会主义组织联合发起在热那亚召开代表大会，大约400名代表出席了这次会议。意大利革命社会党、意大利工人党和米兰社会主义同盟实行合并，成立了意大利劳动党。大会通过的纲领指出，只有实现生产资料公有制，劳动者才能获得解放；要实现这一目标，必须建立独立的无产阶级政党。但是，纲领回避了通过革命道路夺取政权、推翻君主制和建立共和国等问题。尽管如此，统一的工人政党的建立对意大利工人运动的发展有着重大意义。1895年，意大利劳动党改名为意大利社会党。党的主要领导人有菲·屠拉梯、库利绍娃和安·科斯塔。

美国最初的社会主义组织

南北战争结束后，美国资本主义进入了迅猛发展的时期。在19世纪最后30年，整个工业产值增长了5—6倍。在一些工业和交通部门开始出现托拉斯组织。资产阶级和无产阶级之间的矛盾变得更加尖锐。周期性的经济危机使工人的状况大大恶化，引起普遍的不满和反抗，罢工运动席卷美国各大城市。1877年，宾夕法尼亚铁路、巴尔的摩—俄亥俄铁路和中央纽约铁路的工人举行罢工，抗议削减工资。罢工很快蔓延到17个州。但是，美国工人的流动性很大。缺乏固定的核心，而且民族成分复杂。资产阶级利用这一情况挑动白人同黑人以及其他移民之间的矛盾和冲突。这些因素阻碍了美国工人运动的发展。尽管如此，从19世纪70年代起，社会主义思想在美国工人阶级中得到了日益广泛的传播，各地出现了一些社会主义组织。例如，1874年7月在一些国际支部的基础上形成的北美社会民主党、伊利诺斯工人党、国际北美联合会，等等。

1876年7月，在第一国际的最后一次代表会议之后，在费拉得尔菲亚召开了美国各社会主义组织的统一代表大会，建立了统一社会主义工人党，

1876年12月改称为北美社会主义工人党。拉萨尔分子菲·范—派顿任党的书记。党的大部分成员是德国移民，同美国本地工人缺乏联系。在1877年12月党的第三次代表大会前夕，总共只有1500—2000名党员。党内以费·阿·左尔格和奥·魏德迈为代表的马克思主义派同主要由拉萨尔分子组成的改良主义派之间展开了激烈的斗争。在1879年12月26日至1880年1月1日召开的全国代表大会上，通过了党的纲领。它宣布承认科学社会主义的基本原则，并且提出了一系列民主改革要求。党的中央机关报是1878年创刊的德文报纸《纽约人民报》。

恩格斯对北美社会主义工人党寄予很大的希望，曾在制定党的纲领的过程中给予热情的帮助，同时严肃批评党的领导人把革命理论看作教条而不是行动的指南的学理主义和教条主义倾向[①]。1886年，德国社会民主党的著名活动家威廉·李卜克内西和马克思的小女儿爱琳娜·马克思—艾威林以及爱德华·艾威林在恩格斯的支持下到美国旅行，先后在纽约、波士顿等地的群众集会上发表讲话，力图把美国社会主义运动引上正确的轨道。但是，由于北美社会主义工人党的一些领导人坚持宗派主义和教条主义的立场，拒绝在无产阶级群众组织中进行工作，致使党逐渐变成一个狭小的宗派。1887年，恩格斯在《美国工人运动》一文中指出：北美社会主义工人党"只有一个虚名，因为到目前为止，实际上它在美国的任何地方都没有作为一个政党出现"[②]。1890年丹·德莱昂加入社会主义工人党，并成为党的主要领导人。他力图扩大党在美国本地工人中的影响，但收效甚微。

1869年在费拉得尔菲亚成立的"劳动骑士团"在当时的美国工人运动中有着巨大的影响。它在1878年以前是一个秘密团体。它的主要目标是建立合作社，组织互助，争取"合理的劳动条件"，等等。它团结了大批非熟练工人，包括许多黑人。在1879年它拥有9000名会员，到1886年已增加到70万人。劳动骑士团最初的领导人是乌·斯蒂文斯，1879年以后是特·鲍德利。他们反对阶级斗争，主张同资产阶级合作，鼓吹通过和平仲裁解决劳资争端。但是许多基层组织不顾机会主义领导的阻挠，积极参加罢工斗争，投入了争取八小时工作制的群众运动。恩格斯十分重视劳动骑士团，认为它

---

① 参见《马克思恩格斯选集》第4卷，人民出版社1972年版，第456页。
② 同上书，第261页。

是"整个美国工人阶级所创立的第一个全国性的组织"①。

1881 年在匹兹堡还建立了另一个组织——"美国和加拿大有组织行业工会和劳工会联合会",1886 年改称美国劳工联合会（劳联）。它是按行业建立起来的工会联合组织。它起初曾受到社会主义思想的影响，在争取八小时工作制的斗争中起了积极的作用。但是这个组织的领导机构掌握在改良主义者手里。劳联的首任主席赛·龚帕斯奉行阶级调和政策。他提出的口号是：让工人得到"合理劳动的合理报酬"，让资本家得到"合理的利润"。加入这个组织的主要是熟练工人，非熟练工人和有色人种工人则受到歧视。

1897 年 6 月，原铁路工人尤·维·德布兹建立了美国社会民主党。到同年 8 月中旬，该党已拥有 25000 名党员。这个党的纲领规定了社会主义的最终目标，但是提出了一些带有空想色彩的主张。例如，它建议在美国西部的一个州建立移民区，并在那里实行社会主义制度，然后推广到全国的其他各州。这个党不久便陷于分裂。

其他国家的社会主义政党的建立

1871 年丹麦社会民主党作为第一国际的一个支部宣告成立。它的领导人有路易·皮奥、保尔·盖列夫等。1872 年 5 月被政府解散。1876 年 6 月以丹麦社会民主联盟的名义重新建立。党的纲领以德国社会民主党哥达纲领②为蓝本。1884 年正式称为丹麦社会民主党。

1875 年建立了葡萄牙社会党。

1877 年，在比利时建立了两个人数不多的工人政党——佛来米社会党和布拉班特社会党。前者主要活动在比利时佛来米语区；后者活动在比利时的布拉班特省。1879 年 1 月，两党合并为比利时社会党，但不久陷于分裂。1885 年 4 月，在布鲁塞尔举行的各工人组织代表大会上，宣布成立了比利时工人党。同年 8 月，在安特卫普举行的代表大会上通过了党的纲领，确定党的奋斗目标是消灭阶级社会。党的主要领导人有塞·德·巴普、爱·安塞尔、路·贝特兰和让·沃耳德斯。党的主要机关报是《人民报》。

---

① 《马克思恩格斯选集》第 4 卷，人民出版社 1972 年版，第 261 页。

② 指 1875 年 5 月 22—27 日在哥达召开的德国社会民主工党（爱森纳赫派）和拉萨尔派的全德工人联合会合并代表大会所通过的纲领，其中包含严重的错误和对拉萨尔派的原则让步。参见本书《德国社会民主党的建立》一文。

1876 年 5 月 2 日，在马德里成立了西班牙社会主义工人党。它的主要领导人是帕布洛·伊格列西亚斯和霍赛·梅萨—伊—列奥姆帕特等。1879 年 7 月通过了党的纲领。该党人数不多，在最初处于地下状态。它的力量集中在马德里、巴塞罗那和瓜达拉哈拉。1881 年从地下状态转入公开活动。1888 年在巴塞罗那举行了第一次合法的代表大会，有 3500 多名党员。

1882 年，尼德兰社会民主联盟在阿姆斯特丹成立，并以德国社会民主党哥达纲领作为联盟的纲领。斐迪南·多美拉·纽文胡斯是其主要创始人。他出身于贵族，原先是路德教牧师，后来放弃牧师职位，投身于社会主义运动，在 1879 年创办了《人人权利报》，宣传社会主义思想。1888 年，他当选为议员，此后逐渐转向无政府主义。联盟不久陷于分裂。1894 年，彼得·耶莱斯·特鲁尔斯特拉建立了尼德兰社会民主工党。1895 年通过的纲领以德国社会民主党爱尔福特纲领①为蓝本。

1882 年，路德维克·瓦棱斯基在华沙创立波兰工人的第一个革命政党——波兰"无产阶级党"，并出版了党的地下刊物《无产阶级》。1883 年遭到政府的摧残。但在 1887 年又重新建立，仍称为波兰"无产阶级党"，在历史上通称"第二无产阶级党"。它的组织者是马尔岑·卡斯普沙克。从 1889 年起，尤利安·马尔赫列夫斯基和约瑟夫·莱德尔领导的波兰工人联合会开始活动。1892 年 11 月，流亡在巴黎的波兰社会主义者成立了"波兰社会主义者国外联盟"，他们所通过的纲领提出了建立独立的民主共和国的口号，但是缺乏明确的社会主义斗争目标。在国内，第二无产阶级党和波兰工人联合会的活动家决定联合起来，在 1893 年春建立了波兰社会党。但不久便发生分裂，马尔赫列夫斯基等在 1893 年 8 月建立了一个新党，称为波兰社会民主党，并于 1894 年 3 月召开第一次代表大会，通过了党的纲领，它基本上是以马克思主义作为理论基础的。这个党后来改称波兰王国社会民主党。它的主要领导人有马尔赫列夫斯基、罗莎·卢森堡、列奥·约吉希斯等。党的纲领宣布自己的斗争目标是推翻资本主义制度和无产阶级夺取政权，并且提出了实行八小时工作日、增加工资、推翻沙皇专制制度等要求。1900 年该党同立陶宛的社会主义组织合并，改称波兰王国和立陶宛社会民主党。

---

①　指 1891 年德国社会民主党爱尔福特代表大会所通过的纲领，它比哥达纲领前进了一大步，基本上立足于科学社会主义的基础之上。

　　1883 年，俄国第一个马克思主义团体——"劳动解放社"在日内瓦创立。它的主要成员有格·瓦·普列汉诺夫、巴·波·阿克雪里罗得和维·伊·查苏利奇等。劳动解放社在向俄国传播马克思主义方面作出了重大的贡献①。

　　在英国，亨利·迈尔斯·海德门在 1884 年 8 月创建了社会民主联盟，宣布把科学社会主义作为自己纲领的理论基础，但在组织上推行宗派主义政策。同年 12 月 30 日，一批对海德门的宗派主义政策不满的社会主义活动家退出社会民主联盟，另组社会主义同盟。其主要领导人有贝·巴克斯、威·莫利斯、爱·马克思—艾威林和爱德华·艾威林等。但是后来无政府主义者在这个组织中占了上风，1889 年同盟就解散了。1884 年初，费边社建立，其主要代表有萧伯纳、悉·韦伯和比·韦伯等人。1893 年 1 月，凯尔·哈第创建独立工党，它提出了实行生产和交换资料集体所有制、八小时工作日、禁止童工等要求，但把主要注意力放在议会斗争上。1900 年 2 月，社会民主联盟、费边社和独立工党均参加了劳工代表委员会，1906 年改称英国工党②。

　　瑞士社会民主党成立于 1870 年 3 月，并加入了第一国际的一个瑞士支部。主要领导人是海·格雷利希。1872 年由于内部矛盾陷于瓦解。1873 年格雷利希等又建立了瑞士工人联合会，它的纲领接近于第一国际的立场。这个联合会的活动为 1888 年在伯尔尼重建瑞士社会民主党打下了基础。

　　挪威工人党成立于 1887 年 8 月。主要领导人是克里斯蒂安·克努森。1891 年通过的党纲接近于德国社会民主党爱尔福特纲领。1889 年 4 月在斯德哥尔摩成立了瑞典社会民主党，主要领导人是亚·布兰亭和奥·帕尔姆。1899 年建立了芬兰工人党，1903 年改称芬兰社会民主党，主要领导人有尼·乌尔辛、尤·西罗拉等。

　　1891 年 8 月，以季·布拉戈耶夫为首的保加利亚社会民主党宣告成立。1893 年在布加勒斯特成立了罗马尼亚社会民主工党。1896 年奥匈帝国境内南斯拉夫民族的社会主义者建立了南方斯拉夫人社会民主党，1897 年该党加入奥地利社会民主党。1903 年在贝尔格莱德建立了塞尔维亚社会民主党，主要领导人有拉·德拉哥维奇等。

　　在 19 世纪 70—90 年代，马克思主义也开始在拉丁美洲传播。1878 年 7

---

①　参见本书《劳动解放社》一文。
②　参见《外国历史大事集·近代部分·第四分册》中《英国工党的建立》一文。

月，成立了墨西哥社会党，并出版《社会革命报》。但该党在 1881 年遭到政府的查禁。1882 年，在阿根廷的布宜诺斯艾利斯成立了"前进"俱乐部，出版《前进报》，在工人中传播马克思主义。1896 年成立了阿根廷社会主义工人党，1900 年改称阿根廷社会党。此外，巴西社会主义工人党（1892 年）和智利社会党（1897 年）也相继建立。

综上所述，在 19 世纪 70—90 年代，欧洲和美洲的大多数国家已逐步建立了社会主义政党。正如列宁所指出的那样："到处都在形成根本上是无产阶级的社会主义政党，这些政党学习利用资产阶级的议会制度，创办自己的日报，建立自己的教育机关、自己的工会和自己的合作社。马克思学说获得了完全的胜利并且广泛传播开来。"① 虽然这些政党在工人群众中的影响及其思想理论水平各不相同，但是，它们在自己的纲领中大多明确规定了党的奋斗目标是消灭阶级社会，废除私有财产，建立生产资料公有制。它们提出的最近要求也大体上相同，例如，实行普选制、政教分离、废除常备军、国际劳工立法、禁止童工、限制女工，等等。它们在各种报刊上宣传社会主义思想，在群众团体中从事大量的鼓动和组织工作，领导工人的罢工运动，并且利用议会讲坛和其他合法斗争手段争取改善工人的政治和经济状况。这些政党的建立标志着国际工人运动进入向横广方向发展的时期。正如恩格斯在 1886 年纪念巴黎公社 15 周年时所说，欧美国家中社会主义运动已发展壮大到如此地步，"它现在已经是一支使所有掌权者——无论是法国激进派、俾斯麦、美国的交易所巨头，或者是全俄罗斯的沙皇——胆战心惊的力量"②。

但是这些政党还不够成熟，其中多数党在理论上还受到各种小资产阶级社会主义思潮的影响。例如，许多党的纲领照搬了德国社会民主党哥达纲领中的拉萨尔主义陈词滥调，对无产阶级夺取政权的道路缺乏明确的认识。这些党在组织上比较松散，缺乏集中统一的领导和严密的组织机构。在党的领导人中间还有一些改良主义者和无政府主义者。有些党受到宗派主义和教条主义的影响，同群众缺乏联系。要使这些党真正成为工人阶级的先锋队和群众性的革命政党，还必须经过严重的思想斗争。尽管如此，欧美国家社会主义政党的建立具有重大的历史意义，进一步促进了马克思主义的传播和各国工人运动的蓬勃发展，为第二国际的形成和发展打下了基础。

---

① 《列宁选集》第 2 卷，人民出版社 1972 年版，第 438—439 页。
② 《马克思恩格斯全集》第 21 卷，人民出版社 1965 年版，第 299 页。

美国 1886 年五一大罢工

段牧云

1886 年五一大罢工是美国工人阶级为争取八小时工作日而举行的一次全国性大罢工。这次运动规模之大、范围之广、影响之深在美国工人运动史上是空前的。美国工人的英勇行动得到国际无产阶级的热烈同情与支持，光荣的五一国际劳动节由此而来。

工人运动的新发展

1886 年五一大罢工不是一个孤立的现象，而是内战结束后美国大工业发展、阶级矛盾激化的反映，是美国工人运动的一个重要组成部分。

南北战争粉碎了束缚资本主义发展的奴隶制枷锁，美国工业以惊人的速度发展起来。1860—1894 年，美国工业生产总值增长 4 倍，由世界第 4 位一跃而居首位。1860 年全国人口中只有 16% 居住在城市中，1890 年城市人口已达 36.1%。内战后，美国迅速兴起修筑铁路的热潮，横贯东西的第一条铁路大动脉于 1869 年建成，此后的 30 年里又建成 4 条横贯大陆的铁路干线。铁路的兴建对美国西部的土地，矿产资源的开发极为有利，同时促使全国统一市场迅速形成，直接推动了钢铁、煤炭、机器制造等重工业部门的发展。1860—1890 年，美国国内颁发的各种科技发明专利许可证达 44 万份左右。大批新兴工业部门蓬勃兴起，新技术层出不穷，特别是在电器工业方面，贝尔的电话、爱迪生的白炽灯等，都对美国社会生活产生了深刻的影响。电器被广泛地应用到工业、交通和公用事业上，电器工业已成为极其重要的工业部门。美国由一个以农为主的国家迅速发展为一个工业化强国。

产业工人的队伍迅速壮大，仅制造业就业人口就由 1859 年的 131 万增至 1889 年的 425 万。此外，还有大量从事采矿、建筑、交通运输等行业的工人。由于内战中颁布了《宅地法》（即无偿分配西部国有土地的法令），西部土地得到迅速开发。随着人口的不断增长，自由土地的面积逐年缩小，较肥沃的土地被占据，剩下的大半是森林或荒芜的原野。土地变成商业和投机的对象，地价不断上涨，穷人愈来愈难以购置。美国工人一般没有足够的钱去西部建立自己的家园。这样，一个庞大的日益稳定的雇佣劳动者的队伍便出现了。

随着经济的发展，美国社会分化不断加剧。根据 1879—1881 年马萨诸塞州的调查材料，这个州 2% 的人口拥有该州全部财产的 2/3。著名美国史学家比尔德夫妇描写豪富者们的惊人奢侈生活说："他们骑马游宴，用鲜花和香槟酒喂马，给小狗戴上价值 15000 美元的钻石项圈，用豪华的宴会招待它。在一次宴会上，用 100 元的钞票包香烟，在另一次宴会上，把美丽的黑色珍珠嵌在牡蛎中送到宾客面前。还有一次，这些酒友们在他们财富的源泉——矿坑里安排了精美的宴席。当他们厌倦了这些消遣时，就想出更离奇的花样，让猴子坐在宾客之间，让人扮成金鱼在池中游水，或者让女声合唱队从蛋糕中跳出来。"

摩天大楼和拥挤肮脏的贫民窟同样成了美国都市的特点。80 年代是 19 世纪美国移民人数最多的十年，移民达 550 万人。移民工人语言不通，处处受到歧视。他们在兑换货币时，常受欺骗。一些替小客栈拉客的人偷走他们的行李，甚至把他们引进黑店抢个精光。那些招工人向他们索取大笔款子，甚至用药酒把移民工人灌醉，装上货车运往劳动营。资本家更是千方百计压低移民工人的工资，延长工时，让他们干最脏、最累的活。他们多住在拥挤的贫民窟里，遇到疾病流行，境遇更加悲惨。

深受剥削的还有黑人工人。19 世纪后半叶，黑人工人大都居住在南部，他们比北部同类工人工资低 30%。随着机器的广泛使用，资本家以低工资雇用越来越多的女工和童工，1870—1880 年工厂企业中的童工增加了 1 倍，1880 年童工达 100 多万。1870 年 5—20 岁的美国人中只有 46% 的人有机会上学。

据美国政府统计，1883 年绝大多数工人的平均日工资略高于 1 美元，平均年工作日为 282 天，即年收入不到 300 美元。一个普通工人家庭一年的最低生活费为 720 美元。因此，许多工人家庭不得不依靠妻子、儿女挣钱养家，许多家庭过着极为贫困的生活。

在这个时期工时过长是个十分尖锐的问题。南北战争后，美国的应用科学取得了长足的进步，劳动生产率迅速提高，但工人的劳动时间仍然很长。1860 年美国非农业工人的平均工作日为 11 小时，1880 年，普遍仍为 10 或 11 小时。就一般来说，非技术工人的工时比技术工人长，黑人、移民工人比白人工人长，南部比北部长。不同的工业部门之间也存在很大差异，如铁路部门的工时就特别长，搬道工人、电报工人、护路工人每天工作 12 小时，常从日出干到日落。

工厂的劳动条件一般很差，嘈杂、闷热、拥挤、黑暗，缺少卫生设备的情况比比皆是。在这样的条件下，长时间的紧张操作，严重地损害着工人的健康。

随着工业的发展，城市人口也迅速增长，1860—1880 年芝加哥市的人口增长了近 4 倍，波士顿人口增长了 1 倍。城市规模不断扩大，工厂和工人居住地相距越来越远，工人们更加疲于奔命。

广大工人强烈地感到他们所创造的财富被资本家夺走，自己只落得这样悲惨的命运。他们奋起反抗了。在南北战争后的 20 年间，美国工人先后组织了 3 个重要的全国性工人组织，向资产阶级展开英勇的斗争。

1866 年 8 月 20 日，在美国工人的优秀组织者席威思的领导下，全国劳工同盟成立。这是南北战争后建立的第一个跨行业的全国性劳工组织。它在成立之初以实现八小时工作日为其特殊任务，虽然存在时间不长，但在为实现八小时工作日的斗争中发挥了重要作用。

全国劳工同盟的成立大会决议提出："在目前，为把我国劳工从资本的奴役下解放出来，要做的第一件大事，是制定一项法律使美利坚合众国各州都以八小时为法定工作日。"成立大会期间工人们派出代表去见约翰逊总统，要求实现八小时工作日。

由于工人的坚决要求和斗争，1867 年有 6 个州采纳了八小时工作日立法，一些市议会制定了对公职人员实行八小时工作制的法令。1868 年美国国会制定了第一个关于八小时工作日的法律，但八小时工作日只适用于政府雇员。这是八小时工作日运动的最初胜利。

然而，各州的立法未规定任何实施办法，资本家便利用这些漏洞百出的立法拒绝缩减工时，或则缩减工时，相应地减少工资。1876 年，美国最高法院宣布，联邦政府能够与其雇员分别订立有关工时的合同，从而使此法完全失效。广大工人感到受了欺骗，越来越多的工人组织提出：只有进行罢工斗争，才能取得胜利。

1869 年，另一个重要的劳工组织——劳动骑士团建立。这一组织直到 1881 年一直处于秘密状态，转入公开后，组织规模开始扩大。1885 年有 10 万多人，1886 年猛增至 70 万人，这样的发展速度使整个社会为之震动。在此以前，美国工会基本上是少数技术工人的行业组织，难以发动跨行业的全国性斗争。而骑士团组织所有工人，以"一人受苦，全体分忧"的口号唤起工人的阶级觉悟，使大批非技术工人、移民工人、黑人工人、女工纷纷加入这个组织。在美国这样一个民族成分极其复杂的国家里，工人阶级的这种团结是极其可贵的。

以鲍德利为首的骑士团领导采取了错误立场，认为八小时工作日是一种过激要求，因而竭力阻止八小时工作日运动的发展。但富有战斗性的骑士团广大群众仍积极投入五一大罢工，骑士团各地方分会成为这一罢工斗争的骨干力量。

1886 年，美国劳工联合会成立（简称"劳联"），这是美国工人运动史上的又一重大事件。劳联的前身是 1881 年建立的"美国与加拿大有组织的各业及工会联合会"。尽管劳联在其机会主义领导人龚伯斯的领导下于 20 世纪初沦为工人贵族组织，但它在成立之初是富有战斗性的，在八小时工作日运动中发挥了积极作用。

较为成熟的全国性劳工组织的出现是大工业发展的结果，为 1886 年五一大罢工奠定了组织基础。

1873—1878 年，美国爆发了长期的经济危机，仅 1878 年就有 10478 家工商企业倒闭，1877—1878 年，失业工人达 300 万人之多。失业工人在国际工人协会各美国小组领导下强烈要求实行八小时工作日，缩减工时，为工人提供更多的就业机会。此后，1883 年再度出现萧条，直到 1886 年才逐步复苏。在萧条中，失业工人近 100 万，据 1885 年初的调查表明，平均工资下降 15%，煤矿工人的工资下降 40%。工人中普遍孕育着强烈的不满情绪。

19 世纪 80 年代被许多美国史学家称为工人运动史上的转折点，劳资斗争越来越频繁、激烈，各行业工人相继举行罢工。1882 年西部冶金工人及纽约铁路装卸工人罢工；1883 年电讯职工争取缩短工时和提高工资进行了斗争；1884 年福尔阿市纺织工人举行了历时 4 个月的大罢工，俄亥俄州矿工的罢工历时 6 个月；1885 年密歇根州伐木工人罢工，"联合太平洋铁路"工人也进行了大罢工。

与此同时，美国农民也组织起来，为维护自身的生存权益而奋起反抗。

1882 年，北部农民组织了"全国农民同盟"，入会农民达 10 万人，南部农民组织了"南部联盟"。黑人组织了"全国有色农民联盟"。1884 年，内布拉斯加州农民还组织了"反垄断党"，积极投入政治斗争。

在各种社会矛盾不断激化，工农运动汹涌澎湃的形势下，美国工人争取八小时工作日的斗争出现高潮，1886 年五一大罢工正是这一时代的产物。

1886 年五月事件

1884 年 10 月 7 日，美国与加拿大有组织的各业及工会联合会在芝加哥的代表会议上通过一项重要决议，要求自 1886 年 5 月 1 日起全国实行法定八小时工作日。美国工人广泛响应这一号召，到处开展宣传八小时工作日的鼓动活动。"八小时工作，八小时休息，八小时归自己"成为最响亮的口号，深深抓住了美国工人的心，工人们吸着"八小时牌香烟"，购买"八小时牌鞋子"，唱"八小时歌"。

在争取八小时工作日的斗争中，芝加哥市工人站在运动的最前列。那里有一批具有无政府工团主义倾向的社会主义者（其中最著名的有巴尔逊和斯庇斯），全力以赴地投入运动。巴尔逊是工人运动的杰出组织者，一位长于辞令和富有魅力的演说家，工人报刊《警钟报》的主编。斯庇斯是工人运动的杰出宣传家，聪明而有教养，英语和德语都讲得流畅自如，能用两种文字写作。他们领导着芝加哥中央工会，这个组织在 1886 年包括 22 个工会，其中 7 个是芝加哥最大的工会，拥有 12000 名会员。他们组织游行和旅行演说引人注目，产生了很大影响。芝加哥筹备的五一罢工的工作在全国最成功，在争取八小时工作日的斗争中，成为左翼劳工运动的中心。

1886 年 5 月 1 日这一天，在芝加哥、纽约、辛辛那提、巴尔的摩、密尔沃基、波士顿、匹兹堡、圣路易斯、华盛顿，费城等大工业城市，工人们涌向街头，到处红旗招展，到处是慷慨激昂的演说和规模宏大的集会。仅芝加哥一地就有 4 万工人出动，各行各业都停了工。工人们欢笑着，带着妻子儿女加入游行行列。纽约市约有 25000 工人手里拿着各种标语和工会的旗帜，经百老汇大街浩浩荡荡向联邦广场进发。据估计，全国有 35 万工人参加了罢工，通过这次罢工有 185000 人争取到了八小时工作日。此外还有许多企业把工时从 12 小时以上缩短为 9—10 小时。一些企业主被迫放弃他们原来实行的星期天不放假的做法，并缩短星期六的劳动时间。

正当工人们欢欣鼓舞的时候，资产阶级举起了屠刀。5月1日前后，芝加哥的警察、侦探、巡逻队全副武装，严阵以待，这里是八小时工作日运动的中心，一场激烈的搏斗在酝酿中。冲突首先发生在芝加哥麦考米克收割机厂，该厂的1400名工人举行了罢工，资本家封闭工厂，还雇用300人顶替罢工者，由350—500名警察护卫着上工。5月3日，罢工工人与顶替者在工厂附近展开了搏斗，警察在没有发出任何警告的情况下对工人开了火，至少4名工人死亡，很多人受伤。

第二天晚上，工人们在芝加哥秣市广场召开抗议警察暴行的集会。7点半以后，大约3000名工人群众聚集在广场上，芝加哥工人运动的三位重要领导人——斯庇斯、巴尔逊和费尔登到会作了演讲。

将近10时，斯庇斯、巴尔逊已经离开了会场，由费尔登作最后的演说。当他结束演说时，大约2/3的群众已纷纷散去。这时忽然开来一支由180人组成的警察队伍，要求留下的群众立即解散。费尔登高呼这是一次和平集会。正在这时，一声巨响，一颗炸弹在警察中间爆炸，1名警察当场被炸死，5名后来重伤致死，50多名受伤，警察立即向群众开枪，许多工人倒在血泊中，死亡人数不详，至少有200人受伤。

资产阶级立刻开动全部宣传机器，疯狂叫嚣要绞死芝加哥的工人领袖。警察在工人区里到处查抄。巴尔逊、斯庇斯、施瓦布、费尔登、费希尔、恩格尔、林格和尼比8人出庭受审，他们是八小时工作日宣传鼓动中最杰出和最有影响的领袖，是芝加哥工人运动中深孚众望的人物。

究竟是谁扔的炸弹？始终没有答案。在没有任何证据证明被告人与投弹者有任何直接关系的情况下，法院判决这8个人中7人死刑，只有尼比1人判15年徒刑。判决的理由是，不知名的投弹者是受了他们的演说的影响。而当时除了正在讲话的费尔登，其他人都不在现场。这次审判被很多公正的人看作是对美国法律的粗暴践踏。陪审团不是以正常方式组织的，而是由法官指定一个特别法警挑选的，审判中法官的不公正态度引起很大反感。

在宣判前，这些工人领袖作了长达三天的演说，他们的发言成为无产阶级的杰作。斯庇斯说：“法官阁下，在这个法庭上我是作为一个阶级的代表对另一个阶级的代表讲话的”，“如果你们认为绞死我们，你们就能扑灭工人运动，摧毁那些被蹂躏的、在贫困和悲惨中从事劳动的千百万人寄以解放希望的劳工运动的话，那么就绞死我们吧！你们可以在这里踏灭一个火花，但是在那里，在你们前前后后，到处都会燃起大火，这是潜在的火，你们无法扑灭。"

"现在我的思想如故，它们已成为我生命的一部分。我不能放弃这些思想，即使能，我也不愿意这么办。如果你们认为把我们送上绞架就能粉碎这些日益深入人心的思想，如果因为人们说出了真理，你们就再一次使他们受死刑之苦……那么，我将勇敢地、骄傲地付出这高昂的代价。告诉你们这些刽子手们，虽然苏格拉底、基督、布鲁诺、胡司被处死了，但是真理永存！多少人已在我们前面踏上了这条路，我们将追随他们！"工人领袖们的发言赢得了人们的赞誉，就连资产阶级的一些报刊也赞扬他们视死如归的大无畏精神和维护本阶级利益的凛然正气。

在秣市事件发生后，巴尔逊并未被捕，他化装后，安全地躲在一个山庄中。但当听到同志们纷纷被捕时，他再也不肯安然度日。在初审开始时，巴尔逊步入法庭，高声宣布："法官阁下，我和我的同志们一起到庭。"在判决宣布后，首席辩护律师布莱克到狱中劝巴尔逊请求减刑。巴尔逊认为请求减刑就等于承认自己有罪，他写信给州长说："如果我无罪，我就有权利得到自由而决不接受任何别的待遇。"这些工人领袖的献身精神深深鼓舞了千百万美国工人。

美国最高法院拒绝重新审理这一案件。1887 年 11 月 11 日定为行刑的日子。在这一天到来前，一场巨大的辩护运动开展起来。美国国内的许多知名人士和欧洲各国的一些著名人物纷纷写信或打电报给伊利诺伊州的州长，要求减刑。德国著名的社会主义领袖威廉·李卜克内西和马克思的女婿爱德华·艾威林来到狱中看望美国工人领袖，带来了世界无产阶级的深厚情谊。世界各地的工人纷纷集会，提出强烈抗议，许多工人捐出自己微薄的薪金给美国工人领袖做辩护基金。随着 11 月 11 日的临近，抗议信、呼请书像潮水般向伊利诺斯州长涌来。在巨大的辩护运动的压力下，1887 年 11 月 10 日，奥格勒斯比州长把对费尔登和施瓦布的死刑减为无期徒刑。就在这一天，年轻的林格口衔炸弹自杀。

其余四名工人领袖仍按原判处以绞刑。他们勇敢地走向刑场。在绞架下，费希尔平静地说："这是我一生最快乐的时刻。"斯庇斯说："今天你们窒息了我们的声音，但是我们在坟墓中的沉默比我们的讲话更加雄辩的时刻必将到来！"巴尔逊高呼："呵，美国人民，请听人民的呼声。"他们英勇的呼声传遍了世界。芝加哥人民为牺牲者举行了隆重的葬礼，几十万人沿途列队以目送葬，许多人泣不成声。一两万人护送遗体，高唱着马赛曲，直到瓦尔德里姆墓地。

1886 年五月事件之后，由于资产阶级的疯狂反攻，八小时工作日运动暂告沉寂，许多工厂又恢复了较长的工时。但是正如道伯斯所指出的："甚至在这种逆境中，由于工会所显示的巨大力量使很多雇主感到恐惧，工时仍有所缩减。"此后，要求赦免费尔登、施瓦布和尼比的斗争继续下去。六年以后，阿尔盖特州长发表了著名的赦免令，赦免了他们三人，并且全面分析了那次审判，严厉地批评了法官的不公正。

五一大罢工的意义和影响

1886 年五一大罢工是美国历史上第一次跨行业的全国性大罢工，是工人运动史上重要的一页。在此以前，美国工人的斗争多为个别企业或个别行业的无产者反对剥削者的局部斗争。而在五月罢工中，美国工人打破了移民国家所特有的极其复杂的民族、语言、信仰等隔阂，特别是历史所造成的黑人工人和白人工人之间的隔阂，打破了资本家所竭力制造的技术工人和非技术工人，男工和女工之间的隔阂。这些工人空前地团结起来，组成了强大的阶级阵线。正如恩格斯所指出的："广大工人群众在国内辽阔的地区掀起自发的本能的运动，他们对于到处都是同样的、由同样原因造成的悲惨的社会状况的普遍不满同时爆发出来，这就使这些群众意识到一个事实：他们构成了美国社会的一个新的、特殊的阶级，一个实际上多少是血统的雇佣工人即无产者的阶级。"[1]

美国工人阶级并未被资产阶级的残酷镇压所压倒，五一大罢工所激发的强烈的无产阶级意识和斗争精神在 1886 年秋季选举中以政治运动的形式表现出来。工人阶级在美国各大城市里都组成自己的新政党，在纽约、芝加哥、密尔沃基的选举中获得了重大成就。纽约市统一工人党提出的市长候选人亨利·乔治得到全部选票的 31%。芝加哥工人党提出的 1 名州参议员和 7 名众议员当选。密尔沃基人民党提出的市长候选人、1 名州参议员和 6 名众议员当选，还有 1 名当选为美国国会议员。恩格斯对此给予了极高的评价，他指出，美国工人阶级在 10 个月中就经历了本身发展的两个阶段：（1）他们完全相信自己构成了现代社会的一个特殊的、在现存的社会关系下是固定

---

[1] 《马克思恩格斯选集》第 4 卷，人民出版社 1972 年版，第 256 页。

的阶级；（2）这种阶级意识引导他们把自己组成一个特殊的、独立于统治阶级的各种派别所组织的一切旧政党并且同这些政党对立的政党①。当然，必须指出，这些工人政党是极不成熟的，还不可能提出马克思主义的纲领。但这毕竟表明美国工人阶级在独立政治行动方面，又大大向前迈进了一步。

争取八小时工作日的五一大罢工也是维护广大工人切身利益的重要斗争。19世纪80年代美国工人的平均工时为10小时以上，至19世纪末减为9.5小时，到20世纪30年代终于实现了8小时工作日，5天工作周。美国工人经过长期奋斗在这一重要方面取得了不断的进步。五一大罢工是八小时工作日运动的重要里程碑。

1886年五一大罢工是"五一国际劳动节"的发轫，全世界无产阶级在这一斗争中加强了团结。1889年7月14日，第二国际召开成立大会，会上决定把5月1日这一天定为组织大规模的国际性示威游行的日子，以争取八小时工作日和其他各项权利。

1890年5月1日，全世界许多国家：美国、英国、法国、德国、奥地利、比利时、荷兰、瑞士、意大利、匈牙利、丹麦、澳大利亚、古巴、智利、秘鲁等地，浩浩荡荡的工人队伍举行了盛大的示威游行。这一天，恩格斯怀着无比欢欣的心情写道："欧美无产阶级正在检阅自己的战斗力量，它们第一次在一个旗帜下动员成为一个军队，以求达到一个最近的目的，即……在法律上确立八小时标准工作日。今天的情景定会使全世界的资本家和地主知道：全世界的无产者现在已经真正联合起来了。"②

---

① 参见《马克思恩格斯选集》第4卷，人民出版社1972年版，第256—257页。
② 《马克思恩格斯选集》第1卷，人民出版社1972年版，第244—245页。

第二国际的建立

李兴耕

第一国际在 1876 年正式宣布解散后，经过 13 年，在新的历史条件下，1889 年在巴黎召开了国际社会主义工人代表大会，建立了第二国际。列宁指出："第二国际是给工人运动在许多国家的广大发展准备基础的时代。"①

第二国际产生的前提

1871 年巴黎公社失败后，在西欧和美国，资本主义进入了相对和平发展的时期。这时，西方的资产阶级革命已经结束，东方还没有成熟到实现这种革命的程度。历史摆在无产阶级面前的任务是：聚集和团结自己的力量，为未来的战斗做好准备。

19 世纪 70 年代到 90 年代初，资本主义国家的工业得到迅速发展。1880—1890 年，世界铁路总长度增加 75%，轮船的数量增加将近一倍。1870—1890 年，世界贸易总额翻了一番。生产和资本的积聚与集中，导致垄断组织的出现，加快了银行资本同工业资本相结合的过程。这进一步加深了生产社会化和资本主义私人占有之间的矛盾。

资本主义的发展促使无产阶级人数大量增加。在 19 世纪 80 年代，全世界的产业工人达到 2000 万以上。到 90 年代初，超过 2500 万。无产阶级的生活条件十分恶劣，经常处于紧张的、不安定的状态。尽管经过工人们长期不屈不挠的斗争，在一些先进的资本主义国家中，工人的劳动时间已经从每天 13—16 小时减少到 12 小时，但劳动强度却大大增加。工人们随时有失业的危险，在政治上处于无权地位。因此，正如列宁所指出，在资本主义的这个

---

① 《列宁选集》第 3 卷，人民出版社 1972 年版，第 809 页。

"和平"发展时期，劳动人民的状况"距离真正的'和平'都是非常非常之远的。对于各先进国家十分之九的居民，对于殖民地和落后国家的亿万居民来说，这个时期不是'和平'，而是压迫、苦难和灾祸，也许，这种灾祸看来由于'永无尽头'，而显得更加可怕"①。

从 19 世纪 80 年代下半期起，在欧美各国出现罢工运动高潮。工人们要求增加工资、缩短工作时间和实现劳工立法。他们的共同斗争目标是争取八小时工作制。1886—1890 年在美国共发生 6682 起罢工，参加的工人达 1634000 人。1886 年 5 月 1 日，美国爆发了有 35 万人参加的总罢工，要求实现八小时工作制。5 月 4 日芝加哥工人举行大规模示威游行，遭到政府的残酷镇压，7 名工人领袖被判处绞刑。在法国，1881—1888 年发生 610 起罢工，而 1890 年一年就发生 313 起，参加者达 118941 人。1886 年，德卡兹维耳 3000 名矿工举行了持续 5 个月的大罢工。1889 年爆发了大规模的英国码头工人罢工和鲁尔地区的矿工罢工。工人们在斗争中提高了阶级觉悟，增强了战斗力。

19 世纪 70 年代以后，蒲鲁东主义、布朗基主义、巴枯宁主义以及拉萨尔主义在工人运动中的影响大大削弱，马克思主义得到愈来愈广泛的传播。马克思、恩格斯的重要著作在各国陆续出版。1875 年马克思写了《哥达纲领批判》，对德国社会主义工人党哥达代表大会通过的纲领中的拉萨尔主义错误提出了严肃的批评，同时论证了从资本主义向共产主义过渡时期必须实行无产阶级专政的原理。1876 年恩格斯在马克思的密切合作下完成了《反杜林论》，批判了杜林的唯心主义和形而上学体系，全面论述了马克思主义的三个组成部分。1879 年，马克思和恩格斯在《给奥·倍倍尔、威·李卜克内西、威·白拉克等人的通告信》中，批判了赫希柏格、施拉姆和伯恩施坦鼓吹的右倾机会主义。与此同时，两位革命导师也痛斥了鼓吹个人恐怖政策的莫斯特和哈赛尔曼的"左"倾机会主义。1880 年，马克思和恩格斯帮助法国工人党起草了哈佛尔纲领，坚决支持盖得派反对可能派的斗争②，同时也批评了盖得派在斗争中表现出来的教条主义和宗派主义错误。1883 年马克思去世后，恩格斯担负起国际工人运动的指导工作。各国的社会主义者都从他那里得到过宝贵的帮助。恩格斯在完成《资本论》第 2 卷和第 3 卷的编

---

① 《列宁全集》第 22 卷，人民出版社 1958 年版，第 94 页。
② 详见本书《欧美国家社会主义政党的建立》一文。

辑出版工作的同时，还写了《家庭、私有制和国家的起源》（1884 年）、《路德维希·费尔巴哈和德国古典哲学的终结》（1886 年）等重要著作，系统地阐述了辩证唯物主义和历史唯物主义的基本问题。

马克思主义同工人运动的结合，导致在欧美各国建立第一批社会主义政党。1875 年，德国的两个工人阶级政党在哥达代表大会上实现了合并，成立了统一的德国社会民主党①。尽管大会通过的纲领包含有拉萨尔主义的错误，但党的统一无疑大大加强了工人阶级的斗争力量。在 1878—1890 年实施反社会党人非常法②时期，党经受了严峻的考验，进一步扩大了在工人中的影响。1879 年建立的法国工人党在 1882 年发生了分裂，盖得派在法国工人中巩固了自己的地位，可能派虽然在巴黎还有很大的势力，但在外省已没有多少追随者，而且很快就陷于四分五裂。在俄国，普列汉诺夫于 1883 年创建了"劳动解放社"，开展马克思主义的宣传。在英国，以海德门为首的英国社会民主联盟顽固地推行宗派主义和机会主义路线，但是革命派的力量在逐渐壮大。在奥匈帝国、比利时、挪威、瑞士、瑞典、西班牙、美国也相继成立了社会主义政党和组织。虽然这些政党还不够成熟，党的许多领导人和一般成员对马克思主义的了解还十分肤浅，有的还受到无政府主义和其他小资产阶级社会主义的思想影响，但是这些政党的建立和发展，为形成新的国际组织奠定了客观基础。

随着各国工人运动的发展，涌现出一批有威望的领袖和活动家，如德国的倍倍尔、李卜克内西，法国的盖得、拉法格和瓦扬，奥地利的维·阿德勒，匈牙利的弗兰克尔，俄国的普列汉诺夫，英国的汤姆·曼、爱琳娜·马克思—艾威林和爱德华·艾威林，美国的左尔格，西班牙的伊格列西亚斯和梅萨，等等。他们在各国工人群众中进行广泛的社会主义宣传、教育和组织工作，领导无产阶级进行不屈的斗争，从而赢得了工人们的信任和尊敬。

所有这一切，都表明建立新的无产阶级国际组织的条件已经成熟。

---

①　德国社会民主党从 1875 年到 1890 年的正式名称是德国社会主义工人党。

②　反社会党人非常法是德国俾斯麦政府于 1878 年颁布的反对社会主义运动和工人运动的法令。它将德国社会民主党置于非法地位，党的一切组织、群众性的工人团体、社会主义的和工人的刊物都被禁止，社会主义著作被没收，许多社会民主党人遭到镇压。德国社会民主党为反对这个反动法令进行了英勇斗争。在强大的工人运动压力下，德国政府被迫在 1890 年废除这一法令。

第二国际的筹备经过

在 19 世纪 70 年代下半叶和 80 年代初，曾先后召开过一些国际代表大会，讨论重建国际的问题，均未获结果。1877 年 9 月在比利时根特举行的国际社会党人代表大会不顾无政府主义者的反对，通过了关于必须建立独立的无产阶级政党的决议。在大会期间，代表中的马克思主义者单独举行会议，决定成立一个国际局，其成员有威·李卜克内西和其他一些第一国际的老战士。但是这一机构实际上并没有开展活动。1881 年 10 月，根据比利时社会党人的倡议，在瑞士库尔召开的国际社会党人代表大会又一次讨论了重建新的国际的问题。大多数代表认为，各国的工人政党还处在形成时期，发展很不平衡，建立新的国际组织的时机还没有成熟。

但是，一些国际工人运动的活动家并没有放弃建立新的国际的想法。德国社会民主党的老战士约·菲·贝克尔 1882 年 2 月写信给恩格斯，建议成立一个第一国际类型的新的国际工人组织。恩格斯在复信中举出三条理由说明还不具备成立这样的组织的条件：第一，一个新的国际组织只会在德、奥、匈、意、西等国引起新的迫害，除非使这个组织成为秘密组织，但是这种秘密组织不可避免地会产生阴谋和暴动的欲望；第二，法国的盖得派和可能派还争吵不休；第三，很难同英国工联合作，因为工联的领导人害怕马克思主义。恩格斯认为，虽然国际工人协会已经解散，但是国际实际上继续存在着，各国革命工人之间的联系还是保持着，每一个社会主义报刊都是一个国际的中心，目前让这些小中心聚集在一个大的主要中心的周围并不会给运动带来新的力量，而只能增加摩擦。只有在各国工人运动普遍高涨的基础上，才可能建立新的国际，但那时，它"再也不会是一个宣传的团体，而只能是一个行动的团体了"①。

80 年代末，随着工人运动的高涨以及各国无产阶级政党的发展壮大，在一些党的代表大会以及其他集会上，愈来愈广泛地提出了建立新的国际无产阶级组织的建议和具体方案。1887 年 10 月，德国社会民主党在瑞士圣加仑举行的秘密代表大会上通过了一项决议，"责成党的代表，和其他国家的工人组织联合起来，于 1888 年秋天召集国际工人代表大会"，以便各国工人采

---

① 《马克思恩格斯全集》第 35 卷，人民出版社 1971 年版，第 268 页。

取一致行动争取国际工人立法。与此同时，1887 年 10 月在斯温西举行的英国工联代表大会也决定 1888 年 11 月在伦敦举行国际工会代表大会，讨论争取八小时工作日的问题。在这种情况下，为了国际工人运动的团结，德国社会民主党执行委员会表示，如果英国工联同意它的成员参加伦敦代表大会，就准备放弃自己的代表大会①。为此它派遣倍倍尔和伯恩施坦前往伦敦，会见了英国工联议会委员会书记布罗德赫斯特，并同英国社会民主联盟和社会主义同盟的领导人进行协商。此后又进行通信联系。1887 年 12 月 28 日，布罗德赫斯特在给倍倍尔的信中说，只有持有正式的工会组织委托书的正式代表才可以参加国际工会代表大会。这就使德国社会民主党人无法出席这样的大会，因为在反社会党人法的条件下，德国政府可以立即解散胆敢派代表出席大会的组织并没收它的基金。德国社会民主党执行委员会发表声明，对英国工联的立场表示抗议。

1888 年 11 月，英国工联发起的国际工会代表大会在伦敦举行。参加大会的只有欧洲少数几个国家的工会组织的代表，包括依附于可能派的法国工会的代表。德国、奥匈帝国、俄国的工会组织都没有派代表参加。而法国的盖得派根本没有得到邀请。大会的参加条件、议事规则、程序和讨论的问题，都是由英国工联议会委员会预先确定的。大会决定，1889 年在巴黎召开国际代表大会，并且委托法国可能派负责大会的筹备工作。

几乎与此同时，1888 年 10 月底在波尔多举行的法国工会全国代表大会根据盖得派的建议通过决议，委托工会全国委员会同其他工人组织一起在 1889 年巴黎博览会期间召开国际工人代表大会，邀请各国工会和社会党的代表参加。这一决议得到了 1888 年 12 月在特鲁瓦举行的法国各社会主义组织和工人组织的代表大会的确认。为此成立了一个组织委员会以进行大会的筹备工作，成员有布累、贝塞、瓦扬、盖得、杰维尔、雅克拉尔、多马、拉法格、龙格和肖维埃尔等，书记是贝塞和拉法格。

1888 年 12 月初，可能派发表声明，宣布代表大会将于 1889 年夏天在巴黎举行，并确定了大会的议程，规定了以民族为单位审查代表资格的办法，力图把大会置于自己的控制之下。

这样，1889 年在巴黎将召开两个对垒的代表大会：一个是法国马克思主义派召集的代表大会，另一个是法国可能派召集的代表大会。法国马克思主

① 参见《马克思恩格斯全集》第 21 卷，人民出版社 1965 年版，第 577 页。

义派及其盟友认为，即将举行的代表大会应是一个社会主义者代表大会，它的主要任务是把各国无产阶级联合起来争取实现共同的目的。法国可能派及其支持者力图召开一个改良主义者和工联主义者占多数的代表大会，以便建立一个改良主义的国际组织。

1888年9月底，恩格斯结束了为期将近两个月的北美之行回到伦敦。当他看到未来的国际组织的领导权有可能落到机会主义者和改良主义者的手里时，就立即放下自己手头的一切工作，甚至《资本论》第3卷的编辑出版工作，"象一个少年人一样投入战斗"①。

恩格斯同拉法格、倍倍尔、李卜克内西等保持着经常的通信联系。他认为，要使国际代表大会的领导权掌握在马克思主义派手里，必须把改良主义者，首先是法国可能派孤立起来。他在1889年1月5日致倍倍尔的信中反对向可能派作任何原则性的让步。他指出："可能派已经卖身投靠现任政府，他们的旅费、召开代表大会和办报的费用，都从秘密基金中支付"，"如果同这帮人混在一起，就意味着你们背叛了以往奉行的整个对外政策"②。与此同时，恩格斯批评法国的马克思主义派行动迟缓，敦促他们加快进行代表大会的筹备工作。他在1888年12月4日致拉法格的信中写道："如果你们一点事情也不做，不宣布你们要在1889年举行代表大会，并准备这个大会，那末人家都跑到布鲁斯派代表大会去了"，"快宣布你们的代表大会吧，在各国社会主义报刊上声张声张，好让人们感到你们居然还存在"③。法国马克思主义派接受了恩格斯的意见，于1888年12月初向各国社会主义组织发出了参加代表大会的邀请书。

1888年12月底，李卜克内西和倍倍尔提议，1889年1月中旬同法国、比利时和瑞士的社会主义政党的代表一起召开一次代表会议，为巴黎代表大会作准备。倍倍尔在1889年1月8日致恩格斯的信中详细叙述了这一计划，并建议既邀请法国的马克思主义派，也邀请可能派的代表参加这一会议。恩格斯赞成这一建议，并说服盖得和拉法格等接受李卜克内西和倍倍尔提出的方案。

可能派拒绝参加代表会议。他们在1889年1月底发出了召开代表大会

---

① 《列宁选集》第1卷，人民出版社1972年版，第700页。
② 《马克思恩格斯全集》第37卷，人民出版社1971年版，第122—123页。
③ 同上书，第115—116页。

的通知书。可能派力图以法国工人运动的唯一代表自居，把法国马克思主义派完全排斥在代表大会之外，从而篡夺国际工人运动的领导权。这就暴露了他们的真实面目，从而证明了恩格斯制定的孤立可能派的策略是完全正确的。

1889 年 2 月 28 日在海牙举行了预备性国际代表会议，参加会议的有德国、瑞士、荷兰、比利时以及法国的马克思主义派的代表，其中有：倍倍尔、李卜克内西、赖歇耳、舍雷耳、纽文胡斯、安塞尔、沃耳德斯、拉法格等。会议决定 1889 年 7 月 14 日到 21 日在巴黎举行国际代表大会，并且确定了三项议程：国际劳工立法，从法律上调整工作日；对工厂、作坊以及家庭工业实行监督；实现这些措施的手段和途径。会议出于策略上的考虑，承认了 1888 年伦敦国际工会代表大会授予法国可能派召开国际代表大会的委托，只是提出了几个条件：大会的通知书必须由法国和其他国家的工人组织和社会主义组织的全体代表共同签署；代表大会在审查代表资格证和确定议程方面拥有全权。此外，会议参加者还达成协议，由比利时代表将会议的决议通知可能派。如果可能派接受上述条件，代表大会将由他们召集，于 7 月 14 日开幕；如果可能派拒绝，会议的参加者将于 1889 年 9 月召开代表大会，由比利时和瑞士的社会党人负责召集，而直接的组织工作由法国的马克思主义派担任。

但是可能派拒绝接受海牙国际代表会议的决议。他们向法国各地，向比利时、西班牙和葡萄牙等国派遣代表，网罗他们那个代表大会的参加者。在英国，他们得到了以海德门为首的社会民主联盟的支持。海德门派的机关报《正义报》发表文章，硬说只有可能派拥有召开国际代表大会的全权，并且指责德国社会民主党领导人和法国马克思主义派进行反对国际工人运动团结的活动。而根据海牙会议的协议在可能派拒绝海牙决议的情况下应担负召开国际代表大会责任的比利时和瑞士社会党人，没有采取任何具体措施来履行他们的诺言，德国社会民主党领导人也采取犹豫观望的态度。法国马克思主义派的领导人拉法格和盖得等不考虑实际的形势，一味固执己见，要求把召开代表大会的时间从 9 月提前到 7 月，从而引起倍倍尔和李卜克内西的不满。倍倍尔等坚持大会只能在 9 月召开，如果提前，就会开不成。这些争论使国际代表大会有遭到失败的危险。

在这种情况下，恩格斯分别写信给拉法格和李卜克内西等，一方面说服拉法格放弃提前召开大会的要求，另一方面劝说李卜克内西等同法国马克思主义派合作，把国际代表大会开好，使可能派陷于孤立。

1889 年 3 月 16 日，英国海德门派的《正义报》发表一篇编辑部短评《德国的"正式"社会民主党人和巴黎国际代表大会》，无理指责德国社会民主党人有民族主义倾向，公开为可能派辩护，诬蔑海牙会议"很象当年瓦解旧'国际'的那些卑鄙阴谋"。恩格斯立即利用这一机会揭露可能派的真实面目。在他的具体指导下，当时担任《社会民主党人报》编辑的伯恩施坦写了一篇题为《1889 年国际工人代表大会。答〈正义报〉》的抨击文章，同时用英文和德文发表。这篇文章详细说明了国际代表大会的筹备经过，公布了海牙会议的决议，揭露了可能派妄图扮演"法国唯一的社会主义组织"的角色的野心。文章指出，实际上可能派只是"一个政府党——内阁社会主义者"①，正是他们破坏了工人运动的团结。

这篇文章给可能派和海德门派沉重的打击。在它的影响下，许多英国社会主义者，包括社会民主联盟的一些成员，逐渐倾向于反对参加可能派的代表大会。

然而，马克思主义派的国际代表大会的筹备工作仍旧进展缓慢。比利时工人党领导人采取拖延政策，要等到 4 月 22 日在若利蒙召开党的全国代表大会才作出决定。面对这一情况，为了保证代表大会胜利召开，恩格斯制订了一个新的行动计划：由德国社会民主党向英国社会民主联盟提出建议，只要可能派声明毫无保留地接受海牙会议各项决议，就可以联合召开代表大会。恩格斯在致拉法格的信中说明了采取这一行动的意图："或者是可能派同意，——那我们就完全战胜了可能派"，"或者是可能派拒绝，——那我们就掌握了优势，让全世界看到我们为和解做到了仁至义尽"②。

1889 年 4 月 10 日，根据恩格斯的意见，伯恩施坦给《正义报》编辑部写了一封信，提出了联合召开代表大会的条件。4 月 13 日《正义报》刊登了这一封信，同时加了编辑部按语，表示拒绝接受伯恩施坦信中提出的条件。事实证明恩格斯的估计是正确的，海德门派和可能派的行为暴露了他们的野心。

1889 年 4 月 22 日，比利时工人党在若利蒙召开全国代表大会，决定派代表既参加马克思主义派的代表大会，也参加可能派的代表大会。这实际上

---

① 转引自《马克思恩格斯全集》第 21 卷，人民出版社 1965 年版，第 585 页。
② 《马克思恩格斯全集》第 37 卷，人民出版社 1971 年版，第 177 页。

意味着比利时工人党放弃了海牙会议授予他们的召开国际代表大会的全权。

恩格斯分析了当时的形势，建议法国马克思主义派立即将召开国际代表大会的任务担负起来。他在 4 月 30 日致拉法格的信中说："难道您没有看到，比利时人的行为不是给你们恢复了充分的行动自由吗？"① 与此同时，倍倍尔和李卜克内西也同意法国马克思主义派在 7 月中旬召开代表大会。倍倍尔在致恩格斯的信中写道："李卜克内西和我已经商量好了，请拉法格和他的同志们自行发出于 7 月 14 日召开代表大会的邀请。"

1889 年 5 月 6 日，拉法格把召开代表大会的呼吁书《告欧美工人和社会主义者书》寄给恩格斯和李卜克内西。在呼吁书上签名的有法国各社会主义组织和工会组织（除可能派之外）的代表。恩格斯完全赞同这个呼吁书，并亲自把它译成德文发表。与此同时，根据恩格斯的建议，拉法格还起草了《组织委员会关于召开国际社会主义工人代表大会的通知书》，附有同意参加大会的外国代表的签名。6 月初，这一通知书刊登在《社会民主党人报》上，其他国家的社会主义报刊也纷纷转载。

只有英国的海德门派继续支持可能派。1889 年 5 月 28 日《正义报》发表了一篇宣言，歪曲代表大会的筹备经过，对恩格斯、劳拉·拉法格、保尔·拉法格和爱琳娜·马克思—艾威林进行攻击。在恩格斯的帮助下，伯恩施坦写了第二篇抨击文章，驳斥了《正义报》的污蔑②，使可能派进一步遭到孤立。1889 年 6 月 8 日恩格斯在致左尔格的信中怀着满意的心情写道："除社会民主联盟外，可能派在整个欧洲没有得到一个社会主义组织的拥护。"他指出："问题主要是在于：过去国际中的分裂和以前在海牙的斗争，又提到日程上来了。这也是我大力进行工作的原因。对手还是过去那个，只是无政府主义者的旗帜已经换成了可能派的旗帜。"③

但是直到代表大会召开的前夕，仍有一些国家的社会党领导人主张同可能派的代表大会合并。荷兰的多·纽文胡斯借口"两个代表大会的议程相同"，提出了一个合并的建议。另一方面，法国的盖得派领导人主张代表大会秘密举行，而德国社会民主党领导人坚决反对召开秘密会议。恩格斯赞成倍倍尔等提出的公开举行代表大会的主张，同时反对不惜任何代价同可能派

---

① 《马克思恩格斯全集》第 37 卷，人民出版社 1971 年版，第 182 页。
② 参见《马克思恩格斯全集》第 21 卷，人民出版社 1965 年版，第 591—612 页。
③ 《马克思恩格斯全集》第 37 卷，人民出版社 1971 年版，第 222 页。

联合。他指出："一味追求联合，会使主张联合的人走上一条最终和自己的敌人联合而和自己的朋友和同盟者分离的道路"，联合需要有具体的条件，"没有这些，联合连两小时也保持不了"①。在恩格斯的正确指导下，终于克服了一切障碍，为国际代表大会的胜利召开做好了准备。

巴黎代表大会的召开及其主要决议

1889 年 7 月 14 日，在攻克巴士底狱一百周年纪念日，国际社会主义工人代表大会在巴黎隆重开幕。来自 22 个国家和地区的 393 位代表出席大会，其中有各国社会主义运动的著名活动家倍倍尔、李卜克内西、蔡特金、拉法格、盖得、瓦扬、杰维尔、爱琳娜·马克思—艾威林、莫里斯、凯尔·哈第、德·巴普、普列汉诺夫、拉甫罗夫、纽文胡斯，等等。拉法格代表组织委员会致开幕词。他说："聚集在这个大厅里的欧洲和美洲的代表并不代表他们各自的国家，他们不是在三色国旗或任何其他国旗的标志下联合起来的。他们是在红旗——国际无产阶级的旗帜下联合起来的。"根据拉法格的提议，李卜克内西和瓦扬当选为大会主席。李卜克内西在发言中指出，新的国际继承了旧的国际工人协会的事业，国际工人协会"没有死亡，它转化成为各国强大的工人组织和工人运动，并以这种方式继续生存着，它继续生存在我们身上。这次代表大会是国际工人协会的产物"。他把这次大会称作"伟大的国际工人议会"。

在国际代表大会开幕后第二天，可能派的代表大会也于 7 月 15 日在巴黎开幕。出席大会的有 606 人，其中 524 人是法国代表（有的代表资格后来没有得到大会的承认），外国代表只有 82 人，其中主要是英国社会民主联盟和工联的代表②。

在马克思主义派的国际代表大会上，科斯塔、沃耳德斯、纽文胡斯等提议同可能派的代表大会实行无条件合并，但遭到大多数代表的反对。大会通

①　《马克思恩格斯全集》第 37 卷，人民出版社 1971 年版，第 239 页。

②　可能派代表大会出席人数有以下几种说法：其一，612 人（其中 512 名法国代表）（见《第一国际第二国际历史资料》第二国际分册，三联书店 1964 年版）；其二，550 人（其中 477 名法国代表）（见克利沃古斯、斯切茨凯维奇：《第一国际和第二国际简史》，三联书店 1960 年版）；其三，606 人（其中 524 名法国代表）（见《苏联历史百科全书》，莫斯科 1965 年版）。经与《国际社会主义工人代表大会会议记录（1889 年 7 月 15—20 日）》（可能派代表大会的会议记录）（巴黎 1891 年法文版）的代表名单核对，第三种说法符合实际。

过了李卜克内西提出的决议案，其中说：只有"另一个代表大会通过的决议能为我们的代表大会所有成员所接受"，才能实现合并。由于可能派顽固坚持合并的条件是重新审查马克思主义派代表大会的代表资格，关于合并的谈判终于失败。参加可能派代表大会的意大利、荷兰以及其他国家的一些代表对可能派的顽固立场感到不满，相继退出他们的大会。

7 月 17 日，马克思主义派代表大会开始听取来自 17 个国家的 26 位代表所作的关于各国工人运动和社会主义运动状况的报告，同时还听取了关于矿工、玻璃工人、海员、仆役和妇女状况的 5 个专门报告。

接着大会讨论了国际劳工立法、实现劳动保护的途径和手段、工人阶级的经济斗争和政治斗争、废除常备军和实行全民武装、五一节国际示威游行等问题。

倍倍尔就国际劳工立法问题提出了一项提案，其中指出："只有作为一个阶级组织起来的无产阶级在国际上共同努力，只有无产阶级取得政权，剥夺资本家阶级的生产资料并把它变为公有财产之后，劳动和人类才能获得解放。"各国工人必须使用自己所拥有的一切手段来反对资本主义制度，争取实现旨在保护劳工利益的强有力的立法。倍倍尔还建议提出下列具体要求：八小时工作制；禁止使用未满 14 岁的童工；未满 18 岁的男女工人的工作不得超过 6 小时；禁止有害妇女身体健康的一切生产部门使用女工；禁止以实物支付工资；等等。

倍倍尔的提案得到大多数代表的支持，只有少数无政府主义者表示反对。例如，意大利无政府主义者梅尔利诺在发言中反对任何改良，否认工人阶级夺取政权的必要性。他提出的决议案中说，劳工立法"在经济上是不可能的"，工人阶级争取劳工立法的斗争只会"确立工人们的奴隶地位，并且意味着背弃革命社会主义的伟大原则"。

以瑞士的保尔·布兰特、比利时的德·巴普为代表的改良主义者虽然表示拥护倍倍尔的提案，但是他们片面夸大改良的意义，竭力宣扬阶级合作，否认无产阶级革命。

大会以多数票通过了倍倍尔提出的决议案。在表决时，以梅尔利诺为首的少数无政府主义者企图制造混乱，阻止大会进行投票，被大多数代表赶出了会场。

大会通过的关于实现劳动保护要求的途径和手段的决议，号召各国工人组织和社会主义政党立即采取各种斗争方式（集会、请愿、示威游行、在报刊上发表文章等），影响本国政府，迫使它们实现劳动保护要求。

大会根据美国代表毕舍的提案通过的关于经济斗争和政治斗争的决议指出，为了工人阶级的解放，只靠工人的经济组织（工联和工会）是不够的；另外，为缩短工作日、限制使用女工和童工、实施劳动保护立法而进行的斗争，是启发工人阶级觉悟的手段，是工人阶级解放自己所不可缺少的先决条件。因此，无产者应当加入独立的社会主义政党；在无产者被剥夺选举权和其他民主权利的国家，无产者应当用他们拥有的一切手段争取普选权。这些内容是对否定政治斗争的无政府主义的有力打击。但是，在夺取政权的道路问题上，决议对改良主义作了让步。它宣布，在无产者享有选举权的一切国家，工人们可以利用自己的投票权"在现存制度下夺取政权"。这个提法显然夸大了资产阶级民主的作用。

大会关于废除常备军和实行全民武装的决议指出，为反动统治阶级服务的常备军是"君主专制制度或资本主义寡头政治制度的军国主义的表现，同时也是实行反动政变和社会压迫的工具"。决议宣布"公开反对那些作垂死挣扎的政府所提出的军事法案"，要求"以全民武装代替常备军"。它声明，战争是现代经济条件不可避免的产物，它只有随资本主义制度本身的消灭，随劳动的解放和国际社会主义的胜利才能最后消灭。

大会通过的另一个具有重要历史意义的文件是关于庆祝五一节的决议。法国工会联合会的代表拉维涅提出的决议案中写道："在一个作为永久规定的日子里，组织大规模的国际性游行示威，以便在一切国家和一切城市，劳动者都在同一天里要求执政当局从法律上把工作日限制在 8 小时以内，并实现巴黎国际代表大会的其他一切决议。"由于美国劳工联合会已于 1888 年圣路易代表大会上规定 1890 年 5 月 1 日举行这种游行示威，所以国际游行示威也在这一天举行。倍倍尔和李卜克内西考虑到德国的具体情况，建议补充一句话："各国工人根据本国条件所允许的方式组织这种游行示威。"除了比利时和俄国代表团之外，大会一致通过了关于庆祝五一节的决议。从此，五一节成了国际无产阶级团结战斗的共同节日。

大会决定在瑞士或比利时召开下一次国际代表大会，并且委托瑞士和比利时社会党人负责大会的筹备工作。有几个西班牙和匈牙利的代表曾建议设立一个由各国社会党有威望的代表组成的中央委员会，但这一建议没有被大会采纳。

7 月 20 日晚，大会在"社会革命万岁！""社会共和国万岁！"的口号声中胜利闭幕。21 日上午，全体代表前往拉雪兹神甫公墓向公社社员墙献了花圈。各国代表还发表了演说，一致强调："公社虽然失败了，但它是永存的。"

恩格斯因忙于《资本论》第 3 卷的编辑出版工作，未能出席大会，但是他十分关心大会的进展。他认为大会的召开"是一个辉煌的胜利"[1]。他特别重视大会通过的关于庆祝五一节的决议，认为这是"代表大会所做的一件最好的事"[2]。

第二国际建立的意义和影响

巴黎代表大会的召开，显示了无产阶级国际团结的巨大力量，是马克思主义在国际工人运动中取得的重大胜利。大会所通过的各项决议尽管有种种缺陷，但大体上正确地规定了当时国际工人运动所面临的各项任务。虽然大会没有专门作出成立新的国际无产阶级组织的决议，没有制定正式的章程和共同纲领，也没有选举任何常设的领导机构，但是它实际上标志着第二国际的建立。从此以后，每隔几年召开一次国际代表大会，就成为第二国际的主要活动方式。正如列宁所说："重新恢复起来的国际工人运动组织，即定期举行的国际代表大会，立刻而且几乎没有经过什么斗争，就在一切重大问题方面都站到马克思主义立场上来了。"[3] 国际代表大会通过的决议，对于各国党只有道义上的约束力，而没有组织上的强制力量。在党与党之间的关系上，实行独立自主的原则，每个党有权根据本国具体情况制定自己的路线、方针和政策，而不是由一个凌驾于各国党之上的统一的国际中心下令指定。直到 1900 年 12 月，才成立了第二国际的常设机构——社会党国际局，由各国代表团各派两人组成。它的主要职责是收集和交流各国社会主义运动的情报，筹备国际代表大会，调解各国党内的分歧，接纳新的成员，编辑出版历次国际代表大会的会议记录，就重大国际事件发表宣言和声明，等等。1907年斯图加特代表大会通过了第二国际的组织章程——《国际代表大会和国际局章程》，对加入第二国际的条件、各国支部的组成、国际代表大会的表决

---

① 《马克思恩格斯全集》第 31 卷，人民出版社 1972 年版，第 241 页。

② 同上书，第 259 页。

③ 《列宁选集》第 2 卷，人民出版社 1972 年版，第 2 页。

方式、国际局的职权等作了规定，这标志着第二国际在组织上得到了加强，但是并没有从根本上改变第二国际组织结构比较松散的特点。

巴黎代表大会的召开，给了无政府主义者以沉重的打击，进一步削弱了他们在国际工人运动中的影响。

巴黎代表大会的召开，粉碎了可能派及其同伙妄图夺取国际工人运动领导权的阴谋。拉法格在 1889 年 7 月 23 日给恩格斯的信中写道："可能派现在十分沮丧。在他们最后一次会议上，连代表在内总共才 58 人。"

巴黎代表大会的召开，有力地推动了各国工人运动的发展，促进了在国际范围内争取劳工立法的斗争。大会关于五一节的决议，得到了各国社会主义政党和工人团体的热烈响应。1890 年 5 月 1 日，在欧美各国的许多城市，成千上万的工人走上街头，举行声势浩大的示威游行，要求实现八小时工作制和贯彻巴黎代表大会的其他决议。

总之，第二国际的建立，促进了马克思主义的传播，推动了工人运动的开展，加强了无产阶级的国际团结和联系，为各国社会主义政党在马克思主义旗帜下的进一步发展打下了基础。

19 世纪下半叶沙俄对中国的侵略

郑绍钦

1840 年鸦片战争以后，中国逐步沦为半封建半殖民地社会，成为资本主义列强在东亚的主要侵略对象。

这时，俄国由于资本主义关系的发展，农奴制已开始解体。随着农奴制危机不断加剧，俄国国内的阶级矛盾也日益尖锐。地主农奴主企图用扩大耕地面积的方法巩固农奴制经济基础，要求沙皇政府不断掠夺新的领土。在农奴制存在的情况下，俄国资本主义国内市场狭窄，工业产品在欧洲缺乏同西欧资本主义国家竞争的经济力量。俄国资产阶级鼓吹，"亚洲市场应为俄国工业品所独享"，早在 1836 年 5 月 11 日，沙皇政府即作出决定，准备"用武力为俄国的商业开辟新的通向东方的道路"。在俄国地主农奴主和资产阶级的共同推动下，沙皇俄国加紧了对外扩张的步伐。

19 世纪下半叶，沙皇俄国勾结西方列强，使用武力侵略与外交讹诈相配合的手段，先后逼迫中国清政府签订了中俄《瑷珲条约》《天津条约》《北京条约》《勘分西北界约记》《伊犁条约》等一系列不平等条约，割去中国东北和西北边境共 150 多万平方公里的领土，向中国勒索了大量赔款，从中国攫取了许多特权。

侵占中国东北方领土

中国东北的黑龙江流域是沙俄侵华首先夺取的目标。1689 年中俄尼布楚条约规定，两国以额尔古纳河、格尔必齐河和外兴安岭分界，黑龙江流域为中国领土，严禁俄人擅自越界侵犯。对此，彼得一世以来的历代沙皇是不甘心的，叶卡特林娜二世和亚历山大一世都企图入侵黑龙江。由于清帝国当时还比较强盛，他们才未敢贸然毁约入侵。1840—1842 年中英鸦片战争后，沙皇尼古拉一世看到清帝国内外交困，决定不失时机地实现其先祖"遗志"，把黑龙江攫为俄有，占领通往太平洋的出海口。

1847年，尼古拉一世选中了"沙皇政策的坚决推行者"——图拉省省长穆拉维约夫为东西伯利亚总督。当年9月，沙皇出巡途经图拉省时，亲自向穆拉维约夫通知了这一任命，特别关照说："至于俄国的黑龙江，以后再谈吧！"随即又用法语补充道："对聪明人，用不着多说。"沙皇此语就是要求穆拉维约夫负责把中国的内河变为"俄国的黑龙江"。1848年3月，穆拉维约夫从彼得堡来到东西伯利亚首府伊尔库茨克任所，立即把"黑龙江问题"作为他"在西伯利亚活动中高于一切的中心课题"。

19世纪40年代西欧和俄国的航海家一般认为，黑龙江口泥沙淤积，不能通航，萨哈林（库页岛）是与大陆相连的半岛。如果这种说法属实，黑龙江便不能成为沙俄向太平洋扩张的主要渠道。1846年春，尼古拉一世通过外交部给俄美公司①下达训令："要采取一切手段，确实查明船只能否驶入黑龙江。因为这是一个对于俄国极为重要的问题。"当年夏天，俄美公司从北美殖民地新阿尔汉格尔斯克派出战船窜到黑龙江口进行了半个多月的"勘察"，可是对黑龙江口的通船程度却没有得出任何结论，使沙皇大失所望。穆拉维约夫就任新职后的第一件事，就是在1848年初串通海军总参谋长缅施科夫和海军大尉涅维尔斯科依，拟定了勘察黑龙江口的详细计划。计划规定：涅维尔斯科依率运输船去勘察加送军需物资之后，"不失时机地前往黑龙江口及河口湾，即到这些为俄国政府以及整个文明世界都公认属于中国的地方去"。如果在进行勘察时被中国人截住，就谎称这艘船是被鄂霍次克海的"疾风和急流送到黑龙江口的"。

1848年9月，涅维尔斯科依率运输船"贝加尔号"从喀琅施塔得出发，远涉重洋历8个月航程，于1849年5月到达勘察加的彼得罗巴甫洛夫斯克。在这里，他接到穆拉维约夫的密信，乃带着武装士兵和炮手，乘着这只早已安设大炮的运输船，摘下俄国旗帜，于6—8月对库页岛北部和黑龙江口附近海域进行了海盗式的探测。9月，他回到鄂霍次克海滨的阿扬港，向前来迎接的穆拉维约夫报告说："黑龙江能通航，萨哈林是一个岛屿。"沙俄侵略者自以为这是"一次重大的地理发现"。其实，远在涅维尔斯科依的"发

---

① 俄美公司（全名为"受皇上庇护的俄国美洲公司"）成立于1799年，名义上是商业贸易公司，实际上是以英同东印度公司为样板建立起来的沙俄殖民机构。

现"1000 多年以前，中国史籍《新唐书》的《黑水靺鞨传》就对库页岛作了记载。当时，满族人的祖先靺鞨人已生活在黑龙江两岸和库页岛一带。公元 722 年（唐开元十年），唐玄宗任命黑水靺鞨酋长倪属利稽为勃利州刺史，这是中国封建王朝在这个地区设立郡县之始，勃利即今黑龙江与乌苏里江会合处东岸的伯力（哈巴罗夫斯克）。在清代康熙《皇舆全览图》中，已经清楚地标明库页岛是一个脱离大陆的海岛。

1850 年 1 月，穆拉维约夫派涅维尔斯科依前往彼得堡呈交考察记录、地图和他亲自起草的报告，强调"必须刻不容缓地占据黑龙江口"。3 月，他又写道："俄国只有占领黑龙江，或者至少取得在该河上船行的权利，才能保卫堪察加和鄂霍次克海，使其永属俄国版图。""占据黑龙江地区对于俄国分享太平洋的国际利益也具有重大的意义。"此时，俄国首相兼外交大臣涅谢尔罗迭等人认为，俄国的扩张重点在欧洲，占领黑龙江口时机尚未成熟。沙皇政府决定暂不批准穆拉维约夫的建议，只指示升任海军上校的涅维尔斯科依去占领黑龙江口以北的幸运湾。

1850 年 7 月，涅维尔斯科依率战船到幸运湾建立了一个侵略据点——彼得冬营。随即带领水兵乘小艇第二次闯到黑龙江口，并溯江上驶到特林（这是明朝奴儿干都司衙门和中外驰名的永宁寺①所在地）。涅维尔斯科依对特林的中国人举枪示威，扬言："石山（外兴安岭）以下的黑龙江、全部滨海地区及萨哈林都是俄国的属地。"8 月，这伙侵略者回窜到江口附近的庙街，公然在中国领土上升起俄国的旗帜，建立尼古拉耶夫斯克哨所。

1850 年 12 月，彼得堡召开了各部大臣、海陆军头目和东西伯利亚总督参加的特别委员会，研究侵略黑龙江问题。在这次会议上，涅谢尔罗迭的意见占上风。他认为，在庙街等地"建立兵营为时尚早，而且太危险"。他说："谁敢担保中国人不会大兴问罪之师，把我们那一小撮人赶跑？"会议通过决定，撤销尼古拉耶夫斯克哨所，并给"违抗命令"的涅维尔斯科依降为水兵的处分。但是，尼古拉一世对这次会议的决定极为不满。尼古拉一世亲自召见涅维尔斯科依，恢复他的海军上校军衔，赐给勋章，并狂妄宣称："俄国旗帜不论在哪里一经升起，就不应当再降下来。"由于大举进兵黑龙江尚未

---

① 15 世纪初，明朝政府在奴儿干一带（今黑龙江下游和库页岛地区）设置了卫指挥使司等行政机构进行统治。1409 年（明永乐七年），明政府在特林设置了军政合一的最高行政机关奴儿干都司衙门。自 1411 年（明永乐九年）到 1433 年（明宣德八年）的 22 年间，明政府曾 10 次派官员亦失哈、康旺等到这一地区"宣谕抚慰"，并在奴儿干都司所在地修建了永宁寺。

准备就绪，沙皇政府于 1851 年 2 月下令，以"俄美公司零售店"的形式保留尼古拉耶夫斯克哨所。1851—1853 年，涅维尔斯科依以俄美公司的牌子为掩护，在黑龙江下游和江口一带继续进行侵略活动，安设许多军人村屯，每屯数人至数十人不等，1853 年 4 月 23 日（咸丰三年三月十六日），俄军占领了库页岛。

穆拉维约夫早就认定，要夺取中国的黑龙江，必须出动庞大的军队，向这个"懦弱的邻邦炫耀武力"。而当他来到伊尔库茨克时，东西伯利亚只有 4 个边防营的兵力。当涅维尔斯科依为探测黑龙江口迈出了第一步的时候，穆拉维约夫已拟出了为占领黑龙江必须扩建军队的计划。他于 1849 年 5 月向陆军大臣呈递了"关于加强外贝加尔军事力量"的报告，建议把尼布楚矿区的国有农奴编入哥萨克军队。1850 年 1 月，他向陆军大臣呈交了《建立外贝加尔哥萨克军草案》，准备把哥萨克军扩充到 5 万人。3 月，他上奏沙皇，陈述只有建立起这样一支军队，才能"进而占领黑龙江"。1850 年底至 1851 年初，陆军大臣经过和穆拉维约夫反复协商，终于确定了扩军草案。1851 年 3 月，尼古拉一世批准了扩军草案，还同意穆拉维约夫的请求，明确规定："为使军政大权统一于一人，外贝加尔军队必须受东西伯利亚总督统辖，而不受驻军司令统辖。"

在"目标—黑龙江，手段—外贝加尔军队，执行人—穆拉维约夫"这一整套侵略计划完全确定以后，穆拉维约夫于 1851 年 6 月把外贝加尔的边防、城防和村镇哥萨克、布里亚特等"异族"团队、矿场农奴整编成为总数约 5 万人的外贝加尔哥萨克军（其中骑兵 20410 人，步兵 27759 人）。1852 年 9 月，穆拉维约夫向沙皇报告，外贝加尔哥萨克军已扩建训练完毕，随时可以出动。

1853 年初，在中国国内，太平天国起义军攻占武昌后沿长江东下，迅速占领南京；在近东，沙皇关于俄英共同瓜分土耳其的建议遭到英方拒绝，双方为争夺黑海海峡剑拔弩张，战争迫在眉睫。在这种情况下，穆拉维约夫应召于 4 月初赶到彼得堡，参加最高决策会议。他向沙皇呈递了一份机密条陈，提出俄国"必须抢在对手之前"实现在远东的侵略计划，首先是修改同中国的边界，然后，"俄国即使不能占领整个东亚，至少也要统治太平洋的所有亚洲沿海地区"。5 月初，尼古拉一世召开御前会议研究穆拉维约夫的报告，决定侵吞从牛满河（布列亚河）直至太平洋的黑龙江流域大片土地。当时，沙皇把穆拉维约夫叫到黑龙江全图跟前，手指着黑龙江口说："一切都很好，可是我得从喀琅施塔得派兵去防守这个地方。"穆拉维约夫连忙答道："回奏陛下，似乎不必从那么远的地方派兵。"他手指外贝加尔地区，顺着黑龙江向东移，补充说："可以就近派兵防守。"于是，沙皇就对穆拉维约夫说："中国理应满足我国之合理要求，倘若不允，尔今手握雄兵，可以武力迫其就范。"

1853 年 10 月，克里木战争爆发。正在欧洲游历的穆拉维约夫赶回彼得堡，在 12 月 11 日向尼古拉一世的次子，当时任黑龙江特别委员会主席的康士坦丁亲王呈递了一份秘密报告，主张沙皇政府以对付英国进攻必先采取"防卫"措施为借口，实现武装航行黑龙江。他写道："要想保住西伯利亚，目前就必须确保和牢固地占有堪察加、库页岛、黑龙江口，掌握黑龙江的航行权，并且牢固地控制邻邦中国。现在，我们可以用近 5 年来东西伯利亚逐步培训出来的地方部队来实现这一切。"报告还强调："目前中国的内乱，正是开辟黑龙江航路的大好时机。"1854 年 1 月，尼古拉批准了穆拉维约夫的要求，同意在当年开春"就沿黑龙江运送军队"，并授权他与中国谈判"划定边界"问题。穆拉维约夫当时高兴地说："我们决定利用欧洲进攻我们的时刻，在亚洲开拓我们的事业。我将尽一切努力为俄国奠定这一事业的牢固基础……我新建的部队大有用武之地了。"

1854 年 5 月，穆拉维约夫率领哥萨克军近千名，分乘 70 余只船、筏，从外贝加尔顺石勒喀河闯入黑龙江，不顾瑷珲等地清廷官员的拦阻而强行通过，于 6 月到达下游屯兵筑垒。过了 1 个多月，驻北京的俄国传教士团才把他的照会译成汉文，于 7 月 24 日交给清政府。照会诡称：俄军"由中国黑龙江地面行走"赴海口对英作战，"并无丝毫扰累中国，且绝无出人不意因而贪利之心"，"但愿中国同心相信，勿以兵过见疑"。

清政府由于调集兵力去南方镇压太平天国革命，留在黑龙江上"兵丁军器一概不足"，未能阻止俄军入侵。但并没有被侵略者这一篇话所迷惑。咸丰皇帝谕令黑龙江将军通告俄方：中国"内地江面，不能听外国船只任意往来，此后断不可再从黑龙江行驶"。1855 年 5 月 6 日，理藩院照会俄国，援引尼布楚条约规定，指出俄国运兵"赴东海防堵英夷""自应由外海行走"，拒绝了俄方武装航行黑龙江的无理要求。

穆拉维约夫不顾清政府多次抗议，于 1855 年 5 月中旬率 3000 哥萨克军和 480 余名"移民"，分乘 120 余艘船只，第二次武装航行黑龙江。6 月，他们在阔吞屯至庙街长达 300 多公里的地带，建立起一批"移民点"和仓库。

1855 年 2 月，尼古拉一世因克里木战争惨败服毒自杀。新登位的沙皇亚历山大二世作出决定，要通过外交谈判"使整个黑龙江左岸属俄国所有"。穆拉维约夫受命于 9 月间在阔吞屯与清政府代表、协领富尼扬阿进行谈判。穆拉维约夫在他提出的《划界意见书》中声称：俄国"必须在整个黑龙江左岸设立居民点"，把黑龙江作为两国"最无可争辩的天然疆界"。对此，富尼扬阿援引《尼布楚条约》及 1853 年 6 月 28 日俄国枢密院致理藩院照会确认"自格尔毕齐河之东山后边系俄罗斯地方，山之南边系大清国地方"等条文，严词拒绝了俄方的无理要求。谈判遂告破裂。

1856 年 3 月，克里木战争以沙俄的彻底失败而告终。《巴黎和约》剥夺了沙俄在黑海拥有舰队和在黑海沿岸建立要塞的权利。沙俄向巴尔干和近东的扩张道路被英国堵塞，乃把扩张的主要矛头转向中国，加速它在黑龙江的侵略步伐。此时，亚历山大二世免除了首相兼外交大臣涅谢尔罗迭的职务，代之以疯狂主张侵华的哥尔查科夫公爵。当年 5 月，沙俄侵略军 1500 人第三次闯入黑龙江。6—8 月，侵略者在黑龙江中游左岸建立了 4 个军事据点。年底，沙皇政府悍然成立以尼古拉耶夫斯克为中心的滨海省，并宣布其辖境包括黑龙江左岸的中国领土。

逼签《瑷珲条约》《天津条约》和《北京条约》

1856 年 10 月，英国舰队炮轰广州。接着，英国联合法国侵华的第二次鸦片战争爆发。这时，沙皇政府认为胁迫清政府承认它事实上已经侵占了的中国领土、趁火打劫的时机已到。1857 年 2 月，沙皇政府决定派遣海军上将普提雅廷为使华全权代表，向清政府表示："贵国内地不靖，外寇侵扰广州"，所以要派专使到北京"办理两国交涉一切事件"，"同时了结在黑龙江和吉尔吉斯草原的边界问题"。哥尔查科夫在 2 月 21 日致穆拉维约夫的信中写道："关于英国人在广州的行动及其对中国的进一步意图的最新情报，使我们更加确信：不能丧失彻底解决我国和中国之间现有问题的时机；如难于彻底解决，至少要为此采取某些果断行动"，要求穆拉维约夫在军事上加紧准备。

普提雅廷于 1857 年 3 月初由彼得堡出发，4 月初到达伊尔库茨克，旋即到恰克图等候了 1 个多月。清政府拒绝其入境。6 月初，穆拉维约夫率领 2 万多名俄军侵占了中国黑龙江北岸领土。普提雅廷同穆拉维约夫指挥的俄军窜到瑷珲，仍未能实现从陆路进北京的要求。8 日间，他从海路到天津，又去上海、香港与英、法、美等国使节勾结，为他们侵华出谋划策。他对英国专使额尔金说："除非对北京本身施加压力，和中国政府是什么事也办不成的。同时，利用吃水浅、可以船行白河的舰只，会是使这种压力收效的最好办法。"

1857 年 12 月 29 日，即英、法联军攻陷广州的当天，普提雅廷致电哥尔查科夫，主张俄国正式参加英、法联军，对中国采取战争行动。他强调"最有效的措施是封锁白河口，禁止中国帆船驶入，直至北京派出全权大臣赴直隶湾同我谈判，确认赠予俄国的地界并给予我国同其他国家相等的特权"。沙皇政府立即召回正在巴黎的穆拉维约夫，于 1858 年 1 月 5 日召开"特别委员会"会议。穆拉维约夫极力主张继续向黑龙江"移民"，同时不放弃以武力为后盾的外交谈判，认为这样对俄国最为有利。会议接受穆拉维约夫的意见，决定"不公开参与对中国的战争"，继续保持同清政府的和平关系，并重新授权穆拉维约夫同中国进行边界谈判，改任普提雅廷为太平洋分舰队司令兼钦差大臣，继续留在中国"争取参加英法与中国之间的谈判"，"应尽量设法分享中国人可能给予其他列强的各种权利"。

1858 年 4 月，英法联合舰队北上直趋天津白河，5 月 20 日攻陷大沽，天津告急，北京震动。穆拉维约夫和普提雅廷按照沙皇政府的既定方案，双管齐下，迫使清政府屈从其侵略要求。

5 月 22 日，穆拉维约夫率炮艇从海兰泡直驶瑷珲，约见黑龙江将军奕山。谈判从 5 月 23 日开始，穆拉维约夫宣称："中英正在交战，英国很可能露出占据黑龙江口及其以南沿海地区的欲望；只有我国根据所订条约声明上述地区系归俄国领有时，才能遏止英国的侵犯。"因此，"中国当前尤须尽快了结此事"。他拿出了一个事先准备的条约草案，要求"为了双方的利益，中俄必须沿黑龙江、乌苏里江划界"。奕山指出：两国分界，"向以格尔毕齐洞、（外）兴安岭为限，议定遵行百数十年，从无更改。今若照尔等所议，断难迁就允准。"沙俄代表抓住奕山等人"害怕俄国联合英国共同对华作战"的弱点，肆意讹诈，气焰嚣张。26 日，当奕山讲到"乌苏里河等处系吉林地面，碍难悬拟"时，话还没讲完，穆拉维约夫就"勃然大怒，举止猖狂"，"将夷文收起，不辞而去"。接着，停泊在瑷珲对岸的俄国兵船"夜间鸣炮放枪，势在有意寻衅"。奕山终于屈服，27 日，表示接受俄方一切条件。他要求把条约草案送往北京，待批准后再签字。俄方拒绝。经过 6 天的

"谈判",奕山被迫于 1858 年 5 月 28 日与穆拉维约夫签订了不平等的中俄《瑷珲条约》。根据这个条约,外兴安岭以南、黑龙江左岸 60 多万平方公里的中国领土划归俄国,仅规定"自精奇里河至霍尔莫勒晋庄"这一地段(俗称江东六十四屯)仍由中国人"照常居住,归大清国官员管辖";乌苏里江以东至海约 40 万平方公里的地区"为大清、俄国同管之地"。马克思严正谴责沙皇俄国的强盗行径。他说:"由于进行了第二次鸦片战争,帮助俄国获得了鞑靼海峡和贝加尔湖之间最富庶的地域,俄国过去是极想把这个地域弄到手的,从沙皇阿列克塞·米哈伊洛维奇到尼古拉,一直都企图占有这个地域。"[1] 恩格斯在评论《瑷珲条约》时也指出:俄国"从中国夺取了一块大小等于法德两国面积的领土和一条同多瑙河一样长的河流"[2]。

5 月下旬,英法联军攻入天津。普提雅廷利用清政府要求他从中调停的机会,抢在美、英、法前面,于 1858 年 6 月 13 日迫使清政府签订中俄《天津条约》。全约共 12 条,规定沙俄享有下列各种侵略特权:

(1) 沿海通商权。俄国在上海、宁波、福州、厦门、广州、台湾(台南)、琼州七处口岸享有通商权,俄国兵船有权在各口岸停泊。

(2) 扩大陆路通商权。在原有陆路通商处所,俄国的"商人数目及所带货物及本银多寡"不再受限制。

(3) 片面设领与领事裁判权。"俄国在中国通商海口设立领事馆"。俄国人若与中国人发生纠纷事故,由两国官员"会同办理"。在华俄国人犯罪,按俄国法律受审。

(4) 片面最惠国待遇。今后凡中国给予别国的一切政治、贸易及其他权益,俄国均能享受。

(5) 内地传教权。俄国人"由通商处所进内地传教",中国方面不得"禁其传习"。

此外,条约第九条还特别规定:"中国与俄国将从前未经定明边界,由两国派出信任大员秉公查勘,务将边界清理补入此项和约之内。"当时,沙俄正加紧侵吞乌苏里江以东和中国西北的大片领土,所谓"秉公查勘",实际上为沙俄割占中国领土埋下了伏笔。

中俄《瑷珲条约》和《天津条约》签订后,穆拉维约夫在同年 7 月向

---

① 《马克思恩格斯选集》第 2 卷,人民出版社 1972 年版,第 34—35 页。
② 同上书,第 37 页。

沙皇政府提出："我们必须立即控制我国同中国共管的一切地方。"他认为："为使乌苏里江和乌苏里地区永归俄国，必须在乌苏里江采取占领黑龙江时所使用过的手法，即以实际占领作为外交交涉的后盾。"实际上，他已经着手这样干了。

　　1858 年 6 月 12 日，穆拉维约夫率领大批兵船驶抵伯力。他在那里驻军，建筑炮台，把它变成侵略乌苏里江以东的基地，将该地命名为哈巴罗夫卡（后改称哈巴罗夫斯克），以"纪念"17 世纪中叶侵入黑龙江的哥萨克首领哈巴罗夫。穆拉维约夫将大批哥萨克军队派往乌苏里江东岸，陆续强建了 20 多个"移民"村镇。1859 年 10 月，沙俄侵略军的哨所和兵屯已从陆路设到兴凯湖。1860 年 6 月，俄国滨海省驻军司令兼西伯利亚舰队司令卡扎凯维奇率舰队侵占海参崴，把它改名为符拉迪沃斯托克（意为"控制东方"）。眼看沙俄不断扩大对乌苏里江以东地区的侵略，清政府越来越认识到《瑷珲条约》的危害，在 1859 年 4 月与俄国全权代表彼罗夫斯基完成《天津条约》换约手续时，便断然拒绝批准《瑷珲条约》，不予换约。1859 年 6 月 16 日，咸丰帝将这一卖国条约的签订者奕山革职，谴责沙俄在"未经议定之地，任意闯越，即是背约"。8 月 31 日，清政府代表肃顺同接替彼罗夫斯基的俄国代表伊格纳切夫继续谈判。伊格纳切夫曾任亚历山大二世的侍从武官和俄国驻英武官。他在谈判中以武力相威胁，要求清政府批准《瑷珲条约》。肃顺将未经清政府批准的条约文本扔到一旁说，"这是一纸空文，毫无意义"。伊格纳切夫随即离席而去，谈判中断。

　　1860 年 1 月，俄国开始在中国水域集中舰队，并由伊格纳切夫指挥俄国特种分遣舰队。6 月 15 日，伊格纳切夫到上海，向英法联军提供中国军事情报。7 月，他率俄国舰队驶抵北塘，为英法联军登陆北塘引路。8 月 24 日，英法联军侵入天津。伊格纳切夫向英法联军提供北京城的详细地图。10 月 13 日，英法联军攻占安定门，控制了北京城。10 月 16 日，伊格纳切夫进入北京，奕䜣立即请他出面调停。11 月 14 日，伊格纳切夫借口"调停有功"，并以"兵端不难屡兴"相威胁，迫使清政府签订中俄《北京条约》。

　　在这个条约中，清政府被迫承认《瑷珲条约》所规定的内容，还把《瑷珲条约》规定的乌苏里江以东所谓由中俄"共管"的 40 万平方公里的中国领土割给沙俄。关于西部疆界，沙俄强行规定的分界地点都在中国境内，为侵占中国西北边疆领土制造"根据"。此外，条约重申俄国人在华享有领事裁判权，并规定两国边民免税自由贸易，中国增开陆路商埠喀什噶尔，准许俄国商人在库伦、张家口零星贸易，俄国得在库伦、喀什噶尔等处增设领事等。

吞并中国西北边疆领土

清代中国西北边界原在巴尔喀什湖北岸、爱古斯河等地方。1846 年，沙俄乘清帝国海防吃紧无力西顾，派兵越爱古斯河到哈拉塔勒河强行构筑科帕尔堡垒。1854 年，大队俄军侵入伊犁河下游阿拉木图地方，强行构筑维尔内堡垒。19 世纪 50 年代末期，沙俄建成了北起塞米巴拉金斯克，中经爱古斯、科帕尔，南达维尔内的"新西伯利亚堡垒线"，沿线每隔 20—25 俄里①设立一个哨所，驻扎哥萨克士兵。沙俄侵略者把这条线视为俄国的"假定国界线"，窃据中国巴尔喀什湖东南大片领土。仅以维尔内为中心的"外伊犁边区，其面积就达 10 万平方俄里"。

1860 年签订的中俄《北京条约》第二款规定：两国未经划定的西部疆界，今后应顺山岭的走向、大河的流向及中国常驻卡伦路线而行。即从沙宾达巴哈界牌起，往西直至斋桑湖，再由此往西南到特穆尔图淖尔（伊塞克湖），南至浩罕边界。这一条款把属于中国的山河湖泊和设在境内的卡伦硬指为分界标志，其实质就是迫使中方承认缔约前沙俄窃据的中国领土划归俄有，并允许俄国把边界线向中国西境纵深地带推进一大步。然而，这一条款在俄、中两种文本里内容歧异，俄文本规定：自沙宾达巴哈起，界线"往西南"而不是"往西直至"，分界标志是"中国现有卡伦"而不是"中国常驻卡伦"。

1862 年 1 月，沙皇亚历山大二世主持特别会议研究新的侵华步骤。陆军、外交、财政各部首脑，亚洲司司长伊格纳切夫，以及外交部顾问科瓦列夫斯基出席了会议。会议决定任命巴布科夫为俄国同中国勘分西界的全权委员。会议还通过了亚洲司拟就的给俄国勘界委员的训令草案。3 月，沙皇正式予以批准由首相兼外交大臣哥尔查科夫签署的训令，要利用中俄《北京条约》第二款俄、中两种文本上一切对沙俄更为有利的规定，向清政府勒索更多的领土。训令要求俄国勘界委员充分利用"中国委员完全不懂俄文"去进行外交诈骗，强迫中方接受"沿中国常驻卡伦线划分国界"的方案。

----

① 1 俄里 = 1.0668 公里。

应当指出，清政府在新疆设置常驻、移设、添撤三种卡伦，是为了管理游牧、稽查行旅。这些卡伦星罗棋布地遍于境内各地，根本就不存在什么常驻卡伦线。从地理位置看，常驻卡伦一般都设在离城一二百里甚至数十里的地方，这是常年设置、地点不变的卡伦。移设卡伦是随季节变化而转移驻扎地点的卡伦，一般可展设到距伊犁、塔尔巴哈台等城数百里甚至千余里的地方。添撤卡伦是根据临时需要而设置的卡伦。沙皇政府的训令要求俄国委员坚持以所谓"常驻卡伦线"划界，就是要把沙俄的"假定国界线"向伊犁、塔尔巴哈台等城方向推进数百里以至千余里，从而把又一大片中国领土划归俄有。

训令还要求俄国委员设法把约文明确规定为界湖的斋桑湖和伊塞克湖囊括归俄，变成俄国的内湖。

由此可见，俄国委员按照训令要求炮制的国界草案，是撇开中俄《北京条约》上种种明文规定，强迫清政府割让更多领土的具体计划。难怪连俄国驻塔城领事斯卡奇科夫看到这个国界草案时，直言不讳地说：俄国的目的是"要把北京条约规定的界线以外的地方划归自己"，"这是要北京政府接受一条与北京条约不相符合的国界线"。

1862 年 8 月，中俄双方在塔城举行划分西部边界的谈判。俄方代表巴布科夫提出的"统以常驻卡伦为界"的荒谬主张以及在此基础上拟定的国界草案，遭到中方全权大臣、乌里雅苏台将军明谊的驳斥。尽管俄方委员进行恫吓："我们只好带来兵队占据卡伦之地，不由你们不给！"仍未能迫使中方就范。10 月 12 日，沙皇政府以中断谈判来要挟，命令俄方代表回国。

在俄方片面中止塔城谈判之后，亚历山大二世谕令西西伯利亚总督杜加美尔准备在 1863 年春出动大军，"尽可能实际上占据符合俄国意图的全部国界线"，至于谈判，只有在中国政府保证"按照俄国代表提出的方案""解决全部国界问题"时，方可恢复。

1863 年 4—8 月，沙俄侵略军按照杜加美尔的部署，在北起阿尔泰山，南达天山的广大地区，分头向中国境内纵深地带推进，直指塔尔巴哈台、斋桑湖、伊犁等地区的战略要地。侵略者蛮横堵截中国巡逻部队，绑架中国守卡官兵，强迫当地部族头人在"自愿归顺沙皇"的字据上按手印，把不肯屈服的部落赶出他们世代游牧的地方。5 月至 8 月，由步、骑、炮兵组成的众多俄军，在伊犁西北的博罗胡吉尔卡伦和西南的鄂尔果珠勒卡伦频频发动进攻，扬言要"用炮攻取"索伦营沙岗以外地方，"再取喀什噶尔"，并"派匡苏勒（领事）官带兵若干名，同往塔尔巴哈台，入塔勒奇沟进伊犁城。"

伊犁锡伯、索伦、察哈尔、厄鲁特等营兵丁"人情汹汹，勇气十倍"，击退来犯之敌。清政府却惊慌失措。俄国驻华代办格凌喀进行战争讹诈，于8月3日照会清政府，断言中俄《北京条约》的俄文本才是"正本"，绝口不提这种文本上根本没有"常驻卡伦"的规定，诡称俄方的国界草案完全符合条约俄文本的规定，强迫清政府全盘予以接受。总理衙门恭亲王奕䜣认为"西北一带边疆，道路绵远，防不胜防"，若不再答应俄方要求，"致被深入，恐所失愈多，转圜愈难"，主张"准照该分界使臣议单办理"勘界。9月7日，同治帝按慈禧旨意，批准奕䜣的奏折。随后，奕䜣会晤格凌喀，表示准备接受俄方国界草案，俄方应以撤退入侵军队为交换条件。格凌喀口头答应将"请求本国政府从国界上撤退部队"，但不肯作出书面保证。巴布科夫承认："我国代办给予中国人这种诺言的用意是：这种诺言对我们不可能有任何约束力，他并没有向中国人保证履行它。"

1864年10月7日，清廷勘办西北界大臣明谊被迫在俄方全权委员扎哈罗夫、巴布科夫拟定的中俄《勘分西北界约记》和俄方绘制的分界地图上签字。沙俄通过这个条约，割占了中国巴尔喀什湖东南一带44万多平方公里的领土。

沙俄侵略中国的下一个目标，是夺取伊犁地区。伊犁不仅是富饶的粮仓，而且是中国与中亚间的交通枢纽。1868年，俄国已在中亚吞并了浩罕和布哈拉两汗国，立即腾出力量来侵犯伊犁。沙皇政府出兵的借口是：新疆回、维吾尔等族起义反清和浩罕军事头目阿古柏入侵南疆以后，局势混乱，"为了确保俄国边境的安宁和秩序"必须为清政府"代收代守"伊犁地区。

1870年7月，沙俄土尔克斯坦总督考夫曼派军队占领从伊犁通向南疆的战略要地穆扎尔山口。1871年2月，沙皇政府召开特别会议作出强占伊犁的决定。当年5月15日，沙俄七河省省长科尔帕科夫斯基少将指挥3路俄军向伊犁推进，并于7月4日夺取宁远城，实现对伊犁地区的全面军事占领。占领者把伊犁大城毁弃，另在东南边金顶寺所在地建立新市区，作为殖民统治中心，任命俄国军官担任市长，归七河省省长管辖。从此沙俄开始对伊犁的中国人民施行残酷的殖民压榨，历时10年之久，每年敛取税金达数十万两。沙俄吞食伊犁，决意永不归还中国。当时俄人认为，中国军队收复新疆之日"永远不会到来"。

1875年，力主收复新疆的陕甘总督左宗棠受命为督办新疆军务的钦差大臣，马上着手实现先出兵讨伐阿古柏，然后向沙俄交涉收回伊犁的战略计划。1876 年，左宗棠指挥的大军在新疆各族人民的支援下，先行收复天山北路的古城、乌鲁木齐、玛纳斯等地。1877 年，左军转取南路，连克库车、拜城、阿克苏、乌什、喀什噶尔、叶尔羌、英吉沙尔等城。阿古柏的伪政权覆灭，沙俄却拒绝履行归还伊犁的诺言。

1878 年，清政府派崇厚赴俄索还伊犁。崇厚是个昏庸轻率的官僚，他对俄方在谈判中提出的种种无理要求，不审利害轻重，贸然表示："两国有益之事皆可允行。"1879 年 10 月 2 日，崇厚不顾清政府的训令，滥用"全权大臣便宜行事"头衔，与俄外交副大臣格尔斯在克里木半岛的里瓦几亚签订条约。条约规定：俄国归还伊犁城，中国割让霍尔果斯河以西及特克斯河流域大片领土；修改塔尔巴哈台和喀什噶尔附近边界，赔偿兵费 500 万银卢布；还给予俄人扩大通商、增设领事种种特权。伊犁一地名义虽然归还中国，但其西境、南境都被沙俄割去，截断了伊犁和天山南路的交通孔道，使"伊犁已成弹丸之地，控守弥难"。在中国社会舆论的支持下，清朝政府拒绝批准条约，把崇厚革职治罪。

1880 年 2 月，清政府派驻英、法公使曾纪泽赴俄交涉改订条约。当年春，左宗棠移肃州行营于哈密，这位年届七旬的钦差大臣于 5 月带着棺材出关，以示为收复伊犁不惜牺牲的决心。曾纪泽于当年 8 月到达彼得堡，经过长达半年的据理力争，当时俄土关系复趋紧张，沙俄担心中国不惜一战，最后不得不降低要求。双方于 1881 年 2 月 24 日签订了中俄《伊犁条约》。

条约规定的主要内容：

（1）沙俄只同意归还特克斯河流域和穆扎尔山口，但获得霍尔果斯河以西地区。塔尔巴哈台和喀什噶尔等地的两国边界将另行勘定。

（2）中国向俄国赔款由 500 万银卢布增加为 900 万银卢布，并限两年内偿清。

（3）在嘉峪关、吐鲁番两处增设俄国领事，允许俄国商人在伊犁和天山南北各城镇自由贸易，暂不纳税。

接着，根据《伊犁条约》的规定，沙皇政府在 1882—1884 年逼迫清政府签订中俄《伊犁界约》《喀什噶尔界约》《科塔界约》《塔尔巴哈台西南界约》和《续勘喀什噶尔界约》，割去霍尔果斯河以西、扎纳尔特河源、阿克赛河源以及斋桑湖以东等地区的中国领土，总面积为 7 万多平方公里。加上原先根据 1864 年中俄《勘分西北界约记》割去的 44 万多平方公里的领土，沙俄共计割去中国西部 50 多万平方公里的领土。

1884 年中俄《续勘喀什噶尔界约》规定，自乌孜别里山口起"俄国界线转向西南，中国界线一直往南"。根据这一规定，中国帕米尔地区西北部被沙俄割占，但东部仍为中国所有。1892 年，沙俄违约侵入帕米尔东部一带，毁清政府在帕米尔所设卡伦，驱逐当地中国驻军，强占了萨雷阔勒岭以西 2 万多平方公里的中国领土。

对沙俄这一违约入侵，清政府提出抗议，并派代表同沙皇政府进行交涉。1894 年 4 月 12 日，沙俄外交部照会中国驻俄公使许景澄说："由于俄国和中国之间关于帕米尔问题的意见分歧并很难立刻达成一个谅解"，双方军队暂时"保持各自的位置"是维持现状的"最好办法"。中国公使在 4 月 17 日复照表示同意"在中国和俄国间的帕米尔问题未得到解决以前"，双方"保持并不超越各自的位置"。同时郑重声明："在采取上述措施时，并不意味着放弃中国对目前中国军队所占领以外的帕米尔领土的权利。"4 月 18 日，许景澄又照会沙俄外交大臣格尔斯说，中方"已经命令中国主管机关不得超越目前它们所占据的位置，直到中国和俄国关于帕米尔划界问题得到最终解决为止"。4 月 23 日，格尔斯复照许景澄，声明沙皇政府"已经命令俄国主管机关不得超越它们目前所占据的位置，直到俄国和中国间对帕米尔划界问题得到最终解决为止"。

由此可见，1894 年 4 月中俄政府间的四个换文，根本不是什么划界文件，而是当时侵略者和被侵略者之间各自阐述自己立场的来往照会。换文的内容说明中俄在帕米尔地区存在争议，问题没有解决。格尔斯在 1894 年 4 月 23 日也对中国驻俄参赞庆常说过，上述四个换文，只是"两不进兵"之议，今后帕米尔边界尚须"徐俟界议定局"。直至今天，沙俄违约强占萨雷阔勒岭以西 2 万多平方公里的中国领土问题，仍是历史上遗留下来的一个重大悬案。

俄土战争[*]

潘　光

18、19 世纪俄国与奥斯曼帝国关系史，基本上是一部俄土战争史。近 200 年里，历届沙皇政府按照彼得一世制定的争夺黑海的政策，一次次挑起俄土战争。俄土对抗导致黑海和巴尔干地区动乱不休，成了欧洲政治舞台上一个持久的不稳定因素。

1735—1739 年俄土战争

18 世纪初，俄国由于彼得一世改革而实力日增，通过"北方战争"，打败瑞典，夺得了波罗的海出海口。但是在南方，彼得一世却屡次受挫，始终没有打通黑海出海口。

彼得一世的后继者继续把俄国控制黑海看作是它向外扩张的重要步骤。1730 年即位的女皇安娜·伊万诺夫娜是彼得一世的侄女。1733 年，亲俄国的波兰国王奥古斯特二世死去，俄国乘机干预，安娜女皇联合奥地利，在波兰王位继承问题上与法国抗争，同时积极准备对土耳其发动战争。

俄国支持奥古斯特二世之子，萨克森选帝侯小奥古斯特继承王位。法国则支持法王路易十五的岳父斯·列辛斯基为波兰新国王。双方相持不下，终于导致争夺波兰王位的战争爆发。俄军在米尼赫元帅指挥下，攻入波兰，迫使在波兰的法军投降。

小奥古斯特在俄国帮助下继承王位（即奥古斯特三世）后，俄国在 1735 年从南面向土耳其发动战争。这场战争是彼得一世争夺黑海政策的继

---

* 本文所述的俄土战争包括 18 世纪 30 年代至 19 世纪 70 年代俄土间多次战争，至于 1853—1856 年克里木战争，因《外国历史大事集·近代部分·第二分册》已有该选题，故本文不再介绍。

续。俄国指挥部集中部队打击黑海北岸的奥斯曼藩属克里木汗国①。1736 年
5 月底，米尼赫率 54000 俄军以猛烈攻势突破土军苦心构筑的彼列科普堡垒
群，控制了克里木半岛与大陆之间的唯一通道——彼列科普地峡，接着乘胜
攻占了克里木汗国的首都巴赫奇萨赖。6 月底，在顿河舰队配合下，拉西将
军率另一支俄军夺取亚速。由于土军和克里木人的顽强抵抗，俄方也损失惨
重，加之疾病流行军中，缺乏粮草淡水，不得不在盛夏来临之前撤回乌克
兰。

根据 1726 年俄奥盟约，双方中一方如与第三国开战，另一方应派 3 万
士兵参战。战争爆发后，俄国要求奥国履行诺言。奥方却想待俄土两败俱伤
之时，独自开辟新战线，夺取毗邻本国的大片奥斯曼属地。为做好充分的作
战准备，奥国故作姿态，与法、英、荷等国一起出面调停俄土冲突，同时暗
中向俄方保证：尽快参加对土作战。1737 年夏，俄军攻势又趋猛烈。克里木
汗的大军在萨尔吉尔河一线被击溃。土军重兵把守的奥恰科夫要塞也被俄军
攻陷。素丹为赢得喘息时间，表示愿意讲和。8 月，俄、土、奥三方在乌克
兰涅米罗夫镇举行和谈。俄方提出了十分苛刻的条件，要求把从高加索到多
瑙河的黑海北岸地区统统割让给俄国，允许俄国船只在黑海自由通航，自由
出入两海峡，摩尔多瓦和瓦拉几亚两公国脱离土耳其而独立，并受俄国保
护。这一要求遭土方拒绝，连奥方也认为俄国要价太高。同样，奥方向土方
提出的要求也得不到俄方支持，会议尚在进行，战端就已重启，奥土两军重
新交战。11 月，涅米罗夫和谈彻底破裂。

在此后两年的俄奥对土战争中，奥军连连被击败。1739 年 7 月，奥军主
力在克洛茨卡战役中大败，撤入贝尔格莱德，被土军团团包围。在俄土战场
上，俄军继续占上风。1739 年初，米尼赫率 7 万俄军向摩尔多瓦展开进攻；
8 月俄军在斯塔乌查尼会战中击溃韦利帕夏率领的土军主力，占领了霍丁要
塞，随即占领摩尔多瓦全境。

为了维护各自在奥斯曼境内的特权和经济利益，法、英、荷三国继续以
"调停人"的面目周旋于俄、奥、土之间，其中法国表现得最为活跃。维尔
纳夫亲自跑到贝尔格莱德，劝说被困的奥军停止抵抗，促成了有利于土耳其
的奥土和约。1739 年 9 月，奥地利单方面退出了战争，俄国陷于孤立。同

① 克里木汗国是鞑靼封建汗国，位于黑海北岸，乌克兰南部原属金帐汗国，1427 年脱离，
1449 年建国，1475 年臣服于奥斯曼帝国。

月，俄土双方在贝尔格莱德近郊签订和约，其主要条款有：亚速划归俄国，但不得设防；俄国可以在黑海经商，但须使用土耳其船只；俄国不得在亚速海和黑海部署海军。总的来看，贝尔格莱德条约对土方比较有利。根据条约，俄军只得撤出摩尔多瓦和克里木，并拆除在亚速的军事设施。至此，历时 4 年的俄土战争结束。俄国通过战争所获甚少，俄土战争的危机并没有消除。俄国政府等待时机，准备发动更大规模的对土战争。

1768—1774 年俄土战争

1762 年，叶卡特林娜二世即位，开始了俄国历史上大规模对外扩张的新时期。向黑海和巴尔干推进，仍是沙皇政府对外政策的主旨之一。

当时，法国成了沙皇俄国对土耳其进行战争的一个障碍。1739 年以后，法国逐渐成为奥斯曼帝国的头号盟友，时常以其保护人的姿态出现。1740 年的法土条约再次确认法国已享有的特权，如法国商船在帝国领海自由航行，实行低关税率贸易，法国领事有权对当地法国商人实行裁判等，同时又给予法国商人经过帝国领土与俄国通商的权利，这使法国在奥斯曼版图内享有的各种特权超过了其他欧洲强国。凭借这些特权，法国在 18 世纪中叶，已占整个欧洲对东方贸易总量的一半。波旁王室继续促进土、波、瑞三国联合抗俄，特别致力于阻止俄国势力渗入近东。

然而，著名的"七年战争"（1756—1763 年）打乱了欧洲列强对抗的老格局，加深了欧洲的分裂，使"国际形势从来不曾这样有利于沙皇政府推行其侵略计划"①。叶卡特林娜二世立即展开外交攻势，她利用普鲁士与法、奥等国的矛盾，以共同维护在波兰的利益为诱饵，极力拉拢弗里德里希二世，破坏了酝酿中的土普结盟，促成了俄普联盟。普鲁士经过七年战争的消耗，国力衰落，也指望得到俄国的帮助。1764 年签订的俄普条约为双方联合干涉波兰作了准备，同时规定：如果俄土爆发战争，普鲁士应每年向俄国提供 40 万卢布的财政援助。叶卡特林娜二世看出英国切望拉拢俄国反对法国，决定借助英国的力量牵制法国。她批准以优惠条件与英国签订商约。英国便纵容俄国女皇侵略土耳其和波兰，指望俄国能成为"法国这个超等危险物的一个平衡砝码"。不久，俄国又与丹麦签订条约，规定俄国如对土作战，每年可

---

① 《马克思恩格斯全集》第 22 卷，人民出版社 1965 年版，第 25 页。

从丹麦得到 50 万卢布援助。

1767 年，俄国出兵波兰，残酷镇压了代表中小贵族与新兴资产阶级利益的革新派。土耳其强烈反对俄军侵占波兰。为了取得土方支持，一批波兰爱国者在巴尔塔城组织起来，坚持抗俄斗争，这正好使叶卡特林娜二世找到了挑起对土战争的借口。1768 年 6 月，哥萨克部队追击波兰爱国者，并摧毁了巴尔塔城。土方对此露骨的挑衅提出抗议，要求俄军撤出波兰，停止对土耳其边境的进犯，遭拒绝后，于 10 月 6 日向俄国宣战。素丹穆斯塔法三世照会列强，声明土耳其是被迫拿起武器反抗俄国，以维护波兰的自由。

陆上的战斗在多瑙河、克里木和南高加索三个战场展开。格里岑将军率俄军第一兵团 8 万人渡过德涅斯特河，企图夺取霍丁城。土守军 3 万余人顽强抵抗，两次挫败俄军对霍丁城的猛攻，终因粮草耗尽，在俄军发起第三次进攻时被迫放弃该城。俄军虽然占领了霍丁城，但并未歼灭土耳其军队。格里岑被撤职，由鲁勉采夫接任第一兵团指挥官。鲁勉采夫指挥俄军渡过普鲁特河，于 1769 年 10 月攻占雅西，不久进占布加勒斯特。1770 年，鲁勉采夫逐个夺取分散的土军要塞，击溃了多瑙河以北的土军大部队。到 1771 年初，俄军基本控制了摩尔多瓦和瓦拉几亚两公国全境。

在克里木战场，俄军迅速击败克里木军队，于 1769 年占领了亚速海北岸。1770 年，俄军逐步控制整个亚速海，并从陆海两路对克里木半岛施行封锁。1771 年 6 月 26 日，多尔戈鲁科夫率俄军从克里木北部突破彼列科普防线，在南高加索方面，俄军经过激战夺取了卡巴尔达等地。

海上的战斗也十分激烈。由于俄国在黑海和地中海尚无海军，战争开始后，叶卡特林娜二世下令将波罗的海舰队调往地中海。1769 年夏，斯彼里多夫指挥的俄国海军分舰队驶离喀朗施塔得，远征地中海。此后，有 4 支分舰队陆续起航赴东地中海参战。到达地中海的所有俄国舰只统归奥尔洛夫指挥。1770 年春，首批俄舰驶抵摩里亚（伯罗奔尼撒）半岛沿海。半岛上的希腊人民乘机举行反对奥斯曼统治的起义。6 月初，在半岛登陆的俄军被土军击败，仓皇撤回舰上，奥尔洛夫匆匆下令舰队驶离，听任大批希腊起义者被屠杀。7 月初，俄国舰队向停泊在开俄斯海峡的土耳其舰队发动攻击，双方旗舰都被击毁，土舰队避入切什梅湾。7 月 6 日夜，俄舰突入切什梅湾，向土舰队展开火攻。4 艘纵火船插入土舰队之中，使火势迅速蔓延，很快吞没了土耳其舰队。熊熊大火烧了一夜。次日拂晓，土舰 60 多艘化为灰烬，1 万多土军官兵阵亡。土舰队几乎全军覆没，而俄舰竟无一损失，只有 11 人死亡。俄国海军夺得了爱琴海的制海权，矛头直指两海峡。

俄国在战前所做的一系列外交努力，在战争过程中日益发挥作用。当俄国波罗的海舰队绕道大西洋开赴近东时，法国想要联合西班牙阻止俄舰队。但英国宣告，任何试图阻挡俄舰前进的举动都将被看作是宣战的理由。法国只得放弃该项计划。1773年，英国又以军事威胁迫使法国撤销从海上支援瑞典，与土耳其南北呼应的方案。法国无法采取任何支持土耳其的重大战略行动，只能向土方提供一些物资援助，对战局影响甚微。奥地利本来并非全心全意支持土耳其，但俄军的迅速推进严重威胁哈布斯堡王朝在巴尔干的利益。维也纳宫廷不得不采取应急措施。1771年7月，奥地利与土耳其签订密约，规定：如俄军越过多瑙河，奥地利将出兵援土。英国立即将这一事态发展通知柏林。普鲁士为避免俄奥开战，极力劝说俄国拉拢奥国一起瓜分波兰。1772年8月，俄普奥签订第一次瓜分波兰协定。此后，奥国便拒绝批准奥土条约，放弃了援土计划。

1773年6月，鲁勉采夫率军渡过多瑙河，未能突破土军防线，被迫撤回。次年6月，俄军再次强渡多瑙河，在科兹卢贾附近击溃土军。7月，俄军先头部队越过巴尔干山脉。这时连连获胜的俄国女皇也有后顾之忧：进一步向南进击可能引起列强不满和法、奥干涉；国内普加乔夫农民起义不断扩大，急需停战，调兵前去镇压。一败涂地而又孤立无援的素丹，自然急欲讲和。俄土双方经过一番讨价还价，于1774年7月在库楚克—凯纳吉村（在保加刊亚境内）签订了合约。

和约的主要内容是：第一，俄国夺得黑海北岸大片土地和所有战略要地，并获得黑海东岸的卡巴尔达，克里木汗国被宣布"独立"。第二，俄国商船可以在黑海、多瑙河和两海峡自由航行，俄国商人可以在奥斯曼境内自由经商，享受最惠国待遇。第三，俄国撤出战争中侵占的多瑙河诸公国、爱琴海诸岛、克里木和高加索部分地区，但以后在这些地方享有政治、外交、税收、宗教等方面的特权。摩尔多瓦和瓦拉几亚被置于俄国"保护"之下。俄国可以在奥斯曼境内各地设立领事馆，在君士坦丁堡建立一座由俄国使节管理的东正教堂。素丹同意保护基督教会，并"适当考虑"俄方就帝国境内基督教的有关问题提出的意见。显然，这些条款使俄国拥有干涉土耳其内政的广泛权利，后来它们被沙皇政府随意曲解和扩大，成了俄国挑起事端的借口。

1787—1791 年俄土战争

恩格斯指出，俄国"一次征服必然继之以又一次征服，一次吞并必然继之以又一次吞并"①。1774 年俄土战争结束后，叶卡特林娜二世在黑海北岸扩建军事要塞，加速组建黑海舰队，将吞并克里木提上了议事日程，企图进而打开两海峡，在巴尔干和南高加索继续推进。

俄国咄咄逼人的南进引起列强震惊。一个法国外交官写道："俄国夺取君士坦丁堡，进入地中海，并控制海峡，是现时对欧洲最大的危险。"然而，在 70 年代后期，由于英国陷入北美独立战争，普奥之间为争夺巴伐利亚又爆发冲突，列强一时无暇顾及。1776 年秋，苏沃洛夫率军侵入克里木，把俄国傀儡沙金—格莱扶上汗位。1783 年 4 月，俄国宣布克里木"归属于"俄国，随即着手在克里木半岛上修建塞瓦斯托波尔等海军基地。80 年代中，北美独立战争结束，法国由于国内危机日益加深自顾不暇，对英国在中近东主要威胁显然已不再是法国，而是俄国，因此伦敦的反俄情绪滋长起来。奥俄两国虽有矛盾，但在共同瓜分波兰和蚕食奥斯曼过程中都得到了好处，因此逐渐接近。1781 年，新即位的奥皇约瑟夫二世与叶卡特林娜二世互换信件，签订了为期 7 年的盟约，规定两国在受到第三国攻击时，彼此要给予军费援助。次年，女皇向奥方提出了臭名昭著的"希腊计划"，这一计划的主要内容是俄国吞并奥恰科夫和布格河与德涅斯特河之间的土地及克里木、爱琴海上的一些岛屿；在摩尔多瓦和瓦拉几亚两公国建立一个依附于俄国的达基亚王国，由俄国外交大臣波将金做国王；恢复以君士坦丁堡为首都的希腊帝国，统辖色雷斯、马其顿、保加利亚和希腊本部，由叶卡特林娜二世的孙子康斯坦丁·巴甫洛维奇为皇帝。希腊计划充分暴露了俄国企图把土耳其赶出欧洲，独吞巴尔干的野心。叶卡特林娜二世为准备发动新的对土战争，还改善了同法国的关系。1786 年，俄法缔结了通商条约。

1787 年，俄国女皇和奥皇一起到俄国的"新领土"巡视。在赫尔松，女皇挑衅性地穿过一座刻有"去拜占庭之路"字样的拱门，并观看了三艘战舰在新建的造船厂下水。在塞瓦斯托波尔，她得意扬扬地检阅了黑海舰队。同时，俄国向土耳其提出了一系列要求：在摩尔多瓦和瓦拉几亚建立听命于

---

① 《马克思恩格斯全集》第 9 卷，人民出版社 1961 年版，第 18 页。

俄国的世袭统治；将比萨拉比亚（摩尔多瓦的一部分）割给俄国；土耳其放弃对格鲁吉亚的统治权。被激怒的素丹哈米德一世对此断然拒绝，反过来向俄方提出归还克里木等要求，自然也遭拒绝。于是，双方诉诸武力，在1787年9月初再次开战。

战争一开始，土军向第聂伯河口的金堡要塞发动猛攻。苏沃洛夫率军坚守，击退了土军的连续进攻，土方损失4500余人，俄军伤亡438人。1788年1月，奥国经过一段时间犹豫后对土宣战。俄军在奥军配合下攻入摩尔多瓦，夺取了霍丁。苏沃洛夫也在第聂伯河口转守为攻，包围了与金堡隔河相望的土军战略重地奥恰科夫要塞，经过苦战，于1788年10月将其攻陷。在海上，乌沙科夫率领的黑海舰队连连重创土耳其舰队，控制黑海，有效地支援了俄军陆上作战。

与上次俄土战争时的情况相反，大多数强国都同情土方，这充分显示了欧洲对沙皇俄国10多年来扩张普遍感到的不安和忧虑。1788年初，俄国波罗的海舰队又欲驶往地中海。这次英国拒绝给予俄方任何帮助。同年夏，瑞典在英、普的财政支持下对俄宣战，在波罗的海方向开辟第二战场，给了土耳其及时援助。为摆脱困境，俄国鼓动丹麦进攻瑞典。1788年8月，丹麦军队参战攻入瑞典国境，给瑞典造成严重威胁。古斯塔夫三世匆忙请求普鲁士和英国帮助，英、普两国对丹麦施加压力，在武力威胁下同年10月，丹、瑞达成停火协议。1790年初，普鲁士与土耳其秘密商定，普军于次年春加入土方对俄、奥作战。英、普还多方劝说奥地利尽早与土媾和。1790年继位的奥皇利奥波德二世切望与英、普弥合分歧，以共同对付法国。他接受英、普、荷的斡旋，于这年9月单独与土耳其停战，并于次年与土方缔结和约。

在俄土战场上，俄军节节获胜。1789年，苏沃洛夫在摩尔多瓦的福克沙尼和雷姆尼克河畔相继击溃土军。俄军夺取了宾杰里、哈吉别伊（今敖德萨）等要塞。1790年，俄军在多瑙河战区攻占苏利亚、土耳恰诸要塞，在高加索地区粉碎了土军对卡巴尔达的攻击。土、奥停战后，俄军继续进攻。苏沃洛夫奉命不惜一切代价夺取多瑙河口的土军战略据点伊兹梅尔。俄军在激战中伤亡约1万人，在650名军官中伤亡400名，付出沉重的代价后，俄军终于突入这个坚固的堡垒集群，将其攻克。1791年6月，库图佐夫率军渡过多瑙河，于巴巴达格击溃土军2万多人。8月11日，乌沙科夫在卡拉克里亚海角，趁土舰队官兵度伊斯兰教节日时，发动突然袭击，使土方损失沉重。尽管俄国在陆上、海上进展迅速，连连取胜，但奥国退出战争、法国革命迅猛发展和波兰局势变化，使俄国不得不尽快结束这场战争。俄土两国开始进行接触。

英、普两国不愿看到俄国再次吞并大片奥斯曼属地，进而在整个黑海区域建立霸权，决定直接出面干涉俄、土会谈。它们向女皇提出要求：俄国必须撤出扼布格河和德涅斯特河出海口的战略要地奥恰科夫，在恢复战前原状的基础上缔结对土和约。叶卡特林娜当然不会轻易让步，于是英普两国剑拔弩张，准备以武力迫使俄国就范。1791 年 3 月底，一份最后通牒被送往驻圣彼得堡的英国使馆，随时准备递交给俄国政府，该通牒要求女皇在 10 日内同意以"合理的条款"实现和平。但皮特的反俄举动遭到了议会中反对派的激烈抨击，俄国驻英大使与福克斯为首的反皮特力量，保持着密切的联系。最后，皮特被迫后退，撤销了最后通牒，又悄悄解除了海军的备战状态。这就是 1791 年的"东方危机"。它虽然是短暂的，但却表明：欧洲列强为瓜分奥斯曼已首次发生了正面冲突。人们一般把这次危机看作"东方问题"——"对土耳其怎么办"的问题形成的标志。

1792 年 1 月，俄、土签订雅西和约。条约确认克里木和库班永归俄国，将布格河和德涅斯特河之间的土地（包括奥恰科夫）割给俄国，并规定土耳其放弃对格鲁吉亚的要求。通过这次战争，叶卡特林娜虽然远没有实现其野心勃勃的希腊计划，但最终控制了整个黑海北岸。

1806—1812 年俄土战争

1791 年后，俄国卷入瓜分波兰、反对法国革命、争夺中欧霸权的斗争，暂时放慢肢解土耳其的步伐。奥斯曼帝国获得了一段喘息时间。1789 年登基的素丹谢里姆三世抓住这一时机，试图实行改革以振兴国家，反而招致了一连串宫廷政变和自相残杀，专制制度根深蒂固的弊病却没有触动。帝国内部的民族矛盾日趋尖锐，巴尔干半岛上的民族解放运动正在兴起。

1798 年，拿破仑远征奥斯曼的属地埃及。对"法兰西瘟疫"蔓延感到胆战心惊的保罗一世（叶卡特林娜二世之子）摇身一变，成了奥斯曼领土完整的"维护者"，他与土耳其缔结反法盟约，随即出兵欧陆，并派海军攻占法军据有的爱奥尼亚群岛。这是近代史上两次中的第一次短暂的俄土结盟（第二次是 1833—1841 年）。但俄国同土耳其在黑海和巴尔干的利害冲突并没有得到根本解决。保罗一世想通过条约来加强对奥斯曼的渗透和控制，而素丹则希望法国在欧洲将俄军击败以乘机将俄国从南高加索西部赶出去，恢复土耳其对黑海的统治。法军 1801 年离开埃及后，法土恢复友好关系。法国答应帮助土耳其收复克里木，它又成了奥斯曼对抗俄国的积极支持者。

1801 年，保罗的儿子亚历山大一世即位。1802 年，俄国对摩尔多瓦和瓦拉几亚的"骚乱"表示不满，迫使素丹答应：不经俄国同意不得撤换两公国的大公，土耳其当局停征部分捐税。1804 年，塞尔维亚爆发反抗土耳其统治的武装起义。亚历山大一世本来对受法国革命影响的解放运动并无好感，但他看出这是在巴尔干扩大势力的好机会，便唱起了"支援"斯拉夫兄弟的高调。俄土关系因此进一步恶化。此时已把俄国看作劲敌的拿破仑，竭力挑动土耳其和波斯对俄开战，以从南翼牵制俄军。1804 年，波斯对俄宣战。1806 年夏，当法军在欧陆鏖战中大获全胜之时，素丹在法国大使塞巴斯蒂亚尼怂恿下自行罢免了两公国的大公。尽管他后来又恢复了两大公的职务，俄军还是越过普鲁特河攻占了两公国。年底，俄土"盟友"关系终于破裂，19 世纪第一次俄土战争爆发了。

在战争的第一阶段，英国从俄国盟邦的地位投入对土作战。英国舰队配合驻爱奥尼亚群岛的俄国舰队，在地中海与土耳其舰队展开激战。1807 年 2 月，英国舰队一度突入马尔马拉海，直通君士坦丁堡，因贻误战机，被得到法国支持的土军击退，损失了 600 多人和两艘战舰。俄国舰队在谢尼亚文率领下封锁了海峡，并在达达尼尔海战和阿索斯海战中重创土舰队。在陆上，由于俄军主力在中欧与法国作战，沙皇在夺占多瑙河两公国后没有再贸然前进，而受塞尔维亚人牵制和国内政局动荡影响的土军，也无力进行反攻。因此，巴尔干和高加索两战场均无重大战事。1807 年 6 月 13 日，拿破仑与亚历山大一世签订提尔西特和约，俄法两国一夜之间从死敌变成了"盟友"。根据和约的秘密条款，俄国同法国结盟共同反对英国，同时承担了对英国进行封锁的义务；法国则同俄国共同划分欧洲的势力范围，承认俄国对东欧的统治权。这一和约使新上台的素丹穆斯塔法四世处境尴尬，在法国的压力下只好停火。战争的第一阶段至此结束。

提尔西特和约规定俄军应撤出两公国，但沙皇并不执行。拿破仑对此无能为力，只好默认既成事实。对俄、法拿奥斯曼属地做交易感到愤慨的素丹，便逐渐靠拢与俄、法作战的英国。1809 年初，在奥国撮合之下，英、土签订盟约。1809 年 3 月，俄、土之间战端再启。在战争的第二阶段，英国对土耳其承担了条约义务，而法国则成了俄国名义上的盟友。在巴尔干战场，俄军于 1809 年强渡多瑙河，夺取了伊萨克恰、土耳恰、伊兹梅尔等要塞。1810 年，俄军攻克土军固守的锡利斯特里亚要塞，又在巴蒂纳战役中击溃土军 10 万，但在夺取鲁舒克要塞过程中损失重大。1811 年，库图佐夫接任巴尔干俄军的指挥权，接连在鲁舒克和斯洛博得泽亚两役中击败土军。在高加索，俄军 1809 年进占波季，次年攻克苏呼米，1811 年夺取了阿哈尔卡拉基要塞。

1811 年，法国入侵俄国在即，俄、法关系濒临破裂。沙皇政府被迫将精锐部队从多瑙河前线调往俄国西部边境，期望尽快结束对土战争，集中力量对付法国。俄土双方于 1811 年秋开始和谈。在俄法战争前夕，法国转而拉拢土耳其，促其继续打下去。土耳其犹豫不决，采取拖延手法。亚历山大一世担心陷入两面受敌的困境，不得不下令在谈判中作出一些让步。俄国谈判代表库图佐夫为俄方争取到了最好条款。土方对欧陆形势的急剧转变缺乏了解，又怕法国再次抛弃朋友，竟然在俄法战争爆发前夕与俄国达成协议。1812 年 5 月，即拿破仑进攻俄国前一个月签订的俄土布加勒斯特和约规定：以普鲁特河和基利亚水系为新的俄土边界，俄国获得比萨拉比亚，但将摩尔多瓦其余地区、瓦拉几亚、高加索部分据点归还土耳其。6 月，俄、法战争开始，大批俄军不得不北上抗击法军。素丹马哈穆德二世得知真相后，大为震怒，但后悔已晚。

1828—1829 年俄土战争

拿破仑帝国垮台后，以俄、奥为核心的"神圣同盟"控制着欧洲。1821 年，希腊人民揭竿而起，展开了争取独立的斗争。奥斯曼军队对起义者和希腊平民进行了骇人听闻的大屠杀。君士坦丁堡大主教和其他 80 余名主教被杀，成千上万名希腊居民也被屠杀或沦为奴隶。俄国和欧洲各国的进步舆论强烈同情希腊起义，掀起支持希腊的热潮。沙皇亚历山大一世在希腊问题上进退两难。他既想插手希腊独立运动以扩大俄国影响，又厌恶"造反者"，担心希腊人的成功会危及神圣同盟所维护的"正统"秩序。因此，他虽下令与土耳其断交，但在奥国首相梅特涅的劝说下，又决定不支持希腊人，也不对土开战。腐败的奥斯曼陆军无力控制希腊局势，素丹只得向属国埃及求助。1825 年，土、埃军队向起义者发动强大攻势，希腊独立运动处于极其危难的境地。

　　由于不愿看到俄、奥影响在欧陆日增，英国一直与神圣同盟保持一定距离。在国内改革运动高涨的形势下，1822年上任的外交大臣坎宁决心推行"开明"的对外政策。1823年，英国宣布承认希腊和土耳其两方为交战国。次年，它开始向希腊临时政府提供货款和援助。俄国深恐英国势力控制希腊独立运动，急忙采取措施以夺回主动权，试图趁土耳其焦头烂额之时大捞一把。1825年底即位的尼古拉一世，上台伊始就与英国订立协议书，商定采取一致行动来促进希腊自治。接着，他逼迫土耳其签订阿克尔曼协定。土方确认当时的俄土边界有效，将高加索部分尚有争议的土地割给俄国。同时承认俄国对塞尔维亚、摩尔多瓦和瓦拉几亚的"保护"。显然，这个协定与希腊独立问题并无直接联系。1827年7月，俄、英、法三国缔结伦敦条约，要求土希停战，建立自治的希腊国家。三个月后，英、法、俄联合舰队在纳瓦里诺湾歼灭土埃舰队。英、法的态度使素丹十分恼怒，但俄国趁火打劫更是对他迫在眉睫的威胁。1827年12月，马哈穆德二世宣布对俄进行"圣战"，并声明废除俄土间以前的一切条约。次年4月，俄国向土宣战。英、法看出俄国的野心，不愿参战，以免过分削弱土耳其的势力。因此，1827年10月，俄英法联合舰队在纳瓦里诺消灭了土埃联合舰队后不久，英、法即宣布退出战争，而俄国认为自己可以单独打赢这一仗，也不希望英、法插手。

　　这次战争历时仅一年多，战况十分激烈。

　　1828年5月初，维特根施捷恩元帅率10万俄军越过普鲁特河。尼古拉一世随军指挥作战。经过一个月的战斗，俄军占领了多瑙河两公国，并于6月初渡过多瑙河。土军死守多瑙河畔的几个战略据点。俄军只得转而对这些据点逐一展开攻击，在损失了数千人之后，于6月19日攻陷勃瑞拉要塞，接着拔除了一连串据点。只有锡利斯特利亚要塞久攻不下。在双方的拉锯战中，俄军伤亡惨重，骑兵的马匹竟损失了2/3。尼古拉一世下令从国内速调援兵。9月初，俄军援兵到达瓦尔纳外围。尼古拉一世也率领黑海舰队驶抵瓦尔纳附近海面督战。俄国陆海军对瓦尔纳周围10个棱堡展开猛攻，于10月10日夺占瓦尔纳。土方守军15000人被全歼。此后严冬来临，双方逐步停止大规模军事行动。在高加索战场，帕斯克维奇率2万俄军于7月5日攻占卡尔斯要塞，此后又接连攻占阿尔达罕、阿哈尔齐赫、波季和巴亚济特等要塞。

　　尼古拉一世于1828年战事结束后离开巴尔干战场回国，临行前任命迪比奇接替维特根施捷恩任巴尔干俄军总指挥。迪比奇的指挥效率大为提高。

他想方设法，克服困难，总算使俄军在 1829 年战役开始前仍拥有 68000 名战斗人员。同时，俄国黑海舰队在 1829 年初春击败土舰队，封锁海峡，为俄军沿黑海边继续向南进攻提供了掩护。5 月，战幕再次揭开。为了消除对侧背的威胁，俄军于 6 月 26 日再次攻占锡利斯特利亚。在这同时，迪比奇率俄军在库列夫恰击溃兵力比自己多 1 倍的土军。在高加索方面，俄军于 7 月初控制了埃尔祖鲁姆，并继续向特拉帕索斯推进。7 月中下旬，迪比奇指挥俄军主力翻越巴尔干山脉。8 月 20 日，俄军长驱直入君士坦丁堡的门户亚得里亚堡。俄国舰队出现在土耳其首都附近海面。

其实，此时俄军虽已取得胜利，却遇到巨大的困难和危险。经过长途跋涉和连续苦战，迪比奇手下只剩 2 万人。疲惫不堪和传染病蔓延继续削弱着俄军的战斗力，倒在医院里的士兵就有 4000 人。同时，穆斯塔法帕夏率 4 万土军正赶来援救君士坦丁堡。苏姆拉等据点也仍在土军手中，对俄军侧翼和后方均构成了严重威胁。但是，素丹被俄军虚张声势所迷惑，以为俄军还有 6 万人，可能一举攻占土耳其首都，因而在英、法、普等国的推动下，匆忙于 9 月 2 日同俄国签订了亚得里亚堡和约。该和约使俄国夺得了多瑙河口，正式确立了对罗马尼亚两公国的"保护权"；土耳其被迫承认南高加索"永远"并于俄国，同意实行塞尔维亚自治，并承认希腊自治。

1828—1829 年的俄土战争客观上有利于希腊、塞尔维亚等国人民摆脱奥斯曼暴政的桎梏。但是，沙皇的本意绝不是要促成不依附于俄、土两大国的巴尔干民族国家的建立，而是要将巴尔干置于俄国势力控制之下。

1877—1878 年俄土战争

俄国在克里木战争中被击败，使罗曼诺夫王朝在南下的道路上遭受了自 1711 年彼得一世进军普鲁特河受挫以来最惨重的失败。1856 年的巴黎和约禁止俄国在黑海驻有舰队、建立要塞和兵工厂，迫使俄国将南比萨拉比亚归还摩尔多瓦，将卡尔斯归还土耳其，还取消了俄国对两公国及对奥斯曼境内基督教徒的"保护权"。俄国失去了欧洲霸主的地位。

1855 年，亚历山大二世即位，他发誓要废除巴黎条约，并以此作为俄国外交的主要目标。以后 10 多年里，他先是联合法国，在罗马尼亚和意大利的统一问题上狠狠打击哈布斯堡王朝；接着又支持普鲁士统一德国，打击法国，进一步削弱奥国。1870 年 10 月俄国政府发表声明，宣称由于其他国家一再违反巴黎和约，不能认为和约中与俄国"利益直接有关的条款"仍然有效。战败了的法国和内外交困的奥国无力反对沙皇，而俾斯麦则公开支持俄国。孤掌难鸣的英国只好对俄国的立场表示默认。1871年3月签订的伦敦公约，废除巴黎和约中关于黑海"中立化"的规定，恢复了俄国在黑海地区拥有舰队的权力。

进入70年代后，巴尔干各国的民族解放运动风起云涌。1875年夏，波斯尼亚和黑塞哥维那人民展开了反对奥斯曼统治的武装斗争。1876年4月，保加利亚人民奋起举行争取独立的民族大起义。素丹调动大批军队，对起义者进行血腥镇压，激起欧洲舆论的愤慨，又一次促成支援巴尔干人民的热潮。1876年夏，塞尔维亚和门的内哥罗先后向土耳其宣战。巴尔干各国人民的反土统一战线已经形成。

亚历山大二世认为，完全恢复克里木战争前俄国霸权的时机已经到来，而一场"解放"巴尔干的战争还能转移俄国人民对国内问题的注意力。他便加紧在外交上为对土战争作准备。在列强中，德国是支持俄国出兵巴尔干的，因为英、俄陷入近东能使它放手欺凌法国。借助于俾斯麦的外交斡旋，1877年1月，沙皇首先与争夺巴尔干的对手奥匈帝国签订秘密协定，商定奥匈帝国在俄土冲突中保持中立，作为交换条件，俄国将波斯尼亚和黑塞哥维那让给奥匈。同时，沙皇竭力拉拢法国，稳住俄国在中近东的头号强敌英国。英国要求召开国际会议讨论土耳其问题。俄国立即表示支持，但声称：如土方不让步，而"欧洲"仍然无所作为，俄国将不得不单独采取行动。沙皇还向英国保证：俄国无意占领君士坦丁堡。沙皇还迫使罗马尼亚签订俄罗协定，允许俄军通过罗境与土军作战。1877年4月上旬，土耳其拒绝欧洲6国的伦敦议定书。4月23日，俄国与土断交，次日正式对土宣战。

战前，俄国进行了局部动员。战争爆发后，俄国正规军达72万人，加上后备役共有140万人，占有明显优势。但在海军方面处于劣势，俄国黑海舰队新建不久，只有39艘舰只，其中装甲舰只有2艘，而土耳其黑海舰队却拥有22艘装甲舰，82艘非装甲舰。巴尔干战场的俄军主力行动迟缓，直到7月初才全部渡过多瑙河。沙皇的兄弟尼古拉大公任巴尔干俄军总指挥，沙皇本人也随军督战。他们决定：西路部队进攻尼科波尔和普列夫那，东路部队进攻鲁舒克，先头部队从中路突进，夺取巴尔干山口。在土耳其方面，素丹看出普列夫那战略地位极其重要，于7月10日命令驻维丁的欧斯曼帕夏速去增援该要塞。俄军派出1万人去进攻普列夫那，土方守军已因欧斯曼的抵达而增至15000人。俄军遭到迎头痛击，狼狈撤回。7月30日，4万俄军对普列夫那发动第二次进攻，又被击退。在此期间，东路俄军没有采取重大行动。古尔科将军率领的俄军先头部队在中路进展比较迅速，7月7日攻占保加利亚古都图尔诺沃，7月14日越过巴尔干山脉占领希普卡山口，7月30日进抵山南重镇埃尼——扎果拉。古尔科兵力单薄，仅12000人，无力继续前进，在遭到苏里曼帕夏的3万土军猛烈反击后，被迫撤回希普卡山口。战场形势由俄攻土守转为俄土相持。在高加索战场，俄军于4、5月间攻占巴亚济特和阿尔达罕，后遭土军反击，于6月退至边境。

8月，土军在巴尔干战场发动全面反攻。在巴尔干山南，苏里曼向古尔科发动猛攻，企图夺回希普卡山口。古尔科在获得2万援兵（保加利亚义勇军占1/3）后，顽强抵抗，守住了山口。在巴尔干山北，土军新任总司令穆·阿里帕夏也向俄军展开进攻，一度将部分俄军逐至多瑙河以北。直至俄军援兵源源开到，土军进攻才被击退。9月初，南北两线部呈现僵持状态。9月7日，俄罗联军开始炮轰普列夫那，三次强攻遭挫。俄罗联军决定完全切断普列夫那与外界的联系，对其实行围困战术。土军援兵屡次试图接近普列夫那，均被击退。到12月初，普列夫那守军的补给品已经耗尽。10日，欧斯曼率军向西突围被击溃，自己也负了伤，只好投降。解除后顾之忧后，俄军大部队在保加利亚居民协助下越过巴尔干山脉，于1878年1月4日攻克索非亚。

在这同时，塞尔维亚、门的内哥罗、希腊、阿尔巴尼亚等国军民也在各地打击土军。同年1月20日，俄军进入亚得里亚堡。2月初，尼古拉大公的前线指挥部离土耳其首都仅10英里。在高加索战场，俄军于1877年秋再次转守为攻，夺占卡尔斯和巴统，包围埃尔祖鲁姆。

俄军的胜利引起了英、奥等国的恐慌。英国一再警告俄国不得占领君士坦丁堡，奥国也宣布反对俄军逼近海峡。2月8日，英国内阁决定派遣舰队开赴海峡；议会批准拨款600万英镑供战备用。奥国也打算进行动员。此时俄军已是强弩之末，不敢冒与英、奥火并的风险，沙皇令俄军停止前进。3月3日，俄土于圣·斯蒂法诺签订和约，规定：建立一个领土自多瑙河延伸至爱琴海的大保加利亚，由俄军占领两年；将南高加索的阿尔达罕、卡尔斯、巴统、巴亚济特和罗马尼亚的南比萨拉比亚割给俄国，两年内俄军可借道罗境进入保加利亚；禁止土耳其军舰驻泊多瑙河，土方向俄方支付3.1亿卢布赔款。

俄国欢呼圣·斯蒂法诺条约的签订。建立受俄国控制的保加利亚这一条款，实际上使俄国势力扩展到了爱琴海，驻在保加利亚的俄军将随时可以占领海峡，并在东地中海畅行无阻。列强对沙皇控制欧洲南翼的前景感到不寒而栗，立即对条约群起反对。奥国要求召开国际会议"审查"该条约，英国表示支持。罗马尼亚等小国对条约任意宰割其领土也表示强烈不满。俄国国内的强硬派公然声称：这一"俄国的鲜血"换来的条约，不能拿来做交易，也不应修改。俄国虽以武力威胁压服了罗马尼亚，但英、奥两国却准备与俄国干戈相见。连一贯袒护俄国的俾斯麦也不再愿站在俄国一边。在这种形势下，俄国只好作出让步。6月初，由英、俄、德、法、奥、意、土七国参加审议俄土条约会议在柏林召开。经过一个多月激烈的争论，签署了柏林条约。柏林条约将保加利亚领土缩小到巴尔干山脉以北，迫使俄国吐出了半块肥肉；条约仍将南高加索的卡尔斯、阿尔特温和巴统割给俄国；条约虽然承认巴尔干各国独立或自治，但又不顾它们的反对，将南比萨拉比亚划给俄国，将波斯尼亚和黑塞哥维那置于奥国占领之下；为了满足大国的欲望，条约还任意改变巴尔干国家的边界，在这些国家未来的相互关系中埋下了无穷的隐患。

借助于巴尔干各国人民、俄国人民以及全欧进步力量的共同奋斗，沙皇政府在1877—1878年的俄土战争中取得胜利，基本恢复了俄国在克里木战争前的地位。通过这场战争，保加利亚等巴尔干各国人民摆脱了奥斯曼帝国的统治，但不久后就"饱尝了沙皇式解放的滋味"①。随着奥斯曼帝国日暮途穷，俄、英、德等帝国主义强国在整个中近东的争霸斗争愈演愈烈。而在巴尔干，俄、奥之间的矛盾更趋尖锐，终于在36年后使"欧洲火药桶"轰然爆炸，点燃了第一次世界大战的熊熊大火。

---

① 《马克思恩格斯全集》第22卷，人民出版社1965年版，第51页。

19 世纪德国产业革命

王志乐

19 世纪 30 年代后期到 80 年代中期，德国完成了产业革命①。德国在比较短的时间内比较深入地完成产业革命，使其经济得到迅速发展。到本世纪初，德国超过法国，赶上英国，成为世界资本主义强国。

产业革命的准备时期

产业革命之前的德国，是一个政治上四分五裂，经济上十分落后的国家。

19 世纪初，德国尚处于封建割据状态。1815 年维也纳会议之前，德国分裂为 300 多个独立的行政体。维也纳会议之后，虽有一个德意志联邦，但这是一个由 38 个拥有各自主权的邦国和自由市组成的松散联合体。

政治分裂，严重地阻碍了经济的发展。1800 年，第一产业（农、林、渔业）拥有全部就业人员的 2/3，而第二产业（工矿业）仅占 1/5。在工矿业中，绝大部分是手工业。近代机器工业的比重微不足道，其就业人员仅占全部就业人员的 1.5%，到 1835 年也只有 2%。1835 年，德国煤炭产量只有210 万吨，还不到英国的 1/13。这一年，德国生铁产量为 15.5 万吨，是法国的一半，英国的 1/6。1846 年，全德意志使用 29000 马力的蒸汽机。法国在 1848 年拥有 65000 马力的蒸汽机。而英国早在 1839 年仅纺纱厂使用的蒸

---

① 产业革命和工业革命在英文里是同一个名词，Industrial Revolution，旧译为工业革命。近年我国理论界倾向性的意见认为，译作产业革命更确切。因为近代产业革命虽以工业中的革命为主体，同时也涉及国民经济其他部门的变革。它从生产工具的变革开始，引起劳动性质，劳动力水平，企业组织形式，国民经济部门结构，管理方法等一系列重大变化。产业革命不仅是社会生产力的飞跃，同时也对生产关系的变化严生重大影响。

汽动力已达 74000 马力。

19 世纪初叶，是德国产业革命的准备时期。

拿破仑战争前，德意志民族意识在不断提高。1789 年法国爆发的资产阶级革命，正如恩格斯所说，"像霹雳一样击中了这个叫做德国的混乱世界。它的影响非常大"①。1792 年 9 月，法国国民军在瓦尔密战胜了入侵的普鲁士军队，11 月又战胜了奥地利侵略军，乘胜占领了德国莱茵河左岸地区，打击了德国封建制度。1799 年拿破仑实行军事独裁统治后，连年发动对外战争，把他的统治扩展到德意志地区。1806 年，拿破仑强迫哈布斯堡王朝取消徒有虚名的"神圣罗马帝国，"在德意志建立由 21 个邦参加的"莱茵同盟"，改变了德国封建割据异常分散的局面。法国占领军在德国实行了一系列资产阶级改革，宣布废除贵族的特权，解除农民对地主的封建义务，没收和拍卖教会的土地；在城市实行"工业自由"，废除行会法规，推行新的资产阶级民法。这一切，为德国资本主义的发展提供了有利条件。

1807 年签订的《提尔西特和约》，承认法国对已经取得的国外领土的占领。普鲁士失去领土 1/2，并赔款 1 亿法郎，还须裁减军队。使德意志人蒙受了前所未有的屈辱。但是，殷忧启圣，多难兴邦，《提尔西特和约》却成为德意志民族奋起的契机。民族要复兴，国家要富强，这一信念鼓舞了许多爱国志士，同时也影响到当时的统治阶层。普鲁士及其他一些地区进行了政治、经济、教育和军事多方面改革。这些改革既开始了德意志民族的复兴，也开始了德国资产阶级革命，同时，为德国产业革命的兴起准备了条件。

1807—1812 年普鲁士施太因—哈登堡改革废除了世袭等级制度，允许贵族地主经营工商业，也允许市民和农民购置贵族地产。城市行会章程被废除，在很大程度上实行了经营工商业的自由权。1807 年十月敕令和 1811 年 9 月调整敕令宣布废除农民对地主的人身依附，允许农民通过缴付赎金而从地主那里取得土地，免除封建义务。赎买条件十分苛刻，农民要付相当常年支出 25 倍的赎金，或者将 1/2 至 2/3 的耕地割让给地主。地主在这一调整中获得大量地产和赎金，逐步向农业资本家转化。农民不同程度地摆脱了封建束缚，有的经营农业，有的则流入城市成为雇佣工人。

18 世纪到 19 世纪初，英国领先进行了第一次技术革命和产业革命。普鲁士和一些邦政府为了发展本国工业，通过出国考察、留学、高薪招聘英国

---

① 《马克思恩格斯全集》第 2 卷，人民出版社 1957 年版，第 635 页。

技术工人，引进英国机器，举办工业展览会等多种途径，大量吸收英国的先进技术。到19世纪三四十年代，技术引进和技术教育政策已初见成效。

　　1815年，普鲁士领土是由各有其财政和关税制度的省份拼凑起来的统一体，而德意志联邦内部的关税制度则更为复杂多样。1818年，普鲁士政府实行新的统一税则，废除了国内60个关税区，统一了对外关税。新税则为普鲁士工商业发展提供了有利条件。此后，普鲁士政府先后与其他多数邦政府协商，将其税则逐步推广到德意志大部分地区，成立了德意志关税同盟，把约2500万人口的地区结成一个密切的经济区域。该同盟规定，从1834年1月1日起，在同盟邦国相互间贸易中废除关税，而在对外国贸易中实行统一关税。从此，在一个四分五裂的国家内出现了对外实行保护关税、对内实行自由贸易的统一关税的经济区。后来，正是以这个经济区为基础，形成了统一的民族市场。

　　德国还通过多种渠道解决了产业革命所需资金问题。最初的资金掌握在商业资产阶级手中。商业资产阶级在反法同盟与法国的战争中由于经营军用物资而获取了巨额利润。后来，他们又通过股份公司形式投资于企业。到1850年，德国已拥有200多个股份公司。农民解放过程中，地主将其获得的大笔赎金或用于农业，或投资铁路，或投资工商业。国家则通过国债、税收制度积聚了可观的资金。1831年，普鲁士工商业税收为200万塔勒[①]。1834年，关税同盟收入达1450万塔勒。

　　经过上述几方面努力，到19世纪30年代，尽管仍处于分裂落后状态，德国已经积累了产业革命所必需的资金，初步形成了统一的国内市场；初步解除了农奴制和行会制的束缚，造成了工商业经营自由和劳动力的流动自由。尤为重要的是，德国已经吸收了先进国家第一次技术革命的成果，并且具备了消化、改造这些技术的能力，同英、法等国一样，纺织业成为最先进的工业部门。

产业革命的过程

　　从19世纪30年代后期起，德国开始了产业革命。1835年，德国第一条铁路——巴伐利亚的费尔特—纽伦堡全长8公里的铁路通车，标志着产业革

------

　　①　塔勒，18、19世纪德国通用的一种银币。

命开始。英国在产业革命后期开始大规模修建铁路。德国则把铁路建设作为产业革命的起点。与英国一样，德国在 40 年代也出现了一股修建铁路的热潮。1835—1845 年，仅普鲁士的铁路干线已长达 2000 多公里。1848 年，德国的铁路线长达 2500 公里。产业革命初期的铁路建设带动了五六十年代经济的高涨。

五六十年代是产业革命全面开展的时期。

德国 1848 年资产阶级革命是不彻底的资产阶级革命。懦弱的德国资产阶级长期依附于封建贵族，惧怕无产阶级的革命力量，使革命半途而废。这场革命既没有完成国家统一的基本任务，也没有像法国资产阶级革命那样，一举摧毁封建制度。但是，经过这次革命，封建反动势力遭到沉重打击，原封不动地维持封建统治已经完全不可能了。他们不得不进行一些社会改革。1850 年 3 月，普鲁士政府宣布实行新的调整法，取消农民的次要封建义务，对各种强制劳役和地租等主要封建义务也规定用较低的价钱赎买。到 1865 年，普鲁士 150 万农户基本上都办完了赎买手续，其他各邦的赎买过程也进行得很快，进一步破坏了封建制度。资产阶级则由于政治舞台上的失败而热心于经营工商业。结果，1848 年革命后，产业革命出现了高潮。马克思在 1859 年写道："拼命追逐财富、向前进取、开发新矿山、建设新工厂、修筑新铁路，尤其是向股份公司投资和做股票投机生意，这样一股狂潮盛极一时。"①

这一时期，德国的煤、铁和机器制造业等重工业发展极为迅速。1850—1870 年，德国的煤产量由 670 万吨增加到 3400 万吨，提高 4.1 倍；生铁产量由 21 万吨增加到 139 万吨，提高了 5.6 倍；钢产量由 5900 吨增加到 17 万吨，提高了近 28 倍；棉花消费量由 1.8 万吨增加到 8.1 万吨，提高近 3 倍半。蒸汽机的动力由 26 万匹马力上升为 248 万匹马力，增加约 8 倍半。铁路线长度由 6000 公里增加到 18876 公里，提高了 2 倍多。在这期间，德国工业总产值翻了两番。正如恩格斯所指出的那样，德国"在二十年中带来的成就比以前整整一个世纪还要多"②。这为德国产业革命的完成创造了条件，同时也为 1870 年普法战争的胜利和德国统一奠定了物质基础，正如英国经济学家凯恩斯所说："德意志帝国与其说是建立在血与铁上，不如说是建立在

① 《马克思恩格斯全集》第 12 卷，人民出版社 1962 年版，第 729 页。
② 《马克思恩格斯全集》第 16 卷，人民出版社 1964 年版，第 450 页。

煤与铁上要更真实些。"

从 1871 年德意志帝国建立到 80 年代中期，是产业革命的完成时期。

1871 年 1 月 18 日，普鲁士国王威廉一世在凡尔赛宣布德意志帝国成立。同年 4 月通过的帝国宪法宣布，德意志帝国是联邦国家，由 22 个邦和 3 个自由市组成，各邦除保留教育卫生、地方行政等权力外，军事、外交、海关立法、银行立法、民法、刑法等权力都交给帝国政府。德国的统一是资产阶级革命基本完成的标志。德意志民族的统一与复兴恰恰在德国作为一个大工业国登上世界舞台的时候实现，德国资产阶级革命恰恰在产业革命高潮中完成，因此，国家的统一，民族运动的高涨立即成为经济发展的强大推动力。

帝国建立后，统一的国土代替了过去分裂的局面，寄生于德意志躯体上达几百年之久的小邦分立的毒瘤终于被割除了。在帝国范围内，关税、货币、度量衡、金融、外贸等事务的管理，都得到了统一。德国造成了能够最充分发展商品生产，能够最自由、广泛、迅速地发展资本主义的条件。与此同时，法国被迫交给德国 50 亿法郎巨额战争赔款，割让亚尔萨斯全省和洛林的一部分。亚尔萨斯和洛林的铁矿及纺织工厂被并入德国，使德国的钢铁、化学工业有了丰富的铁矿资源和钾盐矿藏，同时使德国的棉纺工业扩大 1/2 以上，大大增加了德国的经济实力。

1871—1873 年，德国出现了前所未有的投资热潮，短短的 3 年时间，出现了 800 多个股份公司。经过 1873 年经济危机，德国经济再度高涨。产业结构发生了根本变化。1885 年，硬煤开采量达 5830 万吨，铁矿石开采量为 920 万吨，生铁产量 3687000 吨。1882 年钢产量 1075000 吨。1883 年创设股份公司 219 家，公司资本达 17600 万马克。德国的机器制造业也有较大发展。普鲁士的机器制造厂 1875 年由工 852 年的工 80 家增加到 1196 家，工人由 1600 人增加到 162000 人。

到 80 年代中期以后，德国开始了产业革命的扩展时期。19 世纪 90 年代，是德国近代史上经济发展最快的 10 年。经过这 10 年，到 20 世纪初，德国实现了资本主义工业化。德国经济赶上并超过英国，在世界工业总产值中占 15.7%，成为世界上仅次于美国的工业强国。1895 年，德国工人及其家属达 3500 万人，即占全国总人口的 67%。其中重工业部门工人占全国工人总数的 35.1%。

产业革命中，各产业部门相互间有着密切的联系，每一部分的变革都会影响其他部门的发展。在德国产业革命中，交通运输业、农业和工业三个基本产业部门都发生了根本变革。三方面的变革协调发展，相互促进，加速了产业革命的进程。

运输业领先变革，带动了农业和工业的发展。早在 1833 年，经济学家李斯特就已论证了铁路建设对于德国经济、政治发展的重要性。他还提出了德国铁路网建设的基本规划。后来德国确实按照他的规划建成了发达的铁路网。1835 年巴伐利亚第一条铁路建成后，不到 3 年，普鲁士的柏林—波茨坦铁路通车。1838 年，普鲁士制定了第一个铁路法案。铁路法的制定，使国家对铁路建设的指导和监督得到加强。1843 年，普鲁士政府从国家预算中设立了铁路基金，鼓励私人投资铁路。由于国家的积极干预，德国铁路建设速度大大加快。经过 40 年代大规模建设，到 1850 年铁路网基本形成。经过五六十年代经济高涨，到 1872 年，德国铁路里程已达 22426 公里，超过了英国。到 80 年代中期，达到近 4 万公里。铁路货运量也由 1850 年 2.3 亿吨公里增加到 1886 年 172 亿吨公里。30 多年增长了 70 多倍，而同期法国仅增加16 倍。

铁路网把内地与海港，城市与乡村，原料与工厂，生产与销售连接起来，完成了关税同盟开始的工作，最终形成了统一的国内市场，从而为资本主义生产的发展提供了极为有利的条件。铁路建设刺激了煤、铁和机器制造业的急剧发展，直接带动了 19 世纪五六十年代的经济高涨。正如德国历史学家特莱乞克（1834—1896 年）所说："首先把德国从它的经济停滞中拉起来的，就是铁路。"

在产业革命后期，德国开始大规模发展远洋航运事业。19 世纪 80 年代，汉堡和不来梅扩建海港，开拓新航线。当时，汉堡只有 4 条重要航线，到 19世纪末已增加到 12 条。1870 年，德国拥有轮船总吨位为 6.7 万吨，不到法国的一半。1890 年，德国已拥有 59.3 万吨，超过了法国。远洋航线的增加，促进了德国对外贸易的发展。1887 年，德国对外贸易额达到 62 亿马克，超过法国而居世界第二。

自 1850 年在农村实行新的调整法后，农民赎买封建义务的过程大大加快了。同 1816—1848 年相比，仅普鲁士每年赎回封建义务的农户数目，1850—1860 年期间增加了 9 倍。农民获得解放为农业变革开辟了道路。许多地主庄园纳入市场经济轨道，逐步演变为资本主义大农场。在赎买过程中，容克地主阶级霸占了大量土地。60 年代初，占德国农户总数 71.4% 的小农户，仅拥有耕地总面积的 9%；而占农户总数 28.6% 的容克地主和富农，却拥有耕地总面积的91%。容克地主逐渐按资产阶级的经营方式来管理自己的庄园，封建地主庄园开始演变成容克——资产阶级农场。容克地主逐渐资产阶级化。广大农奴农民则变成雇工，深受资本主义和封建主义的双重剥削。德国农业中资本主义发展的"普鲁士道路"，是一条既要适应资本主义发展，同时又保留大量封建残余的改良道路。尽管如此，它同封建农奴制相比，仍是一种进步。

新的农村所有制结构形成，促进了农业机器的广泛应用。德国农业机器的广泛应用始于19世纪五六十年代，到1882年已有37.4万个农场使用打谷机，6.4万个农场使用播种机。

农业生产的专业化趋势得到加强，农产品的商品化程度也得到提高。至此，德国在几十年时间里，完成了农业所有制结构、技术结构和农产品结构等多方面的变革，建立了适合于农业生产力迅速发展的新型农业经济结构。在产业革命期间，德国农业生产力迅速增长。

德国谷物总产量，1852年为1128万吨，到1886年达到1995万吨，增加了77%。在同一时期，法国谷物收获量仅增加12%。德国的甜菜产量从1850年的63万吨，增加到1884年的1040万吨，马铃薯产量从1850年的1094万吨增加1884年的到2809万吨。

农业生产力的增长，从多方面促进了产业革命的迅速发展。农业为轻工业提供了充足的原材料。德国发达的制糖、酿酒业就是以甜菜和马铃薯的大量生产为基础的。由于谷物和肉类产量的大幅度增长，使正在进行产业革命的德国在很大程度上自己解决了吃饭问题。1886年，粮食自给率达到93%。

农业变革造成了新的人口结构。大量农村人口流入城市，为工业交通业提供了充足的劳动力。这一点，在产业革命后期到19世纪末最为明显。1871—1900年，德国城市人口由1394万增加到3066万。增加的1672万人口中，约有2/3是由农村流入的。

运输业革命的领先开展，农业生产方式变革的深入进行，带动了工业部门结构的变革，使重工业部门的发展在工业革命一开始就处于显著地位。早在40年代，生产资料生产的增长速度就超过了消费资料的生产。产业革命前，德国煤、铁产量都相当低，增长速度也相当慢。1825—1835年，煤炭产量从160万吨只增加到210万吨。从40年代起，煤、铁、机器制造业生产急速增长。过去，德国机器主要依赖进口。1863年后，德意志关税同盟各国的机器出口超过了进口。

工业的技术构成也发生了重大变化。这一点集中反映在蒸汽机的使用上。1846 年，全德意志使用 29000 马力的蒸汽机，这些蒸汽机有 2/5 集中在矿山使用。到 1875 年，蒸汽动力总功率已增至 747649 马力，其中矿用动力比重减少，其他工业部门大大增加。

工厂机器大工业在工业组织结构中的比重大为增加。由于蒸汽动力应用的发展，手工业在工业中的地位日益下降，而工厂工业的地位则日益上升。1835 年，近代工厂工业在德国工业中比重很小，与矿业合在一起其就业人员仅占全部工业的 8.7%。1873 年，这个比例上升为 33%，到 80 年代中期，这个比例进一步上升。

工业部门结构、工业技术结构以及工业组织结构的全面变化，标志着工业结构的根本变革。工业革命带来了工业生产力的大发展，工业生产力的发展反过来又为交通运输业革命和农业技术革命提供了强大的物质装备，促使这两个产业的革命进一步深入发展。

19 世纪 30—80 年代，德国工业、交通运输业、农业三大基本产业发生的重大变化，使其整个产业系统形成了新的结构。1850 年，农业产值占国民生产净值的 47%，工业和建筑业占 21%，交通运输业占 1%，其他部门占 31%。1885 年，上述比例变化为 36%、33%、3% 和 28%。产业革命初期，农业在整个经济中占有绝对优势，工业产值不到农业的一半。到产业革命后期，工业产值已与农业相当。1850—1885 年，农业产值从 50 亿马克增加到 84 亿，35 年增长半倍。工业产值从 22 亿马克增加到 77 亿马克，35 年增长 2.5 倍。交通运输业产值从 1 亿马克增加到 7 亿马克，35 年增长 6 倍。

显然，整个产业结构中变化最大的是交通运输业。在德国产业革命中，交通运输业的增长速度快于工业，更快于农业。交通运输业领先变革，增长速度始终大大高于其他产业，这是德国产业革命迅速完成的关键。

农业在国民经济中的比重下降了，但是农业产值仍然大幅度增加。它既没有像法国农业那样停滞不前，也没有像英国农业那样衰落下去。德国农业得到长足发展，这是产业革命迅速完成的重要条件。

工业在国民经济中的比重不断增加，其产值递增更为迅速。工业取代农业成为国民经济最重要的产业已成定局。重工业部门，尤其是机器制造业及早建立和迅速发展，这是德国产业革命迅速完成的重要保证。

德国产业革命的特点及影响

注重科学技术，发挥智力的作用，是德国产业革命的一个显著特点，也是其产业革命得以迅速深入完成的极为重要的原因。

18世纪在英国兴起了人类近代史上第一次技术革命。英国利用其技术优势，领先进行了产业革命，取得了经济的大发展。到19世纪中叶，第一次技术革命的各项主要技术，如蒸汽动力、冶铁、纺织、交通运输等技术均已趋于成熟，新的技术革命即将兴起。德国产业革命处于两次技术革命的交替时期。德国必须充分地吸收、消化第一次技术革命的成果，才能开始产业革命。在这方面，德国与英国有着相当大的差距。显然，在与英国的经济竞争中这是一个不利条件。但是，这个新、旧技术交替的过程，也给德国提供了一个有利的机会，使德国有可能直接利用第二次技术革命的新技术来装备其经济部门，从而有可能超越墨守第一次技术革命成果的老牌资本主义国家。

产业革命史表明，德国重视科学，重视教育，发挥智力优势，充分利用了这一机会，化不利条件为有利条件，在技术和经济竞争中赢得了胜利。

产业革命初期，德国积极学习和吸收英国的先进技术。被视为"普鲁士工业之父"的鲍埃特，在其主持工业改革期间，曾两次去英、法等国考察，回国后大力宣传得到的科技情报，展览国外新机器设备。他派出留学生去国外学习先进技术，并要求其他负责工业的官员也出国考察，在他的努力下，普鲁士于1819年成立了技术委员会。该机构负责管理1815年专利法，教授技术学院的学生；编辑技术书籍，举办工业展览会，等等。后来，鲍埃特还成立了工业技术促进会，在各大城市建立新型技术学校。从这些学校中培养出了早期产业革命所必需的工程技术骨干。正因为如此，三四十年代产业革命兴起时，德国已具备了吸收、消化英国先进技术的能力。

铁路技术是第一次技术革命的重要成果，19世纪20年代末才出现于英国。德国及时引进了这一技术。起初，铁路建设所需设备依赖进口。1837年，柏林技术学院的学生鲍尔昔西建立了机车制造厂，1841年生产了第一台机车。到1854年他逝世时，这个厂已生产500台机车，而且质量达到国外先进水平。40年代初，德国使用的245辆机车中只有38辆国产，到1870年德国拥有的3485辆机车中，大多数为国产。

德国资本主义发展比英国、法国晚，它可以利用英、法的科学技术成就。由于积极引进和消化国外先进技术，德国在产业革命前期迅速地缩短了同先进国家的差距。值得注意的是，德国并未始终跟在英、法等国技术后面亦步亦趋。德国在迅速发展传统工业的同时，重视电气工业、化学工业等新兴工业的发展。19 世纪中叶，以电气技术为标志的第二次技术革命开始兴起。这次革命以 1831 年法拉第发现电磁感应定律为先导。1845 年，英国学者惠通斯制成第一台使用电磁铁的发电机；1864 年，英国技师威尔德又提出用旋转电枢增强电流的设想。德国在吸收第一次技术革命成果的基础上，积极开拓新技术领域，发明了发电机、内燃机和合成染料，使其成为第二次技术革命的发源地。

1866 年，德国工程师西门子发明了第一台自激式发电机，打开了人类电力时代的大门。此后，德国工程技术人员在电力的应用方面又作出了一系列的努力。从 19 世纪 70 年代起，电力在德国得到了广泛使用，大大加速了社会生产力的发展；1870 年，发明熔炼金属的电炉，1879 年，发明电车，1887 年，制成三相交流电设备。德国重视科学和工业的结合，重视发展应用科学的研究，使德国兴起了强大的电气工业。到 19 世纪末，新建工厂一般不再自备动力而代之以电能。在迅速实现工业电气化的基础上，德国在 19 世纪 80 年代初完成了产业革命。

1862 年，法国人提出了完备的内燃机工作原理。1867 年德国工程师奥托改进了法国人的内燃机，并于 1876 年制成四冲程煤气机。奥托式煤气机大量出口，畅销英国。1885 年，戴姆勒发明了高速汽油机，同年，本茨又制成了第一辆汽车。1893 年，狄塞尔发明了柴油机。内燃机技术的成果几乎都出自德国工程师之手。

合成染料是英国人首先发明的。德国拥有众多的受过高等教育的化学家和工程师，他们随即发明了一系列新染料。1858 年，霍夫曼合成了碱性品红。1860 年，他又合成了苯胺兰。1869 年，格雷贝合成茜素。到 1881 年，德国已有 22 家人造染料工厂，90% 的产品远销国外。1880 年，德国合成了梯恩梯炸药，以后又相继合成香料、糖精、药品，等等。在德国兴起了强大的煤焦油化学工业。

第二次技术革命以新的动力机——发电机和内燃机代替了蒸汽机，以新材料——钢代替了铁，人工合成材料代替了天然材料，并且出现了崭新的信息技术——电报、电话。在所有这些新技术领域中，德国人都作出了重要的乃至主要的贡献。因此，当人类的"钢铁时代""化学时代"和"电力时代"来临时，德国人捷足先登。

由于在这些技术领域的领先变革，产业革命后期德国的工业内部出现了新的引人注目的结构变化。1870—1913 年，德国炼钢业产量年平均增长6.3%，化学工业增长6.2%，煤气与水电业达9.7%，而全部工业年平均增长为3.7%。显然，钢、化学、电气三个新兴的技术密集型产业增长速度远远超过了其他部门。这三个新产业部门恰恰是关系到国民经济全局发展的能源、材料部门。它们的领先发展，保证了德国产业革命能够在较高水平上迅速完成。

德国之所以能够在产业革命初期成功地吸收英国的先进技术，在产业革命后期又成功地开拓了新技术，得力于成功的教育改革。

教育改革是19世纪初施泰因—哈登堡改革的重要内容。从那以后，德国许多邦都进行了适应机器大工业发展的近代教育改革。1825 年，普鲁士实行强迫义务教育制度。受教育被视为公民的基本义务。1816 年普鲁士学龄儿童入学率43%，到60 年代已达97.5%，文化更为发达的萨克森学龄儿童入学率达100%。与此相应文盲率逐年下降。1841 年全德意志文盲占全国人口9.3%，到1881 年仅为2.38%。这在当时欧美各主要国家中是最低的。

德国在普通中学里加强了科学知识教育，同时，举办了多种形式的职业和技术教育。产业革命初期，德国各地已拥有数量可观的中等专业学校，如矿业学校、农业学校、商业学校、工艺学校等。产业革命中，各地进一步增加了职业学校和工人补习学校的设置。1869 年北德意志联邦宪法规定，凡工厂所在地有补习学校，厂主必须让工人入学。

德国大学改革以1810 年新建的柏林大学为样板。柏林大学建立实验室，开办研究班，实行教学专门化，提倡科学研究与教学相结合，注重培养学生创造精神和研究能力。这些做法和原则为其他高等学校带来很大影响。与此同时，德国创办了一系列高等技术院校，培养高级技术人才。1862 年创办了高等农业学校。1879 年，在原有柏林技术学院基础上开办了高等工业学校。该校分设建筑、建筑机械、机械工程（内含电气工程）、造船及船舶机械、化学以及物理六科。

经过几十年的努力，德国普及义务教育、中等专业和职业教育以及高等教育的改革均取得成功。德国人的科学文化水平大为提高。德国成为世界科技发展的中心。据当时调查和比较，德国人在读、写和计算能力，工人工作的技巧，工程师的科学原理和应用训练的结合以及高水平的科学理论和实际运用四个方面，都领先于欧洲。英国人除第二项外其他都远远落后。1903年，一位美国商务代办写道："在德国居住和研究的 10 年，使我得到这样一个认识：这个帝国最大的资本是它的智力。"这就不难理解，为什么德国能够成为第二次技术革命的故乡。

　　19 世纪初，德意志许多邦政府厉行改革，从政治、经济和技术各方面为产业革命做了大量准备工作，使德国能够在相当落后的条件下比较顺利地开始其产业革命。在产业革命中，运输业、农业和工业三个基本产业的变革和相互影响、相互促进，使德国能够在比较短的时间里就完成了产业革命。而注重科学技术、发挥智力的优势，则使德国能够在充分吸收第一次技术革命成果的基础上，领先开展第二次技术革命，从而使其产业革命在较高的水平上完成。正如恩格斯所说，德国产业革命的发展，比英、法等国"更彻底、更深刻、更广泛、更丰富"①。19 世纪 80 年代产业革命在较高的水平上深入完成，为 19 世纪末、20 世纪初德国经济的进一步飞跃奠定了基础。1870—1913 年，德国工业年平均增长 3.9%，英国 2.1%，法国 2.2%。到 1913 年，德国钢产量达到 1761 万吨、生铁产量达到 1676 万吨、煤炭产量达到 27734万吨，铁路里程达 63378 公里。英国的数字分别为 779 万吨、1043 万吨、29204 万吨和 32623 公里。除了煤炭产量两国相当，其他几项德国都远远超过英国。在新兴的技术密集型产业中这个差距还要大。以电力工业为例，1913 年德国发电量是 80 亿瓦小时，英国为 25 亿瓦小时，德国是英国的 3.2倍。从 19 世纪末以后，由于德国经济迅速崛起，改变了欧洲实力对比。德国工业的跳跃式发展，加剧了资本主义国家经济发展的不平衡性，19 世纪末20 世纪初，德国完成了向垄断资本主义过渡，变成了帝国主义国家。为了同英国等老牌帝国主义争夺殖民地，德国容克资产阶级加紧扩军备战。19 世纪70 年代末至 1913 年，德国的年度军费支出由 4 亿马克上升到 21 亿马克，成为发动第一次世界大战的罪魁祸首。

---

① 《马克思恩格斯全集》第 36 卷，人民出版社 1974 年版，第 252 页。

19 世纪自然科学三大发现

汪子春

能量守恒和转化定律的发现，细胞学说的产生，达尔文进化论的创立，是 19 世纪自然科学上的三个重大发现。正如恩格斯所说："有了这三个大发现，自然界的主要过程就得到了说明，就归结到自然的原因了。"[①] 三大发现揭示了自然界本身的辩证法，有力地促进了各门自然科学的发展，对辩证唯物主义自然观的形成也有重要影响。

能量守恒和转化定律的发现

能量是指物质运动的一般量度。自然界中一切物质都具有能量，由于物质运动形式不同，就相应有不同形式的能量。如机械能、热能、光能、电能和化学能，等等。能量可以从一种形式转化为另一种形式，从一个物质系统传递给另一个物质系统。能量在转化过程中，既不增多，也不减少，只是从一种形态转化为另一种形态。这就是通常所说的能量守恒和转化原理。如果用热力学的语言来表述，就是：物质系统从外部吸收的热量，等于这个系统里能的增加量和它对外界所做的功的总和。这就是热力学第一定律，也就是能量守恒和转化原理在热效应上的应用。

早在 17 世纪，法国哲学家笛卡儿（1596—1650 年）在《哲学原理》一书中就提出了各种物体运动的总量是守恒的思想。不过笛卡儿当时所说的运动，只限于机械运动，没有涉及其他的运动形式。真正发现能量守恒原理是 19 世纪 30 年代以后的事，这与当时蒸汽机的普遍使用和深入研究有密切联系。

---

① 《马克思恩格斯全集》第 20 卷，人民出版社 1971 年版，第 538 页。

　　蒸汽机锅炉由于燃烧煤而获得热，然后热又变成飞轮的动力，这一成果虽然已被广泛地利用，但人们对此却长期缺乏科学的认识。每台发动机都有自己的做功效率。随着对发动机的不断改进，发动机的做功效率也得到不断的提高，耗煤量随之不断降低。当时人们似乎看不出蒸汽机的效率有什么限度。那么蒸汽机的效率究竟有没有限度？法国陆军青年工程师萨迪·卡诺（1796—1832 年）首先对此进行了研究。1824 年，他发表《关于火的动力的研究》的论文，企图从数学上判断蒸汽机究竟能做出多大的功。他通过对自己设想的一台理想的热机的分析，向人们揭示了这样的事实，即一部蒸汽机的功率，在原则上，完全依赖于锅炉和冷凝器之间的温度差和由锅炉传到冷凝器的热量，而这也正是任何一部热机效率的极限。卡诺认为蒸汽机所做的功只能是由于蒸汽从高温到低温的热量变化的结果。卡诺虽然没有认识到蒸汽机操作过程中热能转变为机械能，但已把热和功联系起来，从而奠定了热力学的基础。卡诺最初信奉"热质说"，即把热看成一种物质。但是不久他就放弃了这种学说。在他的后期文稿中，不仅主张热是一种物质运动形式，即"热的运动说"，而且认为在自然界里，能量是不生不灭的，是守恒的。1832 年，卡诺患霍乱死去，没能把热力学继续深入研究下去。

　　现在一般认为，最早发现能量守恒原理的是德国医生迈尔（1814—1878 年）。迈尔 1832 年开始行医，对生理研究感兴趣。1840 年，他在爪哇给船员看病时，发现病人的血色比他在欧洲看到的要红些，这导致了他对生命现象中的能量（他当时把能称为"力"）关系的研究。

　　还在 18 世纪，法国化学家拉瓦锡（1743—1794 年）就已经证明，动物体热量与动物体呼出的二氧化碳量之比，大致等于蜡烛燃烧所产生的热量与二氧化碳量之比。他由此推想，在化学反应过程中伴随有热量转换。曾经在巴黎受过教育的德国化学家兼营养学家李比希（1803—1873 年）则进一步推想，动物体的机械能和体热，可能都来源于食物的化学能。他的学生、德国药物化学家莫尔（1806—1879 年）1837 年在《对热的本性的看法》一文中指出，所有不同形式的能都是机械力的表现。他说："除了已知 54 种化学元素外，自然界只存在一种动因，那就是力，力在适当的条件下可以表现为运动、凝聚、电、光、热和磁……热因此并不是一种特殊的物质，而是各种物体中许多最小部分的一种振动。"

　　迈尔接受了这些看法，他认为，在热带，病人血色之所以较红，是由于血液中含氧量过多的结果。而含氧量之所以会过多，是由于体内供燃烧的食物减少的缘故。他不仅支持体热和肌肉机械能是来自食物化学能的看法，而且认为，机械能、热和化学能是等价的，是可转化的。

迈尔回国后，进一步研究了这个问题。他注意到，在19世纪初，人们就已经知道气体向真空中膨胀，热量并不发生变化。但是，气体反抗压力膨胀，就要做机械功，就要消耗热量。由此他看出，机械功是由吸收的热产生的，两者不仅是可转化的，而且是等价的。迈尔还根据当时已经发表的关于随着气体膨胀而产生的热量变化的资料，估算了热的机械当量的数值。1842年，迈尔把自己的看法写成论文《论无机自然界的各种力》，发表在李比希和莫尔主编的《年鉴》5月号上。迈尔在论文中指出，力（能）就像物质一样也是一种"因"，而一切因的重要性质是"不灭性"。他说："力是不可毁灭而可转化的无重客体。"

几年后，另一位德国科学家赫尔姆霍茨（1821—1894年）也从生物现象出发，论证了不同形式的能可以互相转化和守恒的原理。他于1847年发表的《论力的守恒》是一部历史性的文献。他指出，如果活的机体除了从饮食中获得能以外，还能从所谓"活力"中得到能的话，那么机体就会是永动机了。然而永动机是不可能的。赫尔姆霍茨认为，动物完全是从食物中获得能的。在生物体活动过程中，食物的化学能被转化成为等价的热量和机械功。他进一步论证说，如果热和其他类型的能，其本身都是机械运动的各种形式，那么根据17、18世纪已经确立的机械能的守恒定律，就可以得出宇宙总能量是常数的原理。

在发现能量守恒和转化原理的许多人中，英国物理学家焦耳（1818—1889年）系统地测定了机械功、电、热等不同能量形式之间的转化关系，为奠定能量守恒和转化原理的实验基础作出了重要贡献。100多年以来，人们普遍认为焦耳是发现能量守恒和转化定律的主要代表人物。

焦耳同迈尔和其他人一样，深信能量是不灭的，并有多种表现形式。他竭力想通过实验来证明能量的守恒性。焦耳年轻时就从事于电的研究，主要致力于研究电流的热效应。1840年，年仅22岁的焦耳经过多次实验，测出了电流通过导体所产生的热。他发现：在一定的时间内，电流通过导体所产生的热量与电流强度的平方和导体的电阻成正比。这就是人们所熟知的焦耳定律。他已接近于得到热功当量的概念。

接着焦耳又进行了各种实验，探讨各种运动形式之间能量的转化关系。他研究了电的、化学的和机械的效应之间的关系。在1843年，他成功地证明了电解作用吸收的热量等于化合物的成分在最初结合时所放出的热量。这年，他已经发现热功当量，即热量以卡为单位时与功的单位之间的数值关系。并已测定出它的数值是 460 千克重米/千卡。

焦耳研究了压缩空气做的功与空气温度升高之间的关系，测得了近于实际的热功当量值为 443.8 千克重米/千卡。

1847 年，焦耳又精确地做了测定搅水所做的功与水温升高关系的实验，求得热功当量值为 424 千克重米/千卡，这在当时已是相当准确的数值了。现在公认的热功当量值为 427 千克重米/千卡。此后，焦耳用各种方法进行反复实验，都得到了同样的结论，不管用什么方式做功，同量的功常得到同量的热。

焦耳的一系列实验有力证明，一个系统中能的总量是守恒的。功所耗失的量，即作为热而出现。各种形式的能都按照完全确定的数量关系相互转化着。

1847 年 4 月，焦耳在曼彻斯特作了一个关于能量守恒和转化规律的讲演。过了两个月，他又把这个论题提到英国科学促进会的牛津会议上。大会主席只允许他作简要报告，并不准备进行讨论。物理学家汤姆逊（1824—1907 年）发言阐述了焦耳论文的重要意义。从而引起了人们的轰动和重视。

除焦耳之外，19 世纪 40 年代有不少国家的科学家也为能量守恒和转化定律的发现作出重要贡献。如英国电化学家格罗夫（1811—1896 年）于 1842 年所作的题为《关于各种物理力的相互关系》的报告中指出，热在本质上是"纯动力的"，各种"物理力"是可以互相转化的。法国铁道工程师塞甘（1786—1875 年）于 1839 年，瑞士化学家赫斯（1802—1850 年）于 1840 年，丹麦科学家柯尔丁（1815—1888 年）于 1843 年，德国物理学家霍尔兹曼（1811—1865 年）于 1845 年都曾提出过能量守恒的思想。

能量守恒和转化规律的发现，是力学、热力学、电学等学科发展到一定阶段的产物，是人类对大自然认识的一次重大进步。这一规律揭示了各种形式的能的普遍联系和转化。从能量的角度把力学、声学、热力学、光学、电磁学等各个部门综合成为物理学整体。能量守恒和转化原理，以"能量"这个共用的量度，把各种自然现象定量地、合乎规律地联系起来。它第一次在空前广阔的领域中，把自然界各种运动形式联系起来，使自然科学从分立的各门经验科学发展成为一系列完整的理论科学，为自然科学的发展提供了坚实的基础。

在实践上，这一定律的发现，大大地促进人们去进一步研究各种能量形式互相转化的具体条件，以求最有效地去利用自然界所提供的各种各样的能源。今天人类的各种物质生产活动，包括工业、运输、照明，以至推广到食物和生命本身，都离不开"能"这个共同名词。例如，生物学家们早就认识到"一旦生命系统被认为是捕获和转化太阳能的机器，一些惊人的发现就随之而来"，"对生态系统的能量效率的探讨，给生态学者以很大教益"。

现代物理学的发展证明，能量守恒和转化的规律，不仅是宏观现象的普遍规律，而且在微观领域中也是正确的。20 世纪 30 年代，物理学家泡利（1900—1958 年）就是根据能量守恒原理，预言了"中微子"的存在。这个预言，后来被物理学家费米用实验完全证实。这表明了能量守恒和转化原理对科学研究的指导作用。

恩格斯称能量守恒和转化定律为"伟大的运动基本规律"①。这一规律的发现，说明物质运动形式既多种多样，而又是统一的，从而批判了把物质运动看成彼此孤立没有联系的形而上学自然观。

细胞学说的建立

生物是由细胞组成的，这句话实质上就是细胞学说。从 17 世纪中叶，人们最初在显微镜下发现细胞，到细胞学说的建立，经历了近 200 年的时间。

细胞很微小，长度一般在 0.5—350 微米，只有借助显微镜才能发现。第一架显微镜是谁在什么时候创制的，科学史家们有不同看法。但是伽利略曾于 1610 年制造了一台简单的显微镜，这是大家公认的：此后自制显微镜并用来观察生物的人就很多了。显微镜的发明扩展了人们的视野。1665 年，英国物理学家胡克（1635—1703 年）利用自制的复试显微镜观察软木栓切片。在显微镜下，胡克发现软木片原来是由无数排列整齐的蜂窝状的小室组成的。他称这些小室为"细胞"。1665 年在伦敦出版的胡克《显微图谱》中，就有显示这些细胞的图。但他所看到的，实际上只是已经死亡并失去了内含物的木栓细胞的细胞壁。

差不多与胡克同时，荷兰博物学家列文霍克（1632—1723 年）也用自

---

① 《马克思恩格斯选集》第 3 卷，人民出版社 1972 年版，第 53 页。

制的显微镜观察到细胞。1674 年他通过显微镜发现了红细胞。1683 年，他发现了细菌。他还陆续观察到动物精子细胞、原生动物和酵母菌等。

在 17 世纪，还有许多科学家，如意大利生理学家马尔比基、英国植物学家格鲁等人都在显微镜下观察过细胞。格鲁是植物解剖学的奠基人之一，他于 1672 年出版的《蔬菜解剖学》一书中，即涉及豆类种子的许多细胞结构。他注意到了细胞的存在，称之为气囊。17 世纪的学者，虽然发现了细胞，并给予各种命名，但都没有认识到细胞的重要性。

18 世纪多数学者注重于动、植物分类和整体构造与机能的研究，有关细胞的研究发展不大。

19 世纪初，显微镜有了改进，人们恢复了对细胞的注意，与早期的细胞发现者不同，这时学者已将目光转向细胞内含物和细胞形成方式。1831 年，英国植物学家布朗（1773—1858 年）在一种兰科植物的表皮细胞内，观察到细胞核。他又观察了其他单子叶和双子叶植物细胞，亦发现有核。他认为细胞核是细胞的基本的固定成分之一。1835 年，捷克生理学家普金叶（1787—1869 年）观察到鸡卵中的胚核，他指出动物细胞同植物细胞相类似。同年，法国科学家迪雅尔丹（1801—1862 年）对单细胞动物变形虫进行活体观察。他把细胞内的物质称为"肉浆"。他说，这是一种"完全均匀的、有弹性、有收缩性、半透明的物质。它不溶于水，也无任何结构的痕迹"。迪雅尔丹所描述的肉浆，1839 年被普金叶定名为原生质。

19 世纪 30 年代末，德国植物学家施莱登（1804—1881 年）和德国动物学家施旺（1810—1882 年）等正是在前人的研究基础上建立了具有重要意义的细胞学说。

施莱登是德国耶拿大学的植物学教授。他注重于对植物个体发育的研究。他特别重视布朗关于植物细胞核的发现。1838 年，他总结了当时有关植物细胞研究的成果，发表了题为《植物发育论》的论文，指出，细胞是构成一切植物体的基本生命单位，每个细胞有自己的生命活动，同时它又和植物整体构成一个复杂的生命体系。施莱登认为细胞是了解整个机体生命活动的关键。

施莱登还认为，植物发育的基本过程实际上就是新细胞形成和分化的过程；各种不同形状的植物细胞，都以相同的方式产生。关于细胞的形成，他注意到布朗关于细胞核的发现。他认为每个新细胞都是起源于一个老细胞的核。不过，他错误地认为新细胞是在老细胞核表面上形成"芽茎"的方式形成的。

翌年，施旺将施莱登对植物细胞的认识进一步扩大到动物界。施旺是施莱登的好友。他从施莱登的研究中得知核在植物细胞组成中的重要意义。于是他想到自己在解剖观察蝌蚪神经组织时，曾看到脊索细胞有类似植物细胞的核的物体。在研究动物软骨组织构造中，他还发现软骨细胞有类似植物细胞的细胞壁和核。这些发现使他意识到动植物细胞基本构造上的相似性。于是他进一步扩大对动物体其他组织的研究，结果他发现骨骼、肌肉、血管、表皮等组织也都由有核的细胞所组成。施旺确信自己发现的重要性。核在动植物细胞中的普遍存在，证明了动植物细胞构造的一致性。

同施莱登一样，施旺把对细胞的认识与有机体的胚胎发育的研究紧密联系起来。施旺发展了动物体是从卵或蛋开始发育而成的研究。他认为，一切动物的受精卵都是单个细胞，而胚胞就是它的核。无论是鸡蛋或哺乳动物的卵，都是一样的。

施旺同施莱登一样，都假定植物或动物的新细胞是从老细胞内发展而来的。但施旺主张在动物发育的后期，新细胞是从细胞间物质中形成的。施旺认为，在新细胞形成的过程中有两种力量在起作用，一种力量是有机细胞所特有的新陈代谢力，它能把细胞间的物质转变成为适合细胞形成的物质；另一种力量就是吸引力，它是通过浓缩和沉淀细胞间的物质来形成新细胞的。开始时是细胞间物质通过结晶形式形成细胞核仁，再围绕核仁沉淀，凝结一层物质就形成细胞核。在核外再浓缩物质层，便是细胞的浆，而浆的外表又凝结成了细胞壁。这样，新的细胞便形成了。在施旺看来，正是这种吸引力和代谢力，赋予了细胞的自立性和自身的生命。

施旺根据动物体各组织都是从一个受精卵发展分化而来的思想，考察了组成人体各组织的细胞基础。他在细胞的基础上区分了五类组织：（1）构成组织的细胞是独立分离的，如血液细胞。（2）构成组织的细胞是独立但又紧密挨靠在一起的，如皮肤细胞。（3）构成组织的细胞联结在一起，并具有发育很好的坚固的细胞壁，如骨骼和牙齿中的细胞。（4）构成组织的细胞拉成很长的纤维，如肌腱、韧带和纤维状组织中的细胞。（5）像神经和肌肉这类组织细胞，施旺认为其细胞壁和细胞腔是连接起来的。

这些研究进一步说明，无论机体组织多么不同和多么复杂，都是以细胞为基本单位组成的。

1839 年，施旺出版了《关于动、植物构造和生长一致性的显微研究》

一书，总结了自己对细胞研究的成果。在这部著作中，他以大量的事实，证明无论动植物有机体外部形态有多么不同，它们都是由细胞组成的。细胞是生命的基本单位，他们又都是以一定的相同的方式形成的，一切有机体都是从单个细胞开始它的生命并由此发展而成的。

施旺的研究成果，使细胞学说以固定形式确立起来。但是施莱登和施旺关于新细胞是由老细胞内部或外部的有机物通过浓缩结晶而形成的观点是不正确的。19 世纪 40 年代，经植物学家冯·莫尔（1805—1872 年）、冯·耐格里（1817—1891 年）和动物学家克里克尔（1817—1905 年）等人的研究，证明新细胞是通过老细胞分裂而形成的。先是细胞核在母细胞中分裂成两个子核，接着母细胞分裂成为两个子细胞。

1858 年，柏林大学病理解剖学家微尔和（1821—1902 年）出版了《细胞病理学》一书，将细胞学说用于疾病原因的探究。他采纳了施旺关于细胞是自主的实体的观点，认为人体的生理活动和病变是由细胞决定的，他将人体比拟为"一个国家，而其中每一个细胞便是一个公民"，疾病则是由于一种叛乱或内战而引起的。他总结了细胞分裂的普遍性，提出了"所有细胞来自细胞"的名言。

细胞学说是 19 世纪生物学家对动、植物界进行的卓有成效的理论概括之一。它指出了千变万化的生物界在基本构造上的统一性。细胞学说科学地解释了有机体的发育和形成过程。正如恩格斯所指出："是施旺和施莱登发现有机细胞，发现它是这样一种单位：一切机体，除最低级的外，都是从它的繁殖和分化中产生和成长起来的。有了这个发现，有机的、有生命的自然产物的研究——比较解剖学、生理学和胚胎学——才获得了巩固的基础。机体产生、成长和构造的秘密被揭开了；从前不可理解的奇迹，现在已经表现为一个过程，这个过程是依据一切多细胞的机体本质上所共同的规律进行的。"[①] 细胞学说是对把动、植物看成是彼此孤立没有联系的形而上学自然观的有力批判。

细胞学说建立 100 多年以来，对细胞的研究迅速发展。现在对细胞的研究已发展成为一门独立分支学科——细胞生物学。这是在分子水平上去探讨细胞的组成及生物大分子的结构和功能的关系。有关生命的许多奥秘，也会随着对细胞的深入研究而被揭开。

---

① 《马克思恩格斯全集》第 20 卷，人民出版社 1971 年版，第 537 页。

达尔文进化论的创立

各种生物是怎样来的？这是长久以来人们渴求回答的问题。西方在 19 世纪以前已有一些学者提出生物是进化来的思想。如法国人罗比耐（1735—1820 年）曾指出：生物物种形成了一个充实而完整的阶梯，物种进化是在生物阶梯上的不断上升。但由于缺乏以足够事实为根据的理论证明而没有被普遍接受。所以统治整个科学界的是物种不变论。

历史上第一个提出系统的进化论的是法国生物学家拉马克（1744—1829 年）。拉马克先是研究植物，晚年转而研究动物，特别是脊椎动物。在这些研究中他确信：进化是事实。1809 年，他发展了前人关于生物不断进化的思想，发表《动物学哲学》一书，全面论述了他的进化思想（后人称之为"拉马克学说"）。在这部著作中，拉马克明确地提出了动物从简单到复杂，从低级到高级演化的序列。他认为，从地球历史上看，生物的生活环境是在不断变化的。由于环境的变化，生物就会相应地发生变化，以便适应变化的环境。于是一种生物就逐渐变成了另一种生物。在阐述这个理论时，拉马克提出了"用进废退"和"获得性遗传"这两个重要的原则。用进废退是指生物在适应外界环境过程中，由于习性的改变，使得某些经常使用的器官不断发达，而不经常使用的器官则逐渐退化。获得性遗传是指这种后天获得的变化是能够遗传的，一代代传下去会造成永久性的变化。拉马克设想，长颈鹿祖先颈部并不长，由于环境改变，在低处找不到食物，迫使它必须伸长脖颈去吃高处的树叶，久而久之，颈部愈来愈长。这种变化一代代遗传下去，经过许多世代以后，终于进化成现在的长颈鹿。

拉马克虽然合乎逻辑地解释了生物的进化，但在当时他的学说并没有获得大多数人的支持。19 世纪初，以法国生物学家居维叶（1769—1832 年）为首的反进化论观点仍然在科学界占有统治地位。居维叶主要从事比较解剖学和古生物学研究。他曾发现不同地层有不同的化石动物类型。地层越深，地质年代越古，化石动物的结构越简单。反之，地层越新，地质年代越近，化石动物的结构越复杂。这个事实实际上反映了生物是进化发展的。然而居叶维却用"灾变论"来解释。他认为地球上曾发生过多次巨大灾变，每次灾变，旧的动物群都被消灭，而新的动物群又被上帝创造了出来。1830 年，拉马克的挚友，法国进化论的继承者圣拉雷尔同居维叶展开了一场大论战，结果不变论者居维叶获胜。这种情况一方面说明当时物种不变论在学术界占统治地位；另一方面也说明，在拉马克时代，科学还远没有掌握充分材料，以便为物种起源问题作出符合实际的科学论证。实际上，拉马克学说带有很大的猜测性。他举不出真正能证明获得性遗传的例子。

尽管如此，拉马克的学说对后来进化论的发展还是产生了重要的影响。进化论的胜利，是从被拉马克学说所唤醒的达尔文（1809—1882 年）创立的生物进化论开始的。

达尔文是英国早期进化论者伊拉兹马斯·达尔文的孙子。他的父亲罗伯特·达尔文是一位名医。19 世纪上半叶，英国正处于资本主义发展时期。随着农业的发展，动、植物的选种工作获得了相当大的成就，培育出了大量牲畜和农作物新品种。为了发展生产，寻找原料，人们组织科学考察队，进行广泛调查研究，从而促进了古生物学、动物地理学、植物地理学、比较解剖学等各门学科的发展。这为创立达尔文进化论创造了良好的条件。

1831 年，达尔文在剑桥大学神学院毕业。经老师植物学家亨斯罗的推荐，他以博物学家的资格跟随一艘名叫"贝格尔号"的巡洋舰去做环球旅行考察。他的主要任务，是调查、考察各地的动、植物和地质矿物。调查工作延续了 5 年。他采集了很多地质和动、植物标本，积累了大量有关动、植物的资料。这是决定达尔文一生事业的环球旅行，对他以后成为科学进化论的奠基人有重要影响。

达尔文在开始环球旅行时，还是一个"特创论"和"物种不变论"者。行前，在亨斯罗的建议下，他带了一批书，其中包括 1830 年出版的地质学家赖尔（1797—1875 年）的《地质学原理》第一卷。赖尔认为，地质在各种自然力量的作用下，是在逐渐发生变化的，非生命自然界有一个悠久的逐渐演变过程。现在地壳的各种结构是由进化而来的。地质学的进化观点给居维叶的特创论以毁灭性的打击。亨斯罗虽然把此书介绍给达尔文，却又劝说他"绝对不要承认这本书中所鼓吹的观点"。

达尔文在环球旅行中所观察到的生物现象，使他的思想产生了很大变化。他不仅接受了赖尔的观点，而且扩展开来，认为生物物种也是进化的。他在给家人的信中写道："我已经成为赖尔先生在他的书中所发表的观点的一个热忱信徒了……我总尝试把书中的部分观点，比赖尔推到更大的范围中去。"有三类生物事实特别触动了他的思想。第一，在南美洲大陆从北向南旅途中，他看到密切相近的物种，总是在相邻地区，一个物种被另一个物种所逐渐代替。第二，他注意到离南美洲西岸不远的加拉帕戈斯群岛的大部分生物具有南美洲大陆种类的特征，但是每个岛上各有本岛特有的物种，各个岛上的物种彼此又只略有差异。第三，从南美洲地下掘出一种披甲胄的巨大的哺乳动物化石。它跟现在还生活在当地的犰狳虽有区别，但又很相似，反映出它们之间的血缘关系。在达尔文看来，这些事实都不是特创论和物种不变论所能解释的。相反，达尔文认为，只有根据一种推测，就是物种在逐渐地发生变异，才可以去解释这一类事实以及其他很多事实。

那么，生物又是怎样逐渐变化的呢？各种生物对各自的生活条件的美妙适应，又是怎样形成的呢？达尔文回国后，决定研究物种起源问题，揭开这些谜。当时他认为，从动、植物新种培育工作中可能发现新种形成的规律。于是他便开始大规模地搜集有人工培育的成品，并与育种家、园丁书面交换意见。他广泛阅读收集有关资料，其中也包括中国古代的历史文献资料。到1837 年，他终于从人类农牧业生产实践中得出了人工选择的原理，认识到人对变异的选择，是人创造新品种的关键。达尔文曾列举中国古代关于绵羊品种改良、金鱼品种的培育等大量事例来说明人工选择的原理，并对中国古代人民利用人工选择原理培养新品种的工作，给予了高度评价。他在《物种起源》中说："如果以为选择原理是近代的发现，那就未免与事实相差太远……在一部古代的中国百科全书中，已经有关于选择原理的明确记述。"

可是，自然界中的新种是怎样形成的呢？怎样可以把选择应用到自然界的生物中呢？在相当长的时间里，对达尔文来说，仍是个谜。

不久，达尔文受罗伯特·马尔萨斯（1766—1834 年）《人口论》的启发，发现了自然选择这个重要原理。达尔文在回忆发现自然选择原理时写道："1838 年 10 月，就是在我开始进行自己有系统的问题调查以后 15 个月，我为了消遣，偶尔翻阅了马尔萨斯的《人口论》一书。当时我根据长期对动物和植物的生活方式的观察，就已经胸有成竹，能够去正确估价这种随时随地都在发生的生存斗争的意义，马上在我头脑中出现一种想法，就是：在这些（自然）环境条件下，有利的变异应该有被保存的趋势。这样的结果，应该会引起新种的形成。因此，最后，我终于获得了一个用来指导工作的理论。"

马尔萨斯是英国经济学家，他在《人口论》中根据当时科学界已经知道的事实即生物有高度生育率而食物增加缓慢，发表了关于人类社会的见解。他认识不到科学的发展，将会对生产增长和人口控制有不可估量的作用，他企图用生存斗争取代阶级斗争来解释人类社会的矛盾运动，这是错误的。但他的著作中也包含有某些合理的部分。如他认为，在整个动物界和植物界，有限的生存空间和食物是对动、植物高度繁殖率的巨大限制。动物种类和植物种类都要在这项巨大限制法则下缩减。其结果是，在动、植物中，有许多种子被浪费，许多生命中途死亡。正是在这种论点的启发下，达尔文认识到，生物由于生得很多而食物和空间有限，为了生存和繁衍后代，就必须进行斗争。他联系人工选择原理，意识到有利于生存的变异就会被保存，不利于生存的变异就会被消灭，其结果就"会引起新种的形成"。这样，达尔文从人工选择原理和生存斗争原理中总结出了自然选择的理论，这就是生存竞争，通过自然选择，最后适者生存，不适者灭亡。

在自然选择理论指导下，达尔文继续收集资料并开始撰写他的有关物种起源的著作。1842 年，他写完了 35 页的全书提纲。1858 年，他写完了《物种起源》全书的前 10 章。

同年，在马来半岛进行考察的另一位英国科学家拉塞尔·华莱士（1823—1913 年）也发现不同物种生物之间存在着密切的亲缘关系。他写了题为《论变种无限离开原始型的倾向》的论文，论点与达尔文自然选择原理基本一致，认为通过自然选择可以形成新的物种。同达尔文一样，华莱士在形成自然选择理论的过程中也是受马尔萨斯著作的启示。华莱士在自己的传记中写道："在 1835 年 2 月……我正盘算着（进化论）的问题，而一些东西，使我想到马尔萨斯在他的《人口论》中，所描述的积极制裁……大量的和迅速的繁殖，使得这些制裁在动物中间比在人类中间更加发生效力，而当我在模糊地思索着这个事实时，我脑子里突然掠过最适者生存的念头——即被这些制裁所消灭了的个体总的说来，一定是比那些生存的个体为劣。"

就在这一年，达尔文将他的关于进化论著作的原稿摘要和华莱士的论文同时发表了。两篇文章同时发表，也说明以自然选择为基础的进化论的形成是历史发展的产物。1859 年 11 月，达尔文又出版了他那孕育 20 年之久的《物种起源》一书。

《物种起源》从当时已经掌握的分类学、形态学、胚胎学、古生物学以及生物地理分布等方面，列举大量事实论证了生物是由进化而来的，各种生物是在不断发生变化的，新的物种不断产生，旧的物种不断灭绝，现存的各种生物彼此有亲缘关系，它们是由共同祖先发展而来的。《物种起源》以自然选择理论为基础阐述了生物进化的原理。在历史发展过程中，由于有利变异的逐渐累积，导致了适应的起源和物种的形成。所以，自然选择是生物进化的主要力量。

《物种起源》的出版，轰动了世界，引起激烈的争论。达尔文的老师和朋友塞治维克公开站在教会一边，指责他否定上帝创造万物，"是完全错误的，而且是令人难堪的恶作剧"。牛津主教威尔伯福斯也纠集不少信徒，扬言"达尔文的进化论与上帝的教义是格格不入的"，还有人公然提出，把达尔文交给神学院、大学院和博物院，任神甫们去摆布。达尔文并没有被吓倒，他说："他们的攻击证明了我们的工作没有辜负我们所费的精力。这使我决心穿好我的铠甲。我看得很清楚，这将是长期而艰苦的战斗。"由于达尔文和他的支持者赫胥黎、霍克等无可辩驳的论证，进化论很快就获得了世界科学家的承认。

马克思、恩格斯对《物种起源》给予了高度评价。恩格斯在该书出版后仅10余天，便高兴地写信给马克思："我现在正在读达尔文的著作，写得简直好极了。目的论过去有一个方面还没有被驳倒，而现在被驳倒了。此外，至今还从来没有过这样大规模的证明自然界的历史发展的尝试，而且还做得这样成功。"①

进化论的胜利结束了物种不变、目的论和神创论在生物学上的长期统治，从此生物学开始了新的纪元。达尔文学说的创立标志一门新的学科——进化论的产生。100多年来，进化论有力地促进了生物学各门学科的发展。进化论思想还被广泛应用到化学，天文学、人类学以及哲学社会科学的研究方面。

早在19世纪70年代初，中国人对达尔文的名字和学说，就已有所闻。但真正将达尔文学说传到中国来，是从严复翻译《天演论》开始的。达尔文学说的传入，对中国近代政治思想和自然科学的发展，都产生了一定的影响。人们从进化论出发，不仅深信生物界是进化发展的，而且也坚信世界万物也都是在变化发展之中。这种新的哲学观点，打开了人们的眼界，拓广了人们的思路，成为爱国图强、追求进步的中国人变革现实的思想武器。

由于时代的限制，达尔文对生物的遗传和变异规律几乎一无所知。他虽然认为广泛存在的不定变异是生物进化的主要原料，但他不知道这种变异的产生原因。由于不了解遗传变异规律，他还错误地承认了拉马克的获得性遗

---

① 《马克思恩格斯全集》第29卷，人民出版社1972年版，第503页。

传理论，并视为生物进化的一个辅助因素，将它写在《物种起源》中。

　　19 世纪自然科学三大发现，大大提高了人们对自然过程的相互联系的认识。恩格斯指出："由于这三大发现和自然科学的其他巨大进步，我们现在不仅能够指出自然界中各个领域内的过程之间的联系，而且总的说来也能指出各个领域之间的联系了，这样，我们就能够依靠经验自然科学本身所提供的事实，以近乎系统的形式描绘出一幅自然界联系的清晰图画。"[①]　三大发现及 19 世纪自然科学其他成就将自然科学从经验自然科学变成为理论自然科学。三大发现在自然科学领域内具有划时代的理论突破，它们已不仅是个别学科的理论创造，而是提出了若干全局性原理，从而给整个自然科学的发展以巨大影响。三大发现给予上帝创造万物、自然界一切彼此孤立、永远不变等唯心主义和形而上学自然观以沉重打击，使人们有可能系统地认识物质世界的本来面目和真实联系。马克思、恩格斯都把它看作马克思主义哲学的自然科学基础。

---

　　① 《马克思恩格斯全集》第 21 卷，人民出版社 1965 年版，第 339—340 页。

19 世纪末 20 世纪初科学技术的新发展

黄鸿钊

19 世纪末 20 世纪初是世界科学技术发展的重要时期。这期间，化学、物理学等科学领域的一系列重大发明，大大促进了人类社会的变革。一方面，科学技术作为一般社会生产力，将变为直接生产力，有力地促进社会生产力的发展；另一方面，它作为生产斗争和科学实验知识的结晶，加深了人类对自然界的认识，从宏观和微观领域进一步证实和丰富了马克思主义哲学，为发展辩证唯物主义奠定了坚实的基础。在这期间，以发电机、电动机、远距离输电技术的发明及电力的应用为标志，发生了第二次工业革命，为大工业的迅速发展提供了新的能源。

19 世纪末科学技术发展的前提和特点

19 世纪 60 年代末，西欧北美国家历时几个世纪的资产阶级革命已先后完成，确立了资本主义制度的完全统治。随着资本主义世界市场的逐步形成，到 70 年代初，资本主义已发展成为一个世界体系。从这时起，开始了垄断资本主义的形成过程，资本主义列强为重新瓜分世界展开激烈斗争。在这个过程中，资本主义列强经济发展不平衡性日趋尖锐。1870 年，在世界总产值中英国占 32%，美国占 23%，德国占 13%，法国占 10%。到 1900 年，对比关系发生了根本变化，美国占 31%，英国占 18%，德国占 16%，法国占 7%，英国已丧失了在世界工业中的领先地位。资本主义列强的经济实力和它们的殖民地面积之间的不相适应，进一步加剧了它们之间的矛盾。激烈的竞争刺激了科学技术的发展。资本主义列强为加速工业发展，需要科学上的发明和发现，从而为科学技术的发展创造了有利的条件。

在向帝国主义过渡时期，西方列强的科学技术的发展是不平衡的。19 世纪中叶以前，英、法两国重视科学和教育，改革旧教育，加速科学事业的发展，在科学技术发展方面处于领先地位。1751—1850 年，英国取得重大科学成就 129 项，法国取得 198 项。1871 年德国统一后，德国工业发展出现了新飞跃。1870—1880 年工业增长率为 4.1%，1880—1900 年为 6% 以上。德国比英、法更重视科学和工业相结合，重视应用科学的研究。德国在 70 年代开始了以电力的广泛使用作为标志的新的工业革命。这次工业革命使德国科学技术得到迅速发展。1851—1900 年，重大的科学技术成就，德国有 202 项，英国 106 项，法国 75 项，美国 33 项。德国科学技术成就数目相当于英、法、美三国之和，居世界领先地位。德国主要依靠本国的科学技术成就，在 19 世纪末 20 世纪初跃居欧洲第一工业强国。美国的情况与德国有很大不同，由于忽视基础理论研究，它在这一时期内虽已成为世界上最强大的工业国，科学水平却落后于德、英、法三国。但它重视科学技术的实际应用，大量引进外国的先进科学技术，并奖励本国的科学技术发明。一些大资本家出资建立基金会，给科学和教育以财政支持。1860—1890 年，美国政府颁发了 44 万份专利证书。到 19 世纪末期，美国大学生数量已经超过欧洲教育最发达的德国。它在科学技术舞台上也产生了像爱迪生这样举世知名的大发明家。

自然科学的重大成就

1829 年，人们已经知道的元素有 50 种左右。但是，自然界中还有多少没被发现的元素？怎样才能发现这些元素？各个元素之间究竟有没有联系？不少化学家进行着艰苦的探索，但都没有取得突破性的进展。德国人贝赖纳（1780—1849 年）发现有些元素性质相近，在原子量上有一种算术级数的关系。他对 15 种元素（锂、钠、钾、钙、锶、钡、磷、砷、锑、硫、硒、碲、氯、溴、碘）进行分组，每 3 个一组，共分成 5 组。这是根据元素性质和原子量对部分元素进行分类的首次尝试。

1860 年，关于原子量和化合价的计算方法统一以后，原子量的计算更加准确了。为了便于掌握元素和它的性质，有不少人在研究元素分类。俄国化学家门捷列夫（1834—1907 年）通过对 283 种物质进行分析测定，并到德国、法国、比利时等国的化工厂和实验室参观考察，终于发现元素周期律，并在 1869 年拟制了化学元素周期表，推动了化学向前迈进一大步。他把 62 种元素按原子量递增的次序加以排列，发现它们在性质上出现明显的周期性。自然界中的元素不是杂乱无章的，而有自己的规律和完整严密的体系。原子量的大小决定元素的性质特征，正如质点的大小决定复杂物质一样。根据原子量和元素性质，可以预告没有发现的元素。门捷列夫预言未发现的元素的性能，并且在周期表内给它们留出了确切的位置。70—90 年代，科学家们根据门捷列夫的推算，先后发现镓（1875 年）、钪（1879 年）、锗（1886 年）、氩（1894 年）、氦（1895 年）、氖、氪、氙（1898 年）等元素，证实了科学预见的巨大威力。恩格斯高度评价门捷列夫的成就，说他"完成了科学上的一个勋业，这个勋业可以和勒维烈计算尚未知道的行星海王星的轨道的勋业居于同等地位"[①]。

　　电和磁是 2000 多年前人类就已发现的自然现象。磁是一种能吸引铁、镍、钴的物质，我国古代四大发明之一的指南针，便是用磁石制成。同样，古代人们还观察到琥珀经过毛皮摩擦后有吸引纸屑的能力。英国科学家吉尔伯特 16 世纪在研究磁学的同时，发现玻璃、火漆、硫黄、宝石等经过摩擦也都可以带电。但在 18 世纪，人们还不清楚电和磁两者之间的关系。整个电学还局限在使用价值较低的静电学范围。

　　在电的实验上，早在 17 世纪下半叶，德意志人冯·葛利克就制出了一件闻名一时的仪器——在托架上旋转着的硫黄球。当用手摩擦它时，则产生静电斥力和静电引力现象，这是最早的摩擦起电机。不久，荷兰莱顿大学教授马森布罗克（1692—1761 年）在一个玻璃瓶里装上水，希望用来储存摩擦起电机所产生的电荷。实验成功了。后来这种储电荷的瓶子经过改制，内外贴上金属箔，称作莱顿瓶。1752 年，美国著名政治家和科学家富兰克林（1706—1790 年）用风筝把天上的雷电安全地引到地面，并发表了《论闪电和电气的相同》的论文，揭开了雷电之谜。18、19 世纪之交，意大利物理学家亚历山德罗·伏打（一译为伏特）（1745—1827 年）制造了电池。1820 年，丹麦物理学家奥斯特（1777—1851 年）发现了电流可以使罗盘指南针偏转，开始把电学和磁学结合起来进行研究。

　　在电磁学研究中作出了杰出贡献的是英国科学家法拉第（1791—1867 年）。1831 年，他进行精心实验，记述了电磁感应现象。法拉第把约 2 厘米粗的软铁棒做成外径小于 15 厘米的环，用铜线在上面卷成 AB 两个线圈。在 A 线圈的两端接上电池和开关，在 B 线圈的两端用铜线连接，并在离开 90

---

① 《马克思恩格斯全集》第 20 卷，人民出版社 1971 年版，第 407 页。

厘米的地方放上磁针。这样当合上开关时磁针马上摆动，最后又恢复到原来位置上静止下来。开关断开时，磁针又摆动。这是 A 线圈的电磁铁使 B 线圈产生电流的证据，这就叫电磁感应。磁作用力的变化可以产生电流，开辟了在电池之外可以产生大量电流的新道路。这一发现意味着可以靠机械作用来发电，为建设现代大型电站奠定了理论基础。1864 年，另一个英国青年理论物理学家麦克斯韦（1831—1879 年）把全部电磁感应现象用数学语言表达出来，把它归结为二组定量描述电磁场作用规律的方程。由这些方程可以推论出，自然界存在着电磁波，其传播速度和当时测定的光速相同。他还认为："光是引起电磁现象的那种介质中的横向波动。"24 年后，德国青年物理学家赫兹（1857—1894 年）用实验证实了这一预言。

电磁学的发展促使人们对气体放电现象深入研究。1879 年，英国科学家克鲁克斯（1832—1919 年）创制了一种高真空放电管，在此管中，当射线碰到玻璃管壁或者硫化锌时，就会发出荧光。这种发光现象称作"冷光"现象。1895 年 11 月 8 日，德国科学家伦琴（1845—1923 年）在给克鲁克斯管通电的时候，纸盒外的一块荧光板突然亮起来。他想到一定有某种看不见的射线穿过纸盒，使荧光板发亮。他把这种奇妙的看不见的射线称为 X 射线。X 射线最明显的特征是有极强的贯穿力。伦琴当时写道："如果把手放在放电装置和纸屏之间，可看到较黑的骨骼的影像。"伦琴以 X 射线的发明成为世界上第一个获诺贝尔物理学奖的人。

X 射线发现后，人们借助于这个媒介进入了一个完全陌生的领域——微观世界。英国科学家汤姆生（1856—1940 年）对产生 X 射线的阴极射线进行深入研究，终于发现了电子。在很长时间里，原子被认为是不可分割的最小单位，但汤姆生于 1897 年发现了比氢原子 1/1000 还要轻（后精确测定为 1/1837）的微粒，即电子。

伦琴发现 X 射线后，法国科学家贝克勒尔（1852—1908 年）发现铀盐在没有太阳照射，也不发出荧光的情况下，却会使底片强烈感光。还发现铀盐能够发出穿透力很强的射线。1896 年，他向法国科学院提交了《论磷光辐射》和《金属铀新辐射的发射》等报告。铀是人们发现的第一种放射性物质。这是实验物理学的一个重大发现。

法国科学家比埃尔·居里（1859—1906 年）和玛丽·斯可罗夫斯卡·居里（1867—1934 年）夫妇在贝克勒尔发现放射性物质铀后，还发现放射性元素钋和镭。居里夫人仔细阅读了物理学方面的出版物，注意到贝克勒尔

1896 年的实验报告。她认为铀射线是铀原子本身的性质，除铀之外，可能还存有像铀一样的放射性元素。1898 年她利用居里制作的象限静电计进行电流测量，发现钍的化合物也有放射性。她作了进一步研究，发现沥青铀矿的放射性比铀和钍强得多。居里放下手头原有工作，也参加了妻子的实验。1898 年 7 月，居里夫妇把新发现的放射性元素命名为钋，以纪念居里夫人的祖国——波兰。钋的放射性比铀强 400 倍。接着他们又发现铀矿中还含有一种放射性极强的未知元素，把它定名为镭（镭的拉丁文原意就是"放射"）。他们在极为艰苦的条件下，日复一日地从 1 吨沥青铀矿的废渣中进行提炼，经过 45 个月的辛勤劳动，终于在 1902 年提炼出 1/10 克的镭，并测定其原子量。镭的发现开辟了科学世界的新领域，推动了原子科学的发展。由于居里夫妇完成了这项近代科学上最重要的发现，居里夫人两次荣获诺贝尔奖奖金，成为世界上杰出的女科学家。

镭的放射性比铀要强 10 万倍以上。发现镭以后，许多友人劝居里夫人申请专利权，但她拒绝了。她说："镭不应当成为任何个人发财致富的工具。镭是元素，它属于全世界！"她还说："在科学中，我们应该关心的是事物，而不是个人。"

20 世纪初，德国犹太人科学家爱因斯坦（1879—1955 年）创立的相对论推翻了经典物理学的基石——牛顿的绝对时空观。它是理论物理学的重大发现，是物理学上的一场大革命。

相对论问世以前，电磁学的新的实验现象和新的理论已同经典物理学发生了一系列矛盾。法拉第关于物理场的概念与牛顿关于万有引力的超距作用概念不同，麦克斯韦和美国物理学家迈克尔逊（1852—1931 年）等都通过实验证明光速是不变的，并不像经典物理学所说的那样，任何物体的运动速度都是相对于一定坐标系，如一个坐在火车上的人，以火车作为坐标，人的速度是零；以地球作为坐标系，人的速度就等于火车的运行速度。这些新结论使物理学出现了"危机"。

1905 年，爱因斯坦发表了关于光量子假说、布朗运动理论和狭义相对论 3 篇重要论文。26 岁的爱因斯坦向当时物理学领域里的传统观念发起猛烈冲击。爱因斯坦提出了同牛顿经典物理学完全不同的结论：他否定了绝对时间和绝对空间，指出空间和时间随物质运动而变化，时间的流逝和空间距离的大小都不是绝对的，而是相对的。质量与运动变化成正比。质量和能量互相转化。爱因斯坦把质量与能量的关系列成如下方程——$E = mc^2$，即物体的能量等于质量与光速平方的乘积。这里 E 是能量，m 是质量，c 是光速，这一理论揭示了原子内部蕴藏着巨大的能量，成为现代高能物理学和人类利用原子能的理论基础。但狭义相对论并不是完全和牛顿力学割裂的，当运动速度远比光速低的时候，狭义相对论的结论和牛顿力学就没有什么区别。

1915—1916 年，爱因斯坦先后发表了《用广义相对论解释水星近日点运动》和《广义相对论的基础》等论文，完成了广义相对论。在广义相对论中，时间和空间跟引力场有关，而引力场又是由物质产生的。爱因斯坦从广义相对论出发，作了一些伟大的科学预言，有的已被观测所证实。他还根据广义相对论，提出了关于宇宙的有限无边模型，推动了宇宙科学的发展。

应用技术的新突破

自然科学是以知识形态为特征的一般社会生产力，它在一定条件下能够转化为直接生产力。当它应用到生产实践中去，就会变成强大的物质力量，推动应用技术出现一系列新的突破。电磁学的发展促进了电能的应用。19 世纪 70 年代开始，出现了一系列的电气发明。1866 年，德国工程师西门子（1816—1892 年）制成发电机。1870 年，比利时人格拉姆发明环状电枢。1882 年，法国学者马·德普勒发现了远距离送电的方法。同年，美国著名发明家爱迪生（1847—1931 年）在纽约创建了美国第一个火力发电厂，把输电线结成网络，供电就像供应煤气和水一样。于是大功率的电站应运而生。恩格斯高兴地指出，远距离送电的实现，"使工业几乎彻底摆脱地方条件所规定的一切界限，并且使极遥远的水力的利用成为可能"[1]。发电站通过导线输送电能，再由电动机推动车床转动。使用电能后车床转速增大了，生产率提高了。

人类从以蒸汽力为主要能源的时代进入了电气时代，电能的应用使得人们的社会生活发生巨大变化。1876 年，美国人贝尔（1847—1922 年）发明电话。1877 年，爱迪生发明了记录和再现声音的录音器，由此便制造出留声机、录音机和麦克风，等等。1879 年 10 月 21 日，爱迪生发明电灯，在科学史上开辟了一个新纪元。从 80 年代起，电灯开始在家庭生活中普及，使人们的生活发生了巨大变化。1882 年，爱迪生发明电车。1893 年他又发明电

---

① 《马克思恩格斯选集》第 4 卷，人民出版社 1972 年版，第 436 页。

影放映机。20 世纪初出现最早的电影院。爱迪生的名字是和电学紧紧联结在一起的。爱迪生一生紧张勤奋工作，他常说："何时死神降临，我何时休息。""我的生活哲学是工作，我要揭开大自然的奥秘，并以此为人类谋幸福。"据统计，他和他的助手们共有大小发明 1300 多种。此外还有 1896 年意大利工程师马可尼（1874—1937 年）发明无线电。电的应用普及化，使电力工业如列宁所说的那样，成了"最能代表最新的技术成就和十九世纪末、二十世纪初的资本主义的一个工业部门"①。

炼钢技术也得到了改进。1856 年，英国人贝西默（1813—1898 年）使用"吹气精炼"的操作法炼钢，即向熔化的生铁中增吹空气，减少其中的含碳量。按照这种操作法制造出一种带盖的，里面分为上下炉膛、中间细的固定炉。这是洋梨形的炉，能够翻转倒出钢水，是今天转炉的原型。这种被称为"贝氏炉"的炼钢炉，必须以含磷和含硫量少的铁矿石为原料，否则炼出来的钢发脆而不能使用。

1864 年，法国人马丁（1824—1915 年）和德国人西门子兄弟同时宣布发明了平炉。平炉的第二层是反射炉，第一层是储热炉（高温炉）。这种冶炼炉是一种用废气预热耐火砖向里面交替吹进燃料气和废气能产生 1600 度高温的装置。它不仅可熔化生铁和熟铁，废钢也能熔化，使之变成优质钢。

英国冶金技师托马斯（1856—1885 年）于 1878 年成功地解决了铁矿石除磷的问题。他用石灰和镁的结合物白云石为原料造成碱性砖，放在转炉上使用，可以产生良好的脱磷效果，称为碱性转炉。这样含磷的铁矿石也可以生产出优质钢。由于冶炼技术的不断改进，钢的质量有了明显提高，产量持续增长，1860—1900 年，英、美、法、德四国的钢产量由 24 万吨增加到 2355 万吨。

电力工业的发展也促进了蒸汽机和内燃机的改进。因为发电机是需要蒸汽机来推动的，要增加发电量，必须增加这种原始发动机的功率。蒸汽机有许多缺点，比如由于必须有锅炉，体积庞大而笨重，燃料的热能要传给蒸汽后再转化成机械功，效率很低。蒸汽机的缺点跟气缸外部的燃烧方式有关。这种燃烧方式简称外燃。这样便推动了内燃机的改造和应用。1862 年，法国人德罗夏提出四冲程内燃机的理论，但没有实际制造出内燃机。1876 年，德国人奥托（1832—1891 年）制造出第一台四冲程内燃机，使用汽油点火，

---

① 《列宁选集》第 2 卷，人民出版社 1972 年版，第 788 页。

称汽油机。1897 年，另一个德国工程师狄塞尔（1858—1913 年）又对内燃机作了改进。他以廉价的柴油为原料，使用压缩气体，产生的高温来点火，制成了第一台实用的压缩点火内燃机。内燃机的推广使用，也为汽车和飞机的发明解决了发动机的装置问题，引起了一次交通运输工具的革命。

内燃机的发明推动了石油开采业的发展，加速了石油化学工业的产生。美国在内战前夕的 1859 年，已在宾夕法尼亚州发现石油，钻出了第一口油井，但它最初只用于照明。随着内燃机的广泛应用，开始大量开采石油。1870 年全世界生产的石油只有 80 万吨，到 1900 年猛增至 2000 万吨。

化学工业的建立也是 19 世纪晚期科学技术的一项重大突破。化学工业不仅采用化学方法进行原料加工，而且采用化学方法合成物质。80 年代，人们开始从煤炭中提炼氨、苯、人造染料等化学产品。1884 年，法国人圣·夏尔东发明人造纤维，后来人们开始用黏胶丝来生产人造丝。黄磷火柴早在 20 年代便由英国人沃克发明，在 1870 年开始制造出安全火柴。1869 年，美国人黑特发明赛璐珞，10 年后德、英、法等国也出现了赛璐珞工业。1867 年，诺贝尔发明炸药。80 年代又改造了制造无烟火药的技术，并在军事上广泛应用。

19 世纪下半叶，交通运输方面又有新的革新。首先，由于铁路网的迅速增长（1870 年约为 21 万公里，1900 年增为 79 万公里），列车数量和运输量的增加，行车速度不断提高，铁路技术因此受到推动而不断改进。19 世纪最后几十年间，铁轨完全改成了钢轨。1880 年，在阿尔卑斯山的铁路线上建成了 15 公里长的圣哥大隧道，这是世界上第一条铁路隧道。1885 年，英国开凿了长达 7 公里的赛汶河隧道，这是当时最长的水下隧道。与此同时，机车的功率、牵引力、行驶速度、重量和体积都有了显著的增长。90 年代，许多国家都试图用电气牵引机车，在城郊和一些城市间出现了电气铁路线。火车变成许多国家的主要交通工具。

19 世纪末，一种新型的交通工具——汽车出现了。1886 年，德国工程师卡·本茨和格·戴姆勒设计了第一批汽车模型。同年，本茨设计的用内燃机推进的世界上第一辆汽车，首次在慕尼黑街道上行驶。美国人吸收了欧洲人制造汽车的技术，1892 年制成一辆汽车。第二年，美国人福特试制成功的汽车，每小时能行驶 25 英里。从 90 年代起，许多国家建立了汽车工业。1895 年，爱尔兰发明家约·邓禄普将铁轮改为用橡胶充气轮胎，改善了行车条件，消除了行车的噪声，使汽车广为流行。自汽车问世后 30 余年，全世界已拥有汽车 200 万辆。

轮船制造技术也有了惊人的发展。60 年代末开始采用活塞蒸汽机，1894—1895 年第一次试用蒸汽涡轮机代替活塞式发动机。它使轮船的功率和速度大为增加。1919 年，美国"萨凡纳"号帆船使用蒸汽机为动力，运载棉花横渡大西洋至英国，共费时 29.5 天，而使用蒸汽涡轮机做动力，同样航程只需 5 天就够了。

多少年来，人们梦想能够像鸟那样飞翔，平步登天，凌空漫游。人们曾制成滑翔机，但是空中的交通运输要到飞艇和飞机发明以后才得以实现。1896 年，德国设计师 G. 捷尔费尔特解决了飞艇上采用以液体燃料发动的内燃机后，促进了飞艇的生产。德国贵族齐柏林就是有名的飞艇大王。1903 年，美国莱特兄弟制成飞机试飞成功，初次试飞虽然只持续了 12 秒钟，但是却开始了航空的新纪元[①]。

资本主义工业的发展，城市人口的增加，要求农村向城市提供更多的粮食，这就刺激了农业机械化的发展。美国在农业机械化方面居领先地位。1865 年美国人发明自动割捆机；1873 年又发明康拜因机，80 年代推广使用脱粒机。20 世纪初使用拖拉机耕作。美国大农场广泛使用农业机器，同时人工肥料也开始大量使用，在耕作方法上也从三圃制迅速地过渡到多圃制。

科学的每一项伟大发现，技术的每一项重要成果，无不推动着军事技术革新。到了 19 世纪末，出现了一个军事技术革命的高潮。突出表明科学技术是影响军事力量的重要因素。恩格斯曾指出："现在未必能再找到另一个像军事这样革命的领域。"[②] 这时陆军的枪炮已走向自动化。1883 年，美国工程师海·马克西姆发明重机枪。20 世纪初，日俄战争以后，欧洲军队广泛使用机关枪。

装甲车和坦克这两种新式武器是首先在英国制造的。英布战争（1899—1902 年）期间，英国开始使用装甲车保护后方铁路交通，坦克的研制早在第一次世界大战爆发前即已开始，当时英国称这种新战车为陆地巡洋舰。当时坦克有两种，一种较大的可容 20 余人，内装专门对付机枪的野战炮；较小的坦克只配备机枪以扫射敌兵。

---

① 1909 年，旅美华侨冯如制一架试验性飞机。第二年他制的一架飞机参加当年国际飞机比赛大会，获得时速第一奖，表明他的飞机具有当时世界的先进水平。

② 《马克思恩格斯全集》第 22 卷，人民出版社 1965 年版，第 444 页。

　　人们早就幻想从空中配合地面作战。19 世纪末，德、法、俄等国家开始制造飞艇。1911 年意土战争期间，意大利出动了 3 架飞艇进行轰炸和侦察活动。德国制成的齐伯林飞艇长度为 760 英尺，宽为 75 英尺，其气囊可储存 200 万立方英尺的氢气，气艇重量为 50 吨左右。美国人莱特兄弟试制的第一架飞机航行成功，为人类战争使用空中武器创造了前提。

　　1898 年，法国人劳倍夫制成新式潜艇，每小时海面航速 12 海里，海底航速 9 海里。1907 年，英国制造成世界上第一艘无畏舰。这是一种装备大口径炮和铁甲的新型战列舰。无畏舰的排水量达 18000—27500 吨；甲板装甲厚达 44—69 毫米；炮塔装甲厚达 100—275 毫米，大炮口径达 305 毫米。当时一艘无畏舰造价达 2000 万美元，使用寿命为 20 年。

　　与此同时，化学的成就也引进到军事上来。19 世纪末，一些国家开始秘密制造毒气以备军用。1899 年和 1907 年两次海牙和平会议针对这种情况，通过了禁止使用毒气的公约。

　　19 世纪末 20 世纪初科学技术的发展，使人们深刻地认识到，科学是一种在历史上起推动作用的革命的力量。如果说蒸汽机的发明是扩展人类肢体功能的一场革命，那么电报电话的发明则是扩展人类感官功能的一场革命。科学的突破推动了技术的进步，极大地促进了社会生产力的发展，引起产业结构的变化和社会关系的变化。科学技术的发展为人类提供了新的物质技术手段。如果说第一次工业革命以纺纱机等工具机为起点，以蒸汽机为标志，随着生产力技术方面的革命，在生产力社会方面也出现了一系列变革，使劳动性质和方式发生了变化，那么 19 世纪末 20 世纪初科学技术的发展，尤其是电力的应用，则是具有划时代意义的一场更深刻的工业革命。电力作为新的动力基础，比蒸汽机有无可比拟的优越性。它促成了电器、石油、化工、汽车等一系列新兴工业部门出现，使重工业成为工业生产的主要部门。正是在这一时期，"自由"资本主义完成了向垄断资本主义过渡，世界资本主义进入了帝国主义阶段。

　　随着 19 世纪和 20 世纪之交科学技术的发展，人类的自然观和科学观念也发生了根本变化，如 X 射线和其他放射性元素的发现，彻底动摇了传统的物质不可入的观念，哲学对科学的发展具有重要的指导作用。爱因斯坦相对论为人类展开了一个奇妙的新世界，这是他坚持唯物主义和辩证法，避免了唯心主义和狭隘经验论的结果；同时，科学技术的发展又向哲学提出挑战，推动哲学向前发展。如电子的发现证实了恩格斯的预言："原子决不能被看作简单的东西或已知的最小的实物粒子"①。它为辩证唯物主义的自然观提供了新的论据,为人类的认识开拓了一个新领域。

　　在19世纪,近代自然科学对宏观领域的理论综合取得了重大成果。从19世纪末,人类已开始对微观领域进行探索。19世纪末20世纪初科学技术突飞猛进的发展,为20世纪电子计算机、遗传工程、光导纤维、激光、海洋开发、航天技术等尖端技术的发展开辟了道路。

---

　　① 《马克思恩格斯选集》第3卷,人民出版社1972年版,第568页。

批判现实主义文学及其主要代表人物

吴元迈

批判现实主义作为世界文学中最重要的流派和思潮，是人类艺术最伟大的成就之一。它的一大批代表人物的名字，如巴尔扎克、狄更斯、列夫·托尔斯泰等，在世界文学史上将永远闪耀着光芒。

批判现实主义的形成及基本特征

一般人认为现实主义产生于欧洲文艺复兴时代。19 世纪的现实主义以批判资本主义社会的现实为其主要特色，所以通常又称批判现实主义。它是15—18 世纪的现实主义的继续与发展，也是社会主义以前时代的现实主义的最高阶段。

随着欧洲现实主义文学的发展，现实主义的术语及其理论开始形成。第一个从美学意义上使用现实主义术语的是德国诗人兼剧作家席勒。他不仅在1789 年 4 月 27 日致歌德的信中提出了这个术语，而且在《论素朴的诗和感伤的诗》（1796 年）这篇著名论文中，总结了西方文艺发展的两种基本倾向：直接反映现实的"素朴的诗"和表现现实之上的理想的"感伤的诗"。所谓素朴的诗，实际指的就是现实主义的文艺。其他一些作家、艺术家或文艺批评家，如亚里士多德、狄德罗、莱辛、别林斯基等，虽然没有使用过现实主义术语，但在席勒之前或在席勒之后，对现实主义的创作原则或方法都做过重要的论述。拿别林斯基来说，1835 年他在《论俄国中篇小说和果戈理君的中篇小说》一文中，曾提出"现实的诗"和"理想的诗"的区别，在现实的诗里，诗人"按照生活的全部真实性和赤裸裸的面貌来再现现实"，并认为现实的诗，"更符合我们的时代精神和需要"。他们的所有论述对 19 世纪欧洲现实主义文学的形成，曾产生巨大的影响。

　　然而现实主义作为一种遍及欧洲的文艺思潮和文艺运动，其发源地却在法国。巴尔扎克去世不久，1850年9月21日，他的崇拜者、小说家兼批评家茹尔·弗勒里·于松，用笔名尚弗勒里在法国《秩序报》上发表了一篇评论法国画家库尔贝的文章《艺术中的现实主义》。1855年，巴黎举行世界博览会，库尔贝的两幅画因遭到主办者的贬抑而未能入选。在这种情况下，库尔贝便在官方博览会的旁边举办个人作品展览。入口处的牌子上写道："现实主义，库尔贝，四十件作品展览。"之后，尚弗勒里同另一位法国小说家兼批评家杜朗蒂一起，创办了一个名为《现实主义》的刊物（1856—1857年，共出6期）。库尔贝曾在该刊上发表文章，指出文艺家应该研究现实，如实描写普通人的日常生活，不要美化现实。1857年，尚弗勒里在论文集《现实主义》的序言里，称巴尔扎克是"现实主义方法"的创始人之一；同时列举了狄更斯、萨克雷、夏洛蒂·勃朗特、果戈理、屠格涅夫等一批英国和俄国现实主义作家的名字，并企图给现实主义提出某种纲领性的东西。在尚弗勒里看来，艺术家应该描写社会下层，在那里"感情、行为、语言的真实"要比社会上层"更为明显"；艺术的任务在于"天真、真诚和独立"。杜朗蒂对现实主义的理解，比尚弗勒里要深刻一些。他认为，现实主义需对日常生活进行详尽无遗地描绘，而所谓"如实地复制"，是指忠实地反映社会内情和人们所处的时代风貌。从此，在欧洲才有了以现实主义正式命名的文学流派。

　　在俄国，文学批评家安年科夫在《关于去年俄国文学的札记》（1849年）一文中，首次用现实主义术语来概括屠格涅夫、冈察洛夫等人的创作特点。但它在当时并没有被普遍接受，直到60年代以前，广泛流行的仍是"自然派"[1] 这个概念。从60年代起，情况就不同了。1860年，革命民主主义批评家杜勃罗留波夫在谈到俄国文学状况时，曾指出，"现实主义已深入到各处"。1863年，批判现实主义作家谢德林也说："现实主义是俄国文学的真正流派。"很可能，现实主义这一概念在俄国的广为运用并最终代替自然派，同法国的现实主义思潮是密切相连的。

　　批判现实主义形成于19世纪三四十年代并非偶然。正是在这个时候，

----

　　[1]　"自然派"是19世纪40年代俄国文学的一个流派。最初是沙皇的御用文人布尔加林对一些师法果戈理创作的青年作家的贬称，后经革命民主主义批评家别林斯基对它的内涵的重新论述，实际上已成为俄国文学中现实主义流派的别名。

资本主义制度在西欧几个主要国家最后战胜了封建主义制度。1830年法国七月革命推翻了波旁王朝，巩固了法国资产阶级的胜利。1832年英国的议会改革沉重地打击了英国贵族势力，使英国工业资产阶级掌握了主要权力，在政治和经济上占了优势。

资本主义制度的确立和日益巩固，使无产阶级和资产阶级之间的矛盾逐步上升为资本主义社会的主要矛盾。1831年和1834年法国里昂纺织工人举行的两次规模巨大的起义表明，无产阶级已作为一支独立的政治力量走上历史舞台。30年代至40年代末，英国声势浩大的、以工人为主体的宪章运动遍及全国。与法、英两国相比，德国资本主义发展较晚，但1844年7月爆发的西里西亚的织工起义，以及在它影响下掀起的全国性罢工，标志着德国无产阶级与资产阶级之间的矛盾日趋尖锐。由于饥荒而引起的1848年的欧洲革命，则是无产阶级和资产阶级的矛盾的总爆发。1848年6月，以"争取民主的、社会的共和国"和"反对资本的、特权的共和国"为目标的巴黎工人武装起义，成了历史上这两个对立阶级之间的第一次大斗争。1848—1849年欧洲民族民主革命此伏彼起：维也纳人民起义、布拉格起义、米兰起义、匈牙利反对奥地利统治的斗争。欧洲许多发展缓慢的国家逐渐进入资产阶级革命时期。俄国资本主义发展虽然远远落在西欧后边，但在三四十年代，工商业也有一定发展。1825年俄国十二月党人武装起义是一次具有资产阶级革命性质的贵族革命运动。1853年至1856年的克里木战争，以俄国的失败而告终，这就彻底暴露了俄国农奴制度和专制制度的腐朽。1861年沙皇政府被迫实行自上而下的农奴制改革，从此俄国解放运动进入一个新的阶段，反对沙皇专制的斗争，特别是农民暴动更加高涨、更加频繁。

同时，资本主义制度的确立和日益巩固，不仅使无产阶级和广大劳动人民受到资本主义残酷的政治压迫和经济剥削，处于无权和贫困的地位，也使中、小资产阶级受到掌握国家政权的大资产阶级的排挤而大批破产。这样，资本主义社会的阶级斗争和社会矛盾越加尖锐，资本主义社会的各种弊端越加表面化，"人和人之间除了赤裸裸的利害关系，除了冷酷无情的'现金交易'，就再也没有任何别的联系了"[1]。面对这一现实，"人们终于不得不用冷静的眼光来看他们的生活地位、他们的相互关系"[2]，进步的作家也不能不

---

[1]　《马克思恩格斯选集》第1卷，人民出版社1972年版，第253页。

[2]　同上书，第254页。

在自己的创作中，对这个矛盾重重的社会的真实状况作出某种反应，也就是说，现实本身已为批判现实主义的产生提供了广阔的社会基础。

批判现实主义的形成，同 19 世纪科学、哲学的重大发展也是分不开的。自然科学领域里关于细胞、能量转化和生物进化的三大发现，以及实验科学的流行，促进了唯物论的发展和传播。从 1830 年开始，德国唯物主义哲学家费尔巴哈向唯心主义展开的激烈而持久的斗争，法国复辟时期资产阶级历史学家如基佐等的历史观，对当时的知识界有过很大影响。空想社会主义学说的迅速发展，法国的圣西门和傅立叶及英国的欧文对劳动和资本的矛盾的揭示，对改善劳动者的境遇的呼吁，对建立没有压迫和剥削的新社会的追求，曾在欧洲形成了一股批判资本主义的社会思潮。所有这些都促使进步的作家用客观的和批判的眼光来观察世界和研究社会。他们不再满足于浪漫主义文学的主观想象和个人的叛逆精神、非凡事件和非凡人物的理想世界。他们十分重视并继承了文艺复兴时代和启蒙主义时代的现实主义传统，古典主义文学中的讽刺倾向，真实地再现社会的日常生活，鞭笞资本主义的黑暗丑恶的现象。这样，批判现实主义终于逐渐地取代浪漫主义而成为 19 世纪欧洲文学的主要思潮和主要流派。

把 19 世纪欧洲现实主义称作批判现实主义，一般来说是对的。批判现实的确是它的主要特色，但不能对批判现实主义这个术语作片面和简单的理解。批判现实主义并不局限于批判，除了批判外，它也不乏对现实中的肯定因素的描写。许多批判现实主义大师从现实出发，塑造了不少体现他们的道德、政治、审美的理想的正面形象，例如巴尔扎克对 30 年代那些代表法国未来的共和党人的描写。其实，在艺术中像在生活中一样，批判和肯定是相辅相成的，不可能存在单纯的批判，反之也是一样。这是生活的辩证法，也是现实主义艺术的辩证法。

现实主义不像浪漫主义那样，在反映现实上偏重从主观出发，用想象和夸张的手法抒发对理想世界的执着追求，而主要以生活本身的形式真实地反映生活，偏重于对现实的客观的、具体的和历史的描写，强调人物和环境之间的现实关系。典型是现实主义的核心，现实主义创作从典型开始，也以典型结束。然而典型化和个性化是不可分开的，每个典型又是"这一个"。当现实主义作为文学思潮和文学流派在取代浪漫主义时，它并没有割断同浪漫主义的一切联系，而且在题材和心理描写等方面吸收和借鉴了浪漫主义的艺术经验，来为自己的创作目的服务。

　　现实主义在表现形式和艺术手法上具有广阔的审美可能性，它不是某些固定的规则和公式的汇集。即便以生活本身的形式反映生活是现实主义的基本形式，但它也并不限于这一形式，例如巴尔扎克的《驴皮记》和谢德林的《一个城市的历史》，就采用了虚拟假定的形式和手法。问题在于现实主义的虚拟假定是为了更好地根据现实，而不是为了切断同现实的联系。现实主义也运用夸张、荒诞、变形、意识流等手法，但从不把它们绝对化。从现实主义的形式和手法看，它本身也是一种多流派的艺术。

　　19 世纪现实主义作家的思想基础，总的来说是资产阶级的人道主义。他们继承和发扬了文艺复兴时代以来的人道主义理想，受到了启蒙主义思想、空想社会主义思想、基督教博爱思想等的影响。他们站在不同的政治立场上，即自由主义贵族、资产阶级民主派或小资产阶级的立场上，用高尔基的话说，"他们都是本阶级的叛逆、'浪子'，被资产阶级毁灭了的贵族，或者是从本阶级的窒息人的氛围里突破出来的小资产阶级子弟"，从各自的阶级利益出发，对封建社会、特别是对资本主义社会的现实进行谴责，对下层人民的苦难境遇表示同情。但是，他们都用人道主义的观点来看待一切阶级关系和一切社会关系，因而未能揭示出黑暗现实和丑恶现象的真正根源，更谈不上指出解决社会矛盾的正确途径，甚至连劳动群众的反抗、斗争也未能加以反映。对普通人、"小人物"往往止于怜悯，工人的形象也是消极的。当工人阶级从自在的阶级变成自为阶级的时候，批判现实主义在反映现实方面的历史局限性，就变得十分突出了。现实在发展，现实主义也应该发展。一种揭示无产阶级革命时代和无产阶级伟大目标的新型的现实主义，已成了历史的必然，

法、英、德等西欧国家的批判现实主义

　　由于欧洲各国的政治经济发展，社会历史条件和民族文化传统的不同，批判现实主义文学在欧洲各国也各有特点。

　　19 世纪 30 年代的法国是批判现实主义的发源地。描写日益上升的资产阶级与日益衰亡的封建贵族之间的阶级矛盾，以及资产阶级内部的矛盾，是法国批判现实主义文学的基本内容。而司汤达（1783—1842 年）和巴尔扎克（1799—1850 年）则是它的最早和最著名的代表者。

　　司汤达的长篇小说《红与黑》（1830 年）是他创作的最高成就，也是法

国批判现实主义的第一部著名作品。小说取材于法国现实。主人公于连是法国复辟时期外省的一个锯木工场主的儿子。他在当地市长家里任家庭教师时，勾引上了市长的年轻妻子。后来在巴黎当侯爵的私人秘书时，又成了侯爵女儿的情人，并直接参与侯爵策划的政治密谋。市长夫人出于嫉妒，告发了他的丑行。他一怒之下，开枪打伤市长夫人，最后被法庭判以极刑。小说通过于连一系列向上爬和冒险的行为，真实地描绘了法国那个时候从外省到首都，从社会底层到上流社会的生活图景，深刻地揭示了法国的政治斗争、社会矛盾的种种错综复杂的现实关系。因此作家把小说的副标题称为"1830年历史纪实"。司汤达的另一著名小说《巴马修道院》（1839年），反映了1796—1830年意大利北部地区反抗欧洲封建势力的"神圣同盟"的反动统治，以及争取民族独立的斗争；揭露了巴马宫廷一系列政治阴谋。小说主人公法布里斯和于连一样，也是一个有才有为的青年。他妄图通过参加拿破仑军队和出任代理大主教来实现个人野心，并希冀在爱情中获得个人幸福。司汤达小说的心理分析，曾对现实主义方法的发展产生过积极影响。

　　法国批判现实主义的主要代表人物是巴尔扎克。恩格斯称他是一个"伟大得多的现实主义大师"，他的《人间喜剧》"给我们提供了一部法国'社会'特别是巴黎'上流社会'的卓越的现实主义历史"①。

　　《人间喜剧》包括90多种长篇小说和中、短篇小说，分为哲学研究、分析研究和风俗研究三大部分。其中风俗研究是数量最多也是最重要的一部分，又包括六个场景：私人生活（《夏倍上校》《高老头》等）、外省生活（《欧也妮·葛朗台》《幻灭》等）、巴黎生活（《贝姨》《邦斯舅舅》等）、政治生活（《现代历史内幕》《丑恶勾当》等）、乡村生活（《农民》《乡村医生》等）和军事生活（《朱安党人》《沙漠里的爱情》等）。在这部史诗般的巨著中巴尔扎克创造了从拿破仑帝国、复辟王朝到七月王朝这一历史时期法国社会各阶层2000多个人物形象，展现了封建贵族社会所受到的上升资产阶级的日甚一日的冲击，以及它在1814年复辟王朝建立后，又重整旗鼓，尽力恢复失去的天堂，而最终其最后的残余在庸俗的、满身铜臭的暴发户的逼攻之下逐渐死亡或这一暴发户腐化的历史命运。

　　长篇小说《高老头》（1834年）中的拉斯蒂涅是一个破产的贵族子弟，在巴黎上大学，生活相当贫困，原想通过发愤读书来为自己打开一条发财致

---

① 《马克思恩格斯选集》第4卷，人民出版社1972年版，第462页。

富的道路。然而在资产阶级利欲熏心思想的侵蚀和巴黎花花世界的影响下，他不惜采用一切卑鄙手段来达到这个目的，终于逐渐腐化堕落。《驴皮记》（1831年）中的破落贵族子弟拉法埃尔十分向往科学事业，甘愿过着清苦的生活。但他在资本主义世界的赤裸裸的利害关系的逼迫下，不久便成了一个厚颜无耻、唯利是图的人，最后走向了死亡。在《农民》（1844年）里，巴尔扎克直接描写了封建贵族和资产阶级的斗争，而代表资产者利益的商人贝尔丹和里古战胜了代表贵族地主利益的孟戈尔奈将军。虽然巴尔扎克在描写贵族男女时，他的同情倾注在他们一边，如在《禁治产》（1836年）中美化埃斯巴尔侯爵，在《幽谷百合》（1835年）中赞颂莫尔梭夫人，但在很多情况下，当他让他所深切同情的贵族男女行动的时候，他的嘲笑是空前尖刻的，他的讽刺是空前辛辣的。相反，巴尔扎克却以赞赏的笔调描绘了政治上的死对头——共和党的英雄们，像《幻灭》（1843年）中的米希尔·克雷斯蒂安，在1831年巴黎共和党人起义时牺牲在街垒上，而被巴尔扎克称为"伟大的默默无闻的政治活动家"。关于巴尔扎克创作中的这种真实，恩格斯曾写道："这样，巴尔扎克就不得不违反自己的阶级同情和政治偏见；他看到了他心爱的贵族们灭亡的必然性，从而把他们描写成不配有更好命运的人，他在当时唯一能找到未来的真正的人的地方看到了这样的人，——这一切我认为是现实主义的最伟大胜利之一，是老巴尔扎克最重大的特点之一。"①

此外，在《人间喜剧》里，巴尔扎克还塑造了许多具有时代特征的、个性化了的资产者的形象，无情地揭露了他们的发迹史。《欧也妮·葛朗台》中的葛朗台，利用政治和经济的各种手腕，从一个箍桶匠变成法国外省的百万富翁。为了财富，他逼死妻子，又葬送女儿的一生。直到奄奄一息之际，还紧紧抓住钱财不放。他是世界文学中最著名的吝啬鬼形象之一。在《纽沁根银行》（1838年）中，大银行家纽沁根利用法律保护搞假倒闭，使成千家小存户陷于贫困，而他却因此而飞黄腾达。与葛朗台不同，他过的是穷欲荒淫的生活。总之，在巴尔扎克笔下，人物性格极为鲜明突出，而人物的典型化又同环境的典型化紧密相连。正是对现实关系的这种深刻描写，巴尔扎克把现实主义创作方法推向了新的阶段。

在司汤达和巴尔扎克之后，批判现实主义在法国有了进一步发展，出现

---

① 《马克思恩格斯选集》第4卷，人民出版社1972年版，第463页。

了一批闻名遐迩的作家和具有世界声誉的作品。福楼拜（1821—1880 年）的长篇小说《包法利夫人》（1857 年）是他的主要作品，也是批判现实主义文学的名著。女主人公爱玛是一个富裕农民的女儿，一心幻想上流社会的生活和才子佳人式的爱情。在社会环境的腐蚀下，她逐渐地放荡起来，终因无法自拔而服毒自杀。小说尖锐地揭露了教会、贵族、地主、资产者的恶行，同时也真实地描写了小市民生活的庸俗和浪漫主义幻想的破灭。

莫泊桑（1850—1893 年）是法国后期批判现实主义代表作家之一，也是世界短篇小说的巨匠之一。在他的近 300 篇短篇小说中，《羊脂球》和《项链》最为脍炙人口。《羊脂球》对比了妓女羊脂球和所谓的"体面人物"在普鲁士侵略军面前的两种不同态度，歌颂了羊脂球的爱国精神，鞭挞了资产阶级的假仁假义、厚颜无耻的行径。《项链》描写了一个小公务员的妻子因丢失项链而铸成的悲剧。莫泊桑的中篇小说中，以《一生》（1883 年）和《俊友》（1885 年）最为重要。《一生》描写了女主人公约娜一生的不幸遭遇。她对真挚、纯朴、美好生活的憧憬，由于法国现实中人与人之间的欺骗和冷酷，最终遭到破灭。《俊友》是一部社会讽刺小说，主人公杜洛阿仗着自己的外貌和一套追名逐利的手腕，从一个殖民部队的小兵变成政界和新闻界的名流。作家以此辛辣地讽刺了法国第三共和国的腐朽。

与法国批判现实主义文学几乎并驾齐驱的是英国批判现实主义文学。马克思曾称 19 世纪三四十年代的英国批判现实主义作家狄更斯、夏洛蒂·勃朗特和盖斯凯尔夫人等是一批杰出的小说家，"他们在自己的卓越的、描写生动的书籍中向世界揭示的政治和社会真理，比一切职业政客、政治家和道德家加在一起所揭示的还要多"[①]。

狄更斯（1812—1870 年）是英国批判现实主义的主要代表者。自 1836—1837 年发表第一部长篇小说《匹克威克外传》后，他陆续写了《奥列弗》（1837 年）、《尼古拉斯·尼克尔贝》（1838 年）、《老古玩店》（1840 年）、《大卫·科波菲尔》（1850 年）、《艰难时世》（1854 年）、《双城记》（1859 年）、《远大前程》（1861 年）等 20 余部长篇小说。他鲜明地描绘了社会的不平和政治的不义，以及工人阶级和资产阶级的矛盾。《艰难时世》里焦煤镇的社会生活是产业革命后英国社会生活的一个缩影。工人给庞得贝等资本家创造大量财富，而他们自己却过着贫困的生活。工人斯蒂芬同厂主

---

① 《马克思恩格斯全集》第 10 卷，人民出版社 1962 年版，第 686 页。

发生斗争，结果死得很惨。作家在书中虽然认为罢工不适当，但对被压迫和被剥削的工人的艰难命运却寄予了深切同情。曾经是五金批发商人的议员兼教育家葛雷梗一味算计如何赚钱，把自己的年轻女儿嫁给比她大许多的镇上的首富庞得贝，使其受尽折磨；而葛雷梗的儿子竟成了一个窃贼。小说揭露了葛雷梗等资产者的种种罪恶。在《老古玩店》里，小姑娘耐儿·吐伦特和她的外公———一家古玩店的主人中了高利贷者的圈套，结果倾家荡产，只得流落四方。祖孙二人在流浪中目睹了英国下层社会生活的惨景。在《双城记》里，作家直接描写了1789年法国资产阶级革命，并通过法国医生曼奈特一家的不幸遭遇和被贵族杀害的农民这两条线索，揭示了革命的不可避免性。然而作家在谴责封建统治阶级的同时，却又指责雅各宾专政"流血过多""太残酷"。狄更斯创作的另一重要内容是对下层人民的生活状况和"小人物"的命运的关切。《奥列弗》中的奥列弗是一个孤儿。他所在的收容所是座人间地狱。在那里孩子们饮泣吞声，横遭屈辱。他从收容所出逃后又落入伦敦的贫民窟，与一帮盗窃犯混在一起。后被一个"理想"的资产者救出火坑。《大卫·科波菲尔》的主人公大卫也是孤儿。作者通过他的遭遇对英国教育制度、司法机关的腐败和资产阶级的冷酷自私作了广泛描述。

　　萨克雷（1811—1863年）是仅次于狄更斯的英国批判现实主义作家。从1846—1847年间出版的《势利者集》起，先后发表过长篇小说《名利场》（1847—1848年）、《潘登尼斯的历史》（1849—1850年）、《艾斯芒德的历史》（1852年）、《纽克梅一家》（1854—1855年）等作品，对英国资产阶级和英国封建贵族的虚伪、私欲和不道德行为作了尖锐抨击，但从50年代后，其批判锋芒已逐渐减弱。《名利场》是萨克雷的最成功的作品。女主人公蓓基·夏泼是一个穷姑娘，父母双亡，为了跻身于上流社会，不惜抛弃良心、荣誉和怜恤心，利用一切手段发财致富。这是一个聪明、具有外表魅力的女冒险家和冷酷无情的伪善者的典型形象。作家以此揭露了19世纪初英国社会中追名逐利、腐化堕落等丑恶行径。

　　除了狄更斯和萨克雷的作品外，盖斯凯尔夫人（1810—1865年）的描写19世纪初曼彻斯特纺织工人生活的艰苦条件的《玛丽·巴登》（1848年）；夏洛蒂·勃朗特（1816—1855年）的描写具有独立精神的孤女简·爱的故事的《简·爱》（1847年）；哈代（1840—1928年）的描写农村姑娘苔丝一生悲惨遭遇的《德伯家的苔丝》（1891年），以及描写青年石匠裘德一生悲惨遭遇的《无名的裘德》（1895年），都是英国批判现实主义的重要作品。

继法国和英国之后，德国也产生了批判现实主义文学。德国是个后起的资本主义国家，它的批判现实主义文学与法、英不同，一开始其主要锋芒在于指向君主专制和封建割据。

海涅（1797—1856 年）是德国批判现实主义的主要代表作家。他早期是浪漫主义诗人，在革命形势的影响下，后来才走上现实主义的道路。《旅行札记（1826—1831 年）》是海涅的一部散文集，包括《哈尔茨山游记》《北海》《观念——勒格朗特文集》《意大利游记》和《英国片断》等，其共同特点是既有政治性的辛辣讽刺，又富于优美动人的抒情。《时代的诗（1839—1846 年）》是一部政治诗集。它不仅洋溢着反封建的激情，而且反映了工人阶级的觉醒。诗集中的《新亚历山大》是一首反对普鲁士国王的作品，《西里西亚的纺织工人》塑造了埋葬旧制度的掘墓人——无产者的形象。海涅的代表作是政治抒情长诗《德国——一个冬天的童话》（1844 年）。长诗以作者从巴黎到柏林的一次旅行为主题，对政治上分裂成 36 个小邦，对德国贵族和诸侯的反动行径，对教会企图用天国乐土引诱人民脱离斗争的欺骗行为，对检查制度、关税同盟和骑士制度，作了无情的揭露和抨击。诗人怀着无限悲痛的心情指出，40 年代的德国仍旧酣睡在冬天的梦境里，并预示德国统一的新时代必将到来。

北欧、俄国、美国的批判现实主义

在法、英、德等西欧各国之后，北欧各国的海上贸易迅速发展，造船工业随之兴起，经济顿时活跃起来。由于社会生活的急剧变化和西欧革命运动的影响，北欧的民族民主运动开始发展。自 19 世纪中期起，北欧各国的批判现实主义文学也开始形成，并在世界文学中占有了自己的地位。丹麦的安徒生和挪威的易卜生已跻身于批判现实主义的优秀作家之林。

安徒生（1805—1875 年）写过戏剧、诗歌、小说。长篇小说《即兴诗人》（1835 年）曾给他带来全欧的声誉，而他的童话使他成为世界闻名的作家。他一生共发表了 150 篇童话和故事。这些作品或多或少具有讽刺的特色，其矛头一般均指向达官贵人、庸俗的小市民、自私自利者。《皇帝的新衣》是一篇极精彩和十分辛辣的讽刺作品。《夜莺》和《豌豆上的公主》等童话批判了统治者的庸俗气。同时安徒生的童话对下层人民——农民、渔夫、船夫、手艺人、店员的悲惨生活，寄予了深切的同情，如《她是一个废物》《柳树下的梦》《依卜和小克丽斯特》等。最出色的是《卖火柴的小女孩》，它描写一个穷困人家的女孩在风雪之夜流落在黑暗的街头。富人在欢度除夕，而她只能靠点燃一根根火柴取暖。火柴的微光给了她一些欢愉的幻景。最后连她的脆弱的生命也消失在对老祖母的深深回忆之中。

易卜生（1828—1906 年）一生写了 25 个剧本，早期创作属浪漫主义流派。诗剧《布朗德》（1866 年）和《培尔·金特》（1867 年）的主题是相互呼应的。前者的主人公布朗德是个牧师，他要求个性自由，提出了"精神反叛"的口号，揭露了主教等的贪婪与虚伪；后者的主人公倍尔·金特是个妥协性的利己主义者，体现了小市民的各种劣根性。代表易卜生创作的新阶段的是一系列"社会问题剧"。其中以《社会支柱》（1877 年）、《玩偶之家》（1879 年）、《群鬼》（1881 年）、《人民公敌》（1882 年）最负盛名。现实主义在这些剧作中已占主导地位。在《社会支柱》中，剧作家通过博尼古这个唯利是图的船老板，无情地批判了他的"社会支柱"的假面具。在他的道貌岸然的背后，隐藏着许多丑恶的东西。《玩偶之家》的女主角娜拉过着"玩偶的生活"。她在家庭中的作用仅仅在于博取有钱有势的丈夫的欢心和使他感到舒适。当娜拉逐步识破丈夫的正人君子的真面目和发觉自己处于被玩弄的屈辱地位时，便毅然在一个深夜里离家出走。这个以家庭范围内的男女平等为主题的剧本，曾风行于全球舞台，经久不衰。它是易卜生剧作中影响最大的一部。《群鬼》对那些维护资产阶级的家庭关系、道德和宗教观念的人，给予了有力的批判。《人民公敌》大胆地揭露了资本主义的社会关系的损人利己的本质。

像法国和英国一样，俄国批判现实主义文学在整个世界文学中占有极为重要的地位。由于社会发展的特点，它的基本内容却不同于西欧各国，主要在于描写沙皇专制制度和农奴制度下的黑暗现实，而且同俄国的解放运动的发展阶段紧密地联系在一起。在世界文坛上，俄国批判现实主义作家灿若群星，如普希金、果戈理、赫尔岑、屠格涅夫、陀思妥耶夫斯基、涅克拉索夫、冈察洛夫、谢德林、亚·奥斯特洛夫斯基、列夫·托尔斯泰、契诃夫等。他们在风格、手法、形式等方面都各具特色。

果戈理（1809—1852 年）是俄国批判现实主义文学的主要代表者和奠基者之一。1835 年发表的中篇小说集《密尔格拉得》和《彼得堡故事》（1835—1842 年），标志着作家的现实主义创作方法的形成。

《密尔格拉得》中的《旧式地主》，描写一对地主夫妻一生相安无事，过着吃吃喝喝的寄生生活。《伊凡·伊凡诺维奇和伊凡·尼基福罗维奇吵架的故事》描写两个绅士因为一句无关紧要的话结了冤仇，而打了十几年无休无止的官司。作家在小说结尾写道："这个世界真是烦闷啊！"《彼得堡故事》包括《涅瓦大街》《鼻子》《肖像》《外套》《狂人日记》《马车》和《罗马》。它广泛地触及了俄国京城彼得堡的各个角落的社会风俗：官吏警察的为所欲为、冷酷、虚荣，"小人物"的悲惨遭遇与命运，较为深刻地暴露了社会矛盾。正如别林斯基所说：这部作品较之作者前期的作品，"生活描写方面的深度和真实就更多了"。

《钦差大臣》（1836年）是一部没有正面人物出场的讽刺喜剧，也是批判现实主义的世界名剧之一。它以现实生活中的一个笑话为基础，将"俄罗斯的全部丑恶集成一堆来同时嘲笑这一切"（《作者自白》）。彼得堡的一个名叫赫列斯达柯夫的小官员在回乡途中，因钱财用尽而困于某偏僻城市的旅店里。一贯贪赃枉法和阿谀奉承的市长及其他官僚，误以为他就是行将到来的钦差大臣，把他迎到公馆，争先恐后地向他行贿，市长甚至要把女儿许配给他。当他捞足钱财，扬长而去之时，真的钦差大臣已驾到。喜剧以哑场告终。果戈理用现实主义的描写手法，淋漓尽致地嘲笑了俄国专制制度的腐朽和权贵们的丑恶。用赫尔岑的话说，这是一部"最完备的俄国官吏病理解剖学教程"。

长篇小说《死魂灵》（1842年）是俄国批判现实主义的典范作品。继《钦差大臣》之后，它再次"震撼了整个俄罗斯"。书中主人公乞乞科夫是个八等文官，但在官场中已混迹多年，善于招摇撞骗，到处钻营。有一次他走访某市四乡的各个庄园，向形形色色的地主购买已死的但尚未注销户口的农奴——"死魂灵"，然后进城办理法定手续，把死农奴当作活农奴抵押给别人，从中牟取暴利。乞乞科夫就这样摇身一变，成了拥有400农奴的大地主。不料这个勾当被一卖主所揭穿，乞乞科夫只得仓皇出逃。果戈理通过对各个庄园及买卖死魂灵的过程的描绘，尖锐地揭露了地主阶级的鄙俗、寄生性和农奴制度的腐朽和反动。小说发表后，在全国引起轩然大波，御用文人指责它是一幅诽谤俄国现实的漫画，而别林斯基则认为"果戈理第一个大胆地正视了俄罗斯现实"。虽然果戈理在书中对俄国的现实作了辛辣的抨击，但在小说的最后抒情插叙中，他却以飞驰的三驾马车来象征俄国的未来，从而表达了作家对祖国的前途的信心与希望。

在果戈理创作的影响下，40 年代俄国文坛上出现了一批以否定俄国沙皇统治下的黑暗现实为主导倾向的作家，这就是俄国文学史上那个著名的"自然派"。与此同时，别林斯基以果戈理为代表的自然派的创作为基础，建立了俄国现实主义的文学理论和文学批评。之后，车尔尼雪夫斯基和杜勃罗留波夫又作了继承和发展。19 世纪俄国批判现实主义文学的繁荣，是同这三位革命民主主义者的名字联系在一起的。从 50 年代开始，俄国批判现实主义文学进入了昌盛时期。在自然派思潮影响下开始创作的那些作家，在艺术上更加成熟，如屠格涅夫的《罗亭》《贵族之家》；陀思妥耶夫斯基的《被欺凌与被侮辱的》《罪与罚》《白痴》；涅克拉索夫的《谁在俄罗斯能过好日子?》；冈察洛夫的《奥勃洛莫夫》；谢德林的《一个城市的历史》等。原不属于自然派的一些作家也脱颖而出，写了许多有影响的现实主义作品，如奥斯特洛夫斯基的《大雷雨》；契诃夫的《哀伤》《苦恼》《凡卡》《第六病室》等。

19 世纪后期俄国批判现实主义的伟大作家是列夫·托尔斯泰（1820—1910 年）。从 1852 年发表第一部作品《童年》以后，他在自己半世纪以上的文学活动中，"不仅创作了无与伦比的俄国生活的图画，而且创作了世界文学中第一流的作品"①。其中以《战争与和平》《安娜·卡列尼娜》和《复活》最负盛名，它们也是世界批判现实主义文学中的三部巨著。

《战争与和平》（1863—1869 年）是一部卷帙浩繁的史诗性长篇小说。它以 1812 年俄法战争为中心，从拿破仑入侵俄国、鲍罗金诺会战、莫斯科大火，法军溃退，一直写到 1820 年十二月党人组织推翻沙皇统治的秘密团体结束。全书的主题是表现贵族的命运与前途。然而作家在战争与和平的交替中，却展现了该时期俄国社会生活的广阔画面，及各阶层人们的道德精神面貌。人物多达 550 余人，其中包括拿破仑、库图佐夫等历史人物。作家特别对那些在国家危难之际，仍然过着腐化生活的首都上流社会的代表人物，作了尖锐的揭露与批判。书中提出了许多社会问题，但也散布了宿命论和"勿以暴力抗恶"等错误思想。

长篇小说《安娜·卡列尼娜》（1873—1879 年）标志着托尔斯泰思想艺术探索的新发展，也是批判现实主义文学的优秀代表作。小说取材于 60、70 年代俄国现实，由两条平行而又相互联系的线索组成。一条是聪慧、漂亮的

① 《列宁选集》第 2 卷，人民出版社 1972 年版，第 370 页。

安娜由于对枯燥乏味、自私、虚伪、一心追逐功名的丈夫——大官僚卡列宁的不满，而爱上了青年军官渥伦斯基；她不愿再过先前那种维持"体面"的虚伪生活，毅然离开了宛如"一架凶狠的机器"的丈夫，和她心爱的渥伦斯基同居。然而真挚的安娜的这一行为却遭到上流社会的鄙弃和非议。后来，她又受到渥伦斯基的冷遇，并且逐渐地认清了他平庸的面目，终于在痛苦和绝望之中卧轨自杀。作家通过追求爱情和幸福的女主人公的悲剧命运，揭露了上流社会的冷酷、伪善、荒淫无耻、道德败坏等种种丑恶的行为，从而表明了安娜的死是个社会悲剧。正如她在临终前所发出的抗议那样："这全是虚伪，全是谎话，全是欺骗，全是罪恶"。另一条线索是地主列文和贵族小姐吉提终成眷属的故事。列文在资本主义势力的袭击下，一面"自我修养"，进行精神探索，一面积极实行农事改革，寻求社会的出路，以挽救地主阶级的没落；最后改革的失败，使他皈依了宗教。这反映了"一切都翻了一个身，一切都刚刚安排"的那个时代俄国社会生活的变化的特征。列宁对托尔斯泰借列文之口说出的这句话，曾写道："对于1861—1905年这个时期，很难想象得出比这更恰当的说明了。"[①] 这也是小说的现实主义的意义和力量之所在。

长篇小说《复活》（1889—1899年）是托尔斯泰晚年站到宗法制农民立场以后最富有代表性的作品，他把一个被侮辱与被损害的下层妇女作为小说的正面主人公，而贵族男主人公却是一个罪人与赎罪的人。小说描写一个有钱的贵族地主青年聂赫留道夫，在诱奸农家姑娘玛斯洛娃后，使她沦落为娼，当她被诬为谋财害命的杀人犯而被捕下狱时，他却作为陪审员在法庭上审判她。当他听到她苦叫自己无罪时，受到了极大的震动。他深深感到自己是造成玛斯洛娃的不幸和堕落的罪魁。他决心向她赎罪，请求她宽恕自己，并准备同她结成终身伴侣。而这一切却受到了玛斯洛娃的愤怒斥责。最后无辜的玛斯洛娃被判处四年苦役，流放西伯利亚。作者通过"忏悔贵族"聂赫留道夫为她申冤的过程、陪她去流放这些情节，广泛地反映了各方面的社会生活，特别是广大农民的悲惨境况，深刻地揭露了法庭、监狱、教会、政权机构的黑暗，并且对造成农民贫困的原因——地主土地占有制提出了批判。但小说也宣扬了不以暴力抗恶和自我修身的托尔斯泰主义。作者以为人们都是有罪的，只要像聂赫留道夫那样认罪、赎罪，精神就可以"复活"，暴力

---

① 《列宁全集》第17卷，人民出版社1959年版，第32页。

就会消失，人人就能相爱。这一切正如列宁所指出的：托尔斯泰是"俄国革命的镜子"①，既反映了它的一切弱点，也反映了它的一切有力方面；他的创作是撕掉所有一切假面具的"最清醒的现实主义"，又是不以暴力抗恶的愚蠢的反动说教。列宁又说："由于托尔斯泰的天才描述，一个被农奴主压迫的国家的革命准备时期，竟成为全人类艺术发展中向前跨进的一步了。"②

　　由于社会发展的历史条件的不同，美国批判现实主义文学比欧洲要晚半个世纪。直至八九十年代，随着美国南北战争的结束，垄断资本的形成，资本主义社会的各种矛盾的日益尖锐化和表面化，在欧洲批判现实主义文学的影响下，美国的批判现实主义才开始形成和发展起来。在美国最早提倡现实主义创作的是作家豪威尔斯。继他之后，加兰、诺里斯等人都转向现实主义的创作。

　　马克·吐温（1835—1919 年）是美国批判现实主义的代表作家。1873年，他同沃纳合作，发表了第一部以批判美国内战后政治上的腐败现象，及全国"投机"风气为内容的长篇小说《镀金时代》。小说《汤姆·索亚历险记》（1876 年）是各国少年最喜爱的读物之一。主人公汤姆和他的朋友们，十分厌恶学校和教堂的那种无聊、庸俗的生活，便悄悄跑到一个小岛上去寻找自由。在那里他们目睹了杀人的惨景，找到了贼窝，在法庭上检举了凶手，救了被冤枉的老头，最后得到了宝物。作为这部小说的姐妹篇和马克·吐温的代表作，则是《哈克贝利·费恩历险记》（1886 年）。这是一部把追求自由的主题和解放黑奴的主题结合在一起的现实主义小说。一个白人的孩子哈克，为了追求自由，离家出走，路遇逃跑的黑奴吉姆后，两人便乘木筏在密西西比河上漂流。他们在途中遇见"国王"和"侯爵"两个骗子，把吉姆卖掉了，多亏哈克的帮助，吉姆才获救。为了医治哈克的枪伤，吉姆宁愿冒着重新失去自由的危险而留在哈克身边。而哈克为了帮助吉姆逃跑，心甘情愿"下监狱"，也不出卖他。同时，作者通过这对难友在风光如画的密西西比河上的这一叶扁舟的航行，广泛地展现了美国社会生活的丑恶面：欺诈、残暴、贫困、不平等。作家的真实描写、批判的倾向和民主的同情，使这部小说成为美国批判现实主义文学的重要作品。

　　整个说来，19 世纪批判现实主义文学的历史意义和作用，正如高尔基所

---

① 《列宁选集》第 2 卷，人民出版社 1972 年版，第 369 页。
② 《列宁全集》第 16 卷，人民出版社 1959 年版，第 321 页。

概括的："这一派欧洲文学家的著作对于我们有着双重的、无可争辩的价值：第一，在技巧上是典范的文学作品；第二，是说明资产阶级的发展和瓦解过程的文献，是……批判地阐明它的生活、传统和行为的文献。"

浪漫主义文学的产生及其代表作家

林洪亮

浪漫主义是欧洲 18 世纪末、19 世纪初盛行的一种文艺思潮和文学运动。它是法国大革命、欧洲民主运动和民族解放运动的产物。海涅、雨果、雪莱、拜伦、惠特曼等是浪漫主义文学的重要代表人物，他们在世界文学史上占有重要地位。出自这些浪漫主义文学大师之手的杰作，与批判现实主义文学大师的那些脍炙人口的作品竞相生辉，同是文学史上的灿烂篇章，至今为广大读者所喜爱。

浪漫主义文学思潮的产生

1789—1794 年的法国大革命，推翻了封建专制政权，为资本主义的迅速发展创造了有利条件。在法国革命的影响下，欧洲各国的民主运动和民族解放运动得到蓬勃发展，汹涌澎湃的革命斗争给浪漫主义文学以热情的鼓舞。但是另一方面，在法国大革命后的社会里，贫富对立没有消除，反而更加尖锐。新的社会矛盾日益暴露，使启蒙思想家们所宣扬的"理性的统治"完全破产。革命后所建立的社会制度，"竟是一幅令人极度失望的讽刺画"①。对现实社会和"理想王国"的失望和不满，促使作家去探索社会矛盾的解决途径，去追求新的理想。正是这种对社会的失望和对理想的探求，促成了浪漫主义的产生。

浪漫主义运动的兴起，与 19 世纪德国古典哲学和空想社会主义思潮也有着密切的联系。德国古典哲学的代表人物是费希特（1762—1814 年）、谢林（1775—1854 年）和黑格尔（1770—1830 年）。他们夸大主观作用，强调

---

① 《马克思恩格斯选集》第 3 卷，人民出版社 1972 年版，第 298 页。

天才、灵感和主观能动性，提倡个性解放和个人自由，宣扬宗教和神秘主义。这对于浪漫主义文学强调主观精神和个人主义倾向有着一定的影响。空想社会主义的代表有法国的圣西门（1760—1825年）、傅立叶（1772—1837年）和英国的欧文（1771—1858年）。他们抨击资本主义制度，提出消灭阶级对立，幻想"立即解放全人类""建立理性和永恒正义的王国"①。空想社会主义对浪漫主义文学也产生过积极的影响。

　　"浪漫主义"（Romanticism）一词来源于中世纪的"浪漫传奇"（Romance），这种传奇包括英雄史诗、骑士小说和骑士抒情诗。它们的共同特点是情节离奇、富于幻想，以描写冒险事迹和爱情故事见长。从浪漫传奇一词，便派生出形容词"浪漫的"（Romantic）来形容那些虚构的、优美的、能令人激动引起遐想的事物。到17世纪后半叶，法国和英国评论家首次用"浪漫诗歌"这一名词来评论意大利诗人阿里奥斯特和塔索的诗歌。法国评论家还把"浪漫的"理解为"如画的"，即指那些景致优美、尚处于原始状态的自然风光。

　　18世纪，法国启蒙运动作家开始突破古典主义②的束缚，反对盲目模仿古代希腊罗马，注重反映现实和人的内心世界。卢梭是其中突出的代表作家。他的《朱丽亚即新爱洛绮丝》，描写一对青年男女的爱情故事，感情自由奔放，表达了个性解放的强烈愿望。他的自传体小说《忏悔录》和《一个孤独的散步者的遐想》，写得坦率真诚，对情感的抒发淋漓尽致，深为后来浪漫主义作家所推崇。因此，法国著名女作家乔治·桑曾说："浪漫主义没有他（指卢梭——引者注）是不可想象的。"

　　18世纪后半叶，在英国出现了以作家斯特恩和诗人杨格、格雷为代表的感伤主义文学③，同时还出现了华尔浦尔的《奥特朗托堡》、刘易斯的《僧人》和拉德克利夫夫人的《尤道尔弗的秘密》这样一些充满神秘气氛和惊

---

　　①　《马克思恩格斯选集》第3卷，人民出版社1972年版，第406页。
　　②　古典主义是在欧洲文艺复兴后产生的一种资产阶级文艺思潮，到了19世纪浪漫主义文艺思潮兴起后，它逐渐消失。在创作上，古典主义是以古代希腊、罗马的文学艺术为典范，并采用大量的古代题材。古典主义在政治上拥护王权，宣扬个人服从封建国家的纪律，同时又反对封建专制和宗教信条，崇拜理性和"自然"，批判同资产阶级理性相违背的封建道德。
　　③　感伤主义，18世纪后半叶欧洲资产阶级启蒙运动中的一种文艺思潮，由斯特恩的小说《在法国和意大利的感伤的旅行》而得名。它提倡写内心活动和自然风景，抒发感情，强调个性和个人精神生活，表现了对社会的不满。

险情节的哥特小说①。在这个时期，德国也掀起了"狂飙突进运动"。这个运动是 18 世纪 70 年代到 80 年代德国资产阶级的一种文学运动，因德国作家克林格尔的剧本《狂飙突进》而得名。它反对封建割据，主张社会改革，在文艺上提倡个性解放和创作自由，歌颂自然、崇尚天才，强调感情的作用和民族风格。歌德是这一运动的旗手，赫尔德尔是精神领袖，而席勒是其重要作家。这一文学运动受到卢梭"回归自然"和英国感伤主义小说的影响，其代表作品有歌德的《少年维特之烦恼》和《威廉·迈斯特的漫游时代》等富于浪漫主义激情的小说。

在理论上第一次提出浪漫主义的概念与古典主义概念相对立的是歌德和席勒。歌德认为"古典的"便是"健康的"，"浪漫的"就是"病态的"，这种说法含有贬低浪漫主义的用意，无疑带有一定的片面性。席勒在《论素朴的诗和感伤的诗》（1796 年）一文中，从历史角度论述了素朴的（即古典的）诗和伤感的（即浪漫的）诗的起源和区别。根据席勒的观点，素朴诗人的创作方法是基于对现实的模仿，"诗人的作用就必然是尽可能完美地模仿现实"，而感伤诗人的创作方法则是表现理想，"诗人的作用就必然是把现实提高到理想，或者换句话说，就是表现或显示理想"。

作为一种文艺思潮和文学运动的浪漫主义，起始于 18 世纪末和 19 世纪初。浪漫主义作家提出文学要适应时代和民族的要求，他们反对统治文坛达两个世纪之久的古典主义，反对盲目模仿古代希腊罗马，要求创作自由，开辟新的途径。他们通过美学理论的探讨和创作实践，提出了浪漫主义的文学纲领和创作准则。1798 年德国文艺理论家和作家弗·史雷格尔在《断片》中提出，"浪漫主义的诗是包罗万象的进步的诗"，"只有浪漫主义的诗才能像史诗那样成为整个周围世界的镜子，成为时代的反映"，"唯有它是无限的和自由的……诗人不应当受任何清规戒律的约束"。他把诗人的主观性强调到绝对的地步，认为世界便是人类精神的"艺术品"。他的哥哥奥·史雷格尔则从美学理论的角度论证了浪漫主义产生的必然性。1800 年英国诗人华兹华斯在《抒情歌谣集》的序言中，提出了与古典主义相反的创作原则，主张诗歌要写"纯朴的普通人"和"日常生活的事件和情节"。并提出："我们通常都选择微贱的田园生活作题材……因为在这种生活里，我们的各种基本

---

① 哥特小说是 18 世纪末在英国流行的一种小说，主要描写恐怖和神怪故事。小说故事通常发生在哥特式的建筑中，特别是阴暗荒凉的古堡中，因此被称为哥特小说。

情感共同存在于一种更单纯的状态之下……人们的热情是与自然的美而永久的形式合而为一的。"他还认为,想象力可以"使日常的东西在不平常的状态下呈现在心灵面前"。华兹华斯的观点反映了他憎恨城市文明、欣赏古朴的宗法社会生活的思想观点。法国作家夏多布里昂在《基督教真谛》(1802年)中,把基督教看作是文学创作的源泉,要求文艺同宗教结为一体,认为历史上的杰作都体现了基督教精神。他还要求文学去描写历史陈迹、废墟坟墓和命运无常,抒发忧郁的情调。史雷格尔兄弟、华兹华斯和夏多布里昂的理论奠定了消极浪漫主义的理论基础。

法国女作家斯达尔夫人在《论文学》(1800年)和《德意志论》两部著作中,从文学与社会生活条件相联系的观点出发,提出了关于南方文学与北方文学的独特见解。她对南方文学与北方文学所作的比较,实际上也就是在论述古典主义文学与浪漫主义文学的关系。她高度赞扬浪漫诗,认为它具有"独创的美"和"伟大的气魄",富于民族精神和意志力量,想象力丰富,哲理深刻,比古典诗更热情敏感。她还指出浪漫主义文学"是土生土长的文学,是由我们的宗教和我们的一切社会状况里生长出来的文学"。在谈到浪漫主义文学的创作原则时,她反对模仿,提倡独创,强调"灵感是不竭的源泉"。她反对"纯艺术",强调文学的积极社会作用,认为文学不仅要"振动人心",而且还要"照亮人心",要"为崇高的道德真理服务",要揭露社会上的"消极的恶行"。这些论点体现了她的民主主义思想,使她有别于上述那些主张消极浪漫主义的作家,她的理论开创了法国资产阶级浪漫主义的先河。然而她把自然环境作为区分文学的先决条件,把宗教当作文学的动力,又使她的理论带有明显的唯心主义色彩。

嗣后,英国诗人雪莱的《为诗辩护》(1821年),法国作家司汤达的《拉辛和莎士比亚》(1823年),雨果的《克伦威尔》序言(1827年),波兰诗人密茨凯维奇的《论浪漫主义诗歌》,以及意大利诗人白尔谢和曼佐尼的一些论文,对古典主义展开了猛烈的进攻,阐明了浪漫主义文学产生的渊源和必然性。他们要求打破古典主义的清规戒律,提倡创作自由和独创精神,反对模仿因袭。他们强调文学要反映时代、反映社会生活,扩大文学的表现内容;诗歌应该诉诸自然,要成为"活人的诗"和心灵的镜子,要"面向人民"。他们的论著对浪漫主义的创作原则和特点作了生动鲜明的描述和论证,促进了浪漫主义的发展,使浪漫主义文学于1830年前后取得了全欧性的胜利,也使欧美各国、各民族的文学得到了空前的繁荣。

　　在浪漫主义文学发展到高峰的同时，批判现实主义文学开始出现。到 19 世纪 40 年代（各国情况有所不同）逐渐取代浪漫主义，而成为欧洲文学中的主要流派。

浪漫主义文学流派及其特征

　　在浪漫主义文学中，由于作家的政治观点不同，对现实和未来的态度不同和表现手法上的差异，形成了不同的派别。主要有贵族浪漫主义和资产阶级浪漫主义两派，一般也有称作消极浪漫主义和积极浪漫主义的。

　　贵族浪漫主义反映了贵族阶级的利益和一部分小资产阶级的情绪。这一派的作家对腐朽的封建制度和新兴的资本主义都表示不满，希望改变现状。他们之中的大多数作家对法国大革命开始是抱欢迎态度的，及至到了雅各宾专政时期，由畏惧人民革命和暴力政策转而仇恨资产阶级革命。他们把中世纪的宗法社会理想化，在宗教中寻找慰藉和医世良方。属于这一派的作家有德国的蒂克、诺瓦利斯，英国的湖畔诗人，法国的夏多布里昂、拉马丁，俄国的茹科夫斯基，波兰的克拉辛斯基等。

　　资产阶级浪漫主义又可分为自由派和民主派。自由派作家从启蒙思想的角度来反对资产阶级社会的弊端，表达自己的失望和不满。他们的作品揭示了资本主义的不协调，表现了资产阶级个人与社会的矛盾，主人公往往具有一定的反抗性，属于这一派的作家有法国女作家斯达尔夫人等。民主派作家有的参加反对专制压迫的民主革命运动，如德国的海涅，英国的雪莱，法国的雨果，俄国的雷列耶夫和普希金；有的积极投入民族解放斗争的洪流，多如英国的拜伦、意大利的曼佐尼、波兰的密茨凯维奇；有的甚至牺牲在与敌人浴血奋战的疆场上，如匈牙利的裴多菲等。这一派作家把斗争的锋芒指向封建专制暴政，指向民族敌人。他们的作品热情讴歌民主和自由，表现了反对民族压迫、渴求民族解放的主题，具有进步的民主主义思想和深邃的爱国主义。他们强调文学与现实的联系，肯定文学的社会作用和教育意义。

　　在整个浪漫主义文学运动中，占主导地位的是资产阶级浪漫主义。特别是其中的民主派决定着运动的发展方向，对后代文学产生了深远的影响。

　　浪漫主义，作为一个时期的文学运动和文艺思潮，有以下的共同特征：

　　描写理想，抒发强烈的感情。浪漫主义作家深感社会的丑恶和贫乏而萌生不满，他们向往于完美的个性发展与和谐的社会生活，便转向新理想的探索。在当时条件下，新的理想往往带有虚幻的特点，但并不是同现实毫无联系。如雪莱的长诗《麦布女王》、乔治·桑的《木工小史》，都表现了一种向往美好生活的理想。浪漫主义作家着重描写个人的主观世界和内心生活，抒发人物的激情，所以这个时期以爱情为主题的作品特别多，富于抒情色彩。又由于个人与社会处于矛盾对立的地位，他们的作品大多具有感伤忧郁的情调。这些特点在夏多布里昂的《阿达拉》《勒内》，拜伦的《恰尔德·哈罗德游记》，密茨凯维奇的《先人祭》等作品中都能找到明显的例证。

酷爱自然，着力描绘自然风景的魅力，抒发作家对大自然的感受，是浪漫主义的另一特征。雄伟险峻的高山峡谷，人迹罕至的原始森林和荒原沙漠，纯朴恬静的田园乡村，令人景仰的名胜古迹，都成了浪漫主义讴歌的对象。他们往往把大自然的美和现实的丑对比，尽情抒发自己对美好事物的追求和对丑恶现象的鞭挞，借以表达自己对民主自由的渴望和对祖国的热爱。拜伦在《恰尔德·哈罗德游记》中就是通过对南欧各地绮丽风景的描述来与英国社会的空虚冷漠相对照，既表现了他对大自然的热爱，又抒发了他对现实的不满和鄙视。普希金在《致大海》一诗中，通过对海洋的讴歌，抒发诗人对自由的渴望。密茨凯维奇在《塔杜施先生》和库柏在边疆小说中对原始森林的赞美，表达了他们对祖国的热爱。

浪漫主义作家对民间歌谣和民间传说有着极其浓厚的兴趣。他们把民间文学视为真正民族精神之所在。积极浪漫主义作家认为民间创作体现了人民，特别是农民的愿望、要求和道德观念。被压迫民族的浪漫主义作家还指出，在异族统治者长期实行文化摧残和民族同化政策的情况下，只有民间创作才保持了民族精神的纯真性。而民间创作所具有的想象丰富、感情真挚、语言生动、形式活泼等特点，也成了浪漫主义诗人学习和借鉴的对象。不少浪漫主义的诗歌作品具有民歌风格，浪漫主义作家不仅在理论上提出了人民性问题，在创作中采用民间文学的题材，歌颂民间传说中的英雄人物，汲取富于表现力的民间语言和诗词格律，而且深入民间，对民歌、传说、童话等民间文学进行了大量的收集、整理和出版。德国阿尔尼姆和布伦坦诺合编的《男童的神奇号角》，格林兄弟的《儿童和家庭的童话》，芬兰作家埃·兰罗特收集整理的民族史诗《卡勒瓦拉》，塞尔维亚诗人卡拉季奇的《塞尔维亚民歌》等，就是这方面的杰出成就，对欧洲诗歌的发展产生了积极的影响。

对历史题材的兴趣，也是浪漫主义作家创作的特点之一。对历史的兴趣不只局限于中世纪，固然中世纪是浪漫主义作家普遍关心的一个时期。然而，欧洲的各个历史时期都受到过浪漫主义作家的重视。雪莱的《解放了的普罗米修斯》取材于古希腊神话。拜伦的《该隐》的情节取自圣经。而司各特的历史小说描写了从中世纪到 18 世纪的历史事件。意大利作家曼佐尼的《约婚夫妇》则是以 17 世纪为历史背景。过去人们在评价浪漫主义作家"回到中世纪"时，往往带有贬义，认为这就等于幻想历史倒退，就是要回到中世纪封建制度和基督教会的统治。实际上，只有个别贵族浪漫主义作家才把理想寄托于宗法社会和教会统治。大多数资产阶级浪漫主义作家转向中世纪和古代社会，往往是由于社会的动荡和变革，激发了他们的历史感和民族意识。他们通过历史上重大事件的描写，借古喻今，抒发他们的爱国之情和对民族命运的关心，表现人民群众的英勇斗争，抨击封建专制。拜伦的历史剧《马里诺·法利埃格》、雪莱的《伊斯兰的起义》、密茨凯维奇的《康拉德·华伦洛德》等，就具有这方面的特点。

浪漫主义作家强调诗歌和诗人的特殊作用，他们视诗人为民族的精神领袖，人类的导师和先知。雪莱认为诗人不仅是预言家，也是"世间未经公认的立法者"。他们还认为诗歌能使人类的伟大精神和深奥思想得到最完美最理想的表现。所以浪漫主义时期是欧美各国诗歌发展的黄金时代，是诗歌创作的高峰。抒情诗、叙事诗、歌谣、诗剧、长诗等各种形式的诗歌创作真是百花争艳，各显异彩。

在艺术和表现手法上，与古典主义追求和谐完整的理性审美观点相反，浪漫主义作家喜欢用夸张的手法、追求强烈的美丑对比、扣人心弦的故事情节、感情奔放的人物形象，从而达到出奇制胜的艺术效果。雨果的《巴黎圣母院》、司各特的《红酋罗伯》、大仲马的《三个火枪手》都具有这方面的特点。浪漫主义作家时而任凭想象驰骋，古往今来、天上人间、神魔鬼怪无所不写（如雪莱的《麦布女王》）；时而把幻想和现实交织在一起，形成了一幅幅色彩斑斓的图画（如密茨凯维奇的《先人祭》）。诗歌语言的丰富华丽、铿锵有力，诗歌格律的舒展自由，诗歌节奏的明快强烈和富于音乐性，构成了浪漫主义文学的普遍特征。

浪漫主义作家虽然激烈反对古典主义，却非常重视译介外国优秀的古典文学。他们从"一切伟大作家都是他们时代的浪漫主义者"这一论点出发，非常重视人类文化的一切优秀成果，不少浪漫主义作家都翻译过外国作家的作品。他们特别推崇莎士比亚、但丁和塞万提斯，高度评价他们的作品，遵奉他们为浪漫主义的先师，致力于翻译他们的作品。如德国作家奥·史雷格尔翻译莎士比亚的剧作达 13 年之久。蒂克翻译的《堂·吉诃德》受到人们的好评。英国诗人柯尔律治的莎比士亚评论，司各特、拜伦和海涅对《堂·吉诃德》的好评，扩大了这些作家的影响，他们的"复活"无疑应归功于浪漫主义作家。

德、法浪漫主义文学代表人物

由于各国政治经济发展的不平衡，民族历史状况和文化传统的不同，浪漫主义文学在欧美各国发展的情况也不尽相同，甚至各个作家的情况也有明显的差异。正如意大利诗人曼佐尼所说："浪漫主义有多少作家就有多少种形式。"

浪漫主义文学首先在德国出现。耶拿派作家史雷格尔兄弟、蒂克（1773—1853 年）和诺伐里斯（1772—1801 年）是德国贵族浪漫主义的代表。蒂克的小说和戏剧，充满神秘的幻想和对中世纪骑士与教会的美化。诺伐里斯的代表作《夜颂》，因悼念夭逝的未婚妻而作，歌颂死亡和黑夜，反映了一种病态的悲观情绪。

恩·霍夫曼（1776—1822 年）是德国浪漫主义的著名作家，其作品大多描写艺术家的遭遇，具有神秘怪诞的色彩。他的代表作有《金罐》《谢拉皮翁兄弟》《跳蚤师傅》《侏儒查尔斯》《公猫穆尔的生活观，附乐队指挥约翰·克赖斯特的传记片断》等。霍夫曼善于用离奇怪诞的情节反映现实，常常把热情的诗的世界与冷酷的市侩社会相对立，对黑暗现实进行了尖锐的讽刺。《侏儒查尔斯》写侏儒查尔斯靠招摇撞骗当上了部长，最后垮台的故事，揭露了宫廷社会尔虞我诈的种种丑恶现象。《公猫穆尔》通过公猫穆尔和乐队指挥克赖斯特的不同生活经历，揭示了德国社会的市侩习气。霍夫曼有着杰出的塑造形象的才能，他能把超自然的事物形象化。他的讽刺艺术别具一格，在怪诞中不乏对现实的揭露，在颓唐中充满对丑恶社会的愤恨。因此，他的创作对欧美许多作家、如巴尔扎克、果戈理、陀思妥耶夫斯基等人，都有一定的影响。

亨·海涅（1797—1856 年）是德国积极浪漫主义的杰出代表，著名的革命民主主义诗人。大学时曾听过史雷格尔和黑格尔的讲课，并开始诗歌创作。早期诗歌有《青春的苦恼》《抒情插曲》《还乡集》《北海集》等，后收为《诗歌集》出版，大多写个人的经历、感受和爱情的欢乐痛苦，富于浪漫主义色彩。他的创作感情真挚，语言优美，具有民歌风格。1823—1828 年，海涅曾游历英国、意大利和德国的许多地方，写了四卷《旅行札记》，文中既有对德国市侩社会和英国贫富对立的揭露和讽刺，又有对自然风景的精彩描写。1830 年海涅热情欢呼法国七月革命，次年移居巴黎。他在巴黎结识了巴尔扎克、贝朗瑞、肖邦、乔治·桑和雨果等作家、音乐家，受到空想社会主义的影响，写了许多政论著作。1835 年发表的《论浪漫派》一书，系统阐述了他的文艺观，对消极浪漫主义进行了严厉的批评。1843 年，海涅与马克思相识，这对他的思想起了促进作用，使他成为一个激进的革命民主主义者。这个时期也是海涅诗歌创作的高峰，出版了具有强烈战斗性的政治诗集《新诗集》和脍炙人口的杰作《德国，一个冬天的童话》。

《德国，一个冬天的童话》是“一部诗体的旅行记”，共 27 章，描述了诗人在经过 12 年的流亡生活之后第一次回到德国的所见所闻、所思所想，既表达了作者对普鲁士统治集团的无比仇恨，又对当时的种种丑恶制度和社会现象，如检查制度、关税同盟和国粹主义等，进行了尖锐的讽刺。这部长诗指出，虚伪的旧时代定将消逝，新的一代必将兴起，充分反映了作者与反动统治作斗争的坚定性和对美好社会的向往。它把政治内容与童话、梦境相结合，现实与幻想相交织，构成了长诗的独特风格，使长诗既富于浪漫主义色彩，又具有批判现实主义的因素。晚年海涅由于病魔缠身，思想一度消沉，这种情绪反映在他的诗集《罗曼采罗》中。

法国浪漫主义文学是在急剧的社会转折和动荡中发展起来的。早期代表有夏多布里昂（1768—1848 年）、拉马丁（1790—1869 年）、维尼（1797—1863 年）、斯达尔夫人（1761—1817 年）、贡斯当（1767—1830 年）等人。夏多布里昂、拉马丁和维尼的创作反映了他们对资产阶级现实的憎恶，但他们不是号召人们去与之斗争，而是逃避现实，转向过去，或者宣扬宗教的威力，表现出浓厚的绝望情绪，体现了没落贵族阶级的思想感情。斯达尔夫人和贡斯当的创作反映了自由资产阶级的思想倾向。斯达尔夫人的小说《黛菲妮》通过女主人公的不幸遭遇，表现了妇女对个性自由和个人幸福的追求，而把批判的锋芒指向教会和保守势力。贡斯当的小说《阿道尔夫》写阿道尔夫与爱蕾若尔相爱的故事，反映了资产阶级知识分子对现实的不满和矛盾复杂的性格特征。

到了 20 年代末期，随着法国本国反对复辟王朝的斗争的不断加强，以及欧洲民族、民主革命运动的迅速高涨，浪漫主义文学得到进一步的繁荣，相继出现了法国资产阶级浪漫主义的主要代表作家雨果、大仲马和乔治·桑。

大仲马（1802—1870 年）开始以戏剧踏进文坛。《亨利三世和他的宫廷》于 1829 年在巴黎上演，揭开了法国浪漫主义戏剧彻底胜利的序幕。嗣后他一共写了 80 多部戏剧，但他的主要成就在小说。他一生写过 200 多部小说，其中以《三个火枪手》和《基督山伯爵》最为著名。《三个火枪手》描写 17 世纪几个火枪手的冒险经历和法国宫廷的钩心斗角。《基督山伯爵》写主人公邓蒂斯报恩复仇的故事，暴露了法国复辟王朝和资产阶级社会的丑恶面目。此外，大仲马还写有《二十年后》《玛尔戈皇后》《布拉日罗纳子爵》等小说。他的历史小说以真实的历史为背景而又不拘泥于历史，着重写主人公的冒险奇遇，故事情节曲折动人，富于传奇色彩。他是法国拥有读者最多的一位作家。

乔治·桑（1804—1876 年）是法国著名的女作家。出身于没落贵族家庭，18 岁时与杜都望男爵结婚，9 年后，因感情不和而出走，在巴黎过着独立不羁的生活。与缪塞、肖邦、李斯特等人交往甚密。30 年代创作的小说如《印第安娜》《华朗丁》《莱丽亚》等，大多以爱情为题材，表达了妇女解放和女性自由的思想。40 年代受空想社会主义影响，她的创作转向"社会问题小说"，代表作品有《木工小史》《康素爱萝》《安吉堡的磨工》。乔治·桑在这些小说中，揭露了资产阶级社会的金钱万能和婚姻制度，塑造出一些为了理想而放弃爱情或为了爱情而放弃优裕生活的人物形象，体现了作者的空想社会主义的思想。嗣后她转入以农村为背景的田园小说的创作，写出了《魔沼》《弃儿弗朗沙》和《小法岱特》等作品，这些小说大多写自由恋爱，充满了柔情蜜意。乔治·桑常用抒情的笔调来渲染农村宁谧的气氛，描绘农村的绮丽风光，以寄托她的理想。

雨果（1802—1885 年）是法国浪漫主义文学的杰出代表。他的文学创作生涯长达 60 年，写出了大量的诗歌、戏剧、小说和文学理论著作，对法国文学和世界文学产生了重大的影响。

雨果早年受母亲影响，支持复辟王朝。后随着政治形势的变化，思想不断前进，1826 年，雨果公开站到反复辟王朝和浪漫主义一边。1827 年《克伦威尔》序言的发表和 1830 年《欧那尼》的演出成功，使雨果成为法国积极浪漫主义的领袖。1831 年，雨果发表了《巴黎圣母院》。1848 年的二月革命坚定了雨果的共和主义立场。1851 年，路易—拿破仑·波拿巴发动政变称帝时，雨果坚决站在反对派一边，为此他遭到迫害而流亡国外。在流亡期间，他出版了政治讽刺诗《惩罚集》，对拿破仑第三进行了猛烈的抨击。还写有长篇小说《悲惨世界》《海上劳工》和《笑面人》。《海上劳工》描写青年渔夫吉利雅在孤岛上为捞出沉没海底的汽船机器所经历的艰难困苦和他所表现出来的不屈不挠的意志。《笑面人》写一个贵族后裔被儿童贩子拐走毁容，后被流浪艺人收留，靠卖艺为生，最后投海自尽的故事，控诉了英国社会的黑暗和不平，揭露了封建贵族阶级的丑恶、凶残、"比狼更像狼"。1870年，雨果回到法国，1874年完成最后一部长篇小说《九三年》，描写1793年法兰西共和军队镇压旺代反革命暴乱的故事。小说对法国革命的描写很出色，但也反映了他的人道主义的局限性。晚年还写有《历代传说》，歌颂历史上人民反抗暴虐的斗争。

《巴黎圣母院》和《悲惨世界》是雨果的两部重要作品。《巴黎圣母院》写克罗德副主教为了占有吉卜赛姑娘爱斯梅哈达，施展了一系列的阴谋诡计，诸如引诱她，抢她，授意政府逮捕她，用杀人的罪名诬陷她，最后把她绞死。小说通过爱斯梅哈达的悲惨遭遇，有力地揭露和抨击了基督教会和封建统治阶级的罪恶，表现了作家对封建贵族和僧侣阶级的憎恨，对被压迫的下层人民的深切同情。小说情节紧张，戏剧性强，人物形象生动鲜明，富于浪漫主义色彩。

《悲惨世界》共5部。主人公冉阿让是个贫苦的工人，因偷了面包被判刑5年，几次越狱被判加刑达19年之久。小说写冉阿让出狱后的经历，他改名换姓，兴办工业和慈善事业，被推选为市长。他救助不幸的芳汀和她的女儿珂赛特，却为解救一个窃贼而被警官沙威逮捕入狱。越狱后，他带着珂赛特隐居巴黎。小说还写了他参加巴黎起义的街垒战斗，救了受伤的珂赛特的恋人马利尤斯，放走了一直追捕他的警官沙威，使其羞愧投河自尽。《悲惨世界》反映了从拿破仑在滑铁卢的失败直到反对七月王朝的人民起义这一阶段的历史。描绘了法国政治和社会生活的广阔画面。它通过冉阿让的不幸遭遇，揭露了资产阶级法律的残酷和司法机关的黑暗腐败，突出反映了贫苦人民悲惨的命运和处境，歌颂了他们的高贵品质。对巴黎起义的描写体现了作家的民主主义思想和革命激情。小说也宣扬了仁慈、博爱可以杜绝邪恶、拯救人类的人道主义思想。

英、美著名浪漫主义文学作家

英国浪漫主义运动产生于 18 世纪末。最早出现的浪漫主义诗人是布莱克（1757—1827 年），其诗集《天真之歌》《经验之歌》和长诗《四天神》具有进步的思想内容和清新的民歌风格，富于热情和想象。湖畔派诗人华兹华斯（1770—1850 年）、柯立律治（1772—1834 年）和骚塞（1774—1843 年）从拥护法国大革命转而仇视资产阶级革命，他们厌恶资本主义文明，否定技术进步，主张返璞归真，到大自然和梦幻中寻找慰藉。华兹华斯和柯立律治共同出版的《抒情歌谣集》是英国贵族浪漫主义的代表作。

19 世纪初期，英国浪漫主义文学进入它的繁荣发展阶段，出现了一批影响深远的作家，其中以拜伦、雪莱、济慈和司各特最为杰出。济慈（1795—1821 年）以抒情诗见长，表现了他对大自然的无比喜爱和对自由的追求。司各特（1771—1832 年）是欧洲历史小说的创始人。他踏上文学道路是从诗歌开始的。早年喜爱苏格兰的民间歌谣和故事，曾收集出版过《苏格兰边区歌谣集》。他的叙事长诗《最后一个行吟诗人之歌》《玛密恩》和《湖上夫人》以历史事件和民间传说为题材，富于想象、描绘生动，表现了瑰丽多姿的苏格兰的自然景色，充满浪漫主义气氛。1814 年，他转向小说创作。第一部小说《威佛利》出版后深受读者欢迎。嗣后，司各特相继发表了 20 多部小说，其中以《修墓老人》《红酋罗伯》《中罗辛郡的心脏》《艾凡赫》《昆廷·达沃德》最为著名。前三部写苏格兰人民反抗英国统治和压迫的斗争。《艾凡赫》生动地再现了英国 12 世纪的社会生活和矛盾斗争。《昆廷·达沃德》描写 15 世纪法国国王反对封建割据，建立中央集权的斗争。司各特善于把历史事件和大胆想象有机结合在一起，创造出一幅幅绚丽多彩的图画。他的小说故事情节曲折起伏，富于传奇惊险色彩，人物形象生动鲜明，性格突出，景物描写具有浓郁的地方特色。小说结尾往往出人预料，达到出奇制胜的效果。司各特的小说深受当时欧洲各国读者的热烈欢迎，对狄更斯、雨果、巴尔扎克、普希金和库柏等作家都有很大的影响。

雪莱（1792—1822 年）是英国激进的浪漫主义诗人。和同时代诗人相比，他更富于想象力和乐观主义。雪莱一生反对封建专制和教会，主张自由和正义。他的抒情诗歌颂了劳动人民为自由而斗争的精神，反映了作者对西班牙、意大利和希腊民族解放运动的关心和支持。在《西风颂》《致云雀》

等托物咏怀的诗篇中，抒发了诗人豪放的革命激情，成为世人传诵的杰作。他的长诗《麦布女王》，诗剧《伊斯兰的起义》和《钦契》都是脍炙人口的佳作，充满了对统治阶级的强烈憎恨和对美好社会的热切向往。

诗剧《解放了的普罗米修斯》集中反映了雪莱的激进思想和创作风格。这部取材于希腊神话的诗剧，描写普罗米修斯被天神丘必特锁在高加索的岩石上，受尽种种折磨，但他坚毅不屈，后来在众神的努力下普罗米修斯获得了解放，象征封建压迫和专制暴君的丘必特被拉下了宝座，整个宇宙在欢呼新生的春天的来临，欢呼一个充满"爱"的世界乐园即将出现。这部诗剧反映了诗人在欧洲反动复辟势力猖獗的岁月里依然充满着革命必胜的坚定信念，特别采用象征比喻手法，通过幻想来表现未来的远景，而且把背景放在整个宇宙中，使诗剧具有磅礴的气势，给人以巨大开阔的空间感。

拜伦（1788—1824 年）是英国最伟大的浪漫主义诗人。他的"满腔热情的、辛辣地讽刺现社会的"[①] 诗篇，表现了人民反抗专制统治和民族压迫的情绪，反映了人民要求自由和争取民族独立的强烈愿望。早期代表作《恰尔德·哈罗德游记》通过主人公哈罗德游历西班牙、瑞士、希腊和意大利等国的经历，表现了诗人对英国社会的强烈愤懑和对欧洲民族解放运动的深切关注。1812 年，拜伦在英国议院发表演说，谴责英国统治集团对工人的迫害和对爱尔兰人民的压迫。同时，还写出了一组《东方叙事诗》，包括《异教徒》《阿比多斯的新娘》《海盗》《莱拉》《柯林斯的围攻》和《巴里西娜》。在这些作品中，中心人物被称为"拜伦式的英雄"，他们都是些与黑暗社会势不两立的叛逆者，为了个人自由和爱情幸福而拼命斗争。他们傲世独立、脱离群众，往往带有怀疑、悲观和厌世的情调。1816 年，拜伦被迫离开英国，先后来到瑞士、意大利和希腊，积极参加意大利"烧炭党人"的斗争和希腊的武装起义，最后病死在起义军营中。在这段时期里，他写作了哲理诗剧《曼弗雷德》，诗剧《该隐》，讽刺长诗《审判的幻景》《青铜世纪》，而以长篇叙事诗《唐·璜》最为出色。

《唐·璜》是一部未完成的长诗，只写出 16 章。长诗以西班牙传说中的人物唐璜为主人公，通过他在希腊、土耳其和俄国等闲的冒险经历，间以作者的插叙和议论，尖锐抨击了欧洲的"神圣同盟"和封建君主势力，揭露了英国的金钱统治和社会恶习，讽刺和嘲弄了文人墨客的虚伪和神秘怪诞。诗

---

① 《马克思恩格斯全集》第 2 卷，人民出版社 1957 年版，第 528 页。

中既有壮丽的自然景物描写，又有对社会现象的深刻剖析。全诗气势雄浑，意境深邃，内容宏博，是举世少有的杰作。歌德赞扬它是"绝顶天才之作"。

美国独立后，民族文学开始成长，19世纪上半叶得到全面发展，形成浪漫主义文学运动。美国浪漫主义文学既是资产阶级上升时期理想与热情的反映，又受英国和欧洲浪漫主义文学的影响。美国浪漫主义文学以1829年（杰克逊上台）为界线，可分为前期和后期。前期浪漫主义作家有以散文著名的欧文（1783—1859年）、善于描绘自然景色的诗人布莱恩特（1794—1878年）和富于离奇怪诞特色的诗人、作家爱伦·坡（1809—1849年），而以作家库柏的影响较大。后期浪漫主义作家有以小说《白鲸》而闻名遐迩的麦尔维尔（1819—1891年）；杰出的民主诗人朗费罗（1807—1882年），他的《海华沙之歌》是美国文学史上描写印第安人的第一部史诗，而霍桑则是这一时期的主要作家。浪漫主义文学到了50年代中期随着《草叶集》的问世，才出现它的最杰出的代表——惠特曼。

库柏（1789—1851年）是美国著名小说家。他从小就接触过形形色色的猎人和土著印第安人，又曾在海军服过役，这些经历为他后来的创作奠定了基础。他一生写有30多部小说。最早出版的《间谍》《开拓者》和《水手》，代表着他开创的三种不同的小说形式，即革命历史小说、边疆生活小说和航海小说。他最著名的作品是一组以猎人纳蒂·班波（绰号"皮袜子"）为中心人物的边疆小说，包括《开拓者》《最后的莫希干人》《草原》《探路者》和《杀鹿者》。在这组小说中，库柏通过班波的一生经历，反映了西部边疆的惊心动魄的斗争和历史变化，揭露了殖民主义者的残暴与贪婪，表示了作者对印第安人的深切同情。他的小说以描写惊险场面和自然景物著称，情节曲折，人物性格突出，具有浓郁的浪漫主义情调和奇特的美国民族风格，有美国的司各特之称。

霍桑（1804—1864年）是美国影响较大的浪漫主义小说家。他的短篇小说大多探讨人性和人的命运等问题，表现出他对科学和理性的怀疑。他的长篇小说有《七个尖角阁的房子》《福谷传奇》等，而以《红字》为最著名。《红字》以殖民时期新英格兰生活为背景，描写一个失足女人海丝特·白兰的命运，暴露了当时加尔文教统治下殖民地社会的阴暗面，抨击了清教徒虚伪的传统道德。但作品也受到宗教神秘思想的影响，认为人类具有罪恶的天性，把"恶"当作社会问题的根源。《红字》具有浓厚的浪漫主义色彩，常用比喻来突出主题，想象丰富，心理描写细致入微，开美国心理小说的先河。

惠特曼（1819—1892 年）是美国 19 世纪最杰出的诗人，他的诗歌是美国浪漫主义文学发展的最高峰。惠特曼出身贫寒，当过木工、排字工、教师和报纸编辑。南北战争期间，他积极参加革命活动，曾担任两年的伤员救护工作。从 1839 年起，惠特曼开始文学活动，1855 年，《草叶集》第一版问世。以"草叶"为名，寓意深刻，因为"草是自然界最普通最平凡的东西"，"在黑人和白人中间都一样生长"，体现了诗人的民主思想。第一版收入《自我之歌》《大陆之歌》等 12 首诗，嗣后不断重版补充，到最后出第 9 版时，共收诗 383 首。这部诗集是美国文学史上的一座光辉的里程碑。

惠特曼的诗歌，热情歌颂了蓬勃发展的美国，体现了民主自由的理想和时代特征，抒发了强烈的爱国主义感情。他用炽热的诗句赞美祖国的山河和大自然。他以奔放真挚的感情，歌颂劳动和普通劳动者。他的《斧头之歌》以斧头为形象，讴歌劳动者创造世界的威力和开拓美国土地的伟大业绩。内战期间，惠特曼的诗歌更富于革命战斗精神。他的《咚咚！咚咚！战鼓啊！》像支战斗的号令，号召人们起来反对奴隶制。有的诗表示了对被压迫人民，特别是对黑人的同情（如《自我之歌》），号召人们起来同压迫人民的统治者进行斗争。林肯被刺后，他写了《啊，船长！我们的船长》等诗，表达了美国人民对总统的哀悼。惠特曼还在《法兰西》《欧罗巴》等诗中，热情歌颂了欧洲的革命。在诗歌形式上，惠特曼也进行了重大的革新，他打破因袭的诗歌格律传统，创造出一种自由体的诗歌形式，扩大了诗歌的表现力，在美国和世界文学中产生了广泛的影响。

俄、波、匈等国的浪漫主义作家

在俄国，由于对拿破仑战争的胜利和十二月党人的活动，促进了俄国浪漫主义文学的诞生。茹科夫斯基（1783—1852 年）是俄国贵族浪漫主义的代表，他的诗歌大多脱离现实，描写内心生活和梦幻世界，宣扬神秘主义和颓伤情绪，但在表现形式上有所创新，颇受当时俄国诗人们的称颂。十二月党诗人和普希金是俄国积极浪漫主义的代表。十二月党诗人有雷列耶夫（1795—1826 年），奥陀耶夫斯基（1802—1839 年）和别士杜舍夫（即马尔林斯基，1797—1837 年）等。他们把文学当作反对专制统治的武器，使文学同民主革命运动结合起来。他们从民间文学中汲取养料，塑造了反暴政、争自由的英雄形象。

普希金（1799—1837 年）是俄国最杰出的诗人、作家。他早期的抒情诗反对封建专制，讴歌自由民主，充满了对苦难人民的同情。长诗《鲁斯兰和柳德米拉》表现了诗人的爱国主义思想。而在南俄流放时期创作的《高加索的俘虏》《茨冈》《强盗兄弟》，以南方的自然风光和少数民族的自由生活来与丑恶的俄国社会相对比，热情讴歌了南俄大自然的优美和风土人情的纯朴，以及对个性自由的追求。这些长诗充满浪漫主义的想象力和激情，是他浪漫主义诗歌的高峰。此后现实主义因素在他的创作中不断增长。历史剧《鲍里斯·戈都诺夫》主要表现人民与沙皇的关系，指出"人民的意志决定着一切"。

《叶甫盖尼·奥涅金》是普希金的重要作品。全诗以青年贵族奥涅金和塔吉雅娜的爱情故事为主线，其中穿插奥涅金和好友连斯基的争吵，决斗以及连斯基的被杀。这部作品广泛反映了 19 世纪 20 年代俄国的社会生活，塑造了奥涅金这个渴求进步而又找不到出路，终日沉溺在舞会、美女和醇酒中的贵族青年形象。他是俄国文学史上第一个所谓多余人的典型。别林斯基称赞这部作品是"俄罗斯生活的百科全书和最富于人民性的作品"。

普希金还是个优秀的小说家。他的《别尔金小说集》是俄国短篇小说的典范。中篇小说《杜勃罗夫斯基》《黑桃皇后》和《上尉的女儿》都是脍炙人口的佳作。他的小说奠定了俄国批判现实主义文学的基础，对果戈理、屠格涅夫、托尔斯泰和高尔基的创作都有不小的影响。

波兰于 1795 年被瓜分灭亡之后，反抗侵略、争取自由的斗争此起彼伏，连绵不断，多次掀起了声势浩大的武装起义，沉重地打击了外国侵略者。波兰浪漫主义正是波兰民族解放斗争的产物。许多作家不仅用作品讴歌了民族解放运动，而且亲身参加了起义斗争和秘密反抗活动。因此，积极浪漫主义在波兰占有突出的地位，亚当·密茨凯维奇和尤·斯沃瓦茨基是其杰出的代表。斯沃瓦茨基（1809—1849 年）在《自由颂》等诗中，号召人民积极参加 1830 年的起义斗争。他的诗剧《柯尔迪安》《巴拉迪娜》《法达齐》等，揭露了封建专制统治的残暴、凶狠，歌颂了为自由而斗争的革命者。他的作品构思奇特，想象力丰富，语言华丽优美，诗歌格律明快舒展。晚年受神秘主义影响。

密茨凯维奇（1798—1855 年）是波兰最著名的诗人。他在大学时就积极参加了爱国学生运动，1823 年被捕入狱，1824 年被流放到俄国内地。

1848 年曾组织志愿兵团参加意大利的解放斗争。1822 年，他的第一部《诗集》出版。标志着波兰浪漫主义文学的开始。长诗《格拉席娜》《康拉德·华伦洛德》描写古代立陶宛人民与条顿骑士团的斗争。《先人祭》（第三部）以 1823 年维尔诺大学生被监禁和被流放为背景，歌颂了波兰爱国青年的革命精神，控诉了沙皇俄国对波兰、立陶宛的压迫和血腥统治。《塔杜施先生》以 1811 和 1812 年的历史事件为背景，通过两大仇家的年青一代塔杜施和佐霞的恋爱以及这两个家族的争斗与和解，描绘了波兰贵族的生活和矛盾，歌颂了波兰人民反抗俄国侵略的英勇斗争。长诗充满乐观精神和爱国热情，人物形象鲜明生动，对农村生活和自然景色都做了抒情的描绘。丹麦批评家布兰迪斯称它为 19 世纪"唯一的一部史诗"。

　　匈牙利的浪漫主义文学也是在争取民族独立的斗争中产生的。其杰出代表是裴多菲·山陀尔（1823—1849 年）。他既是匈牙利最杰出的革命诗人，又是资产阶级民主主义革命家和伟大的爱国主义者，1849 年在反抗沙皇军队入侵的战斗中英勇献身。他早期的抒情诗，例如《人民》《贵族》《反对国王》，抨击哈布斯堡王朝和匈牙利大贵族阶级。1844 年发表的长诗《农村的大锤》和《雅诺什勇士》，讽刺了资本主义社会的丑恶现象，歌颂了劳动人民的刚毅不屈的精神。随着匈牙利革命形势的高涨，他的政治抒情诗显著增多，爱情诗中也包含着强烈的思想内容（如《自由与爱情》），被称为"匈牙利的抒情诗王"。1848 年，他写了著名的《民族之歌》《大海沸腾了》等革命诗篇，成为起义的诗传单，对革命起了巨大的鼓舞作用。他的长诗《使徒》塑造了一位崇高的革命者形象，表现了作者坚定的革命信念，它是裴多菲创作的高峰。除诗歌外，他还写有小说、戏剧和政论。裴多菲的创作对匈牙利文学的发展影响很大，是匈牙利革命民族文学的奠基人。

维也纳古典乐派的产生及其代表人物

王昭仁

维也纳古典乐派的形成

18 世纪初，德意志和奥地利还没有从三十年战争①的严重破坏中恢复过来，政治分裂，经济凋敝，文化落后。自 18 世纪中叶起，玛丽亚·特莱西娅在奥地利推行改革政策。之后，其子约瑟夫二世继续推行新政——"开明专制"政策。两代人的经营，使在哈布斯堡王朝统治下的奥地利国内的政治矛盾得到某种程度的缓和，经济有所发展，文化也呈现新的气象；并使奥地利在当时依然四分五裂的德意志各邦中居于突出地位。

就总的形势说，欧洲在 18 世纪下半叶正处于从封建统治向资本主义过渡的巨大变革前夜。封建社会的政治制度和经济结构已经不能适应新的生产力的发展，人们迫切要求改变现状。这种状况也鲜明而深刻地反映在思想领域，首先在法国产生了以狄德罗、伏尔泰、卢梭等进步知识分子为代表的启蒙运动。它继承了文艺复兴时期人文主义者的理想，要求从教会束缚下解放个性，提出"理性""人权"等口号反对神权，把斗争矛头直接指向封建统治的支柱——教会，表达了业已上升为与封建贵族分庭抗礼的资产阶级要求进行社会改革的思想。

启蒙运动成员的一部主要著作是狄德罗主编的《百科全书》，由此而形成的"百科全书派"以唯物主义的观点提出了新的美学思想。他们强调

① 三十年战争（1618—1648 年）是欧洲历史上的第一次大规模的国际性战争，主要战场是在德意志境内。战争的参加者除分成新，旧教两个营垒的德意志各邦外，尚有丹麦、瑞典、法国、英国、俄国、荷兰（以上各国支持新教诸侯）和西班牙、波兰（支持旧教诸侯）等国直接或间接参战，罗马教皇也干预了这次战争，但他是站在德意志旧教诸侯方面。战争使德意志社会经济遭到严重破坏，并扩大了德意志的分裂局面。

思想内容对艺术形式的决定作用，反对封建艺术只追求表面华丽的形式主义倾向；主张真、善、美在艺术中的统一；提倡艺术的民族性和民主性；并且在艺术创作中提出了"返回自然""到民间去""朴实"等口号。在当时的历史条件下，这对文学、艺术的发展起了巨大的推动作用。百科全书派的成员对音乐理论的研究也作出了巨大贡献。狄德罗本人对音乐的研究就长达23年之久，他为《百科全书》撰写了300条左右涉及声乐和器乐的条目。达朗贝尔从事音乐研究有26年。卢梭所写的音乐论文有4卷之多。

德意志的文化艺术在法国启蒙运动的影响下，逐渐摆脱了崇尚豪华、浮夸和臃肿、沉重的"巴罗克"风格①以及追求纤细、轻巧、华丽而烦琐的"洛可可"风格②，接受启蒙主义的美学原则和创作手法，形成了从题材、风格以至体裁形式的巨大变革。变革的结果是文学和艺术创作摒弃了宗教和宫廷的束缚。在接受各国先进思想的同时，也注意从民族和民间文化中汲取营养，形成了德意志文化艺术的蓬勃高涨。当时，维也纳、柏林、汉堡、莱比锡、曼海姆、波恩等城市都逐渐成为德意志各邦文化艺术的中心。

在整个德意志文化艺术的发展中，音乐发展如同文学一样，居于突出的地位。自18世纪下半叶起，维也纳继曼海姆和柏林之后，成为音乐文化的中心，在欧洲音乐史上占有举足轻重的地位。

长时期里，维也纳曾接受过意大利风格的影响，而它作为当时各民族的奥地利国家的首都，在音乐文化中融合了不同民族的因素，有德意志的，有匈牙利的，也有邻近各斯拉夫民族的。这不仅使维也纳的音乐生活丰富多彩，而且为维也纳的音乐文化带来了清新的气息。尤其在器乐方面，一扫以对位法为主要创作技法的复调思维的影响，使以和声原则为主要创作技法的主调音乐风格在器乐中树立了主导地位，确立了至今犹在世界上产生重大影响的奏鸣曲、交响曲、协奏曲和室内重奏等音乐体裁。

---

①　巴罗克风格，17世纪和18世纪上半叶欧洲流行的艺术风格之一。它背弃古典传统，隔离生活实际，崇尚豪华、浮夸。在音乐方面以采用数字低音为特色，拘泥于以对位法为主要创作技法的复调思维。

②　洛可可风格，为法国国王路易十五所崇尚的艺术风格，18世纪流行于欧洲。它追求纤细、轻盈、华丽和烦琐。在艺术创作中喜用贝壳形的旋涡纹和轻淡柔和的色彩，在音乐方面则表现为温柔缠绵。

18 世纪 50 年代，继曼海姆乐派①和北德乐派②之后，维也纳形成了自己的交响乐派。这个早期维也纳乐派的代表人物有蒙恩（1717—1750 年）、瓦根赛尔（1715—1777 年）和赖特尔（1708—1772 年）等人。这个乐派产生的基础是维也纳世俗性的、流行的器乐音乐，他们的作品具有浓厚的城市市民气息。尽管在风格上不及曼海姆乐派成熟，表现手法也不够丰富，但是它对维也纳古典乐派音乐风格的形成起了应有的作用。

当时，在器乐创作方面尽管出现了一些新意，但仍未彻底摆脱"洛可可"风格的影响，音乐还缺乏真正内在矛盾冲突的发展。一直到了 18 世纪下半叶，在德国启蒙运动高涨时期，这个运动的领袖人物之一莱辛提出了新的美学理论，主张文艺应表现人的个性和感情；继而又在 70 年代发生了"狂飙突进运动"③，这一可谓是德国启蒙运动的继续和发展的文学思潮反映了当时整个德国反封建束缚的叛逆精神。文学领域的这一潮流也直接影响到艺术的各个方面。

这个时期的大多数音乐家都出身贫寒，没有社会地位，经济上必须依赖宫廷、贵族和教会。在那些显赫的故弄风雅的主人或恩主眼里，在他们的宫廷或府邸供职的音乐家只不过是一些"艺工"或"奴仆"。音乐家们不得不按照主子的喜好和命令从事创作和演奏，根本没有艺术创作自由可言。如想进行独立的艺术创作活动，就意味着失去经济来源和生活保障。由于他们的出身和所处社会地位，在当时整个社会变革的潮流中，他们的思想比较容易倾向于新兴的资产阶级和代表了这个阶级意识的启蒙运动，从而使他们产生了要求改变自己所处地位和争取创作自由的迫切愿望。在从巴赫至贝多芬的 100 多年时间里，许多音乐家都为此进行探索、奋斗。他们要求摆脱宫廷和

---

① 曼海姆乐派，18 世纪中叶由在德国曼海姆宫廷中的一批乐师组成的器乐乐派，主要代表人物为施塔米茨（1717—1757 年）和坎那比希（1731—1791 年）。该乐派重视器乐表现中渐强和渐弱的力度变化，并首创了器乐中四个乐章的交响乐套曲结构。它在欧洲器乐发展中起了开拓作用，被认为是维也纳古典乐派的先驱。

② 北德乐派，又名柏林乐派，以卡尔·菲利普·埃马努埃尔·巴赫（约翰·塞巴斯蒂安·巴赫的次子，1714—1788 年）为代表，该乐派在奏鸣—交响乐套曲的形成方面作出了突出贡献。卡·菲·埃·巴赫的作品具有强烈的戏剧性和深刻细致的心理刻画，对海顿，莫扎特和青年时代的贝多芬有直接影响。

③ 狂飙突进运动，简称狂飙运动，为 18 世纪 70 年代到 80 年代中期德国的资产阶级文学运动。这个运动以克林格尔（1752—1831 年）的剧本《狂飙突进》得名。它反对德意志诸侯的统治，要求消除分裂状态；在文学创作中提倡个性解放和创作自由，要求在创作中歌颂"自然"、提倡民族风格和推崇"天才"。青年时代的歌德、席勒和赫德尔等都是这一运动的中坚人物。

教会的影响，摆脱封建贵族所欣赏崇尚的豪华、浮夸或纤细、烦琐的风格，并谋求从民族音乐和民间音乐中去汲取养分。格鲁克在歌剧改革方面取得了巨大成就，北德乐派的代表人物卡·菲·埃；巴赫对器乐的改革作了有益的尝试。

　　海顿在总结前人经验和承袭音乐改革先驱者成就的基础上终于突破了旧有的束缚，对器乐曲进行了大胆创新；与海顿同时代的莫扎特和后来的贝多芬又先后为音乐的创新作出了杰出的贡献。在从 18 世纪 70 年代至 19 世纪 20 年代的半个多世纪里，海顿、莫扎特和贝多芬各以独特的音乐风格驰骋在维也纳乐坛上，形成了所谓的维也纳古典乐派的时期。

　　海顿和莫扎特在 18 世纪 80 年代结成了忘年之交，他们在艺术创作上彼此学习，相互影响。海顿的创作同民间音乐保持着较为广泛的联系，在他的很多乐曲中都鲜明地显示出民间音乐的因素，如德国的阿勒曼德舞曲、奥地利的兰德勒舞曲、维也纳的小夜曲、意大利的西西里音调和匈牙利、捷克等民间音乐的音调。他的创作反映了当时正在崛起的资产阶级的生活和思想感情，表现出欢愉、幽默的情绪，富于生活气息。

　　莫扎特较之海顿有更为突出的创新，尤其是他后期的作品明显反映了启蒙运动的精神，洋溢着向往光明、自由和理性的情感，表现了资产阶级处于上升时期具有的坚定、乐观的意识。他运用的音乐语言平易近人，形式结构清晰、严谨，而又包含深刻的思想感情，这三者的巧妙结合反映了他创作思想的民主倾向和精湛的技巧。

　　在一个时期里，贝多芬是海顿的学生。他继承了古典主义的传统，但他所处的时代已经完全不同于海顿和莫扎特的时代，在他的作品中表达了斗争和胜利的雄伟思想。尤其是成熟了的贝多芬，尽管他个人遭遇极为不幸，但在他的作品中始终表现出乐观的勇气和进取的精神，对未来充满希望，反映了这位伟大作曲家深邃、复杂的内心世界。他以不朽的音乐作品为音乐史开辟了一个新的时代。

　　海顿、莫扎特和贝多芬在器乐创作中力图通过音乐表达对生活的态度，反对封建和教会的束缚，崇尚理性；在表现技巧方面则力求合乎逻辑和艺术结构的严谨；在乐思发展中注重采用清晰的音乐语言，反映内在的对比、冲突和发展；在风格方面则给人以明朗、乐观的气息和散发抒情、温暖的感情。这就是维也纳古典乐派的主要特征。

　　在 18 世纪下半叶和 19 世纪初，有一大批不太为世人所知的捷克音乐家和德、奥音乐家在维也纳从事音乐活动。其中有瓦茨拉夫·皮赫尔（1741—1805 年）、扬·瓦尼赫尔（1739—1813 年）、扬·沃日谢克（1791—1825 年）和伊·普莱尔（1757—1831 年）、霍夫迈斯特（1754—1812 年），等等。他们都曾写过大量作品，为维也纳古典风格的形成和发展作出了各自的贡献。

下面分别对海顿、莫扎特和贝多芬三位维也纳古典乐派的代表人物作简要介绍。

约瑟夫·海顿

约瑟夫·海顿（1732—1809 年）出生在地处奥、匈边境下的奥地利的罗劳村。他父亲是马车制造匠，母亲是厨娘，家境贫寒。由于父母都喜爱音乐，海顿从小就受到了音乐的熏陶。8 岁起进入维也纳圣斯蒂芬大教堂的男童唱诗班参加合唱，同时学习钢琴、小提琴等乐器。在此期间，由于他刻苦勤奋，为以后的音乐创作奠定了扎实的基础。18 岁时因变声倒嗓而遭到圣斯蒂芬大教堂的解雇。为维持生活，他不得不从事各种工作，当过私人教师，也当过钢琴伴奏，居住在一间阁楼里，与一架破旧的古钢琴为伴。但他依然好学不倦，勤奋进取。

1754 年，海顿师从意大利作曲家波尔波拉。因交不出学费，不得不在老师家里充当钢琴伴奏和侍役，以抵偿学习费用。他在波尔波拉处接受了音乐创作的基本训练，并先后结识了瓦根赛尔、格鲁克等名音乐家。1759 年担任莫尔津伯爵宫廷中的乐师，在那里创作了《D 大调第一交响曲》。

1761 年，海顿受聘在匈牙利贵族埃斯特哈齐侯爵的宫廷供职，担任一支由 30 人组成的宫廷乐队的指挥。自此以后，他在侯爵的领地埃森施塔特度过了 30 年之久。尽管侯爵本人对他还比较尊重，但是受聘契约上规定的各种苛刻条目，实际上使海顿居于难堪的仆役地位。事无巨细，都得唯主子之命是从，这使他深感苦恼。

安定的生活和难得的条件使海顿不仅有机会进行各种音乐实践，而且得以参加各种形式的音乐会，接触当代许多名家的乐曲和听到各种风格的作品。这有助于他开阔视野，也有助于他创作天赋的发展。在这一时期，他为侯爵写了大量交响曲、弦乐四重奏、协奏曲、奏鸣曲、歌唱剧和其他作品。其中在 1771 年写的《c 小调钢琴奏鸣曲》，1772 年的《太阳四重奏》《e 小调哀悼交响曲》和《升 f 小调告别交响曲》等，表明了海顿创作思想的转变，力图摆脱当时器乐作品中的华丽倾向，采取了比较严肃的、富于戏剧性对比或深刻抒情的手法。

70 年代在德意志土地上掀起的狂飙突进运动影响到艺术的各个部门。海顿生活在这个时代，亲身阅历了这一伟大变革，在他这一时期的一些交响乐作品里也体现有这一运动的精神。他以强烈的音响效果显示内心的激情，突出乐曲的宏伟气魄；在慢板乐章中则加强了抒情性的描写，从而使情感的抒发更加深刻。他的哀悼、告别、烛光等交响曲，都是这一时期的代表作。

1785 年，53 岁的海顿与年甫 29 岁的莫扎特相识。年龄的差距并不影响他们的友谊。尽管莫扎特对他很尊敬，甚至尊称他为"爸爸"，但海顿始终以平等的态度来对待他们之间的情谊，并虚心向莫扎特学习。他曾说："我从莫扎特的每个作品中都学习到一些东西。"还说："我常被友人称赞是比较有才能的人，但他（指莫扎特）比我高明得多。"

18 世纪 90 年代，海顿离开了埃斯特哈齐的宫廷，迁居维也纳。年近花甲的海顿这才取得了自由行动和自由从事创作的条件。不久，他两次应邀访问伦敦，并接受牛津大学授予的博士学位。旅行期间专为在伦敦举办的音乐会先后写了 12 部著名的《伦敦交响曲》。归国途中，他访问了汉堡、波恩、柏林、德累斯顿等城市。这些活动不仅大大开阔了海顿的视野，接触了许多新事物，而且使他加深了对启蒙运动的认识，从而使他在艺术创作方面产生了飞跃，达到了他一生最成熟的阶段。上面提到的《伦敦交响曲》完全摆脱了宗教的意识形态和传统，确立了世俗题材的主导思想；并且奠定了成熟的古典交响曲的风格和形式。

伦敦之行，在亨德尔清唱剧的影响下，促使他在晚年创作了《创世纪》和《四季》两部清唱剧。前者取材于弥尔顿（1608—1674 年）的《失乐园》，后者则以英国诗人汤姆逊（1700—1748 年）的同名长诗《四季》为蓝本。这两部作品的共同特点是具有明显的人道主义思想，浓厚的世俗色彩和富于生活气息。尽管《创世纪》描绘了上帝创造世界，但海顿却避免采用神秘的音乐色彩，而以显示世态风情的手法和吸取民间音乐的特色，表达了人类的地位，赞美自然界一切有生之物。他歌颂上帝创造了人类，但这人类不再是屈从于造物主的奴隶，而是大自然的主人。《四季》则以春夏秋冬四个季节鲜明表现了大自然的景色以及劳动农民的欢乐和农村生活的情趣。他以精湛的技巧通过音乐描绘了春日的和煦、夏季的黎明、深秋的美景和初冬的重雾，并在大合唱中表现了农民喜庆丰收宴饮跳舞的热烈场面，使听众犹如身临其境。从存留至今的这两部作品的手稿中，可以看到海顿在创作过程中一再推敲和锤炼的痕迹，表明了他严肃的创作态度和责任感。

在海顿毕生的全部创作中，交响曲占有极其重要的地位。他总共写了104 部交响曲、弦乐四重奏 82 首、管弦乐器三重奏 64 首、钢琴奏鸣曲 52 首，此外还有大量其他体裁的作品。其中以交响曲和四重奏最为突出，被誉为交响乐、四重奏之父。正是在交响乐领域里，海顿总结了前人的成就，并在时代前进的激流中进行了改革。这就使他的作品具有鲜明的民族民间特色，深刻的哲理性和完美的艺术形式。这三者的有机结合构成了古典主义器乐创作的基本原则。海顿本人曾一再表示，他的器乐作品得益于卡·菲·埃·巴赫，是巴赫的作品打开了他的眼界。这是事实。但海顿并未停留在这一点上。正是他，在器乐创作中把奥地利因素和北德意志因素融合到了绝妙的境界，形成了海顿自己的风格。尽管海顿的创作才华比不上莫扎特那样辉煌，也比不上贝多芬那样伟大，但他进行的改革具有划时代的意义，起了承前启后的巨大作用。他是当之无愧的维也纳古典乐派的奠基人。

沃尔夫冈·阿马德乌斯·莫扎特

沃尔夫冈·阿马德乌斯·莫扎特（1756—1791 年）出生在奥地利萨尔茨堡的一位宫廷乐师家中。父亲利奥波德·莫扎特是颇有名声的小提琴家兼作曲家，而且具有启蒙主义的思想。

莫扎特在他父亲的教导下，从小就显露了他的音乐才能。他 4 岁起学弹古钢琴，5 岁就开始作曲。6 岁同他姐姐南内蕾一起在父亲带领下在欧洲各地旅行演出，先后到过慕尼黑、维也纳、巴黎、伦敦、米兰、波伦亚、罗马等城市。演出受到了各地上层社会的欢迎，使年幼的莫扎特闻名西欧各国，被誉为神童。10 年的旅行生活，莫扎特得以直接接触和了解到当时欧洲各国最优秀的音乐成就。他开阔了艺术视野，同时也在思想上受到启蒙运动的熏陶。

莫扎特早期的作品明显受到了曼海姆乐派的影响。他在 8 岁时所写的第一部《降 E 大调第一交响曲》，从主题处理以至表现手法都明显具有曼海姆乐派代表人物施塔米茨的风格。而作品中某些略带稚气的气氛和轻快欢乐的旋律，表现了莫扎特非凡的音乐才华。

　　自 1769 年起，莫扎特在萨尔茨堡大主教的宫廷乐队里担任首席小提琴手。尽管他富于音乐天才和具有杰出的艺术造诣，但仍不能摆脱他在宫廷里所处的仆役地位。尤其在科罗列多公爵于 1772 年继任萨尔茨堡大主教之后，这个为人专横粗暴的大主教不仅毫不重视莫扎特的艺术成就，而且对他的创作横加指摘和干涉，命令莫扎特为他写大量宗教音乐和娱乐性音乐。这对受到过启蒙思想影响和具有强烈自尊心的莫扎特是不能忍受的，终于在 1781 年与大主教彻底决裂。莫扎特在给他父亲的信中愤怒地表示："我无法再忍受这些了。心灵使人高尚起来。我不是公爵，但可能比很多继承来的公爵要正直得多。"他把这次决裂看成是"我的幸福到现在才开始"。

　　70 年代，是莫扎特音乐创作的转折点，在形式上形成了他自己的风格，内容也逐渐充实。在他当时的某些作品中（如《A 大调小提琴协奏曲》和《G 大调小提琴协奏曲》等），已表现出他特有的歌唱性的旋律，精密匀称的结构和欢畅、明朗的风格。

　　80 年代初冲破封建樊篱的束缚，离开萨尔茨堡到维也纳，对莫扎特的生活、思想和创作都产生了巨大的影响。在当时，这一行动不仅要有巨大的勇气，而且要承受经济、生活等方面难以想象的困难。莫扎特以"自由"音乐家的身份，备受贫困的煎熬和严峻生活的考验，在维也纳度过了他一生中最后的、也是最重要的 10 年。在此期间，为了维持生活和负担家庭，他不得不从事各种各样的活动，教学生音乐演奏，并要进行紧张的创作。尽管如此，他依然拮据异常，生活极为清苦。这种境遇使他对封建统治的压迫有了更深的了解，同时也使他更加接近和同情"第三等级"。他本人在 1785 年参加了当时具有启蒙主义性质的秘密团体"共济会"①。他在某些作品中反映了对这个组织所持的积极态度，歌剧《魔笛》就是一例。

　　也就是在 1785 年，莫扎特与海顿在维也纳的音乐会上相遇。音乐使两人结成深厚友谊。莫扎特视海顿为自己的尊长，他从海顿那里得到了创作交响曲和四重奏的教益。为了表示对海顿的敬仰，他曾以"海顿"为名写了 6 首弦乐四重奏（K. 387，421，428，458，464，465）。他在这 6 首乐曲中倾吐了内心的真挚感情，堪称是他室内乐作品中的精品。他们两人的友谊使彼

---

　　① 共济会为 18 世纪在欧洲各国流行的宗教秘密团体，1717 年发源于英国，1737 年传播到德国。它号召人们主动修养品德，宣扬人类在兄弟般的友爱基础上团结起来。其成员包括一部分封建贵族、资产阶级上层人物和知识分子。普鲁士的统治者弗里德里希二世，文学家克洛普施托克、莱辛、维兰德、歌德等人都曾是共济会成员。海顿和莫扎特同在 1785 年参加共济会。

此间相互影响，终于共同开辟了一条通向成熟的古典风格的道路。

莫扎特在与贫困相伴、患病的妻子缺医少药、挨饿的孩子没有足够的面包这种艰辛岁月中，创作了许多重要作品。其中包括大部分歌剧作品，如《后宫诱逃》（1781 年）、《费加罗的婚礼》（1786 年）、《唐焦万尼》（亦译作《唐璜》，1787 年）、《魔笛》（1791 年）等。另外还有著名的《降 E 大调交响曲》和《C 大调丘比特交响曲》，等等。

堪称莫扎特歌剧代表作的《费加罗的婚礼》和《魔笛》至今仍为欧美各著名歌剧院的保留节目。前者无情揭露了封建统治阶级的腐败和无能，鞭挞了贵族的虚伪和堕落，对第三等级的勇敢、机智作了热情歌颂。以席卡内德的脚本所创作的《魔笛》，在形式上明显吸取了德国歌唱剧的传统，并且使之得到完善和发展。在思想内容方面强调人的作用，明确指出塔米诺不仅是王子，而且是人，并以光明隐喻启蒙思想，以黑暗象征封建势力，最后光明战胜黑暗。勇敢的塔米诺和纯洁的帕米娜经受了各种考验，终于实现了相爱的愿望，并步入了太阳神的光明殿堂——共济会的理想境界。这部歌剧是莫扎特全部歌剧作品中最富于民族气息的作品。在音乐刻画方面，莫扎特根据不同的人物，不同的场合，运用了不同的手法，描绘出剧中人物的喜怒哀乐，时而紧张，时而轻松，时而充满浓郁生活情趣，时而幻不可测，在错综复杂的现象中抓住了人物的性格和情绪，显示出他音乐创作丰富的想象力。

莫扎特不幸早逝。不公平的社会使他在生活、经济、精神等各个方面遭受种种冷遇和打击，致使这位音乐家在他艺术上臻于最成熟的时期在贫病中溘然长逝。这是不可弥补的损失。在他短暂的生涯中，给后世留下了 22 部歌剧、45 部交响曲、150 多首各种类型的协奏曲、23 首钢琴奏鸣曲和幻想曲，以及大量室内乐、管弦乐和宗教音乐。数量之多，体裁之丰富，艺术之精湛，都是音乐史上所罕见的。他的作品在音乐文化宝库中至今仍占有重要的地位，并且继续发挥着它的作用。

路德维希·范·贝多芬

路德维希·范·贝多芬（1770—1826 年）的父亲是波恩教堂合唱队和选帝侯剧院的男高音歌手，母亲玛丽亚·玛格达莱娜是侯爵宫廷厨师的女儿。贝多芬是这个贫困家庭的长子。父亲脾气暴躁，时常酗酒。他看到贝多芬有音乐才华，希望把儿子培养成莫扎特一样的"神童"，成为他的"摇钱树"，所以对贝多芬从小就进行严格的音乐训练。年甫 5 岁的贝多芬，每天就得学弹 5—8 小时钢琴。

1782 年，11 岁的贝多芬开始向具有进步思想的克里斯蒂安·戈特洛布·内费（1748—1798 年）学习作曲。这位"憎恨卑劣的侯爵甚于憎恨盗贼"的音乐家不仅教导贝多芬通向巴赫《钢琴十二平均律》的道路，而且指导他通向德国民歌的道路。他在思想和艺术创作方面都对贝多芬产生了很大影响。

1787 年，贝多芬首次前往维也纳。他渴望结识莫扎特，希望向莫扎特学习。但事与愿违，他只同莫扎特见了数面，就因母亲病危而匆匆返回波恩。莫扎特在仅有的会晤中听了贝多芬的演奏后不禁说："注意这少年，有朝一日，他将震动这个世界！"

当法国大革命的消息传到波恩时，贝多芬正在波恩大学旁听哲学。当时，他非常敬仰具有启蒙思想、拥护法国革命的施奈德教授。他满怀激情地听过这位师长颂扬革命的诗篇。资产阶级反对封建专制的口号"自由、平等、博爱"使年轻的贝多芬感到无比兴奋。他的第一首合唱曲《谁是自由人》表达了他向往革命、向往自由的思想。他在当时的札记中写道："自由！！！能有什么东西比它更是人们所需要的呢？"

1792 年，他在海顿等人的支持和鼓励下，怀着探索和追求的目的再次前往维也纳。

起初，贝多芬曾以海顿为师学习作曲。但是两人见解不同，时有龃龉。海顿不能容忍贝多芬大胆创新的精神和自由不羁的思想，贝多芬则感到海顿的教学不能满足自己的要求，两人就分手了。而贝多芬在这一时期所写的一些乐曲，如《降 B 大调第二钢琴协奏曲》（1795 年）等，表现出受到了海顿、莫扎特等大师的深刻影响。

1798 年，贝多芬结识了法国驻奥地利大使贝尔纳多特将军，并成为大使家中的座上客。同贝尔纳多特及其周围人士的交往，使贝多芬摆脱了初到维也纳时与贵族社会接触中所受到的消极影响。他不仅直接而深入地了解到法国革命的精神，而且还接触到法国革命作曲家格雷特利、戈塞克、梅于尔、凯鲁比尼和克罗伊策尔等人的音乐。这一切，重新激发了贝多芬对法国革命的热情和向往，并使他在思想和创作方面进入了一个新的阶段。尽管开始丧失听觉的病痛使他精神备受折磨和打击，但成熟了的贝多芬进入了他音乐创作的旺盛时期。他的绝大部分交响曲以及《升 c 小调月光奏鸣曲》《克罗伊策尔奏鸣曲》《曙光奏鸣曲》《热情奏鸣曲》，歌剧《费德里奥》，等等，都产生于这一时期。

贝多芬创作第三交响曲时，他心目中的英雄形象是拿破仑·波拿巴。他在音乐中把拿破仑和普罗米修斯的英雄形象结合在一起。但是，当他在1804年听到拿破仑加冕称帝的消息后，不禁气愤地喊道："这人也不过是一个凡夫俗子！他如今也要用他的脚践踏人权来满足自己的野心，他要使自己高于一切人而成为暴君！"贝多芬擦掉了总谱封面上冠有拿破仑名字的字迹，由于用力过猛，竟在纸上擦成了一个洞。之后，他把交响曲另命名为《英雄交响曲》。在贝多芬的心目中，拿破仑曾是革命力量的化身。而拿破仑的称帝，严重伤害了贝多芬的理想和感情。他这样做，表明他反对的只是拿破仑，而不是反对拿破仑曾经为之奋斗的事业。所以他只需改掉总谱的名字，而无须对乐曲的任何一个音符作更动。

继《第三交响曲》之后，贝多芬在1805—1812年继续创作了5部交响曲，其中的《c小调第五交响曲》（又被称作《命运交响曲》）和《F大调第六"田园"交响曲》都是被世人称颂的代表作。尤其是前者，通过两个对立形象之间的不断冲突，象征人类和命运的搏斗，并在终曲的凯歌声中，预示人类必将最后战胜命运。《第五交响曲》和《英雄交响曲》都是恩格斯"最喜爱的作品"。

1815年维也纳会议以后，贝多芬经历了一段精神思想方面的危机时期。他的听觉愈来愈糟，以至完全失聪。战争和货币贬值，使他的经济状况也愈趋拮据。更重要的是，反动的神圣同盟使他在政治上感到压抑和失望。他曾写道："周围的一切都使我完全缄默。"在1815—1819年这5年间，尽管贝多芬还写了许多有名的钢琴奏鸣曲、许多歌曲和成百首民歌改编曲，但是却没有一首反映他思绪自白的作品，即没有交响曲，没有歌剧，也没有四重奏。

贝多芬并不是消极的缄默，他在观察、在思索、在探求。他在1823年完成的《D大调庄严弥撒曲》和1824年完成的《第九交响曲》就是强有力的具有时代意义的回答。前者是一部突破了宗教范畴的作品。贝多芬把自己所处的时代看成是一个没有和平的时代，他在《谈话录》中曾写道："现在应该给予世界以和平与完善的法律，而不要进行侵略。"《庄严弥撒曲》最后部分的草稿上写有："祈求外界和内心的和平"，他在封面上也写了"出自内心——希望它能再深入人心"）他思索、探求的结果也反映在其艺术创作的主导思想之中。他曾说："音乐应当使人类的精神爆发火花"；他还说："自由与进步是艺术的目标，如同在整个人生中一样。"贝多芬就是在这种思想指导下，孕育、创作了许多不朽的名曲。

《第九交响曲》是一部创新的作品，贝多芬在艺术形式的创造上做了富于革新的探索。他不仅扩大了乐章的规模，而且把交响曲同声乐结合在一起，构成了"合唱"交响曲。他以独唱和合唱抒发自己所向往的理想。他满怀激情地呼吁："拥抱起来，亿万人民"，希望通过亲密团结，使欢乐普降，人间。整部作品规模宏伟，尤其在结尾部分，不仅充满了乐观主义的欢呼，而且给人以积极的鼓动。贝多芬以这部作品成功地体现了思想性与艺术性的结合，内容与形式的统一。这是极为可贵的。

《第九交响曲》的演出获得空前成功。当演出结束贝多芬出现在听众面前时，受到了五次鼓掌欢迎。按惯例，对皇族出场也只用三次鼓掌表示敬意。直到警察出来干涉，欢呼声方始停息，许多人激动得淌下了眼泪。

《第九交响曲》并不是贝多芬最后的作品。他在这以后还写了《G 大调回旋随想曲》《迪阿贝里钢琴变奏曲三十三首》和五部四重奏。直到病危临终之际，他还在计划创作《第十交响曲》和以巴赫的名字为主题的序曲等等。

1827 年 3 月 26 日，贝多芬病逝于维也纳。他为人类留下了极为宝贵的音乐遗产。就他的主要作品而言，他写了 9 部交响曲、32 首钢琴奏鸣曲、18 首弦乐四重奏、5 首钢琴协奏曲、1 首小提琴协奏曲、1 部歌剧，此外还有大量器声和声乐作品。

纵观贝多芬的一生，可以看出他的生活、思想和创作都与当时的社会生活和反封建斗争密切相连。他从启蒙主义的崇拜者发展成为热烈向往法国革命的共和主义者。他在艺术创作实践中充分表现了这种共和革命的自觉性。所以可以这样说：贝多芬的音乐反映了一个时代的精神，反映了一位伟大作曲家对他所处时代的看法和对他所怀理想的向往。他的音乐代表了一个时代。

19 世纪加拿大路易·里埃尔起义

宋家珩

1867 年加拿大自治领建立以后，迅速向西部扩展领土。西部地区以路易·里埃尔为首的梅蒂人和部分印第安人部落为反抗联邦政府的扩张政策先后举行了两次起义：1869—1870 年红河地区起义和 1885 年西北地区起义。这两次起义是加拿大近代史上的重要事件。它揭示了资本主义文明给北美大陆原始居民带来的深重灾难，表现了梅蒂人、印第安人为维护生存权利，反对民族压迫的英勇斗争精神。起义促使西部一个新省——马尼托巴省的诞生，客观上加速了自治领对西部的开发。起义的结局引起了法裔加拿大人与英裔加拿大人之间的分裂和斗争，加深了加拿大社会中民族与宗教等诸方面的矛盾，对加拿大历史的发展产生了广泛而深远的影响。

1869—1870 年红河地区起义

加拿大自治领成立以前，英属北美殖民地的西部（鲁珀特和西北地区）归属英国哈得孙海湾公司①管辖，它拥有这个地区的商业垄断权。但是公司权力所及只是一些经营皮毛贸易的商站和几条重要的贸易通道，大部分领土仍是渺无人迹的荒野。在加拿大省与不列颠哥伦比亚皇家殖民地之间的大片荒原上，除了若干流动的印第安人部落之外，只有一个孤立的居民点——红河居民区。

早在 19 世纪初期，富有的苏格兰贵族塞尔扣克从加拿大省来到红河流域，在这块土地肥沃、适于定居的地方建立了一个居民点，安置本国失去土

---

① 哈得孙海湾公司创建于 1670 年。根据英王的特许状，它拥有加拿大的鲁珀特和西北地区的商业垄断权，主要经营皮毛贸易。1869 公司结束了对该地区的统治。

地、流离失所的苏格兰农民。1811 年，第一批移民到达。随后，许多法国人（主要是在西部从事皮毛贸易的法国商人）与印第安妇女结合的后代梅蒂人①陆续到此聚居，居民点便不断地扩大。经过近半个世纪的发展，到 1867 年自治领建立时，红河居民区已有 5000 名居民，其中法裔混血的梅蒂人居多数，他们都是彪悍的猎手，操法语，有自己狩猎的军事组织。此外，还有英裔混血人和苏格兰移民与后代以及小部分来自加拿大省的移民。居民主要依靠猎野牛、粗放的农业、皮毛贸易和为哈得孙海湾公司运送货物为生，生活水平低下，过着一种半原始的、无拘束的田园生活。哈得孙海湾公司在这里修建了仓库，作为后勤供应基地。在居民区没有设立任何行政权力机构。

　　加拿大自治领建立后立即开始向西北扩张领土。这是因为：第一，自治领建立之初，它的范围仅限于安大略、魁北克、新斯科舍和新不伦瑞克四省，远远没有包括整个英属北美殖民地大陆。自治领希望通过扩张完成英属北美殖民地的统一，以增强经济和政治实力。第二，当时美国扩张、并吞的阴影正笼罩着西部地区。英国在美国内战期间曾支持南方，它为南方制造的巡洋舰"阿拉巴马号"使美国航运受到了损失。因而内战结束以后，美国政府正式要求割让鲁珀特地方和西北地区以作为"阿拉巴马号"所造成损失的赔偿。1870 年初，加拿大总理麦克唐纳就指出："在我看来，明显得很……美国政府下了决心，除了诉诸战争以外，将全力以赴地企图占有我们西部领土，我们必须立即采取有力措施加以抵抗。"美国的威胁加速了加拿大自治领扩张与统一的步伐。第三，英国当时也希望加拿大自治领能尽快接管包括西部土地在内的全部英属北美领土。这样，英国可以摆脱在英属北美的防务负担；加拿大也会由于实现了扩张与统一而建立起强有力的统治权力，从而使半个北美大陆避免美国的蚕食与侵吞；而加拿大自治领仍然置留在英帝国的范围之内。

　　1869 年，加拿大联邦政府在英国政府支持下与哈得孙海湾公司进行谈判并达成协议。以支付 30 万英镑为代价，加拿大从公司手中接管了全部西部领土。整个移交工作预定于 1869 年 12 月完成。从 9 月开始，联邦政府着手进行接管前的准备：第一，派遣大批土地测量员前往西部进行土地的统一综合测量；第二，任命威廉·麦克杜洛尔为副总督，担任未来西部地区的行政长官。他奉命立即启程前往未来的首府——红河居民区，了解和熟悉情况。

_____

　　①　有的书把白种人与印第安人后代统称为梅蒂人。本文专指法裔混血人。

联邦政府接管西部在红河居民中引起了愤懑和严重的不安。半个多世纪以来，他们已经习惯了孤立而又独立的地位，他们与加拿大省和后来的自治领之间没有直接的政治与经济往来，视自治领如同"外国政府"，因而对接管后的前途充满疑虑。同时，他们认为自己是红河的主人，任何涉及红河地区主权的问题都应该与他们进行协商，得到他们的同意和满足他们的要求。可是，自治领与哈得孙海湾公司的谈判和领土的移交竟全然无视红河居民区的存在，这不能不引起居民的极大愤怒。更有甚者，自治领的测量员在丈量土地时完全不尊重居民对土地的原始占有权。他们任意破坏农田、赶走野牛群，使梅蒂人赖以生存的自然环境遭到严重破坏，传统的生活方式难以继续维持，从而直接激怒了梅蒂人，迫使他们不得不为生存权利而起来斗争。

路易·里埃尔 1844 年 10 月生于圣博尼费斯，青年时期曾由当地教会送往加拿大省东部蒙特利尔受教育。他在那里接触了加拿大社会的政治生活，并对政治发生了浓厚的兴趣。1868 年夏返回红河居民区后，由于有较高的文化水平，通晓英、法两种语言和出众的组织才能，他很快地成为梅蒂人集团的政治领袖。

以里埃尔为首的梅蒂人于 1869 年 9 月初开始秘密集会，讨论政治形势。他们决定，在联邦政府未与梅蒂人达成某种协定以前，坚决抵制丈量土地，阻止麦克杜洛尔前来居民区。10 月 11 日，里埃尔率领部分梅蒂人第一次与测量队发生了冲突，并郑重宣告：红河土地是属于梅蒂人的，没有主人的同意，加拿大政府无权丈量这些土地。10 月 16 日，在一次集会上，他们成立了"国家委员会"，决定全部法裔居民都按照军事编制武装起来，派遣武装人员在交通要道设置路障，并向麦克杜洛尔发出警告：没有国家委员会的同意，不能进入红河地区。

11 月 2 日，里埃尔率领起义者采取了一项重大的军事行动，占领了加莱堡。加莱堡是红河区的地理和战略中心，谁占领它，谁就控制了整个居民区。加莱堡还是哈得孙海湾公司的后勤供应基地，四周筑有高墙，堡内储藏了大量食品和生活用品。里埃尔占领加莱堡就意味着取得了红河地区的控制权。

11 月 16 日，里埃尔在加莱堡召集红河区居民第一次代表会议，参加会议的有各教区的代表，主要是梅蒂人和英裔混血人。会议的目的是争取英裔混血人参加起义。因为如果梅蒂人与英裔混血人取得一致意见，他便成为整个红河居民的代表，而且可以迅速扩大起义者的队伍。这两种混血人共占居民总数的 80%。里埃尔在会上说明，起义不是为了反对加拿大政府，而是要迫使政府同意与红河居民区的代表进行谈判，以便在红河地区加入联邦时，红河居民的权利能够得到保障。他提出两项重要建议：一是建立临时政府，临时政府的任务是为了保护红河居民的利益，与加拿大政府进行谈判。二是提出"权利条款"，主要内容有：红河居民有权选举自己的议会；提供一项公共土地的拨款，修建学校、道路和其他公共设施；由加拿大支付四年公共行政管理费用；法律上承认法语和英语同是官方语言；确认所有现存的特权、习惯和惯例，并且保证在加拿大议会中享有充分和公平的代表权，等等。他建议，麦克杜洛尔只有在保证这些要求将能够得到实现，或者是由渥太华的联邦政府出面给予许诺的情况下，才能进入红河地区。会上围绕着临时政府和权利条款问题进行了讨论。梅蒂人完全支持里埃尔的建议。英裔混血人的代表则担心成立临时政府会被认为是"叛乱"。他们赞成权利条款中列举的要求，但是不同意拒绝麦克杜洛尔进入红河地区的做法。结果双方未能取得一致意见。

12 月 8 日，里埃尔代表梅蒂人发表了《告鲁珀特和西北地区人民书》，公开声明哈得孙海湾公司没有取得居民的同意便将红河地区卖给了外国政府，因此，在没有任何合法政权存在的情况下，红河人民有权自由地建立自己的政府。梅蒂人的国家委员会就是红河居民区唯一合法的政府权力机构。同时宣布，国家委员会愿意与加拿大政府举行谈判。

红河起义爆发后，以麦克唐纳为首的联邦政府处于不利境地。首先，政府尚未正式接管红河地区，哈得孙海湾公司又无军队，西部没有一支足以镇压起义的军事力量。西部没有铁路，交通不便，即使马上从东部调兵也是远水救不了近火。其次，邻近红河的美国扩张势力正在积极活动，企图控制梅蒂人，把起义引向与美国合并的方向。麦克唐纳看到了西部土地有被美国吞并的危险性。他说："不管在权利上或者在军事上都不能让美国在我们背后插手，并截断我们通向太平洋的道路。"他意识到，接管西部过程中的任何拖延，都有可能使整个国家扩张的计划化为泡影。在这种情况下，麦克唐纳决定采取让步政策，争取谈判解决问题。他召回了麦克杜洛尔，代之以从东部选派的一名法裔传教士和一名法裔士兵前往红河谋求和解。里埃尔鉴于使者不是政府官方的代表未予理睬。

后来，政府又委派史密斯到红河安抚。史密斯是哈得孙海湾公司在加拿大的首席代表，他曾娶过一个红河地区的姑娘为妻，在哈得孙海湾公司雇员和梅蒂人中有一定影响。他自愿充当加拿大政府的说客，并携带加拿大政府的官方信件到达加莱堡。

在史密斯要求下，1870 年 1 月 19—20 日，召开了近千名的红河居民大会。居民们冒着零下 20℃的严寒聚集在加莱堡广场听取史密斯和里埃尔的演说。史密斯首先表露了自己与红河居民区的亲密关系，说明加拿大政府对红河区居民抱着友善的态度，并宣读了总督和加拿大政府领导人的若干信件，表示加拿大政府将尊重红河区居民的权利。由于他只是反复表示加拿大人的善意，而没有提出任何把这种善意变成行动的积极建议，从而使听众感到厌烦，未能说服居民无条件归顺加拿大联邦政府。里埃尔却顺势掌握了会议的主动权，提议梅蒂人和英裔混血人各派 20 名代表举行第二次代表会议，共商与加拿大政府谈判的条件。里埃尔强调了红河居民有共同的利益，只要团结一致，就能争取到他们希望得到的权利。由于这次会议使英裔混血人看到了有可能举行谈判的前景，他们和梅蒂人一起支持了里埃尔的建议。

第二次代表会议于 1 月 25 日召开，经过半个多月的讨论，就下列问题达成了协议：第一，正式建立临时政府，作为红河居民区唯一合法的行政权力机构。第二，拟定了作为谈判条件的《权利条款》，主要包括给予红河居民区以省级地位和待遇；保护地方传统习俗；法语与英语同为官方语言；联邦政府给予特别财政资助；设立分离的教派学校；对起义者实行大赦；与印第安人部落缔约等要求。第三，决定派遣代表前往渥太华与联邦政府进行谈判。2 月 9 日，以里埃尔为首的临时政府正式成立，当夜，加莱堡礼炮齐鸣，以示欢庆。

会议期间，梅蒂人与居住在红河地区的一部分加拿大人发生了武装冲突。这些来自安大略省的移民武装起来反对里埃尔起义，他们在苏格兰居民中进行反起义的煽动并征募支持者。梅蒂人以为他们要马上发动对加莱堡的攻击，便对他们进行了武装袭击，抓了一批俘虏，并对其中的托马斯·斯科特进行了审判。斯科特曾于 1869 年底被监禁于加莱堡，后来得以逃脱，这是第二次被俘。梅蒂人匆忙组织了军事法庭，以他两次参与反对国家委员会和临时政府的敌对行动，并在监禁中辱骂警卫和煽动囚犯反抗等罪名判处死刑，立即执行。里埃尔宣称："必须让加拿大人尊重我们！"斯科特事件虽然是起义中发生的一个插曲，却立即引起了一场民族的、宗教的纷争，造成了民族分裂的严重后果。

3 月 9 日，处死托马斯·斯科特后五天，正在罗马参加宗教会议的红河区主教塔希应加拿大政府的紧急请求返回红河。联邦政府希望运用他的威望说服梅蒂人，早日实现谈判。在他的推动下，梅蒂人与英裔混血人的代表最后对早先拟定的《权利条款》进行了修改、审定，将所有要求归纳为 20 条。其中主要包括，红河地区将享有省级地位和待遇；该省在参议院要有两名代表，在众议院有四名代表；该省对自治领以前的债务不承担责任；联邦政府近期每年支付该省 8 万美元补助金；该省人民拥有的财产、各项权利、特权以及风俗习惯等应该受到尊重；五年内在该省不征收任何直接税；法语与英语同是官方语言以及关于省议会控制公共土地，与印第安人部落缔约，修筑铁路、公共建筑、公路、桥梁等内容。后来又补充了设立分离的教派学校的要求。以此作为谈判的条件。3 月 23 日，里埃尔派遣里乔特和 A. H. 斯科特作为谈判代表启程前往渥太华。

联邦政府与里埃尔的代表经过谈判，草拟了马尼托巴法案，其中囊括了梅蒂人在《权利条款》中列举的基本要求。5 月 2 日，麦克唐纳将马尼托巴法案正式提交加拿大议会审议并获得通过。1870 年 7 月 15 日，原属哈得孙海湾公司的土地正式移交给加拿大自治领。以红河居民区为中心建立加拿大自治领的第五个省——马尼托巴省。鉴于马尼托巴法案基本上满足了梅蒂人的要求，里埃尔表示拥护该法案，并将临时政府权力移交省政府。以里埃尔为首的红河地区起义便以马尼托巴省的建立而告终。

起义已经结束，但是由于托马斯·斯科特事件引起的民族不和却蔓延开来。托马斯·斯科特原是一名没有任何影响的人物，红河居民区的加拿大人也认为他是"鲁莽、轻率、无思想的年轻人"。但是，问题的症结在于，他来自安大略省，是英裔加拿大人。一个英裔安大略人竟被法裔天主教徒所杀害！安大略省掀起了抗议的浪潮。当里埃尔的两名谈判代表到达渥太华时，就因为托马斯·斯科特的弟弟休·斯科特在多伦多提出起诉，而被短期拘留。他们被指控为杀害托马斯的帮凶，但是法庭认为控告者缺乏证据，他们得以释放。马尼托巴法案颁布以后，为了平息安大略的风波，同时也为了给以副总督阿奇博尔德为首的马尼托巴政府提供武力支持，联邦政府决定派遣由沃尔斯利率领的一支军队进驻红河。尽管沃尔斯利声称，他的军队是维持秩序，平等地保护所有居民的生命财产。但是，里埃尔仍然担心他的生命没有保障，惧怕来自安大略省军队的报复。在军队到达以前，他同两个梅蒂人逃走，他拥有的武装力量也四散了。8 月底，当沃尔斯利的军队经过长途跋涉进入加莱堡时，迎接他们的是一座安静的城堡。

加拿大历史学家一般认为，1869—1870 年红河地区起义的结果和影响大致有三方面。

第一，起义直接导致了西部马尼托巴省的诞生。起义前，按照联邦政府的接管计划，西部地区暂不设省，由联邦政府直接管辖。起义迫使政府接受了红河居民的要求，建立了一个新省。这样，在原属哈得孙海湾公司的领土上就出现了两个行政区：马尼托巴省和由联邦政府委任总督直接管辖的西北地区①。

第二，起义消除了美国并吞西部的可能性。1868 年，美国明尼苏达议会曾正式提出反对将哈得孙海湾公司的土地移交加拿大自治领。1869 年，美国国务院曾派泰勒作为密使前往红河地区活动。还有一些美国人充当了里埃尔的顾问，他们一直企图把起义引向与美国合并的方向。里埃尔最初曾对美国的支持表示欢迎。加莱堡出版的报纸《新国家》曾公开谈论"独立"和与美国的"合并"。后来，当联邦政府采取让步政策，里埃尔决定派出代表团进行谈判之后，《新国家》才转变了腔调。1870 年 4 月 23 日，里埃尔下令在加莱堡升起了英国国旗。许多加拿大史学家认为，里埃尔起义的最大成就是促使西部迅速地归属了加拿大自治领，避免了美国的并吞。

第三，以托玛斯·斯科特事件为导火线引起了安大略省英裔加拿大人与魁北克省法裔加拿大人的民族冲突。起义结束后，围绕"大赦"问题又出现了民族之间的对立。梅蒂人在《权利条款》中提出了大赦的要求。这一条后来虽未正式列入马尼托巴法案，但是，政府已向塔希主教和里埃尔的代表作了明确的口头保证。当大赦问题提上日程时，安大略的英裔加拿大人掀起了抗议浪潮，坚决反对赦免"叛乱者"和"杀人犯"。魁北克的法裔加拿大人则坚持，政府应将允诺立即付诸实行。大赦问题的分歧演成了安大略省与魁北克省两个不同民族居民之间的相互攻击和谩骂。英裔加拿大人和法裔加拿大人之间的矛盾由于相互对立的自由党和保守党的煽动，民族的偏见和基督教与天主教信仰的不同而愈演愈烈。直到 1875 年，由总督出面颁布了大赦令，同时宣布里埃尔流放五年，才平息了这场纠纷。但是，民族、宗教的积怨却加深了。

---

① 1905 年西北地区成立了两个新省：萨斯喀彻温省和阿尔伯达省。

1885 年西北地区起义

1870 年，马尼托巴法案结束了红河地区的起义。事隔 15 年之后，以里埃尔为首的梅蒂人在西北地区又一次揭竿而起，反对联邦政府的扩张。

1885 年爆发起义的背景大致有三方面。

梅蒂人的苦难遭遇是起义的基本原因。马尼托巴法案暂时满足了梅蒂人的要求。可是，残酷的现实是，他们的生存权利仍然没有保障。新省建立之后，许多欧洲移民拥进了西部。据统计，马尼托巴省 1881 年的人口为 62260 人，比它历史上头 10 年的人口增加了一倍，梅蒂人很快便成为居民中的少数。他们的土地由于没有特许证和立法的保证在迅速丧失。资本主义经济以压倒之势淹没了梅蒂人半原始的生活方式。他们由于缺乏知识和先进的生产手段，在资本主义残酷竞争中处于弱者的地位，很难在新的移民社会中立足。他们为失去旧的生活方式又找不到新的出路而不知所措。日益贫困而又受歧视的境况迫使大部分梅蒂人随着被驱赶的野牛群，离开了亲手开发的家园，向着更远的西部迁移。他们在西北地区，今萨斯喀彻温省北部建立了三个新的居民点，即圣劳伦特、圣路易斯和巴托奇。在那里又重新开始了半原始的草原狩猎生活，暂时远离了资本主义文明带来的灾难。但是，好景不长。1873 年，联邦政府正式建立了西北骑警队。1874 年，300 名骑警开进西北地区，到达今阿尔伯达省境内。随同骑警队同时到达的还有商业公司，大量的测量人员和铁路修筑人员。所有这一切，意味着梅蒂人将要失去他们最后的一块"伊甸园"，意味着他们传统生活方式的永远终结。

里埃尔在这次起义中起了重要的组织作用。1875 年大赦后，里埃尔被迫流亡至魁北克省。1876 年，他开始沉溺于一种宗教幻想，要把西北地区变成完全的天主教区域，并沉溺于拟订传教计划的狂热之中。他的朋友发现他的言行有些不正常。他被诊断为精神病，送进了蒙特利尔市附近的收容所。1878 年病愈后，他移居美国蒙大拿州，成为美国公民，曾干过商人、教会学校教师等多种职业。但是，他始终与加拿大的梅蒂人保持着联系。1883 年，他短期访问了马尼托巴省，考察了梅蒂人在新省的遭遇，曾多次考虑过要发动一次新的行动来改善他们的处境。梅蒂人也未忘记自己的领袖。1884 年，当居住在西北地区的梅蒂人酝酿进行新的反对加拿大政府的起义时，立即派了四位代表驰骋 600 余英里，来到蒙大拿州，邀请里埃尔回去领导这次起义。里埃尔的威望和他的组织才能使他再次成为起义的领导者。

参加这次起义的除梅蒂人外还有居住在西北地区的若干印第安人部落。根据1881年的统计材料，萨斯喀彻温地区总人口是19000人，其中印第安人占15000人，梅蒂人和英裔混血人约3000人，来自英国和加拿大的居民约1000人。印第安人在联邦政府扩张过程中受迫害最深，失去了原有的生存环境，有的被杀戮，有的被赶进了专门为他们划定的居住区域。这些区域自然资源贫乏，称为保留地。为了捍卫自由和生存权，他们加入了梅蒂人的起义行列，展开了反对联邦政府统治的武装斗争。因此，1885年起义是梅蒂人与若干印第安部落的联合起义。

1884年夏，里埃尔从美国蒙大拿州来到北萨斯喀彻温地区。在他的领导下，起义者首先发起了请愿运动。他们起草了一份请愿书，申诉西北地区居民的痛苦和不幸，列举了梅蒂人、印第安人和一部分贫苦的白人的要求。这些要求包括：给予梅蒂人土地赔偿金和使用土地的专有权；建立责任政府，取得在联邦议会中的代表权；减轻税收；控制他们拥有的自然资源；修筑一条通往哈得孙海湾的铁路；给予印第安人自由待遇；等等。

该请愿书于12月中旬送交渥太华联邦政府。1885年1月，联邦政府允诺成立一个委员会到西北地区进行调查，但到3月份仍迟迟未有行动。为了对付政府的拖延政策，里埃尔决定仍沿用上次起义的老办法：成立临时政府，武装起义者，用武装斗争迫使政府同意谈判，满足起义者的条件。于是，1885年3月19日，里埃尔利用梅蒂人的一次宗教节日在巴托奇召集群众大会，宣布成立临时政府，并占领了当地的教会，建立了起义指挥部。起义正式开始。

3月26日，在达克湖发生武装冲突。起义者的军事领袖杜蒙率领梅蒂人武装伏击了一支骑警队，迫使他们放弃卡尔顿堡。印第安人起义者袭击了政府骑警队的主要据点巴特利福特城。另一部分印第安人占领了皮特堡。整个4月，梅蒂人与印第安人取得很大的胜利，成功地袭击了骑警队，占领了几个重要据点，迫使骑警队退守在两个狭小的据点内。

4月底，惊慌的联邦政府迅速调兵遣将，派遣加拿大军队中的米德尔顿将军率领一支8000人的队伍抵达西北地区镇压起义。政府军队兵分三路，一路对里埃尔的"首府"巴托奇展开进攻，另外两路对两个印第安人聚集点展开围攻。里埃尔曾试图集中起义的力量，但没有成功。5月上旬，米德尔顿率领850名士兵对巴托奇发动最后的攻击，起义者仅350人。战斗激烈地进行了一周。最后梅蒂人弹尽粮绝，巴托奇失陷，里埃尔被俘，杜蒙带领一部分人逃往美国。印第安人部落也受到优势兵力的攻击，有的被打散，有的被迫投降，有的继续坚持反抗。到 7 月初，起义才全部被镇压下去。

里埃尔领导的两次起义采取了同样的策略。如果说第一次起义在一定程度上取得了成功的话，第二次起义则是以完全失败而告终。第一次起义时，联邦政府尚未接管西部，哈得孙海湾公司又无军队，起义者没有遇到强大的镇压力量。1885 年起义时，联邦政府已经在西北地区建立了行政权力，并拥有西北骑警队这支武装力量。而且，太平洋铁路已经通车，虽然它全部完工是在 1885 年 11 月，此时，从东部新不伦瑞克省经魁北克省、安大略省至马尼托巴省和今萨斯喀彻温省的路段已经完工。铁路在镇压起义过程中发挥了巨大作用，它使政府有可能在短期内从东部调来大批军队镇压起义。此外，梅蒂人数量少，又无足够的后勤支援。印第安人部落则是分散和无组织的，完全没有统一的指挥。这些半原始的居民终究不是联邦政府的对手。

起义失败后，梅蒂人和印第安人遭到了残酷的惩罚。梅蒂人的家园被焚毁，财产被掠夺殆尽。里埃尔被交付法庭审判，他的 18 名同伴以叛逆罪分别被判处 1—7 年徒刑。梅蒂人作为一个紧密的政治结合体彻底被摧毁了。许多梅蒂人被迫加入了印第安人的部落，有的则逃往更远的西部。梅蒂人的社会随着起义的失败而消失。印第安人处境更加悲惨。11 名印第安人领袖以谋杀罪被判处绞刑，2 名以叛逆罪被判处徒刑。大批印第安人则被赶进保留地，失去了自由生存的权利。

里埃尔被押往里贾纳。他在一个全部由英裔加拿大人组成的陪审团面前受审。魁北克法裔加拿大人派来律师为他进行辩护，以曾患有精神病为理由力图为他开脱责任。但是，里埃尔拒绝接受这种辩护，在法庭上发表了长篇讲话，申明起义的正义性。他说："我冒着生命危险是为了使萨斯喀彻温人民有更好的处境，为了西北人民有更好的处境。我从来没有拿过任何薪金"，"我不是为了我自己而斗争，而是为了权利，为了马尼托巴责任的、符合宪法的政府的原则而进行斗争。"9 月，法庭判决里埃尔有罪，应处以绞刑，但未立即执行。整个秋季，要求减刑或免刑的请愿书从魁北克和世界各地送往渥太华。官方又一次组织"调查"，最后仍维持原判。1885 年 12 月 16 日，里埃尔在里贾纳被送上了绞刑架。

里埃尔起义的影响

里埃尔之死结束了西北地区起义的最后一幕。在加拿大历史上，这是原始和半原始的土著居民对白人统治者进行的最后一次有组织的抵抗。起义没有获得任何的成果，梅蒂人、印第安人得到的只是监狱、绞架，乃至民族的灭绝。资本主义文明终于用血与火征服了这些世代生活在北美大陆的原始主人。起义的过程又一次向人们揭示资本主义文明是采用了何等残暴的手段来为自己的扩张开辟道路！

镇压 1885 年起义是联邦政府与各地方政府一致的行动。但是，起义结束后，里埃尔的审判却被党派斗争所利用。1867 年加拿大自治领建立后，加拿大政治舞台上有两个政党：保守党与自由党。以麦克唐纳为首的保守党人长期执政，自由党仅在 1873—1878 年短期掌权。麦克唐纳政府主要的纲领是开发西部，修建太平洋铁路和保护关税。以布莱克（1880 年担任自由党领袖）为首的自由党人为了把保守党政府赶下台，反对麦克唐纳的政策，特别是谴责修建太平洋铁路中的弊病，并且提倡与美国的"无限制互惠"。1885 年，西北地区起义事件成为自由党向保守党政府进攻的主要口实。他们提出，西北地区的起义是由于保守党政府政策不当所引起的，并且反对判处里埃尔死刑。自由党反政府的鼓动，加上历史上形成的英裔加拿大人与法裔加拿大人之间的矛盾，便围绕里埃尔事件在全国范围内引起了一场民族的、宗教的和政党之间的混战，造成了严重的政治后果。

首先，它引起了 1885 年的民族危机。在审判里埃尔的过程中，英裔加拿大人与法裔加拿大人之间又一次发生了尖锐的对立。在安大略省，里埃尔是"叛乱者""杀人凶手"，应该处以绞刑。在魁北克省，里埃尔则首先是法裔加拿大人，是"为他的人民而献身的英雄"，是"英裔加拿大人压迫和新教徒偏见的牺牲者"。两省的地方刊物彼此展开了激烈的攻击，甚至以民族战争相威胁。这场民族冲突的背后，主要是党派之争。在野的自由党紧紧抓住这个时机，煽动民族主义情绪，以打击麦克唐纳的保守党政府。加拿大社会固有的民族矛盾则加剧了冲突的爆发，从而出现了联邦建立以来的第一次最严重的民族危机。它伤害了两个民族之间的感情，加深了民族对立，动摇了联邦的基础。

其次，这场危机也对政局产生了重大影响。麦克唐纳保守党政府一度面临着分裂的危险，出现了严重的统治危机。政府虽然没有立即垮台，但它的支持力量却削弱了。自由党则利用里埃尔事件发动了强大攻势，煽动反对渥太华的"绞刑吏政府"。不久，自由党在各省纷纷战胜保守党，取得了政权。自由党的力量得到增强，并带有更明显的民族主义色彩。特别在魁北克省，1885 年就任魁北克省自由党领袖的奥诺雷·梅西埃，一向主张在魁北克省实现自由党与保守党联合，组成单一的、代表法裔加拿大人的"民族党"，为此他曾有过几次尝试，未得成功。这次他却抓住处死里埃尔所引起的风波成功地争取了省内几位保守党成员的支持，于 1887 年上台执政，从而进一步加强了魁北克的民族主义力量。

1885 年的民族危机和党派斗争都对后来政局的发展产生了深远的影响。

近一个世纪以来，里埃尔在加拿大历史上一直是一位有争议的人物。政论家、历史学家们撰写了大量的文章、专著，研究他的经历和以他为首的两次起义，评述他的"功"与"过"。一些人认为里埃尔被判处死刑是应该的，因为他杀害了托马斯·斯科特；另一些人则认为里埃尔是为了反对英裔民族的统治，为保卫法裔加拿大人的种族和文化而牺牲的爱国者。更多的作者认为，里埃尔领导的两次起义是加拿大原有的土著居民以他们愚昧、落后的生活方式抵御先进的资本主义文明所造成的历史悲剧。确实，民族的偏见，政治观点的分歧，常常影响人们对他作出公正的评价。但是，在梅蒂人和印第安人心中，里埃尔始终是人民的英雄，永远受到人们的崇敬和怀念。

古巴独立烽火 30 年

陆国俊　李　祥

19 世纪初叶，西班牙美洲大陆殖民地先后取得解放，只有加勒比海中的两个岛国古巴和波多黎各仍在西班牙的殖民统治之下。从 19 世纪中叶起，古巴人民连续发动两次独立战争（1868—1878 年、1895—1898 年），到 1898 年基本上赢得胜利。接着，古巴人民继续参加"西班牙—古美战争"① 彻底打败西班牙殖民军，并于 1902 年宣布独立。但由于美国政府从中干预，古巴人民仍然没有完成民族解放的任务。

第一次独立战争——十年战争（1868—1878 年）

古巴位于加勒比海西北部，以盛产蔗糖驰名于世，被人们称为"世界糖罐"。1511 年，古巴沦为西班牙的殖民地。西班牙王室在古巴设置都督府，委派都督和检审法院进行直接统治，属于西班牙总督区管辖②。

西班牙征服初期，古巴原有的居民印第安人遭到殖民者的大规模杀戮和虐待，几乎全部被消灭殆尽。为弥补劳动力的不足，西班牙王室一面以种种优惠条件鼓励向古巴移民，一面从非洲输入大批黑奴，强迫他们从事畜牧、烟草和蔗糖生产。

殖民者一开始就在古巴采取单一产品制的经济政策，以牟取暴利和适应

---

① "西班牙—古美战争"，一般被称为"美西战争"。1943 年，古巴第二次全国历史学会议的决议指出："正因为古巴解放军的参战，西班牙才被击败。"因此，"不应像过去那样，在群众中和官方文件中，把 1898 年的战争称为'美西战争'，而是必须称作'西班牙—古美战争'，这一名称应当由古巴人来规定并加以推广。"1945 年 5 月 6 日的古巴共和国法令正式批准了这一名称。

② 西班牙于 1536 年在美洲设立第一个总督区，总督府在墨西哥城，管辖范围名义上包括当时西班牙在新大陆的所有领地和菲律宾，实际上只是管辖墨西哥、中美洲和西印度群岛。

殖民需要。他们首先在古巴发展畜牧业，到 1792 年古巴已有 399 个大牧场。直到 18 世纪末叶，畜牧业在古巴经济中始终占重要地位。之后，发展烟草种植业。到 18 世纪末，古巴已有 1 万个以上小规模种植园。18 世纪末海地革命爆发后，海地蔗糖生产受到严重破坏，逐渐退出国际市场，从而大大刺激了古巴蔗糖生产的发展。据统计，1792 年，古巴有蔗糖种植园 478 个，1827 年有 510 个，1846 年有 1400 个，到 19 世纪 60 年代已达到 1516 个。19 世纪 60 年代古巴制糖厂达 2000 多家，糖产量 50 万吨。古巴逐渐变成以生产蔗糖为主的单一作物地区。而这些种植园和制糖厂主要是掌握在古巴土生白人手里。

　　第一次独立战争前夕，古巴人同西班牙殖民统治的民族矛盾日益尖锐，而古巴种植园主和畜牧业主同西班牙殖民统治者的矛盾则是主要矛盾。随着民族经济的发展，古巴种植园主和畜牧场主要求取得更大的权益，但当时这种权益完全掌握在一小撮西班牙殖民者手里。都督不仅是军队的首领，而且是政府和教会的最高领袖。出生在西班牙的所谓"半岛人"控制一切主要公共职务，而古巴种植园主和畜牧业主被剥夺了参政的权利。在经济上，西班牙王室和殖民当局垄断烟草贸易，在哈瓦那建立烟草垄断公司，在圣地亚哥和巴亚莫等地设立分公司，并规定种植园主的烟草只能出售给垄断公司，任其压价，从中获利。古巴种植园主和畜牧场主承担着不断加重的各种赋税。据统计，1849 年西班牙在古巴征税 1250 万比索，1860 年达 2714 万比索，1867 年则猛增到 3285 万比索。殖民者还规定，畜牧场主向屠宰场每出售 1 头牛，必须向殖民当局缴纳 25% 的捐税。由于西班牙殖民者的横征暴敛，加之美国停止输入古巴皮革和咖啡，19 世纪中叶古巴咖啡生产和畜牧业生产骤然下降。1833 年，古巴的咖啡出口 6400 万磅，到 1862 年生产的咖啡仅能满足国内的消费。农产品产量的大幅度下降，使许多种植园主和畜牧场主破产，这就推动他们投身于反对殖民统治的斗争。

　　奴隶同西班牙殖民统治者之间的矛盾亦越来越加剧。据 1862 年的人口统计，古巴总人口为 1359238 人，其中黑人奴隶 373071 人，约占全国总人口的 36%，还有 34050 亚洲人，其中包括许多契约华工。根据契约规定，这些亚洲人要给种植园主工作 8 年才能获得自由，在规定时间内亚洲人的地位实际上同奴隶一样。奴隶被视为"会说话的工具""种植园主的财产"，可以被任意买卖、拷打乃至杀死。奴隶往往每天要劳动十七八个小时，据说古巴的奴隶一般只能劳动 10 年，就会失去劳动能力。

此外，古巴还有 6 万余名木匠、瓦匠和裁缝等手工业者，他们依靠双手，四处谋生，生活十分困苦。

反对西班牙殖民统治是古巴各族人民的共同愿望和要求。

1866 年 4 月 7 日，一批流亡在纽约的古巴种植园主成立"古巴和波多黎各共和协会"，该协会的宗旨是"坚定不移地争取安的列斯①的独立，争取实现不分种族、肤色的一切居民绝对自由"。这一纲领是古巴独立运动条件成熟的一个重要标志。

1867 年 7 月，土生白人弗朗西斯科·维森特·阿吉莱拉在奥连特省巴亚莫组织"独立委员会"，宣布以武力推翻西班牙殖民统治，争取古巴彻底独立。该委员会的主要成员是甘蔗种植园主、知识分子和手工业者。1868 年，该组织迅速发展到奥连特省和卡马圭省内的各大城市。1868 年 8 月，维森特·阿吉莱拉在他自己的种植园里召开"独立委员会"的代表会议，就起义的准备工作和起义日程进行磋商。会后，代表们加紧筹划武装起义。

1868 年 9 月，西班牙自由派发动革命，推翻伊萨贝拉二世的统治，建立共和国。宗主国的政局剧变，给古巴独立起义提供了有利的时机。10 月 10 日清晨，以卡洛斯·曼努埃尔·德·塞斯佩德斯为首的 38 名种植园主，在奥连特省亚拉附近的迪马哈瓜制糖厂敲响大钟，召集奴隶，宣布古巴独立，并发表了《独立宣言》即"亚拉号召书"。宣言指出："西班牙以血腥的铁腕政策统治古巴岛。他们不但滥用职权，随心所欲地征收赋税，使古巴人民的财产得不到保障，而且还剥夺了古巴岛人民的一切政治、行政和宗教信仰自由的权利。"宣言宣布了这次武装起义的宗旨："我们要自由与平等，这是我们崇拜的两个原则；我们主张保障人民的普选权；我们要通过赔偿逐步解放奴隶；我们要同友好国家自由贸易；我们要成为颁布法律和摊派捐税的全权代表。总之，我们要成为独立的国家。"塞斯佩德斯还发出誓言"不独立毋宁死！"以表示争取独立的决心。这一宣言反映了古巴人民争取独立的共同心愿，但它并没有宣布废除奴隶制度。从根本上说，它主要是反映了古巴种植园主的政治和经济要求。

独立起义的消息像一阵春风，吹遍了古巴东部地区。古巴人民特别是广大黑奴积极参军，组成了 147 人的第一支武装力量。10 月 11 日，塞斯佩德

---

① 安的列斯群岛位于加勒比海。古巴岛是安的列斯群岛中面积最大的一个，曾被人们称为"安的列斯的明珠"。

斯带领队伍开始向亚拉进军。途中与西班牙殖民军激烈交战，伤亡甚众，只剩下 12 名起义者。但塞斯佩德斯并不气馁，他坚定地说："我们 12 个人足以使古巴独立。"起义者到达萨瓦纳斯德卡瓦甘时，多米尼加军人路易斯·马卡诺率领 300 人参加了队伍。次日，塞斯佩德斯自任起义军总司令，授予马卡诺中将军衔，并任命他为作战总指挥，继续率领起义军向巴亚莫城进攻。10 月 18 日，该城守军 120 人被迫退守市中心。经过革命宣传，守军中的大批黑人和混血种人掉转枪口，加入起义军。在巷战中，西班牙军死 10 名，伤 20 名，其余全部被俘。在这次攻城战斗中多米尼加军人马克西莫·戈麦斯表现出非凡的军事才能，被授予将军军衔。起义军攻克巴亚莫城后，便以该城为基地，成立以塞斯佩德斯为首的共和政府。

塞斯佩德斯起义后，各地居民纷纷响应。10 月 13 日，土生白人多纳托·马尔莫和加利斯托·加西亚率领起义军 100 余人，攻占奥连特省的希瓜尼、圣地达和拜雷等城。同一天，土生白人维森特·加西亚率领 300 名起义军攻占图纳斯，并全歼该城守军。接着，路易斯·费格雷等在奥尔金地区起义，进攻到奥连特省的省会圣地亚哥城附近。到 11 月底，古巴东部的卡马圭省和拉斯维亚斯省的许多地区亦发生武装起义。起义军增加到 12000 余名。革命之火燃遍了古巴岛的东部地区。

1868 年年底，殖民军都督弗朗西斯科·莱松迪命令奥连特省和卡马圭省的驻军将领巴尔马塞达率军征讨。巴尔马塞达率领殖民军工千人，对起义军进行残酷镇压，并下令将起义者交军事法庭审判，以"叛徒"罪论处。次年 1 月，巴尔马塞达在萨拉迪约同起义军会战，起义军战士牺牲 2000 名。1 月 15 日，殖民军占领巴亚莫。起义军被迫分散到奥连特、卡马圭和拉斯维亚斯省的广大农村，展开小规模的游击活动。

为统一作战部署和制定革命纲领，4 月 10 日，塞斯佩德斯在卡马圭省的圭马罗召开制宪会议，通过了古巴第一部共和国宪法。规定古巴为行政、立法和司法三权分立的共和政体，宣布"共和国一切居民绝对自由"，人民有宗教信仰、出版、公共集会和请愿等不可剥夺的权利。会议选举塞斯佩德斯为总统，卡马圭省的起义军将领伊格纳西奥·阿格拉蒙特为总司令。同时，围绕着是否废除奴隶制问题进行激烈争论。塞斯佩德斯认为，奴隶是种植园主的"财产"，起义军只应宣布解放那些反动种植园主的奴隶，而对于同情或支持起义的那些种植园主的奴隶则应采取保护政策。阿格拉蒙特等人认为，起义军应"立即无偿地解放一切奴隶"。由于在废除奴隶制问题上的分歧，古巴奴隶制在独立战争第一阶段没有被废除。

1873 年 10 月 27 日，古巴共和国国会议员和起义军首领在比哈瓜尔举行会议，免去塞斯佩德斯总统职务，由众议院主席西斯内洛斯·贝当科尔特担任总统，并由总统组成新内阁。

新政府建立后，决定摧毁殖民军在西部地区的基地。1874 年 1 月，戈麦斯和马塞奥率军向西突进，在胡努冷—梅洛尼斯同西班牙将领弗特里哥·埃斯庞达率领的西班牙军相遇，打死西军 150 名，俘获 200 名。2 月 16 日，戈麦斯和马塞奥率起义军 500 人，在拉斯·关息马斯击败西军 6000 名，打死打伤 1037 名。正当起义军乘胜西进到拉斯维亚斯省时，拉斯维亚斯省的起义军拒绝马塞奥的领导，加之起义军内部保守派反对继续西征，起义军便停止向西突进。

1877 年初，新任殖民都督马丁内斯·坎波斯率领 25000 名增援部队到达古巴。3、4 月间，增援部队进入拉斯维亚斯省和奥连特省。坎波斯采取军事进攻和分化瓦解的两面政策，使起义军陷于被动。9 月，起义军战败，马塞奥身负重伤。11 月，古巴新任共和国总统埃斯特拉达·帕尔马被坎波斯军俘获。古巴共和国政府中的部分种植园主和资产阶级议员发生动摇，1878 年 2 月 8 日，他们在圣阿古斯丁·德尔·布腊科召集会议，宣布解散议会，成立"中央革命委员会"。2 月 10 日，中央革命委员会派代表与坎波斯在卡马圭省西南的桑洪举行谈判，签订《桑洪条约》。条约共 8 条，主要规定：古巴立即宣布停止武装斗争，西班牙答应改革古巴行政制度，实行大赦，并给参加起义斗争的黑人奴隶和亚洲人以自由，等等。桑洪条约的签订曾受到马塞奥等人的反对。

桑洪条约签订后，起义军放下了武器。起义军将领被迫流亡国外，其财产被没收。

桑洪条约的签订标志着古巴第一次独立战争的结束。这仅是古巴人民和西班牙殖民者之间的一次休战。在十年战争中，西班牙殖民者付出了巨大代价，约计死伤 14 万人，耗费达 7 亿比索。

第二次独立战争（1895—1898 年）

十年战争迫使西班牙政府在古巴作了一些"改革"。

1876 年 6 月 9 日，西班牙政府同意古巴有权选派代表进入西班牙议会。

实际上这些代表均由西班牙政府和古巴殖民当局指派，40 名代表名额中古巴出生的代表只占 4 名，在议会中不能解决古巴的任何问题。1881 年 4 月 7 日，西班牙政府在古巴公布《西班牙 1876 年宪法》，允许古巴人民享有公民权利，但古巴人民能否享有公民权都由古巴都督决定。1878 年桑洪条约规定废除奴隶制度，同时又规定在 8 年内逐步解放奴隶，并由每个奴隶向主人缴纳 30—50 美元作为补偿，这样就使大批奴隶拖欠永远偿还不清的债务，变成了大地主的隶农。

由于战争的破坏，奥连特省、卡马圭省和拉斯维亚斯省的种植园主大量破产。例如，奥连特省的曼萨尼奥和巴亚莫两个地区，1862 年有制糖厂 24 个，到 1878 年只剩 1 个。桑克蒂斯皮里图斯 1862 年有糖厂 24 个，到 1878 年只有 11 个。同时，由于美国 1894 年恢复糖和制糖原料的 40% 的高额进口税率，使古巴种植园经济又受到一次沉重的打击。糖的产量急剧下降，1894 年糖产量超过 100 万吨，1896 年却只有 225221 吨。古巴财政连年赤字，公共债务达 1 亿美元。大批工人失业，农民破产。

随着种植园经济的解体，古巴的民族资本主义经济得到了相应的发展。战后种植园出现了两种新的生产形式：一种是"中心糖厂制"，即那些没落的种植园主关闭自己的糖厂，专门种植甘蔗，而将甘蔗交给中心制糖厂，使带有资本主义性质的制糖厂逐步脱离种植园经济的束缚，种植园主逐渐依附资本主义性质的中心糖厂。另一种是"蔗农制"，即那些没落的种植园主，为维持种植园生产，向工厂主贷款，然后将甘蔗送交糖厂主，以抵还债务，这些种植园主实际上已成为糖厂主的佃农。这两种生产形式广泛推行后，古巴制糖厂大量减少。1885 年古巴有糖厂 1400 家，到 1894 年只有 400 家。这些蔗糖厂逐渐成为资本主义的企业。

桑洪条约后，古巴人民的境况并没有得到改善，反抗斗争的烽火延绵不断。十年战争的将领戈麦斯、马塞奥和加西亚一直为古巴独立而奔走呼号，并于 1879—1880 年在奥连特省等地发动一次声势较大的起义，不久遭到镇压，加西亚被逮捕，被监禁在西班牙监狱。1895 年，戈麦斯和马塞奥与古巴人民的杰出爱国领袖马蒂一起，发动了第二次独立战争。

马蒂 1853 年出生于哈瓦那的一个穷苦人家庭。十年战争中被殖民当局逮捕，获释后继续从事爱国宣传活动。1882 年，他派人到多米尼加共和国和哥斯达黎加同戈麦斯和马塞奥等人联系。1892 年 4 月 10 日，马蒂在纽约主持召开古巴侨民各爱国团体代表大会，成立"古巴革命党"。党纲宗旨是

"团结所有怀着善良愿望的人们的力量，以赢得古巴岛的完全独立，并促进和帮助波多黎各的独立"。大会选举马蒂为党代表，负责协调和指导工作，并主持创办党的机关报《祖国》。

古巴革命党成立后，马蒂积极准备武装起义。他在美国的古巴侨民中筹措资金，购置武器。并代表革命党任命戈麦斯为古巴解放军总司令。1895年1月28日，马蒂向国内党组织下达总起义命令，起义时间定于2月后半月的某一天。

古巴革命党的命令很快传到哈瓦那。当时，古巴各地党代表正在哈瓦那开会，接到起义命令，群情激动，决定于2月24日举行武装起义。因为这一天是星期日，也是狂欢节，有利于给敌人以出其不意的打击。

2月24日，十年战争中的老战士吉耶尔·蒙卡达在东部的圣地亚哥城率先起义。接着，在奥连特省的考托地区和巴亚莫地区，以及西部的伊巴拉和哈圭格兰德等地亦先后举行起义。整个古巴岛沸腾起来，贫苦农民、农业工人、城市小生产者以及知识分子纷纷参军，向各地的殖民机构和殖民军发动进攻。

2月26日，马蒂接到国内采电："东部、西部起义开始。"为了正确指导武装起义，3月25日，马蒂和戈麦斯在多米尼加共和国的蒙特克里斯蒂小镇共同签署了著名的《蒙特克里斯蒂宣言》。宣言申明这次战争是1868年爆发的独立战争的继续，宣布决不伤害那些正直的西班牙人，并尊重不与革命为敌的古巴人的财产所有权；号召全体古巴人不分种族、肤色，紧密团结，共同战斗。宣言驳斥了对黑种人的诬蔑。4月11日，马蒂和戈麦斯在古巴奥连特省的普拉伊塔斯登陆，与马塞奥等率领的起义军会合。5月5日，革命领导人在圣路易斯市附近的梅霍拉纳糖厂举行会议，商讨建立新政府和向西突进的战略部署。会议决定，马蒂为管理行政和外交的最高领导人，戈麦斯为解放军总司令，马塞奥为奥连特省起义军司令。

武装起义震动了西班牙政府。西班牙政府任命坎波斯为古巴都督，率领装备精良的5万殖民军从古巴西部乘船向东，在奥连特省的关塔那摩登陆，加强关塔那摩、圣地亚哥和奥尔金等战略要地的防御。5月19日，解放军与殖民军在多斯里约斯遭遇。马蒂跃马向敌人冲锋，胸中数弹，英勇献身。

起义军继承马蒂的遗志，继续给殖民军以沉重的打击。当时驻哈瓦那的俄国领事在一份报告中说："尽管著名的坎波斯将军不倦地努力，从首都派去大批军队进行镇压，但起义军还是不断壮大。"9月6日，在萨尔瓦多·西斯内罗斯·贝当古的主持下，起义军在卡马圭省希马瓜市召开立宪大会，制定为期一年的古巴共和国临时宪法，宣布古巴独立。根据宪法规定，9 月 18 日，组成古巴共和国临时政府，西斯内罗斯当选为"战时古巴"的总统，戈麦斯和马塞奥分别被任命为起义军的正、副司令。

戈麦斯是一位杰出的军事战略家，他认为十年战争失败的教训之一，是起义军向西部地区进攻不力，没有摧毁西班牙殖民军的人力、物力基础。这次起义决不能重蹈覆辙，必须"向西突进"。为此，戈麦斯和马塞奥进行了第二次独立战争中最著名的壮举——"突进战役"。

10 月 22 日，在戈麦斯的配合下，马塞奥率领 1053 名起义军战士，从古巴岛东端的巴拉瓜出发，向古巴西部地区突进。他们采取避敌锋芒、破坏敌人战略物资的运动战术。10 月 15 日，起义军在拉斯维亚斯省的马尔·颠波同坎波斯军相遇。起义军英勇奋战，以砍刀等作为武器，打败装备精良的坎波斯军 1150 名，击毙敌人 147 名，缴获 150 支毛瑟枪、60 支步枪和 6 箱子弹，还有大批战略物资。马尔·颠波战斗的胜利，挫伤了坎波斯军的锐气，为继续向西突进创造了有利条件。1896 年 1 月 22 日，马塞奥率领起义军抵达古巴岛西端的曼图亚镇，宣告了突进战役的胜利结束。在这一战役中，起义军仅以 3 个月时间，从古巴岛的东端到西端，行程 2360 公里，打仗 27 次，以不超过 4500 人的兵力攻克 22 个城镇，打败拥有 42 名将领、总数达 11 万的殖民军，缴获 2036 条枪以及大量战略物资。古巴都督坎波斯被迫下台。起义军以神话般的军事胜利，创造了以少胜多的奇迹，一位美国著名史学家说，"突进战役"是"近代军事史上最伟大的史诗之一"。

2 月 10 日，新任都督莱里亚诺·魏勒尔到达古巴。10 月 21 日，魏勒尔颁布命令，推行"集中营制度"，强迫农村和散居在居民点之外的居民，在命令下达 8 天之内一律集中到殖民军所守卫的地方，以阻止人民支持起义军。留在农村的人们，均以起义者论处，即使是儿童、妇女和老人，也要遭到野蛮的迫害。集中营人口密集，粮食奇缺，加之疾病流行，死亡率不断上升。由于推行集中营制度，古巴的人口减少将近 40 万，约占全国人口的 1/3，魏勒尔被称为"屠夫"。

1897 年，在魏勒尔的屠刀下，起义军继续战斗。加西亚在东方战场上取得巨大胜利。古巴东部除圣地亚哥城和内地几个城市外，其他地区和城市都已在加西亚的控制之下。同时，在拉斯维亚斯"革新牧场"的反围剿战斗中，戈麦斯粉碎殖民军 4 个步兵营和 4 个骑兵团（大约 5 万人）的进攻。魏勒尔到古巴时曾扬言在 3 个月内消灭起义军，但在他担任古巴都督两年又 8 个月的时间内，尽管西班牙政府增派 1 万殖民军，仍不能挽回失败命运。1897 年 5 月 19 日，西班牙自由党首领萨加斯塔在同参、众两院的议员们谈话时供认："在我们派出了 20 万人和流了这么多血之后，在这个岛屿上，除了我们的士兵脚下踩着的土地之外，再没有一块土地是属于我们的。"

8 月，西班牙成立以萨加斯塔为首的自由党政府。为缓和古巴人民的反抗斗争，西班牙政府召回了魏勒尔，委派布朗科元帅担任古巴都督。11 月 25 日，布朗科公布西班牙政府的命令，宣布给予安的列斯群岛自治权，但受宗主国主权的支配，并在该群岛推行西班牙宪法。古巴和波多黎各有权规定税率，有权缔结商务条约，等等。起义军揭露了布朗科的"改良"阴谋，在 1897 年召开的古巴制宪大会的宣言中指出："专门的法令也好，改革也好，自治也好……对于结束当前的斗争都起不了作用。'不独立不生还'——这永远是我们不可违背的神圣的口号。我们应当胜利，我们一定会胜利。"

独立战争节节胜利。到 1898 年初，起义军已增加到 53000 人，差不多解放了古巴 2/3 的国土。全国的交通要道和广大农村已控制在起义军手里。布朗科在一份报告中曾供认："统治正处在最后的混乱阶段，疲惫而又苍白的士兵都躺在医院里，没有力气打仗，甚至拿不起武器；在城市的周围，堆着 30 万具死于饥饿的尸体；这个遭了真正灾难的破烂不堪的国家，不得不放弃自己的所有权，它正在极端残酷的暴政下呻吟，它找不到摆脱可怕处境的出路，造反的人群便日益增多了。"西班牙在古巴的殖民统治的垮台，已经指日可待！

西班牙—古美战争和古巴独立

1898 年初，正当古巴人民反抗西班牙殖民统治即将胜利的时刻，美国政府以保护美国侨民的生命财产为由，命令 4 艘军舰驶向古巴。2 月 15 日，美舰"缅因号"在哈瓦那港爆炸沉没。4 月 28 日，美国政府以此为借口，对西班牙宣战。这使古、西战争转变为两方三国的西班牙—古美战争。

美国对西班牙宣战有着深刻的经济原因和政治原因。古巴是大西洋上通向美洲大陆的一个重要战略要地，它可以成为美国侵略拉丁美洲的跳板。古巴资源丰富，对美国具有重要的经济价值。美国为霸占古巴，19 世纪末叶以前主要是通过经济渗透的方式来控制古巴的经济命脉。1890 年，美国在古巴设立制糖工业托拉斯"美国蔗糖提炼公司",控制古巴糖的销售和价格。到 19 世纪末,制糖公司老板赫维美耶尔、阿特金斯和里昂达几乎成为古巴制糖工业的真正主人。继而美国资本又渗透到古巴的铁路、矿山、商业、银行业及造船等行业。1897 年,美国斯台尔顿的"宾夕法尼亚钢铁公司"和伯利恒的"宾夕法尼亚铁矿公司"等控制的矿石,占古巴出口矿石的 3/4。1896 年,美国与古巴的贸易总额达 1 亿美元,19 世纪末,美国在古巴的投资已达 5000 万美元之多。正如美国政府给国会的一份报告中指出:"虽然古巴在政治上仍是西班牙的附属国,但它在商业上已依附于美国。"

从 19 世纪初叶以来,美国对古巴一直推行前国务卿亚当斯于 1823 年制定的"熟果政策"。所谓熟果政策,就是古巴一旦脱离西班牙,必然会受美国引力的作用而投向其怀抱,"就如一个被风从树上吹脱的果子虽然不想落地也不能不落到地上一样"。从亚当斯提出这一政策到 1898 年之前,美国政府认为,古巴还是一只不成熟的果子,应继续保留在西班牙的手里,美国要坐等时机。所以,美国政府对古巴人民的独立斗争始终抱着阻挠乃至破坏的态度。1871 年 10 月 12 日,美国总统格兰特曾发表声明,谴责支持古巴独立事业的人是"图谋不轨分子",是应该受到法律严厉制裁的罪犯。在 1895—1898 年古巴爆发第二次独立斗争时,美国政府曾阻挠马蒂组织的远征队回到古巴。随着古巴独立运动的胜利,美国政府从等待观望转变为动手"摘果的政策"。1896 年 12 月 7 日,美国总统克利夫兰在致国会的咨文中说:"当情况表明西班牙不能有效镇压叛乱,它在古巴的统治无论如何也要垮台时⋯⋯我们就须另做考虑。届时,我们对西班牙主权承担的义务将为更高尚的义务所代替。对此,我们几乎是不可推卸的,也是不能不履行的。"克利夫兰所指的"更高尚的义务",就意味着美国要占领古巴。可见,墨金莱总统对西班牙宣战,只是从 19 世纪初叶以来美国历届政府对古巴政策的延续和发展而已。

"缅因号"战舰沉没后,西班牙政府为加强古巴的防御力量,命令海军上将塞尔维拉率领西班牙舰队前往古巴。5 月 19 日,塞尔维拉舰队进入古巴东部的圣地亚哥海港。5 月 28 日,美国海军准将施莱迅即率领由 9 艘舰艇组成的美国北大西洋分舰队包围塞尔维拉舰队。几天后,美国舰队司令桑普森亦率领部分舰艇前来增援。

6 月 10 日,美国海军陆战队 600 名士兵在圣地亚哥东部的关塔那摩附近登陆,遭到西班牙殖民军的狙击。在加西亚起义军的支援下,美军打败了西班牙军，建立了美军在古巴的第一个军事据点。

6月20日，美国陆军少将谢夫特率领陆军第五军16000余人抵达圣地亚哥海港附近。为了拟订联合作战计划，谢夫特和桑普森到起义军大本营阿塞拉德罗镇，与加西亚会晤。美方接受了加西亚的建议，决定美军在圣地亚哥海港的东部登陆，加西亚起义军配合作战，以保证美军顺利完成登陆任务。

6月22日，在美国海军和古巴起义军的支援下，谢夫特指挥美国第五军在圣地亚哥的德依吉里和西博内两地同时登陆。24日，顺利攻克卡西姆。从30日起，美军分别进攻埃尔卡纳和圣胡安高地。在圣胡安高地美军严重受挫，死亡230人，受伤1284人，许多人失踪。这是美军在整个对西班牙战争中损失最严重的一次战斗。

7月3日，被美国舰队包围在圣地亚哥海港的西班牙舰队使用单纵队形，以最大速度冲出海港，向西逃遁。美舰"布鲁克林号"发现敌舰逃窜，全速追击，与敌舰接火，延缓了塞尔维拉舰队的速度。不久，美舰全部赶到，与西班牙舰队进行激烈海战。美舰在数量上占优势，并具有当时最先进的大炮，经几分钟激战，西班牙舰只全部被歼，被打死、淹死375人，打伤、被俘者达1732人（包括塞尔维拉司令在内），而美军只死1人，伤10人。

海战的胜利鼓舞了美国陆战队的士气。7月3日，谢夫特向西班牙驻防军指挥官托拉尔将军发出最后通牒，命令交出圣地亚哥城。7月8日，托拉尔同意交出圣地亚哥，但提出西班牙军撤退到圣地亚哥北部的霍尔金为条件。加西亚向谢夫特指出，这是托拉尔的"缓兵之计"，力劝谢夫特拒绝接受托拉尔提出的条件。7月10日，古巴起义军和美军向圣地亚哥发起进攻。

在圣地亚哥战役中，古巴起义军起到了重要作用。在加西亚的指挥下，起义军将领费利亚率领3000人，打败圣地亚哥城北部霍尔金城的12000西班牙援兵。起义军将领佩雷率2000人，成功地阻止了关塔那摩的6000名西班牙援兵。加西亚还派遣里奥斯率领起义军1000名，包围圣地亚哥城西部的曼萨尼奥的6000名西班牙驻军。正如后来美国远征军总司令迈尔斯承认："无论在瓜西马斯或卡内，还是在费尔米萨和西博内，冲锋陷阵的都是古巴人"，"胜利之所以可能，在很大程度上应归功于加西亚将军和他的部队所进行的战斗。"

7月16日，在古巴起义军和美军的围困下，圣地亚哥城粮尽援绝，托拉尔宣布无条件投降。美军同意西班牙军官保留随身携带的武器和私人财产，而古巴岛东部的全部西班牙军则开赴圣地亚哥，必须放下他们的武器。17日，西班牙代表正式同美国签署投降条约，美军占领圣地亚哥城，宣布西班牙—古美战争结束。开始进入古巴在美军统治下争取独立的新阶段。

根据 7 月 13 日美国总统的命令，美国在美军占领区继续执行现行的西班牙法律；一切自愿继续服役的西班牙军官，可继续在古巴进行军事统治；西班牙将军麦克凯贝被委任为圣地亚哥城的临时军事长官。总之，西班牙殖民统治的一切都被原封不动地保留下来。同时，谢夫特却阻止加西亚起义军进入圣地亚哥城和参加受降仪式。加西亚写信给谢夫特表示强烈的抗议。

1898 年 12 月 10 日，美国和西班牙在法国巴黎签订和约，其中规定：西班牙放弃对古巴的所有权和主权的一切要求；在西班牙撤离后，古巴由美军占领。从 1899 年 1 月 1 日起，古巴被分为七个军管区，由美军对古巴实行军事占领，并由军事总督来统治古巴。为牢固控制古巴，美国当局宣布解散古巴起义军，组织乡村自卫队来担任警察任务，并笼络古巴地主资产阶级上层人物，参加军政府工作。

美国的侵略行径曾激起古巴人民的极端不满，酝酿着一场反美斗争的风暴。美国总统墨金莱为缓和反美情绪，急忙派特使波尔特前往古巴，宣布美国将撤出军队，给古巴独立。古巴陆军总司令戈麦斯终于同意解散起义军。不久，古巴共和政府也停止了执政。

根据墨金莱总统的命令，美国占领军总督伍德于 1900 年 7 月 25 日发布在古巴召开制宪会议的命令，并规定了有关选举的具体事宜。伍德在第一次制宪会议上说，在制定古巴宪法中应有确定古巴与美国关系的条文。1901 年 2 月，制宪议会以美国宪法为蓝本，开始草拟宪法。正在这时候，美国陆军部长路特写信给伍德，指示伍德要把以下五点作为制定古巴宪法的内容：未经美国同意古巴不得与外国缔结有损古巴独立的条约；不得承受或举借任何超过古巴正常收入的外债；美国对古巴有干涉权利；承认和支持美国在古巴的军事占领；给美国建立海军基地提供所需要的领土。古巴制宪议会拒绝了这些丧权辱国的条款。

美国政府无视古巴制宪议会的反对。美国参议院外交委员会主席普拉特在草拟有关古巴问题的议案时，除了对上述五条稍加修改外，又加上扩大制订古巴各城市卫生计划，派恩岛①不应列入拟议的宪法所规定的古巴边界中和应与美国签订包括上述七条内容在内的永久性和约，等等。以上八条就是臭名昭著的"普拉特修正案"。这个修正案后来作为美国国会关于陆军预算

---

① 位于古巴共和国的西南部。

草案的补充条款，于 2 月 25 日和 3 月 1 日分别被美国参、众两院通过，3 月 2 日由墨金莱总统签署公布。

美国政府要求古巴制宪议会把普拉特修正案列入古巴宪法。古巴议会拒绝接受。几经交涉和斗争，美国政府以不从古巴撤离美军相威胁，迫使古巴议会于 1901 年 6 月 12 日以 16 票对 11 票的微弱多数通过，把普拉特修正案作为"附件"塞进了古巴宪法。

1901 年 12 月 31 日，在美国的操纵下古巴举行总统选举，亲美派艾·巴尔玛当选为古巴共和国的第一届总统。1902 年 5 月 20 日，美国把政权移交给巴尔玛政府，从古巴撤离占领军，古巴独立。

古巴独立战争的爆发是国内经济和政治发展的必然结果。古巴第一次独立战争，是以种植园主和畜牧场主为领导的、以推翻西班牙殖民统治为主要目标的民族战争；第二次独立战争，是以资产阶级和小资产阶级领导的、以推翻西班牙殖民统治和建立共和制为主要目标的解放战争。西班牙—古美战争，对美西双方来说，是一次争夺殖民地的非正义战争；而对古巴来说，则是独立战争的继续。由于美帝国主义夺取了古巴独立战争的成果，所以古巴 1902 年宣布独立后还需继续完成争取民族解放的艰巨任务。

巴西废奴运动

周世秀

19 世纪初叶，拉丁美洲独立战争胜利后，拉美各国相继宣布废除奴隶制，但巴西的奴隶制度却一直延续到 1888 年，成了西半球最后一个废除奴隶制的国家。巴西人民为废除这一罪恶制度进行了长期的斗争。到 19 世纪下半叶，废奴运动与当时蓬勃兴起的共和运动连成一起，相互促进。随着奴隶制的废除，巴西共和国应运而生。

奴隶制度的形成

1500 年巴西沦为葡萄牙的殖民地后，奴隶制度便被移植到南美洲这片广袤的土地上。在西印度群岛，印第安人被消灭后，主要是贩运、奴役黑人，在中美洲和南美洲西属殖民地，一般是奴役印第安人。巴西的奴隶制度有别于上述两个地区，它分为两个阶段，即初期主要奴役印第安人，后期主要奴役非洲黑人。

从殖民初期至 16 世纪末叶，葡萄牙人主要驱使印第安人从事奴隶劳动。"发现"巴西之时，葡萄牙国内仅 150 万人。殖民者正忙于掠夺印度和远东的财富，因而很难从宗主国动员更多的人去开发葡属美洲。这样，居住在巴西大地上的 300 万印第安人自然成了殖民者奴役的对象。

1531 年，葡萄牙驻巴西的第一个军政长官马丁·阿丰索·德索扎派出 80 多人组成的"深入队"进内地搜寻黄金，沿途袭击印第安人村落，并将捕捉的印第安人押至沿海地区为奴。以圣维森特殖民据点为基地的被称为"保罗人"的殖民者群起效尤，纷纷组成"班德拉队"①，进内地捕捉印第安

---

① 班德拉队即捕奴队。班德拉是葡文"旗帜"的译音。各捕奴队均有队旗，时称班德拉。

人，并强迫他们在甘蔗种植园从事奴隶劳动。在印第安人的血汗和尸骨上，奠定了葡属美洲资本原始积累的基础。

殖民者的捕奴活动遭到了土著部落的拼死反抗。被捉到的印第安人因种植园的繁重劳动大量死亡。在种植园经济不断发展的情况下，葡萄牙殖民者只得转而贩运、驱使非洲黑人。这样，巴西奴隶制的主要阶段即奴役非洲黑人的阶段便开始了。

西方殖民者是"贩卖人类血肉"[①]的老手。巴西最早是1516年贩进黑奴的，由官方钦准大量贩进黑奴，则以1539年为肇端。当年，在伯南布哥领主的"奏折"上，葡王若昂三世正式批准巴西领主可从几内亚获得奴隶。巴西黑奴的数目增长很快，到16世纪末已占沿海开拓地区总人口的1/4，在很大程度上代替印第安人成了主要的生产者。据统计，1575—1650年，仅安哥拉一地就向巴西运送了385000奴隶。在17世纪，贩运到巴西的黑奴达80万人。18世纪初"黄金热"兴起，奴隶贸易达到高峰，每年进入巴西的黑奴高达5万人。奴隶制时期输入巴西的黑奴总数有300万至1500万等各种估计。有人根据文献资料和一些特别记录，对各种估计做了比较，推算出截止到1850年废除奴隶贸易时为止，进入巴西的非洲黑人总数为683万。

黑人对巴西经济的发展作出了很大贡献。1711年，游历过巴西的一位意大利神父若奥·安杜亚尼这样写道："奴隶是种植园主的手足，没有他们，在巴西就不可能创造、保存或增加任何一点财富，糖坊也开不起来。"在整个殖民时期，奴隶制度是巴西种植园的根基。巴西种植业和采矿业完全依靠奴隶们的血汗发展起来。

在黑暗的奴隶制度下，黑人受尽了压榨和摧残。巴西种植园主声称对待奴隶只需三个"P"字，即葡萄牙语"一片棉布（pano）""一块面包（pāo）""一根棍子（pau）"。棉布用来遮羞，面包维持生命，棍子则用以驱使黑奴干活。一位目击者谈道："黑人像牛马一样被铁链锁着，从早到晚劳动，常因很小的差错被投入火炉烧死。平常不仅被木棍打、石头锤，有时还被捆绑起来，鞭打后用尖刀把皮肉割开，在伤口上涂上盐和柠檬汁……妇女也一样受鞭笞，黑奴妇女怀孕后往往流产。"

---

① 《马克思恩格斯全集》第12卷，人民出版社1962年版，第545页。

在种植园里，盛行所谓"鳕鱼鞭"①"九日斋"②，黑人常常死于鞭下或饿死。在矿区，"奴隶的双脚在雨季总是浸在泥水里，他们还经常冒着被崩落的岩石砸死或被塌方的泥土活埋的危险。他们的劳动苦得很，得不到片刻的喘息时间"。在这样恶劣的条件下，黑人的死亡率极高。黑奴劳动的平均年限只有 7 年。

黑人来到巴西后，为争取生存和自由，同奴隶主进行了顽强的斗争。他们焚烧种植园，杀死监工和种植园主，结伙逃进深山野林。黑人的反抗，以1630—1697 年在伯南布哥地区发生的由逃奴堡组成的"帕尔马雷斯共和国"最为著名。数万黑人在黑奴甘加·赞比的领导下，击退殖民军队的多次围剿，坚持斗争长达半个多世纪，在巴西历史上写下了光辉的一页。

黑人奴隶的斗争，是对巴西奴隶制度的猛烈冲击。不过，总的说来，这些斗争一般属于自发性的。由于时代的局限，黑人并没有提出反对整个奴隶制度的明确目标。只是到了 18 世纪下半叶，当资产阶级先进思潮开始传入巴西时，奴隶制度才被作为一种反动、落后的社会经济制度而遭到有识之士的谴责。巴西的废奴运动才逐步开展起来。

废奴运动的发轫

18 世纪初叶，巴西出现黄金热，1720—1770 年，约产黄金 1047500 公斤，钻石 300 万克拉。社会经济有了一定的发展，纺织、造船、炼铁、皮革等手工工场成批建立。1760 年棉花第一次出口，1770 年咖啡首次运销国外。1796 年，巴西在各葡属殖民地输入葡萄牙的商品总值中占 85%。"黄金热"时期，巴西人口迅速增加，从原来的 20 万—30 万增到 200 万，19 世纪初又发展到 300 万，开始超过了宗主国的人口。

通过留学欧洲的巴西青年，资产阶级的民主、平等思想和共和、自由思想开始在巴西流传。1757 年，巴伊亚一位神父曼努埃尔·里贝罗·罗莎在他写的《赎回埃及人》一文中，提出要给予奴隶的子女以自由。这是在巴西第一次提出废奴主张。1789 年，巴西独立先驱蒂拉登特斯组织反葡暴动，密谋

———————

① 一鞭打下去，黑奴身上顿时显现一条形似鳕鱼的鞭痕，故名。
② 连续九天不给犯有"过失"的黑人吃晚饭。

者的纲领中包含有逐步废奴的内容。1798 年，巴伊亚发生 "裁缝革命"①，其领导人鲁卡斯·丹达斯抗议对有色人种的奴役。他说："为了能自由地呼吸，我们需要共和国……共和国一成立，大家就一律平等了。"可见，废奴运动从发轫阶段就与共和思想产生了共鸣。由于当局的残酷镇压，这些废奴主张根本无法实现。

1808 年，葡王室因躲避拿破仑大军而移跸巴西，强化了巴西的奴隶制度。在 1808—1819 年间，有 68 万黑奴运入巴西。与此同时，葡王室还下令将博托库德族印第安人整部落地变为奴隶。这样，到 1816 年，巴西 335 万人口中，就有奴隶 193 万，占全国人口的 68.5%。

奴隶制的发展引起巴西进步阶层的强烈不满。1817 年，巴西激进的独立运动分子伊波利托·达·科斯塔在伦敦出版的《巴西邮报》上著文，向全世界揭露巴西奴隶制的黑暗。1817 年 3 月 6 日，在巴西东北部爆发了殖民时期最大的起义——伯南布哥土生白人起义，起义者赶走葡籍省长和官员，降下葡国旗，宣布成立共和国，实行出版自由，取消等级制度和特权，提倡世俗教育。起义领导人还宣布临时革命政府 "希望解放奴隶，不允许奴隶制继续下去"。黑人积极投入了这场斗争。1806 年在巴伊亚省，1807 年、1809 年、1813 年在圣保罗省都爆发了黑奴起义。但黑人的斗争与自由民中民主阶层的斗争来能汇合起来，无法从根本上动摇殖民统治和奴隶制度。

1822 年 9 月 7 日，巴西宣布独立。但是，奴隶制度被原封不动地保留下来，种植园主逐渐取代葡萄牙人占据了国家机构中最重要的职位。他们不仅丝毫不想触动奴隶制度，反而加紧了贩奴活动。独立后一段时间，每年有 2 万—3 万黑奴被贩入巴西，1846 年后，每年上升到 5 万人。据统计，1820—1850 年，运到巴西的奴隶有 100 多万。

19 世纪 30 年代，巴西进入 "咖啡时代"，咖啡种植业迅速发展。到 40 年代，咖啡成了巴西出口的第一项产品，占全国出口总额的 43.8%。当时，巴西咖啡占世界咖啡总产量的 40%，成了向世界市场提供咖啡最多的国家。在咖啡种植业的带动下，工商业有很大发展。1847 年，巴西开办了第一家大型造船厂。到 1850 年，巴西已有纺织、采盐、制铁、食品等 50 家工业企业。1849—1850 年，巴西共出口橡胶 879 吨。

日益扩大的种植园经济与巴西国内劳动力不足形成了尖锐矛盾。当时奴

① 因其领导人中有两人是裁缝，参与者又多为下层工匠，故有此称谓。

隶制经济的规模在世界范围日益缩小，世界奴隶贸易也在减少，用扩大非洲奴隶贸易的办法来解决这一矛盾已不可能。从 1847 年起，最有进取心的庄园主开始以"合同制""日工资制"这些雇佣劳动形式引进欧洲侨民，取代奴隶劳动。这是巴西奴隶制生产关系进入解体阶段的明显标志。

随着国内经济的发展，从 19 世纪中叶起，巴西开始产生工业资产阶级。他们对自由雇佣劳动的需求，与仍然在种植园中起主要作用的奴隶劳动发生了冲突。废奴思想开始在白人的民主阶层中逐渐传播开来。

站在第一线的，首先是黑人奴隶。从 1826 年开始，巴伊亚省每年都爆发黑奴起义。1830 年，萨尔瓦多市的起义黑人夺取了军火库并武装起来，同警察部队进行了殊死的战斗。1833—1839 年，巴拉省的黑人参加了"卡巴诺斯"① 共和运动，不少卡巴诺斯队伍宣布解放奴隶。黑人的斗争和起义引起了奴隶主的极大恐惧。到 19 世纪中叶，东北部经济衰退地区的一些种植园主也开始对奴隶贸易不感兴趣了。

1833 年，牙买加等英属殖民地废除奴隶制后，英属西印度殖民地面临着使用奴隶劳动的巴西蔗糖业的竞争。为了保障英属殖民地种植园主的利润，英国加紧反对巴西奴隶贸易。1845 年，英巴条约中关于英国有权搜查有贩奴嫌疑的巴西船只的规定已经期满。当巴西拒绝承认这一规定继续有效时，1845 年 8 月 8 日，英国议会通过了"亚伯丁法案"②，授权英国海军扣留在任何海口的巴西贩奴船只。在大西洋上横冲直撞的英国军舰，对巴西的奴隶贸易造成了很大威胁。

在巴西民主阶层的舆论压力和黑人斗争不断增强的情况下，1850 年 9 月 14 日，巴西政府公布了冠以司法部长姓氏的《欧德比奥·德·克罗斯法》，宣布自该日起禁止奴隶贸易，违者严惩。

废奴运动走向高潮

奴隶贸易的终止，预示着奴隶制度行将瓦解。这是废奴主义者的一大胜利。从此，废奴运动在全国蓬勃开展起来了。但是，巴西君主制政府和种植园主为了保护其奴隶主特权，采取一切手段延缓奴隶制的崩溃，为此不惜利

---

① 指住茅屋的穷人。
② 亚伯丁为英国外交大臣。

用对外战争转移国内人民的视线。

巴西帝国对邻国乌拉圭素怀并吞野心，以建立奴隶制大庄园。1862 年，代表东南部种植园奴隶主利益的自由进步党①人上台。他们支持南里约格兰德省的大庄园主侵入乌拉圭领土并把该国自由民变为奴隶。当时，有些巴西大庄园主在乌拉圭建立了自己的种植园，拥有 1 万多名奴隶。1864 年，自由进步党政府派军队入侵乌拉圭，11 月 12 日，巴拉圭借口其安全受到威胁，向巴西宣战。其后，阿根廷以巴拉圭军队未经允许擅自通过其领土为由，向巴拉圭宣战。后来，乌拉圭转到巴西和阿根廷一边共同对巴拉圭战争。这就是美洲历史上最残酷的"巴拉圭战争"（1864—1870 年）。

旷日持久的战争使巴西军队大量减员，在补进特赦罪犯后仍感兵员不足，巴西政府不得不把数千奴隶变为自由民充军。尽管在战争期间获得解放的奴隶人数比例很小，但奴隶出身的士兵同穷苦自由民士兵到已经废奴的邻国②作战，对接受和传播废奴思想起了重要的作用。

巴拉圭战争使巴西奴隶制度出现了裂缝。1865 年，美国南北战争胜利结束，400 万黑奴获得了解放，这个消息极大鼓舞着巴西黑人奴隶和民主阶层的废奴斗志。

从 60 年代末开始，巴西逐渐出现废奴协会，这是废奴运动普遍高涨的重要标志。废奴运动的高涨是以国内资本主义生产关系的显著发展为社会经济前提的。

废除奴隶贸易后，巴西出现了所谓"工业革新"，资本主义工业获得长足的进展。直到 1850 年，巴西总共只有 50 家工业企业，雇有 3000 工人。"此后 10 年间，巴西新建了 62 家工业企业，14 家银行，3 家贷款银行，20 家轮船公司，8 家矿山开采公司，3 家城市交通公司，2 家煤气公司和 8 家铁路企业。"铁路和电报线路的增长速度也很快。1864 年，铁路通车里程为 475 公里，10 年后即达 1801 公里。1864 年电报线长度是 187 公里，10 年后扩大到 6286 公里。外贸增长也很可观，在 1846—1847 财政年度，出口总额为 52449 贡托③，到 1858—1859 财政年度，即高达 106805 贡托。从 1860 年开始，巴西外贸稳步出超。

① 19 世纪 30 年代，巴西有两个主要政党——保守党和自由党。它们根据皇帝的旨意轮流执政。1862 年，部分保守党人同自由党右派联合组成自由进步党。

② 1842—1844 年巴拉圭已解放了黑奴。

③ 巴西货币单位，当时 1 贡托约合 500 美元。

当奴隶劳动逐渐被排除在工业之外的时候，资本主义生产关系也在继续向农业生产领域渗透，大多数新建的种植园是靠雇佣劳动耕种的。在这种背景下，移民人数激增。50 年代迁入巴西的移民约为 10 万人，70 年代增加到 20 万人，到 80 年代，移民数目已达 453000 人。来到巴西的欧洲移民大多数补充了巴西的农民队伍，在很大程度上解决了资本主义生产急剧发展所需的劳力。

带有雇佣劳动性质的合同制、日工资制大大调动了劳动者的积极性，巴西农业首先是咖啡种植业获得了持续、高速的发展。30 年代，咖啡的年平均产量是 100 万袋，到 50 年代即废除奴隶贸易的第一个 10 年间，年平均产量上升到 260 万袋，60 年代达 350 万袋。从 19 世纪中叶起，棉花、橡胶的出口也大大增加。仅 60 年代的 10 年，棉花出口以重量计算增长了 3 倍，以价值计算则增长了 6 倍。40 年代 10 年中，巴西共出口橡胶 879 吨，从 60 年代末期开始，每年出口橡胶已超过 5000 吨。

工农业生产的增长和资本主义生产关系的发展，使巴西工业资产阶级的经济势力不断加强，他们已经敢于向君主政体和奴隶制度公开挑战了。60 年代末，巴西各地纷纷建立了废奴协会。废奴主义者著书立说，大造舆论，对把废奴思想变为广泛的群众运动起了积极作用。

1867 年，废奴主义史学家佩尔迪冈·马德罗的《巴西的奴隶制》出版。该书详细地叙述了印第安人和黑人被奴役的历史。作者谴责所有奴役黑人和印第安人的措施都是野蛮暴行，并揭露了天主教会的伪善和凶残，指出"福音书后面是大炮和刺刀"，教士们"带给黑人和印第安人这些不幸者的是奴隶制度"。巴尔博扎在《奴隶解放论》一书中也谴责了奴隶制，主张尽早废除这一罪恶制度。

马德罗和巴尔博扎虽然没有提出用革命的方式解放奴隶，但他们对奴隶制的谴责和尽早废除奴隶制的主张，在群众中造成了很大的影响。在废奴协会的带动下，一大批手工业者、小商人、律师、记者、工程师、农村贫民及陆海军士兵投入了废奴运动。从此，巴西的废奴运动在全国普遍高涨起来。它突出地表现在以下两个方面。

第一，自由民民主阶层的废奴运动与黑人的解放斗争开始结合起来。废奴协会成立后，建立了黑奴赎身基金，广泛展开援救黑奴的活动。黑人自由民和黑白混血种人废奴主义者在废奴协会中起着联系黑人的桥梁作用。他们之中涌现了一些反奴隶制度的活跃人物，如法学家路易斯·加马、新闻记者若泽·德·帕特罗西尼奥等。由于他们的活动，许多黑奴得以逃出种植园，奴隶主惨无人道地折磨奴隶的无数事实被揭露出来。1879 年，奴隶主的代表要求政府制定新的惩罚奴隶的法律。由于废奴协会的反对，奴隶主阶级的这一阴谋未能得逞。在废奴协会的领导下，圣保罗的铁路工人把大批逃奴运到远方，渔民们也用自己的小船援救黑奴。1884 年，塞阿腊省当局企图把逃到该省的黑奴运回南方。渔民们用带蓬渔筏堵住海港出口，迫使当局同意解放这些黑奴。

第二，废奴运动带动了共和运动的兴起，废除奴隶制和建立共和政体的社会力量开始融合。当时，许多废奴主义者认识到，君主政体是奴隶制的蔽障，要废除奴隶制，必须改变巴西的政体制度。共和主义者也知道，奴隶制是君主专制的根基，要建立共和政体就必须摧毁奴隶制。1868 年，共和运动活动家雷吉纳尔多·博卡尤瓦出版《农业危机》一书。他认为巴西的进步与自由劳动密不可分，奴隶制必然灭亡，与奴隶制相依为命的君主制度也必将崩溃。"废奴"和"共和"这两种思想的结合，使得许多废奴运动参与者同时也是共和俱乐部成员，许多共和主义者同时又是废奴运动的积极分子。

废奴运动的领导权掌握在大资产阶级温和派手中，其头面人物首推若阿金·纳布科（1849—1910 年）。纳布科出生于宫廷大臣的家庭，青年时代曾到英国和美国攻读法律，与英国废奴组织有所接触。1878 年回国后，当选为伯南布哥省议员。由于纳布科写的《废奴论》影响很大，他逐渐成了废奴运动的思想领袖。纳布科在这部著作中，指出了黑奴们为争取自身解放所进行的长期斗争，赞扬了奴隶们在争取巴西独立的斗争中所起的作用，谴责了佩德罗二世在半个世纪的统治期间保持奴隶制度的做法。纳布科还痛斥天主教会在巴西历史发展中维护封建专制和奴隶制度的罪恶行径。他把巴西的奴隶制度视为整个民族的一大耻辱，说："在南美大陆拉普拉塔流域各国人民普遍享受自由和共和制度的时候，巴西保持的奴隶制度是在全体巴西人民中间的污垢。"

1871 年 9 月 28 日，国民大会通过了《新生儿自由法》，规定该法颁布后，"凡女奴所生之子女皆为自由民"。1885 年 9 月 28 日，议会又制定了《60 岁黑奴自由法》，宣布解放年满 60 岁以上的奴隶。这纯粹是奴隶主阶级玩弄的一场骗局。因为年满 60 岁的黑奴，早已衰竭不堪，奴隶主要释放这些人，实际上是丢掉"包袱"。

奴隶制的废除

以 1880 年全国性的废奴协会成立为标志，巴西废奴运动更加蓬勃发展起来，成为不可阻挡的历史潮流。这主要是由以下三个因素造成的。

首先，在自由民各先进阶层思想影响下，黑人的斗争更有组织性。逃亡，是黑人长期采用的主要斗争形式。70 年代，黑人建立了更多的逃奴堡。这些逃奴堡一般还只是黑奴的藏身之所，不能达到彻底解放的根本目的。但在 80 年代，巴西出现了新型的逃奴堡，其中以圣多斯港附近的雅巴卡拉逃奴堡最为著名。黑人建起了茅舍，开辟了种植园，组织手工业生产以解决衣食问题。他们还组织起武装队伍以保卫自己的生存。黑奴按资产阶级的民主方式在这里建立了雅巴卡拉共和国，推选黑人金蒂诺·德·拉瑟达为共和国总统。他们联合各阶层的废奴主义者坚持斗争，直到奴隶制被废除为止。雅巴卡拉共和国的黑人斗争敲响了巴西奴隶制的丧钟。

其次，废奴运动形成了自由的中心，废奴主义者的宣传更加深入人心。60 至 70 年代，各省成立了许多废奴协会，基本上是分散活动。1880 年首都里约热内卢新成立两个协会后，情况便大大改观了。两协会中，一个是新闻记者、黑人若泽·德·帕特罗西尼奥领导的中央解放协会，另一个是众议员纳布科领导的巴西反奴隶制斗争协会。这两个组织成立后，创办报纸、刊物，广泛地开展宣传活动。1881 年，中央解放协会创办机关刊物《幻影报》。1886 年，新的废奴运动报纸《国家报》问世。1886 年创办的《里约城报》，对动员首都人民投入废奴运动起了很大作用。在上述两个协会的组织下，里约热内卢举行了一系列废奴会议，许多自由职业者、商人、记者、演员、画家以及官吏和士兵成了废奴积极分子。

为了协调力量，1883 年 5 月，国内各废奴协会的代表联合成立了巴西废奴主义同盟，选出了由 12 人组成的执委会和由 23 人组成的理事会。巴西废奴运动有了统一的中心，这是废奴运动取得胜利的有力保证。从此援救黑人的活动更广泛，更有组织。

最后，君主制最重要的支柱——军队，拒绝再为保护奴隶制效劳，这是废奴运动取得最后胜利的一个因素。80 年代废奴运动高涨后，废奴思想也开始在中、下级军官中传播开来。1884 年，帝国政府指责炮兵学校盛会欢迎塞阿腊省废奴协会领导人，遭到了校长马杜雷拉中校的反驳。1887 年，驻圣保罗的一支部队，公开拒绝追捕逃奴。中、下级军官和士兵对废奴的态度也影响到了一些高级军官。1887年10月，军队首脑组成的军事俱乐部发表声明，代表军队拒绝参加任何镇压逃奴的行动。这是对巴西奴隶制度的致命一击。

1887年，巴西皇帝佩德罗二世赴欧就医，废奴运动犹如决堤春潮。1888年初，废奴主义者在各大城市组织了群众性的示威游行。在人民的压力下，3月10日上台的新内阁制定了一个局部释奴的新法案。5月3日，当议会开始审理此案时，废奴主义者包围了议会大厦，强烈要求立即废除奴隶制。5月8日，议会通过了立即五条件废除奴隶制的法令。5月13日，摄政佩德罗二世的女儿伊莎贝拉公主签署了这项法令。公主签字时使用的是废奴主义者送给她的一支金笔，这项法令在巴西史上被称为"金律法"。金律法只有两项条款："一、宣告废除巴西奴隶制；二、一切与此抵触的法令宣告无效。"根据这项法令，当时巴西的72万奴隶全部获得解放。从此，巴西的奴隶制度寿终正寝。

巴西奴隶制的废除使西半球的奴隶经过四个世纪的被压迫、被奴役之后，终于全部挣脱了奴隶制的镣铐。如果不算地球上个别角落尚存的宗法式奴隶制的话，可以说，巴西奴隶制的废除，宣告了世界性奴隶贸易和奴隶制度的彻底灭亡。

废奴运动的胜利为共和政体的确立奠定了基础。在人民群众包括奴隶们的推动下，巴西资产阶级联合自由派地主，同王室封建势力作斗争。1889年5月，全国共和派在圣保罗召开大会，资产阶级共和运动领导人金蒂诺·博卡尤瓦当选为全国共和党主席。6月，帝国最后一届政府成立。新政府提出了扩大选举权、改革立法机构、保障信仰自由、鼓励信贷等内容的改革方案，但遭议会否决。7月14日，首都及其他城市组织了要求推翻帝制的示威游行，并同警察发生冲突。11月11日，共和派领导人在陆军首脑曼努埃尔，德奥多罗·丰塞卡元帅家里聚会，决定11月20日起义。11月13日，风传政府将逮捕德奥多罗并将组建国民警备队取代军队。共和派决定提前动手。13日晚，驻在圣克里斯托旺的两个团，宣布不再服从政府，并向首都进发。15日，德奥多罗与康斯坦特率领这两个团队开进陆军部，逮捕了帝国政府的所有阁员。当晚，首都共和派自发地举行示威游行。若泽·德·帕特罗西尼奥等年轻的共和派聚集到市议会，宣布巴西共和国的诞生。两天后，佩德罗二世被逐回欧洲。

废奴运动和共和运动是巴西历史上第一次真正意义上的资产阶级革命，

它完成了独立运动没有完成的任务，摧毁了奴隶制度和君主政体。从此，巴西资产阶级在国内政治生活中发挥着越来越大的作用。推翻帝制和埋葬奴隶制的斗争，促进了巴西人民民族意识的发展，标志着巴西资产阶级民族的发展进入了一个新阶段。同时，奴隶制的崩溃和君主政体的垮台，消除了巴西资本主义发展道路上的最大障碍。从此，巴西的工农业生产得到较快发展，"南美第一大国"巴西的历史翻开了新的一页。

英属印度的土地整理[*]

黄思骏

在英属印度，英国殖民当局从 18 世纪 90 年代到 19 世纪 90 年代，先后进行了柴明达尔制、莱特瓦尔制和马哈尔瓦尔制的土地整理。它使英国殖民主义者和印度的柴明达尔得利，使印度广大农民受难；它摧毁了印度的农村公社，普遍确立了土地私有制，从而对近代印度农村社会的发展产生了深远影响。

土地整理前印度的土地制度

英属印度的土地整理，基本上是在莫卧儿印度土地制度的基础上进行的。

莫卧儿帝国（其人格化的代表为国王）拥有最高的土地所有权。按伊斯兰教著名法学家的解释（这种解释具有法律效力），伊斯兰教徒"在征服一个国土之后，伊玛木有权将该国土地分配于穆斯林，或将其留在原占有者手中，而课以地亩税"①。

莫卧儿时期有三种土地占有形式。当时凡被莫卧儿人征服的印度国土都称"哈利萨"，意为国家直属地或国库地。哈利萨分成三部分，即直属国王的封建领地、赏赐给贾吉尔达尔的非世袭领地和类似封建领地的柴明达尔世

---

* 英国兼并印度后，占印度 1/3 地区、1/4 人口的大小 500 多个土邦形式上保持独立，实际上受控于英国；印度其余 2/3 土地、3/4 人口的地区由英国直接进行统治。英属印度的土地整理，指英国直接统治地区的土地整理，不包括 500 多个土邦。土地整理的基本含义，是确定谁是土地所有者及应交的田赋额。

① 马克思：《科瓦列夫斯基〈公社土地占有制，其解体的原因、进程和结果〉一书摘要》，人民出版社 1978 年版，第 51 页。

袭征收田赋的税区（以下暂称领地）。直属国王的封建领地约占全国耕地的
1/8，主要在德里和阿格拉地区。其收入主要用于维持皇室、宫廷官员和
卫队。

莫卧儿帝国把大部分土地赏给征服印度的有功的军事人员，这种赏赐地
称贾吉尔。贾吉尔的持有者称贾吉尔达尔。贾吉尔早在印度德里素丹时期
（1206—1526 年）就有，那时称"伊克塔"和"齐尤尔"。16—17 世纪中
叶，贾吉尔成为莫卧儿印度土地占有的基本形式。在贾汉吉尔（1606—1627
年）统治时，贾吉尔约占全国耕地的 70%。

17 世纪中叶，莫卧儿印度共有 8210 个贾吉尔达尔，分上、中、下三层，
分布全国各地。上层 68 个，由王子和贵族组成；中层 587 个；下层 7555 个。
贾吉尔达尔对其贾吉尔没有所有权，只有征收规定的田赋和名义上非法实际
上合法的各种杂税的权利。还可强迫农民从事公共设施的建设，替自己修建
住宅、陵墓等。他们在贾吉尔取得的收入用以自己军队的给养和家庭生活。
但是他们必须以服军役为条件。贾吉尔是非世袭的，甚至是非终身的，随贾
吉尔达尔军职的调动而变动。贾吉尔达尔死后，其贾吉尔自动丧失，其私人
财产交国库。到了 17 世纪后期，一方面由于无土地可以赏赐，另一方面由
于国力衰退，所以贾吉尔达尔的势力渐趋衰落。

"柴明达尔"（Zamindar）意为"土地持有者"。随着时间的推移，柴明
达尔的字义有些变化。14 世纪印度史籍里开始使用这个字时，主要指边远地
区的土著部落酋长或印度教王公；从莫卧儿时期的阿克巴（1556—1605 年）
开始，多指国家的田赋征收人。他们分布全国各地，作为政府和农民之间的
中间人向村社或农民征收田赋。其中孟加拉最为典型。

柴明达尔领地大小不一。大的拥有五六十个乡区以至 100 多个乡区；中
的拥有一二十个乡区或二三十个乡区；小的只有一二个乡区以至一个乡区的
一部分。大、中柴明达尔在居住村都有自有地，在居住村以外只有征收田赋
权。小柴明达尔往往是村社（或村庄）的头人，直接占有和使用土地。他们
既是村一级的田赋征收人，又是纳赋者。所以从总体上讲，柴明达尔对其领
地没有所有权，只有一定数量的占有权和使用权。

柴明达尔的主要职责是替国家征收其领地的田赋，按时上交政府。为了
使柴明达尔交足田赋，政府允许他们在领地内有民政、司法和军事权力。这
就是说，他们对领地由征收田赋权而获得统治权。他们替国家征税，国家给
他们一定的报酬，通常表现为对领地拥有固定产值份额的权利，约占田赋承

包额的 1/10 至 1/4。这种与土地有关的权利具有私有财产的一切性质，可以继承、转让和出卖。

莫卧儿印度虽有上述三种不同的土地占有形式，但实际占有土地的基本上仍是农村公社。当时印度的农村公社大致可分两类，一是共有制村社，二是分有制村社。共有制村社的基本特征是村社共同占有土地，集体交纳田赋，由婆罗门或非婆罗门贵族种姓组成的潘查亚特（即五人长老会议）管理村社事务。分有制村社则与此相反，土地由各家占有，森林、荒地、牧场仍为村社集体所有，田赋由占地的各家分别交纳，村社事务由村长直接管理。共有制村社主要分布于印度西北部的旁遮普、西北省和奥德。分有制村社主要分布于东部的孟加拉（包括比哈尔）、阿萨姆，西部的信德和孟买，东南部的马德拉斯，中部的中央省、阿杰米尔和比哈尔等地。它们也不是截然分割的，例如在英国统治前，南印度的坦焦尔，就既有共有制村社，又有分有制村社。两者相比，共有制村社较为原始。

莫卧儿时期实际耕种和使用土地的，是基层农户。到了莫卧儿印度晚期，一般是由婆罗门和非婆罗门高级种姓组成的村社上层管理土地或直接占有土地。他们把土地分配或出租给属于中级种姓和低级种姓的农民耕种，同时还利用低级种姓中的"贱民"直接耕种土地。前者只要分担村社集体交纳的租税或向主人交纳租税，就可以世世代代耕种土地。后者有一块份地，份地收入作为报酬归己，有的没有份地，但可以从其所从事耕作的土地上得到一份粮食。

可见，莫卧儿印度的土地制度仍具有公私两重性的特点。对不同的人来说，地权是分割的，对同一个人来说，没有绝对的统一的地权。

英国东印度公司的殖民官员到达印度以后，对莫卧儿印度这种复杂的地权结构迷惑不解。他们在征收田赋的过程中碰到了一个极大的难题，就是分不清谁是土地所有者，应该向谁征收田赋，收多少田赋。于是，他们在英属印度开始了以确定谁是土地所有者及其应交田赋额为内容的土地整理。

柴明达尔制土地整理

英国东印度公司在英属印度以不同对象实行土地整理的先后顺序，同其征服印度的进程和印度各地原来实行何种土地制度有关。英国东印度公司征服印度是从孟加拉开始的，而孟加拉在莫卧儿时期就实行柴明达尔制，所以英属印度的土地整理，从孟加拉永久性柴明达尔制土地整理开始。

18 世纪前半期，孟加拉有 25000 个村庄，组成 1660 个乡区。其中 615 个乡区为重 15 个大、中柴明达尔所占，他们所交的田赋占全省的 60%。其余的 1045 个乡区里还有小柴明达尔 4590 个。这些柴明达尔充当了孟加拉政府和农民的中间人；政府通过柴明达尔向农民征收田赋。不过大、中柴明达尔并不直接向农民征收田赋，中间还有一些层次。18 世纪初，孟加拉的大、中柴明达尔领地从其最高持有者到村一级的田赋官员共有八级。

英国东印度公司在孟加拉实行以柴明达尔为对象的永久性土地整理，就是在法律上确认莫卧儿时期为孟加拉政府征收田赋的中间人为土地所有者。田赋一经估定，则永久不变。

他们所以要在孟加拉实行以柴明达尔为对象的永久性土地整理，有两个原因。第一，从经济上讲，是为了收到足够的田赋。第二，从政治上讲，是为了培植柴明达尔作为英国殖民统治的社会支柱。当时英国印度总督康沃利斯露骨地说："要在异族入侵的情况下占据这个国家，具有头等重要意义的事就是想出办法来使得印度的土地所有者从自身利益着想非投靠我们不可。谁能够得到土地，安然享用大宗进款，谁就不会产生改变现状的念头。"显然，英国东印度公司在孟加拉实行这种土地整理，既"不是为了耕种土地的人民群众的利益，也不是为了占有土地的掌管人的利益，而是为了从土地上征税的政府的利益"①。

1765 年，英国东印度公司从莫卧儿皇帝那里取得了孟加拉全省的财政管理权。从此公司的殖民官员可以为所欲为地在孟加拉征收田赋。1765—1786 年，他们基本上抛弃了当地的柴明达尔，实行短期的拍卖田赋承包制度，谁愿出高价就承包给谁。由于赋额过高，不管谁承包都要破产。英国东印度公司达不到榨取田赋的预期目的，于是转而依靠原来的柴明达尔。从 1786 年起，英国东印度公司董事会开始酝酿以柴明达尔为对象的永久性土地整理。

1786 年 4 月 12 日，英国东印度公司董事会写信给康沃利斯，要求他在孟加拉实行以柴明达尔为对象的永久性土地整理。康沃利斯认为，要实行永久性土地整理，必须对地权、地租一类问题进行充分的调查研究。当时加尔各答参事会（英国东印度公司在印度的办事机构）的成员肖尔完成了这个调查研究的任务。他于 1789 年 6 月 18 日提出了"在孟加拉实行永久性土地整

---

① 《马克思恩格斯全集》第 9 卷，人民出版社 1961 年版，第 242—243 页。

理”的长篇报告，建议土地整理必须遵循两条主要原则：即“政府在税收方面要有保证，百姓要有安全并且受到保护”。“要实现第一个原则，最好是通过同柴明达尔，也就是土地、田地、他们的财产的所有主办理一次永久性的田赋整理”。“要实现第二个原则，应该尽可能地实行一种公认的税收最高限额。每一个人应该缴纳的赋额应该肯定而不是强派。缴纳的时间、缴纳的方式、缴纳的数额都应该使得纳税人以及每个人都认为明确易行”。“赋额规定以 10 年为期，但以永久不变为目的”。

肖尔的建议为孟加拉永久性土地整理奠定了基础。康沃利斯肯定了他的建议，并分别于 1789 年 9 月 18 日和 1790 年 2 月 3 日提出两份报告，强调为了鼓励柴明达尔投资土地，发展农业，为了恢复印度的“繁荣状态，使它能继续成为英国在这一片地方上的利益和权力的一个坚实支柱”，必须改革管理制度，实行以柴明达尔为对象的永久性土地整理。

英印政府正是根据肖尔和康沃利斯的建议，于 1789 年 9 月 18 日，1789 年 11 月 25 日，1790 年 2 月 10 日分别对孟加拉、比哈尔和奥里萨制定了为期 10 年的土地整理条例。1791 年 11 月，英印政府公布了一部修订的、完整的以 10 年为期的土地整理条例法典。这部法典规定孟加拉、比哈尔、奥里萨的田赋总额为 20800989 卢比（268 万英镑）。这个数额“将近两倍于贾法尔·汗和舒贾·汗①在 18 世纪早期的赋额；3 倍于米尔·贾法尔②统治下最后一年（1764—1765 年）南德克马尔大罗阁（王公）的征收额；将近两倍于公司取得迪万尼（财政管理权）第一年（1765—1766 年）穆罕默德·勒扎·汗③在英国监督下所征收的数额”。

1792 年 9 月 29 日，英国东印度公司写信给康沃利斯，对他完成的上述业务大加赞赏，表示同意实行永久性土地整理。康沃利斯于是在 1793 年 3 月 22 日发表文告，宣布“孟加拉、比哈尔、奥里萨所有柴明达尔、独立的塔鲁克达尔④，以及其他真实的土地所有主”，“凡已按照条例办理田赋整理者，期满后，各自应缴纳之赋额均将不变，他们及其后嗣和合法的继承人得

---

① 均为莫卧儿时期孟加拉省督。

② 英国在孟加拉的傀儡省督。

③ 英国在孟加拉的代理财政官。

④ 大柴明达尔把他征收田赋的辖区分成几区，这种分区叫作“塔鲁克”。负责征收那一“塔鲁克”赋税的人叫塔鲁克达尔。塔鲁克达尔将所征赋税交给柴明达尔。孟加拉的塔鲁克达尔就是这种情况。但也有独立的塔鲁克达尔，他们征收的田赋直接交给政府，那就和柴明达尔没有区别。奥德的塔鲁克达尔属后一种情况。

按原定赋额占有他们的田产"。就这样，孟加拉原来世世代代耕种土地的农民被剥夺了土地的占有权，而原来是包税人的柴明达尔在法律上则成了地主。

1795 年，以柴明达尔为对象的永久性土地整理扩大到贝拿勒斯；1802—1805 年进一步扩大到马德拉斯省的北部诸州（今安德拉邦北部）。

除了以柴明达尔为对象的永久性土地整理外，还有以柴明达尔为对象的临时性土地整理。后者与前者的差别在于确定柴明达尔的赋额不是永久不变，而是定期修改的。临时性柴明达尔制主要流行于联合省（阿格拉省和奥德省）和中央省。1860—1878 年，在奥德（今北方邦的大部分地区）实行了以塔鲁克达尔为对象的土地整理，在法律上承认了他们的土地所有权，赋额 30 年修订一次，同时委托他们继续征收田赋。

经过永久性土地整理和临时性土地整理的柴明达尔，并没有成为近代意义上的地主，只不过由从前的包税人变成包税地主。他们仍带有莫卧儿时期柴明达尔的一些基本特征。他们虽然在法律上取得了土地所有权，但事实上没有土地所有权。

柴明达尔制土地整理以永久性的为主，同整理前相比，对英国殖民者来说，确实稳定和增加了田赋收入，但随着生产的发展、荒地的开垦，柴明达尔所得的地租和田赋越采越多，而政府的赋额仍是固定的，不能因此而有所增加。这是英国东印度公司后来实行定期修改赋率的莱特瓦尔制和马哈尔瓦尔制的根本原因。

莱特瓦尔制土地整理

莱特的字源是阿拉伯文，本意是农民。所谓莱特瓦尔制土地整理就是以莱特为对象确定地权和赋额。其办法是政府对莱特耕种的土地进行测量、分级、估税，与莱特直接订约，由莱特直接向政府交纳田赋。赋额不是固定不变的，通常是 30 年改定一次。田赋的绝对量随生产的发展，耕地面积的扩大而不断增加。

莱特瓦尔制主要实行于南印度的马德拉斯地区和西印度的孟买地区。另外，在贝拉尔、阿萨姆等地也实行莱特瓦尔制。莱特瓦尔制首先在马德拉斯省实行。1792—1808 年，英国东印度公司的殖民官员亚历山大·里德上尉及其助手托马斯·蒙罗、约翰·麦克劳德先后在巴拉马哈尔、"割让地区"

（指克里西纳河与土姆巴德拉河之间割让给东印度公司的地方）、哥因拜陀和卡尔纳蒂克地区进行莱特瓦尔制的试验。1820 年，马德拉斯省省督托马斯已蒙罗在该省没有实行永久性土地整理的地区全面推行莱特瓦尔制。马德拉斯省试验阶段的莱特瓦尔制称旧制，全面推行阶段的莱特瓦尔制称新制。

马德拉斯的旧莱特瓦尔制有三个主要特点。

首先，对特权种姓，特别是婆罗门，实行减税或免税政策。

在印度，种姓制度根深蒂固。为了取得高级种姓的支持，里德提出了这一主张。他在巴拉马哈尔允许享有特权的种姓，特别是婆罗门交现金估税的 1/3，或一半的土地免税。1800—1807 年，托马斯·蒙罗在割让地区进行莱特瓦尔制土地整理时，对婆罗门和穆斯林也实行减税政策。不过减税的幅度比里德在巴拉马哈尔的要小，限为 3/16，如果普遍减税 12.5%，那么只许他们再减 1/16。

其次，偏重于同下层莱特直接订约，忽视了部分米拉西达尔的权利。

米拉西是土地占有权或占有地，米拉西达尔就是占有土地的人。在英国统治前，南印度流行的地权制度主要是农村公社直接占有土地，个体农户耕种和使用土地。米拉西达尔是泰米尔地区、马拉塔地区农村公社的基本成员，他们通常是村社的上层，直接占有土地。但他们多半属婆罗门种姓，不直接从事耕作劳动。里德否认米拉西达尔的权利在巴拉马哈尔的存在。所以他在巴拉马哈尔进行莱特瓦尔制试验时，比较重视与直接耕种土地的下层莱特订约，而忽视了部分米拉西达尔原来占有土地的权利。麦克劳德在卡尔纳蒂克地区，蒙罗在割让地区试行莱特瓦尔制时同样忽视了米拉西达尔原来占有土地的权利。

最后，对广大莱特，特别是中、下层莱特，征收高额田赋。

在确定莱特的赋额以前，先由田赋官员测量莱特的每块土地，确定土地等级，然后估税。土地的分级和估税没有统一的标准，但按最高标准估税是绝对的原则。当时在马德拉斯通行的赋率占总产量的 45%—50%。这么高的田赋，农民是很难交纳的。政府为了榨取高额田赋，无所不用其极。例如，对农民严刑拷打。逼交田赋，实行连环保制度，一家农户交不出田赋，本村甚至邻村的农户要共同负责，强迫农民耕种土地，不许随便离开土地，等等。

新制与旧制的区别主要有以下四点：（1）赋税率略有减轻。最明显的是哥因拜陀县。总税额比 1806 年赫迪斯整理时减少 37.1%。北部地区的草地，赋税由 1/3 减为 1/4，草地临时变耕地不增税，永久变耕地才增税。草地和耕地的平均税率为总产量的 1/3，有时只占 1/4。（2）部分地恢复了米拉西达尔的权利。马德拉斯政府对 1792—1808 年实行莱特瓦尔制的地方进行了复查，凡长期占有土地的米拉西达尔，在以前土地整理时权利受到损害的，恢复他们的权利；如果已离开土地多年，则不予恢复。并规定，新的土地整理决不损害米拉西达尔的土地占有权和其他类似的长期的土地特权。（3）禁止强迫农民耕种土地，莱特与政府自由订约，莱特愿意耕种多少土地就耕种多少土地。自由劳动是新制的基本原则之一。（4）简化了估税的过程。旧制估税以测量农民的每块土地为先决条件，由零到整地确定赋额；新制不强调测量土地，而是先对整个农田进行估税，然后再到每块土地，也就是由整到零地确定赋额。

1855 年，马德拉斯政府决定在全省进行一次新的土地清查和田赋查定。这次清查，决定降低赋额，开始规定为净产量（总产量减去耕作费用和农业资本利润以后农户所留下的产量）2/3，1864 年以后改为净产量的 1/2。确定粮食征额后，再按适中的粮价折成钱数。30 年不变。期满后，粮食征额和粮食折价将按当时的情况再行调整。

西印度的孟买省是实行莱特瓦尔制土地整理的另一个重要地区。1824—1828 年，普林格尔（孟买文官）根据孟买省督艾尔芬斯顿"想把莱特瓦尔制同农村公社制结合在一起"的主张，进行了土地清查，规定田赋为净产量的 55%。由于这次田赋查定是在虚报农田产量的基础上进行的，因而一败涂地。1835 年，哥德斯米德（孟买文官）和温盖德（当时是中尉，后称乔治·温盖德爵士）重新开始土地清查和田赋查定。这是孟买莱特瓦尔制土地整理的开始。

孟买的莱特瓦尔制与马德拉斯的莱特瓦尔制在基本点上是一致的，差别在于估税所根据的标准不同。马德拉斯的莱特瓦尔制以农田总产量或净产量为根据，即按产量标准规定赋额所占产量成数的办法，来确定赋额，孟买的莱特瓦尔制则根据土质和土壤深度将农田分成三等九级，然后确定各级的比价，"规定某一县的赋额时，不是先决定总数，而是先决定各种农田及其农作物的赋率，从赋率算出田赋总额"。"实行起来只要先规定各种农作物的最高限度赋率"，再按"分类表上的比价立刻可以算出一切较低的赋率"。

1866 年，孟买全省开始改定 1835 年莱特瓦尔制土地整理的赋率。虽然 1864 年英国印度事务大臣查理·伍德爵士宣布在马德拉斯和孟买同北印度一样，田赋以净产量的一半为原则，但这次改定赋率根本没有考虑这一点，所以在耕地面积没有扩大的情况下，改定赋率后平均赋率提高了30.4%。

对英国殖民者来说，实行莱特瓦尔制确实增加了田赋收入，但是进行这种土地整理要花费大量人力、物力，所以后来又实行了马哈尔瓦尔制。

马哈尔瓦尔制土地整理

马哈尔瓦尔制是英国东印度公司总结了在印度东部、南部和西部实行柴明达尔制和莱特瓦尔制土地整理的经验以后，在印度北部和中部实行的一种田赋征收制和土地制度。

"马哈尔"是印地语，意为村庄、庄地。实行马哈尔瓦尔制就是以庄地、村庄或村社为对象进行土地整理，以此来确定地权和赋额。要不要在印度实行以农村公社为对象的土地整理，在英国殖民者内部曾经有过不少争论。1808—1818年，马德拉斯省政府一直主张以农村公社为对象进行土地整理，所以这一期间曾在那里实行过"毛扎瓦尔制"即农村公社制土地整理。但终因英国东印度公司董事会的反对，而于1818年最后被否决，决定在马德拉斯继续实行莱特瓦尔制土地整理。不过当时在英国国内仍有一部分人主张在印度实行以农村公社为对象的土地整理。正是在英国督察委员会（英国对印度进行统治的决策机构）秘书麦肯齐的建议下，在英国印度总督赫斯廷斯和威廉·彭定克勋爵的赞助下，才在北印度实行了以农村公社为对象的土地整理。这就是通常所说的马哈尔瓦尔制土地整理。

马哈尔瓦尔制承认土地所有权为庄地、村庄或村社的农户共有。政府与庄地、村庄或村社的头人（或其代表）直接订约，确定一笔田赋总额，通常为地租的40%—70%，为期20—30年。然后再由头人将田赋额分摊给各户。缴纳田赋时采取连环保形式，集体和各户共同承担责任，通常是由头人（或其代表）向各户收齐后再统一上交政府。这种制度既依靠了当地的地方势力，又保证了田赋的不断增加，而且又不需要像莱特瓦尔制那样旷日持久的一家一户的去估税而花费大量的人力物力。显然这种制度既吸收了柴明达尔制和莱特瓦尔制的优点，又避免了它们的缺点，所以英国殖民当局后来便同意在北印度和中印度实行马哈尔瓦尔制。

马哈尔瓦尔制主要实行于联合省（今北方邦）、中央省（今中央邦和马哈拉施特拉邦的部分地区）和旁遮普三个省。但在这三个省又有些具体差别：联合省称马哈尔瓦尔制，中央省称马尔古扎尔制，旁遮普称联合村制。

马哈尔瓦尔制主要实行于联合省西部的阿格拉省和东部奥德省不属于塔鲁克达尔的村庄。阿格拉省的前身为西北省。1833 年，威廉·彭定克勋爵制定了《1833 年第九号条例》，成为西北省马哈尔瓦尔制土地整理的准则。条例规定田赋为地租总额的 2/3，为期 30 年。这次土地整理从 1833 年开始，先后由罗伯特·默廷斯·伯德（原是司法官，后成为北印度土地整理的创始人）、詹姆斯·托马逊（西北省副省督）负责，于 1849 年结束。它具有上述马哈尔瓦尔制的基本特征。具体办法有三条。

（1）境内凡是有人居住的地区，分成若干地段，有固定的分界线，称为马哈尔，也就是庄地，对每个马哈尔规定一笔田赋总额，有效期为 20 年或 30 年。在固定田赋总额时，要在土地净产量上面留出适当的剩余所得。（2）决定哪些人有权取得剩余所得。公开宣布取得这种权利的人可以将它传之子孙，可以转让别人。承认享有这种权利的人为土地所有者，由其负责每年交付政府对马哈尔新查定的田赋。（3）马哈尔的全体土地所有者，以生命和财产，分别地而且共同地负责交付政府对该马哈尔的田赋。

田赋为地租总额的 2/3 仍然过重，难以实现。所以在英国印度总督大贺胥任期（1848—1856 年）内，1855 年的《萨哈兰浦尔条例》规定田赋以地租总额的一半为最高限度。这个规定后来成为其他地区确定赋额时公认的原则。

1873 年，英印政府批准了西北省"田赋法"即《1873 年第十九号法令》。根据这项新的法令重新改定田赋。其办法是以"地籍清查"代替"土地清查"。"赋额查定员经过实地调查，改定和纠正每份庄地的租额。政府的田赋征额定在地租总额的 45% 至 50% 之间"。田赋查定的方法不是像以前那样先规定税区总的赋额，然后再确定每块庄地的赋额，而是先确定每块庄地的赋额，然后由各庄地的赋额得出整个税区的总赋额。从而使田赋征额建立在实际地租的基础上。

中央省是在 1861 年 11 月 2 日成立的。当时只包括萨果尔、纳尔巴达和那格普尔。以后，萨姆巴尔浦尔、尼马尔、比季拉果加又先后并入中央省。中央省的大部分地区实行马尔古扎尔制。

在马拉塔人统治下，马尔古扎尔既是田赋征收人，又是村长，具有管理村庄的一切权力，但对土地没有所有权。1863—1867 年，中央省在代理省督理查·坦布尔的领导下进行了土地整理，承认了马尔古扎尔的土地所有权，田赋征额为地租的一半，田赋查定以 30 年为期。政府与马尔古扎尔直接订约，由马尔古扎尔向村里的农民征收田赋，然后上交政府。所以马尔古扎尔既是土地所有者，又是田赋征收入。他们的地位同基层柴明达尔相似。但在 1893 年中央省进行新的田赋查定时，他们的权力受到了限制。田赋官员不仅规定他们应向政府缴纳的赋额，而且还规定了佃农应向他们交纳的地租。

1846—1849 年，英国逐步兼并了旁遮普。在被兼并前，旁遮普还普遍存在村社制度，所以那里的土地整理以村社为对象。政府与村社首脑或其代表发生联系，确定整个村社的赋额，然后将赋额分摊给各户。田赋是由村社集体交纳的，各户对集体负责，集体对各户负责，彼此承担义务。但是，田赋官员也可以不通过村社首脑或其代表直接向各户征收田赋。后一种情况又使联合村制接近于莱特瓦尔制。1853 年由约翰·劳伦斯（旁遮普行政专员）在旁遮普进行正规的土地整理，开始赋额为总产值的 1/3，后来减为 1/4— 1/6。1871 年《旁遮普田赋法》规定赋额为普通没有租期保障的佃户常年所交的实际地租的一半。1893 年田赋查定的期限由 30 年改为 20 年。

马哈尔瓦尔制是介于柴明达尔制和莱特瓦尔制之间的一种制度。它兼有两种制度的一些特点，而在不同地区，又有些具体差别。这就使英属印度的土地制度更加复杂化。但它占印度耕地面积的比重不大。印度独立前夕，有的变成柴明达尔制，有的变成莱特瓦尔制，这种制度已不复存在。

土地整理的后果

英属印度的土地整理有着多方面的后果。

第一，土地整理使英国殖民者增加了田赋收入。

关于土地整理后英属印度田赋增长的情况没有系统的可比资料，这里仅以一段时间里赋额增长的情况来做说明。在孟加拉，最后一个穆斯林统治者统治的最后一年即 1764 年，实征赋额 818000 英镑；经过 1793 年永久性土地整理以后，该省的实征田赋是 268 万英镑。如果加上公路、公共工程等一些附加税，则在 300 万英镑以上。在马德拉斯，开始实行莱特瓦尔制试验的 1792—1793 年度，实征赋额 743000 英镑；全面推行莱特瓦尔制的 1820— 1821 年度，实征赋额为 3738000 英镑。而在孟买，英国征服前的 1816—1817 年度，实征赋额为 498000 英镑；正式开始莱特瓦尔制整理的 1836—1837 年度，实征赋额为 1843000 英镑。这些数字说明，土地整理后的赋额都要比整理前增长两倍以上。

再以 19 世纪整整 100 年赋额增长情况为例。1800—1801 年度英国东印度公司在英属印度征收的总赋额是 420 万英镑，而到 1857—1858 年度英国女王接收公司时，田赋已增至 1530 万英镑（19 世纪中叶，田赋约占东印度公司在印度总收入的 3/5）。1900—1901 年度，英属印度的总赋额则高达1750 万英镑。

第二，土地整理给印度的柴明达尔带来好处。

英国统治时期的柴明达尔同莫卧儿时期的柴明达尔相比，不仅在政治上扩大了统治权，而且在经济上增加了提高赋税率的权力。

在莫卧儿印度时期，柴明达尔制主要流行于印度东部的孟加拉、比哈尔和奥里萨地区，经过英国的土地整理，扩大到今北方邦的全境以及安德拉邦、中央邦和阿萨姆邦的部分地区。莫卧儿时期的柴明达尔在居住村有所有地，在居住村以外只有征收田赋权，并由此而得到统治权；土地整理后的柴明达尔，尽管从本质上看他们仍是政府和农民的中间人，但已由包税人前进到包税地主，增加了自有地，而且在法律上承认了他们的土地所有权。所以，他们更能实行对农村的统治。有人曾经这样说："进入 20 世纪时，印度1/2 以上的土地实行柴明达尔制，使仅占印度人口 2% 的柴明达尔成为社会上最有势力的分子"。

莫卧儿时期的柴明达尔是不能随意向农民增收田赋的，土地整理后，英印政府规定孟加拉等地的柴明达尔上交政府的赋额永久不变，但并没有规定他们向农民征收的田赋也应该永久不变。柴明达尔向农民征收田赋时，一般都要比政府规定的赋额高。随着生产的发展，荒地的开垦，经济作物的种植，物价的上涨，他们更要向农民增收田赋。而英印政府为了确保柴明达尔按时上交田赋，允许他们向农民强征阻赋，从而使赋税率不断提高。1793 年英印政府估定孟加拉、比哈尔和奥里萨的永久性赋额为 268 万英镑，到 1937年，估计增至 2000 万英镑，约为原来赋额的七倍半。由于柴明达尔可以不断向农民增收田赋和地租，而他们上交政府的赋额却是永久不变的，因此他们的中间剥削收入越来越多。据统计，在印巴分治（1947 年）前的孟加拉邦和北方邦，佃农交给柴明达尔的地租和柴明达尔交给政府的田赋数额之比为 23：1。

土地整理后的印度柴明达尔，无论在政治上还是经济上，都从英国殖民者那里得到了好处，所以他们效忠英国，成为英国殖民统治的社会支柱。因此对英国殖民者来说，土地整理不仅增加了田赋收入而且培植了殖民统治的社会支柱，达到了他们预期的目的。

第三，土地整理使印度农民的生活极端贫困。

土地整理对印度农民来说是一场灾难。土地整理以后，在柴明达尔制地区，柴明达尔取得了土地所有权，在法律上成了地主；而原来世世代代占有和耕种土地的农民则成了柴明达尔的佃农，被剥夺了土地占有权。在莱特瓦尔制地区，从法律上看，英印政府承认了农民的土地所有权，但从实质上看，农民只是国家的佃户。

高额田赋又使农民喘不过气来。在莱特瓦尔制的马德拉斯和孟买，田赋一直占总产量的45%—50%；1864年以后虽然实行"田赋以地租一半为度"的原则，但是，由于从1871年起政府增收地方附加税（占田赋的10%—12.5%），以及改定赋额时赋率的增长超过耕地面积的扩大和物价上涨指数等因素，农民实际负担的田赋要占地租即纯收入的70%—80%，甚至更多。在永久性柴明达尔制地区，农民向柴明达尔交纳的田赋和地租不是固定的，所以那里的农民负担也不见得比莱特瓦尔制地区的农民负担轻。

英国殖民政府常常对农民进行严刑拷打，逼交田赋。这种残酷榨取田赋的后果是十分严重的。（1）农民普遍负债。为了保住土地，农民不得不向高利贷者举债，最后往往用土地抵押而失去土地。有的世世代代给债主劳动，成了债务奴隶或包身工。（2）农业衰退，土地荒芜。农民辛辛苦苦劳动一年，能勉强度日的只是极少数，对大多数农民来说，劳动一年的全部所得都给殖民政府还不够。于是不少农民不得不抛弃祖传的土地，离开家乡到邻近的土邦去另谋生路，致使土地荒芜。（3）饥荒连绵不断。即使丰年农民交纳田赋后也不可能有积余，遇上干旱或洪水等灾害，饥荒就不可避免。1877—1900年，印度发生过6次饥荒，死亡人数至少1500万。

上述种种情况，使农民的生活极端贫困，惨状难以形容。他们住宅简陋，衣不蔽体，食不果腹。在饥荒年景则更糟。"看来真令人可怕，印度人为饥荒所迫竟然啖食那些人类所不能吃的东西。饥民争食死狗死马。有一天，城堡里走失了一头毛驴，饥民象狼群一样，猛扑上去，一块一块地撕碎它，当场把它吃掉。"

土地整理造成农民的极端贫困，加剧了民族矛盾和阶级矛盾，迫使农民进行反抗斗争。1857—1859年印度民族大起义所以有广大农民参加，主要是由于土地整理后的高额田赋已使农民的生活陷于绝境。1875年的浦那农民暴动也是由于高额田赋造成的。

第四，土地整理摧毁了农村公社，普遍确立了土地私有制。

英属印度的土地整理，特别是莱特瓦尔制土地整理，似乎有三个因素促使农村公社最后瓦解。（1）莱特瓦尔制确定个体农户的地权，这同村社占有和使用土地是格格不入的。在莫卧儿印度后期，村社虽然处于解体过程中，但由村社上层占有和管理土地还是很普遍的。即使在分有制村社里，社员的份地也是不能买卖和转让的。至于森林、荒地、牧场，不管是哪一类村社，均属村社成员集体所有。莱特瓦尔制土地整理不顾村社制度的这种传统特点，确定个体农户的地权，由他们直接向政府交纳田赋，莱特只要按时交纳规定的田赋，他就可以占有土地；莱特只要在他占有土地期间，就可以买卖、典押或出租土地；而森林、荒地、牧场、矿山等则归国家所有。这就破坏了村社长期存在的基础。（2）商业、高利贷资本渗入农村，加速了土地的转移。莱特瓦尔制地区赋额最重，农民为了交田赋不得不出卖土地或借债，这时城里有游资的商人、高利贷者乘机进入农村购买土地，或向农民提供贷款，而农民则用土地作抵押，到时还不起债款，土地就转入高利贷者手中。这样，加快了土地的转手（到20世纪初，印度有1/3的土地已被高利贷者兼并），促使了私有制发展，打击了村社占有和使用土地的制度。（3）剥夺了公社管理人员和管理机构的职权。莱特瓦尔制土地整理既然撇开了公社机关，直接与农民订约，村社的民政、司法职权都由殖民官吏接收，那么村社作为一种自治机关也就失去了存在的必要。农村公社既丧失了得以长期存在的基础——集体占有和使用土地，又剥夺了它的管理职能，最终解体就不可避免了。

当然，印度农村公社的瓦解并不完全是由于土地整理造成的，还由于"英国的蒸汽和英国的自由贸易"摧毁了公社内部与农业结合的家庭手工业，不过土地整理是促使村社最终解体的主要原因。

由土地整理在印度农村所确立的土地私有制还不是近代意义上的单一的绝对的土地私有制，印度独立以后，经过土地改革，废除了柴明达尔等中间人地权制度，才在印度最终确立了土地私有制。

印度资产阶级启蒙运动

培 伦

19 世纪初到 70 年代末，殖民地印度发生了资产阶级的启蒙运动。它是印度资产阶级民族民主运动的先声，也是亚洲最早的资产阶级运动。

殖民统治下的双重变化

19 世纪中叶，印度已经历了整整 100 年的兵戎战祸，终于被英国全部征服，沦为英属印度殖民地①。

1813 年，英国政府废除了东印度公司对印度的贸易垄断特权，使印度市场向全部英国资产阶级开放。印度进而沦为英国商品销售市场和原料供应基地。英国在产业革命中是以棉纺织工业的迅猛发展，又以印度为主要销售市场起家的。据统计，1780—1850 年，英国对外输出的棉纺织品，有 1/4 输往印度市场。1824 年，英国输往印度的棉布不到 100 万码，而在 1837 年超过了 6400 万码，增长 64 倍。原来被称为棉纺织品故乡的印度，棉纺织手工业却断了生计。孟加拉省著名的手工业城市——达卡，本以棉织物发达著称，产品一向输往英国及欧洲各地，在英国机制商品像洪水般涌入的袭击下，达卡居民有的被饥困逼死，有的转向农村，有的流离失所。数十年间，人口急速下降，由 15 万人减少到 2 万人。城市被毁灭殆尽。1834—1835 年，一个印度总督说："这样的穷乏，在商业史上，实难有其匹。棉织工人的白骨，把印度平原都漂白了。"

英国殖民者对印度农业的破坏，并不亚于城市手工业。繁重的贡赋压在农民肩上，1850—1851 年度的农业税收是 1930 万英镑，其中只拿出 16 万多

---

① 参见《外国历史大事集·近代部分·第一分册》中《英国对印度的征服》一文。

一点用于水利等公共工程，仅占总税收的 0.8%。在殖民统治的重压下，农民收入微薄，无法扩大再生产，甚至连生产者本身的再生产也很难维持。1825—1850 年，有过两次大饥荒，死亡者达 40 万。

英国殖民者为了加紧推销商品、掠夺原料，在印度加速发展铁路交通、航运和电报通信事业等近代化设施，建立起大型商馆，以服务于新的殖民剥削。印度社会生活，全部被纳入殖民主义的轨道。在这种情况下，从农村的小商业高利贷者到与英国商馆相联系的大批发商，有一连串的中介商人，形成一个运销系统。这些中介商人就是印度的商业买办阶层，即印度资产阶级的前身。

买办商人多数出身低级种姓。他们在东印度公司的货栈里干活儿，或给公司职员的私人贸易干些杂活儿、体力活儿，会说几句混杂的英语，逐步变为帮手头头，积攒一些钱，有时还为老板垫钱应急。后来管账，于是成为暴发户，手中的货币也就转化成了商业资本。另外一些出身于高级种姓的人也变成了买办商人。如婆罗门或原为商人种姓的人，最初给英国人管账，承担短期包税、永久包税，变成了高利贷者兼地主，同时又给英国人当翻译、秘书、经纪人等。东印度公司里只要有点地位的职员都做私人买卖。每个店铺至少有一个印度人，叫巴尼安，也称为总管。

这些买办商人同种姓制度、家族制度紧密相连。种姓成员间的联系，实行种姓内部借贷，以保证自己的种姓成员在商业中占优势。如 1825—1850 年，印度商人在大海港城市建立了大商馆。在孟买的商馆都属于印度人吉吉拜、贝蒂特和卡马等家族。在加尔各答等地的，则属于泰戈尔和桑德雷家族。

自印度市场对英国全部开放后，英国商人纷纷而来。他们兴办了很多经销店，以筹集资金、了解商业情报等。这些经销店也需要不少买办商人。买办商人日益增多，手中货币逐步积累，参加了资金周转活动。经销店发展成股份公司，买办商人变成股东。1833 年以后，这种股份公司如雨后春笋般地发展起来。在孟买，商业资本最为发达，产生了银行、信贷、保险等新的机构。1834 年，德瓦尔卡纳德·泰戈尔和英国人成立了联合银行和合股公司。许多公司和资金主要是印度买办商人的。不过他们的实力再雄厚，也还要依附于英国人，因为商品控制在英国人手里。买办商人集团最经不起国际经济危机的打击。1847 年发生的经济危机使一些银行、信贷机构倒闭，不少公司破产。破产后的买办商人往往转移到农村搞封建地租剥削或进行高利贷盘剥。这部分人大多属于具有资本主义倾向的所谓自由派地主。

随着商品货币经济的发展，印度民族工业逐步兴起，民族资产阶级也诞生了。尽管由于殖民者的控制和竞争，使大部分货币持有者转入农村，但还有相当一部分人开始兴办与原料出口有关的加工工业。1836 年，泰戈尔家族办起了缫丝厂。同年，在西孟加拉拉尼甘杰办起了小煤矿。加工工厂主要有靛蓝加工厂、轧棉厂、制糖厂等。19 世纪 40 年代，加尔各答近郊有使用欧式设备和蒸汽动力的几座糖厂投入生产。其中有的属于英国人，有的属于印度人。1854 年，孟买出现了第一座真正民族化的棉纺织厂；到 1860 年，又建成 8 座。这些厂全属于印度大商人。

民族资产阶级虽已产生，但人数不多。他们的工厂规模很小，对外国资本的依附性大，必须围绕出口生产，机器设备和技术人员多仰赖英国人提供。不过资产阶级一经诞生，就极力为自身的生存和发展开辟道路。他们培养了自己的知识分子，使他们既具有印度传统文化知识，又接受了近代欧式文化教育，懂得英语，不少人在殖民机构中充任下级职员、律师、教员、公务员等职务。

印度资产阶级在殖民者的卵翼下诞生和成长起来。它面临的处境是：经济上不自由，要依赖殖民主义者，处处受它的控制，发展缓慢；政治上不掌权，一切权力归东印度公司和英国政府，除殖民主义、封建主义的残酷压榨外，还受着宗教迷信，种姓制度及诸多的陈规陋习和传统势力的束缚，人民沉陷在灾难、愚昧和屈辱的深渊中；古老文化已过时，新文化尚未建立，宗主国虽然带来了欧洲的近代文明，但在文明的外衣下还裹着血腥的鞭子。大批的英国基督教徒深入印度内地传教、办学、推行奴化教育、实行种族歧视政策。新兴资产阶级、自由派地主及其知识分子在自身的发展中，与封建势力、殖民压迫者存在着尖锐的对立。他们中的优秀知识分子在思索、探求、实践，一个前所未有的新思潮应运而生，并迅速形成具有崭新意义的资产阶级启蒙运动。

从宗教改革入手

19 世纪初至 30 年代初为印度启蒙运动的前期。这个时期的特点是以宗教改革为核心，全面宣传启蒙思想，革除封建陈腐习俗。其主要代表人物是拉姆莫汉·罗易（1774—1833 年）。

　　罗易出生于孟加拉胡格里县一个婆罗门望族家庭。祖辈世代为官，是柴明达尔地主。罗易自幼受过良好的家庭教育，稍长，又被送至巴特纳、贝拿勒斯等教育中心学习。他勤于钻研，博学多才，掌握了孟加拉语、波斯语、阿拉伯语、印地语、梵语、希伯来语、希腊语、法语、英语和拉丁语等十来种语言。罗易广泛阅读了印度传统的经典文献和西方近代哲学、经济学、文学及其他宗教典籍。15—20 岁期间他曾游历过印度次大陆各地。为寻找和研究佛经原本，到过我国西藏地区。30—40 岁时，他在东印度公司属下当职员。1814 年 40 岁时，他辞掉公职，专门从事社会活动。他高举宗教改革旗帜，向封建势力挑战，倡导社会改革和推行近代科学文化教育，提出了一系列改良政治、经济、教育、宗教的主张。

　　他强调一神教，反对多神崇拜和偶像崇拜。最初他在印籍商人和职员中团结了一些知识分子，组织了一个称为雅利安人协会的小团体，系统地研究和宣传宗教改革问题。1821 年用孟加拉文发行了第一份印度周报《明月报》。次年又用波斯文发行《镜报》。在罗易的思想影响下，各地陆续发行了 20 多种民族语言的报纸杂志，广泛地传播新思想和改革主张。1828 年罗易创建著名的宗教改革组织梵社。社章规定，要"一视同仁地聚会各方人士"以共同讨论社会问题。罗易试图在宗教改革旗帜下团结各方面进步人士，研究和解决印度社会问题。他在一封信里表示说，为印度教徒的政治利益和社会福利打算，印度教"必须进行某种改革"。1815—1819 年，他发表过许多有关讨论宗教问题的文章，其中的一篇叫《一神论的赏赐》。他认为，改革的基本点在于：天地间只有一个真正的神——梵，即梵天神。梵是宇宙本体，万事万物都是由梵决定的。人们只需信仰这唯一的真神，无须崇拜多神和偶像，也无须烦琐的礼仪。他还认为这种简而易行的一神教应该用来"促进各种不同信仰的人们之间的团结"。很显然，这对形成民族意识，培养共同的心理感情具有重要意义。

　　打破印度教的种姓隔阂制度，建立人与人之间的平等关系，是罗易宗教改革的有机组成部分。他指出："印度教徒所信奉的现行宗教不利于提高他们的政治兴趣。种姓差异使他们形成了不胜枚举的大小宗派，因而完全抹杀了他们的爱国热情，同时繁文缛节和清规戒律，使他们根本不能从事任何艰巨事业。"这种批判是切中时弊的。当时，印度教徒中除了几千年前产生的婆罗门、刹帝利、吠舍和首陀罗四大种姓以及不可接触者阶层外，随着社会分工的发展，已形成了上千种亚种姓。所有这些因职业分工不同而结成的不同集团，与阶级划分交织在一起。每个集团内严守内婚制，规定贵贱有别、男尊女卑等等级和人身依附制度。违规者，由种姓法庭来实行专制惩治。种姓制实质是印度教的教规，也是中世纪宗法制度的一种特殊形式。它束缚着人的社会活动能力，与资本主义格格不入。马克思曾指出：种姓制度"是印度进步和强盛道路上的基本障碍"①。罗易认识到"罪恶的根源在于埋伏在印度教徒的不学无术、成见和迷信之中"。所以，他极力倡导破除种姓隔阂。这为后来进一步废除种姓制打下了舆论基础。

革除"萨蒂"，维护寡妇的生存权利，是罗易启蒙活动中最突出的贡献。他从 1818 年起就致力于反萨蒂斗争，当时在等级森严的种姓体制中，妇女处于各阶梯中男性附属品的地位。妇女的生存意义全在于为男性服务。尤其在高级种姓中，自古流行着丈夫死后寡妇必须自焚殉夫的习俗，这种印度教的宗教祭礼，称萨蒂。印度沦为殖民地以后，萨蒂在某些地区发展到骇人听闻的程度。除宗教观念束缚着虔诚的信徒焚身殉夫外，狂热的教徒还用种种残忍手段去绑架寡妇焚烧，1812 年，罗易的长兄去世，他目睹嫂子在熊熊烈火中挣扎，妄图逃出火堆，却被宗教狂热的亲属和祭司们用竹杠压住，同时鼓乐齐鸣，淹没了她的呼喊声。这件事对罗易奋起革除萨蒂有直接影响。另据官方统计，1815—1828 年的 14 年间，在孟加拉管区的加尔各答、达卡，不什达巴德、巴特纳、贝拿勒斯和巴雷利 6 个地区，共发生萨蒂 8237 起，平均每年活活烧死 588 人。流行最盛的拉吉普特地区活焚者达寡妇总数的1/4，如此野蛮残忍的萨蒂，竟被愚昧无知、麻木不仁者赞颂为高尚行为。正像马克思指出的：印度"这种失掉尊严的、停滞的、苟安的生活，这种消极的生活方式，在另一方面反而产生了野性的、盲目的、放纵的破坏力量，甚至使惨杀在印度斯坦成了宗教仪式"②。罗易认为，这种以寡妇作为牺牲祭的宗教迷信活动，是印度民族的自我残杀。他沉痛地说："杀害妇女的罪过"，给国家民族带来了"不幸"和"耻辱"，引起了"地球上所有文明国家的轻蔑和怜悯"。他大声疾呼，必须"把妇女从宗教外衣掩盖下的残酷杀害中解放出来"。

罗易针对社会上的陈腐论调，同反对派展开了一场激烈的论战。1818年，他发表一篇题为《活焚寡妇习俗的支持者与反对者的对话录》的文章，

① 《马克思恩格斯全集》第 9 卷，人民出版社 1961 年版，第 250 页。

② 同上书，第 149 页。

专就萨蒂问题同反对派进行辩论。不久，文章被印成小册子，在萨蒂流行地区广为散发。同年，罗易发起，向当局呈递了 300 人联名的请愿书，请求禁止萨蒂。书中列举了萨蒂的种种罪状后，指出："有些从火中逃出的妇女，又被亲属带回去烧死。根据各国法典和所有国家的常识，请愿者认为这些行为都属于杀人。" 1820 年，他发表了《对话录》。罗易在文章中巧妙地用群众易于接受的传统理论，即援引印度最古老的法经为依据，驳斥守旧派的种种谬论。他第一次阐明：殉夫既不是寡妇应尽的义务，也不是神圣不可侵犯的宗教仪式，而是明目张胆的"谋杀"。他愤怒地指出："你们先把寡妇同她丈夫的尸体绑在一起，然后在她身上放上大量的木柴，使她动弹不得，焚尸堆引火时，又加上一层大竹杠……这纯粹是对妇女的有意谋杀。"他以敢于触犯宗教教规的大无畏精神，史无前例地把"神圣"事物宣判为犯罪行为。

1828 年建立梵社后，进一步推动了反萨蒂斗争。罗易带领梵社成员经常深入群众中调查研究，到萨蒂现场去向群众进行宣传教育，劝阻萨蒂的举行。罗易把文章译成英语，旨在争取英国进步人士和殖民当局的支持。最初，当局害怕触犯宗教情绪，影响殖民统治的正常秩序，借口不干涉宗教信仰，对萨蒂袖手旁观。经罗易与政界、军界以及自由派人士多方协商后，终于迫使政府于 1829 年 12 月颁布了一道法令，宣布萨蒂为犯罪活动。规定凡怂恿寡妇殉夫者，均犯有杀人罪，若直接使用暴力或其他强制手段威逼寡妇殉夫者，当依法判处死刑。守旧派急起抵制，于 1830 年成立达摩社，公开与梵社相对抗。在其策划下，先后两次以 800 人和 2000 人签名的请愿书，呈送殖民当局和英国政府，逼其收回成命。为此，罗易为了使社会了解这场斗争的全局，引起公众舆论来共同反对萨蒂，他发表《关于认为活焚寡妇是宗教仪式的论点摘要》一文，从理论上作了全面的揭露和批判。同时他亲赴伦敦敦促英国议会驳回了守旧派的请愿书。这是人道主义对封建蒙昧主义的一次重大胜利。

罗易在辩论中，阐发了男女平等思想。他认为妇女具有"天赋的长处"，而社会从来不为妇女提供受教育和发挥才能的机会，说她们智力低下是不公正的，呼吁社会给予妇女应有的受教育权。1822 年还发表《根据印度继承法略论近代对妇女继承权的侵犯》的专题论文，为妇女争取继承财产的合法权利。

废弃梵文教育制度，兴办近代科学文化教育，是罗易首倡的新型教育方针。1823 年，罗易写公开信反对政府建立梵文学院。信中说："希望政府把更多的教育经费用在为印度人讲授数学、物理、化学、解剖学和其他实用科学上。"他认为梵文教育制度"只能向青年灌输对本人或社会毫无实际用途的语法细则和抽象区别"。他认为这种制度同欧洲中世纪的经院哲学一样，脱离实际，思想保守，束缚着人们解放个性，不允许人们摆脱"偏见的羁绊"，只能使受教育者保持中世纪的愚昧落后状态，对国家民族的发展极为有害。他意识到近代科学文化教育是立身强国之本。他说欧洲国家已经把数、理、化、解剖学等实用科学"发展到如此完善的程度，以致使他们高踞于其他国家居民之上"。

罗易亲自建立新型学校，成为开创近代教育的先驱。1817 年，他在雅利安人协会和加尔各答印籍商人的募捐支持下，建起了第一所大学——印度学院。在他的影响下，1828 年孟买商人出资建立了艾尔芬斯顿学院。这两所学院为启蒙运动培养了一大批优秀人才。学生中形成了著名的青年孟加拉派和青年孟买派，在启蒙运动中发挥了骨干作用。

罗易在政治上揭露殖民统治的弊端，提出了改良的要求。他一面歌颂英国统治者，说印度"半个多世纪以来，在一个热爱自由、崇尚知识的外国开明国家的管理下获得了利益"；一面又批评殖民者的"枷锁"使印度处于不平等和受压迫的地位。他要求降低田赋和地租额，减轻农民负担，要求扩大公民权，让更多的印度人参加公职，并担任较高的职务，要求同英国人一样享有司法权，印度人有资格担任陪审员夕并明确提出"在法律面前人人平等"。他预言和期望印度在 100 年后能获得自治、平等。罗易这些政治要求以及他对殖民者的既拥护又斗争的灵活态度，对整个启蒙运动和国大党成立后的改良主义路线，都有深远影响。

罗易所倡导的启蒙运动的本质内容是：从资产阶级人道主义、民主主义和爱国主义出发，改革宗教教义，使之适应新时代的需要，以利启迪民族意识，加强民族的团结统一；批判封建蒙昧主义，革除中世纪习俗，解放个性，主张法律面前人人平等，抵制种族歧视和压迫政策；努力发展印度民族资本主义。他的文章和著述给印度资产阶级留下了丰富的遗产。他是启蒙教育的倡导者，也是整个启蒙运动思想理论的奠基人和社会革新的战士，被誉为印度"近代之父"，民族民主主义的先驱者。

向政治改良方向发展

30 年代初至 50 年代为启蒙运动的中期。随着资本主义的发展、民族资产阶级的产生和形成，民主主义精神高涨起来，运动从思想、组织到内容都有进一步的发展。这一时期，运动的突出特点是：第一，继续深入革除封建陈规陋习，大力发展教育；第二，民族主义思想勃兴；第三，运动重点自发地由反封建转向揭露殖民统治的弊端，并要求改良。

1833 年罗易逝世后，梵社由印度第一所商业公司的创办人德瓦尔卡纳德·泰戈尔（1794—1846 年）领导。1843 年开始，改由他的儿子德宾德罗纳特·泰戈尔（1817—1905 年）即著名的印度诗人罗宾德罗纳特·泰戈尔的父亲接替，继续积极开展活动。这时吸收了印度学院学生中德罗齐奥领导的激进团体学园学会（即青年孟加拉派）的大多数成员加入梵社，壮大了组织。

梵社派造成了强烈的社会舆论，推动着殖民当局颁布了几个限制种姓权力的法案。1850 年的《废除种姓权利法案》，承认逾越种姓鸿沟的特殊婚姻合法。1856 年颁布《寡妇再嫁法案》，允许寡妇再婚。当时新旧思想的斗争相当激烈。仅孟加拉地区，就有 33 份请愿书反对允许寡妇再嫁，签名者有 6 万人之多。在印度北部，守旧分子散发告群众书，指责启蒙派跟政府一道，破坏了印度民族的风俗和宗教基础，是对印度人的凌辱。尽管这些法案颁布后的实际效果不十分理想，但毕竟对种姓法庭操纵印度教徒的特权有所限制。

除梵社派继续进行改革活动外，先进知识分子已有逐步转向社会政治斗争的趋势。这时群众性文化教育团体层出不穷，反映民族意识在逐步形成。如 1835 年在孟加拉成立了孟加拉语倡导协会、真理认识协会。前者除从事文化教育外多还，以"消除民族灾难"为政治目的。后者出版杂志，把持有各种宗教观点的活动分子团结在协会里，其中有一位著名的活动家，叫阿克沙依·库玛尔·杜德，他注意研究印度宗教哲学思想，有无神论倾向。还有一位叫伊什瓦·钱达拉·维迪亚萨加尔，他极力反对"禁止寡妇再嫁"，主张提高妇女地位，兴办妇女教育。他的思想在孟加拉有强烈的影响。30—40年代，在孟买地区有本地人文学协会，艾尔芬斯顿学院的学生中有学生文艺科学协会，即激进的青年孟买派。社会政治组织也开始出现。1837 年，梵社领导人德瓦尔卡纳德·泰戈尔发起建立了第一个社会政治组织——土地占有者协会，入会者不受宗教、种姓和民族的限制，只要占有土地即可。它的宗旨是"谋求当前迫切需要解决的民族团结"和"认真监督政府及其官吏的措施"。这是自由派地主的组织，宗旨过于温和，不久即衰落。1843 年，青年孟加拉派发起成立了英属印度孟加拉协会。该会"力求以和平和立宪手段……谋求福利，扩大正当权利，捍卫同胞利益"。

40 年代末，各地社会团体开始出现民族团结倾向。1849 年发生了有名的法庭斗争。孟加拉各个群众团体一道在法庭上公开抗议殖民当局的种族歧视政策。青年孟加拉派的著名活动家罗姆·高派尔·高士（1815—1868 年）发挥了罗易曾经提出的"在法律面前人人平等"的原则，他认为这个原则是"神圣不可侵犯和不容置疑的"。加尔各答的群众团体及各阶层人士还召集了群众大会，对英国传教士歧视印度文化、推行奴化教育提出强烈抗议。1851 年，加尔各答创建了具有统一倾向的组织——英属印度协会。1852 年在孟买，艾尔芬斯顿学院的学生（主要是学生文艺科学协会成员）和青年教员一道建立了孟买协会。同年，马德拉斯本地人协会在英属印度协会的帮助下宣告成立。从此，作为英属印度政治、经济和文化中心的三大管区孟加拉、孟买、马德拉斯，都有了代表性的社会政治组织，并且相互间有了一些联系。他们相互协商，然后分别向英国国会呈递请愿书，提出了一系列政治要求，其中主要是印度人有权参加国家管理，不仅担任一般公职，还要求参加中央和各省的立法机关。英属印度协会在请愿书中提出，印度人应当"享有一切宪法政体中公民享有的权利"。该会还要求减低国税，取消税务官吏的司法权，缩减行政经费，兴办教育事业，改革司法制度，惩治警官的贪赃枉法行为等。其他协会也有类似要求。

报刊舆论日益激进，并开始抨击殖民制度。如孟加拉进步报纸《印度爱国者报》经常刊登批评殖民当局的文章。1856 年当英国吞并奥德省时，报纸载文指责这是"惊人的非正义行为"。青年孟加拉派的成员明确指正："异族统治就是印度贫困的根源。"号召印度人不分地位、种姓和宗教，团结起来，以"消除一切灾难"。他们幻想使一切印度人同英国人平等。著名哲学家德宾德罗纳特·泰戈尔（梵社领导人和英属印度协会成员）拒绝接受殖民当局授予他荣誉勋章，并表示不愿同英国当局保持任何私人联系。进步作家继罗易之后，不断创办刊物。如从 1831 年起，伊绍钱达拉·古普塔发行了《仁爱报》和《仁爱杂志》。"仁爱"二字虽是沿用印度教传统的文化概念，但实际上宣传的多属资产阶级人道主义精神。还有一些作家也开始通过报刊、作品，讽刺那些盲目模仿英国式作风的知识分子，如穆杜舒顿·多托在喜剧《这就叫做文明》中，嘲笑了那些盲目模仿"西方时髦式样"的印度人，指责他们的全部自由派派头"只不过是英国式吃、喝、穿而已"。1858—1861 年，他出版了剧本《动听的唤声》《一瓣荷花》《喜神之女》和诗歌《贪婪的眼睛》《美格纳达之死》等。虽然这些作品中许多是用史诗和神话题材写成的，但作品的思想倾向非常明显，既反对盲目崇拜和歌颂殖民者，又极力宣传资产阶级的思想和观点，提倡个性自由，反对封建束缚。

　　教育也有了进一步发展。接受近代教育的中小学生，1829 年仅有 3000人，1855 年则为 49000 人，增长 15 倍。这些接受近代教育的学生，有的是在印度资产阶级自己创办的学校里念书，有的则是在殖民政府开办的学校里就读。不管哪一类学校，都和印度启蒙思想家们的积极倡导和斗争分不开，和印度资产阶级要求参职参政分不开。同时，殖民当局的行政机构、法院和商业企业中也必须雇用一些印籍人员。在这种情况下，殖民者不得不办一点教育。1833 年东印度公司章程法案里规定：每年拨 10 万英镑作教育经费，仅占政府全部支出的 5%。规定主要用于发展中等和高等教育，培养下级官吏、贸易公司职员和医务人员。当然其目的是为殖民统治服务。关于这一点，一个印度总督参事会参事、英国历史学家马考莱说得十分露骨，他说："我们应当努力造就出英国人和他所管理的数百万土人之间的一个媒介阶层，他们具有印度血统和肤色，而又有英国人的趣味、观点和智能性质的阶层。"不过殖民者的罪恶目的并未完全实现。这些受过近代教育的知识分子，在罗易开辟的近代民族教育和启蒙思想的影响下，绝大部分投入了民族民主运动中。另外，英国传教士开办的小学教育，人数竟超过了 30 万。殖民者试图从小学起就进行奴化教育，以控制印度人民的思想。因此，启蒙家们所举办的民族教育和启蒙宣传，在培养民族人才和与殖民者争夺人才方面，更显出了它的积极意义。

民族主义思想方兴未艾

　　60 年代至 70 年代为启蒙运动的后期。

　　英国殖民者一面残酷地镇压了 50 年代的印度民族大起义，一面于 1858年 6 月就宣布将东印度公司撤销，统治权全部收归英国女王手里，同时委派印度总督，并钦命为英国副王，代表女王进行直接统治，使印度更加殖民地化。经济上加紧搜刮原料，低价购买原棉、粮食、黄麻、印度兰（在化学染料没有发明以前，印度兰为最好的染料）等。仅就原棉和粮食看，源源不断地输往英国，增长幅度极大。1859 年原棉为 4094100 磅，粮食为 2801871 磅，到 1877 年则分别达到 11746184 磅、7988189 磅。

英国殖民者早已向印度输出资本。自 50 年代起开始投资于铁路交通事业。据统计，在 1857 年，建有铁路 288 英里，14 年后的 1871 年即为 5077 英里，1881 年就达到了 9891 英里。英国私人资本则大量投资于印度种植农场，大量种植咖啡、茶叶等。这时期印度资本主义有了较大的发展。印度资产阶级跟随英国到中国贩卖鸦片，同时也把大量的棉纺粗纱投入中国、伊朗、缅甸、马来亚等市场，积累了大量资金。他们于 1861 年在产棉区艾哈迈达巴德建立了第二个棉纺织中心（第一个在孟买），不久塔塔财团在那格浦尔建立"女王纺织厂"，为第三个棉纺织中心。此外还发展了黄麻工业。开办黄麻工厂的既有印度人，也有英国人，有的是合资开办。随着印度民族资本主义的发展，印度资产阶级同宗主国的矛盾也随之尖锐起来，开始争夺市场，突出表现在关税上。英国棉织业巨头向印度事务大臣递申请书，要求印度当局降低工业品进口税，提高出口税，以限制印度民族工业的发展。

这一时期的运动出现几个明显的特点：第一，运动由印度教发展到了其他教派，并更加注重宣传科学文化知识，兴办教育事业；第二，运动的主流已由宗教改革过渡到了明确的政治改良要求；第三，社会政治组织愈益发展壮大，并出现统一倾向；第四，民族主义队伍里产生了城市中小资产阶级激进派。

最早创立的梵社，随着运动的深入发展，内部不断发生着进步与保守的斗争，在分化、改组中前进。1828 年梵社创立；1866 年保守派将原社改称真梵社，激进派另立印度梵社；1878 年保守派将原社改称新诚梵社，激进派另立公共梵社。印度梵社领导人喀沙布·钱达拉·森（以下简称"喀·钱·森"，1838—1884 年），早年思想激进，颇有标新立异之勇。他发动全体人员，为革除种姓和童婚制而努力。他带头解下了作为婆罗门标志的"圣带"；允许低级种姓首陀罗进经堂念经；实行不同种姓间的通婚。早在 1862 年就公然举行过不同种姓的人的结婚典礼，还致力于革除童婚制。当时通行婚龄是男孩 10—16 岁，女孩 6—10 岁，甚至还有在襁褓中由妈妈抱着举行婚礼的。喀·钱·森领导印度梵社作了坚持不懈的斗争，一面向社会广泛宣传教育，一面争取当局支持。1872 年促使政府颁布了第一个国民婚姻法，按照梵社派要求，法定婚龄为男 18 岁，女 14 岁。喀·钱·森还强调"教育是摆脱国内现有的一切邪恶的主要方法"。他也注意到妇女教育问题，梵社内成立了单独的女成员团体，并创办了女子师范学校，发行《妇女之友》专刊。

印度教的宗教改革组织，除孟加拉的梵社及各地方分社外，还有一些不同名目的组织。如 1864 年马德拉斯成立了吠陀社，后与印度梵社的地方分社合并。1867 年孟买有祈祷社。它们的改革宗旨与梵社大体相同。梵社本来一开始就具有社会政治组织的性质，后随着资产阶级思想的发展，其成员逐渐转向社会政治组织。在北印度，印度教改革家达耶南达·萨拉斯瓦蒂（1824—1833 年）于 1875 年创建了另一个雅利安人协会。他批判封建习俗，重视社会福利和近代教育，在拉合尔创建了专门学院。政治倾向比梵社更为激进，认为"外国政府永远不能保障印度人民的福利"。公开号召人们参加反殖民斗争。后期，当梵社影响逐渐缩小的时候，雅利人协会在北印度的活动却方兴未艾。据 1891 年统计，全印度梵社成员不过 3050 人，而该协会却达到 4 万人。

六七十年代，锡克教和伊斯兰教也开始建立改革组织。虽以教派团体为名，但主要不是改革宗教，而是积极从事教育，宣传近代科学文化知识。1873 年锡克教徒在阿姆利则成立的什里古鲁辛格协会，一方面注意继承民族文化，用旁遮普语翻译、注释和出版锡克教的宗教文献和历史文学作品，另一方面又着重在教徒中普及世俗教育，并在拉合尔成立了东方学院。除了教授近代科学知识外，旁遮普语还是必修课之一。伊斯兰教是印度人数众多的第二大教派，教徒的文化普遍较低，受过近代教育的知识分子极少，因而在殖民机构中担任公职的人数也微乎其微，启蒙运动也开展得较晚。1863 年创建了第一个团体伊斯兰文学社。1877 年建立全国伊斯兰教育协会，次年改称中央伊斯兰协会。该会发展迅速，至 80 年代，有 30 多个分会遍布全国各地，主要活动地区是孟加拉和印度斯坦。

伊斯兰教徒中的著名启蒙家是赛义德·艾哈迈德·汗（1817—1898 年）。他从 20 多岁起任法官，对英国殖民者持拥护态度，厌恶印度的封建落后性、保守性多反对宗教教育制度，主张普及世俗教育和近代欧式文化教育，极力倡导用乌尔都语。1864 年他建立翻译协会，致力于翻译，出版工作，把大量欧洲文学、历史、哲学、经济等书籍译成乌尔都语。这对于引进欧洲近代科学文化知识，提高民族文化水平具有重要意义。1870—1876 年，他又发行了《社会改革家》周报，写了不少文章，阐明其思想。1877年创办阿利加尔学院、哈里萨学院，从院长到教员，多聘请英国人担任。后来这些学院的不少毕业生成了印度民族解放运动的活动家。

后期运动中，社会政治活动居显著地位。在孟加拉和孟买地区，资本主义发展较快，资产阶级队伍也壮大起来，特别是城市中小资产阶级人数越来越多，因而在社会思潮中出现了派系差别，有保守、温和与激进之分。自由派地主趋向保守，大资产阶级一般比较温和，中小资产阶级则多为激进力量。从活动上看，温和派代表人物起主导作用，掌握着各个组织的领导权。他们多直接与殖民当局及其他上层人物打交道，开展社会政治斗争，组织群众集会、请愿、提要求等活动。激进派代表人物多控制舆论工具，利用报刊、出版物，着重于揭露殖民统治的罪行，宣传比较激进的民族民主思想。激进思想的代表人、著名作家邦基姆·钱达拉·查特吉（1838—1894年），写了不少的长篇历史小说，如《要塞司令的女儿》《肝胆照人》和《欢乐的寺院》等，运用历史题材，名为反对历史上的外国侵略者，实则揭露英国人入侵后所造成的贫困景象，号召人们起来斗争。他在歌词里写着："祖国万岁"，反映了强烈的民族主义爱国精神。著名戏剧作家迪诺班杜·米特罗（1829—1873年）写的《靛蓝种植场的内幕》和米尔·马什拉夫·侯赛因写的《柴明达尔的镜子》，都揭露了英国种植场主和柴明达尔地主的贪婪残暴。这些剧本的发表及其公演，引起了社会的强烈反响。报刊也面向工农说话，支持其反封建反殖民统治的斗争。年轻的印地语杰出作家婆罗丹都·哈什钱达拉（1850—1885年），在他主持下办了好几种报纸，有《贝拿勒斯报》《觉醒者报》，杂志《诗人玉屑》《哈里什钱达拉——昌德里加》等，有力地推动了启蒙思想工作的进展。他还著有长篇小说《普尔纳普腊卡什和钱达拉普拉巴》，竭力主张妇女解放。到70年代，仅在孟加拉地区就有定期刊物大约80种。

社会政治组织出现了统一联合趋势。在孟加拉管区，1867年建立激进派的小团体印度会，至1875年扩大为印度联盟。但为时不久，联盟解体。1876年成立印度协会。此后，英属印度协会处于保守状态，而印度协会成为最活跃的温和派组织。在孟买管区，1867年成立浦那协会，1868年又成立了浦那辩论会。1870年创立浦那全民大会，这是一个有代表性的社会政治组织。

孟加拉管区的社会政治组织注意开展政治斗争。印度协会领导人之一阿兰·摩罕·鲍斯（1846—1906 年）在加尔各答大学生中开展工作，组建了大学生联合会。另一位领导人苏伦德拉纳特·班纳吉去学生中讲演，同时还在首府学院任教。1877—1883 年，他先后三次去印度各地开展工作，在很多地方建立了分会。印度协会曾把争取印度人担任陪审员和参加公职问题作为自己的主要任务。1877 年在加尔各答召开群众大会，通过了致英国国会的备忘录，要求当局放宽参职人应考年龄、增设印度考场，给印度人参职扩大考试机会①。孟买、马德拉斯和浦那等地的组织一致支持协会的备忘录，几乎全国一致为争取参职参政（包括参加各级立法议会）而斗争。启蒙派围绕参职、参政问题所做的斗争，实质是试图通过议会的途径来逐步掌握国家政权而实现大英帝国属下自治领的目的。

孟买管区的组织比较注重经济问题，主要是提倡国货，争取关税保护，发展民族经济。在整个孟买地区，最有影响的领袖是达达拜·瑙罗治（1825—1917 年）。他是艾尔芬斯顿学院的毕业生。学生时代便从事社会活动，曾领导过学生文艺科学协会。毕业后先后任助教、数学教授，是印度人中的第一个教授，著名的印度国民经济学派的创始人。1855 年，为了研究社会科学和调查印度留学生在英国的情况，他以印度最著名的卡马商业公司的代表身份常驻伦敦。1866 年在伦敦建立东印度协会，就地开展工作。瑙罗治通过大量的事实，阐明英国在印度实行的是"非英国式的管理"，因此形成了他著名的"经济榨取"理论。他在《印度的贫困与非英国式的管理》一书中，呼吁英国资产阶级，"如果对印度进行真正的英国式的管理，以代替现在的非英国式的管理，那么无论是英国或印度，都将繁荣昌盛起来"。所谓"真正的英国式的管理"就是要实行关税保护、限制殖民贡赋，保护印度经济的发展。他幻想得到英国议会中自由派的支持，改变殖民统治的性质，使印度成为英国模式的典型资本主义国家。

1868 年 11 月，《马哈拉斯特之友》报发表文章，号召国内各地区成立股份公司，兴办纺织工厂，强调不要依赖外国商品。1872—1873 年，在浦那全民大会领导人腊纳德和卓施的领导下，浦那地区兴起提倡国货运动。1876 年在艾哈迈达巴德成立了提倡国货委员会，其理论依据正是瑙罗治的经济学说，这也是后来国大党政纲中的一项重要经济纲领。孟加拉地区虽重于政治斗争，但是激进派活动家博隆纳特·钱达拉的经济思想于 70 年代初就明确

---

①　原指定在伦敦考试，1866 年规定报考年龄不得超过 21 岁，1876 年放宽到 22 岁。

表示出来。他说："我们应该用自己的双手建立起民族的学校和学院、民族的报刊、民族银行和商会、自己的大小工厂、市场、农场和造船厂等等。"1874 年他还在著作里号召抵制英国货。

印度资本主义发展极不平衡，因而启蒙运动的发生、发展也有早有晚，形式各异。从地区看，孟加拉最早，孟买、马德拉斯次之。但孟买发展迅速，后来居上。旁遮普、西北诸省最晚。从教派看，印度教改革最早，梵社是运动的先头部队和中坚力量，锡克教、伊斯兰教则迟至后期才开始。从内容看，是一股思潮两种形式，一以宗教改革为旗帜，矛头主要针对封建势力，一以社会政治团体出现，矛头针对殖民统治，侧重政治、经济方面的改良要求。前者逐步向后者发展，影响相对缩小。从阶级队伍看，早期启蒙组织中，商业资产阶级、自由派地主占优势，50 年代以后，民族资产阶级（包括大资产阶级和城市中小资产阶级）逐步成为运动的主要社会基础。后期，整个民族主义队伍中，起主导作用的是温和派，保守派影响相对缩小，而激进派力量虽然增大，却始终没有建立单独的组织，只是在温和派控制的组织中掌握制造舆论的主动权。80 年代初开始，印度资产阶级已经酝酿建立自己的阶级组织——政党，使启蒙运动正式步入了民族民主运动新阶段。1885 年印度国大党的诞生就是这一新阶段开始的标志。

印度资产阶级启蒙运动，先后经历了半个多世纪。它为发展印度资本主义扫除了某些障碍，开辟了前进的道路，唤起了民族觉醒，使人民初步有了"民族""祖国"等爱国主义观念，造就了一大批既具有近代科学文化知识又有民族觉悟和斗争经验的知识分子，为后来的民族解放斗争提供了思想理论的宝贵遗产和做了组织上的必要准备。当然，运动还局限在地主资产阶级及其知识分子组织的上层人物中，活动面比较狭窄，启蒙思想家还不懂得人民群众的力量，尚未对农民问题给予应有的注意；在反封建斗争中，还没有完全摆脱宗教束缚，使资产阶级思想难以系统地、正面地阐发。尽管如此，启蒙运动好比阳光雨露，伴随着和煦的春风，滋润着沉睡的印度大地徐徐复苏！

英国三次侵缅战争

余定邦

缅甸是中南半岛上幅员最大的国家，有悠久的历史和灿烂的文化。1752年，雍笈牙（1752—1760年）建立的贡版王朝（1752—1885年）结束国家的分裂和战乱局面，实现了缅甸历史上的第三次统一。这个时期的缅甸，是统一、独立的封建王国。

19世纪初，由于殖民者的侵略和国内阶级矛盾的发展，贡版王朝逐步走向衰落。这时，英国殖民者在印度站稳了脚跟，开始对缅甸发动公开的武装侵略。它通过三次侵略战争，把整个缅甸变为自己的殖民地。英属缅甸，是英国殖民者"用火和剑夺取来的"[①]。

侵占沿海地区

从17世纪40年代起，英国与荷兰殖民者在缅甸沿海地区开始进行激烈争夺。1635年，荷兰在缅甸的锡里安建立商馆。1647年，英国东印度公司也在锡里安建立商馆。殖民者通过不等价的贸易，掠夺缅甸的财富。1652年，第一次英荷战争爆发，英国在孟加拉湾的势力遭到荷兰的打击，锡里安的英国商馆在1657年被迫关闭。英国在锡里安只保留一座船厂，利用缅甸的木材修造海船。由于缅王实行垄断对外贸易的政策，荷兰在锡里安的商馆也于1679年撤走。后来，在同法国争夺对暹罗商港墨吉的控制权的斗争中，英国曾在1687年一度侵占缅甸的尼格莱斯岛。经过三次英荷战争，英国击败了荷兰的竞争，于1709年重开锡里安商馆。

1729年，法国人也在锡里安建立了海军修船厂。18世纪40年代，英、

---

① 《列宁全集》第21卷，人民出版社1959年版，第283页。

法之间在缅甸沿海地区又进行激烈的竞争。1740 年，缅甸爆发孟族大起义。英、法双方都插手缅甸内战，以提供武器为诱饵，企图谋取特权。12 月，孟族军队攻入锡里安，曾把对外贸易的管理权交给英国驻扎官司马特。英国为了取得缅甸硝石的出口许可，在缅族和孟族之间采取了两面政策。1743 年 11 月，缅族反攻，进入锡里安。由于法国人支持孟族，缅族军队捣毁了法国人的货栈，只保留英国人的商馆。不久，孟族军队重占锡里安，又将英国商馆付之一炬。英国人不甘心在锡里安的失败，1753 年 4 月，侵占缅甸的尼格莱斯岛。但是，雍笈牙在 1759 年派兵收复尼格莱斯岛，将英国殖民者赶出缅甸。

经过英法七年战争（1756—1763 年），英国击败了法国。根据 1763 年的巴黎和约，英国取得了对北美殖民地和印度的控制权，巩固了自己的海上霸权。1773 年，英国在加尔各答任命了印度总督，以加强对印度的殖民统治，并把印度变为它扩大对亚洲国家侵略的基地。对印度的掠夺，加速了英国的资本原始积累的过程，为产业革命准备了资金。随着产业革命的开展，英国急需扩大工业原料产地和商品销售市场。在这样的历史条件下，它不甘心自己的势力被赶出缅甸，千方百计企图卷土重来。

1785 年，缅王孟陨（1782—1819 年）把独立的阿拉干王国并入缅甸版图。这样，缅甸和英属印度之间就有了共同边界。1794 年后，有一些阿拉干人逃入英属印度领地。英国殖民者唆使他们以英属印度为基地，对阿拉干发动武装进攻。当缅军追击这些阿拉干人时，英国殖民者又让他们退回英属印度领地，使阿拉干边境地区的局势紧张起来。

英国除了继续加剧边境地区紧张局势，从外部对缅甸施加压力外，还想在缅甸内部培植亲英势力。1795—1811 年，英印殖民当局六次派遣使者到缅甸活动。1795 年，印度总督寿尔派赛姆士到缅甸，要他搜集缅甸的政治、经济情报，设法谈判签订一项商约，使缅甸同意英国在仰光设置驻扎统监，不准法国人利用缅甸港口。1802 年，印度总督威尔斯利又派赛姆士出使缅甸，任务是在英缅之间建立"改进的联盟制度"。当时，英国得到缅甸可能发生王位争夺的情报，威尔斯利发出指令，一旦事情发生，要先在军事上支持法定的王位继承人，进而要缅甸政府对常驻缅甸的英军提供补贴。缅王孟陨只同意发展正常的商业往来，英国使者的活动，没有使英国取得特权，也未能把法国势力排出缅甸。赛姆士向英印殖民当局提出了吞并缅甸的建议："我决然认为，在阿瓦政府（当时阿瓦为缅甸首都）与行政中的最高权势，不管我们怎样取得它，如今已成为对于在东方的英国各属地的利益与安全所必不可少的了。"

1815 年拿破仑战争的结束，进一步巩固了英国在欧洲的地位，使它能放手扩大对亚洲国家的侵略。在东南亚，英国于 1819 年侵占了新加坡。1824年，英、荷签订在东南亚划分势力范围的协定，英国占有马六甲，取得对马来亚的控制权。同时，英国残酷地镇压了马拉特人的反抗，进一步巩固了自己在印度的殖民统治。

1819 年以后，在阿萨姆、曼尼坡和阿拉干发生的事件，又给英国殖民者发动侵略战争提供了可乘之机。1814 年，阿萨姆发生内乱，应阿萨姆一些大臣的请求，缅军在 1819 年进入阿萨姆，恢复了原来王公的权力。过后，一些阿萨姆人逃入英属印度，英国则唆使他们向阿萨姆发动进攻。1822 年，缅甸派遣班都拉将军率领军队进入阿萨姆，迎击来自英属印度的侵犯。19 世纪初，曼尼坡也发生了王位争夺，王子马其新向缅甸求援。1813 年，缅军进入曼尼坡，立马其新为王。1819 年，缅王孟隕去世，马其新没有出席缅王孟既（1819—1837）的登基典礼，缅军在当年开进曼尼坡。马其新带了数以千计的臣民逃到毗邻的卡恰尔，与缅军对抗。卡恰尔国王逃入英属印度，向英国求援，英国则乘机宣布卡恰尔及其北部的贾因提亚为自己的保护国。缅甸政府不理会英国殖民者这一声明，1824 年 1 月，英、缅军队在卡恰尔附近发生了战斗。在阿拉干地区，英印殖民当局于 1823 年 2 月派兵侵占纳夫河口有争议的刷浦黎岛（信摩骠岛）。9 月 23 日午夜，缅军 1000 余人，出其不意地反攻，将该岛夺回。

1824 年 3 月 5 日，英国借口缅甸威胁英属印度的安全，对缅甸发动了第一次侵略战争。在这次战争中，英军采用声东击西的战术。它先在阿拉干挑起冲突，把缅军主力吸引到西线。与此同时，在安达曼群岛集结重兵 1 万多人。当班都拉率领缅军在西线抗击英军的时候，英军乘虚在南线发动进攻，一举占领仰光。战争初期，班都拉带领缅甸军队在阿拉干英勇抗击英军侵略，在反击战中，一度攻入英属印度领地，在拉穆打败英军，使英国殖民者极度恐慌。

1824 年。5 月 11 日，英将坎贝尔指挥从安达曼群岛开来的英军在仰光登陆。仰光失陷后，缅甸派敏贡将军率领 25000 多人南下，围困在仰光的英军，使英军暂时处于困境。据一位英国史学家说，这次英军登陆，"断粮绝饷，失却联络，不久雨季开始，英军自陷泥足，困守仰光，日间不能进攻，入晚又须防御缅军之偷袭,枕戈待旦,苦不堪言。"由于缅甸人民的反抗,加上疫病流行,被围在仰光的英军伤亡惨重,11000 多英军,只有几百人能参加战斗。

班都拉将军奉命率师 15000 多人南返,翻越阿拉干山脉,在 11 月赶回仰光前线。12 月 1 日,3 万缅军对仰光发动总攻。由于缅军装备差,长途行军又影响了战斗力,加上英国增援部队陆续到达,激战一周后,班都拉带领 7000 缅军北撤到达努彪挖壕固守。班都拉亲自在前线指挥作战,1825 年 3 月,在班瓦战役中击退来犯英军。4 月 1 日,班都拉在战斗中中弹阵亡,使缅军受到很大的损失。不久,英军继续北上侵占卑谬。1826 年 2 月侵占蒲甘,推进到缅甸首都阿瓦附近的延达波。2 月 24 日,强迫缅甸政府签订"延达波条约"。

延达波条约是缅甸历史上第一个丧权辱国的不平等条约。条约规定,缅甸要向英国交付 1000 万卢比的赔款,承认曼尼坡、卡恰尔、贾因提亚为英国的领地,把丹那沙林、阿萨姆和阿拉干割让给英国,同意在首都接受一位英国驻扎官。

1824—1826 年英国第一次侵缅战争,是英国殖民者在"缅甸威胁英属印度的安全"的借口下发动的。对此,马克思曾尖锐地指出:"在孟加拉和缅甸之间,隔着一条军队不能越过的山脉,缅甸根本不可能入侵印度。为了向缅甸开战,印度统治者不得不从海路到缅甸去。认为缅甸人会从海上进攻印度的设想,和那种认为缅甸的浅水帆船能够对抗东印度公司的军舰的荒谬说法一样可笑。"[①] 英国学者霍尔也承认:"这场战争,在战略上是经过周密筹划,在作战行动上初期曾经处理失当,终于在人力与财力上付出了沉重的代价之后打赢了"。

为了发动这场侵略战争,英印殖民当局动用 4 万多兵力(战场上损失 1 万多人),消耗军费 1300 万英镑。战争给缅甸人民带来巨大灾难,也加重了印度人民的负担。

吞并下缅甸

延达波条约签订后,英国殖民者仍不满足。1826 年 9 月,英印殖民当局

① 《马克思恩格斯全集》第 9 卷,人民出版社 1961 年版,第 228 页。

派遣约翰·克劳福德到阿瓦，同缅甸进行有关缔结商约的谈判。谈了三个月，无法动摇缅王对外贸易的垄断权。1830 年 4 月，英国根据延达波条约的规定，派亨利·伯尼到缅甸，担任驻缅京的英国驻扎官。他继续就有关边界和商业问题同缅甸进行谈判，没有取得成果，1837 年返回印度。

英国的侵略、高额的地税和强迫劳役，激起缅甸人民的反抗。1830 年在丹那沙林，1836 年在阿拉干都爆发了人民反英起义。英国殖民者以丹那沙林为基地，不断向勃固地区渗透，也激起缅甸爱国官员的不满。在人民反英情绪的影响下，缅王孟坑（1837—1846 年在位）宣布不承认延达波条约，拒绝就缔结新的商约同英印殖民当局谈判。1840 年，英国东印度公司驻缅京代表理查德·本逊离开缅甸。他回到加尔各答后，叫嚣要对缅甸发动战争，说除了武力之外无法使缅甸政府清醒过来。当时，英国正在进行侵略阿富汗的战争，同沙俄进行争夺，又发动侵略中国的鸦片战争，一时无力对缅甸发动新的侵略。

1846 年，缅王蒲甘（1846—1853 年在位）登位后，任命吴屋为仰光市长。吴屋对英商的违法行为进行限制，引起英国殖民者的不满。1851 年 7 月和 8 月，英船"君主号"船长谢泼德，"冠军号"船长刘易斯在仰光港口违法被控，谢泼德把引水员抛入海中淹死，刘易斯杀死一名水手，吴屋依法逮捕他们，令其交出罚金。当时，英国本土已经完成了产业革命，在印度也完成了对旁遮普和克什米尔的占领，又吞并了一些土邦，基本上完成了对印度的占领。在这样的条件下，英国借口缅甸"虐待英商"，发动了第二次侵缅战争。

1851 年 11 月 17 日，印度总督大贺胥派遣东印度公司代理海军总司令兰伯特准将率领 6 艘军舰到仰光进行挑衅，要缅甸政府撤换吴屋，向被罚款的英国船长赔礼道歉，赔偿损失，承担兰伯特舰队从印度到仰光所耗的费用。在英国的压力下，缅甸政府同意撤换吴屋，答应就英国提出的问题进行谈判。在谈判过程中，英国殖民者又借口缅甸人侮辱他们的谈判代表，劫走了停在仰光港口的缅甸王船"水宫号"，炮轰仰光，对仰光实行海上封锁。

1852 年 2 月 18 日，大贺胥向缅甸政府提出了最后通牒，限令在 4 月 1 日前作出答复。在最后通牒发出的同时，从印度向缅甸派出了侵略军。缅甸政府拒绝了殖民者的无理要求。4 月 1 日，英将戈德温率领英印殖民军队从丹那沙林向缅甸发动进攻。4 月 5 日英军占领马达班，4 月 16 日占领仰光，

5 月占领勃生，6 月 3 日占领勃固。由于英军兵力不足，只有 8000 人。大贺胥计划在雨季到来之前先占领三角洲地区，待雨季过后再进行最后的军事行动。7 月，他亲自到仰光，部署进一步对缅甸的侵略。雨季过后，英军沿伊洛瓦底江北上，10 月 19 日侵占卑谬，12 月推进到美获。12 月 20 日，英国殖民者在仰光宣布，勃固地区为英国的殖民地。

第二次侵缅战争，英国仅用 8 个月时间，侵占了下缅甸，使缅甸丧失了最富饶的领土。

殖民者的侵略军队推进到美获被迫停下来。勃固地区人民马上拿起武器同侵略者作斗争。连英国人也承认，在这块被吞并的领土上，到处都是起义的烽火。一些地方官员成了抵抗运动的领导人。人民的反抗，妨碍殖民者文官政府的建立。抗英领袖米亚德吞和格基，英勇善战。英国殖民者花了 3 年时间才控制了这个地区。当时，英国在国际上的处境也不允许它在缅甸战场上拖下去。在欧洲，1853—1856 年，英国等国和沙俄正进行着克里木战争。在亚洲，英国在 1856 年发动侵华的第二次鸦片战争，并参与镇压太平天国农民革命。

缅甸战场上的军事行动虽然停了下来，但英国殖民者要侵吞全缅的野心不死。马克思认为，这仅是一种暂时的休战，并预言："没有尽头的缅甸战争的第三次爆发，看来有不可避免之势。"①

缅王曼同（1853—1878 年在位）是在英占勃固以后登位的。登位后，他即下令部队停止抵抗，释放俘虏，并派两位意大利神父到卑谬通报英军，缅甸新国王将尽快派出代表进行和谈。然而，英国侵略者却把 1852 年 12 月 20 日在仰光宣布勃固地区为英国殖民地的声明副本交给这两位神父，要他们转告曼同，尽快缔结和约，划定边界，承认英国对勃固地区的占领。

1853 年 3 月，曼同派马圭们纪到卑谬同英国人谈判。缅方要求英国归还勃固地区，而英国殖民者却提出，可以放弃卑谬以北的占领地，作为缔结和约、承认勃固地区为英国所有的交换条件。5 月，谈判破裂。

1854 年，曼同又派达马蕴到加尔各答去同英印殖民当局谈判，再次提出归还勃固地区的要求。英国侵略者拒绝归还，大贺胥在接见缅甸代表团时声称："只要太阳还在发光，这块土地再也不会归还给阿瓦王国。"

曼同没有从中吸取教训，对英国侵略者仍抱有幻想。在克里木战争期

---

① 《马克思恩格斯全集》第 9 卷，人民出版社 1961 年版，第 228 页。

间，加囊亲王建议趁机收复失地，曼同却拒绝出兵，甚至表示："我不能在朋友的背后放暗箭。"1857年，印度爆发了人民大起义，大批驻缅英军调到印度去镇压印度人民。此时，又有人提出要收复失地，曼同再一次拒绝出兵，并且说："我不能乘人之危，伤害朋友。"不仅如此，为了讨好英国人，他还捐款给英印殖民当局"救济难民"。

英国殖民者把勃固地区的人民抗英斗争镇压下去以后，在1862年把阿拉干、丹那沙林、勃固三个地区合并，组成"英属缅甸"，以加强对下缅甸地区的殖民统治和控制。

加囊亲王是曼同的弟弟，是曼同在国内进行改革的得力助手，被曼同指定为王储。曼同的儿子敏贡和敏孔登对此表示不满，1866年8月2日，他们发动宫廷政变，杀死加囊亲王，曼同也险些丧命。为了巩固自己的统治地位，曼同急需从国外购买武器。英国殖民者趁机提出，可以安排曼同通过下缅甸从印度购买军火，但要签订一项商约作为交换条件。在英国殖民者的诱迫下，曼同跟英国人签订了1867年商约。商约规定，双方降低现行货物过境税，税率为货物总值的5%。双方同意不限制金、银进出口。缅甸同意英国派代表进驻八莫，为英国人通过八莫到中国云南进行贸易提供方便。曼同放弃了除柚木、红宝石和石油外的外贸垄断权。缅甸同意在缅的英国人享有治外法权。英国方面同意，在英国驻下缅甸专员事先同意的条件下，缅王可以通过英国领地或在英国领地上得到武器弹药。

面对英国的侵略威胁，曼同采取了一系列改革措施：迁都曼德勒。实行税收改革和行政改革，限制封建主的权力，巩固中央集权，加强中央对地方的控制，增加中央政府的财政收入。兴修水利，开垦荒地，发展农业生产。学习西方科学技术，发展本国的工商业。选派留学生出国留学。在法国技术人员帮助下，建立铸币厂，发行有孔雀标志的钱币。从外国购回一批机器，兴办50多个工厂。从外国购回轮船，发展伊洛瓦底江的航运事业。组织人力，根据莫尔斯电码编制出缅文电报电码，在全国开办电报业务。1874年，在首都曼德勒创办了第一份缅文报纸。开办兵工厂，请法国教官训练缅甸军队。派出使节，出访欧美各国，同西方国家建交，争取援助。曼同的改革，虽在一定程度上反映出缅甸在遭受到外国侵略的情况下要求发展民族经济的愿望，但无法从根本上解决缅甸社会面临的主要问题。

缅甸沦为英国殖民地

70 年代以后，英国以下缅甸为基地，加紧对上缅甸进行渗透。一是要掠夺缅甸的资源，二是要打通侵略中国云南的通道。

英国殖民者对缅甸的柚木资源早就垂涎三尺。它利用第二次侵缅战争后没有缔结和约，上下缅甸没有划定明确的边界这一情况，派出测量队进入红克伦居住区（即今天的克耶邦），企图占领这一带的柚木林区。由于缅甸政府提出抗议，英国的测量队才停止测量。后来，英国殖民者又煽动红克伦地区独立。英国殖民者答应，如果当地的首领起来反对曼同，英国将给他们提供军事援助。1873 年，曼同派兵进入这个地区，宣布缅甸对这个地区拥有主权。英国殖民者对此进行公开干涉。1875 年，英印殖民当局派遣福赛斯带领一个代表团到曼德勒，迫使曼同订约放弃这块领土，同意红克伦居住区"独立"，使这里的柚木林区落入英国人手中。

为了侵略中国，英国在 1874 年派出以柏郎为首的一支武装探路队，勘查从缅甸八莫到中国云南的通道。英驻华公使威妥玛派英国人马嘉里从上海经云南到八莫，担任这支探路队的翻译，带着一支由 100 多人组成的武装探路队从缅甸进入云南。1875 年 2 月，云南边境各族人民在蛮允杀死马嘉里，又阻击了柏郎的探路队，迫使它折回八莫。

缅王锡袍（1878—1885 年在位）是在宫廷内部明争暗斗中继位的。鉴于 1866 年宫廷政变的教训，曼同没有再指定王位继承人。曼同病重，曾召王子良渊进宫。但是，当良渊得知大臣金蕴们纪等人准备拥立王子锡袍为王时，就和他的弟弟良宇逃入英国驻扎官的官邸，要求保护。曼同临终时指定由三位亲王联合执政，遭到金蕴们纪等人的反对，他们拥立锡袍，让他登上了王位。锡袍登位后，为了巩固自己的王位，监禁和屠杀了近 80 名王室人员。英国人有意把良渊和良宇送到加尔各答，作为向锡袍施加压力的工具。英国利用锡袍的艰难处境，多方施加压力，企图迫使锡袍就范。英国殖民者声称，英国对锡袍的承认和支持，取决于锡袍对英实行的政策。特别提出，英国驻扎官可以自由晋见缅王（即在晋见缅王时不用脱鞋子和坐在地上），让英国对缅甸政府的政策有较大的影响。锡袍拒绝作出让步，英国驻曼德勒的外交人员于 1879 年 10 月全部撤走。当时，英国正忙于侵略阿富汗的战争，在南非又正在同祖鲁人、布尔人作战，未能在这时对缅甸发动新的侵略战争。

为了寻求援助，缅甸政府在 1883 年派出使者访问西欧国家。在列强瓜分世界的斗争中，英国害怕法国势力渗入缅甸，也担心缅甸人从法国得到武器。当英国获悉缅甸使者在巴黎同法国代表进行谈判之后，即进行露骨的干涉。英驻巴黎大使向法国政府声明："缅甸人与印度政府的特殊政治关系，和这个国家对于印度所处的地理位置，使女王陛下政府对于凡牵涉到它的问题，都视为有重大的切身利害。因此我有理由提出吁请，敦促法国政府注意女王陛下政府反对缅甸与外国政府订立条约的时候，有任何超出纯粹商务性质以外的规定。"

法国加紧侵略印度支那，法缅谈判的进行，法国外交官和顾问在曼德勒出现，这些使英国商会和在仰光的英国商团向政府提出吞并缅甸的建议。1882 年，英国记者柯乐洪完成了经两广、云南到缅甸曼德勒的旅行，提出了修筑从缅甸到云南思茅的铁路的建议。1885 年，他回到英国，公开鼓吹："缅甸的重要还不在于它本身的贸易，更重要的是它构成我们通往中国的大路的一部分，中国才是我们将来的真正的市场。唯一解决的办法就是合并上缅甸作为取得那条大路的第一步。"

1885 年 5 月，法国领事阿斯到达曼德勒。9 月，一位缅甸特使到了巴黎。英国人认为法缅有密约，缅甸同意法国在缅设银行，投资修筑铁路，让法国管理邮政，经营内河航运，给法国人以红宝石矿的租借权。英国人还说，法国总理茹·费理已向缅甸作了许诺：一旦东京地区（今越南北部）恢复了和平和秩序，就可以通过那里把武器提供给缅甸。因而，英国在外交上多次同法国进行交涉，要法国就承认缅甸在英国势力范围之内一事作出明确的保证。法国在侵略印度支那的战争中碰到困难，1885 年 10 月初，阿斯以健康不佳为名，离开了曼德勒。

1885 年，法国忙于进行侵略印度支那的战争，接着又爆发了中法战争。而英国在非洲已经镇压了祖鲁人的反抗，同布尔人之间的战争也已结束。这样，使它有可能在亚洲发动新的侵略。这时发生的柚木公司案件，成了英国发动第三次侵缅战争的借口。

缅甸的柚木出口贸易，一向由缅甸国王垄断。英国公司从上缅甸运出柚木，必须照章交纳税款。在上缅甸从事柚木开采、转运业务的英资孟买缅甸贸易公司，为了牟取暴利，大肆进行偷税活动。两年内它在上缅甸运出柚木 8 万根，只向缅甸政府申报 3 万根。缅甸政府觉察后，在 1885 年 8 月 20 日作出决定，要这家公司交出罚款 230 万卢比。孟买缅甸贸易公司不服判决，英属缅甸专员要求把这一案件交给印度总督仲裁。缅甸政府拒绝接受英属缅甸专员这一无理要求。英国殖民者以此为借口，在同年 10 月 22 日向缅甸发出最后通牒，并限令缅甸政府在 11 月 10 日前作出答复。最后通牒的主要内容有：（1）允许英国使节进驻缅京曼德勒，可以自由晋见缅王，不受缅甸礼节约束；（2）柚木公司案件要由英使调查处理；（3）英使可以带武装卫队（1000 名士兵和 1 艘武装汽船）进驻曼德勒；（4）缅甸政府要为英商从八莫到云南进行贸易提供方便；（5）缅甸的外交活动要接受英国监督。

11 月 9 日，缅甸的复文送到仰光。除了监督外交这一项外，几乎全部接受英国殖民者的苛刻要求。但是，英国对发动战争早有准备，11 月 11 日，英印殖民当局仍然下令普伦德加斯特将军率领英军向曼德勒进军，发动了第三次侵缅战争。

锡袍政府在军事上毫无准备。11 月 14 日，英军开始进入上缅甸。英军在北进的同时，还放出谣言，说英军北进是要送良渊亲王回国，以代替无能的锡袍。11 月 26 日，英占阿瓦，27 日占领实皆，28 日占领缅京曼德勒。战争只进行 14 天，缅王锡袍就当了俘虏。英国殖民者即把锡袍送到仰光，后来把他流放到印度孟买海滨的拉德乃奇黎岛（1916 年 12 月 20 日，锡袍死于该岛）。1886 年 1 月 1 日，印度总督达弗林宣布，上缅甸为英国的殖民地。

英国对缅甸新的侵略，激起缅甸人民的反抗。1886—1896 年缅甸各族人民的抗英游击战争规模很大，有力地打击了英国侵略者。农民是各地抗英游击队的主力。参加抗英斗争的有王室人员、地方官、少数民族的部落首领、爱国僧侣和原来缅军中的爱国官兵。曼德勒失陷后，有三位爱国军官马上集合流散在曼德勒周围的爱国官兵，就地开展游击战争，打击侵略者。一些王室人员到了瑞波，同瑞波土司一起参加抗英斗争。在蒲甘，波乔领导的游击队多次击退英军的进攻。在实皆，抗英游击队把英印殖民军的马德拉斯军团打得走投无路。命增亲王在皎泽建立了抗英根据地。皎泽游击队一次夜袭英军咱不底兵营，歼敌 100 多人。不久，600 英军进攻皎泽，遭到伏击，又被歼 100 多人。温佐土司坚持抗战，不让英军过境。后来，一支 700 多人的游击队袭击杰沙的英军哨所，打死一批军警，并把哨所烧掉。英国殖民者认为温佐土司参加了这一军事行动，派兵进攻温佐。温佐土司坚持斗争，到 1891 年 2 月，英军才攻下温佐。温佐土司没有屈服。他到了中国，后来又返回昔董，参加克钦地区的抗英斗争。稳祚土司联合附近 19 个村镇，共同抗击英国侵略。棒干土司主动出击，突袭漫睢、党疆等地英军。

1885 年 12 月 28 日英占八莫后，克钦族居住的山区掀起了抗英斗争，英军龟缩在八莫城里不敢轻易出来。1887 年，曼同的孙子苏炎亮进入克钦山区，在八莫周围组织一支 2000 人的游击队，开展抗英游击战争。克钦山区的抗英斗争中心在孟拱，由波苏领导。孟拱失守后，从 1890 年开始，斗争中心转到昔董。克钦山区人民的斗争，坚持到 1898 年。

钦族山区是上缅甸和英属印度吉大港之间的交通必经之地。1888 年，英军进入钦族山区探路，钦族人民起来反抗，不让英军过境。开伊土司和瑞皎彪亲王在这个山区开展斗争。尽管英国侵略者实行残酷的军事封锁，钦族人民的斗争坚持到 1896 年。掸族和瓦族人民也进行了两年多的抗英斗争。红克伦地区在 1875 年"独立"后，表面上由几个土司进行统治，实际上被英国控制。英国资本家掠夺柚木资源，激起人民的反抗。苏拉潘领导的抗英斗争坚持一年多的时间，到 1888 年 12 月，英国才把这一斗争镇压下去。1892 年，英国宣布这里为英国的"保护国"。

上缅甸人民的斗争，得到下缅甸人民的声援。第悦茂、仰光、勃固、毛淡棉等地人民反英斗争蓬勃展开，愤怒的人民捣毁仰光的英国电报局。第悦茂人民的斗争坚持到 1889 年。人民的反英斗争，使英国在占领曼德勒以后要调动 4 万多兵力，耗用大量军费，花了 10 年时间才将各地的人民抗英游击战争镇压下去，充分显示出人民群众的巨大力量。

中国人民曾和缅甸人民一起抗击英国侵略者。英国第三次侵缅战争爆发后，云南地方官员曾派腾越都司、副将李文秀到缅甸探听战况。李文秀到曼德勒，曾受到锡袍的接见，后来，他冲破阻挠，率部 500 余人入缅参加抗英斗争。在孟拱保卫战中，中缅人民并肩战斗，坚守一个多月。李文秀在战斗中壮烈牺牲。

英国侵占缅甸，有一个逐步蚕食的过程。1824—1885 年的 61 年间，英国对缅甸连续发动三次侵略战争。它以印度为基地，利用印度的人力和物力，先占领缅甸的沿海地区，继而侵占肥沃的三角洲地区，最后，把整个缅甸变为自己的殖民地。

1897 年，英国玩弄以印治缅的花招，把英属缅甸变为英属印度的一个省。经过几十年的艰苦斗争，直到 1948 年缅甸才摆脱英国的殖民统治，宣布独立。

19 世纪阿富汗两次抗英战争

虞铁根

1839—1842 年和 1878—1880 年，阿富汗先后进行了两次抗英战争。第一次抗英战争维护了阿富汗的独立。第二次抗英战争粉碎了英国企图变阿富汗为殖民地的阴谋。英国殖民主义者的扩张侵略和军事占领，在阿富汗人民的抗击下，以失败告终。

阿富汗统一国家的形成

阿富汗地处亚洲西南，位于中亚细亚的西南部。在古代就是中国、南亚通往西亚、北非和欧洲的联系通道，成为东西方陆上交通的枢纽地区，著名的丝绸之路就经过这里。它又是历来兵家必争的军事战略要地。公元前327年马其顿皇帝亚历山大和波斯王纳第尔·汗的军事远征，都经过这里向印度进军。在阿富汗统一国家形成之时，它东邻印度，西接波斯帝国，北与沙俄接壤，往南可通往阿拉伯海。从 19 世纪初开始，英殖民主义者为将其势力范围从印度到北非连成一片，沙俄为南下寻求暖水港出海口，都把侵略扩张矛头指向阿富汗。阿富汗成为英、俄在中亚角逐争霸的重要地区。

阿富汗统一国家的形成，始于杜兰尼①王朝的建立。1747 年，阿布达里部落酋长阿赫美德在坎大哈被各地部落酋长拥戴为国王。称王以后，他将自己的部落改称杜兰尼族，并用阿赫美德·沙·杜兰尼的称号。从此，开始了杜兰尼王朝的统治。

阿赫美德登基以前，阿富汗西部、南部和东部曾被波斯国王纳第尔侵占，喀布尔地区长期受印度莫卧儿王朝的统治。国内四分五裂，民穷财尽，

① 杜兰尼是音译，意为"珍珠中的珍珠"。

人民迫切要求摆脱外国势力，实现国家的统一。

阿赫美德（1747—1773 年在位）执政初期，加紧整顿军队，统一行政管理和税收制度，改变国家衰败状况。1749 年，他用武力收复了赫拉特，全国主要省区连成一片。阿赫美德建立了中央集权制政府，统一了国家。

与此同时，他亲自率军对外征战。当时阿富汗周围地区的形势是有利的：在纳第尔国王被杀后，波斯内部局势陷于混乱，无暇他顾；印度莫卧儿王朝正处在日益解体状态，不堪一击。

阿赫美德在位期间，把阿富汗的疆域扩展到东至旁遮普、信德，拉合尔和马尔丹，西至马什哈德，北至阿姆河左岸地区，南至阿拉伯海。他还七次（一说是九次）入侵印度，两次攻占当时莫卧儿帝国的首都德里。他对外扩张，掳掠了大量财物，分封行赏，满足了封建主和宗教头人的需要，增强了国力，巩固了自己的统治地位。

杜兰尼王朝建立后，封建的土地所有制迅速发展起来，阶级矛盾也日益尖锐。特别是在阿赫美德死后的 50 多年里，王朝统治集团内部争权夺利，内讧不已，在国内出现封建割据局面。1818 年以后，阿富汗分裂成五个独立的君主国。它们分别以喀布尔、坎大哈、白沙瓦、克什米尔和赫拉特为中心，相互角逐，致使战祸连年。这期间，阿的藩属白沙瓦被锡克族首领伦吉特·辛格占去；信德宣布独立，脱离阿富汗，波斯人的势力也逐渐伸进赫拉特。阿富汗版图逐渐缩小。

1826 年，巴列克查依族酋长杜斯特·穆罕默德在封建统治集团互相残杀的内战中占得优势，在喀布尔、加兹尼和贾拉拉巴德等地确立了统治地位。1834 年，他率领军队赴坎大哈作战，粉碎了被废黜的杜兰尼王朝国王沙阿·叔迦（1803—1809 年在位）的复辟阴谋，重新统一了长期四分五裂的阿富汗国家。杜斯特在喀布尔的一次群众大会上宣布进行圣战，并作出要收复白沙瓦的承诺。1835 年，他接受了"埃米尔·穆米宁"（意即穆斯林的领袖）的称号，定都喀布尔，成了阿富汗的国王，开始了巴列克查依王朝（又称穆罕默德查依王朝）在阿富汗近 150 年的统治。

英国对阿富汗的军事占领

正当杜斯特以喀布尔为基地，统一阿富汗国家之时，英、俄殖民主义者闯入了阿富汗。为争夺殖民地，从 19 世纪 30 年代起，英、俄加紧了在中亚的扩张步伐。这两个欧洲列强都把伊朗和阿富汗当作自己争夺的对象。而当时的阿富汗几届王朝政府软弱无能,对这两个殖民主义强国存有幻想,经常摇摆于英、俄之间,委曲求全,希冀执行一种平衡政策。其结果是,阿富汗在英、俄两强争相角逐中备受欺侮和凌辱,并为此付出了高昂的代价。

杜斯特执政后,视伦吉特·辛格为宿敌,企图用收复白沙瓦的战争行动来巩固自己的统治地位。但1835年首次出征受挫,1837年再战,又未果。因此,杜斯特极欲借助英国政府力量。1837年9月,他在喀布尔友好地接待了以特使亚历山大·伯恩斯为首的英国代表团。但在会谈中,英国除主张继续让辛格统治白沙瓦外,还提出了一些无理要求。这使杜斯特大失所望。伯恩斯执行的主要政治使命是要竭力劝说杜斯特出兵去给赫拉特解围。因为自1837年7月起,波斯在俄国的唆使下开始侵犯赫拉特,形成了俄国对英属印度的威胁。赫拉特是通往印度的一个门户,具有战略意义,占领该地区就意味着俄国控制了通往印度的通道。因此,赫拉特一直是英俄争夺的一个重要目标。英国对俄国染指这一地区颇为忧虑,遂想借杜斯特之手阻遏俄国在中亚的扩张。但是。鉴于当时的赫拉特仍在阿布达里族人卡姆朗·米尔扎的统治之下,加之英国偏袒辛格的立场,杜斯特拒绝了英国的要求。英阿谈判破裂,伯恩斯的使命失败。次年4月,英印总督奥克兰德把他召回。

与此同时,俄国派其驻波斯大使西莫尼奇亲自指挥波斯军队对赫拉特市展开围攻战。同时,开展外交攻势,派出特使陆军上尉维特凯维奇携带尼古拉一世的信件去喀布尔,向阿国王表示亲善,假意答应帮助阿收复失地,并允诺向阿提供200万卢布现款和200万卢布俄国商品的巨额馈赠,从而骗取了杜斯特的信任。阿富汗政府开始倾向俄国。英国对此异常不安,担心俄国人会在阿得势。于是,英国首先设法制止波斯攻占赫拉特,不让俄国在阿富汗建立据点。为此,英国在暗中大力支持和协助赫拉特的卡姆朗·米尔扎抗击波斯人的围攻,同时又向波斯卡乔尔王朝发出最后通牒,并从孟买出兵占领波斯湾上的哈拉克岛,对波斯进行武力威胁。由于久攻不克,加之又面临英国的军事压力,波斯军队被迫于1838年8月撤除对赫拉特的包围,使长达10个月之久的战事告一段落。

为了便于控制阿富汗和对阿富汗实行殖民统治,英国决心推翻杜斯特的统治,起用流亡在印度的前国王叔迦取而代之,充当傀儡。为达此目的,1838年10月10日,奥克兰德发表《加尔各答宣言》,声称"巴列克查依族的兄弟们不顾阿富汗人民的愿望,篡夺了萨杜查依人的政权(即杜兰尼王朝）。在他们内部亦一直存在不和，他们已不再是英国的盟友，而是想扰乱英国的安宁。为此，英国不得不采取行动，并考虑让叔迦来完成这项工作……叔迦将在英国人的协助之下登上故国的王位，从而确保英国的财产和阿富汗的统一。"

从 1838 年 11 月起，英军在英印境内的费罗兹普尔集结。12 月 10 日，约 6 万名英国侵略军和印度雇佣兵（包括随营人员）在总司令约翰·基恩将军的率领下，绕道信德和俾路支斯坦，经波朗山口，于次年 3 月开抵奎塔。接着，英印军从奎塔向阿富汗南部大城市坎大哈进发，一路上几乎未遇抵抗，4 月 26 日占领了坎大哈市。

英军占领坎大哈两个月后，又挥戈北上，7 月攻占首都喀布尔南部的要塞加兹尼市。8 月 6 日喀布尔沦陷。由于政府军多数官兵叛逃，阿国王失去了对军队的控制，杜斯特一行不得不逃往北方，在乌兹别克地区停留一段时间后，于次年 8 月逃往曾经是阿领地的布哈拉。

1839 年 8 月 7 日，英国代理人叔迦在英军刺刀的保护之下进入喀布尔，重新执政。英国派首席政治代表麦克纳顿及其助手伯恩斯随军进驻喀布尔，幕后控制和指挥叔迦政权。叔迦在阿富汗很不得人心，没有英国人在军事和财政上的大力支撑，难以维持统治。因此，他对英国人言听计从，听凭英国侵略头目掌管大权，主宰一切。英国排挤了沙俄的势力，在阿富汗第一次建立了殖民统治。英殖民主义者对阿富汗实行军事占领后，自认为其殖民统治已经稳固，遂将大部英军撤回印度。

第一次抗英战争

在英国殖民侵略过程中，特别是在其对阿富汗实行军事占领以后，阿富汗人民抗击英国侵略者的斗争，便在各地普遍开展起来。

1839 年 8 月，叔迦傀儡政权建立后，马卢夫地区的吉尔查依部族首先举起反英的旗帜，同英国侵略者进行了长期的游击战争。游击队切断了英国占领军从坎大哈到喀布尔之间的运输线，2000 多名游击战士活跃在阿富汗南部广大地区，打得从坎大哈派出的英国骑兵队一筹莫展，迫使英国司令部不得不再派部队增援。麦克纳顿急于保证其运输线的畅通，被迫与吉尔查依部族领袖谈判。他以每年 3000 英镑的补助金，收买了游击队的一些领导人，才使局势得到暂时的缓和。

1840 年 9 月初，杜斯特返回阿富汗，集结北部地区的部落武装同英军作战。11 月 2 日，他的部队在兴都库什帕尔汪达腊大败英将谢尔率领的一个旅。但杜斯特不相信人民的力量，对抗英斗争前途悲观失望。他想以反英战役的胜利为资本去换取英国殖民主义者对自己的优厚款待。在英国当局的假意应允和诱骗下，翌日，他带上一个随从向英军投降了。一周后，杜斯特被押往印度，软禁在加尔各答，靠英国的补助金生活。

喀布尔的沦陷和杜斯特的投降并没有使阿富汗人民气馁。他们既对国王的叛逆行为感到愤怒，又痛恨叔迦卖国求荣的行径。他们不接受这个由英国人扶植起来的傀儡，更不能容忍外国侵略者对阿富汗的控制。从 1840 年起，阿各地民众纷纷起来反抗。1841 年，卡拉特附近的西吉尔查依部落的抗英游击队，沉重打击了瓦依迈尔少校指挥的侵略军。阿喀杜尔·汗领导的杜兰尼部落游击队主动出击，重创英国侵略者，并积极准备进攻坎大哈。全国各地的反英斗争与日俱增，一场反对外来侵略和反对傀儡政权的群众斗争蓬勃兴起。杜斯特的儿子阿克巴尔·汗亦投入并领导这场斗争。各地民军开展游击战争，不断袭击敌人，使英印军处于被动挨打的局面。1841 年初，东印度公司的代表威廉·埃尔芬斯顿少将接任驻阿英军总司令。

1841 年秋，阿富汗人民的抗英斗争达到高潮。10 月，阿富汗东部吉尔查依部族的抗英游击队一度收复了重镇贾拉拉巴德，切断了白沙瓦到喀布尔的交通线。同月，库希斯坦的抗英游击队攻占了恰里卡尔哨所和加兹尼附近的谢卡巴德哨所。在阿富汗人民的打击下，英国政治专员埃尔德莱德险些丧命，侥幸逃走。11 月 2 日，喀布尔市人民起义。事先秘密集结在首都近郊的抗英武装，在民族英雄阿扎克查依的领导下，袭击了伯恩斯和另一些英军头目在市内的宅邸，杀死了伯恩斯及其卫队。从 11 月 3 日起，起义者开始进攻英军在城外的据点。英军军火库和英国行政中心先后被起义者占领。在喀布尔人民起义的鼓舞下，库希斯坦、拉加尔，瓦尔加克等地的抗英游击队，采取统一行动，使英国侵略者受到沉重打击。英国占领军总司令埃尔芬斯顿惊呼，"阿富汗全国居民都拿起武器来反对我们了"。在战斗中，700 名英军丧生；即将卸任的麦克纳顿仓皇逃命，躲进市郊的英军兵营，才幸免于死。阿富汗抗英游击队继续扩大战果，终于在 11 月 9 日占领了喀布尔市区。英军逃进军营后，不敢应战。阿扎克查依在战斗中受重伤牺牲，阿克巴尔·汗被推为抗英武装的领袖，继续领导这场斗争。阿克巴尔·汗是杜斯特的儿子。当他的父亲在 1840 年向英国侵略军投降时，他为这种可耻的背叛行径激怒，退入山区组织抗英游击队。喀布尔人民占领了喀布尔的第二天，他带领抗英游击队来到了喀布尔。

龟缩在军营里的英军面临缺粮、缺水的困境。官兵士气十分低沉。隆冬将至，英国人企图固守待援。11 月 24 日，英军总司令埃尔芬斯顿为离间起义军，提出要同阿克巴尔·汗会晤。他说：如果起义领袖们争吵起来，我们就可以坚持下去，这要比在冬季雪原上撤军好千百倍。阿克巴尔·汗同意举行谈判。在谈判中，他要求英军立即撤退。1841 年 12 月 11 日，麦克纳顿在一份有 11 项条款的撤军协议上签字，同意三天内撤军。但他没有履行协议条款，反而企图用利禄诱降阿克巴尔，以彻底废除撤军协议。麦克纳顿答应支持阿克巴尔做阿富汗国王，并给他 120 万卢比现款，还送给他手枪、马车等礼物。阿克巴尔虽心中十分气愤，但仍不露声色，佯称同意投降，收下了所有礼物。12 月 23 日，在一次双边会晤中，阿克巴尔·汗当场揭露了麦克纳顿诱降的阴谋，斥责他背信弃义，毫无撤军诚意。麦克纳顿无言以对，企图逃跑，被阿克巴尔用几天前他送来的手枪当场击毙。麦克纳顿被打死后，阿克巴尔再次提出，英国侵略军必须立即撤出阿富汗，交出枪炮弹药等军火。在喀布尔民军不断的袭击下，驻喀英军司令埃尔芬斯顿将军被迫接受民军提出的全部条件，同意于 1842 年 1 月 6 日从喀布尔撤军。

在取得喀布尔谈判的胜利成果之后，民军司令部又给驻扎在坎大哈和贾拉拉巴德等地的英国占领军下达要其撤军的命令，，但遭到两地英军的拒绝。他们决定狠狠教训一下从喀布尔撤走的这支英军，不让它同贾拉拉巴德的占领军会合，并以此对其他地区的英军施加压力，以期尽早结束这场战争。

1842 年 1 月 6 日，16500 名英印军、随营人员和家属撤离喀布尔。英国侵略军并不甘心失败，他们在撤退时故意违反协议，暗中带走所有的大炮和弹药，准备撤到贾拉拉巴德后同援军汇合，卷土重来。这一阴谋被阿富汗人民及时发现，大炮弹药等全部被追回。英军大队人马沿着崎岖的山道向东部迤逦而行，当时天寒地冻，大雪封路，行军艰难，速度十分缓慢。7 日，行至离喀布尔 5 公里的波特哈克村时，遭到抗英义军的袭击。8 日行至胡尔特·喀布尔山口（即小喀布尔山口）时，英军已损失过半。后又遭到抗英武装的连续狙击，除被俘人员外，只有六人死里逃生。当他们到达离贾拉拉巴德约 16 英里的法特哈巴德时，其中五人因伤重死去，仅军医布莱顿幸免于死。对于这支英印军溃败的情景，马克思曾有过这样生动的描述："1842 年 1 月 13 日，贾拉尔阿巴德①（在夏贾汗浦尔附近）城墙上的哨兵们眺望到一个穿英国军服的人，褴褛不堪，骑在一匹瘦马上，马和骑者都受重伤；这人就是布莱敦（即布莱顿——引者）医生，是三个星期以前从喀布尔退出的 15000 人中唯一幸存者。他因饥饿而濒于死亡。"② 恩格斯说："寒冷、冰雪以及粮食不足的情况，就像拿破仑从莫斯科撤退时一样。但是使英国人提心吊胆的不是离他们相当远的哥萨克，而是装备有远射程火枪和占据着每一个高地的顽强的阿富汗狙击手。"③ 英国傀儡叔迦在驻喀英军撤退后不久即被抗英战士杀死。阿克巴尔领导下的起义军实际上接管了国家政权。

英国侵略者在喀布尔的失败，动摇了他们的殖民统治。为了弥补这一损失，英国政府任命波洛克和诺特率领英军，分别从贾拉拉巴德和坎大哈出发，向喀布尔发起钳形攻势。阿富汗人民在阿克巴尔的领导下奋起抵抗，但终因武器装备落后，力量对比悬殊，被迫放弃喀布尔，退入山区。1842 年 9 月 5 日，英将波洛克率英军重新开进喀布尔。英军炸毁了喀布尔市内最大的商场"秀尔·巴扎尔"，几千市民被枪杀。诺特率领的一支英军向喀布尔进发途中，烧杀抢掠无恶不作。他们在加兹尼举行英国国旗升旗仪式时，把被俘的阿富汗抗英战士绑在炮口前，然后开炮轰击。英军进喀布尔后，把叔迦的儿子法什·贾恩扶上王位，在王宫升起英国国旗。

但是，阿富汗人民并没有停止抵抗。在北部库希斯坦有阿克巴尔领导的抗英军，南部乌尔岗德山区和查尔查依部落也组织有抗英游击队。在阿富汗人民的不断打击下，英军在喀布尔不敢久留，10 月 12 日撤出了喀布尔。英国傀儡法什·贾恩全家也随英军逃跑了。在阿富汗人民的坚决要求下，英国政府不得不同意把软禁多年的杜斯特释放。11 月，杜斯特重新执政。这样，自 1839 年 4 月起，历时 3 年 8 个月之久的阿富汗人民抗英战争，终于胜利结束了。英国在这场战争中伤亡 2 万多人，耗资约 2 亿英镑④。英国在此后 36 年内，未敢再向阿富汗发动武装侵略。

---

① 即贾拉拉巴德。
② 马克思：《印度史编年稿》，人民出版社 1957 年版，第 165—166 页。
③ 《马克思恩格斯全集》第 14 卷，人民出版社 1964 年版，第 84 页。
④ 一说英军损失 3 万多人，战费支出 1.6 亿英镑。

第二次抗英战争

第一次抗英战争结束后，1843—1863 年，杜斯特先后派军队进驻或攻占法拉、赫拉特和坎大哈三省，重新实现了全国统一。杜斯特在 1863 年生前，指定三王子希尔·阿里为王位继承人。但杜斯特死后，他的几个儿子为争夺王位进行了数年内战。他们各占一方，称雄争霸，各自为政。希尔·阿里直至 1869 年才打败了自己最后一个对手，他的侄子阿卜杜尔·拉赫曼，初步稳住了王位。但是，统治集团内部的明争暗斗直到 1873 年才完全停息下来。10 年战乱，使阿富汗民不聊生，国势愈益衰败。

1874 年 3 月，迪斯累利当了英国首相，保守党内阁决定在中亚重新实行"推进政策"，以加强对外殖民扩张势头，并阻遏俄国在中亚的扩张，因为，这时俄国已征服了中亚的一些汗国。推进政策的实质是，英国要进一步扩大其在中亚的势力范围。推进政策的具体目标，一是加强英属印度西北边界的防务，二是把英国的殖民统治推进到印度的一些邻邦去。

英国在巩固了它在印度的殖民统治之后，鉴于阿局势有机可乘，背弃了它以前同阿国王杜斯特签订的盟约，开始执行对阿敌视的政策。英国直接干涉阿内政，借口监视俄国在中亚的活动，要求在一些城市设立驻扎官，并出兵占领基达，使英阿关系趋于紧张。

英国企图把横亘于阿东、西境内的兴都库什山作为英印政府同阿富汗的天然边界，将英国的势力范围扩张至兴都库什山南侧。1876 年，英政府任命莱顿为驻印度总督。莱顿上任后，旋即向喀布尔政府提出派遣英国使团的要求，但遭拒绝。

英国在锡斯坦地区归属问题上偏袒伊朗，在封建王位继承权问题上，英国支持阿里的长子约库布，干预阿富汗的内政；阿里认为，英国出兵占领基达的行动意味着侵占阿富汗领土。这些都使阿里国王对英国十分不满。他一面拒绝在喀布尔接纳使团，一面要求把以前同英国签订的条约（即 1869 年 3 月翁巴拉条约）改为共同防御条约。为此，双方于 1877 年 1 月至 3 月在白沙瓦举行谈判。英国对阿里的要求不予置理，不愿承担在阿受到外来侵略时给以援助的保证。会谈未取得任何谅解和进展。阿英关系不睦，使阿逐渐倾向于俄国。

这时，俄国正在中亚积极进行扩张。1868 年吞并布哈拉，1873 年兼并希瓦，1876 年占领浩罕汗国。尽管俄国在 1873 年时承认阿富汗在俄国势力范围以外，表示它不想越过阿富汗北部界河阿姆河，但其南下进行侵略的野心不死。它见阿英关系出现裂痕，遂乘机对阿进行拉拢和利诱。1878 年 6 月 13 日，旨在争夺巴尔干的国际会议在柏林开幕，有英国、俄国、德国、奥匈帝国、法国、意大利、土耳其、伊朗和巴尔干各国代表出席。在德国和奥匈帝国的支持下，英国主张缩小在俄国势力范围内的保加利亚的国境，波斯尼亚和黑塞哥维那由奥匈帝国占领，俄国在土耳其所侵占的利益，大部分应由英、奥瓜分。俄国为了对抗英国，向其施加压力。在会议期间，它向阿富汗北部边境增兵 2 万人，同时，派出斯托列托夫将军为首的军事使团同阿国王谈判，拟就了俄阿同盟条约草案。这件事成了英国侵略阿富汗的一个借口。英国指责阿里国王与俄国合伙，敌视英国，图谋侵略印度。事实上，俄国的真实意图是拉住阿富汗，以阻遏英国向北面推进。这是英俄在中亚地区的一场争夺和较量。

阿里国王幻想同俄国结盟来制约其向阿富汗扩张的步伐，并以此让英国改变对阿富汗的强硬态度。阿里以为，一旦英国侵阿，就会得到俄国"朋友"的援助。他哪里知道，就在 1878 年 7 月 21 日，俄国和英国在柏林签署和约，两国在东方问题上达成了暂时谅解和妥协。俄国经过 1877—1878 年俄土战争后，军需储备用尽，军队也精疲力竭，同时国内局势不稳，无力同英国、奥匈帝国和德国抗衡，再发动新的战争。于是便改变初衷，指令斯托列托夫迅即回国，使刚拟定出来的条约草案未经草签就流产了。

当时，英国获悉俄国斯托列托夫使团抵喀布尔活动的消息，即通知阿方，拟派出以诺维尔·张伯伦为首的军事使团去阿。阿里国王借口要为死去的王位继承人——小王子阿卜杜拉·章举行吊唁活动，推迟接待英使团，张伯伦一行在阿、印边界受阻，只得悻悻而归。阿里的这种做法给英国再度侵阿以直接借口。1878 年 10 月 31 日英国向阿政府发出最后通牒，但未及等到阿里国王的复函，英军就已越过阿印边界，侵入了阿领土。

1878 年 11 月 21 日，英国出动 5 万余人的军队，兵分三路，从坎大哈、开伯尔和库腊姆侵犯阿境。由于阿里国王采取不抵抗政策，指令阿军后撤。英军在几乎未遇抵抗的情况下，迅速占领了贾拉拉巴德、库拉姆盆地和坎大哈。面临英军的大举入侵，阿里国王仍幻想得到沙俄的援助。他放弃了首都喀布尔，带上随从人员逃往北部城市巴尔赫，向俄国土耳其斯坦总督考夫曼将军求援。但考夫曼遵照沙皇的旨意，借口冬天无法运兵越过兴都库什山，拒绝援助。阿里提出要亲自去圣彼得堡向沙皇当面提出请求，又遭到俄国人的阻挠。俄国人劝说阿里国王同英议和。阿里的一切希望落空，知道自己受骗了，气愤万分，于 1879 年 2 月 21 日在绝望中死去。

阿里死后，其长子雅库布继位。雅库布也是一个意志薄弱、胆小怕事的国王。慑于英国的武力威胁，他在 1879 年 5 月 26 日前往阿东部楠格哈尔省一个名叫甘达马克的小镇，同英国代表卡瓦格纳里少校签订屈辱性的《甘达马克条约》。条约规定：阿富汗将东南部一大片战略要地，包括库腊姆、西比、比辛等地区割让给英国，英国保留对开伯尔山口和米奇尼山口的管辖权，在首都喀布尔设置英国官署，英国武装卫队随之进驻；阿在同其他外国的交往时需同在印度的英国当局商量，英国给雅库布每年 6 万英镑补助金。

签约后不久，即 7 月 24 日，一个以卡瓦格纳里为首的英国使团，连同一支五六百人的英国卫队进驻了喀布尔。卡瓦格纳里粗暴地干预阿行政事务，独揽人事大权，随意任免官吏，对阿富汗人颐指气使，并下令逮捕了喀布尔卫戍部队官兵，激起喀布尔各界人士的极大愤慨。9 月 3 日，喀布尔军民奋起反抗，杀死了卡瓦格纳里，放火烧毁了他的官邸。阿富汗人、塔吉克人和乌兹别克人，纷纷起来反对英国侵略者，要求雅库布宣布进行"圣战"。英国政府获悉此事后，调动大批军队去喀布尔进行报复。10 月 6 日，罗伯兹率领英军侵占喀布尔。雅库布国王命令阿富汗士兵放下武器，停止抵抗，亲自前往英国军营"请罪"，结果被英军当作俘虏扣留，押送至印度。阿富汗首相、外交大臣和阿军总司令也被放逐至印度或关押在英国军营内。阿富汗成了一个没有国王和政府的国家。

正当英侵略军飞扬跋扈之时，喀布尔的市民，同阿富汗其他地区的人民一样，也拿起武器进行战斗。英军在喀布尔人民的打击下，被迫把军队收缩和聚集在市西郊的希尔普尔军营内固守待援。

1879 年 12 月初，喀布尔周围地区 6 万抗英武装陆续向喀布尔方向汇聚，12 月中旬开进喀布尔市区，并占领了环绕首都四周的一些制高点，对希尔普尔军营形成了包围之势。抗英武装领导人把指挥部设在遭毁损的巴拉赫萨尔宫内。1880 年 4 月 23 日，聚集在喀布尔的各路抗英武装向敌人发起总攻击。但由于叛徒告密，英军事先获悉情报，做好了迎战准备，加之抗英武装的两个首领帕恰·汗和穆罕默德·沙·汗·索哈布被英国侵略者用金钱收买，在战斗中故意指挥他们的部队暴露在英军的火力圈内，造成严重伤亡，未能攻克希尔普尔军营。这时英国援军也从背后进攻喀布尔，民军腹背受敌，下令撤出战斗。喀布尔市重新为英军所控制。

1880年1月，罗伯兹将军发表声明，伪称英国政府不想同阿人民作战，阿富汗人可以选择任何人当阿富汗的国王。这项欺骗性的声明使英国人赢得了一段喘息的时间，喀布尔出现了暂时的平静。罗伯兹在请示英国政府之后，决定把喀布尔交由一名英国的代理人管理，他指派阿里·穆罕默德亲王为喀布尔省长。罗伯兹又下令从坎大哈抽调一师英军，加强喀布尔的防守。

1880年3月，流亡在外的阿里国王的侄子阿卜杜尔·拉赫曼从俄国的中亚地区越过阿姆河返回阿富汗北部。他得到俄国政府秘密供给的武器、金钱等，宣布对英国进行圣战，声称要把阿富汗从英国人的统治下拯救出来。在他的号召下，一支抗英大军很快组织起来，拉赫曼成了阿富汗北部数省人们公认的抗英领袖。英、印当局惶恐不安。莱顿指示侵阿英军中的政治官员设法同拉赫曼接触，以探求和谈的可能性。英国政府打算同拉赫曼单独达成协议，制造阿富汗国家分裂，挑起各派政治力量之间的内战，分而治之。侵阿英军司令部在1880年4月、6月、7月接连三次致函拉赫曼，吁请他南下谈判。拉赫曼虽然表面上主张圣战，实际上无意同英军作战，没有把敌人赶出阿富汗的决心和信心，加之他为了同当时统治赫拉特的阿里国王的次子阿尤布·汗亲王争夺王位，也需要取得英国的谅解和资助。在英国的诱压下，拉赫曼接受了和谈建议，准备妥协退让。他函复英国人，答应亲自率部南下，同英方在喀布尔会晤。7月中旬，谈判达成协议。英国承认拉赫曼对阿富汗北部及喀布尔的统治，向他提供武器，并给予补助金，撤出设在喀布尔的英国官署；拉赫曼则表示：继续保留甘达马克条约中的关于阿富汗的外交活动受英国控制的条款，允许英国在坎大哈省驻军，默认该省是一个"独立的国家"。这样，阿富汗就被分裂成三部分：英国人占领了坎大哈，拉赫曼占领了喀布尔及北部地区，阿尤布·汗占领着赫拉特。拉赫曼同英国实行妥协的同时，阿尤布·汗带领的一支抗英武装，从赫拉特出发向坎大哈省挺进。英军闻讯后，急忙调兵阻击。

阿尤布·汗是雅库布国王的兄弟。当时任赫拉特省督。1880年6月，他在当地爱国军民的推动下，树起了抗英斗争的大旗，率领12000人开赴坎大哈。这支抗英义军沿途受到各地村、镇居民的热情接待，许多热血青年志愿参军，官兵情绪激昂，斗志旺盛，誓与英军决一死战。7月20日，这支抗英义军行至梅旺德村郊外时，同前来迎战的英军一个旅相遇，两军激战了六天。第七天，义军又发起新的攻势。那天，时值盛暑，烈日当头，旷野上酷热异常。但英军已争先抢占了一条水渠，切断了水源。义军战士口渴难忍，疲惫乏力，眼看就要影响战斗。正在此时，从支援义军的人群中走出一位年青姑娘，她撩起面罩作为旗子，向战士们挥舞，并用阿富汗民间传统的两行诗的形式，当即编唱了一支战歌，鼓励战士们继续英勇杀敌。这位姑娘名叫马劳莱，她唱的歌中有两句是："亲爱的兄弟啊，如果你在梅旺德不敢于战斗牺牲；对着真主起誓，你就要背上一个懦夫的不良名声。"

马劳莱充满豪情的战斗歌声大大激励了战士们的斗志，他们奋不顾身地向敌人阵地冲去，杀得英军溃不成军，仓皇逃窜，英将布鲁兹率领的这个旅被全歼。战斗结束后，阿尤布·汗又立即率部包围了坎大哈市。这场鼓舞人心、威震敌胆的战斗是在 7 月 21 日阿卜杜尔·拉赫曼在喀布尔以北的哈里卡尔市宣布他为阿富汗国王的几天后的 7 月 27 日胜利结束的。

由于拉赫曼同英军妥协求和，并在谈判中同英方达成了协议，使英军得以抽出主力来对付其他地区的抗英武装。8 月下旬，拉赫曼派出两名亲王及一队骑兵沿途护送由罗伯兹亲自率领的英国增援部队前去围剿阿尤布·汗的义军。增援的英军开抵坎大哈后，同被围困的英国守军前后合击，才打败了阿尤布·汗的军队。紧接着，罗伯兹宣布英国承认拉赫曼为阿富汗的国王，并称将把坎大哈交给拉赫曼所任命的阿富汗官员管理。拉赫曼则表示接受甘达马克条约所规定的各项条款。

1880 年 11 月，驻扎在喀布尔和坎大哈的两支英军在拉赫曼所派的两名亲王及卫队的护送下，先后撤出了阿富汗，返回印度。显然，正是梅旺德战役的光辉胜利，震惊了英国朝野上下。阿富汗各族人民的长期抵抗，促使英国最后下决心从阿撤军。

从阿富汗撤军后，英国每年给阿 180 万卢比补贴，扶植阿卜杜尔·拉赫曼政府，促使拉赫曼国王进一步亲近英国。拉赫曼执政后，立即解散了抗英游击队，收缴了他们的武器，一些抗英武装的首领也被逮捕、处死。

在第二次抗英战斗中，阿富汗人民虽奋勇抵抗，却因拉赫曼的妥协，使这场斗争并没有取得彻底的胜利。阿富汗虽然没被英国吞并，但在外交上仍受制于英国，内政上也受其影响，沦为英国的半殖民地。

两次抗英战争使阿富汗基本上保持了民族独立和完整，为国内各民族的团结和统一创造了有利条件，1884 年，阿富汗全国重新实现了政治统一。

菲律宾宣传运动[*]

丘立本

1880—1895 年的菲律宾宣传运动是一场资产阶级性质的和平改革运动。它唤起了菲律宾人民的民族觉醒，为 1896 年爆发的菲律宾革命做了思想上和舆论上的某种准备。

西班牙殖民统治和菲化运动

菲律宾是亚洲最早沦为西方殖民地的国家之一。1571 年西班牙远征军占领马尼拉并在那里建立其殖民统治中心时，菲律宾群岛北部和中部地区尚处在封建社会的早期阶段；南部地区受伊斯兰教影响较深，封建制度有了较高程度的发展。棉兰老、民都洛和马尼拉周围已有地方性的素丹政权，但尚未形成全国范围的中央集权国家。菲律宾群岛居民多属于马来人种，分为他加禄、比萨扬、伊罗戈诺、米骨等几十个民族，操 80 多种语言和方言，居住在吕宋、比萨扬、棉兰老和巴拉望等 10 多个较大的岛屿上。这种落后和分散的状况，使得西班牙殖民者有可能从墨西哥派遣少量的远征军和传教士逐步征服并统治这个拥有近 100 万人口的岛国。

16 世纪下半叶，西班牙已征服了中、南美广大地区，建立起庞大的殖民帝国。直至 18 世纪末，西班牙仍是封建主义专制王国。它对菲律宾的统治，在相当程度上是这种封建主义专制制度的翻版。1821 年以前，西班牙国王一直通过墨西哥副王对菲律宾进行统治。总督包揽行政、司法和军事大权。天主教是殖民统治的最主要的精神支柱。殖民者强迫 16—60 岁的菲律宾男性

---

[*] 1888 年，菲律宾"宣传委员会"委派比拉尔到西班牙为菲律宾的改革进行宣传，人们后来就把这次要求改革的运动称为"宣传运动"。

居民每年服 40 天劳役。这种封建徭役制度一直到 1884 年才为"人头税"所取代。

从 1593 年起，西班牙施行大帆船贸易制，规定菲律宾同中国、墨西哥之间的贸易由国家垄断，只有王室、总督、殖民官吏、天主教会和少数商人有权参与其事，菲律宾人和外国商人不得插手。这样，在西班牙殖民统治的前 200 年里，菲律宾没有因为殖民地化而卷入世界资本主义市场，也没有因此而加速商品货币经济的发展。自然经济依然占据统治地位。各地区之间经济联系甚少，统一的菲律宾民族及其意识未能形成。菲律宾各地人民反殖民主义的斗争带有地方性质，被西班牙殖民者以分而治之的办法镇压下去。

18 世纪下半叶，随着英、法等国争夺殖民地与海上霸权斗争的尖锐化，情况发生了变化。

1762 年 10 月，英国以西班牙在七年战争中站在法国一边为借口，出兵攻占马尼拉。1764 年 6 月，西班牙才根据巴黎和约将其收复。这件事促使西班牙改变了在菲律宾的统治手法。从 18 世纪 70 年代起，它强迫菲律宾种植烟草、可可、甘蔗和马尼拉麻等专供出口的农作物，试图将菲律宾变成西班牙的原料产地。1782 年实行烟草专卖制，以解决菲律宾的财政困难。1785 年又成立菲律宾王家公司，取消贸易上的一些限制，以便同英、法展开竞争。

19 世纪初，中、南美洲掀起革命风暴，庞大的西班牙殖民帝国土崩瓦解。1821 年墨西哥的独立结束了西班牙通过墨西哥统治菲律宾的历史。大帆船贸易已在 1815 年宣告废除，菲律宾王家公司也因财政困难在 1830 年被迫解散。在内外各种压力下，西班牙殖民政府在 1834 年正式宣布向国外开放马尼拉港，1855—1873 年又陆续开放怡朗、苏瓦尔、三宝颜、宿务、黎牙实比和塔克洛班六个港口。

开港后，外国资本迅速涌入菲律宾，在马尼拉等地开设商行和金融机构。1859 年马尼拉已有英国公司 7 家，美国公司 3 家，瑞士公司 2 家，法国公司 2 家和德国公司 1 家。1871 年后，英国渣打银行和汇丰银行先后在马尼拉设立分行，英国势力逐渐垄断了马尼拉的贸易。为了同英、美竞争，西班牙当局在 1851 年办起西菲银行。西班牙商人也集资建立马尼拉烟草总公司。

外国商行的建立促进了外国工业品、技术和知识的输入，也促进了砂糖、麻、烟草等农产品的输出。1840 年菲律宾输出的砂糖不过 146661 担，1857 年增至 714059 担。1840 年从马尼拉输出的麻为 83790 担，1857 年增至

412502 担。1837—1840 年菲律宾贸易总额为 4694000 比索，1891—1895 年为 57262000 比索，增加了 11 倍。菲律宾经济日益深入地卷入世界资本主义市场，以马尼拉为中心的国内市场也逐步形成。

大农场和农产品加工工业迅速发展起来。尼格罗斯岛在怡朗开港后 40 年内因世界糖价上涨而出现 400 个大甘蔗农场，其中不少面积在 100 公顷以上。大农场和农场内的制糖厂开始时主要实行对分制，只在收割季节才使用雇工。19 世纪末，随着生产规模的扩大和榨糖机械的使用，雇佣劳动日趋普遍。一个靠出口农产品的生产和加工而与国际市场有着密切联系的富裕阶级在菲律宾出现。这个阶级就是形成中的菲律宾资产阶级，其成员包括西班牙后裔、西菲混血儿、中菲混血儿和菲律宾土著的上层。他们崇尚西班牙文化，追求西班牙生活方式，但依靠英、美的贷款和市场。西班牙除了不断向他们征税之外，既无资本可以借贷，也无工业品可以供应，更吸收不了菲律宾的农产品。60 年代，西班牙在菲律宾对外贸易中所占比重不及 6%，到 70 年代又降到 4%。

经济发展需要大量行政管理人员和技术力量，菲律宾政府在 1863 年实行教育改革。1870 年开设农业、商业等技术专科学校，扩大圣托马斯大学和圣伊格纳西奥大学的招生名额，允许菲律宾青年进入这两所高等学府。1820—1850 年圣托马斯大学毕业生人数平均每年为 130 人，1871—1886 年此平均数增至 348 人。1886—1887 年圣托马斯大学和累特朗学院两校入学注册的学生中混血儿和土著学生共有 1769 人，而西班牙学生则只有 216 人。菲律宾形成了主要由地主资产阶级子弟组成的知识分子阶层。他们必然要反映本阶级的要求，成为资产阶级的代言人。

19 世纪下半叶，随着铁路的建筑，电话的设置，航运的发展，国内市场的形成，地方闭塞状态的逐渐改变，统一的菲律宾民族也逐渐形成。"菲律宾人"一词原指菲律宾出生的西班牙人，以别于西班牙本土出生的西班牙人。19 世纪以后这个词的外延逐渐扩大，除西班牙后裔外，包括了西菲混血儿、中菲混血儿、受西班牙教育的土著上层，最后在 19 世纪末，包括了所有的土著居民。"菲律宾人"这个概念的发展，正是统一的菲律宾民族实体的形成过程在人们的思想上的反映。

19 世纪西班牙国内政局十分动荡。君主专制派与自由共和派之间，各派内部之间的斗争非常尖锐。仅在 1834—1862 年就采用过 4 部宪法，组成 28 届内阁，任命了 521 位部长。1853—1897 年，由于西班牙内阁的不断更替，菲律宾总督走马灯似的更换了 50 位，平均每位总督任期只有 1 年 3 个月。大批保皇党人、自由党人、共和党人和各种教派的牧师也从西班牙和美洲涌入菲律宾，把这里作为安身立命之所。这一切对菲律宾社会的发展产生了深刻影响。

1868 年 9 月，西班牙发生了推翻伊沙贝尔二世统治的革命，政权落到自由党人手中。新政府任命卡洛斯·托雷为菲律宾总督，实行自由主义政策，宣布取消书报检查制度，建立改革委员会，允许在报上公开讨论改革问题。在托雷的鼓励下，马尼拉知识界的"自由青年学生"和"拥护改革协会"等组织纷纷开展自由主义改良活动，要求西班牙给予菲律宾自由与民主。教会中的"菲化运动"也活跃起来。

长期以来，菲律宾主要的教区都为奥古斯丁、多米尼甘等几个大教团所控制。菲律宾土著牧师是世俗牧师而不是修道院牧师，他们受到大教团修道院的歧视，只能在条件较差的小教区工作。西班牙国王曾明令宣布全部教区牧师应由世俗牧师担任，但菲律宾教团势力很大，拒不执行。1859 年耶稣会重返菲律宾后，全菲 792 个教区，各教团占据了 611 个，非教团的世俗牧师只占 181 个。菲律宾土著牧师在佩德罗·佩莱斯神父的领导下开展了"教会菲化运动"，也称"教会俗化运动"，要求给予菲律宾土著牧师以西班牙修道士同等待遇。1863 年佩莱斯神父因地震惨死。这个运动由他的学生何塞·布尔戈斯、马里亚诺·戈麦斯以及哈辛托·萨莫拉等人领导。教会的菲化运动是菲律宾民族主义初期的一种表现形式，它遭到教团的强烈反对，但得到反教团的自由主义者托雷的支持。

1870 年西班牙政局又发生变化，保守党在斗争中获胜，拥戴意大利亲王阿马德奥一世为西班牙国王，恢复君主立宪制。自由党的托雷总督也为保守党的拉法埃耳·德·伊斯基埃尔多所接替。新总督立即站在教团一边，停止教会的菲化运动。

1872 年 1 月 20 日，甲米地海军士兵和造船工人 200 多人，因反对西班牙当局取消船坞工人免缴贡赋予劳役的规定而爆发武装起义。起义者杀死西班牙官吏，控制了兵工厂，但没有周密的准备和计划，第二天就被政府军镇压下去。殖民当局抓住这个机会打击教会的菲化运动，指控这次起义是菲化运动领导人煽动的。西班牙殖民政府在枪杀 41 名起义工人和士兵，判处 200 多名群众苦役和数百名群众流放国外的同时，将布尔戈斯、戈麦斯和萨莫拉 3 位神父判处绞刑，2 月 12 日在马尼拉卢内塔绞死。

西班牙殖民政府这一暴行在菲律宾知识界引起强烈的震动。17 年后宣传运动的思想家何塞·黎萨①在谈到这一事件时写道："没有 1872 年就不会有什么普拉里尔，就不会有哈恩纳或桑西亚安科，也不会有这些英勇大度的菲律宾侨民居住在欧洲各地，没有 1872 年，黎萨现在就会是耶稣会的一名会员，不会写出《不许犯我》而会写出相反的东西。还在孩提时期，当我听到那些不公正和残暴的行为，我就心潮起伏，浮想联翩。我发誓有一天要献出我的一切，为这许多受害者报仇！"

1872 年烈士的血化成了菲律宾民族主义的火种。

宣传运动的兴起和同化主义原则

菲律宾宣传运动，作为和平改革运动，于 1880 年前后在菲律宾国内和西班牙出现。运动的开始阶段，民族主义意识和政治改革的要求是以文艺和学术的形式表现出来，并以个别人物的分散活动为特点，其主要原则是"同化主义"。

1879 年，菲律宾怡朗地区流传着洛佩斯·哈恩纳的一部题为《博托德修道士》的短篇小说。它描写了一个普通修道士的生活，暴露了修道士的无知、荒淫、虚伪和横暴。作者哈恩纳是伊罗戈族人，1856 年 12 月 17 日生于怡朗附近的哈罗。他出身贫寒，多亏舅舅帮助，在哈罗神学院毕业。他在圣胡安，德迪奥斯医院工作期间学得一些医学知识，回到哈罗当实习医生。他在行医中了解民间疾苦，目睹西班牙官吏和修道士欺压百姓，便写了这篇小说来揭露他们。1880 年初，哈恩纳受到迫害，逃往西班牙。他在马德里积极参加宣传运动，成为运动的主要代表人物之一。

1882 年，宣传运动的另一位主要领导人马塞洛·赫·德尔·比拉尔在马尼拉出版《他加禄日报》，揭露殖民制度，宣传政治改革。比拉尔是布拉干省一个镇长的儿子，1850 年 8 月 20 日生于布拉市库潘村。1870 年他在圣托马斯大学法律系四年级时为浸礼费问题同修道院牧师发生争执而被勒令退学，直到 1878 年才恢复学籍。1880 年，他取得学位后当了律师，常在市镇的各种群众集会上用他加禄语朗诵叙事诗，通过这种通俗易懂的文艺形式宣

---

① 关于何塞·黎萨的生平事迹，详见《外国历史名人传》近代部分下册（原译黎萨尔），中国社会科学出版社、重庆出版社 1982 年版。

传自己的政治主张。他还善于利用政府部门中西班牙自由主义者和教团之间的矛盾开展工作，《他加禄日报》就是得到一位西班牙自由主义者姆纳兹的赞助并以他的名义出版的。

19 世纪 70 年代末 80 年代初，西班牙的马德里和巴塞罗那聚居了许多菲律宾侨民。他们中有三种人对菲律宾的改革事业特别关心。第一种人是在 1872 年事件后被流放到马里亚纳群岛的政治犯，多为菲律宾出生的西班牙人和西菲混血儿。他们是在度过两年流放生活后向政府保证不再返回菲律宾而获允在西班牙定居的。他们对殖民政府不满，关心着菲律宾事态的发展。第二种人是到西班牙留学的菲律宾富家子弟，人数不断增多，其中有许多人受到西方自由主义思潮的影响，迫切要求改革。第三种人如哈恩纳一样是受殖民当局迫害的流亡者，他们对西班牙政府抱有很大的期望，以为只要向西班牙政府和各界人士说明菲律宾真相就能改变菲律宾的不合理的现状。由于存在着上述三种人，同时也由于西班牙国内比之殖民地有较多的言论自由，马德里和巴塞罗那便逐渐成了菲律宾宣传运动的主要活动场所。

1880 年，马德里出版了佩德罗·阿，帕特尔诺的诗集《素馨花》。作者是一位 1872 年被流放的马尼拉富商的儿子。这本诗集和作者后来的小说《尼内伊》、历史著作《他加禄古代文化》一样在艺术和学术上并没有什么出色的成就，但它是计划中的菲律宾丛书的第一集，它向西班牙读者表明菲律宾青年一代已意识到自己不仅是西班牙的臣民，而且是具有本民族特点的菲律宾人。

比这部诗集意义重要得多的是 1881 年马德里大学出版的格雷戈里奥，桑西亚诺的博士论文《菲律宾的前进》。作者是一位中菲混血儿，1880 年曾在马德里有影响的报纸上发表文章，提出菲律宾经济改革的建议。在这篇论文里，他批判了所谓菲律宾人"懒"的诬蔑，抨击了当局无视菲律宾人作为西班牙臣民的权利的做法，提出了"同化主义"的原则。他认为："如果菲律宾被认为是西班牙国家的一部分，是西班牙的一个省而不是它的纳贡的殖民地，如果人们承认半岛人是有公民的利权，那么，他就必须承认菲律宾人也同样具有这种权利。人们不能再将贡赋，真正意义上的贡赋强加在他们的身上，而只能向他们征收适量的税了。"桑西亚诺这种由"同化"求平等的思想，反映了 80 年代初菲律宾爱国知识分子的认识水平，成了整个宣传运动的一项重要的宗旨和原则。

1882 年，黎萨到西班牙求学。黎萨在圣托马斯大学时曾写过一首题为

《献给菲律宾青年》的诗，表达了他对祖国的深厚感情。到了西班牙后他又写了《热爱祖国》一文寄回国内，由比拉尔译成他加禄文在《他加禄日报》上发表。黎萨号召菲律宾青年为祖国的未来而努力奋斗。他自己就是怀着这种为菲律宾献身的精神在马德里大学学习三年，获得医学、哲学和文学博士学位。

1882 年，马德里召开国际商业地理学会议，一位访问过菲律宾的修道士罗曼·马丁尼兹·维基尔在会上赞扬了天主教修道士在菲律宾的业绩。哈恩纳立即上台加以驳斥，揭发菲律宾修道士的种种罪恶，证明他们是菲律宾进步的主要障碍。维基尔无言以对，狼狈不堪。哈恩纳因而博得了宣传运动的"雄辩家"的雅号。第二年，马德里召开美洲发现 391 周年纪念会，哈恩纳又在会上进行宣传活动。他介绍了菲律宾的情况，表示要和阻碍菲律宾社会发展的天主教教团势力斗争到底，哈恩纳的演说博得了取得独立的拉美代表的热烈支持。

1884 年，菲律宾青年画家胡安·卢纳和费利克斯·伊达尔戈在马德里绘画比赛中分别获得金质奖和银质奖。这件事有力地驳斥了所谓菲律宾人低能的谬论，提高了菲律宾人的自信心和自豪感。黎萨在马德里各界著名人士和各大报记者参加的隆重庆祝宴会上兴奋地说，这是"菲律宾的光荣"，它表明"天才是没有国界的，天才正如阳光和空气一样是属于大家的遗产"。他借此机会表示，如果西班牙人要留在菲律宾，两个民族就必须平等相待，组成联盟，这种联盟应出自菲律宾人的心愿而不能根据西班牙对菲律宾殖民地的权利。

开展大规模的宣传活动需有一定的组织形式。1882 年，马德里菲侨中曾成立一个名为"西班牙菲律宾会社"的侨民组织，领导人是菲律宾出生的西班牙人胡安·阿达伊地。该组织出版的会刊引起哈恩纳的兴趣。黎萨曾想把这个会社变成为团结菲律宾人进行共同斗争的机构。但阿达伊地和官方保持密切联系，思想保守，怀有种族优越感，看不起菲律宾人，所以这个会社只维持很短时间就在 1883 年初解散了。

1884—1886 年，黎萨、哈恩纳曾多次设法组织菲律宾人的团体，均未能实现。

1886 年，西班牙人巴勃罗·费赛德在马德里自由报上发表一系列文章诋毁菲律宾人，激起菲律宾侨民的公愤，并促使菲律宾人报纸《西班牙在菲律宾》诞生。该报 1887 年 3 月出版时因态度过于温和，以致哈恩纳不予支持。

后来黎萨从德国为其撰稿，多方给予协助，该报渐趋激进，但又引起内部保守势力的非难。由于思想认识的分歧，无法形成比较稳定的宣传组织。

1887年3月29日，黎萨在德国出版了他的第一部小说《不许犯我》。小说描写一个菲律宾富家子弟伊瓦拉，怀着为祖国服务的满腔热情从欧洲学成回国，发现父亲在他出国期间被修道士达马斯科以莫须有的罪名投入监狱，以致死无葬身之地。伊瓦拉后来宽容了这个修道士，决心从事教育事业，等待他的却是诽谤、打击和陷害。小说对西班牙的殖民统治进行了无情的揭露和批判，撕下了伪善的神甫、贪婪的法官、专横的总督和警长等人的假面具，使菲律宾人民看清自己不幸的根源。小说警告西班牙当局，如果它不进行改革，清除社会的毒瘤，菲律宾人民就要自己动手了。

1887年8月5日，黎萨回到阔别五年的祖国，发现在马尼拉已有许多人看过他的小说，引起强烈反响。但是菲律宾教会当局和政府却是另一种态度。圣托马斯大学委员会的报告指责这本小说对教会是"不虔敬的和诽谤的"，对社会秩序是"破坏性的"，对政府的政策是"诋毁和中伤的"。由僧俗组成的审查委员会建议"绝对禁止这本书的出版、翻印和流传"。在马德里国会刊物上也充满对此书的诽谤之词。可是与教会和政府的愿望相反，他们越是对这本书和它的作者进行攻击和谩骂，这本书和它的作者的声望就越高。许多怀有正义感的人士都出来为它辩护。比拉尔化名写了《要象鳝鱼那样油滑》的小册子，教人们如何躲过教团的监视而读到这本小说。这样，由《不许犯我》一书所掀起的一场风波，大大提高了菲律宾青年的民族意识和思想认识，把菲律宾国内外许多爱国者团结在黎萨周围，为宣传运动的进一步开展打下基础。

转向政治活动

黎萨回菲律宾后，曾回到家乡卡兰巴。那里的农民请求他代笔向政府据实报告佃农的苦痛。1888年1月8日，黎萨帮助村民写了报告。接着又草拟了另一份公文，由卡兰巴有声望人士签名，请求政府保护村民不受修道士的报复。这两份报告触怒了多米尼甘教团在卡兰巴庄园的管理人，他们开始迫害签名者和黎萨。1888年2月，黎萨被迫离开菲律宾，经中国香港、日本、美国重赴欧洲。

1888年3月1日，马尼拉发生反修道士的示威。示威群众向政府呈上题为《西班牙万岁！女王万岁！军队万岁！打倒修道士！》的请愿书，要求驱逐马尼拉大主教佩德罗·帕耀，并将各教团赶出菲律宾。政府采取强硬手段镇压示威，许多人被捕入狱或流放国外。比拉尔参与了这一事件的组织工作，获悉总督正准备逮捕他，便于1888年12月28日离开马尼拉去西班牙。在比拉尔启程前夕，马尼拉组成了"宣传委员会"，决定委任他为代表到西班牙开展活动，其费用由委员会在菲律宾国内筹措。比拉尔路过香港时和巴萨取得联系。巴萨是1872年事件的受害者，曾被流放到马里亚纳群岛，他答应负责将西班牙出版的宣传运动的刊物运送到菲律宾国内去。

1889年1月1日，比拉尔到达巴塞罗那，立即开展宣传运动的组织工作。

比拉尔最关心的是筹办运动的机关报。1889年2月15日，经过他的学生庞塞的努力，一份名为《团结报》的半月刊在巴塞罗那出版。哈恩纳任主编。该刊宗旨是：（1）致力于和平政治改革和社会改革；（2）报道菲律宾的悲惨状况，以期西班牙给予纠正；（3）反对反动的和中世纪的恶势力；（4）鼓吹自由思想和进步；（5）支持菲律宾人民对生活、民主和幸福的正当愿望。《团结报》从1889年11月15日至1895年11月15日被迫停刊止，在马德里发行。1889年12月15日起，由比拉尔任主编。它作为宣传运动的机关报着重宣传在法律面前，西班牙人与菲律宾人一律平等；吸收菲律宾为西班牙的一个正式省份，恢复菲律宾在西班牙议会中的代表权；菲化或俗化菲律宾教区；赋予菲律宾人出版、言论、结社自由，以及请求申冤的自由等。

《团结报》团结了许多爱国者。黎萨、卢纳、潘加尼班、戈麦断、雷希多尔、帕特尔诺、德洛斯、庞塞、亚历抗德里诺、德莱持等人都为其撰稿人。布卢门特里特教授、莫拉伊塔博士等外国友人也给该报很大的支持。《团结报》远销欧洲各地。它通过中国香港秘密送到菲律宾国内读者手中。创刊号曾有400份送入菲律宾境内。

比拉尔开展的第二项组织工作是利用共济会的组织形式，团结菲律宾侨民和西班牙会众开展宣传活动。

共济会是一个国际性的互助组织。比拉尔认为，共济会虽不是"行动的组织"，"不能期待它来行动"，但"作为宣传工具还是很有用处的"。1889年初，他到达巴塞罗那时曾加入当地的分会，迁至马德里后立即着手组织由清一色菲人组成的分会。不久，他成了西班牙东部共济会的负责人之一。西班牙共济会看到菲律宾人的宣传纲领色彩温和，无非是反教团的自由主义改革要求，也很乐意给予支持。1892 年，比拉尔又在菲律宾国内发展了共济会的组织。庞塞说："建立共济会的目的是使人民有一个学习集体行动的场所，使他们习惯于过集体生活。"

比拉尔另一项重要工作是改选"西菲协会"。这个协会是为支持 1888 年 3 月马尼拉反修道士示威而建立起来的，是一个松散的无党派性的群众团体。比拉尔到西班牙后，于 1889 年 1 月 20 日改选了这个组织的领导机构，仍由西班牙著名历史学家唐米格尔·莫拉伊塔教授任主席。曾驻菲律宾的费利佩德拉科尔将军为副主席，多米纳多尔戈麦斯博士为秘书。这个协会下分政治、文学、体育三个组。比拉尔任政治组组长，使这个组织接受宣传运动的基本宗旨，支持恢复菲律宾在议会的代表权的斗争。

在完成上述组织工作的基础上，1890 年比拉尔开始发动以争取西班牙议会恢复菲律宾代表权为中心的群众运动。

西班牙议会曾在 1810—1813 年、1820—1823 年、1834—1837 年三次允许菲律宾派代表参加议会活动。1837 年 1 月 16 日议会在一次秘密会议上通过一项统治殖民地特别法律，取消殖民地的代表权。宣传运动的领导人认为，争取恢复菲律宾代表权的斗争至关重要。议会有了菲律宾的代表就能够使西班牙政府和公众听到菲律宾人民的声音，了解菲律宾的真相，制止菲律宾殖民当局和教团胡作非为，帮助菲律宾进行和平改革。

1890 年 2 月，比拉尔与过去《他加禄日报》的合作者姆纳兹接触，争取他的帮助。姆纳兹此时已是自由党沙卡斯塔内阁驻议会的代表，他答应在议会提出选举法修改案，给予菲律宾三名代表名额。但姆纳兹的提案在专门委员会上遭到拒绝。过去一向以激进面目出现的自由党内阁海外部部长巴色拉竟要求姆纳兹自动收回提案。5 月，比拉尔再次要求姆纳兹设法向议会提出新提案。但自由党内阁不久即下台，比拉尔的希望落空。1891 年 7 月，比拉尔发动西菲协会向议会提出请愿书，要求议会考虑菲律宾代表权问题。当时是保守党执政，所以毫无反应。1891 年 12 月，自由党沙卡斯塔再度组阁，新内阁海外部部长莫拉对菲律宾代表权问题置之不理。1894 年 3 月，莫拉辞去海外部部长职务，由巴色拉继任。这时的巴色拉，不但对菲律宾代表权问题毫无兴趣，甚至连过去自己叫得最响的菲律宾教育和宗教改革也闭口不谈了。比拉尔希望自由党支持改革的幻想破灭。他转向共和党人胡诺伊，请求他向议会提出新的议案。与此同时，比拉尔又发动共济会会众征集 7000 人签名的请愿书，于 1895 年 2 月 21 日由西菲协会向议会呈送。胡诺伊是在野党议员，3 月 8 日他在议会发表演说，提出给予菲律宾代表权的议案，但这个议案和西菲协会的请愿书一样如石沉大海，毫无音讯。

抛弃同化主义原则

在比拉尔发动以恢复菲律宾在西班牙议会中代表权为中心的宣传活动时，黎萨持有不同看法，他对比拉尔所做的一切持保留态度。

黎萨首先对同化主义原则与和平改革的可能性发生怀疑。1887 年在小说《不许犯我》发表后不久，他在写给布卢门特里特教授的信中说："这种事决不会来到，和平斗争只是一种梦想，因为西班牙是决不会从它在南美早期殖民地的经验中学到什么东西的，西班牙至今还未学到英国人早在北美学到的一切。"

一个月后黎萨在另一封信中说："菲律宾人一直渴望西班牙化，他们大错了，只有西班牙人才应该希望西班牙化，而不是菲律宾人。现在我们从西班牙人那里得到教训。"

黎萨对西班牙已经失望，他认为宣传运动的对象应是菲律宾人而不是西班牙人，斗争的战场应在菲律宾而不是在欧洲。1889 年还在《团结报》出版前夕，他在给布卢门特里特的信中写道："如果同胞们把希望寄托在欧洲，那就大错特错了。我们能给他们帮助的只是生活在祖国"，"战场就在菲律宾，那是我们应当去的地方"，"在这里只是浪费时光"。

为了教育人民，黎萨到大英博物馆研究菲律宾历史问题，并在 1890 年在巴黎出版《莫尔加："菲律宾群岛事件"注释》，向菲律宾人民展现了"祖先文化的影子"，以便"更好地去判断现在和估量三个世纪以来所走过的道路"。黎萨还在 1889 年 9 月至 1890 年 2 月以《一百年后的菲律宾》为题在《团结报》上发表文章，从历史的经验去探索菲律宾的前途。他认为从世界史考察，世界上还找不到一个民族能永远统治其他民族的事例。殖民地的独立是世界历史的必然。

1891 年 9 月 18 日，黎萨去根特出版了自己的第二部小说《起义者》。他把这部小说献给 1872 年殉难的教士——布尔戈斯、戈麦斯和萨莫拉。在这部小说中，《不许犯我》的主角伊瓦拉化装成珠宝商人回到菲律宾，准备发动起义，结果因计划败露而自杀。小说表明黎萨对菲律宾社会的观察又深入一层，他愈益感到革命风暴将要到来。但他又不愿见到这场流血的斗争。他借用老神甫之口在书中主角临终时说："仇恨只能造成穷凶极恶的家伙和罪大恶极的犯人，只有爱才能创造奇迹，只有美德才能拯救世界。"又说，"我的意思并不是说，我们的自由一定要靠刀剑来取得，因为在现代生活中，刀剑的作用已微不足道了。"黎萨的思想充满矛盾，在一番斗争之后，他没有能突破阶级的局限性，又退到改良主义的说教上去。

这时期，比拉尔的思想也有变化。他最初对西班牙抱有很大幻想，特别是对自由主义者寄予无限期望。但生活本身教育了他。1890年比拉尔在马德里一次侨民集会上说："菲律宾侨民中不应当有分歧，也不存在分歧。我们为同一情感所激动，追求着同一理想，这就是，消灭妨碍我们获得自由的一切障碍，并且，在适当时机，以适当方式消灭西班牙的旗帜。"比拉尔已认识到同化主义只是一种手段，一种策略，要获得自由、平等，最终只能"消灭西班牙的旗帜"。而此时在黎萨看来同化主义是一种幻想，连策略都说不上，它至多只是一种掩护。

1892年，哈思纳对同化主义也有了新的认识。他在给黎萨的信中说：如果我当上议员，我不能自吹要为菲律宾争得自由和平等。"菲律宾应当用鲜血来赢得菲律宾的代表权和自由，用鲜血来赢得我们的独立"。

1891年11月18日，黎萨从马赛乘船前往香港。在那里拟订了他计划中的新的组织"菲律宾联盟"的章程。1892年6月26日他回到马尼拉。在香港启程前，黎萨写了两封信，注明"在我死后拆开"。一封是给家人的，告诉家人他是冒着生命危险回马尼拉的，信中说："一个人应当为他的职责和信念而死。"另一封是写给菲律宾人民的，信中说："一个人如果为了他所爱的东西，为了祖国以及为了他所重视的生活方式而死，死有什么要紧？"

7月3日，黎萨在多罗特·王汉谷家正式成立菲律宾联盟。这个联盟的主要宗旨是：（1）把整个群岛团结成一个紧密的、坚强的、同质的团体；（2）在遇到困难时和必要时，互相照顾；（3）抵御一切暴力和不公正的行为；（4）鼓励发展教育、农业和商业；（5）研究并实行改革。联盟的箴言是"人与人平等"。联盟规定其成员要履行下列义务：（1）绝对服从所属委员会的命令；（2）协助本团体招收新成员；（3）对所属委员会的决议严守秘密；（4）采用姓名代号，在成为所属委员全主席前不得改变；（5）把所听到有关联盟的任何情况报告委员会的检察员；（6）做一个优秀的菲律宾人；（7）在各方面帮助盟友。

菲律宾联盟和宣传运动的其他机构相比有很大的进步。它已放弃了同化主义的原则，根本不提争取成为西班牙的一个省和争取议会代表权问题，而是将活动中心转移到国内，致力于菲律宾民族共同体的促成，依靠菲律宾民族自身的力量去抵御暴力与不公正行为。联盟还不是一个革命组织，而是一个改良主义的团体。黎萨虽然很早就知道"和平改革只是一种梦想"，但他还没有放弃这种"梦想"。

7月7日，西班牙殖民当局逮捕黎萨，将他流放到达比丹。联盟的主要成员多为中上层人物，他们在反动派的威胁下动摇了，刚刚成立的菲律宾联盟不久便解体了。1896年12月30日，黎萨在马尼拉贡巴扬广场被殖民者枪杀。

在马德里，比拉尔领导的争取议会代表权的斗争因未能取得成果而队伍涣散了。《团结报》也因菲律宾国内资助日益减少而被迫在1895年11月15日停刊。1896年初，年仅40的哈思纳在贫病交逼中离开人世。比拉尔的生活也十分困苦，时常挨饿。1896年比拉尔准备离开西班牙回国，并在香港召集会议研究下一步的活动。但还没有收到菲律宾国内的汇款就在7月4日病死在巴塞罗那。临终前他总结自己一生走过的道路说："用和平手段来实现改革是不可能的，只有人民的起义才是唯一的出路。除了革命，菲律宾人民是得不到幸福的。"

黎萨被捕的那一天夜里，在马尼拉的贫民区成立了菲律宾革命组织"卡提普南"。在比拉尔死后一个多月后，1896年8月26日菲律宾人民在波尼法秀领导下拿起武器起来革命。

菲律宾的资产阶级革命运动

沈立新

发生在 19 世纪末的菲律宾革命，是一次资产阶级革命。这一革命的目的在于使菲律宾从西班牙的殖民奴役下解放出来。这场由资产阶级领导的、以广大劳动人民为主力的革命风暴，经过异常艰苦曲折的斗争，推翻了西班牙 300 多年的殖民统治，建立起独立国家，成为亚洲各国人民争取民族独立的先行者之一。

卡提普南①的成立和武装起义的爆发

菲律宾宣传运动②的失败说明在西班牙殖民当局的残酷统治下，进行和平改革的道路行不通，只有用暴力手段，推翻殖民统治，才能使国家和民族取得真正的独立。1896 年，在以波尼法秀为首的资产阶级革命派领导下，开始了以武装起义为主要内容的反对西班牙殖民主义者的斗争。

波尼法秀于 1863 年 11 月出生在马尼拉近郊一个穷人家庭，父母双亡后便独立支撑门户，以自己的劳动来养活兄弟姊妹。苦难遭遇使他深知菲律宾社会下层人民的生活疾苦，了解广大劳苦大众的要求。波尼法秀没有受过系统教育，但在闲暇时刻苦自学。对黎萨博士所写揭露西班牙殖民者黑暗统治的小说《不许犯我》与《起义者》很感兴趣。雨果的《悲惨世界》也是他喜欢读的书。他还看了不少有关法国资产阶级大革命的历史书籍，这些书籍对他以后的革命活动都产生过一定的影响。1892 年 7 月，他加入了黎萨组织

---

① 全名意译为"最崇高与最尊贵的菲律宾儿女协会"，简称"卡提普南"，并按开首的字母叫作 K. K. K.。
② 参见本书《菲律宾宣传运动》一文。

的"菲律宾联盟"。这个组织要求在西班牙统治的范围内,通过合法途径进行一些改革,即便这样,殖民当局也不允许。联盟成立后四天,因黎萨被捕,其活动被迫停止。

1892年7月7日,即黎萨被捕当天,波尼法秀在马尼拉工人区唐多创立了秘密的革命组织"卡提普南"。许多生活在下层社会的爱国者,如工人、农民、士兵、小手工业者、商人、教师、牧师以及在殖民政府机关任职的下级官吏,逐渐被吸收进来。这个组织具有广泛的群众基础。卡提普南规定了严密的组织纪律,它的最高领导机关是委员会。各省、镇设立地方委员会。但是这个组织的政治纲领模糊不清,作为卡提普南学说的组成部分——无论是波尼法秀的《民族儿女的职责》(又名民族儿女十诫),还是卡提普南的"主脑"艾米利奥·哈辛托所写《卡提普南初阶》,都没有提出推翻西班牙殖民统治和争取菲律宾独立的明确要求。入会仪式也带有浓厚的宗教色彩和一般秘密结社常有的那种烦琐程序。尽管如此,但从这个组织所提出的"所有的人不论肤色黑白,一律平等","同压迫者作斗争","不压迫别人","热爱和关心祖国的幸福","为拯救自己的祖国而死,是最高的光荣和幸福"等口号和主张来看,体现了一定的民主性和革命性。卡提普南组织的出现,在菲律宾历史上十分重要,它意味着和平改革运动的终结和独立武装革命的开始。

卡提普南成立后,国内外形势发生了有利于革命的变化:在黎萨被捕和联盟停止活动后,原联盟中一些具有革命倾向的中小资产阶级分子,开始摆脱改良主义思想的束缚,投奔卡提普南,从而使其力量得到加强。当时,吕宋岛和棉兰老岛上的人民群众为反抗殖民者的残酷统治和僧侣教团的压迫,不断举行起义,鼓舞和激励着卡提普南会员的革命热情,西班牙在美洲的殖民地古巴、波多黎各等国人民的革命运动方兴未艾,特别是古巴人民于1895—1898年开始了第二次独立战争,沉重地打击了西班牙殖民者。这些因素都直接或间接地支援了卡提普南。

卡提普南组织成立后并未立即举行武装起义,做了四年准备工作。主要是进行宣传、动员人民、培养干部、发展组织和筹集军火。1895年4月,以波尼法秀为首的卡提普南领导核心在马尼拉近郊的圣马特奥山洞里举行了一次特别会议。参加会议的有哈辛托、马桑卡伊、伊班、德尔卡斯蒂、托伦蒂诺等。大家一致赞同"加速收集武器,筹措经费,着手进行革命"。他们勘察了马尼拉周围的地形,以便起义后,选择一个安全可靠的作战指挥所。与会者在山洞的墙壁上用黑炭写上"菲律宾独立万岁"的口号。这一口号抒发了"卡提普南会员的郁积情感"，表达了菲律宾人民摆脱西班牙殖民统治、争取民族独立的坚强决心。

卡提普南的主要领导人除波尼法秀外，还有哈辛托。哈辛托1875年12月15日生于马尼拉的特罗索，曾就读于圣托马斯大学法律系，19岁时加入卡提普南，是这个组织中最年轻有为的成员之一，有"卡提普南智囊"的称号。波尼法秀非常赏识他的才能和爱国热情。他担任过秘书、检察员、将军等重要职务，主编《自由报》，是波尼法秀的得力助手。波尼法秀于1897年5月遇害后，他继续在内湖省战斗，1899年4月因病死于内湖省的马哈哈山，年仅24岁。

为了在广大群众中进行革命宣传，1896年1月出版了卡提普南的机关报——《自由报》。此报由哈辛托负责，他既是撰稿人，又兼编辑、记者和校对。在创刊号上刊登了波尼法秀的历史论文《他加禄人应有的认识》。在一篇题为《对于人民》的论文中，号召人民团结起来，奋勇战斗，"从西班牙的暴政中解放祖国"。创刊号的印数为1000份，秘密分发给卡提普南会员及其同情者。

《自由报》的印刷和发行尽管是秘密进行的，仍有几份创刊号落到了西班牙殖民当局手中。赶在西班牙警察查封印刷厂之前，卡提普南会员毁掉了正在印制中的第2期，破坏了印刷机，并安全地转移。尽管该报只出版了1期，但对提高人民觉悟和鼓舞人民的革命热情起了很大作用。

随着卡提普南学说宣传的扩大，卡提普南在成立两年后，有了迅速的发展。下层社会的一些爱国者都积极加入该组织，到1896年8月革命爆发前夕，会员总数已达3万人左右，它的拥护者则超过20万人。最初这个组织限于男子参加，后来也允许女子加入。许多妇女曾为卡提普南做了很多有意义的工作。

在军事准备工作中，除购买军火、制造武器外，还募捐军费。波尼法秀和哈辛托企图从日本购买武器和弹药，但这一计划后来未能实现。募捐运动是在群众中秘密进行的，在短短几个月时间里便募集到20万比索。他们还拟订了初步的作战计划，准备在内湖省靠山近海的地区，建立革命根据地，作为武装起义的指挥部，打算一旦革命胜利就在那里建都。

有关起义的各项准备工作还没有完全就绪，起义计划却被西班牙殖民当局发现了。从1896年8月19日下午开始，殖民当局采取行动，许多卡提普南组织的成员遭到逮捕和杀害。几百名会员从各地逃到马尼拉近郊的巴林塔瓦克山躲避。8月23日，波尼法秀在那里召集紧急会议，任命了战时的内阁成员。8月26日，波尼法秀在巴林塔瓦克镇召开了一次历史性的群众大会，手持大弯刀、竹矛、弓箭和短枪的1000余名起义者出席了会议。波尼法秀说明局势严重性后，问大家怎么办？群众齐声回答："起义！"共同宣誓"不自由毋宁死"。为了表示反西斗争的决心，波尼法秀当众将交纳人头税的证件——"谢杜拉"① 撕得粉碎，并高呼"菲律宾独立万岁"口号。这就是菲律宾历史上有名的"巴林塔瓦克号召"。这一号召，"象巨雷一样，在全国激起了隆隆回声"。起义开始以后，极其迅速地蔓延到八打雁、内湖、塔亚巴斯、布拉干、邦板牙、新怡诗夏和打拉等省的市镇。积存300多年的民族仇恨像火山一样爆发了。

　　8月28日，波尼法秀发表了《战斗宣言》，宣布于8月29日（星期六）进行总攻，以推翻西班牙殖民统治。宣言写道：在本月29日，我们照预订计划举行革命，所有城镇务必举行起义，同时进攻马尼拉城。任何人反对我们民族的这一神圣理想，将被视为卖国贼和敌人。但是由于卡提普南组织分散在各地，联系不便，加上武器缺乏，8月29日的总攻计划未能实现，直到8月30日黎明才在马尼拉附近的圣胡安镇上打响了革命的第一枪。最初，起义的响应者只限于马尼拉周围的各市镇，后来逐渐扩大到整个吕宋岛，南部的棉兰老岛和霍洛岛也发生了一些骚动。马尼拉、布拉干、甲米地、邦板牙、新怡诗夏、打拉、八打雁和内湖八个省是武装起义的主要地区。加入起义的除卡提普南会员外，还有广大农民。许多菲籍士兵在杀死了他们的西班牙长官后，也投入起义队伍。如驻伊利甘省维多利亚要塞的菲律宾士兵300人，就是在杀死了西班牙军官之后加入起义军的。西班牙殖民军、僧侣教团和殖民官吏，不断遭到起义者的武装袭击，殖民者陷于全民的包围之中，惊恐万状。

　　西班牙驻菲律宾的殖民总督布兰科一面向马德里讨兵求援，一面亲自指挥作战。1896年11月9日，布兰科率领殖民军对起义军的两个营垒比纳卡扬和诺维莱塔发动进攻。这次战役打了两天，"数里以外可闻炮声，战斗的烟雾笼罩了战场"，打得非常激烈。菲律宾军队的圣地亚哥·阿尔瓦雷斯将军指挥非常出色，尽管敌人反复冲锋，阵地屹然不动。西班牙军队伤亡惨

――――――――――

① 谢杜拉，是交纳人头税的手册，也作身份证使用，是臣服于西班牙的一种象征。

重，遗尸 500 具以上，不得不退却。布兰科的失败，"使西班牙的骄傲旗帜倒在菲律宾地上"。布兰科吃了败仗，被撤职。新总督波拉维夏，带领"一队强大的援兵和一帮得力的将领"于 12 月 13 日到达菲律宾。这个残忍而粗暴的殖民统治者，为了挽回颓势，便乞灵于恐怖统治，对起义者进行疯狂的报复和镇压。许多爱国者被押解到马尼拉投入监狱，大约有 1000 名经过简单审讯即被放逐，许多人被处死。12 月 30 日，连主张进行和平改革、拒绝参加起义的黎萨也惨遭杀害。黎萨的被害，反而使以前许多犹豫不定的资产阶级分子也被迫投身革命，从而扩大了革命阵线。全国的革命斗争出现了新的高潮。

《破石洞条约》的签订和革命阵营的分裂

正当革命斗争在全国范围内趋向高潮的时候，革命阵营内部出现分裂。以艾米利奥·阿奎那多为首的资产阶级保守派为了本阶级的利益，千方百计夺取革命领导权，希望革命按照他们的意图发展。

阿奎那多 1869 年 3 月出生于甲米地省卡维特市一个中产阶级家庭。1894 年出任卡维特市市长，这是他父亲多年前曾担任过的职务。同年经波尼法秀介绍加入了卡提普南组织。不久，他利用市长的身份，成为卡提普南甲米地分会的领导人。起义开始后，由于阿奎那多在甲米地省打败了西班牙军队而赢得了声誉，被人称为"伟大的他加禄将军"。那些企图借革命势力来保护自身利益的资产阶级分子，此时都向他靠拢，形成了一个资产阶级保守派集团，并且逐渐在卡提普南组织中取得优势。当时以波尼法秀为首的卡提普南领导核心，正忙于带兵打仗，无暇顾及政治组织的整顿，这也给阿奎那多以可乘之机。

随着时间的推移，革命阵营中的分裂越来越明显。在卡提普南甲米地省的分会中，出现了两个委员会，即拥护波尼法秀的马格达弯委员会和支持阿奎那多的马格达洛委员会。1896 年 10 月 31 日，阿奎那多为了篡夺革命领导权，就以马格达洛委员会的名义，发表了《告菲律宾人民书》，提出自由、平等、博爱等口号，企图以一个新的政府机构来取代卡提普南组织，排挤波尼法秀在革命阵营中的领导地位，从而达到篡夺卡提普南最高领导权的目的。阿奎那多的这一行动被认为是"向波尼法秀的最高权力挑战"的信号。当时波尼法秀的态度是明确的，反对成立任何新的政府机构，主张继续以卡提普南来领导这场民族解放战争。两个组织之间的对立导致在特赫罗斯会议上的摊牌。

1897 年 3 月 22 日，两方领导人在特赫罗斯村举行会议。会议的主要目的是要解决革命阵营中的最高领导层的分歧问题，即把卡提普南继续作为革命政府，还是建立一个新的革命政府来代替卡提普南。波尼法秀主持了这次会议。阿奎那多诡称"忙于作战"没有出席会议。但是阿奎那多派控制了大会的进程，在会上通过了成立新政府来代替卡提普南的决议。他们在选举中控制投票，以压倒多数选举阿奎那多为总统。波尼法秀连副总统也没被选上，仅被选为内政部长。即使这样，阿奎那多派还以波尼法秀没有受过正规的法律教育，没有当过律师为由对他进行攻击，说他没有资格当内政部长。会后，波尼法秀宣布，会上作出的所有决议无效。但是，形势已无可挽回，革命政权的领导权已落入阿奎那多派手中。

在这次会上阿奎那多阴谋的得逞，一方面暴露了阿奎那多保守派集团置大敌当前于不顾，热衷于为自己小集团争权夺利，另一方面也说明了波尼法秀领导核心的软弱无力。在两派斗争日益尖锐的情况下，波尼法秀没有采取有效的措施。此外，起义初期在马尼拉郊区圣胡安战役中遭到惨败一事，以及此后在一些军事指挥上的失利，也使部分群众感到失望，这从在特赫罗斯会议上的选举中可以看出。在选举中，连他自己的部属——马格达弯派也未投他的票。

这次会议以后不久，阿奎那多便从前线回来，就任新政府的总统。但波尼法秀不理睬新政府的存在，继续以卡提普南最高领导人名义行使职权。如 1897 年 4 月 15 日，他仍以国家领导人和最高领袖的身份任命德尔皮拉尔为革命军总司令，任命哈辛托为南区司令等。为此，阿奎那多怀恨在心，遂以颠覆和叛国罪，于 4 月 28 日派兵将他逮捕，并于 1897 年 5 月 10 日将他杀害。

波尼法秀被害以后，军队和政府的最高领导权落入阿奎那多之手。卡提普南组织和革命力量大大削弱。如果说 1896 年的革命运动从"巴林塔瓦克号召"起是不断向前发展的话，那么在波尼法秀被杀害后，就中止了这种发展的势头，开始走下坡路了。西班牙殖民军队乘革命阵营公开分裂之机，开始反扑，许多革命据点被占领。殖民总督德里维拉于 1897 年 5 月恢复对甲米地省的进攻，阿奎那多逃往八打雁省的塔利塞，在那里又被西班牙殖民军打败。6 月，他率领部队逃往布拉干省敌人不易到达的破石洞（又名比阿克纳巴托)。

尽管起义者在一些省遭受挫折,但军队主力损失不大。为了消耗殖民军的力量,起义者广泛采用游击战术,使西班牙驻军到处挨打。8月初,甲米地的游击队在里卡尔特、德迪奥斯、阿拉斯等将领指挥下,向西班牙军队展开一系列攻击。8月5日,2000名革命军袭击了圣拉斐尔镇。由德尔皮拉尔领导的一支部队于8月31日在保邦获得大捷。9月,革命军袭击了西班牙在吕宋岛太平洋沿岸的巴莱尔驻军。10月,游击队又分别在打拉省、班丝兰省等地发动进攻。游击战蔓延到内湖、八打雁、班丝兰和三描礼等省。

德里维拉总督感到用武力镇压已经很难将革命扑灭,他在向西班牙政府的报告中说:"我们可以占领比阿克纳巴托,任何军人都能占领它。但是我不能保证把叛乱扑灭。"殖民当局开始改变策略。提出举行和谈,以诱使阿奎那多投降。从8月起,殖民当局加紧诱降活动,由帕特尔诺律师充当阿奎那多的谈判代表,在马尼拉和破石洞之间来回奔走。在谈判中,阿奎那多提出了如下几点温和的要求:(1)菲律宾教区的菲律宾化和废除授教职仪式;(2)恢复西班牙国会中的菲律宾代表权;(3)西班牙人和菲律宾人在法律上平等;(4)根据菲律宾人愿望调整财产、税收和教区;(5)保证个人权利,如言论自由、出版自由和集会自由。这些要求根本没有触动西班牙殖民制度的基础,给菲律宾人民要求推翻殖民统治、争取民族独立的革命热情泼了冷水。许多爱国者反对这种妥协投降,主张继续战斗下去,起义军中指挥作战的第二号人物纳蒂比达将军就是最坚决的一位。

殖民者和阿奎那多之间诱降和受降的谈判,拖延了好几个月。1897年10月间,阿奎那多和革命领导成员在破石洞召开制宪会议,通过了一部破石洞宪法。宪法的最后一条规定,这部宪法有效期为两年,期满后公布另一个宪法。11月1日,即宪法通过这一天,成立了破石洞共和国。

坚决反对和西班牙讲和的纳蒂比达将军1897年11月11日在战斗中英勇牺牲,和谈的障碍不复存在。在西班牙殖民当局和菲律宾大资产阶级的威逼利诱之下,经过一段时间讨价还价的谈判,1897年12月14、15日,阿奎那多的代表帕特尔诺同德里维拉总督签订了《破石洞条约》。这个条约包括三个文件。第一个文件规定西班牙付给革命党人80万比索,而阿奎那多和他的同僚要离境到香港去。第二个文件规定西班牙保证对愿意放下武器的革命者给予宽大或实行大赦。在文件中还提到了菲律宾人要求改革的愿望,但是没有明文规定西班牙同意实行改革。上述两个文件是在 12 月 14 日签字的。在 15 日签字的第三个文件，主要是关于赔款问题的文件中规定，西班牙共拿出 170 万比索，其中付给革命党人 80 万，剩下 90 万付给因战争而受难的平民。条约签订后的第二天，阿奎那多即宣布放下武器，停止抵抗，新政府也自动解散，彻底向西班牙殖民当局缴械投降了。

根据破石洞条约的规定，阿奎那多于 12 月 23 日带着他的 40 位同伴离开菲律宾，流亡到香港。阿奎纳多虽然"自愿流放"，但是菲律宾人民的武装反抗斗争并没有停止。其原因在于：第一，随同阿奎那多一起出国的只有 40 人，起义军的主力仍然被保存下来。第二，根据条约，起义军交出的武器总数不过 1182 件，且都是些陈旧、破损的。大部分武器弹药都被隐藏起来。第三，破石洞仅是布拉干省圣米格尔镇附近一个易守难攻的山村，是一隅之地，因此投降条约的签订，其效力和影响不可能遍及全国各地。另外西班牙殖民当局根本无意遵守条约的有关协议：180 万比索赔款只付了 60 万；还对交出武器的爱国者进行血腥镇压。仅在马尼拉的一次搜捕中，西班牙宪警队就枪杀了卡提普南的 10 个人，并逮捕 60 人。德里维拉总督口头答应了的改革一样也没有做。从 1898 年 2 月起，菲律宾人民反抗西班牙殖民者的斗争又开展起来。

菲律宾共和国的成立

破石洞条约签订后，殖民当局为这"西班牙的一个重大胜利"而欢欣鼓舞，德里维拉总督宣布放假三天，举行庆祝会，各地教堂唱起了感恩赞美诗。但是殖民当局高兴得太早了，反对投降妥协的资产阶级激进派和广大人民群众并没有放下武器，继续在全国各地战斗。尤其是在离首都马尼拉较远、西班牙统治较弱的边远地区，先后爆发了一系列起义。1898 年 3 月，三描礼省的爱国者举行武装起义，他们夺取了马尼拉和博利瑙之间的海底电报站，并且毁坏了电报线。宿务岛爱国者为了报"坎巴街大屠杀"之仇[①]，4月 3 日在列昂·基拉特领导下举行武装起义。他们焚烧了宿务市的商业区，攻入教堂，杀死西班牙修道士，这件事在历史上称为"1898 年血腥的神圣

---

① 1898 年 3 月 25 日，西班牙宪警队在坎巴街进行大屠杀，仅水兵就被杀死 70 多人。

星期四"，不愿接受投降条件的马卡布洛斯将军①，一度在打拉省停止军事行动，但当他看到自己的一些战友在交出武器后，受到殖民当局迫害时，便重整队伍，继续战斗，解放了菲律宾中部的许多地区。4 月 14 日，他召集各解放区的代表在中吕宋召开代表大会，宣布成立中吕宋临时革命政府，并用他加禄语颁布了一部马卡布洛斯宪法。在这部宪法的序言中宣布临时政府将存在到共和国正式建立为止。这充分显示了起义者战斗到底的决心。

殖民当局撕毁破石洞条约的背信弃义行为，也教育了部分资产阶级保守分子，流亡在香港的阿奎那多在"香港委员会"这一组织中继续进行反西班牙殖民者的斗争。

正当菲律宾人民的革命之火重新燃起的时候，1898 年 4 月，美西战争爆发，这一国际环境的变化，使菲律宾民族独立运动的局势更加趋于复杂化。

1898 年 5 月 19 日下午，美国军舰将阿奎那多从香港送回甲米地。阿奎那多尽管在革命紧要关头叛变投降，但他的回国，对重新组织人们投入斗争，最后推翻西班牙殖民统治还是起了一定作用的。

5 月 20 日，阿奎那多发表宣言，号召革命者集合在他周围，开展反对西班牙殖民统治的斗争，并支持美国作战。阿奎那多对美国的政治欺骗和所谓诺言深信不疑，他要求菲律宾人民欢迎美国人，要求做到"无论在哪里见到美国旗，就在哪里群集起来。他们是我们的救星"。在宣言中，他号召菲律宾人于 1898 年 5 月 31 日 12 时整，手执武器反对西班牙人。但是实际上没有等到这一天。巴丹省人民 5 月 29 日就向殖民者开火了。觉醒了的广大群众纷纷拿起武器，接连攻占西班牙驻军防地。菲律宾民族独立运动出现了新的高涨。到 6 月中旬，甲米地、巴丹、邦板牙、八打雁、布拉干五省基本上得到了解放。内湖、莫隆两省只剩下省会还在殖民者手里。殖民者被困守在孤立的据点内，首都马尼拉已经被层层包围。

6 月 12 日，阿奎那多在甲米地发表《独立宣言》。在这份宣言上签字的有 98 人，其中包括一名美国官员，即炮兵上校约翰逊。宣言向全世界宣布，菲律宾已经摆脱了西班牙统治的屈从地位，取得了自由和独立。两国之间一切政治上的联系将被割断和取消。像所有的独立国家一样，菲律宾拥有宣

---

①　马卡布洛斯将军 1871 年 9 月 17 日生于打拉省的拉帕斯镇，曾担任过拉帕斯的村长和副镇长。是打拉省第一批加入卡提普南组织的爱国者之一。1896 年 8 月革命爆发时，他在那里集合部众，展开反西斗争。由于英勇善战，屡建战功，晋升为准将。破石洞条约签订后，他拒绝和阿奎那多一道去香港，始终同他的部队待在一起，密切注视着时局的演变和发展。

战、媾和、缔结条约、订立同盟的充分权利。独立宣言的发表，给正在进行反西斗争的广大人民以很大鼓舞，有利于把革命运动引向深入。但是宣言有明显的不足之处，它轻信美国的政治欺骗，强调菲律宾的独立是"在强大而仁慈的北美国家的保护下"取得的。宣言确认阿奎那多的独裁作用，对怎样进行政权建设也未作明确规定。

6 月 18 日，阿奎那多颁布了由资产阶级学者马比尼起草的地方政府组织法令，着手准备建立资产阶级性质的、比较民主的地方政权。按照这一法令，各地的地方革命政权开始建立起来，革命秩序也逐渐趋向稳定。接着阿奎那多于 6 月 23 日颁布了由马比尼起草，经过阿奎那多签署的把独裁政权改为革命政府的法令。法令中虽然用"革命政府总统"的名称代替了原先的"独裁者"，但总统仍握有至高无上的权力，而且在 7 月 15 日组成的内阁名单中，富有的资产阶级上层分子仍占多数。根据 6 月 23 日法令，1898 年 9 月 15 日在布拉干省的马洛洛市召开革命议会，这次会议的重要成就是确认并批准 6 月 12 日在甲米地发表的《独立宣言》。

会后不久，着手起草宪法。议会任命了一个以卡尔德隆为首的起草委员会。宪法以法国、比利时和南美洲一些国家的宪法为蓝本，以行政、立法与司法三权分立为原则，确保公民与外侨的民主权利。在教会与国家的关系问题上，宪法规定承认宗教自由，主张政教分离，反对政教合一。宪法于 11 月 29 日由议会通过，并交阿奎那多批准。这部宪法的正式名称为《菲律宾共和国政治宪法》，但通常称为《马洛洛宪法》。马洛洛宪法在资产阶级宪法中是比较民主的一部宪法。宪法规定"它的主权是属于人民的"，由于宪法规定了行政、立法与司法三权分立的原则，有利于保护公民的权利。此外，宪法规定宗教自由和政教分离，在一定程度上反映了菲律宾各阶层人民的要求，也是 1896—1898 年革命运动所带来的一大成果。1899 年 1 月 21 日新宪法公布，1 月 23 日菲律宾第一共和国正式成立，阿奎那多任总统，马比尼任内阁主席。

菲律宾共和国成立后，在人民力量的推动下，采取了一系列革命措施，使这一革命运动继续向前发展。在内政方面，共没收殖民者和教团的财产 50 万比索，全部充当政府的财政收入。把西班牙教团的土地收归国有，如在吕宋岛中部平原地区和马尼拉附近的一些省份，便有 25 万多英亩教团的土地被共和国没收。尽管这些没收来的土地并不是无偿分给农民，仍要交纳一定租税，但在一定程度上满足了人民对土地的渴望和要求。此外，废除了殖民者遗留下来的、为人民所痛恨的人头税制度，改收战争税。在外交上，呼吁世界各国支持和承认新生的共和国。主要的外交活动是在美国和日本，向这两个国家派出了外交代表。但是美、日两国当时正欲对外侵略扩张，指望取得他们的支持和援助，只能是一种幻想。这些外交活动都没有取得成功。

美西战争中的菲律宾

美国发动美西战争的目的是为了重新瓜分殖民地，从西班牙手中夺取菲律宾以及中美洲的古巴等属地，进而利用菲律宾作为它向远东、向中国实行侵略扩张的跳板。在这场战争中，美国是以菲律宾人民的"救星"和"同盟者"的伪善面目出现的，具有很大的欺骗性。当美国亚洲分遣舰队司令杜威于 1898 年 5 月 1 日在马尼拉湾海战中重创西班牙舰队时，菲律宾人民曾为这次胜利而欢呼，并且在各方面予以配合，帮助美国打败西班牙人。虽然西班牙舰队被打垮了，但是由于陆军不足，美国要占领整个菲律宾是很困难的。为此美国千方百计拉拢菲律宾爱国者，许诺在打败了西班牙人以后，承认菲律宾在美国海军保护下的独立。早在美西战争爆发之前，杜威就派人和香港的阿奎那多联系，劝他回国领导反西斗争。为此阿奎那多还到新加坡去和在那里的美国总领事普拉特谈判。根据当时充当翻译的英国人布列依的记载，在谈判中曾规定了如下几点协议：（1）宣布菲律宾独立；（2）在选举的基础上成立联邦共和国，但在选举之前由阿奎那多任命政府的所有成员；（3）暂时参加由海军准将杜威任命的美国人和欧洲人组织的委员会工作；（4）按照美国保护古巴的方式建立菲律宾的保护制度。所谓"保护制度"，只不过是殖民制度的同义词。美国的险恶用心在于利用菲律宾民族独立运动的力量，推翻西班牙殖民统治，然后摘下这一胜利之果，变菲律宾为自己的殖民地。由于美国的狡诈，当时只是口头允诺，没有签署过书面协议，这就为美国以后推翻承诺埋下了伏笔。

美国在 1898 年 8 月 13 日之所以能占领马尼拉，是借助了菲律宾人民武装力量已将马尼拉城包围了两个多月，而且在攻占马尼拉时，还有 12000 名菲律宾军队与美军并肩作战。早在 5 月底 6 月初，菲律宾军队在对西班牙军队发动全面进攻的同时，开始将马尼拉城包围。当 6 月 12 日菲律宾宣布独立时，几乎全部的领土已为爱国武装力量所解放，殖民军的主力已被菲律宾军队击溃。此时美国陆军才开始大批在菲岛登陆。第一批美军增援部队 2500

人在安德森将军率领下于 6 月 30 日到达菲律宾。第二批 3500 人在格林将军率领下于 7 月 17 日抵达。第三批 4800 人在麦克阿瑟将军率领下于 7 月 31 日登陆。这些增援部队到达后，美国便撕下了伪装的面具。

还在 7 月 1 日，当安德森和杜威一起访问阿奎那多时，阿奎那多曾问道，美国是否承认菲律宾独立，安德森闪烁其词，说自己只按军人身份行事，所以不清楚。矢口否认在打败西班牙后给予菲律宾独立的许诺。美国还背着菲律宾同西班牙人达成秘密协议，规定破城之日，不许菲律宾军队进入马尼拉城。安德森把命令式的口信传给阿奎那多："非经美军司令的许可，不要让你的军队进入马尼拉。"在攻陷马尼拉城后，美军公然在圣地亚哥堡垒升起了美国国旗，宣布占领马尼拉。次日组织了美国军政府，限令菲军在 9 月 8 日前撤出他们从西班牙手中夺回来的阵地。美国新任陆军司令奥迪斯在寄给阿奎那多的信中说："如果你的军队在星期四，即 9 月 15 日不撤离城市防线的话，我将被迫采取强制性的行动。并且我和我们的政府认为，由此而发生的一切不幸后果，你将负全部责任。"

1898 年 8 月，西班牙战败向美国求和。9 月，在巴黎举行和谈。12 月 10 日，签订了巴黎和约。条约的第三条规定，西班牙将菲律宾割让给美国，而美国付给西班牙 2 亿美元现款。美国政府不顾菲律宾人民的抗议和要求，于 1899 年 2 月强行批准了巴黎和约，决心将菲律宾变为自己的殖民地。

美西巴黎和约却没有给菲律宾人带来和平。1899 年 2 月 4 日，美国公然发动武装侵略，美菲战争爆发。这场抗美战争一共坚持了三个年头，最后由于双方力量悬殊，加上菲律宾资产阶级保守派再次屈膝投降，抗美战争转入低潮。美国"在'解放'菲律宾的借口下扼杀了菲律宾"①。菲律宾人民在推翻西班牙老殖民主义者的统治后，再次遭受美国新殖民主义者的压迫和奴役。

---

① 《列宁选集》第 3 卷，人民出版社 1972 年版，第 587 页。

19 世纪中叶日本的幕藩改革

汪 森

19 世纪中叶，日本德川幕府为了维护行将崩溃的封建统治，进行了一系列政治、经济改革，即 1841—1843 年的天保改革、1854—1858 年的安政改革、1861—1864 年的文久改革和 1866—1867 年的庆应改革，统称幕藩改革。

天保改革

19 世纪上半叶，在德川幕府统治晚期，农村商品经济不断发展，阶级分化严重；城市资本主义因素不断增长，商人势力增大；武士，特别是下级武士俸禄日减，债台高筑，往往被迫舍弃武士身份或到商人家当养子，致使封建等级制度紊乱；加上饥荒连年，农民、市民暴动、起义不断，从幕府到各封建藩国的财政赤字累累，日本封建统治已陷入严重的政治经济危机之中①。

德川幕府在加紧镇压农民、市民起义的同时，一再进行改革，以图整顿封建秩序，压制资本主义因素的发展，挽救垂危的封建制度。1841 年（天保十二年）开始的天保改革，则为诸次改革之首。

1841 年闰 1 月 30 日②，幕府将军德川家庆和幕府老中③水野忠邦掌握幕府实权后，一方面清除幕臣中的保守派分子数十人，一方面集结亲信，破格提拔一大批中下级开明官吏组成新幕阁，为全面改革幕政打下了基础。5 月 15 日，德川家庆召开幕臣会议，宣布实行幕政改革的旨意。会后，水野忠邦以首席老中身份向将军上书，强调要 "以禁止奢侈为第一义"，现在 "奢侈

① 详见《外国历史大事集·近代部分》第一分册《日本大盐平八郎起义》和第二分册《日本明治维新》二文。

② 本文月、日均用阴历。

③ 老中是幕府常设的最高执政官。

颓废之风"已达到顶点，犹如患了痼疾，这次改革"将不惜施以猛剂剧药"，除掉"积弊"。将军的旨意和老中的上书，实际上就是天保幕政改革纲领。天保改革的主要内容有以下五点。

第一，不断发布《俭约令》，"禁止奢侈，整顿风纪"，以限制新的生产方式和生活方式，进一步剥夺民众的自由。1841 年 5 月 22 日至 1843 年 12 月，共发布《俭约令》布告 178 件，其内容涉及广泛，规定严格、具体：婚丧祭祀、节日活动必须从简；妇女衣着饰物及生活用品，不得使用高级质料，尤其禁止使用金银制品；不得买卖高级食品，不准建造华丽庭院；禁止一切有伤风化的娱乐场所和娱乐活动；取缔说书馆、歌舞伎、净琉璃等传统艺技场所和传统剧种，等等。在贯彻《俭约令》名义下，推行摧残文化的政策，对文化人进行打击和迫害：1842 年江户（现东京）著名的世袭歌舞伎演员市川团十郎被驱逐，著名作家为永春水、柳亭种彦、寺门静轩等均遭笔祸；许多剧院被查封，1841 年大阪仅幸存五所。为实行《俭约令》，幕府四处查封高级装饰品和日用品商店，派大批暗探监视市民生活。

第二，对武士的武艺实行奖励政策。为救济日趋穷困没落的武士，强行减免其积欠的债务，以维护和强化日益解体的封建等级制度。

第三，解散"株仲间"①。幕府于 1841 年 12 月 13 日和 1842 年 3 月 2 日，两次发布株仲间解散令，其主要内容为：收回株仲间营业执照和特权；任何商人均可买卖任何地方生产的任何产品；各藩国诸侯也可将本藩国产品直接运往江户，由商人自由买卖。但商人须向幕府交纳巨额捐税，物价亦由幕府控制。这是欲通过废除城市工商业行会垄断组织，压制商业和手工业发展；恢复封建自然经济秩序。

第四，强迫外出做工、流入城市的农民重返农村。1843 年 3 月 26 日发布的《遣返令》规定：今后严禁农村居民到江户落户；各地官吏应劝导农民务农，以保持充分数量的农业人口；临时外出做工或因公到江户劳动者，必须由村长出面申请，经过批准；已迁入江户的农民，除已有妻子儿女及固定工商业者外，一律返回原籍；禁止以高额工资雇用女织工。幕府还在 1843 年 11 月，发布流浪儿《归乡令》，在江户、大阪、京都等地均设立流浪儿收

---

① "株"，指发给证明其营业权利的执照，"仲间"，同业公会，行会。"株仲间"，职能较广泛，包括生产和流通两大领域，是 17、18 世纪后经幕府批准成立于江户、大阪，京都等地的同业行会。它垄断营业，追求专利，限制会员人数，不准局外人加入，也禁止局外人经营本行业。

容所，被收容者，或强制送回原籍，或强制其去开荒。

第五，发布征收土地的《上知令》，扩大和集中幕府将军的直辖领地。1843 年 6 月 1 日和 9 月 14 日，幕府连续发布两道《上知令》，规定将江户、大阪周围 10 日里①方圆的土地收为将军直辖领地；将军以贫瘠和离城远的土地与之进行交换，按这两个命令，在江户、大阪就损害了 21 个大名（诸侯）、76 个"旗本"（将军直属家臣）以及老中土井利位等人的领地利益。

水野忠邦推行的幕政改革，遭到广大农民和市民的抵制和反对，也受到城市商人的反对。特别是《上知令》的颁布，激起了幕府内部大名、旗本的强烈反对，很快形成了一股反《上知令》的潮流，连最初支持《上知令》的老中土井利位也成了反对派的代表人物。水野忠邦的左右臂鸟居耀藏、涩川六藏也给反对派提供反他的材料。将军德川家庆慑于反对派的压力，在 1843 年 9 月 13 日罢免了水野忠邦，17 日被迫宣布撤销《上知令》。幕政改革宣告失败。

在幕府实行幕政改革前后，长州（今山口县）、萨摩（今鹿儿岛县）、佐贺（今佐贺县）、土佐（今高知县）、水户（今茨城县）等藩也先后程度不等地进行了藩政改革。在天保年间各藩的改革中，凡仿效幕政改革的，都同样遭到失败，而在长州、萨摩、佐贺等少数几个藩，由于采取了不同于幕政改革的一些措施，因而有一定成效。

长州藩藩主毛利敬亲于 1838 年破格提拔富有经济管理才干的中级藩吏村田清风管理藩政，开始实行藩政改革。村田清风于 1840 年向藩主提出一份名为《革除流弊意见》的改革方案，其主要内容包括整顿纲纪、登用人才、改革教育、改革兵制、革新文武、振兴产业六个方面，尤以整顿财政为中心。

长州藩政改革的主要内容是：（1）恢复和加强商业管理体制。1839 年，村田着手恢复和加强藩的专卖机构，购销藩内各类产品并同外藩船商进行交易。1840 年 11 月，他又改组设在下关的藩营仓库和金融机构"越荷方"，由向藩内放款改为向藩外放款，即向来自四国、九州等地过路船商发放高利贷，为其设立货栈，"以国（藩）外之利息，培养国内"。1841 年 10 月，实行"免札制"，对现存的各类商业、手工业和商船进行登记，发给许可证，但不承认新开业者。这些既承认商品经济发展现实，又限制其继续发展的政

---

① 1 日里合 7.848 华里。

策，有别于幕府和其他藩采取的措施，因而取得了较好效果。但由于受到本藩保守势力的反对，特别是在幕府禁止对外贸易和专卖法令的压力下，被迫从 1843 年下半年开始放弃，最后夭折。（2）整顿武士债务。1843 年 4 月实行《37 年分期偿还债务办法》，规定债务在 37 年分期偿还，实际上以强制手段减轻和免除武士的债务，因而引起富商们的不满。（3）奖励文武，加强军备。1840 年，藩主毛利敬亲视察藩校明伦馆，并开设医学馆，奖励西方学术兰（荷兰）学。他还派藩士向长崎西洋炮术家高岛秋帆学习炮术，视察大炮生产情况。1843 年 3 月，在萩城北部举行了一次大规模的高岛派炮术演习，参加总人数达 14000 多，在当时是极为罕见的。（4）毛利和村田提出"登用人才，洞开言路"口号，打破门阀障碍，将一些中下级武士提拔起来陆续参与藩政改革，甚至让商人中野半左卫门、白石正一郎参政。这一措施是长州藩改革取得较好成效的重要原因。长州藩的改革，不仅使财经实力增强，下级武士改革派在藩政中的发言权也得以扩大，而且在医学和军事方面学习西方先进技术，大大增强了藩的实力。

地处日本西南的萨摩藩，财政困难，藩债累累，1827 年达 500 万两黄金，而年收入仅 14 万两。到 30 年代财政更加恶化，藩统治集团被迫实行财政改革。藩主岛津齐兴提拔富有理财手段的下级武士调所广乡主持藩政改革。调所广乡采取了一系列改革措施。

首先，实行强制种植甘蔗制度和砂糖专卖制度。1830 年，调所广乡收买了藩内产糖中心奄美大岛、德之岛、鬼喜界岛三岛的全部砂糖，运到大阪、江户出售，仅此一项就获得相当于藩贡米收入 40 倍的巨额利润。从此他把掠取砂糖利润作为财政改革的"第一根本"措施。为确保砂糖收入，他建立了几项严格的管理制度：设立管理三岛的专门机构"三岛方"，强制岛民按耕地数量分摊种植甘蔗，实行砂糖专卖，偷卖者处死刑，以米券或日用品换取岛民的余糖。三岛成了萨摩藩的巨大财源，1830—1839 年（天保一一十年），共获利 235 万两。以砂糖专卖为起点，藩政府对米、菜籽、药材、胡麻、硫黄等都相继实行专卖制。还从外藩引进良种和技术，提高农产品的产量和质量，促进了生产的发展。

其次，整顿藩债。调所广乡采取了两种偿还藩债的办法。一是实行 250 年分期偿还法，每千两本金，每年偿还 4 两，藩债 500 万两每年只须偿还 2 万两，250 年全部还清。这种办法主要用于江户、大阪、京都的债权人。另一种办法是对本藩商人的债务的偿还法，用授予商人藩士身份的办法收回借据，不付分文即一举抵销债务。采取这种变相出卖武士身份的形式，使不少商人取得了武士的身份。

最后，冲破幕府禁令，进行对外贸易。当时幕府严禁各藩对外贸易，调所广乡却利用琉球与中国的朝贡贸易关系为掩护，从中国输入丝绸、药材，输出银、铜、干鱼等。1838 年，幕府严厉追究萨摩藩对外贸易的责任，迫使调所广乡于 12 月 18 日服毒自杀。

经过这次改革，萨摩藩扩大了蔗糖生产，开展了对外贸易，改善了财政状况，取得了显著的效果。

佐贺藩，也在天保年间进行了藩政改革。1831 年锅岛直正任藩主后，首先把藩校弘道馆出身的少壮派藩士加以提拔，委以重任，从而削弱了保守派势力。与此同时，又在农村实行均田政策，没收地主出佃的土地和城市商人在农村的全部土地，分配给佃地农民耕种。他还禁止地主从事商业活动，夺回藩内仅有的掌握在豪商手中的陶器生产和出售权，实行专卖制度，并联合长崎、兵库商人经商，开发高岛煤矿，实行"殖产兴业"政策。锅岛直正还注意学习西方技术，采用西洋军事技术改革藩军，使佐贺成为较有势力的强藩。

土佐藩主山内丰资也于 1841 年着手藩政改革，采取紧缩财政、严禁农民经商、严禁商人买地等措施。1843 年新藩主山内丰熙联合中级武士组织"虎鱼组"，反对门阀保守势力，企图进一步推进改革，由于保守势力强大，山内丰熙被迫下台，改革失败。

水户藩则从德川齐昭于 1830 年任藩主后，推行了藩政改革。德川齐昭的改革三策是整理财政以富国、寓兵于农以强兵，兴办学校以培养人才。他起用著名学者藤田东湖和会泽正志斋实行改革：首先整顿武士风纪，减少建筑藩邸经费，1839 年实行新农政，采取均田政策，重新丈量土地，没收地主的"黑地"，禁止以土地抵押债务，采取增收地主地税、减轻农民地税等措施；1840 年，废除家臣债务，裁减冗员，整顿财政，在 1841 年，建立藩校弘道馆，藤田东湖在著名的《弘道馆记》草稿中提出了"尊皇攘夷"口号，对日本幕末尊王攘夷和倒幕维新运动的发展产生了深远影响；从 1843 年起，没收寺院免税土地，并实行神道与佛教分离政策，提倡神道和儒教；与此同时，还命令藩士驻守海防，强征沿海农民到海防线上服役，并制造大炮，招请有西洋知识的人传授西方军事知识。德川齐昭批评幕府的某些禁令，建议幕府解除不许建造大船的禁令。1844 年 5 月，他受到幕府的处分，水户藩的改革宣告失败。

天保年间（1830—1844 年），幕府的幕政改革和各藩的藩政改革，除少数几个（长州、萨摩、佐贺）藩由于采取了某些适应商品货币经济发展的措施而取得一定成效外，均以"全未适应新形势，也未讲究新方法，专门开历史倒车"而遭到失败。幕府的封建统治陷入更深的危机之中。

资本主义列强频频叩击采取闭关锁国政策的日本国门，终于从 1854 年起迫使日本签订了一系列不平等条约，打开了国门①。从此，日本面临着沦为半殖民地的民族危机，更使腐朽的德川幕府陷于风雨飘摇之中。

幕府统治集团在内忧外患面前，力图继续维持和巩固自己的封建统治地位，于是开始重新调整对内对外的政策，又接连不断地实行一系列幕藩改革。

安政改革

从 1854 年（安政元年）开始到 1858 年（安政五年）结束的安政改革，是由幕府首席老中阿部正弘倡导和推行的。

阿部正弘于 1843 年出任幕府老中，1845 年接替水野忠邦②，任首席老中。1854 年 6 月，阿部起草了一份 37 条的幕政改革方案，向有关幕臣和藩主征询意见。改革方案的中心思想有三点：调整幕府、各藩国和天皇朝廷三方的相互关系，力图建立一个"举国一致"的政权；加强海防，学习西方科学技术，整顿财政，加强幕府的经济实力。

阿部的改革，从实行"广开言路，登用人才"开始。他打破门阀限制，提拔了一批门第卑微但有才能的下级武士充实幕府的各个部门，特别是外事部门。他将永井尚志、岩濑忠震、大久保忠宽、胜海舟、江川英龙等下级官吏提升为重要幕臣，掌握内政、外交、军事的实权。与此同时，罢免保守派老中松平乘全、松平忠优及一些幕臣。他不仅向大名、旗本和陪臣们征询对外政策的意见，甚至还向部分下级武士和平民百姓征询对策。阿部的这些做法，起了缓和下级武士对门阀等级制度强烈不满和稳定封建社会秩序的

---

① 详见《外国历史大事集·近代部分·第二分册》中《日本开国》一文。

② 水野忠邦于 1843 年被罢免，1844 年重新被任用，1845 年再次被罢免，受隐居处分，1851 年死去。

作用。

　　1853 年，美国培里率领舰队闯进日本江户湾，从浦贺港登陆，强行要求日本开国、通商①，阿部将美国国书译文上奏天皇。这是自德川幕府统治日本 250 年来的第二次将政事上奏天皇朝廷②。

　　不久，朝廷派三条实美为敕使到江户会见阿部，共同讨论日本海防问题。从此打破了天皇朝廷不问政事的传统。阿部还新设官职"禁里附"，专门进行疏通幕府与天皇朝廷关系的活动。为了改善与各藩的关系，阿部早在 1849 年就解除了对水户藩主德川齐昭的处分，允许其参与藩政，1853 年又请德川齐昭出任幕府海防机构顾问，参与幕政。阿部还在培里叩关后，通令各藩诸侯们为拟定对策出谋献策，破例让过去不能参与幕政的藩主一起商讨海防对策，并且主动与有较大影响的主张改革的强藩藩主德川胜恕、松平庆永、岛津齐彬等接近，征询对外交政策的意见。阿部的这些做法，使过去一直被排斥在中央决策之外的天皇及宫廷贵族、旁系诸侯都获得了发言权，进而使一般武士和一部分庶民也有了在政治上发言的机会。过去一直幽闭于冷宫的天皇朝廷，从此门庭若市。天皇不时发布诏书敕命，对幕府发号施令。诸侯也改变了过去只能受幕府摆布的地位，开始插手幕府的政治问题，并通过天皇的干预，迫使幕府改变强加给他们的各种限制。他们出入于幕府与朝廷之间，不断扩大自己的影响，使统治集团内部争夺权力的斗争更加激化。在当时特定历史条件下，阿部打破幕府几百年封建专制统治的"祖法"，无异于宣告幕府统治的破产。

　　阿部为加强海防建设，十分注意学习西方科学技术和军事制度。1855 年幕府成立了学习和翻译西方科学技术、军事技术书籍的洋学所，后改称为蕃书调所。1855 年创办长崎海军传习所，聘请荷兰籍教官，讲授航海、造船等课程，培养和训练幕府海军官兵。1855—1857 年建造了炼钢反射炉和铸炮工场；起用具有西方军事知识的高岛秋帆等洋式炮术家和知识分子，担任幕府的技术官吏。

　　在阿部的影响之下，一些强藩藩主也在藩内进行改革，学习西方科学技术，创办军事工场，加强军事建设。如萨摩藩主岛津齐彬就在藩内兴建军事工场，进行海军建设，学习西方新技术，使萨摩藩成为后来日本近代海军建

―――――――

① 详见《外国历史大事集·近代部分·第二分册》中《日本开国》一文。

② 第一次是阿部正弘于 1846 年 8 月，在西方列强要求日本开国通商时，将情况上奏天皇。

设的中坚力量。

阿部还废除形式主义的赐献，取消虚饰礼仪，实行节俭开支、整顿财政的改革。

阿部的各项改革，受到幕府统治集团中保守派的反对。1857 年 6 月，阿部病逝。翌年，岛津齐彬病逝。幕藩改革派势力锐减。以井伊直弼为首的保守派乘机夺取了幕府大权。井伊担任幕府大老①后不久，就在 1858 年（安政五年），制造"安政大狱"②，杀害了一批改革派志士如明治维新的先驱吉田松阴等人，逮捕和处分了改革派公卿贵族、大名、志士 100 多人。井伊还于 1858 年签订了日美"通商条约"，日本被迫向西方列强开放港口。井伊总揽政务，废弃阿部的各项改革。这样，安政改革就以井伊出任大老而告终。

井伊的专横行径，大大激怒了开港后因民族矛盾不断激化而日益增长的反幕派势力。他们打着"尊王（拥护天皇）攘夷（驱逐洋人）"的旗号，加紧开展反幕府活动。1860 年 3 月 3 日，井伊直弼被反幕派志士刺死于江户樱田门外，史称"樱田门之变"。井弼之死，其保守派政权也随之宣告寿终正寝。

文久改革

井伊直弼死后，幕府组织了由原阿部正弘幕阁的老中安藤信正和久世广周组成的新幕阁。安藤掌握幕府权力中枢后，恢复了阿部的政策，于文久年间（1861—1864 年）推行幕政改革，一些强藩也在此期间进行藩政改革，统称为文久改革。

安藤为稳定统治秩序，首先从调整幕府和天皇朝廷关系入手。1862 年 1 月，他说服天皇朝廷将孝明天皇的妹妹和宫嫁给德川家茂将军，用和宫下嫁为手段搞政治婚姻，标榜"公（朝廷）武（幕府）一合"，推进"公武合体运动"，以对抗反幕的"尊王攘夷"运动。

安藤推行的公武合体是文久改革的中心，不仅幕府和天皇朝廷中有一批支持者，而且也得到许多强藩藩主的支持。长州藩提出"航海远略策"，倡

---

① 老中的首席代表，是非常设的幕府最高执政官。

② 1858—1859 年（安政五—六年），井伊直弼对改革派残酷镇压的血腥事件，因发生在安政年间，史称安政大狱。

导"海内一和"，主张国内团结一致，开展海外联系，并奔走于京都（天皇朝廷所在地）与江户（德川幕府所在地）之间，推动朝廷与幕府实行妥协。后因长州藩内尊王攘夷派势力增强，掌握了藩政权，长州藩的公武合体派失势，其公武合体活动才随之停止。此时以萨摩藩主之父、掌握藩政实权的岛津久光为首的公武合体派开展了广泛的活动。岛津久光联合几个强藩藩主主张进行幕政改革，建立朝廷、幕府、强藩诸侯的联合政权，以加强强藩在幕府中的政治地位。1862 年 6 月 5 日，岛津久光率 1000 多名萨摩藩兵陪同天皇敕使大原重德东下江户，向幕府传达天皇改革幕政的诏书。诏书主要内容有三点：德川将军到京都商定国事；幕府任命沿海五大藩（萨摩、长州、土佐、仙台、加贺）藩主为五大老，执行防御夷狄（指西方列强）措施；任命德川庆喜为将军监护人、松平庆永为政事总裁，行幕府大老之权。幕府被迫接受了诏书的旨意，组成了以德川庆喜、松平庆永为首的幕府政权。

　　松平庆永担任政事总裁之职以后，贯彻幕府、朝廷、强藩协调方针，倡导"天下一致""万民安定"。为此，他首先撤销以往的天皇朝廷任命宫廷大臣时须事前征得幕府同意的规定；为了缓和各藩藩主对幕府以往种种规定的不满情绪，对"参觐交代"制①进行了修改，允许诸侯妻子回藩居住；变更参觐期限，将隔年一次改为三年一次。

　　1863 年 2 月，德川庆喜和松平庆永先后到京都，与天皇朝廷共商国是。同年 12 月，组成了有朝廷、幕府、强藩三方代表参加的朝议参与会议，德川庆喜、松平庆永、岛津久光和藩主山内丰信、伊达宗城等任参与，迈出了公武合体体制的第一步。

　　但是，朝议参与会议组成后，代表们意见不一，甚至连德川庆喜与松平庆永对幕府体制改革问题也存在很大分歧，庆永强调"公共政治"，庆喜强调"幕威幕权"，各执一端。1864 年 3 月，各参与辞职回藩，参与会议建立不到 3 个月就宣布解散。文久改革也随参与会议的解散而结束。

庆应改革

　　1866 年 7 月，德川家茂将军病死。德川庆喜继任为将军。为了重振幕威

---

　　①　"参觐交代"，是德川幕府监督各藩诸侯的制度。"参觐"，指朝见将军，要诸侯离开领地，住在江户，"交代"，是轮换的意思。"参觐交代"制度规定，各地诸侯须将妻子留在江户做人质，诸侯按时轮流去江户居住，一般是一年住在领地，一年住在江户。

幕权，他勾结法国，于1866—1867年（庆应二一三年）进行"改革"，史称庆应改革。

法国支持幕府，是为了扩大殖民权益，变日本为自己的殖民地；幕府为了维持专制统治，摆脱内外交困的局面，不惜卖国。早在1864年，幕府计划建立海军工厂和炮兵工厂，就向法国驻日公使罗什乞援。在法国技师的指导下建立了横须贺制铁所。接着幕府和法国签订了在横须贺和横滨建立海军工厂和炼铁厂的合同。1865年又签订了法国向幕府贷款240万洋银的合同，同时几家法国巨商计划和日本富商成立"日法贸易公司"，以垄断日本的生丝贸易，加强对日本经济的控制。法国还出钱，出武器，派陆军教官训练幕府的洋枪队。同年，幕府又从法国买来16门拿破仑式大炮。幕府还请求法国军队继续驻在日本，幕府亲法派露骨地说："不管对于爱国的日本人民说来是多么痛苦的事，但直到我们君主（幕府将军）的权威完全巩固的一天为止，我们不仅忍受外国军队在我国出现，而且希望他们继续驻扎下去。"1866年，法国派经济代表团到日本，同幕府谈判提供新"援助"问题。最后签订法国向幕府贷款3500万法郎的合同，以便从法国购买武器和军舰。

德川庆喜就任幕府末代将军后，加紧与法国勾结。1866年9月2日，德川庆喜提出八条政纲：（1）以仁为本，爱怜众民；（2）善选人才；（3）赏罚严明，纠正刑法；（4）去虚务实；（5）节省冗费；（6）加强陆海军；（7）讲究外交信义，严正商法；（8）整顿货币。他又在八条政纲的基础上草成《国律一篇》，作为幕政改革的具体方针，其主要内容是：（1）改革幕府机构，参照西方国家内阁制，幕府机构分为五局，分掌内政、外交、军事等各方面，每局各设总裁一人；（2）登用人才，破除门阀制度；（3）尊奉天皇朝廷，将山城地区的幕府领地献给朝廷，并营造皇宫，将庆喜的妹妹嫁给有栖川宫亲王为妻；（4）改革海陆军，参照西方军事制度，改革幕府军队体制，扩大海军传习所，建筑横须贺、横滨制铁所及兵器火药制造所；（5）淘汰冗员，节俭经费，简化礼仪制度；（6）制定新税，增加财政收入；（7）聘请外国人员，办实业、开矿山、发展交通运输等。德川庆喜的这个改革计划，是在罗什直接指导下拟定的，为实行改革计划所需经费主要乞望法国提供贷款，军事改革将在法国教官团指挥下实行。

由于法国外交部唯恐因幕府问题而遭到英国反对（英国当时是支持反幕派势力的），未积极支持德川庆喜的改革计划。而且国内反幕派结成了讨幕军事联盟，并制订了武力推翻幕府的行动计划。于是德川庆喜在 1867 年 10 月 14 日，接受了土佐藩主山内容堂的建议，放弃重振幕威的改革计划，实行了"大政奉还"①。德川庆喜的应庆改革计划未能实行而流产。

德川庆喜的"大政奉还"，得到天皇批准。但激怒了准备武装推翻幕府的改革派武士，经过紧张的准备后，在 1867 年 12 月 9 日（公元 1868 年 1 月 3 日），倒幕派发动政变，推翻 260 多年的幕府封建统治，建立明治新政权，揭开了明治维新的新篇章。

---

① 即将"大政"（政权）"奉还"（交还）给天皇朝廷，借天皇权威继续维持幕府封建统治。

日本西南战争

米庆余

1877 年 2 月，日本西南九州鹿儿岛（原萨摩藩）士族发动了一场大规模的反对明治政府的武装叛乱，战火硝烟遍及大半个九州，为时达七个月之久，这就是日本明治维新后最大的一次国内战乱——西南战争。

事出有因

1868 年 1 月 3 日取代德川幕府的明治政府成立。

由于明治政权的诞生是依靠当时"西南强藩"的军事实力，在下级武士中的改革派和少数宫廷贵族的主导下实现的。因此，明治初年的日本，社会矛盾复杂，走什么道路的问题并没有完全解决。

从国内来看，明治政权保存了大量的封建因素，除了幕府将军被拉下马，极少数反对新政权的"大名"（封建诸侯）被没收领地之外，原有的藩主依然保持着统治权力。广大农民照样向地主缴纳五成、六成乃至七成以上的实物佃租。那些倒幕有功的归藩主和下级武士居功自傲、争权夺利。1869 年 2 月，政府参议木户孝允在写给大村益次郎（当时主管新政府的军务）的信中谈道：现今天下诸侯比旧幕府时代"更为骄纵"，还有"恃其藩力……向朝廷呶呶不休者"。至于那些倒幕有功的下级武士，可以一步登天，跻身于新政权的要职并握有权柄者毕竟是少数，因此他们中间的大多数对新政权表示不满。1870 年，日本外务省官员森山茂在"征韩（朝鲜）"意见书中曾明白地谈到，现今维新事业刚刚就绪，各地皆有"不得志之士"，他们郁郁不平"怀叹脾肉，窃望生变"。显然，明治初年的日本，时务"殊难"、人心动荡。

在这种形势下，明治政权推行了一系列的改革。诸如：1369 年 6 月，实行"版籍奉还"，即收回旧藩主对原有领地和市民百姓的统治权，变藩主为政府任命的藩知事，以加强中央集权。1870 年 12 月，取消原有武士对市民百姓"格杀勿论"的特权，强调"四民平等"。1872 年 12 月颁布《征兵令》，实行"国民皆兵"，取消士族以往的职业特权。1873 年开始推行《地税改革条例》，承认土地私有，取消对农作物的限制。1876 年颁布禁止士族佩刀令，取消士族带刀的封建特权，并在同年将原有武士的俸禄一律改为公债，以后不再发放任何形式的武士俸禄。

这些政策措施，对日本的社会发展是有利的，但是也触及了原有的封建势力，特别是涉及士族的各项改革，削减了他们的封建特权，危及了他们的切身利益。因此，从明治政权实行改革之日起，各地的顽固士族便不断地兴风作浪。他们或是掀起暴乱，袭击政府地方机构，或是发动兵变，攻打政府的兵营、镇台，或是结党暗杀新政府的重要成员。据统计，1869—1876 年，各地顽固士族的骚乱至少不下 10 余起。参加者少则几人、几十人，多则成千上万。其中，比较重要的叛乱事件有长州藩（今山口县）离队士族的暴动（1869 年 2 月），参加者 1800 余人，熊本镇台兵变（1873 年 7 月），参加者有千人以上，佐贺士族的反叛（1874 年 1 月），参加者多达 11600 余人①。此外，还有 1876 年 10 月间先后爆发的"神风连之乱""秋月之乱"和"萩之乱"，等等②。

综观这些叛乱，大体有两个相互关联的特征：一是对新政权的各项改革表示不满，从而发动武装叛乱；二是死守封建特权，因而要求明治政府的方针政策向有利于士族的方向发展。这正是鹿儿岛士族终于发动大规模武装叛乱的根本原因。

战争导火线

1874 年 6 月，因"征韩论"③ 未遂愤而挂冠归里的政府参议西乡隆盛，

---

① 也有记载为 5000 人的。

② "神风连之乱"发生在熊本县，叛乱的首领是太田黑伴雄等，参加者 170 余名士族，10 月 24 日起兵杀死熊本县令和镇台司令，次日被镇压。"秋月之乱"发生在福冈县，参加者 400 余人，不久也被镇压。"萩之乱"发生在山口县，首领是曾任明治政权参议的前原一诚，10 月 26 日发动叛乱，参加者 150 余人。11 月初被平定，前原一诚逃到新潟阴谋再举，但很快便被逮捕处死。

③ 1873 年 9—10 月，日本政府内部围绕着是否出兵朝鲜的问题展开了一场大争论，以西乡隆盛、副岛种臣为代表的"征韩论"者受到了以大久保利通、岩仓具视等人为代表的"内治优先论"者的反对。征韩论者的决策暂时被搁置。为此，西乡等人辞去了政府参议等职务。

在鹿儿岛的城山脚下，办起了士族参加的"私学校"。这私学校分为两种，一是枪队学校，收容归乡的旧近卫步兵；另一种是炮队学校，集中了炮兵出身的士族。前者由原陆军少将篠原国干主持，学生五六百人，后者由宫内大丞村田新八负责，生员大约200人。此外，原有赏典学校（士官训练学校）和吉野开垦社（教导团）。上述各学校除赏典学校由西乡隆盛的赏典禄支付部分经费外，其余全部由鹿儿岛县厅支付。时至1876年末，鹿儿岛县内所有的各乡都设立了分校。

名义上，私学校以所谓"不顾一身、践行道义"和"尊王悯民"为宗旨，实则以封建精神为纽带纠集士族与政府为敌。1875年，西乡隆盛的左右手桐野利秋在《时势论》中声言："现今之政府，乃是今日国家之大敌，今日苍生之所怨。是故，欲助现今之政府者，可谓对今日国家不忠，左祖使今日苍生于涂炭者。"他主张："苟真有志于国家，当闲居田野山中，养我固有之英气，以待时机。"而村田新八（后任叛军第二大队长）则谓："使西乡取得首相地位，乃是我等今日之任。"由此可见，私学校实际是具有私设军队性质的政治结社。后来参与叛乱的种子岛士族河东祐五郎，在其《丁丑弹雨日记》中写道："我乡亦有私学校，区长小仓壮九郎、副区长堤与八郎为长指挥一切。壮士相继入校，势不能止。日常，外出则开垦石寺之荒野，种甘薯，练筋骨，入则聘请野间清一郎、西村甚五门为师，讲授孙子及左传。后编成队伍，危急艰难、手足相助，二伍为一什，合而为番号部，以便统率。"私学校的建立为日后的反叛奠定了组织基础。

叛乱前夕的鹿儿岛犹如一个独立王国，整个县政完全操纵在私学校的手里。户长、副户长、警察署长、县吏悉由私学校士族或有关者担任。私学校的命令即是县厅的命令。《朝野新闻》（1875年9月23日）写道："维新以来实行郡县之法，通常以他县之人为县令……然而，鹿儿岛县自置县以来至于今，没有他县之人入为县令、参事者，即使等外小吏，非鹿儿岛士族者也不过百分之一耳。由此判断，县治纯粹是封建制度的传言并非虚妄。"尤有甚者，明治政府派遣的官员，竟有被殴打出境者。1876年政府颁布禁止士族佩刀令后，鹿儿岛的士族依然携刀持枪、横行乡里。更有借酒狂歌者声称："快些走啊上东京，杀掉那些讨厌鬼。"叛乱前夕，鹿儿岛士族反政府的情绪已到了一触即发的地步。

针对这种形势，以大久保利通为代表的明治政府，不得不采取以下对策：

（1）"谋求对鹿儿岛的县政进行改革，对参事以下的县吏，断然进行大清洗"。

（2）"派遣内务少辅林友幸前往鹿儿岛执行任务，视察县内一般形势"。

（3）"令少警部中原尚雄……数十人，潜入鹿儿岛，探察私学校的动静，进行离间和扰乱"。

（4）"将鹿儿岛内陆海军管辖的武器弹药转运大阪，以防私学校的野心"。

这些对策中的（1）、（2）项由于鹿儿岛县令的阻挠并未实施，但（3）、（4）两项的实施，却构成了西南战争的导火线。

1877 年 1 月，中原尚雄等（多系鹿儿岛人）陆续潜回鹿儿岛，对私学校的成员晓以"大义名分"，暗中进行瓦解活动。政府雇用的"赤龙丸"也于 27 日抵达鹿儿岛港口，以便转运军火。

28 日，私学校的士族向篠原国干（时为私学校的实际主管人，后任叛军第一大队长）报告："昨日赤龙丸来港，恐是为了将本县的火药转运大阪。"对此，篠原当即声称："这是断我手足"，"今日不决，后悔莫及"。于是以"誓死不能失去这一机会"的决心，指使私学校成员抢夺军火。29 日夜 12 时，松永高美、崛新十郎等 20 余名士族，首先袭击设在樱岛草牟田的陆军火药库，抢劫弹药而去。31 日，边见十郎太又煽动上千名私学校的士族劫夺军火，一直延续到 2 月 2 日①。从而点燃了西南战争的导火线。

随后，私学校士族为了起兵的需要又制造了所谓暗杀西乡的冤案。2 月 3 日，私学校逮捕中原等人，私设公堂，严刑拷打，迫使中原等人承认有暗杀西乡的阴谋。特别是对待中原尚雄，认其为暗杀团首领，格外施以酷刑，被捕三日竟八次用刑。2 月 5 日，遍体鳞伤、手足不能自主的中原，被强行在未及辨认的"供词"上按了手印，内有"趁（私学校）动摇之机，暗杀西乡"的内容。于是，所谓暗杀团的阴谋则变成了"事实"②。这对于那些把西乡视为神的私学校士族来讲，可谓火上浇油。从此，一场殃及百姓的战火便熊熊燃烧起来。

---

① 有关抢夺军火事件，日本记述不一。多谓始自松永高美等人的合谋（见黑龙会编《西南记传》中 1，第 218 页），山下郁夫的《研究西南之役》也沿用此说。但据川崎三郎《增订西南战史》有关篠原国干的记述，抢夺军火应是篠原国干的指使。

② 关于暗杀西乡之事，日本记述历来有真伪二说（见黑龙会编《西南记传》中 1，第 86 页以下）。山下郁夫的著作持否定说（见《研究西南之役》，第 88 页及其以下）。

萨军起兵困熊本

2月3日，西乡隆盛从大隅半岛的狩猎地赶回鹿儿岛的武村住宅。途中，在加治木题诗①如下：

白发衰颜非所意，壮心横剑愧无勋。

百千穷鬼吾何谓，脱出人间虎豹群。

诗言志。这无所畏惧地"脱出"之念，与其历来主张的"断而行，神鬼避之"的格言，与其早在1873年便有"莫如自己掌握政权，从事'未曾有之盛举'"的话联系起来，不可不谓此时此刻的西乡确实已经有了起兵的决心。

2月6日，鹿儿岛私学校招募兵员（以下称萨军），当日超过3000。同日，萨军将私学校本校改称为军事体制的"本营"，并且召开作战会议。

《西南记传》称，当时萨军将领提出有所谓上、中、下三策：

（1）全军疾进长崎，夺取军舰，尔后兵分二路，一路突击大阪，控制神户，以为策援之地，一路突击东京，控制横滨，以为策援之地，争衡天下。

（2）留下若干监视兵力，控制熊本，前军疾进，向丰后（九州东北）出击，控制福冈、博多、小仓之要冲，扼马关以为策援之地，然后渡海，一路控制大阪，一路风卷高知，以制天下之势。

（3）全军进击熊本城，攻克熊本后控制九州，徐出中原，以求大举。

据称，西乡的弟弟小兵卫主张，先派出2000精兵迅速占领长崎，以保证弹药、军需品的来源，并阻止官军的进攻。他认为，熊本镇台得知长崎陷落，必定派出大批军队前来救援，这样便可乘虚攻占熊本城；而占据了长崎和熊本之后，则可以控制九州，起兵的大事便可成功。然而，桐野利秋却认为不可。他说："大军出境，宜堂堂正正，明目张胆，纵横天下。而今用奇兵，有愧义兵之名。"又说熊本镇台的守军不过是"区区百姓之兵"，"若阻我去路，唯一蹴而驱之"。经过一番讨论，村田新八、篠原国干、别府晋介等将领，与桐野利秋的主张相同。于是，此次会议最终决定了"下策"，即

---

① 这首汉诗收入《西乡隆盛全集》第4卷，第116页，原题为《除夜》。据解说者称，是1873年西乡辞职后的第一个除夕所作。但山下郁夫在《研究西南之役》（第126页）中认为是叛乱前夕所作。

全军向熊本城进发的起兵路线。

2月13日，萨军整编队伍，西乡隆盛为总指挥，下设七个大队：第一大队长筱原国干；第二大队长村田新八；第三大队长永山弥一郎；第四大队长桐野利秋；第五大队长池上四郎；第六大队长越山休藏；第七大队长儿玉强之助，第六、七联合大队长别府晋介。

每个大队有10个小队，每个小队为200人。是时，萨军主力为私学校的士族，约13000人，分编在各个小队之中。征募兵员为1万人，外加同时起兵响应的熊本队、协同队、高锅队、延冈队、饫肥队、人吉队，等等，总计为3万人。此外，尚有少量炮兵。

2月14日，萨军先头部队在别府晋介的指挥下，踏着50年少有的大雪，从加治木出发北进。15日，后续部队发自鹿儿岛，21日先后抵达熊本城外围的小川、松桥和川尻（距熊本2里）。

政府军已有所准备。2月6日，陆军卿山县有朋密令熊本镇台防范鹿儿岛暴动。12日，山县有朋、伊藤博文和海军大辅川村纯义等人商议出兵，并经太政大臣三条实美同意后，秘密传令近卫步兵第一联队、东京镇台步兵第一大队、山炮兵第一大队，以及大阪镇台步兵第一大队、山炮兵第一大队等，作出征平乱的准备。19日，天皇颁布敕令，组成征讨军团，由有栖川宫炽仁亲王任征讨总督，山县有朋、川村纯义为征讨参军，下设第一、第二旅团，各由2万人组成。随着战局的进展，又任命黑田清隆为参军，增设第三、第四旅团，以及别动第一至第五旅团。前后总计出动陆军58000余人。海军出动春日、龙骧、清辉、孟春、丁卯等11艘战舰，投入水兵2000余人。

2月21日，西乡隆盛随军抵达川尻。萨军决定强攻熊本城，并在川尻打响了西南战争的第一枪。

次日黎明，官军与萨军在熊本城下交锋。是时，熊本镇台可以直接投入战斗的兵力只有2000人。镇台司令官谷干城决定坚守城池，他说："唐之所以未能亡于安禄山之乱，皆因张巡守睢阳城也。现今，此城即是睢阳城，天下之安危系于此城之存亡。焉能畏死而贻耻于后世。"守军在各个要塞之地埋设地雷、障碍，并征用民夫架桥、筑路，连妨碍射击的树木也砍伐一光。萨军为攻克熊本，投入兵力7000人。第三、第四、第五大队担任正面进攻；第一、第二和第六、七联合大队侧翼进攻，力图从东南和西北两个方向一举占领熊本。上午10时，萨军攻占城西的段山，但攻城并不顺利。

《西南战役侧面史》记载："上午八时，贼入熊本。事前镇台决定防守，士卒无一外出……贼兵万枪齐鸣、围而攻之，以藤崎口最甚。自九时至中午，两军争战最为激烈。硝烟漫天，响声震地。台兵善守，士气尤盛。贼之兵锐，但无野炮……此日，贼之第七小队长宇都宫龙左卫门被击毙，其他死伤五六十人，而台兵死伤仅十二三名……"

23 日，萨军继续强攻熊本城。按照篠原国干的想法，即使全军死伤过半，也要拿下熊本。但事与愿违。由于守军的殊死防守，萨军的攻势连续受挫，以致进展无望，士气逐渐低落。萨军将领当晚不得不召开军事会议，放弃强攻，改为长期围困熊本。

然而，三天的攻坚战贻误了萨军的战机。《西南记传》称："兵即时机。在萨军停止强攻，提出长期围困之策时，官军已逐渐完成了出兵准备。第一、第二旅团到达福冈之时，萨军的时机已经迟了。""若是萨军初出鹿儿岛之际，用西乡小兵卫的策略，一军出熊本，长期围困，一军出丰后，筑丰之间，占有小仓、福冈的有利地势，一军出长崎，夺为策援之地，以制先机。何需后来有田原、吉次之苦斗。"

苦战高濑、吉次、田原坂

萨军停止强攻熊本城之后，挥兵北进。第四大队向田原坂开进，第二大队和第六、七联合大队向木留进军。第三大队守备海岸线，由池上四郎率第五大队（包括其他大队的部分兵力，以及在此前后起兵响应的各地方士族队，计 3000 人）围困熊本城。

是时，官军第一、第二旅团已经从福冈南下，到达松崎、太宰府。

2 月 25 至 27 日，官萨双方在高濑方面展开激战，尤以 27 日为甚。当时，萨军决定从山鹿、田原、木留"三道并进，攻击高濑"，大有尽其精锐与官军一决雌雄之势。据萨军将领佐佐友房的战地观察，篠原国干和别府晋介以 6 个小队，从木叶方面冲击高濑的正面；桐野利秋以 3 个小队，从山鹿方面出击高濑的背面；村田新八以 5 个小队，从伊仓方面横击，兵力总计约 3000 人。战争十分激烈："两军呐喊之声与炮声相混杂，震天动地。硝烟遮蔽天空，日色为之暗淡。"这场激战，双方互有伤亡。官军第二旅团司令三好重臣受伤，萨军的得力战将西乡小兵卫战死。

高濑战役后，双方休整，战争稍有间歇。3 月 3 日，官军第二旅团由第

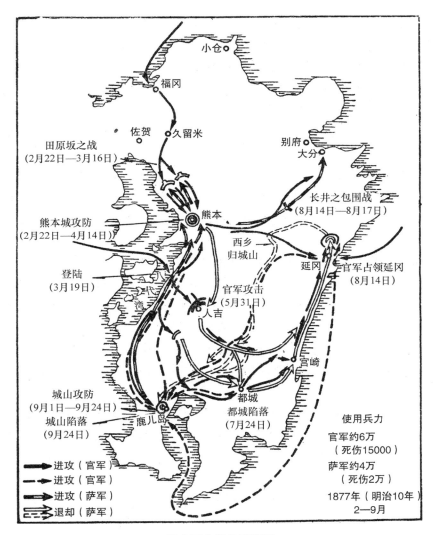

日本西南战争形势图

一旅团司令野津道贯指挥，开始对吉次方面的萨军发起进攻。《丁丑弹雨日记》记载，官军"冒着发射如雨的弹丸"，抢攻山顶；萨军"亦誓死防战"。"满目山林，弹痕如同蜂窝，地下弹夹积而堆"。官军"死尸横野"，萨军也是"去时纷纷一队之兵，归时寥寥半队之士"。

次日，吉次之战继续进行。《西南记传》称："恶战苦斗，自拂晓至薄暮，所费弹丸，约数十万发，堡垒壕沟，延及数百米之间，为弹夹所复盖。

死尸纵横，流血淋漓，其惨不可名状。"致使吉次被称为"地狱脊"。这次争战使萨军的主将篠原国干身亡，官军的野津少将也险些丧生。

同日，双方在田原坂方面也展开争夺战。萨军自高濑失利后，决心把守田原坂，迎击前来进攻的官军。田原坂为丘陵地带，顶部凹进，恰似胸墙壁垒。坡道险峻，两面断崖绝壁，草木横生，易守难攻。争战开始，官军突入萨军的前沿，登上坡道，受到萨军"居高临下，猛射如雹"的袭击，陷入了"进必伤、退必死"的境地。尽管野津少将亲自督战、酌酒助威也无济于事。尔后，官军迂回进攻，仍旧不能攻克萨军阵地，以致争战进入了胶着状态。野津道贯言称，田原坂乃是"无比之要害，易守难攻，我军终是劳多功少"。官方编纂的《征西战记稿》也说："贼亦善拒、死守不动。"

田原坂的殊死战斗，从3月4日一直持续到20日，历时17天。双方的伤亡似无精确统计，但从政府军军医川口武定的《从征日记》中可以略知一二。据称，战斗开始之际官军战死者尚有可供埋葬之地，尔后死伤与日俱增，转运伤员的民夫短缺，只好将死者积集起来。同样，萨军死伤也极为惨重。3月20日，川口武定目击萨军失守的二俣口阵地，但见伏尸塞路，"沟水为之赤"，"仅在百米有余的沟旁，便横尸七十八九"，死者情状，"笔纸难尽"。

田原坂之战，萨军终因兵力单薄、弹药缺乏以及战术拙劣等原因而失利。此一战役关系大局，尽管后来萨军又对宫军发动了多次进攻，互有伤亡，但萨军的败局已基本上决定了。

萨军退守人吉

3月初，即田原坂战役正酣之际，陆军大佐高岛鞆之助向山县参军提出建议，另组一军占领八代，切断熊本至鹿儿岛的通路，从背后进击萨军。

高岛建议说："鹿儿岛人的气质是只知勇猛地前进，而不知后退，唯以突击为主，不善于随机应变。""彼以鹿儿岛为本，以熊本、八代作为策援，后续部队以至军需的补给，莫不仰仗于此。我若切断彼之所恃人员，军需之根据，岂止减少其后援?"他认为，八代是鹿儿岛至熊本的咽喉，应乘其守备不足加以占领，从背后夹击萨军，"即使一时不能制胜，也可使彼有后顾之忧"。

这一策略，"深得军机之要诀"，于是政府方面采纳了高岛的意见。3月15日，任黑田清隆为参军，并组成"冲背军"。18日，高岛本人奉命从长崎率队出发，为官军别动第二旅团之一部。19日，抵达日奈久海面，"无血登陆"。20日，官军第二联队和警视队也在日奈久以南登陆。八代随即被官军占领，萨军陷入了腹背受敌的被动局面。

3月26日，官军经过整编，决定进军小川。当时，驻守小川的萨军只有第五大队的1300人（也有2500人之说），同拥有4000兵力的官军相比处于劣势。31日，萨军作战不利，小川、松桥相继失陷，被迫退至川尻。

4月，熊本镇台与北上的官军取得联系，萨军的困城作战宣告破产。13日，西乡等萨军将领决定退守。16日，全军向木山退却。当日夜晚，西乡在池上四郎等人的随同下退往人吉。21日，官军攻陷木山，萨军再次退却。当日，萨军在矢部召开军事会议，重整部队为九队。名曰：奇兵队、振武队、正义队、行进队、干城队、电击队、常山队、鹏翼队、破竹队。根据桐野利秋的主张，萨军准备把人吉作为根据地，盘踞萨、日、隅三州，以图再举。

《增订西南战史》写道："人吉为一山间平地，但有险隘四塞的有利地形。萨军若是占而据之，进退甚为便利，且当地富饶，得粮不难，不是没有再举之望。"而纵观全局，此时的萨军毕竟已是强弩之末了。

4月25日，萨军除部分兵力防守矢部外，全军退守人吉。此后，"只知进不知退"的萨军开始了逃难性的行军。萨军将领佐佐友房在《战袍日记》中记载："上午八时，各队由马见原出发，行至里许，经芋之奥（音译）、旧屋敷诸村、登胡麻山。山重山，路坡险峻，恰如攀壁，一步更比一步高，可谓后人顶着前人攀登。径宽不过尺许，树根、夹石裸露地面，涉羊肠有跨步马虀之感。若俯视，则悬崖数十寻（每寻六尺）。老树森阴，唯闻远处飞瀑之声，人人心悸骨悚，举步失慎，则将陷为绝谷之鬼。运载行李弹药之牛马，死者不知几许，其险可知也。外加风雨益骤，满山濛濛，咫尺不辨。军中有携眷者，母泣雨、儿涕风，视者凄然，无不泪下。"

萨军进入人吉后，实行全面戒严，"外部要害布置兵力，内部男女无别，制造雷管弹药"，力图再举。对此，山县有朋感到忧虑，他说："人吉乃是险隘要冲，且粮食充裕，倘若萨军占据此地，养精蓄锐，再张声势，于我之不利，实为难测。"5月10日，政府军指挥官在八代召开军事会议，决定由别动第二、第四旅团专门进攻人吉；另由别动第三旅团从出水海岸直指鹿儿岛；第三旅团进军久木野山之小川内，穿插别动第三旅团的进军路线，冲击大口。此外，还具体地决定了进击人吉的策略。

当时，集结在人吉的萨军号称 8000。但由于向宫崎、鹿儿岛、熊本三县出兵，守备人吉的兵力实际大约只有 2000，而官军则在万人以上。17 日，官军各路由北山地区开始进攻。22 日，防守球磨川中游神濑西部的萨军失守，有百余人投降。而后又接连败北，投降者相继增多。《西南记传》称，是时萨军投降者约 600 人，加上逃亡者达 700 人。约占号称 8000 萨军的 1/10。

6 月 1 日，官军占领人吉。萨军以为可以支撑二年的设想随之化为飞烟。西乡隆盛、桐野利秋等人在 5 月 29 日已分别退至宫崎。而后，除进入鹿儿岛的部分兵力外，萨军不得不向日向境内退却。

6 月 23 日，官军别动第三旅团攻陷萨军占据的大口，25 日进抵城山。是时，进入鹿儿岛的萨军（振武队、行进队），由于募兵不利也转向都城。

7 月 21 日，官军将征讨萨军的本营移驻鹿儿岛，并于 24 日攻克都城。《西南战史》称，都城陷落，对于萨军来讲，是人吉败北以来的又一重大打击，即使得以控制佐土原、宫崎、高锅、美美津、延冈等要害之地，也无法挽回大势了。

战争的尾声

都城陷落后，萨军一路溃退，宫崎、高锅、美美津也相继失守。时至 8 月 9 日，不得不退至延冈。据官方记载，这时的萨军"犹如赢惫丧家之犬"，由于投降者日众，致使"处置亦颇为困难"。

8 月 14 日，官军攻克延冈。次日，西乡亲自指挥全军在延冈北部可爱岳同官军展开最后决战。但此时的萨军已被困在方圆 1 里开外的峡谷中间，只有以下可供选择的出路了：忍辱负垢、向官军乞降；刀折弹竭、死而后已；拼死突围、以求再举。

17 日，西乡决定率军突围，但已是"垓下之概"。西乡言称："我军穷迫至此，今日之策唯有奋死决战。值此之际，各队欲降者降，欲死者死。士为卒、卒为士，唯任其所欲。"这时，西乡烧毁了起兵以来所携带的各种文件，连同自己的大将服装。有人不解，西乡笑而答称："今，百事瓦解，皆已无用，付之灰烬，扫我尘垢耳。"当晚 12 时，西乡隆盛率队登上可爱岳，开始向三田井（今高千穗）方向突围。

8月18日至9月1日，萨军迂回行程百里，又回到鹿儿岛的城山。对此，山县叹道："半年之征战……忽生一篑之亏。"为防止萨军再次脱逃，官军重新作了军事布置。各旅团在城山周围的要害之地筑起壁垒、鹿砦，挖掘深沟，外加三重、五重乃至六重的竹栏，并以木钉埋插地面，或挖成陷阱，日夜派出哨兵警戒，大炮短枪循环射击，"连日一刻不停，实可谓飞鸟、伏鼠也不能过"。

从9月1日起，官军对城山铁桶一般地围困了23天。随同西乡回到鹿儿岛的萨军大约只有370余人，其中带枪的不过150人上下。

西南战争结束后，长崎僧人西道仙曾作诗云："孤军奋斗破围还，一百里程垒壁间。我剑已折我马毙，秋风埋骨故乡山。"这些诗句，可谓切中了西乡的心境。据称，被困的西乡已把生死置之度外。

24日凌晨4时，官军对困在城山的萨军展开三面进攻。"萨军到处大败，诸垒悉崩，尸积壑谷，血流川野。"《西南记传》称，此日一战，萨军一举被歼，战死者160人，投降者200余人。在溃败之际，西乡等人正在岩崎谷。东方破晓，西乡与萨军将领冒着枪林弹雨，向岩崎谷口的方向退却。同行者有桐野利秋、村田新八、池上四郎、边见十郎太等。及至岛津应吉的住宅门前，流弹击中了西乡的腰腿部位，遂倒伏路旁而不能行进。而后西乡"徐徐跪坐，俨然正襟，遥拜东天"，让别府晋介从背后割下首级，由西乡的从仆吉左卫门将首级埋在折田（正助）和大迫氏住宅中间的竹林中。其他人也相继阵亡。至此，萨军全军覆灭。

上午9时，城山战火平息下来。随后则是一场倾盆大雨，像是有意结束这场恶战一样，洗刷了山谷的污血。

小议西南战争

由鹿儿岛士族发动的这场叛乱，历时200余天。战局连亘丰后、肥后、日向、萨摩、大隅，影响达于九州全域。这是一场自明治维新以来，日本所发生的最大规模的叛乱。据统计，由于这场战乱，官军战死者6843人；负伤者9252人；计伤亡16095人。萨军战死者6239人，负伤人数不明。

然而，这场由士族发起的战乱，首先殃及的却是农民百姓。据记载，仅在鹿儿岛县厅下的三大区内，被毁民宅便多达9700余户。此外，在谷中、加治木、饭野、官崎、出水等地烧毁的民房也多以千百计①。又比如 2 月间，熊本城内曾有一场大火蔓延，军用粮柴化为灰烬。为了对付萨军的进袭，政府守军还曾与民夺食，派遣军吏，各带日本刀，率兵前往各处的民间仓库，不仅米粟，就连油、盐、酒以及柴草也都运至军营。至于拉夫充任军役，更是屡见不鲜。

官军如是，萨军也不例外。为补充兵员，历来视农民为草芥的士族，同样把战死的命运强加在农民身上。战争中，"萨军向诸乡强要兵员与钱粮，首创强制收用家中之铅锡器皿，不应者，'立即视为仇敌，以军法处置'"。而一度散发的西乡札（纸币）与政府通过滥发纸币，把战争的负担转嫁给人民也如出一辙。这场战争的受难者，归根结底是绝大多数的农民百姓。

日本田中惣五郎在其《西乡隆盛》一书中写道："西乡的伟大，就在于他没有私心而富于爱情这一点上。他事奉于纯粹的藩主，尽力于国家，爱护农民，并且对朋友、对后生、对父母、对妻子，都奉献以丰富的爱。"照此看来，西乡隆盛成了爱的化身。这种见解究竟有多少赞成者，似难作出精确的统计，但正如《研究西南之役》的作者山下郁夫所说，"战争影响了土民"，"然而对于主张敬天爱人的西乡隆盛来讲，是不能预见的么？"这确是一个令人深思的问题。诚然，不能以一时一事来评论历史人物，但西乡隆盛决定起兵，绝不是出于爱人之心。

再者，西南战争纵有其诱发的导火线，但其根源却在于 1873 年日本政府内部围绕着征韩问题的分裂（亦称"明治六年政变"）所反映出来的政治上的分歧。日本学者后藤靖在《士族叛乱之研究》一书中，对西南战争前后的叛乱事件作了综合研究。他认为，明治六年的政变，从现象上说，确是"征韩的是非"问题。但是，其中潜在着以西乡隆盛、板垣退助、后藤象二郎、江藤新平、副岛种臣为代表的征韩派和以大久保利通、木户孝允等人为代表的内治优先派之间的、对于天皇制国家机构和整个政策体系设想的矛盾。这种见解是值得重视的。西乡隆盛从本质上说是一个封建士族的典型，并力图把他在萨摩藩业已实施的、有利于倒幕派下级士族的政治体制扩大到全国；而大久保利通等人的政治设想则是要为日本的天皇制披上近代的外衣，并自上而下地扶植和发展资本主义。这种分歧构成了与西乡等人的政治设想无法弥合的裂痕。西乡挂冠归里之时感到"不适时情"，言称"秦桧多

---

① 据《鹿儿岛百年》一书记载，被毁民房多系放火所致。

遗类，武公难再生"，以及他回到鹿儿岛之后，立即兴办私学校，纠集士族与政府为敌的根本原因，也正是由于这种政治上的分歧。可见，西南战争的爆发，归根结底是政治斗争的继续。其实质在于是建立一个以倒幕派士族利益为中心的天皇制国家，还是顺应时代的潮流、走资本主义道路的问题。西南战争平息以后，封建士族的武装叛乱基本上停息下来，日本在发展资本主义的道路上加快了步伐。

岩仓使团出使欧美

汤重南

日本明治政府为解决面临的内政、外交问题，于 1871 年 12 月派出以右大臣（相当于第一副总理）岩仓具视为首的遣欧美使节团（简称岩仓使团），在一年又九个月中，先后对欧美 12 国进行了访问和考察。岩仓使团的欧美之行，使明治政府领导人加深了对西方社会的了解和认识，吸取了欧美各国发展资本主义的经验教训，学到了迅速实现资本主义化的办法。岩仓使团归国后，采取了一系列措施，加速了日本资本主义的发展，对日本社会产生了深远的影响。

使团出访任务的提出

1871 年 10 月 16 日，日本太政大臣（相当于总理）三条实美向外务卿（相当于外交部部长）岩仓具视面授《派遣特命全权大使事由书》①，明确提出向欧美各国派遣使节团的三项任务：第一，"借政体更新，为笃友好亲善而修聘问之礼"；第二，"借修改条约，向各国政府阐明并洽商我国政府之目的与期望"；第三，"实地考察欧亚各洲最开化昌盛之国家体制、各种法律规章等是否适于处理实际事务，探寻公法中适宜之良法，以求行之于我国国民之方略"。

第一项任务，是在 1868 年明治维新后不久，借使团出使而向欧美各国表示友好，行一般外交礼仪。

第二项任务，则是为解决修改不平等条约这一重大的外交课题。

---

① 这一文件原无题目，共两件，后来一般称为《事由书》，亦有详称为《向欧美各国派遣特命全权大使事由书》者。

1868 年 1 月 3 日明治政权建立后，新政府在 2 月 13 日通知各国将继续承认并切实履行已被推翻的德川幕府与各国签订的各项不平等条约，并在 6 月 25 日接收了德川幕府保管的同欧美 11 国签订的条约文本①。接着，它又在 11 月 11 日同瑞典挪威联盟、11 月 12 日同西班牙、翌年 2 月 20 日同北德意志邦联、10 月 18 日同奥匈帝国等四国签订了新的《友好通商条约》及《贸易章程》等附件。

无论是明治政府继续承认的旧条约，还是新订的条约，都是不平等条约。欧美资本主义列强根据这些条约，在日本享有领事裁判权、居留地特权、协定关税税率和贸易方面实际上的片面最惠国待遇②。

这些不平等条约，严重地损害着日本的独立主权。在横滨，依旧驻扎着英、法的军队。日本的重要港口如横滨、长崎、兵库、新潟、函馆等，仍有如同外国领土一样的租界地。在大阪，甚至在首都东京的大街上，洋人的马车"横冲直撞，即使轧死了人也毫不理睬地扬长而去，日本巡警却不敢干涉"。关税权完全操在外国人手里。按照条约规定进出口商品一律定为从价 5%。这已是很低的关税率，实际上在 1868—1872 年即明治最初 5 年中，出口税率平均仅 3%，进口税率平均不到 3.5%，还有占进口总值 1/10 的商品免征进口税。

为使日本彻底摆脱西方资本主义列强的压迫，实现民族独立自主，日本各阶层和日本政府都迫切希望修改这些不平等条约。但要实现修改条约，只能到 1872 年 7 月以后才行。因为 1858 年《日美通商条约》规定，条约生效后满 171 个月即 14 年又 3 个月才可就补充和修改条约进行谈判，而且规定须在一年以前通知对方。明治政府所订的四国新条约也规定，到 1872 年 7 月 1 日，才可以重新商议条约的修改问题，亦须在一年以前通知对方。

1870 年明治政府决定进行修改条约的准备工作，向各缔约国发出通告说：一到所订的 1872 年 7 月 1 日，即应商议修改条约问题。在 1871 年，外务省（相当于外交部）着手草拟修改条约方案。3 月间，正在美国考察的大藏省少辅（相当于财政部局级职务）伊藤博文寄给政府的意见书提出：只有实行保护关税制度，才能保护国内生产的发展，使国家得以富强，为建立

---

① 指德川幕府从 1858 年 7 月至 1867 年 1 月先后与美国、荷兰、俄国、英国、法国、葡萄牙、普鲁士、瑞士、比利时、意大利和丹麦等 11 国签订的《友好通商条约》及《贸易章程》等附件。

② 详见《外国历史大事集·近代部分·第二分册》中《日本开国》一文。

保护关税制度，必须修改条约；而要做好修改条约的准备，应派遣精通外语又熟悉政务的优秀官员前往欧美考察，令其在修改条约之前归国，向政府提出可供咨询的意见。6月初，外务省拟定了以改善治外法权为重点的修改条约草案，并在所附意见书中提出：今日国内各项制度尚不完备，来年动手修改条约为期尚早，宜先使国内体制臻于完善，再修改条约，为此可将修改条约时间延缓数年。

明治政府十分重视伊藤和外务省的意见书，开始把修改条约和派遣使团考察欧美，与国内改革联系起来考虑，确定了先向欧美各国派出使节团，商谈延期三年修改条约，并考察欧美文物制度的方针。所以在10月提出的《事由书》中强调："国与国之间权利对等，乃当然之理"，"条约亦应保持权利对等"，自"应修改以往之条约"；修改条约，应"依据万国公法"，为此，"我国国法、民法、贸易法、刑法、税法等，凡与公法相抵触者，均须改革修订"，而这项工作需要数年才能完成，要在1872年修改条约之前完成是不可能的，若准备不足而"草率修改"条约，"则将成为更加丧失国权之基"。

使团的第三项任务，即全面考察欧美各国的文物制度，以便从各方面大规模地引进、学习西方的文物制度和经验，促进国内各项改革。这才是明治政府的主要目的，亦是使团的主要任务。

如何改革内政，采取什么具体方法才能使日本迅速发展资本主义，是摆在明治政府面前更为紧迫的任务。

自明治维新后，政府已采取了一系列改革措施：从1869年"奉还版籍"到1871年"废藩置县"，结束了封建割据局面，建立了中央集权的统一国家；从1869年开始革除封建等级制度，取消武士特权；从1870年开始进行教育改革；从1871年开始改革军警制度，等等①。但进一步如何改革则不很明确。正如掌握政府实权的大藏卿（相当于财政部长）大久保利通所说："我考虑了打倒幕府建立天皇政治，而这一事业已基本完成，干了我们应该干的事。但以后怎么办？就实在为难了。"工部大辅（相当于工业部第一副部长）伊藤博文在其给岩仓使团的意见书中写道："内政如何改革？法律如何制定？以怎样的方略，如何实行政务"等，均须全面考察欧美各国，借鉴其经验，咨议研究后，才能明确。政府领导人逐渐认识到：要跟上形势，只

---

① 详见《外国历史大事集·近代部分·第二分册》中《日本明治维新》一文。

有学习西方经验，深入了解西方情况；要了解西方，无论如何要去"直接体验"才行。

派遣使节《事由书》，提出了相当详细的考察计划。它规定由政府各部门负责人担任全权理事官，并按其编组规定了各组的考察项目：第一组，研究国家制度、法律的理论与实践，考察外国办公厅、议会、法院、会计局的体制及工作情况；第二组，依据有关财政会计法规、租税法、国债、纸币、汇兑、保险等，研究其贸易、铁路、邮电等公司、金银铸造厂、各种工厂的规章制度和管理方法，考察其体制及现行状况；第三组，研究各国教育的各种规章制度，即国民教育方法，建立公私立学校的办法，筹集经费的方法，各学科的安排顺序、规则、等级及授予毕业证书的方式等，实地考察公私立学校、贸易学校、各种艺术学校、医院、幼儿园的体制及现状。

《事由书》还要求："全权使节及全权理事官，在各自分担的主要事务外，凡是认为对我国有益的事项，均应仔细观察和研究。"它明确提出应研究海陆军的军法、工资及指挥方法。要求使团到各国著名的港津考察，并具体要求应考察各国的海关、军械库、海军局、造船厂、军队驻地、城堡、海陆军学校、炼铁厂等，特别是注意考察各国军队训练的情况。《事由书》要求作为使节团成员的书记官详细记录使团考察和研究的情况，并要求使节团对每项考察均须提出看法，说明其能否在日本国内采用实行，采用实行欲达到的目的及具体办法。

经过一个多月的紧张筹备，1871 年 11 月 20 日，太政官（相当于国务院）正式组成遣欧美使节团，任命外务卿岩仓具视转任右大臣并担任特命全权大使，任命参议（相当于国务委员，有决策权）木户孝允、大藏卿大久保利通、工部大辅伊藤博文、外务少辅（相当于外交部司局级职务）山口尚芳四人为特命全权副使，又相继任命了包括政府各部门的负责人的书记官、理事官及随员，共约 50 人①。11 月 26 日，日本政府正式通知各国公使，日本将派出岩仓使团和商谈延期修改条约问题。

使节团于 12 月 5 日接受了将递交各国元首的日本天皇全权委任国书。国书中写道：全权大使及副使，将"就我国情况向贵国政府征询意见，请赐高见，以谋议当前乃至将来应予施行之方略，待使臣归国后，再议修改条约

---

① 　一般说使节团成员共 48 人，亦有 51 人之说，现采闲大久保利谦《岩仓使节研究》及田中彰：《岩仓使节团对欧美的认识和近代天皇制》中的说法。

问题"。12月17日，三条实美在官邸送别使节团的宴会上致辞说："与外国之交际，关乎国之安危，使节团此行之成否，关乎国之荣辱……当今大政维新以图与海外各国并立之时，奉使命于万里之地，外交内治，前途大业，其成与否，实在此举。"他当场赠辞岩仓具视："代君行事，身负安危。一朝有误，永亏国威。其言其行，敬之慎之。"

12月21日，岩仓一行离东京抵达横滨。12月23日，岩仓使团和59名留学生，其中包括最初的5名女留学生津田梅、永井繁、山川舍松、上田悌、吉益亮共100多人，登上美国太平洋轮船公司的海轮"阿美利加号"。中午，在19响礼炮声中，由横滨码头起航，横渡太平洋向美国驶去。岩仓使团踏上了出使欧美之途。

对欧美各国的访问和考察

岩仓使团访问和中途停留的国家共18个，先后访问了美、英、法、比、荷、德、俄、丹、瑞典、意、奥、瑞士等欧美12国。他们停留时间最长的是美国，而重点考察的是英、德两国。

1872年1月15日，岩仓一行到达旧金山。在1月23日美国旧金山市市长为岩仓使团举行的盛大宴会上，全权副使和实际上的秘书长伊藤博文用英文发表了演说。他谈到日本政府和人民决心向先进国家学习，为迅速攀上文明高峰将加倍努力，并对美国及其他各国给日本的援助表示谢意。他最后说道："我们此行最大的希望就是带着有益于我国和对物质及精神文明进步能有长远贡献的资料返回祖国。""我国国旗中央的红色圆形（日之丸），将不再是以往人们所说的封盖我帝国的封蜡，将来，人们会清楚地懂得其真正的含义：它象征着值得尊敬的初升太阳。日本必将与世界各文明国度为伍，犹如不断向上升起的一轮红日。"这一著名的"日之丸演说"表明了"新兴日本要求进步的希望与气魄"，在国际上受到了广泛的注意。

1872年2月29日使团到达美国首都华盛顿，受到美国总统格兰特和国务卿菲什的热情接待。他们连日历访美国议院、法院及政府各部门，均受到热烈欢迎。这使他们产生了有可能在这次出使中修改不平等条约的幻想。当岩仓及副使们向菲什提出希望谈判修改条约时，菲什也表示"欣然同意"。但是当进一步具体商谈时，菲什却提出日本使节没有谈判修改条约的国书和全权委任状，不能举行正式谈判。岩仓使团的计划中，本来只有为修改不平等条约进行预备性谈判的安排，只得派大久保和伊藤博文立即回国去取全权委任状，一面继续与美国交涉。

在多次交涉中，美国提出：归还日本关税主权应以开放日本更多港口，允许美国人在日本内地自由行动，扩大其"居留地"等为先决条件，取消治外法权，则要等到日本国内法律审判制度完善后才能考虑。美国不仅不肯轻易放弃已攫取的权益，而且企图进一步取得新的利权的态度，使岩仓逐渐明白与美国修改条约一无希望。大久保和伊藤从3月下旬归国，于7月22日返回华盛顿，他们虽然带来了国书和新的全权委任状，但已毫无用处。岩仓放弃了在美国修改条约的打算。他又提出在欧洲召开各国联席会议，协商修改条约的新方案，并对菲什表示：希望美国也派代表参加这个会议。菲什根本不予考虑，拒绝派代表出席。这个方案刚一提出就被扼杀，岩仓不得不停止对美谈判。木户孝允在日记中沮丧地写道："彼之所欲者尽与之，我之所欲者一未能得，此间苦心，竟成遗憾，唯有饮泪而已。"

岩仓使团试图在美国谈判修改条约的外交努力受挫后，便全力进行实地考察。使团首脑除伊藤外，都是初出国门。有的使团成员虽有一些西方知识，也只是一知半解。他们对美国的政治、经济、军事、文化教育等各个方面都进行了考察，参观访问了政府机关、工厂、矿山、商业公司、学校、军事设施、福利设施及名胜古迹，十分惊异地目睹了美国工业、农业、商业贸易和文教卫生各方面取得的成就。所到之处，皆有耳目一新之感。

木户孝允在给国内的信中写道：看到美国的学校和其他工厂，"拙笔实难尽述"。岩仓具视也说，眼前的实际，"与昔日之思虑大相径庭之处不少"。他们对美国迅速将广大的荒野开拓为良田，对大城市的迅速发展均留下了深刻的印象，他们认为，"天地之利，唯借人力方使之兴盛，依昔日之劳方达今日之富"。并对日本不善用人力表示反省：东洋之沃土，"野有遗利，山有遗宝"，却未得开发利用，因而未能"兴国利，得收获，生财富"，"上下不免于贫弱"，"两千年来，犹处梦中"。

他们看到美国普及教育，造就了大批人才，"小学校之多，报刊杂志之多，入学儿童之多，超越各国"。对照日本，"人口与之相差无几，历史之长胜于百倍，土地之广不及于百分之三"，民力虽多，如不经过教育，仍难以使其创造出更大价值。日本今日之贫弱，皆因"不教之民难使，无能之民不可用，不正规之事业无成效"。本户孝允认为，日本人"与今日美欧诸洲之人决无不同，唯在于学与不学而已"。"吾人今日之开化非真正之开化"，

"欲使我国推进全民之开化，开发全民之智慧，以维持国家权力，独立不羁，虽有少数人才出现仍十分困难"，"唯在于兴办真正之学校"，确立"牢不可破之国基者唯在于人，而期望人才千载相继无穷者，唯真正在于教育而已"。当前，"其为急务者，莫先于学校"。

他们对美国的"自由之风"和"民主精神"以及"真正的共和制"反映亦十分强烈，对其所到之处的见闻都作了详尽的记述。他们写道：其"州、郡、村、市，社会之中"，均充满"自主之力"，"以合众联邦之制"，建成了"一个民主国家"。当时，由37州联合而成的美利坚合众国，对外代表各州联合的整个国家，对内行共和制，则是"大政府"。还特别记述道：在美国，"三尺之童亦以侍奉君主为耻辱"，其全国风气，则"对国王之权，憎如毒蛇"。

岩仓使团带着谈判修改条约或许还能在欧洲取得某些成果的希望，于1872年8月6日从波士顿港搭乘英船前往英国。8月17日从利物浦登陆当天到达英国首都伦敦。岩仓使团与英国外交大臣格兰维尔会谈修改条约问题。当时驻日公使巴夏礼正返回英国，也参加了会谈。英国的态度比美国更为强硬，不仅拒绝将旧有不平等条约改为平等条约，而且提出要求更多权益的修改方案。它还拒绝撤走驻日英军，拒绝日本收回关税权的要求。对于日本收回法权的要求，则回敬以设立类似埃及那种由超过半数的外国法官参加的会审制度的主张。巴夏礼甚至要求日本给予过去条约中也没有同意过的新的利权，即外国人在日本国内有旅行权、实际上的单方面沿岸贸易权、投资权及确立居留地自治权等。

岩仓使团此后在与其他欧洲列强商谈修改条约时，也与在美、英两国的遭遇一样。其他列强也都是企图利用修改条约的机会，向日本提出比现行条约更为苛刻的权益要求。资本主义列强以强凌弱的国际强权政治，使岩仓使团以为依靠"万国公法"即可实现修改条约的幻想在现实面前碰得粉碎。他们终于认识到，当时还十分贫弱的日本，想要修改条约毫无希望，只有急起直追，以西方国家为榜样，"富国强兵"，凭借实力，才能实现民族的独立自主。

他们把全部注意力投到实地考察方面。岩仓使团成员久米邦武归国后编写的《特命全权大使美欧回览实记》一书①，生动翔实地记述了使团每天的

----

① 此书为记者、历史学家久米邦武所编，但由于分为日记式的"实录"和"记者的评议"，且在回国编纂时，再三校订，参考大量政府报告，抄录大量岩仓节团的各种文件，所以一般均不仅被看作久米个人著作，而且被作为岩仓使团的报告书看待。

活动情况。该书写道："大使之历聘各国，于官负缔交之责任，于民尽采风之义务，日日鞅掌，不暇宁处，冒寒暑，究远迩，跋涉于遐城僻乡，访农牧于野，览工艺于都，察贸易之情于市，有暇则交接名人达士"，每到一地，"仅弛笈于旅邸，回览即始。昼奔于轮响汽鸣之中、铁臭煤气之间，烟尘满身，及暝方归，不遑振衣，宴会之期已至，修威仪于食案，倦耳目于观场，子夜就寝，方觉而工厂迎伴之人已至"。岩仓使团就是以这种席不暇暖的紧张行程，极为认真细致地进行访问和考察。他们接触了各国的首脑、政府官员、军事要员和各阶层人士，体察了资本主义社会的风土人情。

他们在英国走遍了英伦三岛，先后访问了伦敦、利物浦、伯明翰、格拉斯哥等 20 多个重要城市。参观和考察的项目极为广泛，几乎包括社会生产和生活的各个方面：（1）政府机构、议会、法院、监狱，等等；（2）军事工业、重工业等部门的兵工厂、造船厂、机器制造厂、蒸汽机制造厂、钢铁厂、炼铜厂、煤矿、盐井，等等；（3）纺织、化学、食品及其他工业部门的棉、毛纺织厂、玻璃板制造厂、苏打厂、瓦斯厂、糖厂、啤酒厂、饼干厂、造纸厂、陶瓷厂、印刷厂，等等；（4）商业、金融机构，如公司、市场、商行、银行、交易所，等等；（5）城市设施，如学校、博物馆、医院、动物园、植物园、天文台、展览馆、报社，等等；（6）军事方面的兵营、要塞及海、陆军演习，等等。

岩仓使团对号称"世界工厂"的英国工商业的发达十分惊异，对英国富强的原因也进行了探讨。大久保在给国内的信中写道："所到之处，没有一样是地里生长的东西，有的只是煤铁……工厂的兴盛，远远超过过去的传闻。到处黑烟冲天，无不设大小工厂。英国所以致富，足可由此而知。"岩仓使团认为英国同日本一样，均是海岛"蕞尔小国"，"英国之富源基于矿利，国内煤铁产量极高，居世界第一。国民利用此两利，发明蒸汽机、轮船和铁路，用火力驱动蒸汽，使效率成倍增长，独擅纺织航海之利，遂成雄视横行于世界之国。"而且"英国者商业国也。举国民之精神钟于世界贸易，故使船舶通航五大洋，购入各地之天然物产运回本国，靠煤铁之力，使之成为工业产品，再向各国输出贩卖，此乃其国 3000 万（人）赖以生活之道"。最后得出了"工厂、贸易乃英国之谋富诀窍"的结论。

岩仓使团特别注意考察英国的政治体制和法律制度。他们访问了议会，特别注意握有立法权的上院、下院与英国国王的关系。由于日本是近代天皇制国家，对英国的君主立宪制比对美国共和制更感兴趣。他们记述道：英国立法、行政有"平衡之妙法""一等（官）宰相，由公党推举，靠国王特旨命其辅佐之任。每事由议员出席，经众议辩论而实行之"。他们看到英国十分尊重国民的财产私有权，"当今世界，乃舟楫相通，注重贸易交往之世。保国权，护国益，国民上下一致，最重财产，以达富强"，"由此而生立法之权"。他们感到"西洋一法一令，皆考虑国民财产生理……此乃保证其富强之关键"。

他们痛感因日本文明开化太晚，与欧美有着极大的差距。在"开化最盛"国家的巨大"文明重压"之下，以至于大久保在英国考察时竟然说道："亲到西洋一看，深感我等确实不适应如此进步之世界！""如我这等上了年纪之人（当时大久保42岁），今后对此形势实无能为力，已不能适应时势，唯有引退而已"。在当时日本政府中，大久保是最为进步最具魄力的代表人物之一，尚且发出如此感叹，深刻反映了岩仓使团乃至日本政府一旦清醒地看到与欧美的悬殊差距时，所受到的震惊和感受到的沉重压力。于是他们周密细致地考察、研究西方国家富强的原因，认真考虑如何将西方的先进经验应用于日本，以尽快缩小差距。大久保夜间往往独自关在旅馆的房间里，"默默地考虑着国家大事"。岩仓具视在旅途病中仍经常同使团成员商讨怎样将考察成果应用于日本。

1872年12月16日，岩仓使团离英赴法，到达巴黎。在法国亦考察了类似于在英国的考察项目。岩仓使团看到法国是"百货集散之地"，"焕发文明之中枢"；巴黎更是"文明之中心"，是全国、全欧洲乃至"世界工业产品的市场"。与使团同行到法国留学、后来成为日本自由民权运动著名理论家的中江兆民，回忆当时的情景说："目睹彼邦集数百年所取得的灿烂夺目的文明成就，始惊、次醉、终狂。"岩仓一行在资本主义文明面前，真达到了目眩神迷的程度。

当时正值梯也尔镇压巴黎公社革命不久，岩仓使团十分敌视巴黎公社，咒骂其为"敌视和反抗政府的贼徒，巴黎骚乱的元凶，其祸害更甚于普法战争"。他们对镇压巴黎公社的刽子手，当时任总统的梯也尔倍加赞扬，称其为"豪杰"和"卓越的辩论家"，"言容温和，和气可掬"，并详细地记述了梯也尔的出身经历。

岩仓使团于1873年2月17日离开巴黎到比利时首都布鲁塞尔。在比利时访问一周，于2月24日抵荷兰考察。

岩仓使团于1873年3月9日离荷兰到达统一不久的德意志帝国首都柏

林。他们在德国访问了埃森、波茨坦、汉堡、法兰克福和慕尼黑等城市，除参观了与英国大体相同的项目外，着重考察了兵工厂、电机制造厂、骑兵营、剧场和消防队等，特别细致地考察了克虏伯军火工厂。德国是帝制国家，军事性、封建性极强，同日本相似处较多，所以他们对德国的各种机构、制度和设施，特别是军事制度和政治体制，极为关注。

德国以一个后起的资本主义国家虎踞中欧，给岩仓使团很深的印象。他们看到，德国"以土地相较，正与我日本相匹敌，而人口则少于我约1000万"，德国"重在农牧"，全国人口一半约1200万均从事农业，以农产品出口之利为本，兼务矿业及制造业。他们感到"其国之确立与我日本有酷似之处。考究此国之政治、风俗、较之英法情况受益良多"。

他们从德国兴起和发展的过程，看到一个农业国如何发展资本主义的实例，从而增强了当时还是落后的农业国日本迅速发展资本主义的信心。

特别是3月15日，岩仓使团拜会德国宰相俾斯麦时，向他请教小国如何达到富强之道。俾斯麦说道："方今世界各国，虽皆声称以亲睦礼仪相交往，然此全系表面文章，实乃强弱相凌、大小相侮……彼之所谓公法虽号称保全列国权利之典章，然而一旦大国争夺利益之时，若与己有利，则依据公法，毫不变动；若与己不利，则幡然诉诸武力，固无常规也。小国孜孜省颐条文与公理，不敢越雷池一步，以期尽力保全自主之权，然遭其簸弄凌侮之政略，则每每几乎不能自主。是以（普鲁士）慷慨激奋，一度振兴国力，欲成为以国与国对等之权实施外交之国。乃振奋爱国心，积数十载，遂至近年始达成所望。"俾斯麦这番"强权即公理"的话，使亟欲修改条约却到处碰壁的岩仓使团受到"极大冲击"，如梦初醒。木户对俾斯麦此番"恳切忠言"感慨良多，当场对俾斯麦表示说，"我日本人民原与德国人民毫无差别之处，唯恨数百年间的闭关锁国，自暗于世界形势，以至无暇研究海外学问，在外交上终成遗憾。唯望通过不断努力，亦能进而取得期望（国交平等）之地位"。大久保也激动地向国内写信说："听过俾斯麦一席话，开始感到日本的前途大有希望了"。大久保对"铁血宰相"佩服得五体投地，称之为"誉满全球的俾斯麦大先生"，认为"治理新国家必须象他那样"。大久保在回国后也确实是这样做的，亦被称为日本的"铁血宰相"。

1873年3月28日，岩仓一行从柏林出发赴俄国。大久保利通于同日离柏林转道先期回国。

岩仓一行考察俄国时认为，在欧洲五大国，即英、法、德、奥、俄中，

"最强大的是英、法"，而"最不开化的是俄国"，从而改变了对俄国的认识。久米邦武在《特命全权大使美欧回览实记》中写道："迄今为止日本人对俄国人的畏惧，在英法之上。在人们想象中，英法是与荷兰一样的商业国，德奥为在欧洲争强之国，唯俄国最大最强，常抱虎狼并吞世界之志"，"今日回想起来，皆锁国井蛙之谬想，美欧各国之事，来必如此"。"英法两国属地之广，明示于领有五洲之地，而俄国出售阿拉斯加，反由原有领地于三洲而今弃之一洲"。他们还用日本在1872年宣布废除旧幕府的永远禁止土地买卖禁令一事与俄国1861年的解放农奴令相比，认为俄国农民成为土地所有者，还须负担49年的增租（赎金），而日本农民在此命令之下，可立即成为土地所有者。岩仓一行感到俄国与日本有不少相似之处，俄国是帝制国家，亦保有很强的封建性，其"开化"程度，在欧洲大国中是与日本比较接近的，强调要以俄国状况为日本实现"文明开化"的基准。

岩仓使团在考察俄国以后，转赴丹麦访问。木户孝允于4月16日假道柏林先行回国。岩仓一行于4月18日到丹麦首都哥本哈根，4月24日到瑞典首都斯德哥尔摩，5月9日到意大利佛罗伦萨转赴首都罗马，6月3日到奥地利首都维也纳，6月20日到瑞士首都伯尔尼，先后访问了一系列欧洲"小国"。他们探索了这些"小国"是怎样在弱肉强食的国际社会中保持独立的办法。他们认为，这些"小国"，之所以能防御"大国"，不单纯是靠军事力量，还靠人民富有自主和自由精神，拥有旺盛的"经营能力"。他们在维也纳的万国博览会上看到，"大国"的展品未必能压倒"小国"的展品。岩仓具视在访问罗马时十分感慨地承认："至此所视察之各国状况，似英、美、德、法这样的强国，自不必说，虽二、三流之诸国，其文化之繁盛，亦为我国殊不可比。"他们看到了日本与西方物质文明上的巨大差距，吸取了从"小国"走向"大国"之路的经验。

在访问瑞士后，岩仓使团于7月15日取道法国里昂，18日到达马赛，20日搭乘法国东洋邮船公司的"阿瓦号"海轮，从马赛启程，经地中海、红海、阿拉伯半岛的亚丁、斯里兰卡、新加坡、西贡、香港、上海，于9月6日到达日本长崎，9月13日回到横滨，当天下午3时赴东京拜见明治天皇，岩仓使团的欧美之行至此结束。

出使欧美的后果及影响

由日本政府首脑和实权派组成的岩仓使团，其欧美之行耗费了100万日元（占明治政府1872年财政收入的2%以上）的巨额经费，在外交方面因修改条约谈判失败而成果甚微，在考察西方文物制度和改变其成员的思想方面，却颇有成效。

岩仓使团所到之处，均有理事官、书记官考察、记录。他们每月两次向国内报告，送回大量文件。由于1873年5月5日东京皇城失火，造成全城大火灾，太政官的文书大部烧光，使团送回的考察报告、记录亦全部被毁。经使团回国后重新整理，写成考察报告《理事功程》即《视察功程》亦有41册，详细记载了使团的各项考察。此外，使团成员久米邦武编写的《特命全权大使美欧回览实记》，全5编5册共100卷，正文2109页，亦翔实地记载了使团的活动。这为明治政府实行各项改革，提供了重要的参考资料。

岩仓使团的欧美之行，加深了使团成员对西方社会的了解，得到了多方面的新认识，从而对日本社会的发展具有深远的影响。

第一，他们认识到只有重视并切实促进工商业的发展，日本才能富国强兵。只有富国强兵，方能独立自主。

通过欧美之行，特别是对英国的考察，使他们认识到欧美国家富强的根本原因在于注意发展工业和国际贸易。懂得了欲使国家强大，必"养根本之实力"。大久保利通通过考察，终于"深深悟出，欲在宇内建独立不羁之国，必富国强兵自不待言；而欲富国强兵，务从殖产兴业入手，切实谋求其进步发达"。回国后他就向政府提出了《殖产兴业建议书》和《确定本省①事务宗旨之议》两份著名的报告。在《建议书》中，他写道："大凡国之强弱系于人民之贫富，而人民之贫富系于物产之多寡，物产之多寡，虽依赖于人民致力于工业与否，但寻其根源，又无不依赖政府官员诱导奖励之力"，"为国为民，负其责者如能深思熟虑，举凡工业物产之利，水陆运输之便，凡属保护人民极为重要之事，均宜按各地之风土习俗，人民之性情知识，制定办

---

①　指内务省，名义上相当于内政部，实际上实权极大，当时即有"内务省即政府"之况。大久保回国后不久，任内务卿，名义上相当于内政部长，实际上掌握了国家权力中枢。从1873年10月至1878年5月，他担任内务卿期间，史称"大久保政权"时期。

法，以为当前行政之根本。其既已建成者保护之，尚未就绪者诱导之"。他们还具体考虑殖产兴业从何处入手的问题。大久保说道：如欲使日本富强，必"创建制铁业，并采用各种机器，此乃当前政务中最紧迫的任务"。岩仓具视通过考察，对铁路在经济发展中的意义，也有深刻的认识，他说："有识之士说，美国的富强，铁路的功绩占 9/10，欧洲各国也是如此。"因此他建议日本也要加强铁路建设。于是，在大久保的倡导和推动下，日本积极开展殖产兴业活动①，以英国为典范，很快走上发展工商业致富治国的道路。后来日本采取的"产业立国""贸易立国"等比较符合日本国情并卓有成效的方针，应该说源于岩仓使团的欧美之行。大久保亦被称誉为"日本近代化之父"。

　　岩仓使团看到，不仅英、法、德、奥、俄等欧洲"大国"的发展，就是丹麦、瑞典、比利时等"小国"的发展也是靠其军事力量。他们考察了德国依靠发展军事实力很快由弱变强，发展为新兴军事强国的情况，更懂得了国家的发展取决于其经济、军事实力的大小。大久保认为，"建国大业，靠议论辩舌不行，靠勉强筹措不行，靠虚声恐吓不行，靠权谋术数不行"，唯有从"富国之基"入手，方能达其目的。特别是听了俾斯麦的说教，不仅加深了他们修改条约失败的感受，懂得唯有靠强权才能争得与列强平等的外交地位。岩仓说道：此次出使欧美，"就其实地，察其形势。其议修改（条约）之难，更出意料之外，非一朝一夕即可奏功。若不能使实效实力彰著，竟复国权亦难"。而欲使国家实力增强，"必务国政之整备，谋民力之富瞻，尽文明进步之道"。而且领悟了在国际政治中弱肉强食的"诀窍"。回国后，大久保果然将"强兵"看作"富国之本"，支持山县有朋积极进行军事改革，使日本军事力量迅速强大。同时，大久保亦凭借日本军事力量，开始对亚洲弱小邻国进行武装侵略。在大久保一手策划和支持下，于 1874 年发动对中国台湾的侵略战争，翌年又挑起侵略朝鲜的"江华岛事件"，羽毛未丰的日本竟迫使朝鲜于 1876 年与之订立了不平等的《江华条约》。这对日本向军国主义道路发展亦产生了不容忽视的影响。

　　第二，对政治制度方面改革的必要性有了新的认识，也为确立近代天皇制找到了根据。

---

　　①　关于推行殖产兴业的情况，详见《外国历史大事集·近代部分·第二分册》中《日本明治维新》一文。

岩仓一行看到，"欧洲列国，有感于法国革命，民伸自由之理，国变立宪之体，尔来星霜仅经 80 年，中虽奥国继保帝威，20 年来亦已改为立宪之体。俄国之独裁，10 年来略图与民自由。欧洲之文明源于此改革深浅，其精华发而为工艺产物，利源滚滚涌出"。这使他们认识到日本的政治制度亟待改革。亦认识到必须制定国家根本大法。木户说道："各国状况虽有大小文鄙之别，然究其所以兴废存亡者，要而言之，唯在其政规典则之隆替得失如何。"他回国后即着手草成了日本国家宪法大纲。后来伊藤博文掌握政府权力中枢后，能在自由民权运动的强大压力下，行内阁制，并制定和颁行明治宪法，亦与这次欧美之行有一定关系。

但是，在欧美之行中，特别是在考察德国政治制度以后，他们看到西方文明国家中也存在大量封建残余，为自己思想中力图继续保存封建残余的保守成分找到了范例和根据。重点研究考察欧美各国宪法的木户孝允认为，日本人民知识水平低，制定宪法要靠"君主英断"。他看到德国情况后，断言"现在罕有与普鲁士（德国）新政相比者"，"尤当取者，应以普鲁士为第一"，决心效法德国，在日本建立集权主义专制统治。岩仓具视在考察中留意欧美各国中保存封建残余势力的情况，尤其注意皇室贵族的地位和待遇问题。他认为"普鲁士宪法最适于渐进主义"，应以普鲁士宪法为榜样，逐渐在日本实行立宪政治。日本带有浓厚封建色彩的近代天皇制的确立，固然有其本身的传统因素，但受到德国与俄国的外来影响，也是十分明显的。追根溯源，不能不看到这正是岩仓使团欧美之行的消极后果之一。

第三，对改革教育体制及教学内容的必要性有了新的认识。

岩仓使团对欧美各国重视普及教育和奖励科学技术、不尚空谈，也留下了极为深刻的印象。使团中专门负责考察教育的理事官田中不二麿说："历涉殆十数国，立政之体虽各不同，竭力于教育，则彼此皆出于一辙。"木户对美国教育考察后更力倡普及教育，以造就"千载无尽"之人才。他们进而认为，东西方国民贫富差别，就是由此而产生的。

他们发现，由于东西方传统思想不同，因而在教育内容上亦有根本差异。他们指出，西洋人办教育，是使国民从儿童时期起就能掌握"使用省力、集力、分力、均力之术，谋助其拙劣不敏之才智，积其利用之功，而致今日之富强"，即奖励所谓"有形之理学"。东洋之教育则"耻于研究一草一木"，注重所谓"无形之理学"，从"道德政治"出发，唯重"修养一科"，"所学之物，非高尚之空理，即浮华之辞藻，与民生切实相关之事业，则被视为琐碎小事，而绝非用心于此"。因而妇女幽闭于深闺，农工商因从事被视为"猥俗小事"的民生活动而不能得"人伦之道"，结果，全国充满文盲，"士君子"则"志虽高尚"，却一无实际才能。这一状况，比比皆是。他们尖锐地指出："东洋之不及西洋，非才劣，非智钝，唯在于对济生之道用意甚少，于高尚之空理中度日"所致。他们大声疾呼，"为国着想之人，当由此激发斗志，努力奋斗兴起"，"其为急务者，莫先于学校"。此后日本大兴学校，进行教育改革，以"教育立国"，并十分强调实用，兴办各种实业学校，亦因受到欧美之行的重要影响。

总之，岩仓使团的欧美之行，学到了一些有助于日本实现独立富强的有用经验，找到了一条日本发展资本主义的切实可行的道路，也吸收了一些保持和维护带军事封建性的糟粕，这些都影响到日本经济政治的发展。因此，岩仓使团出使欧美，在日本近代史上占有重要地位。

明治初年日本政府派遣的岩仓使节团，其规模之巨大，人员之重要，历时之长久，效果之显著，影响之深远，在日本史上是没有先例的，在世界史上也是罕见的。日本著名进步史学家井上清，曾将岩仓使团欧美之行，称之为是"古今历史中无与伦比的文化大事业"。

日本自由民权运动

沈才彬

19 世纪七八十年代，日本爆发了一场以要求开设国会、制定宪法、减轻地税、改订不平等条约和确立地方自治为主要内容的全国规模的群众性政治运动，史称"自由民权运动"。自由民权运动是继明治维新后日本近代史上的又一重大事件。

运动的历史背景

1868 年倒幕维新后，日本政府实行了一系列自上而下的资产阶级改革①，一方面打击了封建生产关系，扶植和保护了资本主义的发展，另一方面又保留了封建因素，束缚了资本主义的进一步发展。尤其是上层建筑领域的改革更不彻底。从新政府的构成上看，1871 年前，占主导地位的还是部分公卿贵族和上层藩士。即使到了 1871 年后，也没有直接来自资产阶级的代表。1868 年，政府的施政纲领《政体书》，虽然宣布要实行"三权分立"，但实际上并未付诸实施。一切权力都集中在以天皇为首的明治政府手里。而且，萨摩、长州、土佐、肥前四藩（尤其是前两藩）出身的下级武士把持了新政府绝大多数要职，实行"藩阀专权"。所谓"藩阀"，就是按原藩籍出身结成派系，排斥异己，独揽国家大权的新官僚。在明治六、七年（1873、1874 年），敕任官（天皇直接任命的高官）有 67 名，其中萨摩 18 名，长州 12 名，土佐、肥前各 7 名，4 藩合计 44 名，占总数 66%。奏任官（奏请天皇批准任命的官吏）共有 3126 名，其中萨摩占 247 名，长州占 345 名，土佐占 112 名，肥前占 96 名，4 藩合计 800 名，占总数 1/4 以上。全国有 270

---

① 详见《外国历史大事集·近代部分·第二分册》中《日本明治维新》一文。

个藩，这四个藩就占了如此大的比例。藩阀专权激起了社会各阶层的强烈不满。

首先是一般士族对藩阀专权心怀不满。明治维新后，下级武士占据了新政府和地方行政的大部分官职。据统计，1871年中央各省和开拓使的官吏中，士族占87%，1880年中央和地方官吏中，士族占74%。但从绝对数字看，交上官运的士族约千人，仅占士族总数的1%，绝大多数士族被排除在仕途以外。而萨、长、土、肥四藩出身的下级武士把持了明治政府的要职，也激起其他藩下级武士的嫉妒和不满。革除武士种种特权的资产阶级改革，尤其是废除武士俸禄，对于不当权的下级武士来说，更是火上浇油。其结果，武士成为单纯的公债券持有者，武士阶层迅速分化，武士作为一个阶级彻底解体。除少数手中拥有巨额公债券的上层武士转化为大资本家、大地主外，绝大部分中下层武士穷困破产，涌入社会，成为自由职业者和无产者。破产士族对明治新政府怨愤、不满，进而爆发反政府的运动，成为明治初期社会动荡不安的因素之一。

1873年明治政府因"征韩"论争分裂后，下野的士族分别走了两条不同的道路。以西乡隆盛为代表的一股势力接连发动反政府叛乱，从恢复旧日士族特权的立场出发反对明治政府①；而以板垣退助为首的一批人则发动自由民权运动，从主张"士族民权"的立场来反对藩阀专制政府。

新兴地主资产阶级也对专制政权心怀不满。虽然他们是明治维新的主要获利者之一，但他们在政治上没有多少发言权。这里所说的新兴地主资产阶级，是指地主、资本家、高利贷者三位一体的豪农豪商，或者说是资产阶级化的中、小地主兼工商业者。他们代表着日本资产阶级的中、下层。明治初期的资产阶级改革，使他们的经济收入有了明显的增加。但地税改革是以"不减少原来岁入为目标"的，改革后的地税在土地占有者的收入中占有相当高的比例，一般约占收获量的32%，这对他们发展资本主义是有阻碍的。尤其是政府采取扶植"政商"（受政府保护和支持的特权资本家）的做法，依靠地税作为殖产兴业的资金，兴办模范国营工厂，1880年以后又以廉价处理方式将此转让给三井、三菱、鸿池、住友等政商，阻碍了豪农豪商层自身的资本积累，压制和排斥了他们自由发展资本主义的要求。这就必然要发生矛盾和对抗。再加上明治政府中没有豪农豪商的代表直接参加，这与他们日

---

① 详见本书《日本西南战争》一文。

益提高的经济地位是不相适应的。于是，他们想通过自由民权运动，开设国会请愿，寻求政治解决的办法来确保自身的生存和发展，并争得政治上的发言权。

农民阶级对专制政府更是不满。明治政府推行自上而下的资产阶级改革，取消了封建等级身份制和人身依附，发展资本主义，解放生产力，以农民为主的劳动群众事实上也是受惠的。但是，农民群众通过明治维新得到的好处，与新兴地主资产阶级相比，几乎是微不足道的。农民"耕者有其田"的土地革命要求并没有得到满足。地税改革后占农村人口 1/3 的广大无地佃农，既没有从改革中得到土地，原先的高额地租（约占收获量的68%）也丝毫没有减轻。此外，强令农民义务服兵役的《征兵令》等，也成了加在农民头上的沉重负担。农民发现其被欺骗和愚弄而充满愤怒情绪。

城市贫民也和农民情况相同。明治初期通货膨胀，米价腾贵。如果把1868 年的米价指数定为100，1874 年上涨到122，1879 年为132，1880 年为176。加上政府增税，使他们的生活水平不断下降。明治政府实行专制，压制民主，同样也侵犯了城市贫民的权利，因而对明治政府极端不满。

上述四种力量，尽管阶级成分和切身阶级利益各不相同，但反对藩阀官僚专制，要求自由民主的政治权利这一点却是共同的。

明治维新后，日本政府推行文明开化政策，大量引进西方先进文明，资产阶级的自由、民主思想与西方先进科学技术一起涌入日本，为自由民权运动的发生准备了思想上的条件。据不完全统计，从明治元年（1868 年）至明治十五年（1882 年）仅有关西方国家政治、社会、思想、制度方面的译著就达一百数十种之多。其中，斯麦尔斯著、中村正直译的《西国立志篇》，米勒著、中村正直译的《自由之理》，斯宾塞著、铃木义宗译的《代议政体论》，卢梭著、中江兆民译《民约译解》等著作，在日本民众，特别是知识分子中产生了重大反响。与此同时，创办了大批报纸杂志，促进了自由民主思想的迅速传播。到1882 年，日本累计创办报纸445 种，杂志470 种。这对于传播西方先进文明和对人民群众进行启蒙教育起了很大的作用，同时也为自由民权运动的发生创造了条件。

通过福泽谕吉等启蒙思想家和新闻、报刊的宣传，西方的自由、民主、天赋人权等思想传到日本，给正处于变革中的日本社会注入了一股清新的空气，为自由民权运动的兴起奠定了思想基础。很多人因读洋书而接受了自由民权的理论，如福岛县的民权派代表人物河野广中就是读了《自由之理》而信仰自由民权的。他后来在自传中回忆道："及至读此书，以前为汉学国学家所培养，动辄高唱攘夷的旧思想，一朝起了大革命。除忠孝道位外，旧有思想如树叶微尘一样被打得粉碎。同时懂得了人的自由、人的权利之可贵。又觉悟到必须广从民意，实行政治，感铭深刻，胸中深深刻下自由民权之信条。可以说这时期是我一生中至关重大的转机。"

自由民权运动的发生，除了国内因素外，对外还有个改订不平等条约问题。明治维新虽使日本摆脱了半殖民地的险恶处境，但危机并未消除。明治政府对幕府与西方列强 11 国签订的不平等条约采取承认既成事实的方针，明治初年又与四国新订了不平等条约。这些不平等条约依然像沉重的枷锁套在日本人民的脖子上。改订不平等条约，争取实现完全的民族独立，已成为明治维新后摆在日本人民面前的重要任务。

运动的兴起

1874 年 1 月 17 日，因在征韩问题上争论而失败下野的前政府参议板垣退助、后藤象二郎、江藤新平、副岛种臣、前东京府知事由利公正、前大藏大丞冈本健三郎以及刚从英国学习回国的小室信夫、古泽滋等八人，联名向左院提出《设立民选议院建议书》，揭开了自由民权运动的序幕。建议书基于天赋人权论的观点，猛烈攻击明治政府实行"有司专制"，指责它"政令百端，朝出暮改"，"壅塞言路"，如不改变，"恐致国家土崩之势"。作为"赈救之道"，唯在"伸张天下公议"，"设立民选议院"。尽管建议书的主张并没有超越政府内部反对派的立场，反映了被排除在明治政权以外的士族和地主资产阶级企图通过民选议院这条渠道，进入仕宦之途的参政要求，因此有人称之为"上层民权说"。但是，建议书在日本历史上第一次公开提出了设立民选议院的要求和主张，批判的矛头指向专制政府，具有重要的意义。

板垣等人的建议书在《日新真事志》上全文刊出后，在社会上引起很大反响。舆论界围绕建议书的主张，分成两派展开了激烈论争。当时在政府内任职的学者加藤弘之，代表政府观点，反对板垣等人的建议书，认为设立民选议院为时尚早。后来成为自由党左派的大井宪太郎则化名"马城台次郎"，连续撰文批驳加藤。他主张普选，设立代表全体国民意志的国会，大井的观点代表了"下层民权说"。这次论战，史称"民选议院论争"。

明治政府拒绝采纳板垣等人的建议。于是板垣携同旧部下片冈健吉等人回到故里高知县，于 1874 年 4 月创立了第一个地方性的民权组织"立志社"。以此为开端，各地民权团体纷纷创建，小室信夫在德岛县组织"自助社"，河野广中在福岛县成立"石阳社"等。1875 年 2 月，以立志社为中心，西日本各地的民权派及其组织联合组成了"爱国社"，这是以全国民权派的大联合为目标的民权团体。但是，由于"大阪会议"①后板垣退助复任政府参议，爱国社名存实亡。1875—1876 年，《评论新闻》《草莽杂志》《近事评论》等民权派控制的刊物先后创刊，积极宣传和普及自由民权的思想。这一时期的民权派几乎都是士族（主要是士族出身的知识分子），他们虽然积极倡导自由民权，但往往夹杂着武士的怀旧意识，具有浓厚的"士族民权"色彩。1877 年西南战争爆发时，有不少加入爱国社的成员参加西乡隆盛领导的武士叛乱，这一事实突出地反映了早期民权运动的弱点。

西乡叛乱前后，全国各地频繁发生反对地税改革的农民起义，1876—1878 年共达 35 次之多。其中三重、爱知、岐阜、滋贺、和歌山等县的农民起义规模尤为浩大，起义人数不下六七万。明治政府不得不于 1877 年 11 月宣布降低地税税率，将地税率从地价的 3% 减至 2.5%。农民群众称之为"竹枪扎出来的二点五"。自由民权派从农民起义中看到了民众的力量，从而使自由民权运动出现了转机。

1877 年 6 月，西乡军叛乱败局已定，立志社意识到武力反抗新政府之路不通，乃决定以言论谴责政府，派出片冈健吉为代表，赴京都行宫向政府递交要求立即开设国会的建议书。建议书指出专制统治的八大罪状，将"不取公议、实行专制"列为 8 条之首，加以猛烈抨击。立志社建议书，第一次系统提出了自由民权运动的三大要求——开设国会、减轻地税、改订不平等条约，从而使自由民权运动出现一个新的转折。因此有的学者将立志社建议书作为自由民权运动的正式开端。1878 年 9 月，在板垣的倡议下，各地民权组织的代表聚会于大阪，召开了重建爱国社的第一次代表大会。自由民权运动作为具有全国性组织的政治运动，从重建爱国社开始。

---

① 1875 年 1 月，在井上馨的周旋下，大久保利通，伊藤博文两政府参议与下野的原政府参议木户孝允，板垣退助在大阪进行会谈，就政府改革达成三点协议：（1）设立元老院和地方官会议，为开设国会作准备；（2）设置大审院（最高审判机构）；（3）参议和卿（大臣）分离，参议辅弼天皇，卿负责行政事务。这样，木户、板垣归任参议。4 月，天皇发布《逐渐建立立宪政体之诏书》。但在执行大阪协议的过程中，板垣与大久保、木户等人政见不合，而于同年 10 月再次辞职。

开设国会请愿

　　1879 年 7 月，千叶县一位名叫樱井静的村会议员向全国府县会议员和民权志士提出《恳请开设国会议案》，呼吁全国府县议会议员联合起来在东京召开大会，议决设立国会的方法，以此来推动政府。这是开设国会请愿运动的先声。

　　11 月，爱国社第三次大会在大阪召开。会上通过了关于"开设国会请愿"的决议，并决定由加入爱国社的各组织代表分赴全国各地，征集开设国会请愿的群众签名。翌年 3 月，来自 2 府 22 县的 114 名代表，带着 87000 余人的签名，出席了爱国社第四次大会。大会决定将爱国社改名为"国会期成同盟"。4 月，根据同盟决议，片冈健吉、河野广中向政府递交了《开设国会请愿书》。《请愿书》列举九条理由要求开设国会。这九条理由是：（1）人权是天赋的，要求参政权利是天下之通义。（2）要求以法制政治代替专制政治。（3）要实现《五条誓约》①，只有改革专制政体，确立立宪政体。（4）确立立宪政体，是顺应天下形势、保卫国家的唯一出路。（5）要实现明治八年（1875 年）颁布的《逐渐建立立宪政体之诏书》就必须开设国会。（6）与天下人共议税金，不可不立国会。（7）要使国家安定，人民安居乐业，也须开设国会。（8）要使人民都具有爱国心，关心国家命运，只有开设国会。（9）对外伸张国权，实现国家独立自主，必须先开设国会。

　　国会期成同盟的请愿书，太政官未予受理。于是片冈、河野转呈元老院，仍被拒之门外。在此以前，冈山县两备作三国（旧幕府时的藩国）人民曾于 1879 年 12 月单独向元老院递呈开设国会请愿书，福冈县"共爱会"为得开设国会请愿先驱之名，捷足先登，抢在国会期成同盟之前要求元老院实行开设国会和修改条约的请愿，亦均遭拒绝。但是国会期成同盟的请愿书传之四方，天下翕然响应，无不为开设国会请愿奔走呼号。关东原野，东海之滨，九州之地，到处回响着自由民权的口号和开设国会的呼声，轰轰烈烈的请愿运动席卷全国。截至 1880 年底，向政府或元老院递交的开设国会请愿

---

　　①　明治政府于 1868 年 4 月 6 日以宣誓的形式发表的施政纲领和新政的规范。誓约条文是：（1）广兴会议，万机决于公论，（2）上下一心，大展经纶，（3）公卿与武家同心，以至于庶民，须使各遂其志，人心不倦；（4）破历来之陋习，立基于天地之公道；（5）求知识于世界，大振皇基。

书、建议书共达 70 件之多，各地请愿人数达 246000 余人。从这个时期起，自由民权运动成为名副其实的全国规模的群众性政治运动。

开设国会请愿运动，由三股潮流会合而成：（1）以立志社为代表、士族民权派为中心的加入爱国社的民权组织，一般称之为"爱国社潮流"；（2）以府县议会议员为中心的豪农豪商民权团体，它们与爱国社并无组织上的联系，被称为"在村潮流"；（3）以城市知识分子为中心的，以东京"嘤鸣社"为代表的民权组织。以豪农豪商为中心的民权组织占全国民权组织总数的绝大多数，豪农豪商民权派人多势众，构成国会请愿运动的主流。他们的加入，把自由民权运动推向了高潮。

1880 年 11 月在东京召开的国会期成同盟第二次大会，通过了《国会期成同盟合议书》，规定同盟各组织下次大会时都带上宪法草案与会。这样，制定和发表宪法草案，成为自由党成立前自由民权运动的主要内容之一。自由民权派认真学习和借鉴西方各国的资产阶级宪法，博采众长，结合本国国情，自主地制定宪法草案。1881 年前后，民间草拟的宪法草案，至今已经发现有 40 多种，其中民权派制定的宪法草案有 20 余种。"民定宪法"是同明治专制政府搞的"钦定宪法"针锋相对的，它是自由民权运动的一大创举。

日益高涨的自由民权运动使明治专制政府受到了巨大压力，也激化了政府内部的对立。围绕开设国会、颁布宪法问题，明治政府发生分裂。伊藤博文等多数派持"渐进论"，认为"国会尚不可马上开设"，当今之际，"应依渐进之道，以制时变，徐图变革"。大隈重信持不同意见，他主张 1881 年制定宪法，1881 年底或 1882 年初公布宪法，1882 年底选举议员，1883 年初召开国会，建议成立政党内阁。由于大隈和伊藤的倾轧，加上又发生了北海道开拓使官有财产处理事件①，终于酿成著名的"明治十四年政变"。伊藤借天皇名义采取了以下三项措施：（1）停止处理北海道开拓使官有财产。（2）将大隈及大隈一派驱逐出政府。（3）颁布《开设国会诏书》（1881 年 10 月 12 日），宣布将在 1890 年开设国会，以缓和社会舆论的不满；诏书还威胁说，如果仍有"操之过急，煽动事变，有害国家安全者，当依国法处置"。颁布开设国会诏书既是对自由民权运动的让步，也是政府方面笼络人

---

①　明治维新后，政府设立北海道开拓使，为开发北海道，政府投入 1400 万日元的巨额资金。10 年后，开拓使长官黑田清隆将其作价 38 万日元，以 30 年内付清，无利息的优厚条件处理给鹿儿岛（萨摩）同乡五代友厚，激起大隈和民权派的猛烈攻击，政局动荡，政府处于危机之中。

心、分化民权运动的阴谋。一部分民权派满足于政府作出的开设国会的许诺，不再继续进行反政府的斗争。因而，使反对专制政治、争取民主、自由权利的统一战线没有形成，大大削弱了向专制政权斗争的力量。

在这一时期，民权派还明确提出了改订不平等条约问题，将伸张民权和扩张国权结合起来。国会期成同盟请愿书力陈开设国会的九条理由中，改订不平等条约，争取国家完全独立自主是其中之一。1879 年以"冈山县两备作三国有志人民"名义发表的檄文《告同胞兄弟书》，怒斥外国人凭借不平等条约，在日本国土上横行霸道，视日本人民"如雀鸦，如孩童，如卑屈之奴隶"，要求立即开设国会"集众智，合众力"，伸张民权，扩张国权。《告同胞兄弟书》最后写道："呜呼！仰望芙蓉峰之高，俯瞰琵琶湖之深，美丽山川风光，可爱富饶邦土，岂不美哉！岂不爱哉！起来吧，爱国精神！奋起吧，独立气象！如此邦土山川岂能坐让他人！"充分表达了日本人民的民族情绪和爱国之心，在日本人民中产生了广泛的影响。伸张民权和扩张国权相结合，成为这一阶段民权运动的一个显著特点。

成立政党

明治政府关于开设国会的公开许诺，并没有平息自由民权派的不满，民权运动继续发展。在开设国会诏书发布后的第五天，即 1881 年 10 月 17 日，日本历史上第一个资产阶级政党——板垣退助为总理的自由党在东京正式成立，78 名代表出席大会，议定了自由党宣言、盟约和规则。自由党宣布，为开设国会、减轻地税、改订不平等条约、地方自治、争取自由民主权利而奋斗，并将"扩充自由，保全权利，增进幸福，谋求社会改良"和"确立善美之立宪政体"写入盟约。自由党的宣言还第一次明确提出了收回治外法权和海关税权这两个不平等条约的核心问题，将收复国权置于伸张民权和实现国家强盛的基础之上，采取了比较明智和正确的立场，而且"伸张国权，以取得与外国的对等地位"的主张，并不包括对亚洲弱小民族的侵略内容，这是很有进步意义的。

自由党是在群众性的开设国会请愿运动的高潮中诞生的，它的成立可以说是自由民权运动发展的高峰。但围绕党的干部人事问题引起的分裂，又是标志民权运动走向衰败的起点。在自由党成立大会上，立志社一派掌握了党的领导权，表示不满的九州小组率先全体退出，以示抗议。这个小组后来与九州民权组织合并，1882 年 3 月 12 日另立"九州改进党"（自由党系）。接着，沼间守一率领的嘤鸣社步九州小组后尘。嘤鸣社后来成为"立宪改进党"的骨干力量。爱知"交亲社"代表向自由党递交绝交书而归乡。河野广中率领的东北有志会系统的民权组织也辞退了在自由党中所任职务。河野说，自由党已成了沽名钓誉的政治家争夺领导权的组织。

1881 年 11 月，草间时福、古泽滋等人在大阪创立"立宪政党"，由中岛信行任总理。立宪政党被视为自由党的别动队。

在自由党的影响下，1882 年 3 月 14 日，大隈重信为首的一批在"明治十四年政变"中丢官下野的原政府官僚，与沼间守一率领的嘤鸣社、矢野文雄的东洋议政会、小野梓的鸥渡会合流，创立"立宪改进党"。改进党主张"维护皇室尊荣、保全人民幸福"，"以改良内政为主兼及扩张国权"，"避免中央干涉政略，建立地方自治基础"，"随社会进步，扩大选举权"。对外国"薄政略交涉，厚通商关系"，"货币制度持硬币主义"。

改进党和自由党都是倡导自由民权的资产阶级政党。一般说来，自由党观点比较激进，改进党比较温和。在自由党中，农村中小地主资产阶级成分居多，而改进党则更多地反映大资产阶级的利益。

在改进党成立后的第四天，即 3 月 18 日，《东京日日新闻》的福地源一郎、《明治日报》的丸山作乐、《东洋新报》的水野寅次郎等发起成立"立宪帝政党"，并将"宪法出自圣天子亲裁"，国家主权"由圣天子独自总揽"，"国会议院设两局"等主张写入党纲，其宗旨与天皇制专制政府的主张如出一辙，背后有伊藤、井上馨等政府要员的支持。

1882 年，以自由党和改进党为一方，以帝政党为另一方，双方展开激烈论战，在这场"宪法与主权论战"中，自由民权运动方面坚持主权在民和开设国会、国民参加制宪的原则，痛斥帝政党拼命维护专制政治的荒谬主张，使确立资产阶级立宪政体的主张更加深入人心。

自由党成立后，其地方组织——福岛县自由党领导了一次规模较大的农民斗争，日本史学界称之为"福岛事件"。这次斗争主要针对三岛通庸县令的专制统治。1882 年 5 月、6 月，福岛地方和邻近的会津地方的自由党员及豪农豪商代表，开始领导人民开展诉讼斗争。11 月，斗争趋于激化，政府实行镇压，有的领导人被捕。抗议逮捕的数千农民拥到警察署质问警方，警察拔刀驱散群众，砍杀数人，并大肆搜捕自由党员和参加诉讼斗争的活动家，被捕者达 2000 人之多。河野等自由党骨干分子 58 人被以"国事犯"论处。

福岛事件虽然很快被镇压下去，但它开了自由党员和农民斗争相结合的先例，在自由民权运动史上占有重要的地位。

1882 年 6 月，明治政府修改《集会条例》，严格控制和限制结社、集会，使全国的政治运动事实上成为不可能了。在这种情况下，自由党改进党都无法对下属地方组织实施有效的领导，一些地方组织相继宣布解散。在加紧镇压的同时，政府于 1882 年 11 月安排三井财团提供资金，策动自由党领导人板垣退助和后藤象二郎出国旅游，拉拢和收买自由党上层，并挑动民权运动内部互相攻讦。专制政府的软硬兼施很快奏效：自由党内马场辰猪等人因反对板垣出洋愤而脱党；自由、改进两党也互相揭丑，内讧不已。改进党抓住板垣出国旅游一事，大肆攻击自由党，影射板垣为政府收买，"廉洁之士未必以廉洁告终"；自由党则反唇相讥，掀起一场扑灭"伪党"、击退"海上妖怪"（指改进党为日本"海运之王"的三菱财阀的代理人）的运动。自由党和改进党互相反目，造成自由民权运动的分裂，使专制政府坐收渔翁之利。

运动的激化和衰败

为制定"钦定宪法"作准备，明治政府于 1882 年 3 月派遣伊藤博文等人赴欧洲考察欧美国家的宪法，同时着手整顿财政，加速资本原始积累。大藏卿松方正义推行所谓"松方财政"，整理不兑换纸币，实行通货紧缩，导致大米等农产品价格暴跌。中等米每石价格从 1881 年的 9 元 9 分（日币）跌为 1884 年的 4 元 7 角 1 分。秩父地方的蚕茧价格从 1882 年的每斤 1 元 4 角跌至 1884 年的 8 角。由于地税额固定，农产品价格下跌，农民的实际负担大为加重，大大加速了农村的阶级分化。据统计，1883—1884 年，因拖欠租税而被没收土地、财产者达 11 万余人。大批破产的农民沦为佃农。另据当时农商务省的外籍专家麦艾德估计，1884—1886 年，交纳地税 10 元以上具有府县议会议员被选举资格者（地主阶层），减少了 1/14；交纳地税 5 元以上 10 元以下具有选举府县议会议员资格者（富农阶层），减少了 1/7；交纳地税 5 元以下者（自耕农阶层），大约有 1/4 到 1/3 丧失土地，沦为佃农。松方财政把农民推向贫困的深渊。农民暴动频频发生，1884 年一年就发生了167 起。1883—1884 年，关东、东海各地贫苦农民结成"借金党""困民党"，进行反对高利贷的抗议斗争。在困民党的运动中有当地自由党员参加，一些困民党成员也加入自由党。贫苦农民的参加，使自由民权运动趋向激化。自由党的部分基层党员开始走上与农民斗争相结合的道路。他们接二连三地试图发动武装起义，以武力反抗明治专制政府。板垣退助等自由党领导人被基层党员的过激行动吓坏了，担心受到牵连而被政府追究责任，于1884年10月建党三周年之际在大阪召开大会，宣布解散自由党。出席大会的100多名代表无一反对，只有在新潟地方进行活动而被警方逮捕的星亨拍来一封反对解散的电报。自由党的解散，标志着自由民权运动势头已去，无可挽回地衰落了。改进党也想效法自由党实行解散，只是由于多数党员的反对而未果。但党首大隈、河野敏谦脱党，群龙无首，无法开展活动，改进党名存实亡。在斗争的关键时刻，日本资产阶级的妥协、软弱和不彻底性暴露无遗。

在自由党解散前后，相继发生了群马事件、加波山事件、秩父事件、大阪事件、名古屋事件、饭田事件、静冈事件等一系列自由党下层党员领导和发动的行使武力事件。日本学术界统称为"激化事件"。在这些"激化事件"中，中农、贫农是主体力量。1884年5月，汤浅理兵等自由党员率领的群马县农民聚集在妙义山麓的阵场原，捣毁了冈部为作的生产公司（高利贷公司），还计划占领松井田警察署和袭击高崎兵营。起义后四天，粮食用尽，群众离散，领导人被捕。42人被以强盗、放火、杀人、啸聚凶徒的罪名判处重刑。是为"群马事件"。想为福岛事件报仇的河野广躰（河野广中的侄子）等人，以自己制造的炸弹为武器，计划乘栃木县厅落成典礼之机，暗杀兼任栃木县令的三岛通庸。但由于警察追查甚严，不得不提前行动。1884年9月，河野广躰、鲤沼九八郎等16人在茨城县的加坡山举起义旗，发布了"颠覆自由公敌的专制政府，建立完全自由的立宪政府"的《革命举兵檄文》。起义者在为袭击县厅而下山时，受到警察的围歼而解散逃跑，不久相继被捕，7人被判处死刑，7人无期徒刑，是为加波山事件。政府还在加波山事件后，大肆搜捕关东各地的自由党员，被捕者达300人。当时自由党的主力在关东，因此受到严重打击。

自由党解散三天后发生的秩父事件，是一次组织得较好、规模较大、与农民斗争相结合的起义。起义的主体是琦玉县的负债农民组织困民党，当地的自由党员参加了领导。当困民党同放高利贷者的交涉受到警察、郡公所、法院的取缔和干涉而无法进行时，便决定掀起暴动。11月1日，起义农民集聚在秩父的椋神社，被编成两个大队，自由党员田代荣助和加藤织平任总理和副总理。他们按预定计划，捣毁高利贷主和地主富豪的住宅，焚毁借据，并占领了警察署和地方法院，设立了革命本部，起义队伍很快发展到 1 万多人。一时间，整个秩父郡都成了农民起义的天下。起义领导人表明这次起义是以颠覆政府和立即开设国会为目的的"革命之乱"，显示了这次起义与其他困民党起义不同的、以农民为主体的资产阶级民主运动的性质。起义军原想和群马、长野等县的困民党联合起来，但未能实现。由于明治专制政府出动大批警察、宪兵和镇台兵（正规军）实行血腥镇压，起义军寡不敌众，战斗持续 12 天后终于失败。被捕者仅琦玉县内就有 3600 多人，田代荣助等 7 名领导人被判处死刑，重罪 296 人，轻罪 448 人，罚款 2642 人。

此后，下层自由党员的起义计划接二连三地遭到警察的检举，还没有举事就遭到镇压。1884 年 12 月，爱知县自由党员村松爱藏等人与长野县饭田地方的自由党员（爱国正理社员）联络，想仿效俄国民粹派，计划袭击名古屋镇台，并在大阪等地散发檄文。但起义计划在付诸实施前就被发觉，有关人员被捕，村松等 6 人受到起诉。是为饭田事件。接着又发生了因与饭田事件有牵连的名古屋自由党员和土佐自由党员 30 人被捕的名古屋事件。此外，1886 年 6 月，还发生了暗杀政府大臣未遂而有 100 多人被捕的静冈事件。

上述这些起义事件，除秩父事件外，多为孤立、分散之行动，不少事件仿效俄国民粹派暗杀沙皇亚历山大二世的行动，搞暗杀、恐怖，脱离人民群众，对明治专制政府也未形成有威胁的打击力量，很容易被各个击破。这些"激化事件"，也反映了自由民权运动的历史局限性。当然，自由民权派志士为追求自由民主权利，实现资产阶级立宪政体，坚持同专制政府斗争，前仆后继，慷慨悲歌，用热血浇灌了自由之花，其勇气可嘉，精神可歌可泣！

运动的余波

1886 年 6 月，静冈事件失败，明治专制政府扼杀了自由民权派最后一次武力反抗，自由民权运动便彻底衰落。但到 1887 年，又出现了群众性的反对政府屈辱性改订条约方案的斗争。这可以说是自由民权运动彻底衰落后出现的一个余波。

1880 年 7 月新任外务卿井上馨开始与西方各国进行改订条约的预备谈判，1886 年开始进入正式谈判。井上推行"欧化主义"，即把日本"化为欧洲国家那样、人民化为欧洲人民那样"，制定"泰西主义"的法律，以此来取得欧美各国的信任，逐步实现取消治外法权。井上的欧化外交政策遭到社会舆论的批判。极端保密的改订条约谈判内容从政府内部泄露出来，反对的声浪立即高涨起来。尤其是最高法院任用外国人法官以及制定法律要以"泰西法律"为楷模，要经缔约国家承认等项内容，有损于日本的国家主权，被认为是屈辱性的改订条约方案，遭到谷干城（农商务大臣）为首的政府内部反对派及民间舆论的强烈反对。自由民权派认为这是挽回局面的好机会，1887 年 8 月 12 日，板垣退助向天皇提出长篇建议书，要求民定宪法，停止专制政治，减轻租税，休养民力。9 月，星亨等人在东京召开有 100 多人参加的全国有志恳亲会，决定向政府提出"刷新外交""减轻地税""言论集会自由"等三件大事的建议，其重点放在批判和攻击井上外相的改订条约方案上。"三件大事建议运动"迅速扩展到 2 府 22 县，建议书总数达 92 件。在群众的反对声中，井上不得不于同年 9 月辞去外相职务，政府也宣布无限期地推迟改订条约谈判。

伊藤内阁害怕反对井上方案的群众性斗争最终导致对钦定宪法的批判，危及明治政府的专制统治，于是毫不犹豫地进行镇压。同年 12 月，明治政府颁布《保安条例》，以"阴谋内乱""有妨碍治安之虞"为借口，将 570 名民权活动家驱逐于远离皇宫 3 日里之外。片冈健吉等 15 人不服从命令，当场被捕，判处 3 年徒刑。长泽理定等 5 人向总理大臣伊藤提出反对《保安条例》的意见书，也被逮捕。意见书上写着："在国家行将灭亡之际，不忍坐视旁观。宁为法律罪人，也不退做亡国之民。"

三件大事建议运动失败以后，后藤象二郎等人标榜"舍小异、求大同"，收罗旧日自由党员和改进党员，推进反政府的"大同团结运动"。但这一运动丧失了自由民权运动原先的斗争精神，而且由于大隈重信和后藤本人的相继入阁而烟消云散。

1889 年明治政府在镇压了自由民权运动的基础上，颁布了《大日本帝国宪法》。这是一部钦定宪法，它固然是对自由民权运动的反动，但同时也是自由民权运动斗争的成果。明治宪法的颁布，标志着自由民权运动结束。

日本明治宪法的颁行

蒋立峰

1889 年颁布、1890 年开始施行的明治宪法，即《大日本帝国宪法》，是日本近代天皇制确立的标志，是第二次世界大战结束前日本国家的根本大法。明治宪法的颁行是日本近代史上的重要事件之一。

立宪问题的提出和酝酿

西方的宪政思想开始对日本产生影响，可以追溯到 19 世纪中叶德川幕府末期。当时一部分倒幕维新志士推崇、赞美西方的宪政制度，批评封建制度，不过，他们的认识尚十分肤浅，还没有产生在日本建立资产阶级宪政制度的要求。

1868 年明治政府成立，立宪思想开始萌生。但这时日本国内还没有立即出现立宪的政治形势，也缺乏立宪的经济基础和思想基础，主要问题还是在大乱初定之后如何巩固新生政权。这一年，明治政府在确定其基本国策的《五条誓约》中明确表示，要"广兴会议，万机决于公论"，在《政体书》中形式上提出了"三权分立"的原则，并于 1869 年设立公议所，1869 年至 1873 年设立了集议院等征求"公议舆论"、审议议案的议政机构，但是，这些机构多有名无实，政府的重要决策很少通过这类公议机构，明治初年的三权分立同西方资产阶级宪政制度相距甚远。

按照《政体书》的规定，明治政府在 1869 年进行了一次"投票公选"。但是，只有三等官以上的人才有选举权，政府的重要职务，如辅相、议定、各官知事，只有公卿诸侯有被选举权①。即使如此，这种"公选制"因遭到军务官副知事大村益次郎等人的坚决反对而停止。后来在立宪活动中发挥了重要作用的伊藤博文，这时任兵库县知事。1869 年初，他提出政府"对各诸侯应加礼晋爵赐俸，举同公卿之列，成我国之所谓贵族，且仿各国议事制度充为上院议员，有远见卓识者可立枢要地位或任将相"。伊藤博文虽然只是朦胧地提出效仿西方建立议会制度的愿望，却招致政府内外的不满和非难，或视他为"在朝奸佞"，或云其主张是"亡国论"。

1871 年的废藩置县使明治政府的中央政权得到巩固，政治形势暂时稳定，这为推行各项资产阶级改革创造了条件。1873 年开始的地税改革虽然保留了封建租佃关系，但毕竟废除了封建土地领有制，确立了为资本主义开辟道路的土地私有制。有了这个社会的政治经济基础，再加上西方宪政制度和思想对日本的影响越来越大，日本国内的立宪思想很快发展起来，立宪问题逐步进入酝酿阶段。

1871—1873 年的岩仓使团考察欧美，是明治政府首脑学习西方宪政制度，改革与完善日本的国家体制的一次重要活动。右大臣岩仓具视、参议木户孝允、大藏卿大久保利通、工部大辅伊藤博文这些明治政府的核心人物在各国注意考察了宪政制度，对资产阶级国家学说和宪法、议会的职能、议员的选举以及君主、内阁同议会的关系等都进行了深入细致的了解，为以后日本制定宪法、改革政体提供了借鉴。

考察使他们在以下几个方面取得了一致的认识。首先，认识到资产阶级宪政制度较之封建制度的先进性和立宪的重要性。木户孝允既惊叹欧美各国法律制度的进步，又为波兰被邻国瓜分而惋惜。"政规（指宪法）不立，典则（指法典）不存，一国则不免蹈此覆辙。"然而"典则者出自政规，政规者万机之根本"。"罗马古语曰，'有民则有法'，可见政规典则之不可缺。"故日本"今日之急务即在首先建立政规典则也"。否则，国富民强及其他一切均无从论起。

其次，他们主张立宪必须结合日本的国情，无论如何立宪，绝不能使天皇处于无权地位。大久保利通指出，针对日本的具体国情，"民主（共和）

---

① 《政体书》将官等分为九等，三等官以上为高等官，对外可称大臣。辅相，行政官（此处的"官"非指具体的官职或人，而指部门的首脑。行政官下设神祇、会计、军务、外国、民部以及刑法六官，各官负责人为知事。议定，议政官内的高等议员。辅相，议定及六官知事为一等官。1871 年改革官制时将官等改成十五等。

制固不适用，君主制亦不可固守"。日本应当通过立宪确立"君民共治之政，上定君权，下限民权，至公至正，君民不可得而私"。他所谓的"上定君权，下限民权"，并非"轻视天皇陛下之大权"，而是为"使人君安于万世不朽之天位，使生民得保天然固有之禄爵"。"君民共治"不是"妄拟欧洲各国君民共治之制"，而是要结合日本"皇统一系"的国情，"审度斟酌，制定宪法典章"。他们的一致看法是，在这方面"尤可取者以普鲁士为第一"。

最后，他们着眼于日本开化未久的实际状况，主张不能单纯从形式上模仿欧美，反对仓促冒进，力戒轻率之举，只有提高了国民的思想认识，才能给予参政权，逐步完成立宪大业，徐进文明之域。

岩仓使团回国后，在对待朝鲜的政策问题上，明治政府内部出现了严重的意见分歧，西乡隆盛、板垣退助等参议辞职下野，稳定未久的形势又呈"山雨欲来"之势。立宪问题还不能提到明治政府的议事日程上。

1874 年爆发持续 10 余年的自由民权运动，对日本近代宪政制度的建立有重要意义。自由民权运动广泛地宣传了资产阶级的天赋人权思想，运动中发表了几十个民间人士拟就的宪法草案，使得反对专制政治、要求立宪和民主权利的思想日益深入人心。著名的自由民权活动家植木枝盛起草的《东洋大日本国国宪案》，同 1787 年美国宪法接近，与 1791 年法兰西宪法也有相同之处，非常进步。此外，还有立志社的《日本宪法预定案》、交询社的《私拟宪法案》和千叶卓三郎起草的《五日市宪法草案》等。自由民权运动对明治政府形成了巨大的压力，迫使明治政府不得不认真考虑立宪问题。

在自由民权运动的推动下，1875 年初，明治政府中掌握实权的参议兼内务卿大久保利通与木户孝允、板垣退助在大阪会谈，史称大阪会议，三方达成协议，为了开设国会，先设立元老院和地方官会议，打下立宪基础，同时加强立法事业，逐步推进三权分立体制。4 月 14 日，明治政府以天皇名义发布《逐渐建立立宪政体之诏书》，"今扩充（五条）誓约之意，兹设元老院，以广立法之源；置大审院，以巩固审判之权；又召集地方官会议，以通民情图公益，逐渐建立国家立宪之政体"。表明政府逐步立宪的态度。

随着自由民权运动日益高涨，明治政府不得不采取一些具体的步骤以求稳定形势。1876 年 9 月，明治天皇下令起草宪法，"基于（日本）建国之体，广泛斟酌海外各国之成法以定国宪，汝等宜起草之，以供朕选择"。于是，元老院在参酌、借鉴英、美、法、普、比等国宪法的基础上，于 10 月起草了《日本国宪按》。但由于 1877 年爆发了西南战争①，明治政府未能对这个宪法草案展开认真的讨论。

西南战争后，日本国内的政治形势终于稳定下来。这时木户孝允、西乡隆盛、大久保利通相继死去，立宪事业便落在岩仓具视和明治政府的第二代领导人伊藤博文等人身上。元老院在 1878、1880 年两次修改了 1876 年的宪法草案，但遭到很多人反对。右大臣岩仓具视认为这些草案中规定天皇、元老院及议会共掌立法权等条款削弱了天皇权力，同日本的特有"国体"② 不相容。他主张学习普鲁士宪法，制定以天皇权力为基础的钦定宪法。参议兼内务卿伊藤博文认为草案不过是"集取各国宪法加以窜改，丝毫未加注意日本国体人情等特点。仅热衷于模拟欧洲制度，而未考虑将来治安利害如何"。他主张制宪既要学习西方，又应充分考虑日本特点，首先必须强调天皇"万世一系"的日本国体。这些宪法草案遂被搁置。

1880 年，明治政府向各参议征求对开设国会的意见。多数参议认为，开设国会终究不可避免。在这个问题上，参议大隈重信和伊藤博文提出有代表性的两种尖锐对立的主张。大隈重信认为，今日开设国会的时机正在成熟，故应"先以宸裁制定宪法，依此召集国会议员。制定宪法时，于内阁设立委员以从速着手进行"。政党政治是立宪政治的真髓，故短时期内应组织政党，1881 年制定宪法，1882 年末选举议员，1883 年初开设国会。在新组织内阁时，应由天皇亲裁，委任"在议院中占多数席位的政党首领"组阁，以使立法权和行政权相结合，形成强有力的高效率的领导核心。伊藤博文反对大隈重信的急进立宪主张，认为急于求成等于给自由民权运动火上浇油，使西方的自由民主思想席卷日本，这对维护天皇体制十分不利。但如果墨守成规压迫民间舆论，也会引起新的动乱，将会断送明治维新大业。因此，他主张逐渐立宪，首先应打好立宪的基础。他认为大隈重信主张的政党内阁等于将君权移至人民，作为人臣是不应该如此主张的。所谓给人民参政权，国家政权三分是孟德斯鸠的大误解。在日本，天皇的主权不可分割，应置于牢固不拔的地位，三权只能是天皇主权派生的权力。大多数参议和伊藤博文持同样主张。他们把保证天皇的地位和权力作为立宪的一个根本目的。为了实现这个

① 详见本书《日本西南战争》一文。
② "国体"，日本近代史上常用名词，意指天皇"万世一系"的日本国情，与政治学中国体的含义不同。

目的，1881 年（明治十四年）10 月 11 日，伊藤博文和山县有朋等七名参议联名提出奏章，主张立宪事业循序渐进，谨慎从事。制定宪法宜采各国之长，又不失我国体之美，广兴民议，公集众思，而保我皇室大权不坠，总揽朝纲。为此，应先改革元老院，天皇亲自统率陆海军，决定开设国会的日期。明治天皇采纳了这个建议，12 日发布诏书，宣布于 1890 年召开国会，同时免去大隈重信及与其关系密切的政府官员的职务。这一事件史称"明治十四年政变"。至此，明治政府的立宪宗旨已基本明确。

明治政府的立宪准备

"明治十四年政变"后，立宪问题提上议事日程。明治政府的立宪准备大体分三步进行。

第一步是派员出国考察，为制定宪法寻求借鉴。1882 年 3 月，明治政府派伊藤博文率领一个考察组赴欧考察西方各国的宪法，"寻其渊源，考其沿革，视其实施状况，研究其利害得失所在"。考察内容还包括皇室制度、内阁制度、两院制度、地方制度等，共有 31 项之多。明治政府同时改任元老院议长寺岛宗则为驻美全权大使，负责调查研究美国宪法。

伊藤博文早在作为岩仓使团副团长出访欧美时，就深感普鲁士德国同日本国情相近。德国在各方面都应成为日本的榜样。所以，伊藤博文这次径直到德国和奥国考察，以 1850 年《普鲁士宪法》和 1871 年《德意志帝国宪法》为日本确立君主立宪制的借鉴。伊藤博文一行于 3 月 14 日离横滨，5 月 16 日到达柏林。

在柏林，伊藤博文多次同柏林大学著名法学教授鲁道夫·冯·格奈斯特交谈求教，请其高足阿尔伯特·摩斯每周三次讲授宪法制度。暑期，伊藤博文又赶至维也纳，请奥地利著名法学家、维也纳大学教授洛伦茨·冯·施泰因讲授国家组织和英、法、德三国政体的异同。格奈斯特对伊藤博文等人说："宪法不能离开国家的国体、历史、习惯和民情等而抽象地制定。德意志宪法是模仿比利时宪法制定的，而比利时宪法又是原封不动地移植了英国的宪法。其规定虽适合于英国，对德意志必然会有种种不妥当之处。"日本如果要制定宪法，就应注意排除议会万能主义，置权力中心于皇室。伊藤博文听了这些教授的谈话和讲课，感到受益匪浅。他在给岩仓具视的信中说，他自信"已有挽救之道理与手段"对付自由民权运动，以"巩固皇室之基础，使（天皇）大权不致旁落"。他认为，"如君主立宪政体，则君位君权必居于立法之上……不得以法束之，以刑加之，使之立于不可侵犯之地位而统辖全国，此乃君主之位也、职也。不经君主批准，不得立一法，下一令"。"如我皇室，乃于二千五百余年国体未定之前，即已居君主之位，岂待制订宪法、建立国会之时，始承认其为君主耶！"德国是"纯粹的君主立宪国，不依国会众寡动摇政府根基"。所以，君主立宪国必须使君主权完整明确，制定宪法、开设国会不能分割君主权，君权应在宪法之上。伊藤博文尚未回国，但决心已经下定。"至明治二十三年，纵令定宪法兴国会，也决不如他们（自由民权人士）所希望，以国会众寡决定内阁宰相之进退更迭"，否则就不是"纯粹完整的君权政治"。伊藤博文将要制定的宪法的特点，已可窥其一斑。

除德、奥外，伊藤博文还先后去法国、荷兰、比利时、英国和俄国进行短期考察和搜集资料，前后耗时一年有余，于1883年8月回国。

伊藤博文等考察回国，明治政府的立宪活动便进入了第二个阶段，即着手起草宪法草案阶段。由于右大臣岩仓具视已于半月前死去，制定宪法的主要责任落在伊藤博文身上。1884年3月，伊藤博文担任了宫中新设的制度调查局的长官，负责起草宪法事宜。

明治政府在起草宪法的同时，在各个方面进行了整顿和改革，为确立日本式的君主立宪制——近代天皇制创造条件。

为了确保皇室利益和天皇大权，明治政府采取措施加强皇室的经济实力，扩充同国有财产相分离的皇室财产。皇室所有地，1881年时仅634町①，1885年猛增至32000町，至1890年发展到365万町之多。1881年，皇室有股份和货币财产171万日元。1884年，明治政府将日本银行、横滨正金银行的股票350万日元划归皇室所有，1887年又将260万日元的日本邮船公司股票划作皇室财产。这时，皇室共有各类股票及其他有价证券780余万日元。皇室因而成为日本最大的地主兼资本家。

此外，明治政府在1884年发布了《华族令》，除旧公卿、藩主外，明治维新的有功人员也得以位列华族，为将来建立同众议院对抗的贵族院奠定了基础。明治政府还在1885年建立了一套天皇近侧的权力系统，有宫内大臣、内大臣和宫中顾问官，这些人实际上对天皇影响很大，有时甚至起关键作用。

---

① 町：日本土地面积单位，1町约合0.99公顷。

在国家权力机构方面，1885 年 12 月，明治政府改旧的太政官制①为近代内阁制。内阁仅对天皇负责，由总理大臣"奏宣机务，承旨指示大政方向，统督行政各部"。各省大臣单独对天皇负责，总理大臣无权撤换。首届内阁总理大臣由伊藤博文出任。在建立内阁制度的同时，明治政府采取各种立法措施，建立、健全近代文官制度，明确官吏职守，制定官吏选叙之法，强调一切官吏要"对天皇陛下及天皇陛下之政府忠顺勤勉"，通过文官考试制度为明治天皇和政府培养、选拔忠实奴仆。明治政府还同时改革和完善了地方政府机构。

在文化教育和思想领域，建立近代教育制度，使教育成为天皇制统治的工具，加强了对国民的思想精神禁锢。

明治政府还在全国建立警察网，建立一支为近代天皇制服务的较为近代化的军队。

进行了这些准备之后，明治政府就可以放心地搞日本式的君主立宪了。

另一方面，伊藤博文负责起草宪法和其他法律草案的工作，也在进行中。他委任参事院议官井上毅和内阁顾问赫尔曼·罗斯勒拟订宪法草案。1887 年 4、5 月间，伊藤博文收到井上毅起草的两份宪法草案和罗斯勒起草的宪法草案。伊藤博文便开始依据这三个草案起草最终的宪法草案文本。同时，让已担任宫内省图书头（后担任内阁法制长官）的井上毅主要负责起草《皇室典范》，让内阁总理大臣秘书官伊东已代治和金子坚太郎分别起草《议院法》《贵族院令》和《众议院议员选举法》。1886 年夏他们在金泽附近的无人孤岛夏岛（现已同陆地相连）上的伊藤博文新建别墅中，秘密地起草宪法及其他法律。

经过 10 个多月的努力，伊藤博文 7 易其稿，至 1888 年 4 月拟就最后的宪法草案文本，分成 7 章，总共 76 条。其他法律草案也相继完成。伊藤博文在向天皇进呈宪法草案时说，宪法"宜由陛下亲自取舍裁定，始可成为神圣不可侵犯之宝典"。宪法的条文"尚精密明确，以期传之永远而不失偏倚"。

明治政府准备立宪的最后步骤就是审议宪法和其他法律草案。为此，1888 年 4 月 28 日设立了"天皇亲临咨询重要国务"的机构枢密院，由议长、副议长、顾问官（12 人以上）和书记官长及书记官（数人）组成，除书记

① 太政官是日本古代律令制下的最高行政机构，后被武家幕府夺权而名存实亡，明治政府成立后又恢复了这种政权组织形式。

官外的其他成员皆由天皇亲自任命或挑选。伊藤博文为主持审议宪法，辞去总理大臣职务改任首届枢密院议长。宫中顾问官寺岛宗则任副议长。枢密顾问官有元老院议长大木乔任和宫中顾问官川村纯义、福冈孝弟、佐佐木高行、副岛种臣、佐野常民、品川弥二郎等人，各国务大臣与枢密顾问官地位相同，三条实美内大臣及成年的各亲王均得列席枢密院会议。内阁法制局长官井上毅兼任枢密院书记官长，伊东已代治和金子坚太郎被任命为枢密院书记官兼枢密院议长秘书官。

5 月 8 日，枢密院举行开院仪式。从 6 月 18 日开始，到 1889 年 1 月 31 日止，共召开了 24 次会议（上、下午分别计），对宪法草案进行了 3 次详细审议。此外，枢密院还先后召开了 58 次会议审议《皇室典范》《议院法》《众议院议员选举法》和《贵族院令》。审议会议对宪法草案进行了认真的增删、修改和润色，有改动的条款达 48 条之多。全部审议过程都是秘密进行的，与会者连宪法草案文本都不准携带回家，当然更不可能征求民间意见。但是，宪法草案却曾译成英文征求过外国各方面人士的意见。

东方第一部宪法的诞生

1889 年 2 月 11 日①，明治政府在新建成的皇宫举行隆重的立宪仪式。9 时 30 分，明治天皇身着古代服饰率群臣在宫内贤所和皇灵殿祭拜皇祖皇宗神灵，奏上《告文》，表明制宪的理由。10 时 30 分，明治天皇又穿着大元帅军服在正殿大会群臣，宣读了颁布宪法的诏书，然后接过枢密院议长伊藤博文早上的宪法文本，亲手交给了内阁总理大臣黑田清隆。礼炮鸣 101 响。明治政府同时公布了《皇室典范》《贵族院令》《议院法》和《众议院议员选举法》等法案。明治政府并宣布大赦政治犯，为西乡隆盛恢复了名誉，叙正三位，还派特使至神武天皇陵和孝明天皇陵以及靖国神社，岩仓具视、木户孝允、大久保利通等墓前祭奠，告以立宪之事。

宪法发布仪式后举行阅兵式和盛大的宴会，对全国 80 岁以上的老人赠金慰谢。东京到处张灯结彩，扎牌楼，放烟火，热闹非凡。但许多"热烈庆祝"的人全然不知宪法的内容，甚至有人还不知道"宪法"究竟为何物。

---

① 据日本建国神话，相传公元前 660 年 2 月 11 日神武天皇建国，做了日本第一代天皇。故将 2 月 11 日定为"纪元节"。第二次世界大战后改称为"建国纪念日"。

《大日本帝国宪法》全文共 76 条，分为天皇、臣民权利义务、帝国议会、国务大臣及枢密顾问、司法、会计、补则 7 章。

第一章第一条规定"大日本帝国由万世一系之天皇统治"，第三条规定"天皇神圣不可侵犯"，第四条规定"天皇乃国家之元首，总揽统治权"，并依本宪法各条之规定行使之。以下条文明确规定了天皇具有的一系列大权：天皇在帝国议会协赞下行使立法权，议会所订法律须经天皇批准方有效力。天皇有权召集议会，可命令其开会、闭会、休会及解散众议院；议会闭会期间，天皇可发敕令代替法律。天皇有权决定官制及文武百官的薪俸，任免文武官员。天皇统率陆海军，有权决定军队编制定额，通过军部的"帷幄上奏"直接控制军队。天皇有权宣战、媾和、缔结条约。天皇有权宣布戒严令、大赦、特赦、减刑及平反恢复名誉，授予爵位、勋章及其他荣誉。

显然，天皇集中了一切国家大权，颁布宪法就是以法律形式将它固定下来。同时，在宪法和《皇室典范》中都规定，皇位"由天皇之男子孙继承"，保证了上述大权永远掌握在皇室手中。

第二章对日本民众的权利和义务作了如下规定：日本臣民的义务是服兵役和纳税，日本臣民按照法律命令规定之资格，均得充任文武官员及其他公职；日本臣民的权利共有 10 项：居住及迁徙，非依法律不受逮捕、监禁、处罚，只受法官的审判，住宅不受侵犯，通信自由，所有权不受侵犯，信教自由，言论、著作、出版、集会及结社自由，可以请愿等。虽然这些权利都受到很大限制，即在"法律范围之内"，"不妨碍安宁秩序、不违背臣民义务"，不得妨碍战时或国家事变时天皇行使权力等，但日本人民通过宪法毕竟获得了一些基本权利，这同过去相比无疑是一个大的进步。

宪法第三章规定，帝国议会由贵族院和众议院组成。贵族院成员包括皇族、华族及敕选议员。敕选议员由天皇从各阶层人士中选择有勋劳学识者和多额纳税者任命之。但依《贵族院令》，敕选议员人数不得超过有爵位议员的人数。贵族院受天皇咨询，代表了天皇，贵族和官僚、富豪的特权利益。

众议院则由依选举法产生的议员组成。选举法的规定十分严格。有选举权及被选举权的选民必须是年满 25 岁和 30 岁的男子，在选区居住一年以上，并特别规定须交纳直接国税（包括地税和所得税，后者只及前者的 1/36）15 日元以上。在这些限制下，全国 4000 万人口中，选民仅有 45 万，只占 1% 强。

宪法明确规定了议会的权力，"凡一切法律，均须经帝国议会之协赞"，议会有权议决政府提出的法律草案，对于法律或其他事项向政府提出建议。不过，由于天皇掌握着最终立法权，议会的权力受到根本性制约。

　　第四章虽然只有两条，但很重要。一条规定了内阁各国务大臣的职责是"辅弼天皇"，行使行政权。也就是说，内阁是只对天皇负责的最高行政机关，而不对议会负责。依照惯例，内阁总理大臣人选经元老推荐，由天皇任命，各国务大臣由总理大臣提名，天皇任命。但总理大臣与其他国务大臣没有上下级关系。陆海军大臣只限于陆海军大将或中将才能担任，故军部能够用是否推荐陆海军大臣人选的办法钳制内阁。凡行政、法律、预算、决算、外交等事项必须经过内阁讨论，且须保持全体阁员的协调一致，否则就总辞职。天皇颁布法律敕令及其他关于国务的诏敕，须有国务大臣副署。如果国务大臣拒绝副署，而这种拒绝又为天皇所不许，则应辞职。

　　另一条规定了枢密顾问应天皇咨询，审议重要国务，实际上它不仅是天皇的高级顾问，且往往左右内阁。

　　有关司法的第五章规定，司法权由法院以天皇名义按照法律行使之。同时分设特别法院和行政法院，规定了法官的任职等事项。这个司法机构完全是为天皇政治服务的。

　　第六章是关于国家财政经济的预算和决定，规定议会有国家预算的先议权。但同时它规定"凡基于宪法大权之既定岁出以及由于法律结果或法律上属于政府义务之岁出，非经政府同意帝国议会不得废除或削减之"。皇室经费无须议会审议。在不能召集议会时，政府"得以依照敕令进行财政上的必要处理"。如果预算在议会上未能通过，政府可以施行前一年度的预算方案。议会的预算审议权因此受到极大削弱。

　　最后一章规定了修改宪法的具体程序。修改宪法的权力也操在天皇手中。修改宪法的议案必须由敕命交付议会审议，审议时两院议员必须各出席总数 2/3 以上，并有出席人数 2/3 以上同意方能有效。修改《皇室典范》无须议会审议。

　　明治宪法颁布后，1890 年 7 月，按照《众议院议员选举法》，日本进行了首次众议员选举。11 月，首届议会召开，伊藤博文任贵族院议长，自由党的中岛信行任众议院议长。明治宪法同时生效。

　　明治宪法的颁行是明治政府对自由民权运动的让步，是日本人民斗争的一个成果。明治宪法颁行后，日本建立了以天皇为首的资产阶级政治制度。尽管伊藤博文宣称明治宪法"第一章明确记述君主大权即主权，此乃他国宪法未有先例者"，"即使规定了臣民权利，主权依然属于天皇陛下所有"。然而，这时的天皇大权不仅已和封建时代的天皇大权，幕府大权有本质的不同，就是同明治维新初期"王政复古"后的天皇权力相比，也有根本性的差异。因为到 80 年代末 90 年代初，日本社会的最上层天皇、皇族以及华族的阶级属性都发生了变化，已成为大地主兼资本家，成为反映资产阶级要求的新贵族。再者，明治宪法虽然将一切国家权力集中于天皇一身，形式上封建专制色彩甚浓，实际上，国家权力掌握在代表新兴资产阶级利益的官僚和藩阀手中。在宪法施行的 50 多年中，除极少数例外，天皇从不直接干预国政。而且，在明治宪法体制中，采取了一定程度的三权分立的形式，这是国家组织形式资产阶级化的重要体现。再就日本近代天皇制的阶级基础之一的地主阶级而言，它们也不同于旧的封建领主阶级，是明治宪法保护的私有制的代表，在封建的外壳之中孕育着发展资本主义的成分。总之，明治宪法的颁行是日本近代天皇制确立的标志，是日本建设资产阶级国家政权的里程碑。

明治宪法对日本资本主义的发展起到了不可忽视的推动作用。它保障私有制，通过规定国民的权利和义务使他们从封建等级身份制度中解放出来，为日本资本主义的发展创造了不可缺少的条件。明治宪法颁行后，由于国家政权的推动，资本主义经济迅速发展，经过产业革命很快在国民经济中占了压倒优势。日本走上了富国强兵的道路，并转变成压迫其他民族的资产阶级国家。明治宪法成为当时东方各国第一部君主立宪的资产阶级宪法。

另一方面，明治宪法体制也保留了大量的封建因素。法律上，国家权力由皇位世袭的天皇总揽，天皇同封建专制君主在形式没有什么差别。内阁只对天皇负责，议会没有实权，几乎形同咨询机关。尤其是天皇（实即排除议会的国家政权中枢）同军队的直接隶属关系，成为日本向军国主义、军事封建性的帝国主义发展的极重要原因。在社会经济方面，则保留了大量的封建性土地租佃关系。在社会思想方面，封建性的意识形态如封建的忠君思想、武士道精神等甚至不断增强。从这些方面看，明治宪法确立的日本近代天皇制具有半封建的性质，日本近代天皇制因而是半封建的资产阶级君主制，或称封建资产阶级君主制①。

---

① "封建资产阶级君主制"并不表明封建性和资产阶级性占同等地位，而是表明日本近代天皇制是具有半封建性的立宪君主制的资产阶级权力。列宁在 1912 年论述俄国的革命形势时曾经有过这种提法，参见《列宁全集》第 18 卷，人民出版社 1959 年版，第 335 页。

　　总之，明治宪法的颁行既是日本资产阶级国家的起点，也是日本向军事封建的帝国主义、即天皇制军国主义发展的第一步。它使日本实现了富国强兵，同时使日本走上肇祸亚洲和世界、为害国内人民的罪恶道路，最终导致了第二次世界大战时的总崩溃。明治宪法也随着这个总崩溃而寿终正寝。

朝鲜开国与开化派政变

葛振家

19 世纪 60、70 年代，朝鲜成为列强侵略扩张的对象。1876 年，日本逼迫朝鲜签订了第一个不平等条约。列强争相侵入，使朝鲜社会的政治经济危机加深，统治阶级内部出现要求改革的开化派。1884 年（甲申）开化派发动政变夺取政权并颁布新政纲，推行改革，这是朝鲜历史上第一次带有资产阶级性质的、企图建立近代独立国家的改良运动。

资本主义列强打开朝鲜大门

1863 年，朝鲜第 25 代王哲宗死，无嗣，立王族兴宣君第二子为王。新王高宗李熙即位年仅 12 岁，封其父兴宣君李昰应为大院君①，治理国事。从此开始大院君 10 年专权时期。

李昰应为了建立和强化以他自己为核心的集权统治，采取了一系列措施：（1）剪除安东金氏②的势道政治③。罢黜金氏大臣，安插自己亲信。调整统治阶级内部老论、少论、南人、北人四色（四个派别）之间的平衡。压制得势的老论、少论派的气焰，起用一些长期失势的南人、北人以及西北和开城地方的两班④。同时，撤换一部分地方上的贪官污吏，以收拢人心。

---

① 朝鲜国王凡以旁支入继王位，其生父即被称为大院君。起初只是死后称号，后渐为在世称号。

② 安东在庆尚北道。安东金氏是朝鲜贵族的一大族，李氏王朝的外戚。在纯祖，宪宗，哲宗三朝，安东金氏历任显职，掌握大权。

③ 指王室外戚掌权，始于纯祖时代。

④ 朝鲜封建贵族。即文班，武班的合称。朝鲜封建社会把人分为四等：两班售中人、常民、贱民。两班最高。贱民又分为七般公贱，八般私贱。

（2）削减书院①。书院是地方两班贵族的巢穴。大院君一上台就着手整顿地方书院。清查书院以及乡贤祠、生祠堂的田庄和奴仆情况，制止欺压平民。1871 年，不顾地方两班的强烈反对，在原有的 600 多所书院中，只保留 47 所国王赐匾的"赐额书院"。撤销所有私设和重设的书院。（3）重建景福宫②，强化王权的权威。为了筹措修建费，在施工的头一个月就征收"愿纳钱"830636 两。动员民工 35881 人。（4）撤销备边司③，加强中央政府权力。1865 年 6 月，复设三军府，专管边防事务。（5）编纂各种法典。整顿伦常，强化礼教。修订《璿源系谱》，编辑《大典会通》《两铨便考（吏、兵典条例）》《六典条例》，校正《五礼通考》，重印《三班礼式》，等等。

　　与对内强化王权的政策相适应，大院君对外推行锁国攘夷政策。（1）加强海防和边防。以江华岛为重点，加强沿海各要地防务。在北部边界，新拓四郡，实行屯兵制。在与日本隔海相对的南界，派亲信郑显德出任东莱府使，修筑城池，加固海防。（2）视天主教为邪教，严禁传播。1866 年，在全国各地搜捕天主教徒 8000 多人，9 名法国神父也被处死，史称丙寅邪狱。是继辛酉、己亥邪狱④后第三次大规模镇压天主教。（3）拒绝与外结交，排斥洋货。明令"不可与外国相通，而若一相通，则邪学必炽，夫子之道将沦矣"。日本明治维新后，于 1868 年、1869 年、1872 年三次要求"修好"，均遭回绝。东莱府出榜告示民众："日本与西洋人交，均属禽兽，不可与之交际。犯禁者处以断头之刑！"1864 年以来，沙俄多次提出建交和通商也被拒绝。

　　1845 年，美国众议员、众议院海军委员会成员富拉特提出开放朝鲜案。要求议会采取措施。60 年代，美国曾预定朝鲜为未来的美军基地之一。1866 年 8 月，在中国天津活动的美国商人普雷斯顿带领 24 人，乘坐"舍曼号"武装商船，侵入大同江。得到英国传教士托马斯（崔兰轩）的帮助。他们以通商为名，不顾朝鲜官员抗议，经万景台直到平壤羊角岛，欲盗平壤附近的古代王陵。朝鲜官员提供补给，劝其驶离。他们却无故炮击民船和百姓，以

---

①　源始于 1550 年（明宗五年）。原是奉祀先贤，讲授儒学，修身养性之所。后来逐渐变成两班儒生饱食终日、制造舆论、煽动派别斗争的巢穴。拥有免税地和奴婢，侵虐人民。

②　建于 1394 年（朝鲜太祖四年），毁于 1592 年（宣祖二十五年）壬辰倭乱（丰臣秀吉入侵）战火。

③　设于 1517 年（中宗十七年）。原为政府议决边防事务的机构。后来不仅管军事，还管政治、经济和外交。形成中央政府的最高机关。

④　1801 年（辛酉），捕杀本国与中国教徒。1839 年（己亥），处死教徒 150 多名，其中有 3 名法国传教士。

1000 石大米和大量金银、人参作为撤离条件。朝鲜军民以火攻战术将船烧毁。这是朝鲜人民抗击美国侵略的第一次胜利。

9 月，法国以法国神父在朝鲜被害为借口，由法国印度支那舰队司令罗兹率 3 艘军舰驶入江华海峡，溯汉江而上，侵入京城汉城附近的杨花津。朝鲜政府一面抗议，一面加强汉江一带防务。各地人民纷纷组织义勇兵。法国侵略者暂回原地芝罘（今烟台）。10 天后，法国集结驻扎在中国和日本的军舰 7 艘，运载 2500 名士兵再次入侵，在江华岛和通津海岸登陆。侵略者扬言朝鲜杀死他们 9 人，他们要杀死 9000 个朝鲜人，要求惩办杀害教徒的官员，缔结通商条约。朝鲜政府予以拒绝。法国侵略者于 10 月 16 日强占江华府。义勇兵以木筏封锁汉江，阻止敌人溯江攻占汉城。在通津文殊山，朝鲜军民打退从陆路进攻汉城的法军。一支由平安道猎手组成的义勇兵，在千总①梁宪洙率领下，在江华岛鼎足山城阻击敌人主力部队，歼敌 100 余人。法国侵略者占领江华城 40 天，于 11 月初撤出江华。史称“丙寅洋扰”。

法国舰队在朝鲜失败后，美国以调查“舍曼号”事件为由，于 1867 和 1868 年先后派遣军舰“瓦秋塞特号”和“申南多阿号”到朝鲜问罪。1871 年 1 月，美驻华公使镂斐迪通过清政府礼部致函朝鲜政府，威胁说，若拒绝签约，则朝鲜方面应负一切责任。同年 5 月 8 日，镂斐迪和美国亚洲舰队司令罗杰斯率领 5 艘军舰、1230 名水兵，侵入江华岛南面勿淄岛。沿岸朝鲜炮兵猛烈还击，当即击伤两艘。6 月 11 日，美舰出动 700 人登陆占领江华岛草芝镇。该镇金使②李濂指挥 500 名炮兵和义勇兵夜袭，歼敌 100 余人，把敌人赶回海上。美军又围攻江华岛广城镇。中军③鱼在渊指挥军民顽强抗击。美舰退回勿淄岛。朝鲜军民切断饮用水，使敌陷入困境。朝鲜各地踊跃组织义勇兵。在汉城街巷和全国各地，都立起斥和碑，碑上刻着：“洋夷侵犯，非战则和，主和卖国。戒我万年子孙。”

美舰于 7 月 3 日退回芝罘。镂斐迪在给本国政府的报告中承认：“朝鲜人决心殊死战斗，其勇敢世所罕见。”美舰这次入侵，史称“辛未洋扰”。

大院君的“国禁”，没有抵住列强的入侵。对内搬倒安东金氏的势道政治，却未能抑制闵氏戚族势力的滋长。重建景福宫历时 3 年 3 个月，1865 年

---

① 各军营的长官。

② 一镇的军事长官。

③ 一个营门的队长。

5 月至 1868 年 8 月，耗资 2500 万两。征收愿纳钱 710 多万两，另大米 615 石。为弥补大兴土木的经费以及王室和国家财政的亏空，把田赋"结头钱"① 增加 1 倍。1867 年 1 月起发行"当百钱"1600 万两（不含私铸）。以 100 倍于旧币的比值强行流通。1600 万两价值 200 万石大米，一年后贬值为 355556 石。滥发货币带来物价暴涨。当百钱流通初期，1 斤大米价为 7.8 两，一年后涨至 44.5 两。1868 年 10 月停止流通，购"清小钱"代之。清小钱实值常平通宝之半，但也按相等价值流通。通货膨胀加重人民苦难。1868 年在稳城，1869 年在光阳，1871 年在宁海和鸟岭，1872 年在延安、白川、平山、海川、安东等地，都爆发了反对大院君政权的农民暴动。书院的撤销、户布制②的实行，引起儒生和中小地主的不满。闵族一派怂恿国王亲政。同时煽动儒生们奏疏弹劾大院君。1873 年 12 月，承政院同付承旨崔益铉两次上疏，猛烈抨击时政。国王提升他为户曹参判。这是对大院君的挑战。1873 年 12 月（高宗十年十一月），大院君被迫放弃政权，隐居云岘宫。

国王亲政，实由后党掌权。闵氏家族及其一派独揽了中央和地方要职，成为朝鲜历史上最后一个外戚的势道政治。在对外关系方面，由于时移势易，从锁国又走上屈从。为讨好日本，1874 年 8 月，把大院君摄政时执行对日拒使的庆尚道观察使金世镐免职，东莱使郑显德流放，东莱府倭学训导安东晙斩首于倭馆门前。从明治维新最初几年开始，侵略朝鲜就已成为日本政府争论最激烈的问题。西乡隆盛、板垣退助、副岛种臣等人主张"即征"。岩仓具视、大久保利通、伊藤博文等人主张"缓征"。后者认为维新的基础未固，财政脆弱，不宜过早发动战争，而且顾虑俄国从中渔利，主张先修内治，积极备战。

日本政府抓住朝鲜政局变化的时机，于 1875 年 2 月任命森山茂为理事官、广津弘信为副官，携外务卿和外务大丞致朝鲜礼曹判书和参判的新书契，乘军舰前往仁川进行交涉。受挫后，森山向本国政府建议派军舰威逼朝鲜。日本政府自 1875 年 5 月，先后派"云扬号"等四五艘军舰到朝鲜东、南、西三面海域测量航道，在釜山海峡演习，寻衅滋事。9 月间，"云扬号"以测量黄海海岸（朝鲜西海岸至中国牛庄间航道）为由，非法驶入江华海

----

① 李朝时期论田数量，以结为单位。即田地不以面积大小计，而以收获多少计。稻谷 10 把为 1 束，10 束为 1 负，10 负为 1 结。田 1 结，加税钱 100 文。

② 户布即户税。不分两班和常民，每户均须纳税 2 两。

峡，乘小艇至江华岛以南的艺芝岛取淡水。舰长井上良馨率数十人沿岸观测，并逼近草芝镇炮台。炮台守兵立即开炮。日军撤走，登陆袭击永宗镇。朝鲜军民死伤 30 多人。日军劫走炮台 36 门大炮，并放火烧城。事件发生后，日本国内征韩论再度嚣扬。日本政府一面准备派军舰，一面遣新任驻华公使森有礼赴北京，试探中国态度，设法阻止中国的干涉。

1876 年 1 月，森有礼抵北京，会见清政府总署①大臣恭亲王奕䜣，通报江华岛事件。奕䜣劝告日本遵守 1871 年的中日修好条规，不要侵犯朝鲜，森有礼则表示中日修好条规不适用于朝鲜事务。为避免中国干预，森有礼坚决否认中朝的宗属关系。他照会中国政府说，朝鲜若为中国属国，中国就要承担朝鲜炮击日舰事件的责任。并追问中国认朝鲜为属国有何实质内容。总署经过缜密研究复照日使："查朝鲜为中国所属之邦，与中国所属之土有异，而其合于'修好条规两国所属邦土不可稍有侵越'之言者则一。盖修其贡献，奉我正朔，朝鲜之于中国应尽之分也；收其钱粮，齐其政令，朝鲜之所自为也；此属邦之实也。纾其难，解其纷，期其安全，中国之于朝鲜自任之事也；此待属邦之实也。不肯强以所难，不忍漠视其急，不独今日中国如是，伊古以来所以待属国皆如是也。"这是清政府正式宣布中朝关系最详细的文件。按照中国传统的观点，这种关系就是宗属关系。而森有礼以资产阶级国际法学的宗属观念为凭借，一口咬定中朝宗属关系徒具空名。这不仅是中日两国就宗属观念之争，而且是两国对朝鲜政策的冲突。日本的政策是积极侵略的，其第一步就是否认中朝宗属关系，阻止中国干预日朝谈判。中国的政策是消极保守的，但绝不放弃在朝鲜的"宗主权"。

森有礼通过与清廷总署交涉，得知清政府不会采取积极行动。日本外务省把与朝鲜交涉订约事通知英、美等驻日公使。当然，它们都赞成日本打开朝鲜门户。美国驻日公使宾加姆，将美国人泰勒所著《培里远征日本小史》一书送给井上馨，并说："照此行事，定能在朝鲜取得成功。"

日本完成这些外交活动和出兵准备后，即派陆军中将兼参议、开拓使长官黑田清隆为全权大臣、井上馨为副大臣，率领一支由 2 艘军舰、4 艘运输商船组成的舰队和 1000 余名的陆战队开赴朝鲜。1876 年 2 月 10 日，到达江华府。朝鲜政府派御营大将申櫶为代表、都总府副总管尹滋承为副代表与日谈判。

---

① 即清政府总理衙门。

在对日谈判上，中国的态度对朝鲜最后抉择影响很大。清朝统治阶级经过两次鸦片战争，害怕与外国发生纠纷。左右清廷外交、主管朝鲜事务的北洋大臣李鸿章，此时只望保持"和局"，作"息事宁人"之计。实际上，这是以牺牲朝鲜利益，保存"上国"的"体面"，免于卷入纠纷。清廷同意李鸿章的建议，由礼部将日本要求转咨朝鲜，而听其自行处理。朝鲜知道中国之意既在息事宁人，显然不会在谈判中给予积极的支持。这样，在日本武力威逼下，终于在1876年2月26日与日签订《江华条约》。这是朝鲜政府与外国签订的第一个不平等条约。该约共12条。第一条就规定，"朝鲜为自主之邦，保有与日本平等之权"。否认了中朝的宗属关系。在这个前提下，以条规形式规定了日本单方面的权利和朝鲜单方面的义务：（1）朝鲜除开放釜山外，于20个月内再开放两个通商口岸。日本人可以在港口租借土地，建造房屋。（2）日本有权在所指定的港口设领事馆，并享有领事裁判权。（3）日本有权自由测量朝鲜海岸，绘制海图。同年8月，日本再次派出军舰到朝鲜，迫朝鲜政府立即开放釜山，保障日商活动，强行缔结了《朝日修好条规附录》和《朝日贸易章程》。根据这两个条约规定，日商在通商口岸除交纳一点船税外，一切商品进出口可以免纳关税。日币可以在口岸自由流通，朝币可以由日本人随意带去。江华条约是个极其不平等的条约，在国际条约中是罕见的。以江华条约为开端，闭关的朝鲜打开了大门。

开港后的朝鲜与壬午兵变

开港后，民族矛盾逐渐上升为朝鲜社会的主要矛盾。日本通过不平等条约，首先控制朝鲜对外贸易，为扩张掠夺开路。开港前的1875年，朝日贸易总额为118721元。其中，朝鲜对日本出口额为73450元；从日本进口额为45271元。釜山、元山、仁川三港开放后，1881年朝日贸易总额剧增，达1954000元。其中，对日出口806000元；由日本进口1148000元。与1875年比较，贸易总额增长了3.7倍，进口商品额增长了约26倍。当时日本资本主义处于发展初期，对朝贸易主要是转卖英国商品。1881年由日商输入到朝鲜的商品中，外国商品约占90%。

通商口岸开放后5年间（1877年7月—1882年7月），由日本进口商品额为460余万元。其中机制棉布等日用品占85%。机制洋货大量流入朝鲜，农民家庭手工业和城市手工业开始破产。朝鲜卷入商品货币经济关系中，以农产品为主要输出品。这时期，朝鲜出口总额为 5105000 日元。其中，日本急需的大米出口额 153 万元，占总额的 27.97%，大豆 557000 元，占 10.91%；牛皮 829000 元，占 16.24%；海参、海带为 349000 元，占 6.84%；黄金 927000 元，占 19.04%，农产品、水产品和黄金加起来占 90% 以上。显然，这种贸易带有典型的殖民贸易性质。日商在朝鲜以低买高卖、转卖加价、放高利贷等手段剥削朝鲜人民，牟取暴利。

日本侵略朝鲜的行动和 1879 年侵占琉球，引起清政府恐惧。1879 年 8 月，李鸿章写信给朝鲜政府元老奉朝贺李裕元说，"近察日本行事乖谬，居心叵测，亟应早为之防……为今日计，似宜用以毒攻毒以敌制敌之策，乘机次第亦与泰西各国定约，借以牵制日本……以朝鲜之力制日本，或虞不足，以统与泰西通商制日本，则绰乎有余。"朝鲜政府犹豫不决，在于不忘侵略之怨。李裕元复李鸿章函称，"牵于众议，不敢主持"。1880 年冬，中俄因伊犁问题争持不决，俄国军舰集结黑龙江和海参崴（符拉迪沃斯托克）一带。英美等国夸大俄国威胁，企图插足朝鲜，朝鲜政府迫于时势，表示愿与西洋各国订约通商。

1882 年 5 月 22 日，由李鸿章授意，签订《朝美通商条约》。6 月 6 日、30 日，分别与英、德签署了商约。此后，意、俄等国跟踪而至。所谓"以毒制毒"，实为引狼入室。"以毒攻毒"，却把一切毒害都集中到朝鲜和中国身上。

随着开港，朝鲜国家财政支出急剧增加。除行政费和军费外，还要支付日本等列强敲诈勒索的通商口岸设备费、外交使团接待费。洋货洋物涌入，宫廷竞效侈靡，任意挥霍。据说，1874 年闵妃为祈愿世子（纯宗）长命百岁，要向名山金刚山每个山峰供奉 1000 两钱、重石米、1 匹布。该山有 12000 峰，合计需用 1200 万两钱、12000 石米、12000 匹布。而当年国家仅有 150 万两钱、20 万石米、2000 同①布。1881 年 12 月，国王筹宫宴费 12 万两，由各衙门分担。由于私有地不断扩大，免税地和漏税地不断增加，作为财政主要收入的地税日趋减少。1863 年（高宗元年），纳税地为 776709 结。1874 年（高宗十一年，大院君归政后第 2 年），增加 28594 结，为 805303 结。1884 年（高宗二十一年），减少 6180 结，为 799123 结。至少 6180 结土地上的农民流离失所。国库不足，以至连下级官吏和士兵的月薪饷米都无法

---

① 1 同为 50 匹。

按时发放。

为填补国库，闵妃政府巧立名目，征收苛捐杂税。身受双重压榨的广大民众，接连爆发反抗日本侵略和封建统治的斗争。1878—1880 年，全罗道、京畿道、庆尚道、黄海道等地农民相继暴动。在城市，向日本官员投掷石头的事件屡屡发生。1879 年 4 月，东莱府人民以投石向无理取闹的 2 名日本官员和 39 名海军士兵展开斗争。同年 6 月 19 日，日本公使花房义质去汉城时也遭到石击，1882 年 3 月，3 名日本人违反规定，擅自出元山至安边府，遭到朝鲜民众袭击，2 人重伤，1 人身亡。士大夫们也上疏要求抵抗日本侵略。1881 年 3 月，庆尚道儒生李晚孙等人上《万人疏》斥倭斥洋。

1881 年 5 月，闵族一派的核心人物、兵曹判书闵谦镐，接受日公使花房的建议，训练新军——别技军，聘请日本陆军上尉掘本礼造为教官。同年 2 月，因军费开支困难，把原有训练都监、龙虎营、武卫营、禁卫营、御营厅、总戎厅 6 个营缩编为武卫和壮御 2 个营。不少士兵被裁汰。留营士兵不仅装备、待遇远不及别技军，而且积久领不到粮饷，怨声载道。

士兵大部分来自城郊贫民家庭。每月应领 6 斗粮饷被拖欠了 13 个月。1882 年 7 月 19 日才发给 1 个月军饷。闵谦镐还从中尅扣，往米里掺砂石和米糠。士兵抗命，拒绝领饷。在炮手金春永、柳卜万、郑义吉、姜命俊等人带领下，殴打了库吏。闵谦镐下令逮捕金春永和柳卜万等人，并判以死刑。几百名士兵忍无可忍，在柳卜万之弟柳春万和金春永之父金长孙等带领下，于 23 日（农历壬午年六月九日）举行起义，史称壬午兵变。

起义士兵向武卫大将李景复控告闵谦镐，拿着李景复要求闵谦镐释放被捕士兵的信，杀向闵谦镐住宅。闵闻讯逃进王宫。士兵捣毁他的住宅，直往云岘宫向大院君陈情。大院君是否参与兵变虽无凭证，但此后士兵起义的矛头首先指向闵妃及其一派大臣。士兵奔向东别宫，占领军械库，袭击捕盗厅，营救被捕的士兵。攻入义禁府①，释放主张卫正斥邪的儒生白乐宽。

起义士兵分成两队。一队先砸了江华府留守闵台镐的家，接着，攻入下都监。在兵营里的别技军响应起义，打死日本教官掘本。另一队起义士兵袭击西大门外京畿监营，夺取军械，直向天然亭日本公使馆。汉城市民也加入起义行列。起义军民包围公使馆，投石、放枪，直到深夜。日使花房见势不好，带领 28 名馆员自焚使馆，乘夜突围逃往仁川，搭英国船逃回长崎。

---

①　关押叛道者等政治犯人的衙门。

第二天，起义队伍扩大，不仅有武卫、壮御两营士兵和一部分别技军，还有汉城及城郊梨泰院和往十里等地的贫民。他们从东别宫进城，处决了投靠闵族一派的前领议政（丞相）大院君胞兄李最应，冲进王宫杀死躲在宫中的闵谦镐和京畿监司金辅铉。当起义军民搜寻闵妃时，闵妃正扮成宫女准备坐轿逃命。郑义吉等起义士兵赶至轿前查问，并捣毁轿子。武艺别监洪启薰谎称是作宫女的胞妹，背闵妃出宫，逃往忠清道忠州长湖院闵应植家避难。

当日，高宗不得不召大院君入宫稳定局势，宣布"自今大小公务禀决于大院君前"。大院君乘机一面复旧体制，排除闵族势力，一面怀柔士兵，发饷大赦。他不管闵妃死活与否，迫不及待地要为她举行国葬，以此从政治上埋葬闵妃，使她不能再入宫当政。

日本政府于7月30日召集内阁紧急会议商定对策。黑田清隆等人主张立即出兵。代理陆军卿山县有朋和外务卿井上馨等人考虑到尚未作好与中国开战的准备，主张采取勒索政策。明治天皇同意后者意见，令井上处理其事，先派外务省书记官、领事近藤真锄率150名水兵，乘2艘军舰于8月9日到达仁川为谈判作准备。随后，公使花房率300名陆军乘"明治号"于12日抵仁川。载护陆海军混成营卫兵1500人的4艘军舰、2艘运输船也相率开到。

日本出兵的消息，由中国驻日公使黎庶昌探知电告李鸿章。这时，逃往外地的闵妃与国王取得联系，暗中指示在天津的金允植、鱼允中向清政府请兵戡乱，并建议拘捕大院君。清廷即派北洋水师提督丁汝昌、道员马建忠率"超勇""扬威""威远"3艘军舰于8月10日驶抵仁川。另又调拨招商局轮船运送广东水师提督吴长庆以及袁世凯率庆军（淮军）6个营3000人东渡，于20日分别抵达。

日使花房于8月20日面谒朝鲜国王，提出向日本道歉、15天内惩办凶手、赡恤死者、赔偿兵费、驻兵护卫使馆、开放扬花津等七条无理要求，限三日内答复。朝鲜政府因中国大军到来，不接受日方要求。日使以恐吓手段致书朝鲜国王，责以无修交诚意，离汉城返仁川。

马建忠、吴长庆等于8月26日诱捕大院君，责他以"擅窃大柄，诛杀异己，引用私人"。大院君由中国兵船解往天津，软禁在保定。马建忠一面调停朝日双方会商，暗中与朝鲜政府研究条款要点，以制日本勒索。一面应朝鲜国王要求镇压变兵。

28日，高宗致函吴长庆，略谓"乱党所居多在往十、梨泰两地，请速勒兵往讨"。29 日，吴长庆等发兵汉城附近梨泰院和往十里一带，捕起义士兵 170 多人，杀 10 余人，镇压了起义。

朝鲜国王派李裕元为全权大臣、工曹参判金弘集为副使，于 8 月 27 日与日使花房会谈于仁川（济物浦）。30 日，朝鲜与日本签订《济物浦条约》四条，续约两条。条约主要内容有：限 20 日内捕拿"凶手"，"严惩巨魁"；支付 5 万元抚恤金；赔偿兵费 50 万元；日本驻兵"警备"使馆；朝鲜负责修建日本兵营；派大臣到日本道歉。续约规定，已开各港（釜山、元山、仁川）要扩大到方圆 50 朝里①，两年后再扩大到 100 朝里；从 1882 年起增开汉城附近的杨花津（后改龙山）为口岸；日公使、领事以及随员眷属可随意游历朝鲜国内各地。

济物浦条约是江华条约的继续和发展。日本通过该约获得在朝鲜驻兵权，标志日本在朝鲜扩张的新步骤，不但加强了经济和政治的控制，而且也加强了军事的控制。

开化派改革与政变

1882 年 9 月 12 日，闵妃回宫。闵族一派重掌权柄。日本继济物浦条约后，于 1883 年又迫朝鲜签订通商章程，共计 42 款，运用外交的、经济的、军事的手段，加强控制朝鲜。它最毒辣的是以支持朝鲜"独立""自强"的甜言蜜语，培养亲日派。美国驻朝公使福特也极力煽动"朝鲜独立"。美国资产阶级学者丹涅特承认，美国政策对于日本的帮助，如同盟国一样。英国和俄国这时正在中东地区争夺，无暇顾及朝鲜。它们都想把朝鲜作为一个缓冲地带，宁愿暂时维持朝鲜从属于中国的现状。

壬午兵变后，事实打破清政府借开放朝鲜与各国通商使之互相牵制的幻想。兵变后，吴长庆军仍留驻朝鲜，力图维护中国与朝鲜的宗属关系。1882 年 10 月，清政府与朝鲜订立水陆贸易章程，增加中朝贸易，打击日本在朝鲜贸易中的垄断地位。序言中，第一次以条约形式确认中朝宗属关系。根据章程规定，清政府派陈树棠为商务委员驻扎朝鲜，照料本国商民，兼管领事事务，暗中左右朝鲜内政外交。在此期间，李鸿章还应允代朝鲜整顿军制，代购洋枪，派中国驻军营务处帮办袁世凯主持训练朝鲜新建的亲军左右两

---

① 1 朝里约合 393 米。

营。应朝鲜国王之请，派前驻天津的德国领事穆麟德和马建常驻朝鲜，襄理商务，兼办外交。

在朝鲜统治阶级内部，一部分年轻官员对清政府干涉朝鲜内政，对闵族一派大官僚的专横及其保守政策极为不满。他们受到欧美资本主义近代文明、特别是日本明治维新的影响，意识到本国的落后和危机。金玉均在《朝鲜改革意见书》中，明白地指出："以兹四百多年（指李朝一朝）积累之顽俗，猝无以化矣，势不得不有一番大更张，改革政府。"他们想以日本为模式变革朝鲜政府，废除与清政府之间的宗属关系，以"独立自主"精神改革内政，从而使朝鲜迅速开化发展。后人称他们为开化派或独立党。

开化派的代表人物主要有：金玉均（1851—1894年），出自安东金氏家族；朴泳孝（1851—1939年），国王（哲宗）驸马，正一品锦陵尉；洪英植（1855—1884年），父辈做过领议政；徐光范（1859—?），祖辈做过领议政。他们出身名门望族，不甘心随人俯仰。青年特有的敏锐思想使他们善于接受新事物。他们从朴珪寿（1807—1876年，前右议政）、吴庆锡（1831—1879年，中文译官）和刘鸿基（1831—1876年，东医学者）那里，读到实学①思想家的著作和从中国带回的《海国图志》《瀛环志略》《中西见闻》等当时东方人了解西方的新书。开始憧憬西方资本主义文明。他们有利的身世和社会地位，便于多次出使日本和欧美等国，目睹迅速发展的日本现实，接触到欧美国家发达的近代文明。

1880年前后，金玉均集结同志，以传统的结社形式结成"忠义契"②。金玉均任契主。关于忠义契的宗旨、章程及活动情况，尚无据查考。据参加者李喜贞追述，它系"为国而设"。取名忠义，一方面反映出忠君思想和把君主作为国家象征的观念，一方面也为了便于活动合法化。至1884年政变时，其成员约50人，有中下层官员、下级官兵、商人、僧侣、王室内侍、宦官、宫女等。它是一个复杂的混合体，没有群众基础。

朝鲜开港后，封建政府对国门之外的事物再也不能不闻不问了。国王时常召见出使人员，详问外国情况，并在宫内设"别入侍"③官职。金玉均、朴泳孝等人以别入侍名义经常出入王宫接触国王。他们相机向高宗力陈改

----

① 朝鲜李朝中、末期出现的进步社会政治思想。实学思想家反对朱子理学，反对空谈，主张研究实用学问和社会改革。

② 契，类似帮会。

③ 可出入内殿晋见国王的人及其官职。

革，劝说国王在朝鲜也来一番维新，把朝鲜变成日本那样的近代国家。

在开化派们推动下，高宗于1881年5月派"绅士游览团"赴日考察3个月。游览团共62人，由12名中央政府官员、50名随员和工作人员组成。洪英植作为官员之一随团前往。该团参观了东京、大阪、长崎等大城市，考察了明治政府各部以及军事、工业、邮政、海关、教育、文化等设施，接触了三条实美和岩仓具视等政界首脑。回国后，向国王提出内容广泛的考察报告和有关材料，还撰写了《中东记》（鱼允中）、《东京日记》（宋宪斌）、《日东录》（姜晋馨）、《农政新编》（安宗洙）等各种访日见闻和纪行，在上层社会尤其士大夫阶层引起反响。开明的士大夫和官员纷纷奏疏，倡言开化，抨击卫正斥邪论。郭基洛在1881年7月上疏，提出急切之务是：内修政化，外攘寇敌，"而若其器械之艺，农耕之书，苟可以利国益民，亦择而行之，不必以其人而斥其良法"。池锡永于同年9月上疏说，卫正斥邪论者"见稍用意于外务者，则动辄目之以染邪"，基因于"见闻不广，昧于时局"。他要求政府设议院，培养通晓机械和深究时局的人才。社会舆论促进了开化派的改革活动。

1882年9月，朝鲜政府根据济物浦条约的规定，派修信使朴泳孝一行赴日"道歉"。洪英植、金玉均等随行。日本趁机拉拢开化派，破格接待，负担在日本的活动经费5000元，还决定将50万元赔款偿还期由5年延至10年，由正金银行贷款17万元，以朝鲜釜山港关税收入和端川金矿作担保。日本从此拟就了利用开化派使朝鲜投靠日本的计谋。它向开化派表示"支持"朝鲜独立和改革，约定援助训练1营新军，派人协助印刷出版报刊。开化派被日本的发展所陶醉，被日本的甜言蜜语所蒙蔽，"遂倾意依赖于日本"，开始走上勾结朝鲜民族敌人的道路。

1883年2月，朴泳孝出任汉城府判尹（市长）。开化派以此为契机，在职权范围之内开始进行初步改革。朴泳孝一上任，便设立警巡局和治道局，着手改革警察制度和进行以整治卫生、修筑道路为中心的市政建设。守旧派大臣利用手中权力，于同年4月即把朴泳孝和金玉均调离汉城。朴泳孝出任广州留守，他起用留学日本士官学校的申福模等青年教官，训练了一支近千人的新式军队。金玉均出任东南诸岛开拓使，后受王命赴日，筹借300万元外债。由于竹添进一听了穆麟德的话，对金玉均作了不利的报告，井上馨对他不复信任，以致金玉均空去一趟。转向英、美等国举措也失败。

同年4月，开化派还遴选60余名青年，派往日本军官学校和实业学校留学。10月，创办了朝鲜第一份近代报纸《汉城旬报》，介绍国际国内形势，宣传改革国政的必要。在《会社说》（论公司）专文中，倡言发展民族工商业，主张仿效资本主义国家的股份公司，创办"会社"（企业公司）。金玉均撰写《治道略论》一文，提出"扩开海禁而善邻交"为当务之急。告诉人们，"当今宇内气运丕变，万国交通"，"欧美各邦技术之科目甚多"，对此不可深闭固拒，应为我所用。1884年4月，洪英植访美归国后说服国王废除驿马制度，建立新的邮政制度，他创办邮政局出任总办。

开化派与守旧派之间的斗争，在财政问题上进一步激化。闵族大臣们听从穆麟德的建议，铸造"当五钱"（与旧币的比值为1：5）。金玉均抨击穆麟德"心术不正"，危害朝鲜，指责闵妃政府"弊下生弊"，造成"民情日困，国势日缩"。穆麟德煽动守旧派说，金玉均是朝鲜"为害之本"，"宜急先除掉"。1883年底，守旧派免去朴泳孝广州留守职务，将新军解散，编入亲军。

开化派的改革事业一无所成。自1884年夏开始密谋政变，决心用流血手段推翻守旧派政权。他们以留学日本户山军校的青年为骨干组成行动队。通过内线从王宫探听情报，监视守旧派大臣行动。1884年6月中法战争爆发，清政府从朝鲜撤回1500名驻军，占其驻朝军队的一半。风传日本将同法国结盟进攻中国，守旧派极为不安。形势转而对开化派有利。至10月底基本完成政变的准备。

这时，日本认为有机可乘，想重新利用金玉均等人。9月，日本公使竹添进一郎突然归任。竹添面见朝鲜国王，表示日本政府退还壬午事变赔款45万元（前已偿还5万元），向朝鲜示惠，并挑拨中、朝关系，煽动朝鲜"独立"。美国驻朝公使福特也对开化派的行动表示支持。11月4日，开化派把诈宴计划转告日公使。25日，竹添与金玉均最后密谋议定，给予军事的和经济的援助，当开化派发动政变时拨调日军1个中队（1连）。30日，开化派主要成员在金玉均家作出决定：邮政局举行落成宴会时，在别宫放火，趁乱处死守旧派大臣，成立新政府。12月1日，金玉均向行动队员部署具体任务。

12月4日，邮政局总办洪英植和金玉均，朴泳孝主持宴会。出席的各国外交官有：中国领事陈树棠、日本公使馆秘书岛村久、美国公使休西特穆、英国公使阿斯敦和德国人穆麟德。守旧派大臣有：前营使韩圭稷、右营使闵泳翊、左营使李祖渊等。到预定时间纵火未成，金玉均立即指示在邻舍放火。夜 10 时许火起，闵泳翊奔出被砍。宾客大惊，仓皇散去。因守旧派大臣与宾客混在一起，不便下手，第一步计划受挫。

金玉均、朴泳孝与日公使取得联系后，即带人奔往昌德宫挟持国王。他们考虑到宫殿大，不便守卫，逼迫国王迁至景祐宫，并勒王书写"日使入卫"四字。日公使率 100 余名日军进驻景祐宫。金玉均派日军在宫外警戒，选 10 名武监把守 4 门，50 名前营军担任宫内警备。守旧派大臣闵泰镐、闵泳穆、赵宁夏、韩圭稷、李祖渊、尹泰骏等人，奉命进宫或闻变赶来，全被杀死。金玉均等随即组成新政府。5 日晨，通告各国公使。新政府吸收了一部分王族参加，军事、财政、外交等大权都掌握在开化派手里。金玉均任户曹参判，朴泳孝任前后营使兼左捕将，洪英植任左议政，徐光范任左右营使兼代理外务督办、右捕将。当晚，金玉均等连夜讨论制定新政纲。6 日晨，以国王朝报形式公布全国。

新政纲共计 15 项。（1）不日陪还大院君。（2）废止朝贡虚礼。（3）废除门阀，确立人民平等之权；以人择官，勿以官择人。（4）改革全国地租法，杜吏奸而纾民困，兼裕国用。（5）革罢内侍府。（6）贪奸病国最著者定罪。（7）取消人民对国库所负实物债务。（8）革罢奎章阁。（9）革罢惠商公局。（10）急设巡查，以防窃盗。（11）酌放前后配流禁锢之人。（12）合四营为一营，从中选拔精丁，急设近卫军。（13）整顿国家财政：财政事务一总于户曹，革罢其余一切财赋衙门。（14）政令由六曹大臣与参赞会议裁决公布。（15）革罢六曹衙门以外一切骈冗机构。

当开化派准备实施新政纲的同时，闵妃一派也在行动，策划夺回失去的权力。他们一面设法夺回国王，一面勾结清廷出兵。高宗在闵妃怂恿下，要求还宫。日公使也表示同意。开化派无可奈何。国王回宫后，12 月 6 日，即政变第三天，中国驻军提督吴兆有、总兵张光前和帮办袁世凯率兵 1500 名攻入王宫。国王重又落入守旧派手中。日公使下令撤兵，逃往仁川。一直挟持着国王的洪英植等人和大部分行动队员被杀。金玉均、朴泳孝、徐光范、徐载弼等人经仁川亡命日本、美国。开化派政变以"三日天下"告终。1884 年为农历甲申年，又通称"甲申政变"。

事变后，日本非但不承担责任，反以公使馆被毁和人员被杀为借口，向朝鲜政府追究责任。外务大臣井上馨率两营陆军侵入汉城，对朝鲜施加压力。要求朝鲜表示道歉和支付赔款。守旧派政府屈服于压力，于 1885 年 1 月同日本签订汉城条约，接受日本无理要求：向日本道歉；赔款 11 万元，惩办凶手；付 2 万元修建费重建公使馆和兵营。处于不利地位的日本，为了解决政变引起中日两国军队冲突的善后问题，又派伊藤博文到天津，向正在进行中法战争的清政府施加压力。1885 年 4 月与李鸿章签订以朝鲜问题为中心的天津条约。清政府向日本让步。日本根据这个条约取得与中国同等的派兵权。根据该约，中日两国军队撤出朝鲜。

　　开化派的改革主张和实践。在朝鲜思想史和近代社会改革运动中，都是一个重要的关键和环节。它的历史作用和意义就在于成为其后民主主义运动的思想前导和启蒙先驱。

朝鲜 1894 年农民起义

葛振家

1894（农历甲午）年爆发的朝鲜农民起义；从一个地区的农民暴动发展成全国性的农民革命运动，这是朝鲜近代史上一次革命高潮。它前期主要反对本国封建统治，后期打击的锋芒指向日本侵略者，成为朝鲜民族解放运动的起点。

1885—1894 年的朝鲜社会

朝鲜开港后，一步步走向半殖民地半封建社会的深渊。从甲申政变①到甲午农民起义的 10 年间，外患交迫，内政腐败，民不聊生。

随着资本主义列强在东方的角逐，朝鲜也成为国际纷争在远东的交汇点。甲申政变前，清政府派往朝鲜管理关税的德国人穆麟德，渐得朝鲜国王信任，兼办外交事务。他极力怂恿朝鲜与俄国订约，以俄国为靠山。1885 年初，他策划请俄国派教官训练朝鲜军队，煽动朝鲜国王派员（金镛元）往海参崴（符拉迪沃斯托克），求俄保护。朝鲜政府的亲俄倾向引起英、日两国的关注。恰在这时，英俄因阿富汗问题发生冲突。俄军舰集结于海参崴。英国恐俄国南下危及它的远东利益，在同年 4 月强占朝鲜南海巨文岛，防止俄国南侵。俄国向清廷施加压力，威胁中国政府若承认英占领巨文岛，则俄国将占朝鲜其他岛屿或陆地。同时，通过穆麟德斡旋朝俄密约：由俄国保护朝鲜，派军舰据守朝鲜海口（东海岸永兴湾）；训练朝鲜军队。日本对英俄冲突极为忧虑，尤恐俄国借此夺取朝鲜。但因"支持"开化派发动政变，引起朝鲜君臣不满，不得直接干预。于是日英两国极欲同中国"合作"。通过

---

① 参见本书《朝鲜开国与开化派政变》一文。

中国强迫朝鲜政府取消密约，斥退穆麟德，聘任美国教官训练军队。并推荐前美国驻天津领事德尼为朝鲜政府外交顾问，又推荐中国海关税务司美国人墨理贤经理朝鲜海关。

但是，闵妃政府鉴于中日两国军队已撤离朝鲜，英占巨文岛迄未解决，又传金玉均勾结日本东山再起，依然欲结俄为后援。朝鲜政府中的亲俄派在闵妃的指使和国王暗许下，通过俄国公使韦贝，要求俄国派军舰相助，防备英国和支持朝鲜"独立"。亲清的闵泳翊向清廷驻朝鲜大员袁世凯告密。经清政府与俄交涉，俄外交部表示，日后如韦贝送来朝鲜请求保护的密函即作废。朝鲜政府也以密函系小人伪造为托词申明作废。事实上，这只是单方面行动。俄国虽然想染指朝鲜，以对抗英占巨文岛，但绝不可能派军舰保护朝鲜，刺激中国和英国联合抗俄。俄国从当时利益考虑，倒想争取清廷协助，促使英国自巨文岛撤退。

英俄两国的基本政策是维护朝鲜作为缓冲地带，宁愿朝鲜保持从属中国的现状，并且都想利用中国牵制对方。当时，朝鲜乃至中国的主要危险还不是俄国，而是日本和美国。

甲申政变后，日本在朝鲜的势力遭到很大打击。但它并没有改变侵略朝鲜政策，只是变换手法，采取渐进的策略：一面维持既得权益，加强经济侵略和移民侵略，一面积极备战，待时机成熟再以武力独霸朝鲜，入侵中国。

日本政府就和战问题曾举行会议。黑田清隆主张，乘中国刚经过中法战争，即派兵夺取朝鲜，与中国一战，否则再过 3 年日本恐非中国敌手。但伊藤博文等鉴于形势不利而反对"速战"。伊藤认为，"我国现当无事之时，每年出入国库尚短 1000 万元左右，若遽与中国、朝鲜交战，款更不敷，此时万难冒昧。至云三年后中国必强，此事直可不必虑。"井上馨也认为，"中国之不足惧，人人皆知，无须多论。至黑田欲即取朝鲜，与中国动兵，此时我国粮饷实采不及，且使我与中国、朝鲜构兵，俄人势必乘机占取朝地"。日本看透清廷外强中干，知其阻挡不住日本向外扩张。因此，当俄国企图插足朝鲜时，日本自然乐于和中国"合作"。在甲申政变后，袁世凯对朝鲜采取积极干涉行动时期，日本就以渐进的策略加紧经济侵略和移民。

1894 年以前，资本主义列强对朝鲜的经济侵略形式，主要是直接掠夺和商品输出。在各国对朝鲜的经济侵略中，日本一直处于绝对优势。日本通过不平等条约，取得在通商口岸开设银行、商馆和流通日币的特权，垄断着整个朝鲜航运，在朝鲜对外出口贸易中占压倒地位。1885—1890 年，朝日贸易总额占朝鲜海上外贸总额的 80%。1892 年，朝鲜 700 万元外贸额中，日本占 480 万元（中国只占 220 万元）。1892 年，开入朝鲜各港口的船只吨位为 39 万吨，其中日本船只为 326000 吨（中国船只只有 15000 吨）。当时，日本把朝鲜作为大米、黄金和其他原料供应地。这是日本为解决粮荒、发展工业和建立金本位所必需的。1888—1893 年，平均每年主要从朝鲜进口大米 56 万石。1885—1887 年，进口朝鲜黄金相当于日本黄金产量的 4 倍。从开港至 1894 年，日本向朝鲜移民，由 54 人增加到 9354 人。他们多少都受到日本政府的资助和指使。在朝鲜的日本商人多兼高利贷资本家，采取野蛮的剥削方式，在各地收购黄金和谷物、棉花、皮革等农产品。他们往往趁春荒向朝鲜农民贷款。条件是以其收获的全部和一部分偿还。大批朝鲜农民连生活所需的食粮也被日商掠去。1889 年，朝鲜政府在人民的压力下，被迫实行《防谷令》，禁止向日本出口谷物。但在日本武力威胁下复被撤销。1893 年朝鲜外贸的 88% 是农民廉价出售给日商的农产品。日商掠购农产品，成为日本侵略朝鲜初期攫取巨额利润的主要途径，由此带给朝鲜农民的灾难十分深重。

美国在朝鲜，一直采取与日本共同侵略的合作政策。甲申政变后，美国人德尼与墨理贤出任朝鲜要职，正是美日勾结的产物。当日本受挫不能插足朝鲜政权的情势下，唯有依靠戴着"和平""公正"假面具的美国人。美国军事教官、政治顾问、传教士、技师和冒险家相继来到朝鲜。这些美国人和日本殖民者一道，在美、日驻朝公使馆的指示下，从事离间中朝关系的活动。德尼极力怂恿朝鲜政府"结洋独立"。1887 年朝鲜与欧美通使就是德尼策划的。在清政府压力下，德尼终被撤换。但是，美日推荐的李仙得任朝鲜内署协办，实际上成为朝鲜政府的顾问。他是美日合作政策的执行者。美国也致力于在朝鲜加强经济势力。朝鲜政府特许美国企业家在朝鲜开矿、航运、采珠、伐木和开办工厂。

面临资本主义列强在朝鲜角逐，中国清政府本应改变对朝鲜的政策，放弃宗属关系，与朝鲜结成反侵略的同盟。可是，清政府的昏庸和反动决定它必然走向加强"宗主权"，积极干涉朝鲜内政外交的道路。甲申政变后，中国在朝鲜的威势大张。1885 年，委派袁世凯接替驻朝商务委员陈树棠，并升格为"驻扎朝鲜总理交涉通商事宜"。北洋大臣李鸿章就此写信给朝鲜国王，暗示"以后贵国内治外交紧要事宜，望随时开诚布公，与之商榷，必于大局有裨"。

袁世凯对朝鲜的干涉政策，首先表现在干涉朝鲜外交。1887 年 8 月，在美国顾问怂恿下，朝鲜决意派朴定阳为驻美全权大臣，沈相学（后改赵臣熙）为驻欧各国全权大臣。袁世凯极力阻挠。但在美国支持下，朝鲜断然派使赴美。这对迷恋中朝宗属关系的清政府来说，是对"上国"尊严的挑战。袁世凯主张严办朴定阳，朝鲜政府只得将朴暂时免职。派使赴欧也未能成行。

对朝鲜电讯、关税和贷款等各方面，袁世凯也全力控制。日本在 1883 年取得在朝鲜架设电线的权利。甲申政变后，清政府意识到为了控制朝鲜局势，必须信息灵通。1885 年 7 月，清政府与朝鲜订立《中朝电线条约》。由中国电信局贷款，架设两条电线。一条自京城汉城向北经义州（今新义州）入中国境内凤凰城，一条由汉城南下至仁川。线路架成后，朝鲜对外电报可直接由中国天津、上海转发。比经由日本架设的釜山至长崎海底电缆转发便利（因当时自汉城至釜山没有电线，须由驿运转递）。这不但削弱了日本海底电缆的作用，打击了日本利益，而且万一朝鲜有变，中国能迅速得到情报，可随时调动驻旅顺和东北的海陆军队。1887 年，中朝签订京釜电线条约，由中国电局修建汉城至釜山陆路电报线（1888 年完成）。这样，清政府把持了朝鲜的电讯。

1889 年和 1890 年，在德尼和李仙的策划下，朝鲜政府接连向外国（主要向美国）借债。美国等列强企图从中国手中夺取朝鲜海关行政权。清政府采取主动措施，于 1892 年 8 月和 11 月分别从政府经费中拨款，由华商出名借给朝鲜 10 万两（共计 20 万两），以朝鲜关税作抵押。其意义在于使清政府更牢固地掌握朝鲜海关，控制朝鲜财政的主要来源，也控制外国入侵朝鲜的一条通路。

袁世凯在朝鲜执行的干涉政策，刺激了朝鲜民族情绪，使日、美侵略者的阴谋扩张活动有机可乘。朝鲜政府嫉恶清廷干涉、要求自主的愿望日益增长。1889 年要求撤换袁世凯，被李鸿章拒绝。

朝鲜封建统治阶级不顾外患交迫、生灵涂炭，在外国势力操纵和挑拨下，争权夺利愈演愈烈。整个朝鲜政局极不稳定。由于清廷势力在政治上占据优势，这一时期朝鲜政府的实权仍然掌握在亲清守旧的闵氏一派的两班贵族手中。皇室和闵氏家族等权贵日夜宴乐，不知抚恤民灾兵饥。皇室费用无止境地增加，各种赔款借款①本息的偿还，以及土地兼并带来纳税地的锐减②，造成国家财政危机。为充实财源，朝鲜政府大收各种苛捐杂税，使农民和其他生产者负担更加沉重。另外，洋货不断涌入，封建统治阶级为购买洋货玩物，对货币的欲望越来越大，对人民的压榨越来越残酷。卖官鬻爵成风，花钱买得一官半职便使尽手段敲诈勒索，弄得民不聊生。当时一位农民起义领袖吴知泳就此情状写道："村村哭声连天，人人怨声载道，八道百姓民心惶惶。两班官吏以至富豪，既已鱼肉百姓，民恶之能不以为敌?!"

农民不堪忍受双重压迫，为了生存下去，在全国各地连绵不断地爆发起义和骚动。其中有代表性的农民起义地区，1885 年有黄海道的兔山，京畿道的骊州和江原道的原州；1888 年有咸镜道的高山和永兴；1889 年有咸镜道的吉州，全罗道的全州和光阳，江原道的旌善，京畿道的水原；1890 年有庆尚道的咸昌；1891 年有济州岛，江原道的高城，黄海道的平山；1892 年有咸镜道的咸兴、德源和会宁，江原道的狼川，庆尚道的醴泉；1393 年有平安道的咸从和中和，京畿道的仁川和开城，忠清道的黄涧和清风，江原道的金城，黄海道的载宁、铁岛和黄州，全罗道的古阜、泰仁、全州和益山等地。各地农民成百上千自发地结队而起，袭击官衙和两班及豪绅的家宅；惩办或赶跑吏绅，砸开牢门释放无辜的百姓，打开官府和土豪的粮仓，把粮食分给贫苦的民众。1893 年全罗道罗州、康津、井邑等地的起义还提出"击攘洋夷"口号。从当时朝鲜社会阶级斗争形势看，一场农民大革命的客观条件成熟了。

农民革命的形势要求有一个组织形式和口号。当时，可供农民革命利用的组织形式，就是盛兴于南方各地的东学教。它是类似宗教的民间秘密结社，1860 年庆州人崔济愚始创，融合儒、佛、道教的教义而成。号称"东学"，意在与天主教所代表的"西学"相抗。东学教的一个基本思想是"人乃天"，"天心即人心"。否定来世的存在，强调"后天开辟"，实现"地上

---

① 主要赔款有：根据济物浦条约，支付壬午兵变中被杀的日人家属抚慰金 5 万元、支付日本损失和护卫公使的水陆兵费 50 万元。根据汉城条约，支付甲申政变中被杀的日人家属抚恤费和财产损失费 11 万元。支付重建日公使馆和兵营费 2 万元。1890 年，支付因防谷令赔偿日商损失 11 万元。

甲申政变后的主要借款有：1885 年借自德商世昌洋行银 10 万两，1886 年借自美商汤森商会银洋 14 万余元，1889 年借自日本第一银行仁川分行银币 3 万两，1892 年借自日本第五银行和大阪制铜有限公司银币 25 万元。

② 截至 1893 年，朝鲜总耕地面积为 1445227 结，其中免税地、荒芜地竟达 641833 结，而纳税土地仅有 758087 结。（结，计算土地面积的单位。1 结相当于播种 1 万把种子的面积。）

天国"，改善人世间的生活。它主要代表失势破落的封建贵族利益，带有一定的反政府、反侵略倾向，客观上反映了农民的一部分要求。农民是它的基本群众。它的教义所反映出来的一些平等思想，使农民在精神上得到一次解放。它的活动一开始就被封建统治者视为惑众的邪教，遭到严禁和镇压。1864 年崔济愚被捕，遇害于大邱。第二任教主崔时亨借开展为教祖申冤运动扩大势力，争取合法地位。1892 年末和 1893 年初，先后在全罗道参礼邑和京城（汉城）景福宫前组织两次集会斗争。都因"为教祖申冤"这个抽象口号不能发动群众而失败。1893 年 3 月，东学教为动员民众力量，提出"惩办贪官污吏""斥倭斥洋"口号。南方的全罗、忠清、庆尚三道的教徒和农民 2 万余人，在忠清道报恩邑集会。由于封建政府的镇压和东学教领导人的妥协，历时 20 多天后被官军驱散。报恩集会是农民在宗教外衣下展开的一次大规模集会示威斗争。东学教提出的口号在农民中影响很大，适应了农民起义需要。

古阜起义与反封建斗争

朝鲜南部，尤其是三南①地方，为皇粮，税米和外销农产品的主要来源地，赋重刑苛。加之釜山、仁川先后辟为通商口岸，又最早成为外国资本主义商品市场。围绕土地问题所表现出来的阶级矛盾，以及外国侵略势力与人民大众的矛盾，异常突出。

古阜郡是全罗道重地。东津江经白山分流古阜两侧入西海。它虽不滨海，但附近有苗浦、盐所、东津和沙浦四港，是大米集散地。距古阜以西 20 朝里②滨西海岸的苗浦，设有官府漕仓，是税米转运站。督征税米的监官来往不绝。船商也常来常往，又是官府收取船税之所。1892 年，贪官赵秉甲任古阜郡守。一到任就开始横征暴敛。古阜邑北，东津江上游原有一个叫万石洑③的堤堰。1893 年春，赵秉甲强令农民在旧堰下面另筑新洑。秋后，每斗落田④按等次分别征收税米 2 斗和 1 斗。仅水税一笔就榨取 700 多石⑤。在此

---

① 庆尚道、忠清道，全罗道谓之三南。
② 1 朝里约合 393 米。
③ 洑是一种简单的堤堰，以木、石、土截堵河水，用于灌溉。
④ 斗落田，即撒播 1 斗种子的田地。
⑤ 1 朝鲜石约合 1.8 公石。

之前，还挖空心思对事先答应免税的开荒地，在秋后也强行征税。肆意以不孝、不睦、淫行等各种罪名敲诈勒索。把每结田纳 16 斗精米的"大同米"①折合现金征收，然后购次米上交国库，从中渔利。搜刮民财为其父建阁树碑。古阜农民忍无可忍，先后两次到郡衙陈情要求减免水税。赵秉甲非但不允，反而拘捕了递送呈文的农民代表。替农民写陈情书的就是当地塾师全琫准。

全琫准字明淑，号海梦。1854 年出生在全罗道高敞郡一个乡村塾师家庭。家境清贫，自耕田地 3 斗落，过着"朝饭夕粥"的生活。比起一般贫苦农民，他有一点文化，对本地以外的世界也有一些见识。他一直生活在乡村，身受封建压迫，很了解民众的疾苦。为寻求救国救民道路，于 1890 年加入东学教，并任古阜地区接主②。后游历道府全州和京城等地，对时局更有进一步的认识。1893 年两次为民请愿失败，其父全彰爀也被捕，死于乱杖之下。现实使他切身感到对付贪官污吏光凭请愿不行，只有奋起反抗。

1893 年 11 月后，全琫准同宋大和等当地东学教人开始谋议起义。决定先打古阜，再占全州，直捣京城。经过几个月的准备，1894 年 2 月 15 日（农历甲午年正月初十）拂晓，全氏率数百名古阜农民，汇集于离古阜不远的马项集。与前一天晚从泰仁县召集来的 300 多名农民和东学教徒汇合。他们手持锄头和长矛向古阜进发，一举攻破古阜邑，袭击郡衙，夺取军械，占领古阜，郡守赵秉甲逃走。起义农民烧毁地契和卖身契，惩处残暴的官吏和地主恶霸，砸开牢门释放无辜百姓，打开粮仓把强征来的税米重新发还给农民。三四天内，全郡有 15 个村镇农民纷纷加入起义行列。起义农民攻占古阜后，即将主力转移到马项集待机。一面观察政府动向，一面号召邻近郡县民众举旗响应。

封建政府得悉古阜起义后，马上派长兴府使李容泰为按核使，前往镇压和招抚。李容泰对起义农民和东学教人大肆捕杀，株连家属，更激起人民的反抗。全氏率起义农民再占古阜，赶跑按核使。接着，占领军事要地和官府粮库所在地——古阜郡白山。白山高 50 公尺，三面临东津江，利于据守。土地肥沃，又有常年储米谷 4000 石的官库，容易解决粮食补给。5 月 2 日

---

① 李氏朝鲜的贡赋。因征收物产不尽符合需要，改以米缴纳。中央与地方均乘此法统一需要，故称大同米。中央设宣惠厅专管其事。

② 东学教的地方首领。

（农历三月二十七日），全琫准发布有名的白山檄文。阐明斗争宗旨："吾辈
举义至此，决非他故。所望拯百姓于涂炭，奠国家于磐石。当内斩贪虐之官
吏，外逐横暴之强敌。举凡苦于两班、富豪之民众，与夫受辱于方伯、守
令①之小吏，皆与吾辈同其怨恨，勿少蹰躇，勿失良机，其速奋起。"

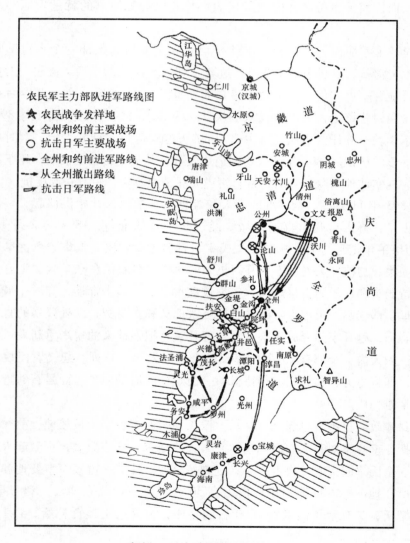

朝鲜 1894 年农民起义形势图

---

① 方伯：道观察使，也称监司。守令：郡守，县令。

古阜起义农民在白山扎营不到几天，就有邻近的兴德、高敞、茂长、井邑、泰仁、金沟、金堤等郡县 8000 多人在当地东学教接主带领下，从四面八方会合而来。除大多数贫苦农民外，还有东学教徒、奴婢、城镇贫民，以及一些失意的儒生、两班、乡班①和地方胥吏。一致推戴全琫准为总大将，孙和中、金开南为总领管，金德明、吴时泳为总参谋，崔景善为领率将，正式编成一支农民军，队伍达 13000 人②。他们的行动纲领是：不杀人，不伤物；忠孝双全，济世安民；逐灭倭夷，澄清圣道，驱兵入京，尽灭权贵。农民军头系白巾，手持竹枪，士气昂扬。揭起"辅国安民"的大旗，乘胜前进，连克扶安和金沟两县。古阜起义与白山起兵的消息，震动了全罗道 53 个郡县。该道监司金文铉遣使晓喻无用，即率 800 营兵和 800 褓负商③团组成的壮丁共千余人出讨。5 月 11 日夜，农民军以伏击战术，在离古阜 10 朝里的黄土岘歼敌 700 余名，缴获大量军械和食粮。当夜又攻克井邑，直逼道府全州。封建政府惊恐万状，匆忙派全罗兵使兼壮卫营正领官洪启薰为两湖④招讨使，率 800 壮卫营兵乘清政府军舰由水陆两路南下，抢先进驻全州。壮卫营是京师精锐部队，由外国教官训练，使用洋枪洋炮。但惧于农民军的声威而士气低落，到全州只剩下 470 人，有 330 人开了小差，不得不再增派 300 壮卫营兵和 500 江华兵丁。农民军考虑到火力不足，尚需夺取地方官衙军械装备自己，决定暂不攻全州，先打全罗道西海岸各郡县，连破兴德、高敞、茂长。

在茂县，全琫准偕同孙和中、金开南联名发表文告，痛斥戚族权臣，历述"自公卿以下，以至方伯守令，不念国家之危殆，徒切肥私润已，骄侈淫昵，八路鱼肉"。进一步阐明"以辅国安民为死生之誓"。这篇文告在全国引起极大反响。各地接连爆发农民起义。洪启薰京师惧于农民军的声威不敢出讨。当得知京城又派出援兵才从全州南下沿途烧杀掠夺。农民军 4000 立即北上迎战。在长城郡黄龙村诱敌深入，重创京师主力，并乘势于 5 月 17 日占领灵光，21 日攻下咸平、务安，22 日向罗州进发。农民军越战越强，

---

① 地方上的封建贵族。

② 全琫准部 4000 人。孙和中部 5000 人（分别由高敞的吴河泳、吴时咏、林亨老、林无瑞率 1500 人，茂长的宋敬赞、姜敬重率 1300 人，兴德的高永淑率 700 人，井邑的孙如玉，车致久率 1200 人）。金开南部 2000 人（分别由泰仁的崔景善，金堤的金奉年，金沟的金士晔、金凤德、刘汉弼等率领）。金德明部 2000 人（来自泰仁、金沟）。

③ 褓负商，即御用行商，经常被政府动员充当壮丁。

④ 全罗道谓湖南，忠清道谓湖西，两道合称两湖。

已有野炮、马匹、盔甲等武器装备。全琫准还为农民军制定了 12 条纪律：降者受待；困者救济；贪者追之；顺者敬服，走者勿追；饥者馈之，奸猾息之；贫者赈恤；不忠除之；逆者晓谕；病者给药；不孝杀之。违令者囚之狱。农民军纪律严明，深受人民拥护。一位日本记者在当年 5 月 26 日东京《日日新闻》上报道说："东学党有不耽酒色、不吸烟等规定。人人遵守……严禁践踏农田和妨害农作……所到之处都以现金交易，商业照常进行，无危害之患。在人民中声誉很好。"

在胜利的形势下，全琫准不失时机地于 5 月 31 日率农民军主力万余人向全州挺进。全州判官闵泳升第一个逃走，守城军放了几炮也四散逃窜，农民军当天就打下全州城。3000 名农民军进驻全州，余部留守各要地。全琫准发布安民告示，阐明保国安民的宗旨。同时向吏绅申明：无罪者不问，有罪悔过或倒戈者宽大，违抗者杀之。并在全州府南门张贴榜文，揭露戚族势道政治的弊端和声讨招讨使洪启薰的罪行。两天后，6 月 1 日，洪启薰率京师1500 人至全州城下，列阵于全州城南的完山一带。完山高 183 公尺，隔全州川与全州相望。官军俯城开炮，攻不破农军固守的城池。相持数日，毫无对策。全州距京城 500 朝里，是朝鲜南部战略要地，也是李氏王朝发祥地。攻克全州的消息给各地人民莫大鼓舞。忠清、庆尚、京畿、江原和黄海等南方各道，也接连爆发不同规模的农民起义，形成全国性的农民战争。

全州失守，各地农民起义，交通中断，京城粮源财源告急，使封建统治者大为震动。他们镇压无济于事，便暗地敦请清政府出兵。6 月 1 日，朝鲜政府兵曹判书闵泳骏送乞援书于袁世凯，请求转电李鸿章"酌派数队，速来代剿"。同时，一面增派京师阻止农民军北上，一面施展缓兵之计，利用农民军的爱国感情提出休战。指使洪启薰和新任全罗监司金鹤镇，以国王敕谕与农民军议和。他们劝诱说，若两军继续交战不仅王朝发祥地将变成废墟，而且外国军队还会趁机出兵干涉。假惺惺地提出双方同时撤出全州。并许愿设法使外国军队撤走，接受农民军要求，立即实行各项改革，允许农民军在各郡县设置农民自治机关"执纲所"。

农民军打下全州后，本来准备同忠清道农民起义军会合直取京城。可是，以崔时亨为首的一派上层领导人，极力反对农民起义扩大发展。他们向各地发出通告："借道酿乱不义也。湖南全琫准和湖西徐璋玉，皆为国家之罪人、师门之逆贼。吾辈当聚力而攻之。"这时，清日两国军队以朝鲜动乱为口实，相继出兵。农民军在全州攻防战中伤亡颇大。农忙季节临近，多数农民归乡心切。在这种情况下，农民军不得不暂时放弃北上。6月10日，与政府官军缔结了全州和约。农民军于2天后，即占领全州第12天撤出该城。在起义高潮停战罢兵，这是农民军在政治和军事上的严重失误。

农民军在和约中提出12点改革弊政方案作为休战条件：（1）消除政府同教人之间的宿怨，共同协力庶政。（2）清查贪官污吏的罪行，严加惩处。（3）严办横暴的富豪。（4）惩戒不良的儒林和两班。（5）烧毁奴婢文书。（6）改善七种贱民①待遇，不得强制白丁戴平壤笠②。（7）准许年轻寡妇改嫁。（8）废除一切苛捐杂税。（9）打破门阀任用官吏。（10）严惩私通日本者。（11）废止既往一切公私债务。（12）平分土地。从内容上看，它反映了农民阶级反封建反侵略的革命要求和愿望。在朝鲜历史上，第一次提出人民参政与平分土地。

休战后，全罗道农民军解散，军事行动基本停止。农民起义转入以建立执纲所为中心、以改革弊政为内容的政治斗争。全琫准等农民军领袖分据各地，领导农民在全罗道各郡县建立执纲所。同时收集分散的武器组织执纲所护卫军。执纲所是朝鲜人民建立人民政权的初步尝试。它是农民用枪杆子打出来的。其中罗州、南原和云峰三县是直接用武力建立的。执纲所设执纲一人，下置书记、省察、执事、童蒙等议事员若干名，地方官吏协助工作。它专事处理人民的诉讼、检查官吏的公文、勒令富豪退还民财、释放被关押的百姓等庶政。全罗道53个郡县的实权一时掌握在农民手里。封建统治阶级惊呼"湖南一带为混沌世界"。但是，由于地方官吏暗地里阻挠，改革方案无法付诸实施，执纲所内不少投机分子热衷搞个人私利，使它未能起到农民革命政权的作用。

第二次起义与反侵略斗争

中日两国对朝鲜发生的任何事件都是非常敏感的。而且彼此提防着对方的行动。在朝鲜农民起义之初，袁世凯即有意派兵"助剿"。打算借此为清廷扬威，为个人猎取功名。清政府对于镇压朝鲜农民起义，维持受册封的李氏王朝统治，是完全赞同的。只害怕日本会乘机出兵。因此，李鸿章初获朝

---

① 七种贱民，即流浪艺人、屠户、编筐者、魔法师、舞女、鞋匠和皮匠。

② 白丁，贱民之一种，世代为屠户，头戴平壤笠是白丁的特殊标志。

鲜农民起义的报告时，并未立即派兵。他致总署①电称："韩王未请我派兵援助，日本亦未闻派兵，似未便轻动，应俟续信如何再酌。"随着朝鲜农民起义扩大发展，腐败的李朝政府无力控制局面，日本又极力诱使清政府派兵"代韩戡乱"，并假意表示日本"必无他意抄"，李鸿章才同意出兵。6月1日，朝鲜政府向袁世凯求援。几天后，李鸿章接到朝鲜请兵的电文，奏派直隶提督叶志超、太原镇总兵聂士成率淮军1500人开赴朝鲜，另饬北洋水师提督丁汝昌派济远、扬威二舰赴仁川、汉城。清兵于6月8至10日分批进驻京城以南的牙山。清政府派到朝鲜的军队不入汉城，军舰不入仁川，以避免与日军冲突。此时清政府相信日本不会派兵，完全没有料到日本的阴谋。

日本在朝鲜，自壬午（1882年）和甲申（1884年）两次事变②失败后，经过10年扩军计划，已做好霸占朝鲜侵略中国的准备，但要开战总要找个借口。恰于此时朝鲜爆发农民起义。日本认为这是发动侵略战争的时机。在朝鲜农民起义初期，日本参谋本部就派次长川上操六等人去朝鲜和中国活动，搜集情报考察局势，指使日本浪人去朝鲜"放火"。但是这个阴谋没能得逞。接着，设圈套诱使清政府出兵朝鲜。企图利用天津条约③和济物浦条约④寻机启衅，以促成清日开战。实际上，1894年5月日本已做好出兵准备。6月2日，日本政府获悉朝鲜政府已向清廷乞援，当即召开内阁会议，决定以保护使馆及侨民名义出兵朝鲜。5日，回国休假的日本驻朝鲜公使大鸟圭介乘军舰归任。9日在仁川登陆，10日率陆战队三四百名直入京城。此后，日军陆续增加到12500人。

当中、日两国陆续向朝鲜出兵时，朝鲜农民起义军已与政府签订了休战和约，朝鲜内部局势已趋平稳。清政府因此止兵，未与农民军接触。朝鲜政府见中、日军队云集颇存戒惧，6月13日致函袁世凯要求清廷撤兵，以解除日方借口。清政府当即准备撤兵回国，并向日本提出双方同时撤军。日本自然不会同意。为了在外交上争取主动，日本抛出所谓"日中共同改革朝鲜内政的方案"。不出日本所料，清政府拒绝了这个提案。于是日本以武力为后

① 总署即清政府总理衙门。总署大臣恭亲王奕䜣。
② 参见本书《朝鲜开国与开化派政变》一文。
③ 通称《李，伊协约》。1885年4月李鸿章和伊藤博文就朝鲜问题在天津签订。共3条。规定两国对朝鲜有同等派兵权。
④ 亦即《仁川条约》。1882年8月日本迫朝鲜在仁川签订。共6条。其中规定日本有权驻兵保护公使馆。

盾，单独压朝鲜政府实行"改革"。6 月 26 日，大鸟圭介遵照东京的指示，要求朝鲜国王"改革内政"。7 月 4 日，提出 5 项 26 条改革方案。并逼迫朝鲜政府在 3 天之内制定出具体措施，10 天之内付诸实行。日本故意提出在期限内无法办到的条款，其用心在于为使用武力制造借口。尽管日本如此寻衅也未能惹起事端。7 月 20 日，日本向朝鲜政府发出最后通牒，要求立即废除同清政府缔结的一切条约。限期 3 天于 22 日夜 12 时予以答复。声称如逾期不采取措施，日本将使用武力解决。7 月 23 日凌晨，日本终于采取军事行动攻占了朝鲜王宫，将亲清的闵妃集团赶下台。当日，朝鲜高宗在日军胁迫下，将一切政务交给闵妃政敌大院君掌管。组成以金弘集为首的亲日卖国政权。日本在维护朝鲜独立的幌子下，唆使金弘集政府于 7 月 25 日同清政府废约，并宣布委托日本驱除中国军队。日本未等接到朝鲜正式公文，7 月 25 日一早，即不宣而战，突然袭击停泊在半岛的中国舰队，从而挑起侵略朝鲜和中国的甲午战争。

日本发动的侵略战争，给朝鲜人民带来深重灾难。朝鲜完全被日军占领。日军所到之处，街巷遭劫，村庄被烧，田野荒芜，全国粮荒。仇恨日本的情绪笼罩着整个朝鲜半岛。以农民为主体的朝鲜人民的抗争，不仅在全罗道、忠清道的大部分地区以及庆尚道、京畿道、江原道、黄海道的一部分地区展开，而且还扩展到北方的平安道和咸镜道。人们拒不执行卖国政府的命令，不向日军提供粮食、车辆、马匹和驮畜，到处切断电线，烧毁电线杆，破坏交通，袭击日军运输队，支援中国军队与日军作战。有不少官军和中国士兵也参加了农民军。日本占领军主要部署在靠近中国的北部和中部各道。南方大部分地区仍由农民军控制着。9 月，日军把中国军队逐出朝鲜后，即勾结朝鲜亲日政府把矛头转向起义农民。首先围剿全罗道、忠清道一带的农民军。

全琫准决心再次起兵抗击日军。当月在全罗道通往忠清道的交通要冲参礼设置大都所。与镇安、金沟、全州、井邑、扶安等地东学教接主商议第二次起义。孙和中也派人或发檄文到全州、镇安、兴德、茂长、高敞等地，号召民众起来斗争，并率部 4000 多名开赴参礼会合。长期受东学教北接派①影响的忠清道农民也奋起抗战。各地农民纷纷组织队伍，响应全罗道农民军武

① 北接派，东学教两派系之一。该派主要是以崔时亨为首的东学教上层。他们反对农民起义。其势力在全罗道以北的忠清道，故称北接派。南接派，主要是以全琫准为代表的年轻的基层首领。他们积极组织领导农民起义。该派主要活动在忠清道以南的全罗道，故谓南接派。

装起义的时候，崔时亨却向全国教徒发出通谕文和 13 条约法，制止教徒发动和参加农民起义。9 月初，东学教两大派在参礼开会协调对策失败。崔时亨再次向各包①发出通谕文，严加制止教徒响应南接派武装起义。面对官军和日军围剿农民军、残杀东学教人，北接派教徒迫切要求与南接派联合起义。崔时亨迫于形势才于 10 月 16 日发布招谕文，令所属各包率教徒会集青山参战。在此期间，全琫准已挥师北上，率 4000 余众开赴忠清道境。击退官军堵截，进驻论山，直逼公州。11 月中旬，孙秉熙指挥 6000 多名北接派农民军开往论山与全琫准部会师。决定以一部分兵力留守后方，集中主力攻打公州，渡锦江挺进京城。

公州是忠清道首府、入京的咽喉要道。在这必争之地，农民军与官军、日军展开激烈的攻防战。农民军主力部队以论山为根据地，在全琫准等人指挥下，于 11 月 19 日发起进攻。农民军先在利仁击败官军，占领公州以北的凤凰山，然后转入围攻。在孝浦经过几天肉搏，陷入相持状态。最后在牛金峙战斗失利。农民军暂退回敬川店一带整顿。12 月 4 日，再由利仁发起第二次进攻。同时向官军发布告示，号召他们掉转枪口"同扶大义"。终因日军参战，农民军武器陋劣又缺乏军事训练而失败。农民军退守论山，准备重整旗鼓。在日军和官军追击下，自 12 月中旬起，农民军分散成许多小部队在忠清道、全罗道一带继续与日军血战，最后也都失败。至年底，南三道几乎全被官军和日军控制。

各地两班、土豪卷土重来。一度参加农民军和执纲所的两班、乡吏，这时也都纷纷叛变告密，协助官军和日军捕杀农民军。仅三南地区就有约 20 万农民及其家属被杀害。城镇乡村遭到严重破坏。全琫准等人辗转至全罗道淳昌一带坚持斗争，积蓄力量准备再战，不幸被叛徒金敬天出卖，1895 年 2 月 28 日被捕。封建政府怕农民军潜入京城劫狱，将全氏关押在日本公使馆。全氏坚贞不屈，怒斥敌人："你们是我的敌人，我是你们的敌人。一心想除尽你们整治国家。如今落入你们手中，要杀就杀，何必多讲！我可以死在敌人之手，但决不伏敌人之法！"1895 年 4 月 23 日（农历三月二十九日），壮烈牺牲在敌人的绞刑架下，年仅 41 岁。其他农民军领袖也相继遇难。一部分农民军余部进入山区开展游击斗争，为以后的反日义兵斗争开辟了道路。农民起义坚持一年之久，约在 1895 年 2 月结束。

---

① 包即"接"，东学教的地区组织。包主亦即接主。1894 年农民战争时期，起义称起包。

苏丹马赫迪起义

彭坤元

19 世纪 80 年代爆发的苏丹马赫迪起义，是非洲近代史上规模最大、影响深远的反殖武装起义。起义取得了胜利，并建立了独立的马赫迪国家。

埃及和西方殖民者对苏丹的奴役

1820 年，奥斯曼帝国驻埃及的总督穆罕默德·阿里派遣军队征服苏丹。从此，苏丹成为埃及封建专制政权的直辖领地。埃及统治集团通过政治、经济和军事手段，对苏丹人民进行残酷的压迫和剥削。

从征服之日起，苏丹每年有几千名黑人奴隶被掳掠到埃及。这些被称为"吉哈迪亚"① 的奴隶，除用于补充军队外，还用于工农业生产，或代替军饷发给官兵，或变卖后将所得作为政府的财政收入。

经济上，埃及统治者强制摊派苛捐杂税，苏丹每户家庭每年要缴纳三次赋税：一次上缴埃及国库，一次上缴苏丹总督，一次落入税吏和地方官贝伊②的腰包。除规定必须缴纳的人丁税、牲畜税和什一税之外，农牧民还要缴纳名目繁多的杂税。例如，出售谷物和家畜要交上市税，上市税往往为其售出价值的 50%，种地、使用水车浇灌，每年交 7 镑税，使用良种，获得好收成，税收加倍；谋得职业挣到钱者要交税；有小船者，需升挂埃及国旗，为此每年要上税 4 镑；忘了挂旗，或不连续挂者，交罚金 4 镑；甚至修膳房屋也要上税。

当局征税，普遍实行估税法。各项税收，不问百姓经济状况和负担能

---

① 阿拉伯语，指从苏丹南部掳来的黑人奴隶。
② bey 的音译，原为奥斯曼帝国贵族或旁系王子的尊称，后用于任何执政者。

力，常常高估税额，即使天灾人祸，也必须按期完纳。税吏收税，往往有警察或士兵陪同。凡不能如期交税者，轻则挨鞭笞、受跖刑[①]，重则焚毁其房屋，或被罚为奴隶。为防止百姓逃税，当局实行连环保法，每户发给一本萨基（登录簿），记录该户交税情况，连保户中若有人逃跑，则其应缴的税额由其他户负担。

官府和税吏用尽心机横征暴敛，搜刮民财。1871 年，苏丹总督加法尔·穆兹哈尔为饱私囊，对北方几个省任意加征水车税。他的后任变本加厉，竟向农民预先征收 3 年的水车税。在该城被起义军攻占后，从乌拜伊德城的城防司令马哈茂德·赛义德帕夏[②]家里搜出了 8000 镑金币，从其助手穆迪尔·阿里·谢里夫贝伊家里搜出 7000 镑金币。在薪饷常常用奴隶支付的苏丹，他们竟藏有这么一大笔金币显然是用各种办法搜刮来的。

还有一个政府机关的文书，月薪 2 镑，后因得到总督赏识，提拔为总税务官。他任职 3 年里，搜刮的钱财达 6 万镑。一位记者感叹说：这 6 万镑"意味着 5 千户人家被捣毁，几百万人无端被掠夺和遭受鞭笞；意味着无数抗命不交税的人，被杖毙于门前"。

被搜刮得一贫如洗的贫苦农牧民，平常年景只能靠玉米和大葱勉强度日；遇上荒年灾月，生活更艰难。不少农牧民走投无路，被迫背井离乡，逃往西部山区，因而造成大片农田荒芜，生产停滞。以散纳尔地区为例，19 世纪初，这里人口稠密，农牧业生产兴旺。到 70 年代初，散纳尔地区 145 个村庄一度只剩下 599 人，平均一个村庄 4 个人左右。大部分居民不是饿死，就是逃离家乡。

埃及赫底威[③]伊斯梅尔执政时期（1863—1879 年），企图靠扩大棉花出口和大举外债实现埃及的欧化，致使埃及债台高筑，国债总数达 9400 万英镑。以后英法等国借口埃及财政危机，乘机控制了它的经济与政治，对埃及财政实行"双重监督"，规定埃及政府必须将每年财政收入的 2/3（约 650 万英镑）用于偿还国债；其海关收入和国家赋税由英法实行监督。

埃及统治集团为偿还债务，除加重压榨本国人民之外，还把债务转嫁到苏丹人民身上。到 1878 年，苏丹财政赤字累计已达 327000 英镑。即使如

---

①　一种打脚掌的刑罚。

②　土耳其语 pasa 的音译，土耳其和中东某些国家使用的称号，初为奥斯曼帝国高级军政官员的称谓。

③　Khedive 的音译，意即国君或统治者，1867—1914 年埃及执政者的称号。

此，埃及政府还规定苏丹每年必须上交埃及国库143000英镑。

19世纪60年代末，埃及政府为加强对苏丹的统治，聘用了一批英籍和其他欧籍官员，担任苏丹总督和各省省长。镇压过中国太平天国运动的刽子手戈登，1874年曾被聘担任赤道省省长，1877—1879年又被委以苏丹总督之任。这些欧洲官员位高禄厚，享有特权。如曾任总督的英国人塞缪尔·贝克，仅年俸就是1万英镑。而一个普遍办事员的年薪不足30英镑。苏丹人民对欧籍官员的专横跋扈、为非作歹深恶痛绝。当时一位苏丹学者这样写道："戈登政权是一头恶狮，苏丹人民是羔羊。这头恶狮在牧羊，这就是我们今天的状况。"

70年代末，西欧资本乘机向苏丹渗透。英、奥、意等国开设的贸易公司、商行日益增多。他们的商人依仗着本国政府撑腰，勾结当地的封建地主、宗教与世俗权贵，从事象牙、鸵鸟毛和阿拉伯胶的非法买卖，合伙吮吸人民的膏血。封建统治阶级和外国资本的双重剥削和掠夺，使得苏丹的经济日趋凋敝，民不聊生。当时有个外国记者在一篇寄自苏丹的通讯中报道，他亲眼看到一个农民，忍痛出卖自己的一个12岁的男孩和一个小女孩，以换取一筐谷子充饥。

处在异族统治下的苏丹人民，曾多次奋起反抗统治者的压迫和剥削。但是，这些英勇的反抗都是孤立的，很快被埃及统治当局镇压了。

马赫迪起义正是长期郁积在苏丹人民心头的仇与恨的一次总爆发，是埃及封建统治阶级、外国资本家，同广大苏丹人民之间矛盾激化的结果。

阿巴岛起义

马赫迪起义的组织者和领导者是苏丹民族英雄穆罕默德·艾哈迈德·伊本·阿卜杜拉，史书上一般称他为马赫迪。

1844年8月，艾哈迈德出生于栋古拉省拉巴卜岛一个贫苦家庭。父亲是造船工，为了养家糊口，他常常带着全家四处奔波，过着漂泊不定的生活。这使艾哈迈德从小尝到劳苦大众的苦难艰辛，丰富了他的社会阅历。

艾哈迈德上学后，他不满足于学校规定的神学课程，自学文化科学知识。他反对教条式地背诵宗教权贵们对古兰经文的解释，先后求教于德高望重的穆罕默德，哈伊尔、穆罕默德·谢里夫和古莱西·伍德·宰因等教长，学习和研究伊斯兰教各派的教义和理论。

他信仰虔诚,严格遵循古兰经教义,洁身苦修。他厌恶那些言行不一,口是心非,道德败坏,违背先知圣训的人,不管这些人是教长还是一般教徒。他拜过师的苏菲派教长穆·沙里夫,不遵守圣训教规,在儿子举行割礼时大宴宾客,欢歌狂舞。他当面进行规劝,结果触怒了教长,被撵出苏菲派的教门。

艾哈迈德以教士身份走上社会以后,走遍苏丹北部和西部各个省份。所到之处,但见祖国大好河山在异族的统治下百业凋敝,哀鸿遍野,他心中充满痛苦和不平,常常自勉道:"我对我的宗教,我的民族负有责任。我应该净化我的宗教,拯救我的民族。"复兴"纯洁"的伊斯兰教义,革除种种宗教恶习和社会弊病,就成为他的使命。后来在做礼拜或宣讲伊斯兰教义时,他处处揭露外国剥削者,富豪和权贵贪婪残暴、欺压百姓的罪恶。同时,大力宣传原始伊斯兰教义的平等原则,主张"把古兰经和先知的圣训作为社会的指导原则"。

在完全伊斯兰化的苏丹,政治、法律和教育都同神学融为一体。神学在整个意识形态领域里具有至高无上的权威。"对于完全受宗教影响的群众的感情说来,要掀起巨大的风暴,就必须让群众的切身利益披上宗教的外衣出现。"[1] 在当时的历史条件下,艾哈迈德进行的宣传和提出的主张,由于"披上宗教的外衣",很容易为劳苦群众所接受,激发了他们奋起反抗,改变现状的勇气。

1878 年,艾哈迈德在阿巴岛定居。后来他就以此为中心,宣传和组织群众,为起义做准备。1881 年 6 月,随着群众情绪和形势的发展,艾哈迈德开始传播关于马赫迪的传说。他向人民说,穆斯林一旦遭受苦难,天国就会降下一个伟大的救世主(即马赫迪),拯救受苦受难的信徒。他宣称自己就是"众所期待的马赫迪",他的使命是把穆斯林从黑暗和压迫中解救出来,在世间广布太平与安宁。他号召贫苦人民起来驱逐"邪恶势力",以共同完成这一使命。

同年 8 月,马赫迪在阿巴岛公开竖起义旗。在起义文告中,他谴责埃及统治当局说:"这些土耳其人[2]……违背安拉的使者及众先知的教导,无视安拉的启示,篡改穆罕默德的教律,亵渎安拉的宗教,把人头税强加在你们和

---

① 《马克思恩格斯选集》第 4 卷,人民出版社 1972 年版,第 251 页。

② 自阿里征服苏丹后,苏丹人民习惯上把来自埃及的外国统治者称为土耳其人。

所有穆斯林的头上……土耳其人不断抢走你们的人，将他们戴镣监禁；掳掠你们的妻儿，屠杀安拉保佑下的先灵。"文告号召农牧民和手工业者抗捐抗税，杀掉那些"异教徒"和"叛教者"，推翻异族的反动统治，建立"普遍平等、处处公正的美好社会"。马赫迪还提出了一个响亮的口号："宁拼千条命，不缴一文税。"

阿巴岛距喀土穆 200 多公里。马赫迪发布起义文告的消息，很快传到首都。苏丹总督穆·拉乌夫立即派出其助理带领一个使团去阿巴岛，勒令马赫迪当众宣布放弃"救世主"的称号，停止反叛行为。马赫迪义正词严地对总督助理说，"我受之于安拉的使命，谁都要服从"。总督派出 200 多名讨伐军，前去捉拿马赫迪及其追随者。

1881 年 8 月 12 日，马赫迪组织了阿巴岛及其周围地区的农民、渔民和手工业者 300 多人，手执剑、矛、渔叉和棍棒，迎头痛击前来镇压的政府讨伐军，打死 120 多个士兵和 6 个军官。阿巴岛一仗，揭开了全国武装起义的序幕。

希甘战役

阿巴岛起义后，马赫迪为避免在力量不足时，过早地与强敌交锋，决定率起义队伍向西部的卡迪尔山区转移，在那里建立根据地。卡迪尔山区位于科尔多凡省境内，地势险要，群众基础较好。据有关材料记载，早在起义之前，马赫迪曾两次到过这一带考察地形民情。起义队伍在向卡迪尔山区进发途中，沿路受到农牧民群众的热烈欢迎，西部一些省份和地区的贫苦百姓及山民，闻讯后纷纷前来投奔起义军。

起义军队伍的壮大，引起了当局的不安。总督急忙从各地驻防军中调整兵力去围剿起义军。1881 年底，由拉希德省长指挥的 1400 多名讨伐军，企图偷袭起义军的大本营。卡迪尔的山民发现敌情后，立即点燃烽火，向义军报警。有个名叫拉卜哈赫的农妇，冒着生命危险，连夜赶到起义军总部，向马赫迪报告敌军的行踪。起义军在山口设下埋伏，全部歼灭了这支讨伐军。1882 年 3 月，一支约 4000 人的埃及讨伐军又被起义军击溃。

卡迪尔根据地反围剿的胜利，鼓舞了各地的武装斗争。起义队伍在人员和军事素质方面获得迅速发展和提高，阿巴岛起义时，起义军仅有 300 多人和一些简陋武器，这时已用缴获的敌军枪炮装备起来，人数多达 15 万。

1882 年 9 月初，马赫迪率领起义军主力从根据地出击。攻打科尔多凡省省会乌拜伊德。这一行动表明，起义军开始由战略防御转向战略进攻。

乌拜伊德是苏丹第二大城市，也是科尔多凡省政治、经济中心。攻占这座城市，意味着控制全省，会对其他省区发生重大影响。但该城有敌重兵防守，起义军缺乏攻坚战经验，虽经多次强攻，均未攻克。

起义军在正面攻击乌拜伊德失利后，改用围困的办法迫使敌守军投降。经过三个多月的围城打援，1883 年初，敌守军终因粮饷断绝，向起义军投降。敌军官兵除少数罪恶昭著者外，受到了宽大待遇。其中 3000 多士兵和后勤人员被编入起义军的队伍。乌拜伊德的攻克，有力地推动了全国的武装斗争。

英国在 1882 年占领埃及之后，它与赫底威政府都不愿轻易丢失科尔多凡这一重要省份，决定派遣英国军官希克斯率领远征军去夺回乌拜伊德，剿灭起义军。

1883 年 9 月，远征军从恩图曼起程，向科尔多凡省进发。远征军拥有配备机枪和大炮的步骑兵 12000 人，有充足的弹药和给养，有 500 匹战马和 5000 多头骆驼组成的运输队。10 月初，远征军抵达乌拜伊德东南的腊哈德。由于缺水，远征军的马匹纷纷倒毙。干渴难忍的官兵四处乱窜，寻找水源和解渴的食物。队伍未打自乱。

马赫迪和起义军副总指挥穆罕默德·阿卜杜拉制订了全歼敌人的计划。由穆罕默德·阿卜杜拉和拉赫曼·伊本·奈索里各率领一部分起义军，或佯作撤退，以诱敌深入，或截断敌军的后路，并沿途填平敌军必经之地的所有水井，散发瓦解敌军士气的《告士兵书》。该书由马赫迪亲自书写。书中写道："谁投诚，谁得以平安无事。如若不相信我们，迷信尔等的枪炮火药，则尔等必死无疑，即如圣先知穆罕默德对尔等训导过的。军中那些先亡者是尔等的前车之鉴。"

11 月 5 日凌晨，疲惫不堪的远征军行至乌拜伊德以南的希甘，埋伏在四周丛林里的起义军，以 4 万人的优势兵力，对敌军发起突然围攻。据《马赫迪传》作者、亲身参加过希甘战役的伊斯梅尔·阿卜杜·卡迪尔回忆说，起义军"从四面八方包围敌人……他们怀着圣洁的心灵冲上前去，向土耳其人猛烈攻击。刀剑刺进土耳其人的胸膛……他们突破敌阵，短兵相接，战斗激烈，矛飞剑舞"。经过一上午激战，敌军除 250 人逃亡之外，全部被歼灭。远征军头目希克斯及其手下的所有欧籍和埃及军官都被打死。

　　恩格斯对苏丹人民在希甘战役中取得的辉煌胜利，给予热情的赞扬和极高的评价。他说，还存在着氏族制度的努比亚（即苏丹）人，"曾做出了任何欧洲军队都不能做的事情"①，"马赫迪非常成功地抗击英国人"②。

　　希甘一仗，从根本上改变了苏丹武装斗争的形势。它不仅有力地推动东部、中部和其他地区的武装斗争，而且促使许多原来持观望态度的宗教上层人士和一些贵族承认马赫迪的领导权，加入了起义的行列。

　　起义军在军事上、政治上取得这些胜利，除有正确的战略战术之外，还制定了一系列适合战时情况的财政经济政策。他们设立了"比特马勒"，即中央金库，来管理起义军的经济生活。"比特马勒"收入的主要来源是战利品，其次是没收官吏、贵族地主和犯罪者的房屋、土地等财产；提取贩卖象牙、奴隶等国家专卖事业的利润，居民按伊斯兰教"圣律"规定交纳的少量税额。

　　马赫迪根据原始伊斯兰教义关于公正与平等的原则，多次下令：中央金库的财富归整个社会所公有。起义军中，上自最高将领，下至普通战士，都可平均分配。他宣布，任何人不得盗用公有财富，违者严加惩处。

　　希克斯远征军的覆没，使英国政府深感不安。它对埃及的占领还未最后巩固，无暇顾及苏丹。它深知马赫迪起义已成燎原之势，继续使用武力镇压已无济于事。于是，由英国内阁和外交部共同拟定一个"和平解决"方案。主要内容有两项：一是公开宣布从苏丹撤走全部英埃驻防军，一是把苏丹的南部并入英占东非殖民地，在中部和北部建立英国"保护下的独立政府"。

　　英国政府决定委派"苏丹通"戈登前去执行这个使命。陆军大臣哈廷顿在下院回答反对党议员的询问时说："戈登是根据女王陛下政府的使命而派去（苏丹）的。"他们认为派戈登重返苏丹，也许"比整整一支军队更有价值"。英帝国主义已由幕后指使埃及政府镇压马赫迪起义，转为公开出面参与，它已成为苏丹人民的主要敌人。

　　国内史学界有一种意见认为，马赫迪起义从一开始就是反对英国殖民主义的。理由是，在伊斯梅尔时期，赫底威政府已成为英国的傀儡；戈登自1877 年担任苏丹总督，就代表了英国政府的利益和侵略政策。

　　笔者认为，伊斯梅尔时期，埃及因国债累累，其财政为英法等国所控

---

① 《马克思恩格斯选集》第 4 卷，人民出版社 1972 年版，第 93 页。
② 《马克思恩格斯全集》第 22 卷，人民出版社 1965 年版，第 526 页注①。

制，海关收入和国家赋税受到外国监督。但在政治上，埃及还是个主权国家，伊斯梅尔在内政外交上还有自主权。这时埃及与苏丹的关系首先是埃及对苏丹的控制，英国还必须通过赫底威政府，才能在苏丹采取行动。其次，戈登1876—1877年担任苏丹赤道省长，1877—1879年升任总督，都不是受英国政府派遣，而是通过埃及努巴首相的私人关系，以个人身份受聘的。所以，马赫迪起义初期，斗争矛头主要指向埃及统治当局（背后有英国的支持）。

陶菲克执政时期（1879—1892年），尤其是1882年9月英国占领埃及之后，埃及政府在任何重大问题上，如果没有得到英国占领当局的允许，都不得采取行动。在苏丹，由于英国直接参与镇压起义，它就成为起义人民斗争的主要对象了。也就是说，马赫迪起义经历从反埃到反英的转变过程。

1884年初，戈登以苏丹总督的身份到苏丹后，着手做两件事情：一是拉拢地主分子、氏族贵族和教长，成立"地方自治政府"，他亲自拟定新政府成员名单。其中三个核心人物是：大封建主、舒克里亚部落的酋长阿瓦德·克里姆·阿布·辛贝伊；大奴隶贩子祖贝尔的一位老部下赛义德·侯赛因·贾迈比贝伊，被提升为帕夏，易卜拉欣·法齐贝伊，被提升为帕夏，还委以苏丹军队司令之职。

另一件事是，企图用高官厚禄收买马赫迪和他的将领们。2月中旬，戈登给马赫迪写了一封信，允诺委任他为科尔多凡省的素丹；表示要与马赫迪化干戈为玉帛，共谋苏丹的和平与安定。他随信送去一份官方委任状和一套华贵的长袍。

马赫迪在复信中痛斥戈登的伪善言辞和卑鄙行径。信的末尾写道："我是众所期待的、当之无愧的马赫迪，是先知的继承人。我无需接受你委以的科尔多凡素丹之职。"马赫迪也派人给戈登捎去一件"苦修僧"的长袍，要他弃恶从善，投降起义军。

继希甘战役之后，东部地区的起义军，在著名将领奥斯曼·迪克纳领导下，歼灭了解救辛卡特的增援部队800人。随后又打败英国军官贝克指挥的精锐部队3700人，打死11名欧籍军官，攻占托卡尔等重要城镇，切断了萨瓦金—柏伯尔这条从红海通往苏丹内地的交通要道，逼近萨瓦金港口。这为起义军下一步解放首都喀土穆创造了有利条件。

1884年3—7月，马赫迪调兵遣将，有计划地对喀土穆实行包围。他本人统率军队从乌拜伊德北上，同年10月下旬抵达恩图曼城下。他给被困守在喀土穆城里的戈登发出一份敦促投降书,书中历数戈登在苏丹犯下的种种罪行,揭穿其负隅顽抗的虚弱本质,指出:"你所期待的援军……除了使你毁灭,不会给你带来别的什么。"他敦促戈登赶快放下武器,停止抵抗,"否则,攻城战斗打响后,你想要投降,我们将不会接受"。

在喀土穆被围困的日子里,戈登惶惶不可终日。他在日记里写道:"12月6日——在这6个钟头里,我好像度过了好几年……我们忍受着一连串的痛苦和焦虑,到明天就是9个月270天了。"

12月14日,戈登在给家人的信中写道:"这或许是我写给你的最后一封信了。由于援军迟迟不来,我们的末日快要降临。"

马赫迪从缴获的敌人密码电文中知悉,英国政府派出陆军部首席顾问沃尔斯利将军,率领15000名英埃远征军,正急速赶来解救戈登。他随即召开军事会议,商讨对策,决定抓住有利战机,在英埃远征军到来之前,攻占喀土穆城。

1885年1月25日傍晚,马赫迪亲临前线部署作战计划。26日凌晨,总攻击开始了。成千上万的起义战士冲破敌人的层层防线,奋勇冲进城里。经过激战,在旭日东升时,喀土穆城头飘扬着起义军的战旗。

据一位目击者叙述,当起义军冲进总督府时,戈登惊慌失借,从办公室跑到楼梯口,正想夺路逃走,一队起义军战士突然出现在他面前。一名战士怒不可遏地骂道:"该死的家伙,你的末日到了!"话音刚落,一杆长矛刺进了戈登的胸膛。

喀土穆的光复,宣告了英国殖民主义者及埃及傀儡政府在苏丹统治的完结。

马赫迪国家的建立

在夺取全国武装斗争胜利的同时,马赫迪着手建设新生的国家。他把首都设在恩图曼城,重新划定全国行政区,设20个省和若干地区,委任各级行政、军事官员,制定轻税薄赋政策,规定穆斯林除缴纳天课外,取消一切苛捐杂税;实行纯洁宗教;等等。但是,这些措施刚刚付诸实施,马赫迪因得天花,于1885年6月22日不幸故去。

根据马赫迪生前的安排,由他的忠实助手和战友、起义军副总指挥阿卜杜拉继承他的未竟之业。阿卜杜拉指挥起义军,继续扫荡英、埃占领军。至

9 月，解放了除萨瓦金港以外的苏丹全境。

在阿卜杜拉哈里发①执政时期（1885—1899 年），苏丹形成了中央集权的封建神权国家。

在政治制度方面，马赫迪国家废除了英埃占领时期的统治机构，设立一套集中统一的国家政权组织。作为国家最高首领的阿卜杜拉，集军事、宗教和行政大权于一身。在他之下，各省的最高长官为大埃米尔，拥有军事和行政大权。省下设区，区的长官为埃米尔。与此相应，设有大卡迪（大法官）和卡迪（法官），掌管司法、诉讼，审理案件等事宜。担任这些官职的起义军领袖和将领们，有许多人原来是地位低贱的农牧民。他们做了官，位高权大，开始脱离群众，逐渐形成了新的封建特权阶级。

经济方面，马赫迪国家完善了原有的"比特马勒"制，在各省设立了中央金库的分库。库下设有国家总出纳处，哈里发出纳处，军用物资出纳处，市场出纳处等。中央金库负责管理国家的财政金融、工农业生产和贸易，监督货币的铸造。马赫迪国家境内流通的金属货币有金镑、银圆和铜圆。这些货币在埃及和奥斯曼帝国的大部分地区也流通过。

在军事方面，国家建立了一支约 10 万人的正规军，由中央金库提供装备和给养。在首都及其他城市还建立兵工厂。

马赫迪国家颁布过关于土地所有权的声明。声明宣布，没收土耳其，埃及地主官僚的大地产，保护土地所有权，规定实际占有和使用一块土地超过 7 年以上者，即对该土地拥有所有权；重新处理英埃当局用各种手段强占的土地，或把它变卖，或有偿归还原主。上述没收来的土地，后来大部分变为阿卜杜拉、各省区军政长官及其亲信随从的私产。在这些私产土地上耕种的农民，不但要缴纳费拉特（人头税），还要缴纳乌什普（农产品税及其上市税）和扎盖特（牲口税）等捐税。封建的生产关系依然如故。无地或少地的农牧民对土地的要求，没有得到满足。这是马赫迪起义的历史局限性和弱点，也是马赫迪国家终于灭亡的重要原因之一。

马赫迪国家重视文化教育，推广阿拉伯语言文字，使阿拉伯语成为全国通用语言，开设一大批伊斯兰学校，开展扫盲运动；兴建国家博物馆。

马赫迪国家采取的这些措施，在一定程度上解放了社会生产力，经济有

---

① 阿拉伯语 Khalifah 的音译，意为"继承者""代理者"。中世纪政教合一的阿拉伯国家和奥斯曼帝国的国家元首即称哈里发。

所发展，使这个新兴国家存在了 14 年之久。在近代史上，马赫迪国家是继中国太平天国政权之后，亚非地区建立的又一个农民政权。它对北非、东非，乃至印度和中亚一些国家的被压迫人民，具有很大吸引力，鼓舞着他们去为国家的独立，民族的解放而英勇斗争。

恩格斯在分析信奉伊斯兰教的国家和民族发生革命运动的原因及其后果时，曾深刻地指出："所有这些在宗教的外衣下进行的运动都是由经济原因引起的；可是这些运动即使在获得胜利的情况下，也把原有的经济条件原封不动地保留下来。这样，一切又都照旧，冲突就成为周期性的了。"[1] 马赫迪国家正是这样。它把英埃势力从苏丹清除出去之后，并没有从根本上触动整个封建社会的经济基础和政教合一的上层建筑。

马赫迪逝世后不久，阿卜杜拉哈里发就以马赫迪继承人的身份，独揽全国最高统治权。他对自己所属的巴卡拉部落给予特殊照顾和赏赐，提拔了不少亲属和部下担任宗教首领，军事和行政要职。他的兄弟雅各布执掌全国军事指挥权，另一个亲戚迪克姆掌管了苏丹的"粮仓"杰济腊地区。这就引起马赫迪亲属和其他部落的不满。驻达尔富尔省的军事长官哈里发穆罕默德·哈米德，曾准备率领军队攻打恩图曼，推翻阿卜杜拉政权。卡巴比什部落及其首领，为争夺肥沃的栋古拉省的管辖权，也一度发难。在科尔多凡省和散纳尔省，同样出现争权夺利的内讧。领导集团内部的矛盾，后来愈演愈烈。

马赫迪起义的领袖们也同历史上许多农民起义领袖一样，在获得胜利、建立革命政权之后，逐渐地封建化了。他们把埃及逃亡地主和官僚的田庄、地产占为己有，并利用手中权力侵占农民的土地，成为新的剥削者。起义时期原有的官兵平等，人人穿阿拉伯长袍，着草鞋，每个人"能从金库分配到足够物品"的制度，被新的封建等级关系所取代。

由于受英帝国主义的挑唆，马赫迪国家与埃塞俄比亚之间发生了持续 5 年（1885—1889 年）的战争。1889 年 3 月 9 日，15 万名埃塞俄比亚军同 85000 名马赫迪军决战。双方死伤惨重，埃塞俄比亚皇帝约翰四世阵亡。在北部，同埃及的边境冲突不断。为了平息内部的叛乱，阿卜杜拉也曾多次用兵。频繁的征战，不仅损兵折将，削弱军备，而且耗尽国家财力，加重了人民负担。

在阿卜杜拉执政后期，农业歉收、粮食减产，死于疫病和饥馑的人达数

---

① 《马克思恩格斯全集》第 22 卷，人民出版社 1965 年版，第 526 页注①。

百万。所有这一切，使马赫迪国家急剧衰落。

90 年代末，英帝国主义为遏制法国横贯东西非的"两洋"（大西洋—印度洋）政策，确立其在东北非的优势，打开纵贯非洲南北的通道，决计要消灭马赫迪国家。1896 年 3 月，英国议会通过出兵苏丹的决议。英国政府贷款 80 万英镑给埃及政府，作为镇迫起义军的费用。英国军官赫伯特·基切纳被任命为英埃侵略军总司令，这支军队有英军 8200 人，埃及军 17600 人，骡、马、骆驼等运输牲口 7000 余头，炮舰 10 艘，运输船 5 艘，并配备有新发明的马克沁机枪等精良装备。同年夏季，侵略军开始大举入侵苏丹。阿卜杜拉率领军民为保卫国家独立和主权，对侵略者进行英勇顽强的抵抗。当时，马赫迪军的总兵力约有 5 万人，有 34000 支步枪和一些老式大炮。

1898 年 9 月 2 日，保卫首都的马赫迪军主力，在城北郊外卡拉里与侵略军激战。起义军伤亡 26000 人。侵略军攻占恩图曼，大肆烧杀抢掠。阿卜杜拉率马赫迪军余部，退往西部沙漠坚持游击战。1899 年 11 月，阿卜杜拉在阿巴岛以南不远处的一次战斗中壮烈牺牲。马赫迪国家灭亡。

1899 年 1 月 19 日，英埃协定签订，苏丹在英埃共管的名义下，正式沦为英国的殖民地。

柏林会议与西方列强对非洲的瓜分

张文淳

1884 年 11 月 15 日，欧美列强的代表在德意志帝国宰相俾斯麦主持下，举行了柏林会议。这次会议原是为了解决比利时国王利奥波德二世侵占非洲刚果河盆地（即今扎伊尔）问题而召开的。结果，它却成了西方列强对非洲进行大瓜分的分赃会议。此后，列强几乎将整个非洲瓜分完毕，接着就发动了重新瓜分世界的第一次世界大战。

1884 年前列强在非洲的角逐

自 15 世纪末新航路发现直到 18 世纪英国开始工业革命的资本"原始积累"时期，西欧列强葡萄牙、西班牙、荷兰、法国和英国，为了掠夺非洲黄金，贩卖黑人奴隶，进行多次商业战争，占领了非洲大陆沿海一些地方及岛屿，建立了早期的殖民据点。1876 年前后，西方列强在非洲沿海一带所占殖民地的面积，达到全非洲土地面积的 10.8%。非洲大陆已被殖民主义势力所包围。

19 世纪 60 至 70 年代，欧洲的资本主义迅速发展，列强先后完成了工业革命。1873 年经济危机之后，自由资本主义逐步向垄断资本主义即帝国主义阶段过渡。在此以前，它们已将亚洲，拉丁美洲广大地区瓜分殆尽，这一时期就把非洲当作瓜分的目标，加紧了激烈的角逐。

还在 1876 年，由于西方殖民主义者在非洲的主要探险活动有了结果[1]，比利时国王利奥波德二世便发起召开所谓"国际地理学会议"，扬言要讨论"开化非洲所应当采取的最好方法"。当年 9 月 12—19 日，会议在布鲁塞尔

---

[1] 参阅《外国历史大事集·近代部分·第一分册》中《19 世纪西方国家在非洲的探险活动》一文。

召开。英、法、德、意、葡、比等国的地理学家、探险家以及美、俄、奥匈帝国的代表共 35 人出席了这次会议。与会代表在进行科学考察和传播文明的幌子下，决定成立"国际中非考察与文化协会"（简称"国际非洲协会"），利奥波德二世被选为会长，协会总部设在布鲁塞尔，各国分别设立委员会。后来，除英国外，各国都设立了这样的机构，并纷纷派人到非洲进行探险侵略活动。其中比利时委员会最为活跃。1878 年 11 月，比利时成立了"上刚果研究委员会"①，利奥波德二世从银行资本家筹措约 100 万法郎基金支持该委员会，并将它改组为一个实行殖民侵略计划的垄断资本合股公司。布鲁塞尔会议实际上是西方列强瓜分非洲的序幕。

利奥波德的侵略目标在刚果。在布鲁塞尔国际地理学会议开幕词中，他鼓动列强对非洲中部发起一次"十字军远征"，公然宣称"打开地球上唯一尚未进入的地区，并使之文明化，冲破笼罩着当地全体居民的黑暗，我敢大胆地讲，这是一次十字军远征，这次远征与我们这个进步的时代是很相称的"。可是，列强并未联合发起十字军远征，而是互相争斗。利奥波德二世与英籍探险家斯坦利勾结，抢先入侵刚果。

斯坦利在非洲的探险活动，特别是发现刚果河以南盆地物产丰富的消息，早就使利奥波德二世垂涎欲滴。1871 年 1 月，利奥波德派遣两名特使与斯坦利在法国马赛港会见，不久又在巴黎进行密谈。斯坦利答应"在利奥波德指定的非洲任何地方工作 5 年；在合同期间，未征得国王事先同意，不公布任何消息，不举行任何报告会"。

1879 年 1 月，斯坦利从比利时上刚果研究委员会领到经费，带领一支探险队，先去桑给巴尔，再转回刚果河口，乘 5 艘小船溯河而上。他所到之处，威逼利诱，骗得部落首领们订立 450 多个条约，还建立了 22 个商站，后来，利奥波德二世以国际刚果协会的名义占领刚果盆地各部落居住区。

斯坦利的扩张活动引起了西欧列强的警觉和嫉妒。1875—1878 年，法国军官布拉柴率领一支探险队由奥戈韦河上行到刚果河流域。利奥波德二世想收买他，但未成功。1880 年，布拉柴在法国政府支持及资助下，再度侵入刚果河流域，与斯坦利进行竞争。1881 年 11 月底，斯坦利到达刚果河下游，发现北岸飘扬着法兰西的三色旗，那是布拉柴 1880 年 9 月建立的据点（即今布拉柴维尔）。斯坦利在南岸安营扎寨，建立据点，这就是后来的利奥波

---

① 1882 年改称"国际刚果协会"。

德维尔（即今金沙萨）。

1882 年，法国宣布建立"法属刚果"殖民地，限制利奥波德二世和斯坦利向北扩张。同年，占有安哥拉的葡萄牙殖民者也向比利时当局提出抗议，并求助于英国。1884 年 2 月，英葡订立条约：英国承认葡萄牙在刚果河口的"主权"，葡萄牙则承认英国在刚果河口地区享有商业特权。为此，法国和利奥波德二世向英、葡提出抗议。

为了缓和与法国在欧洲的矛盾，德国也与法国联合起来，抗议英葡条约。英葡条约尽管在 1844 年 4 月被宣布作废，但刚果问题变得复杂化了。

此时，利奥波德二世及其助手们开展了紧张的外交活动。他的一位得力助手、国际非洲协会秘书长兼比利时分会主席施特劳赫在向美国驻利比里亚公使游说时说："在中非的心脏地区建立比利时保护之下的黑人国家，类似利比里亚共和国的建立，是人道主义的。" 1884 年 4 月 22 日，美国承认国际非洲协会的旗帜是一个拥有主权的友好国家的旗帜。

利奥波德二世的助手还以"贸易自由"的许诺来说服德国支持他们在刚果地区的活动。俾斯麦于 1884 年 6 月 27 日在德国国会预算委员会上宣布，只要能预先得到一个给予德国人的贸易自由的条约，他便支持建立刚果自由邦的计划。

比利时同法国的矛盾虽然极其尖锐，但为了对付强敌英国，利奥波德二世也竭力拉拢取悦法国。施特劳赫在给法国总理兼外长朱费尔的信中表示：国际非洲协会不会向任何强国让出它在刚果和奎卢阿—尼阿里流域建立的据点和占有的领土，但如果协会不得不放弃它的所有权，协会将给法国以优先权。

利奥波德二世在争取到一些国家承认其在刚果的权益后，就威胁说："如果不让（国际刚果）协会的领地与海洋沟通，（协会）便从该地撤出，让无法和解的竞争者彼此正面交锋。"他竭力利用列强之间不可调和的矛盾，为自己捞取好处。由于利奥波德及其助手的活动，1884 年 11 月 8 日，即柏林会议正式开幕前一星期，德国政府承认国际刚果协会的主权。随后，这一主权相继为英国（12 月 14 日）、意大利（19 日）、奥匈帝国（24 日）、荷兰（27 日）、西班牙（1885 年 1 月 7 日）、俄国和法国（2 月 5 日）、瑞典和挪威（2 月 10 日）、葡萄牙（2 月 14 日）、丹麦和比利时（2 月 23 日）所承认。

在 1884 年，引起国际纠纷的不仅有刚果问题，而且还有埃及问题，苏丹问题，马格里布问题，"非洲之角"纠纷。

1875 年，英国迪斯累利政府抢先购进苏伊士运河公司的埃及股份，英、法之间的矛盾加深。1882 年，英国出兵打败埃及爱国者奥拉比领导的抗英斗争之后，建立了殖民统治。英、法在埃及的矛盾更加尖锐。

1874—1885 年，由于英军侵入苏丹，镇压苏丹马赫迪领导的民族起义，东北非洲的局势变得更严重而复杂。自苏伊士运河通航之后，法、英、意三国相继入侵"东非之角"索马里沿岸地带，分别在那里建立了"保护地"。1881 年，法国强占了突尼斯；摩洛哥也变成了美、英、法、西等国争夺的目标。在马达加斯加，英、法势力激烈竞争。

总之，1876—1884 年，西方列强在非洲沿海和内地展开了全面、激烈的争夺。到 1884 年底柏林会议召开前夕，它们已侵占了非洲领土的 25%。

柏林会议

正是在这种互相角逐、互不相让的形势下，由德国宰相俾斯麦充当"调解人"，列强代表在柏林举行会议。会议从 1884 年 11 月 15 日开始，至 1885 年 2 月 26 日结束，历时 104 天，参加国有英、法、德、比、荷、葡、意、奥匈、西、俄、丹麦、瑞典、挪威、美国和土耳其 15 国[①]。国际刚果协会因尚未得到正式承认，所以只派观察员列席会议。名义上，与会国均有权参与决定国际非洲协会在中部非洲的领土占领和进一步划分殖民地的原则问题。实际上，一切仍由大国来操纵解决。

德国在普法战争之后，特别是完成产业革命之后，政治、经济、军事实力大大增强。俾斯麦已将他的主要注意力，从同法国争夺欧洲大陆的霸权转向海外，要同英、法等国争夺"阳光下的地盘"。狡黠的俾斯麦抓住英、法、比、葡等国在刚果河流域的矛盾，以调解人自居，提议在柏林开会予以解决，并成为会议的东道主，为德国在非洲的扩张铺垫了基石。他在会议开幕词中说："召开本次会议的帝国政府相信，所有受到邀请的政府都希望，通过打通同这一大陆内地的贸易，向居民提供学习条件，对宣传有益知识的传教会和各种事业进行鼓励，以及准备消除奴隶制，尤其是贩卖黑人等方式，使非洲土著与文明相结合。"这番冠冕堂皇的话多少也道出了与会国瓜分非

---

① 有的书上说是 14 国，即荷兰没有参加。

洲的真实目的。德国在非洲的殖民帝国基本上就是在 1884—1890 年间形成的。

在柏林会议上，与会国家的争斗十分激烈。以德、英、美等国为一方，它们对刚果同样怀有野心，但在刚果未占有领土，因而强烈主张在刚果河流域尤其河口地区实行自由贸易。以法、葡为另一方，在刚果地区占有领土和权益，它们极力反对在其占领区实行自由贸易。

利奥波德二世善于审时度势，在幕后操纵所有的会谈。方法之一是通过有最熟悉刚果问题的人参加比利时代表团，例如该代表团秘书是在开发刚果中起过重大作用的埃米尔·班宁，方法之二是通过一些代理人进行必要的联系，美国代表团中的斯坦利和桑福德就是国际刚果协会的两个代理人。利奥波德二世一再保证，国际刚果协会主张在刚果地区实行自由贸易。他的保证得到德、英、美及多数与会国家的赞许和支持，这些国家认为，比利时国小力弱，与其将刚果交给法、葡，不如交由利奥波德二世统治更好些。就这样，利奥波德二世在"鹬蚌相争"中成了得利的"渔人"。刚果被赐给利奥波德二世。

俾斯麦在刚果问题上采取了促成法、比妥协以抵制英、葡结盟的策略。他听任利奥波德二世利用列强间的矛盾在会外进行交易，达成协议。起初，法国代表提出了对刚果河整个右岸以及左岸部分地区的要求。俾斯麦反对这一要求。英国也不同意。在德、英两国的压力下，法国代表只好撤回自己的要求，承认国际非洲协会对刚果河地区的领土权利，只要求在协会万一出卖这块领土时给法国以优先购买权，协会同意法国占有刚果河以北和以西地区，唯刚果河口除外。至于葡萄牙，协会同意它占有刚果河口南岸地带，并保有北岸"飞地"卡奔达，但须将河口以北 36 公里地区划归协会。

会议期间，协会先后与英、意、奥匈、西、俄、瑞典、挪威、丹麦、比利时达成协议。这些协议的内容大致相同，即各国承认国际非洲协会对刚果的主权；协定中并无"国际共管"的约束条件。这样，利奥波德二世便把刚果盆地变为个人占有的所谓"自由国"。

利奥波德二世在柏林会议上取得的胜利，使比利时全国"感到局促不安"，以致议会在表决时，"如果不是无可奈何，也纯粹是出于礼貌。它只是表明'刚果的冒险事业'是国王个人的事情，而比利时概不承担任何费用和责任"。议会声明兼并刚果完全是利奥波德个人的事。

1885 年 2 月 16—24 日，柏林会议讨论和通过《最后议定书》，计 38 条，

6 万多字。第一章是"关于在刚果河流域、河口和附近地区贸易自由及有关事项的共同声明"。第一条载明："各国贸易在下列地区将享受绝对自由：（1）刚果河流域及其支流的各个地域……（2）从南纬 2°30′纬度圈到罗格河口的大西洋沿海地带。（3）从刚果河流域上行……到印度洋地区。"第二条规定："各种旗帜，不分国籍，均可自由在上述领土的沿海地带，从各该地带流出入海的各河流，刚果河各水域及其支流，包括湖泊在内，这些水域沿岸的港口，以及……为了联通水运而建立的各种运河……在第一条所载的领土内，通行无阻。"第四条规定："所有输入这些领土的货物一概免除进口税和过境税"。第五条规定："任何一国，不论正在或将要享有上述领土上的最高统治权，皆不应在上述有关贸易方面取得任何独占权利或各种特权。"

《最后议定书》的第四章是关于"刚果河航行条例"。第十三条规定："刚果河的航行，包括任何一个支流和河流，应对各国商船完全自由开放……凡载有各国臣民和悬挂各国旗帜的航行，在一切方面，均应在完全平等基础上行事。"

柏林会议集中讨论的一个问题是列强进一步瓜分非洲的原则，其结果载入《最后议定书》第六章："关于在非洲大陆沿海取得新领土足以被认为实际有效占领的主要条件的宣言"。其中最重要的是第三十四条，它载明："任何国家，如在其现有属地以外，今后再占领非洲大陆沿海的一块土地，或过去尚无此等属地，而今后将进行占领之任何国家，以及在非洲大陆已领有被保护国之国家，均应在进行新的占领时，分别通知本议定书之其他缔约国，以便彼等在必要时得以提出彼等之权利主张。"这就是所谓"有效占领"原则。第三十五条申明，本议定书缔约国今后在非洲大陆沿海地区占有领土时，要"根据规定的条件，保证贸易自由与过境自由"。

《最后议定书》还规定，上述原则适用于尼日尔河流域，但由英、法当局实行"保证"。

柏林会议的议定书还讲到禁止奴隶贸易、改善非洲人生活等问题，但空洞无物，毫无保证措施。

柏林会议后，为了禁绝非洲内地的奴隶掠夺和贩卖，1889 年由英国发起，法、德、比、意、西、葡、荷、奥匈、俄、瑞典、挪、美、土耳其、波斯、桑给巴尔以及"刚果自由国"的代表又在布鲁塞尔举行会议。会议决定在非洲废除奴隶制度和取缔奴隶贸易，禁止猎奴和陆上运奴，在海上搜捕贩奴船。布鲁塞尔会议实际上是柏林会议的继续，因为列强要利用"人道主义"的旗帜去进一步侵略和瓜分非洲内陆地区。

西方列强对非洲的彻底瓜分

柏林会议《最后议定书》一经签字，俾斯麦就根据议定书第三十四条之规定通知各国：德国已占领"东非"。原来，这是德国探险家彼得斯在桑给巴尔素丹国所属巴加莫约港附近骗得部落酋长承认的"保护地"。1885 年 2 月，德属东非公司接管了这些保护地，5 月间又扩大到维图地区。

在东非的角逐中，英、德最为激烈。桑给巴尔和坦噶尼喀沿海一带是印度洋航路和通向东非内陆的战略要冲，英、德双方都竭力夺取。俾斯麦先前宣布"有效占领"的巴加莫约一带保护地，原有 15 万平方公里，1890 年扩大到坦噶尼喀全境，还包括卢旺达和布隆迪在内。

这时期，英国借口禁止奴隶贸易，经常干涉桑给巴尔素丹国的内政。到 1890 年，它宣布对桑给巴尔实行保护制度。

德国同英国争夺东非的结果是于 1890 年订立"赫耳果兰条约"。根据这项条约的规定，德国承认英国对桑给巴尔的保护权；放弃原有对肯尼亚塔纳河河口维图一带以及布干达的保护权；放弃对尼亚萨兰（今马拉维）的领土要求，并与英国划定了多哥—黄金海岸的边界。英国则承认德国占有坦噶尼喀，德国在西南非洲（纳米比亚）东北角上占有一条宽约 20 英里而伸展到赞比西河上游的狭长地带（卡普里维）。英国还把北海上的赫耳果兰岛让给德国作为海军基地。

1895—1896 年，英军侵入肯尼亚和乌干达内陆，建立了所谓的"英属东非"保护地。东非已被瓜分完毕。

葡属莫桑比克和安哥拉殖民地领土在柏林会议后，从沿海一带扩大到内陆地区。按照"有效占领"的原则，葡属安哥拉 1885 年同刚果自由国，1886 年同法属刚果，1886 年同德属西南非洲，1891 年同英属赞比亚签订了边界条约。在莫桑比克，葡萄牙人遭到各部落人民长期激烈的抵抗，直到 1910 年才基本上征服全境。

1894—1895 年，利奥波德二世以"反对奴隶制度和奴隶贸易"为理由，派遣雇佣军去苏丹西南部的加扎勒—尼罗河上游省区，帮助英国殖民军镇压马赫迪起义。虽然遭到挫败，英国还是把加扎勒河省区，连同阿伯特湖区、马哈吉港租借给刚果自由国。当时，英国正计划打通从南非开普殖民地到埃及首都开罗的走廊，恰好利用刚果自由国代管上述地区。1896 年，英国殖民军侵占苏丹全境，双方划定了苏丹—刚果的边界。

与此同时，英、法、意三国殖民势力侵入"非洲之角"，把索马里一分成三。1884 年，法国侵占奥博克和吉布提，之后在这一带建立"法属索马里"。1887 年，英国以红海北岸的亚丁港为基地，进占索马里北部，建立"英属索马里"。1889 年，意大利在索马里南岸的奥比亚港登陆，强迫当地部落接受保护制度，到 1894 年建立了"意属索马里"殖民地。

在非洲东北地区，意大利企图吞并埃塞俄比亚帝国。1896 年 3 月 1 日，意大利远征军在阿杜瓦战役中被埃塞俄比亚军民打败。意大利承认埃塞俄比亚独立，放弃以前侵占的土地，同意不得将厄立特里亚地区转让给他国，并赔款 200 万美元。英国未能达到由它控制尼罗河上游的要求，只得在 1897 年与埃塞俄比亚划定英属索马里的边界。法国为了抵制英、意的扩张，在埃塞俄比亚人民抗意斗争中，对埃塞俄比亚表示友好，提供军火援助，借此换得在埃塞俄比亚境内修建铁路的特权①，控制埃塞俄比亚的出口贸易。

柏林会议后，法国计划打通从佛得角到红海的走廊。它与英国和刚果自由国的争夺激化了。根据柏林会议《最后议定书》，法属刚果与刚果自由国的边界是划在刚果—乌班吉河。至于刚果河上游以及尼罗河河源地区（在苏丹西南部），并未订约划界。1896 年，法国马尔尚上尉率领由 8 名法国军官和 120 名非洲士兵组成的远征军，从刚果出发，沿乌班吉河—韦累河向东跋涉 5000 公里，于 1898 年 7 月 12 日到达苏丹南部尼罗河上游的法绍达村（今科多克），升起了法国的国旗，表示"有效占领"。当时，英国基庆纳将军已侵入恩图曼—喀土穆地区。他得到法军占领法绍达的消息，便率军南下，9 月 18 日抵达法绍达，强令法军撤走。马尔尚表示未接到本国命令之前，决不撤离。英法两军对峙。这就是"法绍达危机"。法军劳师远征，孤军深入，毕竟敌不过英国在苏丹西南的势力。法国政府不得不下令马尔尚撤军。1898 年 11 月 3 日，法军撤出法绍达。1899 年 3 月 21 日，英、法发表共同宣言。法承认苏丹南部和白尼罗河流域是英国的势力范围。英确认苏丹以西的赤道非洲是法国势力范围。1909 年，两国立约划界，划定了苏丹以西的边界。1910 年，法国建立了"法属赤道非洲"殖民地，包括加蓬、中刚果、乌班吉—沙立，与法属西非殖民地连成一片。

---

① 这条铁路线从吉布提修到哈拉尔，预定于 1915 年延长到亚的斯亚贝巴。

在刚果自由国南部，除刚果河口地区已按柏林会议裁决划定法属刚果与葡属安哥拉殖民地的边界之外，1891 年 5 月，刚果自由国和葡属安哥拉瓜分了隆达部族居住区。利奥波德二世支持"加丹加公司"抢占了姆西迪部落住地的铜矿，把刚果自由国的边界扩大到英国所占的赞比亚北部。到 1911 年，英国与比利时订条约，划定了英属乌干达和比属刚果①的边界。

柏林会议后对西非的瓜分，主要在英法两国之间进行。法国先后夺取了达荷美（今贝宁，1894 年）、马里（1895 年）、几内亚（1895 年）、尼日尔（1897 年）、塞内加尔内地、上沃尔特（1896—1909 年）、今毛里塔尼亚全境（1912 年）、象牙海岸内地，以及乍得一部分。英国侵占冈比亚、尼日利亚内地和塞拉利昂全境（1896 年）、黄金海岸（今加纳，1897 年）。1898 年 6 月 14 日，英法两国订立巴黎条约，确认了彼此侵占的领土，从而结束了在西非的争夺。

在西非，德国先后割取多哥（1884 年）和喀麦隆（1884—1902 年）。西班牙占领了里奥·德·欧罗（今西撒哈拉南部）和赤道几内亚。葡萄牙占有葡属几内亚（今几内亚比绍）。

在南部非洲，英国、德国的争夺趋向白热化。1885 年，英国殖民军已侵占贝专纳（今博茨瓦纳）全境，建立了保护国。1888 年 2 月，罗德斯强迫南非的恩德贝莱酋长洛本古拉将马绍纳兰的全部矿权"租让"给英国。1889 年 10 月，在英国政府和金融资本家的支持下，罗德斯成立了"南非公司"。该公司享有"特许权"，可以在南非地区擅自订约、立法、修路、开矿、分配土地、设立银行与警察机构等。

1884 年，德国同布尔人的德兰士瓦共和国订立商约。以克虏伯公司为首的德国工业垄断组织开始为德兰士瓦提供铁路投资和设备。德国各大银行也在德兰士瓦设立分支机构，它们完全控制了布尔人的军火工业。1886—1896 年，德国对德兰士瓦的出口贸易额从 30 万英镑增至 1200 万英镑，10 年中增加 40 倍。1890 年，德国已侵占从葡属安哥拉边界到奥兰治河的西南非洲（纳米比亚）全境。

英国在南非的扩张遭到布尔人的激烈反抗，并诱发了 1899—1902 年的英布战争。布尔人虽然被打败了，但是战争结束之后，英国殖民主义者就同

---

① 1908 年比利时议会通过一项法案，将利奥波德二世统治的刚果自由国接管，改称"比属刚果"。

布尔人联合起来，1910年建立一个继续统治黑人的政权——南非联邦①。

　　柏林会议后，列强掀起了瓜分非洲的狂潮。进入帝国主义阶段，又进行了重新瓜分非洲的斗争。1900年，列强已侵占非洲土地的90.4%。到1912年末，竟占96%。除埃塞俄比亚和利比里亚形式上保持独立外，整个非洲沦

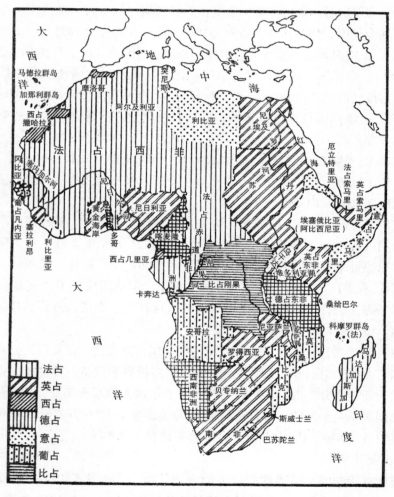

帝国主义瓜分下的非洲（迄1914年）

———————————

① 参阅《外国历史大事集·近代部分·第四分册》中《英布战争》一文。

为殖民地。列强在非洲所占殖民地的比例是很不平衡的，到第一次世界大战前夕，情况大致如下①（单位：平方公里）：

国别	殖民地面积	占非洲总面积	与本国相比
英国	9020920	30%	大 37 倍
法国	10287521	35%	大 18.8 倍
德国	2447018	8%	大 6.8 倍
意大利	2397206	7.9%	大 7.9 倍
比利时	2345809	7.9%	大 77 倍
葡萄牙	2061720	6.9%	大 20 倍
西班牙	330000	1%	

列强在非洲各殖民地的人口数字大致如下②：

国别	所占殖民地的人口数	国别	所占殖民地的人口数
英国	51660000 人	德国	11527000 人
法国	38500000 人	葡萄牙	8352000 人
比利时	15003000 人	意大利	1368000 人

　　总之，自柏林会议以后，列强在非洲"大角逐"中各有胜负，分赃不均，争夺并未结束。20 世纪初两次摩洛哥危机③就是证明。正因为如此，到第一次世界大战爆发时，非洲又成了帝国主义列强重新分割的主要目标之一。

---

　　① 关于列强在非洲所占殖民地面积，各书数字略有不同，这里根据杨人楩教授的《非洲通史简编》第 274、276 页所引材料。

　　② 参阅《列宁全集》第 39 卷，人民出版社 1963 年版，第 805 页。

　　③ 参阅《外国历史大事集·近代部分·第四分册》中《两次摩洛哥危机》一文。

19 世纪埃塞俄比亚人民
捍卫国家独立的斗争

秦晓鹰

19 世纪埃塞俄比亚人民抗击英意殖民侵略的武装斗争，是非洲近代历史上的一件大事。在当时全非洲范围内，只有这场斗争是以胜利告终的。它有效地遏制了西方列强对非洲之角的瓜分活动，使埃塞俄比亚成为当时非洲大陆上仅存的独立国家之一。著名的阿杜瓦会战，也是非洲各族人民军事斗争史上，以劣胜优的光辉战例。

西奥多领导的反抗英国入侵的武装斗争

18—19 世纪初的埃塞俄比亚是一个封建割据国家。自 1706 年以后，冈达尔王朝①内部不断发生帝位之争。阴谋和暗杀相继发生，更削弱了中央政权。名义上，国家的最高统治者是皇帝，管辖全国，实际上，各个行省却变成了以当地封建豪强为首的公国。各个行省都有自己的军队和行政机构。当时，势力最大的几个行省是塔纳湖南部的戈贾姆、位于阿瓦什河谷地的绍阿、中部的贝格姆迪尔、地濒沿海的东北部的提格雷。除了这四大行省外，教会也是一股重要的封建割据势力，寄生的僧侣阶层人数众多，平均每五个成年男子中就有一名僧侣。教会掌握着全国 1/3 的可耕地。按照传统，埃塞俄比亚的皇帝由具有所罗门血统②的封建贵族世袭担任，但这种不成文法由

---

① 1633 年，法西利达斯（一译巴西利达斯）皇帝以武力实现了国家统一，定都冈达尔城。截止到 1706 年，埃塞俄比亚一直维持了统一局面。这一时期史称"冈达尔王朝时期"。

② 据埃塞俄比亚《编年史》记载，埃国王室的祖先是古代以色列国王的后裔，即示巴的女王和以色列王所罗门所生的儿子孟尼利克。"示巴"可能是源于阿拉伯半岛也门附近的古代示巴人部落。这个部落以其首府示巴（一译萨巴）而得名。《旧约》曾一再提到它的女王觐见所罗门的故事。所罗门血统的说法深受历代埃塞俄比亚统治者所重视，并为广大农牧民所接受。

于所罗门家族早已与其他封建家族通婚而难以实行。加上皇帝巡行制度①的废止和严重的封建割据，使皇帝已不复有中央权力。这个时期，就是埃塞俄比亚历史上著名的"王侯纷争时代"。

封建豪强间的内讧和争斗，为欧洲列强的渗透和侵略活动造成了可乘之机。早在 1802 年，以瓦伦西亚勋爵为首的一个英国代表团就曾与提格雷的统治者进行过直接的接触。1809 年，英国再次派人到这一带活动。1840 年，英国使团团长哈里斯少校深入内地，与绍阿的统治者订立了所谓《友好条约》。三年之后，法国使团团长罗舍·德·埃里库尔也与绍阿订立政治和商务条约，获得了"自由经商"乃至"购买房屋田地"的权利。不久，英国政府又与名义上代表埃塞俄比亚的冈达尔王朝政府签订了《大不列颠与埃塞俄比亚友好通商条约》。按照这个条约的规定，埃塞俄比亚政府只对英国商品征收低额进口税。之后，英国商人在任何地区进行贸易都无须缴纳其他捐税。这项条约为英国输出商品提供了法律保障，打开了方便之门。

面对日益严重的西方列强的渗透，埃塞俄比亚只有实现统一、消除封建割据，才能抵御外来的威胁。在这种历史背景下，西奥多二世走上政治舞台，揭开了埃塞俄比亚人民捍卫民族独立斗争的帷幕。

西奥多（1818—1868 年）原名卡萨，作为中小贵族的代表，曾建立了一支以贫苦农牧民为主的军队。凭借这支军队，他从 40 年代末到 1855 年，多次北伐，先后征服冈达尔的贵族、戈贾姆的戈舒公爵、提格雷的伍比侯爵。1855 年 2 月 5 日，他登上了皇帝宝座，称西奥多二世。称帝之后，他又率军南下，平定南部各豪强的叛乱，剪除了绍阿省的分裂势力。各地农民和中小地主阶层痛恨长期的封建割据状态，渴望发展生产和安定的局面，因此积极支持西奥多二世的军队，使他仅用七年时间就结束了持续百多年来的"王侯纷争时代"，使古老的埃塞俄比亚重归统一。

西奥多二世对外国势力的渗透和野心，早有一定觉察。他在拒绝法国人的传教要求时曾说过，"我知道欧洲政府想要吞并一个东方国家时使用什么手段。首先他们派出传教士，接着就会派出领事来支持传教士，随后派军队

---

① 1270 年叶库诺，阿姆拉克皇帝恢复所罗门王朝，标志着埃塞俄比亚帝国的开端。帝国虽有固定的首都，皇帝仍时常巡行各省。随行者除中央政权的各级官吏外，还有封建上层人士及所统率的军队，总数可达 15 万之众。中央政府的巡行无固定方向，但却是有组织、有计划的。由于埃塞俄比亚是个山国，交通运输十分困难。巡行一方面可以减少各地贡赋的运输不便，更重要的是可以巩固封建中央政权。1633 年以后巡行制度被废除。

来支持领事。我不是印度斯坦的土王，不会让人愚弄。"基于这种认识，一俟战事有所缓和，西奥多便着手进行社会经济改革，以增强抗御外国渗透的国力。

他首先创建了一支由皇帝直接统率的国家军队。士兵从各省征募。军队划分为几个军团。军饷一律从国库提取，废除各地军队由当地农民供养的"盖巴尔"制。西奥多还聘请外国技师协助设计制造火枪和臼炮，其中最著名的是两位英国人：约翰·贝尔和沃尔特·普洛登①。西奥多二世还准备以欧洲军队为模式，训练一支新型军队。他曾说："期望上帝能叫我看看他们（指欧洲军队）。我对我自己的战士不敢奉承。与一支军纪严明的军队相比，我们简直算不了什么。在他们那里，上千人的行动只服从一个人的指挥。"

西奥多还采取措施限制教权，扩大皇权。他颁布诏书，禁止教会直接占有土地，原有可耕地一律归皇帝任命的行政官员统一管理。同时，他还鼓励使用本国语言和文字进行世俗教育，打破被教会垄断的神学教育。

埃塞俄比亚统一局面的出现，使西方国家在此之前与各封建豪强订立的各种条约，实际上被废除。英国等列强不得不直接与西奥多二世打交道，试图通过"帮助"他建立新军等渠道，施加影响，维持在这一地区的利益。因此，英国政府同意每年向埃塞俄比亚提供价值 2000—4000 英镑的弹药，并派出一个由工程技术人员组成的工作团（包括八名机械、弹药，船舶技师和一名大炮设计师），协助埃塞俄比亚方面使用和制造军工产品。

然而，西奥多二世的统治并没有真正巩固起来。这主要是他后期推行同教政策所致。西奥多二世梦想建立一个神人合一的基督教非洲帝国。因此，从 1864 年后凡不愿皈依基督教的穆斯林，都被剥夺财产加以驱逐，甚至沦为家庭奴隶。同教政策引起了国内居民以及周围伊斯兰国家的愤怒，原来那些受到镇压的各地封建主纷纷叛乱。西奥多二世为了征伐反叛，动用大量经费，财政状况更加恶化，以致无法供养大批军队。1864 年发生大批士兵逃离军营事件。西奥多二世不得不承认："朕的臣民正在背弃我、恨我。因为朕向他们征税，又曾经想使他们都置于军队式的约束中。"

埃塞俄比亚国内形势的重新动荡，使英国政府感到有机可乘。早在 1860 年，帕麦斯顿政府负责海外事务的官员罗赛尔就曾经说过："由一个文明国

---

① 这两个英国人在 1860 年提格雷发生叛乱时死亡，约翰·贝尔死在西奥多皇帝身边，普洛登是在负伤后返回国途中被杀。

家对阿比西尼亚①实现占领将是使它成为像欧洲各国一样富足的最快、最有
效的方式"，"为了阿比西尼亚的文明和发展，它应该被征服"。此次，英国
政府决定改变"帮助"西奥多二世政府的政策，收回做出的允诺，密谋用武
力推翻西奥多二世政权，恢复以前的封建割据状况。1867 年 1 月，英国政府
单方面取消了供给埃塞俄比亚军火的协定，同时对埃塞俄比亚政府提出在英
国建立使馆的要求亦未予理睬。西奥多二世认为这是对他和埃塞俄比亚的侮
辱，随即扣留了英国领事卡梅伦。接着，他又下令逮捕英国派出的特使拉萨
姆和 60 名欧洲人，解往马格达拉。

　　英国政府抓住这一事件，开始筹划对埃塞俄比亚的武装侵略。1867 年 2
月 5 日，英国驻亚丁的最高行政长官梅里韦泽上校写信给西奥多二世，威胁
说："如有虐待行为将受到惩罚"。他同时又向埃塞俄比亚各地封建主、贵族
发布公告。公告说，如果他们能对在押的英国人"予以保护，将会得到丰厚
的酬谢"。这份公告还煽动地方势力叛乱，说西奥多二世的"统治已经维持
不了几个月"。梅里韦泽要求英国政府立即在印度招募 6000 士兵运往埃塞俄
比亚，与从亚丁派出的英军会合，争取在当年 10 月份展开军事行动。西奥
多二世得知这些事态发展的情报后，对部下们说："我不信仰强权，只信仰
上帝。上帝说，只要你有决心，就能推倒高山……我早在卡梅伦身上就看出
他们不是真正的朋友，既然如此，就让我们在战场上决定命运吧！"

　　1867 年 11 月 21 日，内皮尔将军指挥 6200 名英国侵略军在祖拉港登陆。
之后，组成一支 12000 人的"讨伐军"（其中有 8000 印度人），越过达纳基
尔平原，进入拉斯塔高原，向冈达尔城前进。埃塞俄比亚各地被征服的贵族
纷纷叛乱，有的成了英国侵略军的"合作者"。西奥多仍希望通过谈判解决
争端，但没有成功。1868 年初，西奥多下令焚毁冈达尔城，将部队全部撤到
马格达拉要塞。3 月底，埃军到达要塞。

　　4 月 10 日下午 4 时，英埃军队在马格达拉附近的阿罗季发生第一场战
斗。战斗进行了 3 个小时，夜幕降临后方停火。据英国随军记者马克西姆
说，英军投入 3700 人，300 门大炮发射了 18000 发炮弹。估计埃塞俄比亚有
4000—7000 人参加战斗，但只有 1/2 有火器，而且是质量低劣的火绳枪和双

----

　　① 阿比西尼亚即埃塞俄比亚。据说，"阿比西尼亚"这个名字源于阿拉伯文的"阿伯什"，可
能是阿拉伯半岛西南部一个部落的名称。经过葡萄牙人在发音上的改变就成了"阿比西尼亚"。埃塞
俄比亚人认为这个词有"混杂"之意，故于 1941 年确定他们的国名为"埃塞俄比亚"。本文在引用
资料时，如有"阿比西尼亚"字样时，系沿袭旧称。行文中则按新称。

筒枪。埃军在战斗中受到重创，约有 700—800 人阵亡，1200—1500 人负伤。

4 月 11 日，西奥多二世的亲信和重臣一致要求他写信议和。在这种压力下，他派女婿戈瓦鲁等人到内皮尔军营商议停战。内皮尔狂妄地要求西奥多"向不列颠女王陛下称臣"，并在当天交出被扣押的人质，"以便使你和你的家族得到体面的对待"。当人们回来转告内皮尔的条件后，西奥多二世的回答是："作为一个从不畏惧强暴的军人，我决不坐以待毙。"

4 月 12 日，他派人再次前往英军营地，表示准备释放人质，但决不投降。西奥多这一行动的意图是要使世人知道，埃塞俄比亚皇帝是胸怀博大的君主，同时也可以使英国失去借口。当晚 9 时，卡梅伦、拉萨姆等被释放。此时，西奥多二世对战争后果已有清醒估计，抱定了必死的决心。在他留下的最后的信中写道："呵！阿比西尼亚人民！当我这上帝的使者，不再能鼓励你们前进时，你们会在敌人面前屈膝、退缩吗？"

为了不使更多的埃塞俄比亚士兵流血，4 月 13 日上午，西奥多二世宣布解除他们对皇帝的效忠。一些仍跟随他的将领建议他从要塞旁门撤走。当他去察看地形时，几个盖拉族酋长投降英军。接着内皮尔下令英军攻要塞。西奥多这时又回到军中，带领 16 名官兵与敌人厮杀，坚守最后一段通道。内皮尔下令进行炮击。侵略者竟对十几个人守卫的阵地轰击了两个小时。下午 4 点，英军再次发起进攻。当最后一名埃塞俄比亚士兵倒下后，西奥多饮弹自尽。

马格达拉要塞被攻陷，侵略者将埃军大炮全部炸毁，从教堂和其他地方抢走 500 多件珍贵之物（包括西奥多二世的皇冠）。西奥多的妻子、儿子也被抓走。英国在这场侵略战争中耗资 900 万英镑，这在当时是一笔巨大的开支。

孟尼利克领导的抗意战争

西奥多二世去世后，埃塞俄比亚重新陷入争夺王位的诸侯混战之中。直至 1872 年，才又出现了一个名义上的中央政府——约翰四世王朝。

就在埃塞俄比亚处于动荡时期，西方列强对非洲之角的侵略渗透也进入了一个新的阶段。1869 年苏伊士运河开通后，埃塞俄比亚这个毗邻海上要道的国家的战略地位就显得更加重要。欧洲殖民者这时对埃塞俄比亚的政策主要是加剧其国内冲突，挑动与其邻国的战争，以达到最后控制的目的。在英国的挑唆下，约翰四世与绍阿的统治者孟尼利克、戈贾姆的统治者海马诺特经常发生摩擦。1888 年，孟尼利克与海马诺特结成防御同盟。约翰四世随即派兵攻入戈贾姆，继而准备与绍阿豪强开战。

英国为了削弱埃塞俄比亚，控制埃及，竭力在这两个非洲国家间煽动不和。1875—1876 年，两国终于发生大战，双方损失惨重。英国利用埃及军费开支过大，急需贷款的困境，收购了 44% 的苏伊士运河股票，对埃及设置了财政乃至政治监督，完成了对埃及的控制。与此同时，英国利用埃塞俄比亚急于获得出海口，扩大海外贸易的迫切愿望，以同意共用或归还原属埃塞俄比亚的祖拉港为诱饵，促使埃塞俄比亚攻打苏丹的马赫迪起义军。1889 年，在苏丹起义军与埃塞俄比亚的战争中，约翰四世受了致命伤，不久死去。

在约翰四世执政的 17 年中，埃塞俄比亚日益贫弱，无力有效地抗击西方国家的侵略。当时，英国疲于应付苏丹人民的起义；法国在普法战争失败后尚未恢复元气，它在非洲之角的势力未超出吉布提地区。这些，为意大利造成了实现扩张野心的有利条件。

1879 年，意大利政府接管意轮船公司控制的阿萨布港①。1885 年，在英国帮助下，意大利军队占领了从马萨瓦到贝卢尔之间的地区。在马萨瓦及其附近地区站稳脚跟之后，意大利军队开始向埃塞俄比亚内地推进，1885 年 6 月占领萨蒂，翌年占领瓦阿，1887 年再次占领萨蒂。约翰四世去世后，意大利的野心愈加不可遏制。正是在这种民族危亡时刻，埃塞俄比亚人民为维护祖国独立开始了新的反侵略斗争。

早在 1888 年 8 月至 9 月，罗马政府趁孟尼利克为争夺王位而借助意大利提供军事装备之机，就提出签署乌西阿利条约。由意方提出的条约草案中，罗马政府要求从沿海的安菲拉由东向西，经过哈拉依、埃博、阿克卢鲁、阿斯马拉、西济加一线以北划为意大利殖民地。条约草案意大利文本第十七条还规定，埃塞俄比亚在与欧洲各国交往时"必须"通过意大利。显然，这条规定是要剥夺埃塞俄比亚对外事务上的主权，使它成为实际上的"保护国"。但这一条当时并没有引起孟尼利克的注意，因为在条约的阿姆哈

---

① 一说此事发生在 1882 年。

拉文本上，写的是"可以"而不是"必须"一词①。

1889 年，孟尼利克二世继承王位，8 月②，他委派马康南为全权代表，与意方代表安东尼利伯爵前往意大利，正式签署乌亚阿利条约和购买武器。意大利克利斯皮政府在马康南无法与孟尼利克取得联系的情况下，10 月份又搞了一份《附加议定书》，让他签了字。根据这份议定书，"双方"同意，意大利殖民地在三个月之后（1890 年 1 月），改称为"厄立特里亚"。埃塞俄比亚的货币由意大利政府负责监制，并与意大利政府共同商定货币价值和重量。意大利政府同意"赠送" 28 门加农炮、38000 支来复枪，提供 400 里拉贷款，但以哈勒尔海关作抵押。凡从哈勒尔进口的意大利商品的税率，今后要低于其他海关的平均数。贷款如到期不还，将割让哈勒尔省偿还。

马康南和安东尼利带着正式签署的条约及附加议定书回到埃塞俄比亚。孟尼利克发现所谓的"厄立特里亚"不仅包括意大利已经占领的地区，而且还包括阿斯马拉以南的大片领土。这使孟尼利克十分恼怒。他当即向安东尼利表示，议定书规定的这项内容不能承认，边界问题谈判③从此破裂。但已为时过晚。意大利殖民者已经夺取了克仑、哈马西恩、阿凯莱—古扎伊。1890 年 2 月，意大利把它在红海沿岸攫取的全部领地合并为一个新区——厄立特里亚。最使孟尼利克愤怒的是，意大利竟然宣布埃塞俄比亚是它的保护国。他终于发现了意大利在签署乌西阿利条约中策划的阴谋。

1889 年底至 1890 年初，根据英国的倡议，由比利时在首都布鲁塞尔召开了一次国际会议，讨论禁止非洲奴隶外运等问题④。出席会议的有英、比、法、德、意、西、葡、奥匈、荷、瑞、俄、挪、美、土、波斯、桑给巴尔和"刚果独立国"。会议前夕，意大利政府在埃塞俄比亚全然不知的情况下，通知曾参加柏林会议的其他 13 个与会国⑤，宣布埃塞俄比亚为它的"保护国"，它全权代表埃塞俄比亚政府。意大利政府企图以此造成国际社会实际

① 两种文本都是由意大利谈判代表安东尼利伯爵起草的。他能熟练地掌握阿姆哈拉语。各国史学家一般认为文本出现的用词差别，是意大利有预谋的欺骗行动。

② 一说为 5 月。本文的时间确定是根据埃塞俄比亚历史学教授鲁宾森的著作《幸存的独立》中的提法。

③ 即指埃塞俄比亚与意属厄立特里亚的边界谈判。

④ 奴隶贸易对西方列强把非洲变成原料产地、投资场所和劳动力市场是不利的。当时非洲内地并未禁绝奴隶贸易。布鲁塞尔会议对废止奴隶制度和奴隶贸易，禁止猎奴和陆上运奴等，都作了详细规定。会议还讨论了禁止武器和酒类输入非洲的问题。

⑤ 详见本书《柏林会议与西方列强对非洲的瓜分》一文。

承认的既成事实。英国当时宁愿意大利占有这块土地，也不希望它的争夺对手法国染指，因此一面表示要看看乌西阿利条约，一面又说可以接受"准保护国"的概念。法国、俄国、土耳其政府的代表则采取了保留态度。

布鲁塞尔会议召开后，意大利代表仍以本国和埃塞俄比亚的保护国的双重身份参加讨论，引起其他与会国的非议。英国主张，在特殊条件下（如：埃方无法派出代表团并明确由意大利人代理时），意大利政府可以代表埃塞俄比亚政府，如同当时德国与奥国的关系那样。法、俄两国则出于各自利益的考虑，坚决要求意大利政府在会后应把所有讨论情况如实转告埃塞俄比亚。今后在类似的国际会议召开之前，意大利政府必须与埃塞俄比亚政府协商。这样一来，意大利政府企图在此次会议上造成国际社会承认的阴谋便未能得逞。

实际上，使意大利的计划失败的根本原因，还是埃塞俄比亚人民捍卫自身独立的决心。孟尼利克二世通过边界谈判已经意识到意大利政府居心叵测，随即于 1889 年底分别写信给欧洲各国（包括土耳其）首脑，要求他们关注埃意关系。他还派出特使前往伦敦和巴黎，提请英、法两国政府注意埃塞俄比亚作为主权国家在国际事务中应享有的地位。1890 年 2 月，当克利斯皮首相获悉孟尼利克二世这些举动后，无理斥责埃塞俄比亚政府违背乌西阿利条约第十七条的规定。这促使孟尼利克二世仔细核对不同文字的两种文本，发现意大利文本对内容做了篡改。此时，他已了解布鲁塞尔会议上的情况。8 月底，孟尼利克二世下令公布条约第十七条的阿姆哈拉文本，10 月 4 日和 30 日，他在写给英国维多利亚女王和其他列强的信中说："埃塞俄比亚是一个独立的国家。现在有一种讹传，说埃塞俄比亚已经变为意大利的保护国。朕以为，这是有意贬低朕和朕韵国家。此信的目的就是要使你们诸位明白，这是讹传。朕希望意大利政府也不要对你们隐瞒这个译法上的错误。"

孟尼利克最初为了不与意大利破裂，有意把全部责任推到意大利代表安东尼利身上。1891 年 2 月，他请人转告罗马政府，埃塞俄比亚绝不会因为安东尼利的"个人错误"而承担任何义务，第十七条的规定是无效的，它不能构成对埃塞俄比亚行使主权的限制。克利斯皮于 4 月 15 日回信，虚伪地声称，在意大利的心目中"再没有比埃塞俄比亚王朝的尊严和独立更重要的事情了"。但信中对是否修改条约只字未提。

孟尼利克二世看到外交途径已不能解决问题，便在同月写了《致欧洲列强书》。文中写道，他不能对欧洲瓜分非洲袖手旁观，并对意大利提出抗议。1893 年 2 月 27 日，埃塞俄比亚通知意大利政府，乌西阿利条约将在 1894 年 5 月废除。

孟尼利克政府的决定使意大利政府进行新的策划。克利斯皮在写给新任驻厄立特里亚总督巴拉蒂里将军的信中说："从现在起就要准备一个计划。正像当年我们支持孟尼利克反对约翰尼斯（即约翰四世——引者注）那样，现在我们应该鼓励那些觊觎王位者反对孟尼利克。提格雷的曼加夏、哈勒尔的马康南都抱有个人野心，对这个皇帝怀恨在心。如果孟尼利克不在了，那么这个国家就要一分两半，形成南北割据。到那时，这两个王国就都会置于意大利的崇高保护之下。"

孟尼利克政府开始积极备战。首先是巩固中央集权，消除内患。他派军队镇压了累卡、伏拉莫、锡达莫等地的叛乱。这使一些地方豪强受到震慑。1894 年 2 月，戈贾姆的海马诺特到亚的斯亚贝巴向皇帝表示效忠。6 月，提格雷的曼加夏带领几名亲信来到首都，请求皇帝原谅他在两年前受意大利挑动而与中央政府分庭抗礼的罪行。一度曾与巴拉蒂里有联系的哈勒尔省豪强马康南公爵，也写信给意大利人表示断绝来往。他在信中说："我的皇帝要我到哪里，我就准备在哪里英勇地献出自己的鲜血。"

国家的进一步统一，为筹措军费，克服财政困难提供了有利条件。孟尼利克要求新归顺的省份提供黄金、象牙以充国库。同时在全国各地征税与鼓励捐款。在贫苦的农民支持下，捐献给军队的款项达到 200 万银圆。中央政府偿还了意大利的贷款，还购买了不少武器。据不完全统计，1895 年之前，埃塞俄比亚已经有了一支配备有 112000 支来复枪的军队。

1895 年 3 月，意大利军队向埃塞俄比亚发起进攻，攻占了阿迪乌格里、阿迪格腊特、马卡累、阿杜瓦等地。当时正是雨季，埃塞俄比亚军队没有立即应战。雨季一过，孟尼利克于 1895 年 9 月发布了著名的《告人民诏书》："敌人从海外入侵，他们侵扰了我们的国境，妄图消灭我们的信仰，破坏我们的祖国。为了爱惜我们最近几世纪遭受如此深重苦难的国家，我忍受着一切，同他们进行了长期的谈判。但是敌人却像鼹鼠一样，得寸进尺……危及我们的国家和人民。我已忍无可忍！我要采取行动捍卫国家，抗击敌人……大家都快跟我来参加战斗，保卫祖国，人人出力！"

1895 年 12 月 7 日，3 万埃塞俄比亚军队由马康南公爵指挥，在阿拉吉平顶山打垮了意大利军队。1896 年 1 月 21 日，收复马卡累城。意军在这次战役中被击毙 2000 余人。初战告捷之后，埃塞俄比亚政府再次向意大利军事当局发出停战议和的呼吁。埃方提出：将按照乌西阿利条约中两国达成的协议，确定意大利领地与埃塞俄比亚之间的分界线。意大利方面则提出一项反建议：要在提格雷全境、特克兹/阿散季湖区或安巴阿拉吉的"土地上统统插上意大利的旗帜"；用一项新条约取代乌西阿利条约，新条约应规定埃塞俄比亚的保护国地位。孟尼利克二世愤怒地说："我觉得再也不能与意大利人打交道了。从现在起，没有哪个人会认为能够满足意大利人的胃口。"这次谈判遂告破裂。

1896 年 2 月底，孟尼利克二世率领装备着 8 万支来复枪的 15 万大军，向阿杜瓦挺进，准备在这一地区展开决战。巴拉蒂里将军放弃已占领的阿迪格腊特，指挥军队向阿杜瓦集结。他错误地认为埃军的行动是计划袭击意大利的沿海殖民地——厄立特里亚，打算在阿杜瓦阻截埃军。由于出发时仓促，意军途中粮食供应发生恐慌。埃军不断派出小股部队夜间偷袭意军辎重。巴拉蒂里在日记中哀叹："饥饿已经成了经常出现的幽灵。"孟尼利克二世一面派兵佯攻意大利占领的沿海港口，一面又令人化装成当地居民到意大利军队中传送假情报，伪称圣母玛丽亚节临近，大批埃军官兵已前往古城阿克苏姆朝圣，军营内部空虚。巴拉蒂里信以为真，不等粮食到达，立即派阿尔伯东尼、阿里蒙德和达博米达少将率 17000 人分 3 个纵队强行军，抢占阿杜瓦周围的制高点。

2 月 29 日夜，大雨滂沱，意军在泥泞里滚爬，十分狼狈。在一份行军日志中，意大利人写道："这次行军太可怕了，大雨从傍晚下到晚上。天色是那样漆黑，每走一步都如此沉重。"阿尔伯东尼将军带领的纵队半途迷路，不得不临时抓来一个叫阿瓦洛姆的农民做向导。这位"向导"趁天黑故意带着敌人在山里东绕西转，直到 3 月 1 日拂晓还距离行军目的地 4 英里，却陷入了埃军重围。四周枪声大作。意军发现中了埋伏，顿时大乱，纷纷向山里奔跑。当意军大部进入山口后，孟尼利克下令冲锋，仅一个多小时，阿尔伯东尼纵队就彻底溃败，阿本人束手就擒。接着，孟尼利克命令骑兵出击，将阿里蒙德纵队全歼于安巴—拉约。此时，达博米达纵队仍据守在阿杜瓦城以东的一座丘陵上，虽竭力顽抗，终于在黄昏前被埃军打垮。意军统帅巴拉蒂里躲入草丛，当天深夜侥幸逃走。

在阿杜瓦会战中，意大利死伤达 11000 人，其中包括 2 名将军和 250 名军官，4000人被俘①，52门加农炮及其他轻重武器全都成了埃军的战利品。埃塞俄比亚军队为赢得这场战斗的胜利，也付出了巨大牺牲，伤亡12000人。

意大利军队在阿杜瓦战败的消息闪电般传遍了欧洲。西方报刊惊呼："不敢设想，一个文明国家的军队会在一名非洲酋长和士兵的手中遭到如此巨大的灾难。"在罗马，克利斯皮内阁倒台。在伦敦，英国议会出现了要求修改对埃塞俄比亚政策的呼声。同年10月，意大利政府被迫与埃塞俄比亚政府签订新的条约——亚的斯亚贝巴条约。意大利政府放弃变埃塞俄比亚为其保护国的奢望，承认"埃塞俄比亚作为一个主权国家享有绝对的独立"，并答应支付战争赔款1000万里拉。阿杜瓦大捷，提高了埃塞俄比亚的国际威望。英、法、俄、意等国相继与之建立了外交关系。

从19世纪中叶到末叶，埃塞俄比亚人民在40多年的岁月中，经过不屈不挠的斗争，终于维护了国家的独立，在非洲历史上写下了光辉的一页。

---

① 一说意军伤亡人数为8500人，被俘人数为3000人。

阿散蒂人民八次抗英武装斗争

罗建国

19世纪初至20世纪初，阿散蒂人民前仆后继，进行了8次反抗英国殖民侵略的武装斗争。这些武装斗争在加纳人民维护民族独立的斗争中占有突出地位，在西非人民和非洲人民反侵略斗争的历史上写下了光辉篇章。

阿散蒂联邦的兴起

今天加纳的领土在英国统治时期分为四个部分，即黄金海岸殖民地、阿散蒂殖民地、北部领土保护地和多哥托管区。这四个地区总称黄金海岸。

现在加纳各族居民大部分是13世纪初叶之后，从非洲其他地区移入的。他们在定居过程中逐渐形成了许多土邦：沿海地区是芳蒂人、加人和埃维人的土邦，中部地区是阿丹西、邓克拉、阿克瓦穆和阿基姆等土邦；北部地区是莫西、达戈姆巴、曼卜鲁西和冈札等土邦。这些土邦，有的已出现早期封建关系，有的大量使用奴隶，有的还保留着氏族制度的浓厚残余，各土邦的地位因争夺领土和财富的战争而时有变动。

阿散蒂原是臣属邓克拉的一个小邦。阿散蒂土邦在奥迪·阿肯登（卒于1660年）统治时强大起来。在其外甥奥比里·叶波阿统治期间，阿散蒂人各小邦开始结成军事联盟。但阿散蒂强国的真正创始人是奥比里·叶波阿的外甥奥塞·图图（1697—1730年）。奥塞·图图改革了政治和军事，创建了统一的军队，确定以库马西为统治中心，并设置了最高权力与民族团结的象征——金凳子。

相传，有个星期五，阿散蒂人在库马西举行集会。突然，天色昏暗，电闪雷鸣，接着一张用黄金装饰的木凳从浓密的白色云雾中飘然而下，恰好落在奥塞·图图的膝上。大祭师奥科姆弗·安诺基立即当众宣布，这张金凳子代表整个阿散蒂民族的精神，阿散蒂人的繁荣昌盛有赖于金凳子安然无恙。为加强金凳子的神秘力量，安诺基还用奥塞·图图、各著名酋长、母后的一片指甲和一缕头发制成药浆，涂抹金凳子。

在奥塞·图图领导下，阿散蒂人终于在1699—1701年的战争中，打败邓克拉邦，取得了独立。至18世纪末，阿散蒂人已征服邓克拉、阿基姆、阿辛、班达、加曼和达戈姆巴等土邦，发展成一个强大的联邦国家。几乎所有运到黄金海岸的奴隶和黄金都来自阿散蒂控制区，所有从欧洲输入的商品都通过阿散蒂国内的市场。除芳蒂人控制的沿海狭长地带之外，加纳中部以及北部和沿海的部分地区均属联邦领土。

阿散蒂联邦国家的国王称"阿散蒂赫内"，意即阿散蒂首领，是国家的最高统治者。国王从王族中遴选产生，可以废黜。他的权力受制于由母后、大酋长和军事首领组成的会议。阿散蒂国家有复杂的政府组织，还有一支全民族的军队。这支军队既拥有原始武器，也拥有枪械。阿散蒂主要依靠猎取奴隶同欧洲人，如荷兰人换取枪械。

阿散蒂国家建立的时代，正是英国等西方殖民者在加纳加紧殖民掠夺的时代。

首先来到加纳的西方殖民者是葡萄牙人。他们于1482年在开普科斯特市以西大西洋岸边的一个岬角上，筑起埃尔米纳①大堡垒，并以此为中心垄断黄金和奴隶贸易。黄金促使西班牙人、法国人、英国人、荷兰人、瑞典人、丹麦人和勃兰登堡人先后加入角逐。但争夺主要在葡萄牙、荷兰和英国之间进行。

荷兰殖民者到加纳的第一次航行是1595年。1598年，荷兰人在这里建立了布特里商站。至17世纪40年代初，荷兰已将葡萄牙全部逐出加纳沿海。荷兰人以埃尔米纳为中心，垄断黄金贸易，并源源不断地将奴隶运往美洲。这时，加纳已成为贩卖奴隶的主要地区。

英国殖民者第一次航行到西非可能在15世纪70年代末。从17世纪60年代起，英国逐渐成为荷兰的主要竞争对手。至18世纪末，英国已控制加纳全部贸易的一半以上。至19世纪初，除以埃尔米纳为中心的荷兰人和以奥苏为中心的丹麦人拥有一些势力之外，英国以海岸角为中心，其势力已扩及沿海大部分地区，成为主要的殖民势力。

------

① 埃尔米纳是入侵的葡萄牙殖民舰队司令的名字。

西方殖民者掠走加纳的大量财富。至16世纪初，葡萄牙殖民者每年掠走的黄金值10万英镑，在短短几年内被掠走的黄金就相当于当时世界黄金产量的1/10。至18世纪初，英、荷等国殖民者每年掠走的黄金增至25万英镑，英国的第一批金币就是用加纳黄金铸造的。

英、荷等国殖民者将大批加纳居民掠卖到大洋彼岸。1741—1750年，从加纳输出的奴隶达67000人。1650—1830年，赤道以北西非共输出奴隶600万人，其中绝大部分来自黄金海岸、奴隶海岸①和尼日尔河三角洲三大地区。

连绵不断的猎奴战争，奴隶在运输途中大量死亡，以及争夺殖民霸权而迫使非洲人卷入的战争，使加纳损失的人口比输出奴隶的数目高出四五倍。战争还使农业和手工业生产遭到直接破坏，并造成动荡不安的社会环境，使生产的恢复和发展极端困难。加纳地区到处呈现出田园荒芜、十室九空的萧条景象。

英国等西方国家的侵略和掠夺，严重地阻碍了加纳统一国家的形成。伴随阿散蒂联邦的发展，沿海地区的各芳蒂人小邦也于18世纪末组成联邦。芳蒂联邦通过战争及外交手段，将其领土从埃尔米纳附近的甜河扩展至西部的贝拉库，从而成为沿海地区的强大政治力量。

芳蒂人控制的长约60英里的沿海狭长地带，有英国和荷兰的许多堡垒，是欧洲殖民者活动的主要地区。阿散蒂人同欧洲人的大宗贸易，特别是奴隶和黄金的输出，武器弹药和日用百货的输入，主要是以芳蒂人为中介，通过这一地区进行的。芳蒂人借助英国殖民者的力量，抵抗阿散蒂联邦的进一步扩大，并扩展自己的势力，同时利用其作为贸易中介的地位，垄断同欧洲人的贸易。芳蒂人的垄断使阿散蒂人在经济上受到损害。阿散蒂人迫切需要直接参与沿海地区的经济活动。

英国殖民者利用这两大政治势力之间的冲突，扩大殖民权益。西方殖民者在加纳长约250英里的沿海地带，强行建起了大约50座堡垒和商栈。至19世纪初，这些堡垒和商栈大多落入英国人之手。英国殖民者以武力为后盾，打着"保护"芳蒂人的旗号，控制芳蒂联邦，同时又不断挑动芳蒂人同阿散蒂人之间、阿散蒂人同各被征服小邦之间，以及芳蒂各小邦之间的矛盾，采用"非洲人打非洲人"的手段，阻挠加纳统一国家的形成。

---

　　①　指奴隶贸易时期西非贝宁和尼日利亚西半部沿岸地区。15世纪以来，葡萄牙殖民主义者首先侵入，以后英、法等国殖民者先后来到这一带，进行大规模的奴隶贩卖，因此而得名奴隶海岸。

阿散蒂人民的抗英武装斗争就是在这样复杂的历史条件下展开的。这一斗争大致可分两个时期。

第一至第六次抗英斗争

从19世纪初至19世纪70年代初，是英国殖民者建立黄金海岸殖民地的时期。这时奴隶贸易刚宣布废止，在相当一段时间里，荷兰殖民者仍有一定势力，它总是利用阿散蒂人同英国殖民者的矛盾，以期东山再起。阿散蒂人民的抗英武装斗争蓬勃展开。与此同时，英国殖民者又在埃及、南非和西非的尼日尔河下游地区加紧扩张。

这个时期阿散蒂人民的抗英斗争的特点是：（1）战争常常是在英国的挑唆下发生的，英国利用非洲各族之间，特别是阿散蒂人同芳蒂人之间的矛盾，坐收渔人之利。（2）侵略者的战线太长，兵力分散，加上阿散蒂联邦较稳固，兵源充足，人民的反抗斗争英勇顽强，使侵略者未能征服阿散蒂国家。

阿散蒂人民反抗英国殖民侵略的第一次武装斗争发生于19世纪初。

这次战争发生的近因，是英国蛮横干预加纳各族的内部事务。1805年底，西阿辛人盗窃了东阿辛人一位酋长的坟墓，酿成阿辛人的内战。阿散蒂王以联邦最高统治者的身份，依法对此案进行审理，责成阿辛人的酋长克瓦库·阿普泰赔偿东阿辛人的损失。克瓦库·阿普泰不但拒不执行阿散蒂王的裁决，而且同另一位酋长克瓦多·奥迪布合谋，杀害了阿散蒂使臣。阿散蒂王对西阿辛人进行征讨。西阿辛人战败，两位酋长逃至芳蒂联邦。芳蒂联邦议事会自恃有英国的支援，决定庇护他们，斩杀前来要求引渡逃亡者的阿散蒂使臣，致使阿散蒂联邦又同芳蒂人发生战争。阿散蒂军进逼沿海。随着芳蒂人的失败，西阿辛人的两位酋长逃至英国堡垒所在地安诺马布，后又逃至英国大本营海岸角。

英国驻塞拉利昂总督①托伦当即决定，"或者采用调停方式，或者使用武装力量""保护"阿辛人和芳蒂人。他带领海岸角的殖民军官兵修筑工事，准备战争，并指示安诺马布堡垒司令官怀特，一面打出调停旗号，争取时间，一面积极备战。1807年6月14日，英国殖民者组织力量，袭击阿散蒂

---

① 1850年英国在黄金海岸设置总督，在此以前归塞拉利昂总督管辖。

军在埃加的一个哨所，战争爆发。

战斗主要在安诺马布进行。6 月 15 日，阿散蒂军围攻安诺马布英国堡垒。堡垒里有大炮 12 门，殖民军官兵及其他人员 29 名，此外还有大批依附于殖民者的芳蒂部队。阿散蒂战士以步枪火力压住了敌人的大炮。几分钟之内就有 17 名英殖民军官兵受伤，司令官怀特连中两弹，险些丧命。残存的殖民军官只得匍匐于地，躲避阿散蒂人的致命火力。托伦在一份报告中说：阿散蒂人的"火力十分猛烈，守备队无力还击，出现于炮眼处的人员均被打死"。殖民军伺外界的陆上联系已被切断，弹药即将耗尽，堡垒危在旦夕。托伦请求和谈。结果，达成一项临时协议，主要内容是：芳蒂人居住的地区，包括海岸角及其毗邻城镇，均归属阿散蒂联邦；堡垒占用地为阿散蒂联邦所有，欧洲人必须按时交纳地租。1807 年 10 月，阿散蒂军在奥塞·邦苏王率领下，胜利返回库马西。

1807 年战争刚结束，芳蒂人便在英国殖民者的怂恿下，与瓦梭人结盟，派兵攻打埃尔米纳和阿克拉，以期恢复在沿海的霸权。为援救埃尔米纳和阿克拉，阿散蒂王于 1811 年初派兵进入沿海。由于奉命增援埃尔米纳的阿基姆人分遣队同阿克瓦皮姆人结盟，倒向芳蒂人，作战计划被打乱，阿散蒂军队只得于同年 10 月撤退。

1814 年，阿散蒂人再度进入沿海作战。阿基姆人和阿克瓦皮姆人战败，芳蒂人望风而逃。1816 年 3 月，阿散蒂军进逼海岸角，以搜查被英国总督窝藏的三名战败者首领。英国殖民者请荷兰人出面调停，并为其藏匿的人交付赎金。1816 年 6 月以后，阿散蒂军队陆续撤回。

这次战争的结果是芳蒂族区作为一个省并入阿散蒂联邦。1817 年 9 月，英国殖民者不得不遣使库马西，签订条约，承认阿散蒂联邦对芳蒂人居住地区的主权，并同意缴纳地租。这是阿散蒂人第二次抗英斗争。

1823 年，阿散蒂人民展开了第三次抗英武装斗争。

英国殖民者拒不遵守 1817 年条约。他们侮辱阿散蒂使臣，拒不如数缴纳地租，蓄意挑起芳蒂人同阿散蒂人的纠纷，并决定用武力摧毁阿散蒂国家。塞拉利昂总督麦卡锡组织和调集殖民军 500 余人，组织皇家民兵队数千，纠集"土著征集部队"数千，集中力量加强了海岸角、阿克拉、安诺马布和狄克斯科夫等地堡垒的火力，并在海岸角筑起了新碉堡，采用挑拨、利诱和威胁等手段，将沿海各地居民拉入反阿散蒂同盟，并取得荷兰人在战争中保持中立的保证。结果，阿散蒂同沿海地区的联系几乎全部被切断，武器弹药，甚至食盐等生活必需品的供应也完全断绝。

1823 年 2 月下旬，麦卡锡派兵袭击邓克瓦的阿散蒂人，企图捕获阿散蒂头目。殖民军落入了阿散蒂人的伏击圈，死伤 45 人，4 人失踪。战争开始。

1824 年 1 月，阿散蒂军主力万余人，从西部向南推进，直趋沿海。麦卡锡亲率 250 人的部队向西进发，以阻止阿散蒂人前进。1 月 21 日，麦卡锡到达恩沙曼考附近的邦沙索村，并在村旁的蓬萨河边集结队伍，利用俯瞰小河的山峦，以猛烈的炮火封锁河面，阻止阿散蒂部队渡过。经一个多小时激战，阿散蒂军终于强渡宽约 60 英尺的蓬萨河，以优势兵力，从两翼将敌军包围。麦卡锡命令吹号撤退，但号兵已逃之夭夭，结果全线崩溃。麦卡锡及其侍从武官被击毙，殖民事务秘书威廉被俘，麦卡锡的副手利凯茨受伤逃脱。整个战斗共打死殖民军官兵 187 人，打伤 92 人，土著征集部队的伤亡未予清查。

恩沙曼考战役之后，从 4 月下旬至 5 月下旬，双方对埃弗图展开争夺。阿散蒂军打死打伤殖民军官兵和土著征集部队 854 人，占领了埃弗图。6 月下旬，阿散蒂军围困海岸角。英国殖民者为守住大本营，调集了殖民军约 500 余人。丹麦殖民者也搜集土著征集部队数千，参加守卫海岸角，并扬言从侧翼进攻阿散蒂。围困战斗持续至 7 月中旬，殖民军官兵死伤惨重，仅 7 月 11 日一次战斗，就死伤 552 人。1824 年 8 月，阿散蒂军队凯旋而归。这次战争对英国的打击十分沉重，它甚至打算撤走驻在黄金海岸诸堡的军队。后来这些堡垒交给英国商人去管理。

阿散蒂人的胜利使沿海居民对英国的“保护”完全失去信心。为消除这次战争的不利影响，英国殖民者决定发动新的战争。英国殖民当局建立了特种突击兵团，将加人、芳蒂人、邓克拉人，阿基姆人和阿克瓦皮姆人拉入新的反阿散蒂联盟、征集了 11000 余人的非洲人部队，以英殖民军 60 余人为骨干，组成盟军。

1826 年 1 月，阿散蒂军万余人进入沿海，准备征讨在上次战争中倒向英国的阿克拉人。英国殖民者乘机发动了对阿散蒂人的进攻。8 月上旬，双方在卡塔曼索展开激战。阿散蒂人一度取得优势，打死打伤敌军 1800 人。但殖民军在武器方面有极大优势，阿散蒂军总司令及 20 余名重要首领阵亡，阿散蒂王也负伤，部队只得撤退。这是阿散蒂人第四次抗英战争。

这次战争之后，英国殖民当局立即将沿海租借地变为英国财产，停付地租。1831 年，英国胁迫阿散蒂签订条约，强迫其交出黄金 17 公斤和两名王室成员作为人质，并放弃对阿辛人、邓克拉人和沿海居民居住地区的领土主权。英国确认阿散蒂的独立。

19 世纪 40 年代起，英国同黄金海岸的贸易有很大发展。1831 年，英国输出额为 7 万英镑；1840 年增为 325000 英镑，输入额从 131000 英镑增至 423000 英镑。1843 年英政府从商人手里收回诸堡管理权。

1863 年，阿散蒂人第五次起来反对英国殖民扩张。

1844 年，英国政府将称为"约章"的保护条约强加于沿海各族，使沿海地区成为英国保护地。1850 年，英国政府购买丹麦堡垒及其势力范围。这时，西至安柯布腊河，东至沃尔特河以东，南至海滨，北邻阿散蒂人住区的广大领土，全部成了英国"保护地"。

为进一步扩张，英国殖民当局蓄意挑起新的战争。英国总督派恩从各地调集英殖民军 400 余人，并在保护地征集了约 15000 名士兵，殖民军集结于阿西库马等地。1863 年 3 月，阿散蒂军队分三路南下。5 月，阿散蒂人攻克阿西库马和波比库马。6 月，因雨季即将来临，阿散蒂军拔营起寨。

1873 年，阿散蒂军民展开了第六次抗英武装斗争。

英国沿海保护地的建立，使阿散蒂联邦同海上的联系几乎完全依靠埃尔米纳。为切断阿散蒂人同海上的联系，英国殖民当局图谋夺取埃尔米纳。在迫使埃尔米纳人同阿散蒂人断绝关系的努力遭失败之后，英殖民当局同荷兰殖民者就转让埃尔米纳问题进行谈判。1872 年，埃尔米纳等堡垒以及原荷兰人的保护地，被全部转让给英国。同年 10 月，驻扎于埃尔米纳的阿散蒂将军被殖民者追捕。

为保卫埃尔米纳，阿散蒂军主力于 1873 年 1 月下旬渡过普拉河，向海岸角推进。2—6 月，阿散蒂军连续攻克阿辛尼扬库马西、芳蒂尼扬库马西和朱克瓦等城镇。7 月初，阿散蒂军队援救被困的埃尔米纳，击败登陆的英国水兵和陆战队。英国殖民当局大为恐慌。但大雨滂沱，疫病流行，战斗无法继续。11 月，阿散蒂军和不愿接受英国殖民统治的埃尔米纳人全部撤出沿海。

第七和第八次抗英斗争

从 19 世纪 70 年代起，由于新的工业强国不断崛起，英国的工业垄断地位逐渐丧失，为取得对商品市场和原料产地的控制，以挽救经济衰退，英国政府加快了殖民扩张的步伐。这时，法国政府在 1871 年巴黎公社革命的沉重打击之后逐渐恢复元气，并加快了在西非的殖民扩张。帝国主义瓜分西非的时期开始了。

从 19 世纪 70 年代起，英国在西非的殖民扩张进入了一个新的阶段，其特点是：（1）英国殖民当局采取大规模的军事征服行动，建立了阿散蒂直辖殖民地和北部领土保护地，最终完成了对加纳的殖民征服；（2）阿散蒂人民反对英国殖民扩张的武装斗争更加激烈、更加艰难。

阿散蒂人民第七次抗英武装斗争发生在 1874 年。

1873 年，英国政府任命陆军少将加尼特·沃尔斯利为黄金海岸民政长官，组织和领导对阿散蒂人居住区的征服。加尼特先后从非洲各地、西印度群岛和欧洲调集和征募了殖民军五六千人，在主要的进军路线上架设了 237 座桥梁，设立了 8 处供应基地，建立了医院和医疗所，并强迫大批非洲劳工运送武器弹药和各种军需物资。

战争准备一完成，加尼特就利用阿散蒂军民在 1873 年战争之后急需休养生息的时机，于 1874 年 1 月向阿散蒂王发出最后通牒：立即释放全部战俘；赔款黄金 5 万盎司，交出太子、母后，以及朱阿本·芒朋·科科富和贝克威四位主要酋长继承人作为人质。在阿散蒂王拒绝这一通牒后，加尼特率领 500 人的队伍进入库马西，同时命令殖民军向阿散蒂人居住区推进。阿散蒂军队在阿克曼瓦·迪亚指挥下抗击入侵英军。

1 月 31 日，阿散蒂部队同英国殖民军在阿茂富镇附近展开了一次决定性的战斗。阿散蒂军队占据该镇以南的一些山头，居高临下地控制着通向库马西的公路。阿散蒂人利用阿茂富镇的防御阵地拖住英军主力，与此同时，向东迂回，占领普拉河渡口，摧毁普拉苏桥梁，切断英殖民军同海上的联系。

拂晓，以苏格兰高地军第 42 团为前卫的殖民军主力进入伏击圈。阿散蒂军以交叉火力向敌人猛烈开火。西方研究黄金海岸的著名史家克拉里奇写道：英军"受到猛烈射击……士兵一个接着一个地倒下，伤员像流水一样源源不绝地运往后方。到 9 点半，苏格兰高地军的八个连队中，已有七个投入战斗，稍后又不得不派出第 23 团的一个连队去支援他们。但是，仍然不能前进"。英军被打死打伤 190 余人。为突破阿散蒂人的阵地，英军运来大炮，极大地增强了火力。阿散蒂军一些重要军事将领阵亡，只得撤退。

2 月 4 日，阿散蒂军队将加尼特率领的英军围困在距库马西 7 英里的奥达苏村，并向敌人连续发起猛攻。殖民军无力解除围困，所携给养只够四天消耗，处境危殆，加尼特命令苏格兰高地军不惜任何代价，坚决突围。突围敌军受到阿散蒂人的猛烈狙击。参加这次战争的一名殖民军官写道："刚一冲出村子，设计又好又坚固的埋伏所，便居高临下地向部队猛烈射击，转瞬之间就有六人被打倒。"阿散蒂人未能阻止英军突围。英军以伤亡 720 人的代价，于 2 月 5 日占领库马西。库马西的王宫和堡垒被炸毁，富有民族特色的大量文化珍品被抢劫，城市也被付之一炬。

2 月 13 日，阿散蒂人被迫在福门纳接受英国提出的和约。福门纳条约共 10 款，主要内容是：阿散蒂王赔款黄金 5 万盎司，先付 1000 盎司，余额根据英国政府要求分期交付；阿散蒂王放弃对邓克拉、阿辛、阿基姆和阿丹西等的主权；阿散蒂王永远放弃对埃尔米纳以及从前同荷兰政府有联系的地区的主权，永远放弃对沿海城镇和英国堡垒所征收的款项和贡赋；阿散蒂王立即撤出阿波罗尼亚和毗邻地区，以及沿海一些地区的军队；在阿散蒂人居住的地区实行自由贸易。福门纳条约的实施使阿散蒂人的国土逐渐沦为殖民地。1874 年，英国合并沿海各被保护地，组成黄金海岸殖民地。

1900 年，阿散蒂人民举行了反对英国殖民侵略的第八次起义，史称保卫金凳子之战。

自《福门纳条约》签订以来，阿散蒂人承受着赔款、差役及其他重负，阿散蒂王形同傀儡，英国的殖民官员、传教士和商人到处横行。1896 年 1 月，鉴于法德两国同英国在加纳北部地区的激烈竞争，英国殖民军数千人再度占领库马西，并以阿散蒂人拒绝交付赔款为借口，追捕阿散蒂王普列姆佩（1874—1935 年）及其父母、两位叔伯、许多皇室成员和酋长。阿散蒂国家的最高权力完全落入英国驻扎官之手。英国驻黄金海岸总督内森在 1901 年 3 月给国务大臣的公文中概括了这次起义的原因："我们夺去了他们所珍惜的一切，而向他们提供的生活条件又和他们格格不入。"

英国驻黄金海岸总督霍奇森的库马西之行直接促成了起义的爆发。1900 年 3 月 28 日，霍奇森在库马西召开会议，宣布永远禁止普列姆佩返回库马西①；阿散蒂的最高统治权力属英国驻扎官。他逼迫阿散蒂人交付战争赔款，并强行索取金凳子。他趾高气扬地训斥道："金凳子在哪里？为什么现在我不能坐在金凳子上面？……为什么你们不趁我来到库马西的机会把金凳子拿出来，让我坐在上面？"会后，他派军队四处搜查金凳子和阿散蒂人储存的

———————————

① 普列姆佩王在埃尔米纳堡被囚四年之后，放逐到塞舌耳群岛。

武器弹药。3 月 31 日，数千群众伏击前往巴里等地搜查的殖民军，打死打伤殖民军官兵 20 余人，大规模起义从此展开。

这次起义是由埃吉苏的母后雅·阿散蒂娃和库马西的酋长领导的。除库马西人之外，参加起义的还有埃吉苏人、奥芬苏人、阿特乌马人、阿哈弗人、贝吉姆人、恩克万塔人、阿丹西人和部分科科富人。起义者召开秘密会议，要求恢复普列姆佩的王位，外来人全部离开库马西，阿散蒂国家独立自主等。

4 月初，起义军民开始从北部、东部和南部包围库马西。霍奇森向阿克拉等地发出电报，要求增援，并电告英国国务大臣，要求从拉各斯、北尼日利亚和塞拉利昂派出援军，同时又同起义领袖举行谈判，以争取时间。

4 月中旬，少数援军到达，殖民者立即终止谈判，四处烧杀抢掠。起义军民在库马西四周修筑栅栏，封锁要道，完全切断了库马西同外界的联系。以霍奇森为首的英国殖民军官兵以及传教士和商人 770 人，全部龟缩到面积 2000 多平方米的一座堡垒中。起义者占领了堡垒周围的建筑物，堡垒同外界的联系完全断绝。殖民军很快就弹尽粮绝，树叶、草根、甚至老鼠也被吃得一干二净，加之疾病流行，至 6 月中旬，堡垒里每天平均有 30 人死亡。起义军民采取了消极的围困政策，没有抓住战机歼灭敌人，实是战略上一大失误。

鉴于形势危急，以霍奇森为首的数百名殖民军官兵及其他人员于 6 月 23 日突围逃跑，留下 100 余人困守堡垒，等待援军。起义军民奋力阻击逃窜的敌军。霍奇森晕倒在逃跑途中，霍奇森夫人及其他人等除身上的衣服之外，已是一无所有。英国殖民军中有 1/5 的人在逃跑途中被打死打伤，搬运夫和随军人员伤亡更多。

6—10 月，起义军民在全国各地，特别是库马西附近，英勇地打击殖民军增援部队。他们利用巨大的树干和石块，在交通要道筑起栅栏。这种栅栏一般长约半英里或 1 英里，高和厚均达数英尺，呈月牙形、马蹄形或锯齿形，能形成猛烈的交叉火力。在栅栏、树丛和战壕的掩护下，起义群众同拥有先进武装的殖民军展开战斗。8 月，起义军民在班塔马附近同殖民军的战斗尤为激烈。一位英国殖民军官写道："我军的枪炮火力丝毫不能压倒敌军，敌军的射击越来越猛烈……后卫连的所有白人和许多士兵非死即伤，每门炮的旁边都横卧着一堆伤员"。

9 月底，在阿波阿萨进行了最后一次激烈的战斗。阿散蒂军民利用栅栏，连续打退敌人三次冲锋，最后同敌人展开了惊心动魄的肉搏战。由于敌人援军到达，退路有被切断的危险，起义军民只得撤退。在这几个月的战斗中，起义者打死打伤殖民军官兵近900人。

10月以后，起义军民转入分散的游击战。11月，雅·阿散蒂娃等起义领袖被捕，起义实已被扑灭。但阿散蒂人辗转相传，把金凳子藏在密林里，英国殖民者一直无法得到它。

1902年，阿散蒂被宣布为英国直辖殖民地。同年，北部地区被宣布为北部领土保护地。英国对加纳的殖民征服基本完成。

阿散蒂人民的抗英武装斗争前后长达一个世纪，规模之大，时间之长，为非洲人民反侵略斗争史上所罕见。它沉重地打击了英国在加纳的殖民扩张，大大推迟了加纳殖民化的进程，是非洲各族人民反侵略斗争的重要组成部分。

19 世纪末津巴布韦人民两次抗英斗争

何丽儿

19 世纪末津巴布韦①人民的抗英斗争主要包括 1893 年恩德贝莱②人抗击英国入侵的战争和 1896—1897 年恩德贝莱人和绍纳人的反英起义。他们的斗争揭开了津巴布韦人民反帝斗争的序幕，在非洲近代史上占有一定地位。

"黄金国"的魅力

津巴布韦地处非洲南部赞比西河与林波波河之间，亦称河间地区。居住在津巴布韦境内的，主要是绍纳人和恩德贝莱人。绍纳人居住的地区称马绍纳兰，恩德贝莱人居住的地区称马塔贝莱兰。

绍纳人和恩德贝莱人均属班图人种。绍纳人定居在这里要比恩德贝莱人早得多。大约从公元 10 世纪开始，绍纳人各分支即从现今东非的坦桑尼亚相继迁入赞比西河和林波波河之间地区，至公元 15 世纪前后，迁移结束。首先迁到这里的卡伦加等分支，在津巴布韦境内创建了 200 多个石头建筑，举世闻名的大津巴布韦③遗址就是其中之一。

大津巴布韦遗址位于维多利亚堡东南部 29 公里处，它的建筑物主要包括两部分：一是北部依山建成的卫城。卫城建在高约 100 米的山顶上，由一层接一层的围墙组成。二是离卫城 600 米、坐落在山下平地的椭圆形建筑物。这座建筑物由略显弯曲的石墙围成。围墙长 250 米，外墙高 10 米，厚 5 米。据说这座外墙是撒哈拉以南非洲殖民主义入侵前最大的建筑物。所有这

---

① 津巴布韦独立前原称南罗得西亚，1964 后改称罗得西亚，1980 年 4 月宣布独立后改称津巴布韦。据 1982 年的人口统计，共有 7539000 人。

② 又译作马达贝莱或马塔贝莱。

③ 津巴布韦意为"石头房子"。

些建筑物都用花岗岩石砌成，中间不施灰浆，十分结实，表现出很高的建筑水平。

15 世纪初，绍纳人在北部丹代河地区创建了姆瓦纳莫塔帕王国①。到 15 世纪中叶，这个王国处在极盛时代，它的版图延伸到印度洋。据到过姆瓦纳莫塔帕宫廷的耶稣会传教士尤利·恺撒报道，姆瓦纳莫塔帕国王左右有特种卫队，有许多廷臣及数百妻奴。全国分为若干省，由国王的权臣统治，臣民交纳实物贡赋或服劳役代替贡赋。姆瓦纳莫塔帕王国采矿业颇为发达，采出的黄金大量出口到阿拉伯各地及西方世界。16 世纪初在姆瓦纳莫塔帕有 1 万阿拉伯人经商。这里很早就存在纺织业，不仅用棉花，而且用树皮做原料。姆瓦纳莫塔帕王国国力强大，葡萄牙殖民者也不得不向它纳贡。

恩德贝莱人原居南非地区，因受祖鲁人逼迫，1838 年北迁到津巴布韦。迁到这里之后，恩德贝莱人陆续征服绍纳诸部落。他们保持着严密的军事组织，把男子分为四类：第一类是少年，他们的任务是放牧、进行初步的军事训练；第二类是未婚的战士，他们必须立了战功才能结婚，第三类是已婚的战士，第四类是军事长官。恩德贝莱约有 1.5 万至 2 万名战士，分成许多因皮（团），每个因皮约有 1000 名战士。战士的武器主要是长矛。

恩德贝莱人的国家按军事体制组成，全国的行政机构分成 4 部分，每部分再分成因皮，共有 40 个因皮。行政区首领称因科西，军团首领称因杜纳。

恩德贝莱人经常对邻族征讨，掠夺牲畜并将战俘变为奴隶，奴隶的后代则为自由人。

1868 年，国王姆齐利卡齐死，其子洛本古拉（1836—1894 年）于 1870 年继承王位。洛本古拉继续推行其父制定的政策，进一步强化军事组织机构，从被征服的地区招兵，扩充部队。并鼓励本族与外族通婚。1881 年迁都布拉瓦约。

恩德贝莱人的农业实行轮作制，以家庭为生产单位；狩猎是重要的生产部门，牲畜在恩德贝莱的社会经济中占重要地位，除由公社占有的公有牲畜外，完全归个人支配的私有牲畜已十分普遍，对外贸易相当发达，贸易通道南至林波波河的布尔人共和国，东至印度洋上的索法拉和克里马内。输出品包括象牙、黄金和牲畜。仅 1864 年一年就输出象牙 5000 磅，到 1876 年增至 4 万磅。

---

①　姆瓦纳莫塔帕意为"万物之主"，葡萄牙人误传为莫诺莫塔柏。

19 世纪最后 25 年，非洲成为资本主义列强的主要瓜分对象。西方列强制订了瓜分非洲的计划：英国要贯穿开普至开罗（即两开计划）；德国要连接德属东、西非洲（今坦桑尼亚和纳米比亚）；葡萄牙要连接葡属东、西非洲（今莫桑比克和安哥拉）。实现这些计划，必然要争夺地处赞比西河与林波波河之间的这块土地，帝国主义各国在这里形成了错综复杂的矛盾关系。

英国殖民主义者入侵南非较早，1806 年在拿破仑战争中占据了开普殖民地，1843 年侵占纳塔尔，1868 年占领巴苏陀兰。隔着布尔人的德兰士瓦和奥伦治自由邦便是马塔贝莱兰和马绍纳兰。它们封锁着开普殖民地向北扩展的道路。自 19 世纪初起，开普的英国殖民者便对这两地虎视眈眈。

16 世纪初，葡萄牙殖民者占领东非海岸之后，着手建立与赞比西河流域的贸易关系，沿赞比西河上溯到达马绍纳兰。16 世纪 70 年代，葡殖民军远征姆瓦纳莫塔帕失败，被迫对它称臣纳贡。17 世纪 20 年代末。葡萄牙借姆瓦纳莫塔帕王国内讧之机，扶植了信奉基督教的马武腊继承王位。实际上，葡萄牙并未控制过马绍纳兰。19 世纪后半叶，当英、德势力插足该地时，葡萄牙公开宣称它对赞比西河流域，包括马绍纳兰地区的统治权。法、德支持葡的要求。英、葡矛盾尖锐化。

德国对这块土地垂涎欲滴。19 世纪初叶，它支持布尔人入侵这一地区。1846—1847 年和 1853 年，布尔人与恩德贝莱酋长签订关于开矿权的条约。1868 年，马塔贝莱兰西南部的塔提金矿发现后，布尔人又企图占有该地。1887 年 7 月，德兰士瓦总统克鲁格委派皮特·格罗柏雷为密使到布拉瓦约，用欺骗手段与恩德贝莱领袖达成了《格罗柏雷协议》。根据协议，德兰士瓦的布尔人可持布尔当局的执照自由进入马塔贝莱兰。

西方各国垄断资产阶级之所以急于入侵马塔贝莱兰和马绍纳兰，除了政治因素之外，还有着明显的经济原因。自 16 世纪葡萄牙入侵东非后，在西欧就流传着姆瓦纳莫塔帕"黄金国"的说法。19 世纪末，殖民主义探险家证实了黄金国的存在。英国人类学协会副会长基恩教授做过考证，认为圣经上的奥非尔（所罗门的黄金供给地）不是黄金的产地，奥非尔的黄金来自哈弗拉（即今津巴布韦）。他指出："矿产区在赞比西河与林波波河的下游——绍纳人、恩德贝莱人以及马尼卡人的土地。"1865 年和 1866 年，果然先后在马绍纳兰及马塔贝莱兰发现了金矿，更促使各国殖民者动手抢夺这块土地。

在争夺马塔贝莱兰和马绍纳兰的斗争中，英国居明显的优势。它早已控制紧靠这里的南非，将其作为采取军事行动的后方基地。就连在布尔人统治下的德兰士瓦和奥伦治自由邦，英国势力亦已渗透进去。德国入侵南非较晚，且海上力量较弱，终究不是英国的对手。自 18 世纪初叶以来，葡萄牙一直依附于英国以维持殖民统治，在争夺这块地方时态度不敢过于强硬。至于布尔人，他们早已是英国的俎上肉，无法在马塔贝莱兰和马绍纳兰同英国进行竞争。

1886 年，德兰士瓦发现金矿后，西方列强对河间地区的争夺趋于白热化，欧洲人开始大量涌入。1887 年初，洛本古拉在致英国驻贝专纳兰专员西德尼·希帕德的信中说："白人未得允许，就像狼一样前来，修筑新道路通进我的国土。"

1893 年恩德贝莱人抗英战争

塞西尔·罗德斯（1853—1902 年）是英国侵略马塔贝莱兰和马绍纳兰的罪魁祸首。19 世纪 70 和 80 年代初，他在南非掠夺了大量钻石和黄金，成为闻名世界的百万富翁。他所创建的德比尔公司的投资由 1880 年的 20 万英镑增至 1885 年的 84 万英镑。1885 年，经罗德斯请求，英政府宣布马塔贝莱兰西部的贝专纳兰（今博茨瓦纳）为保护国。1886 年，罗德斯投资的公司在南非的威特瓦斯特斯兰德发现了大金矿，其产量占当时世界黄金产量的1/4。德比尔公司在德兰士瓦金矿的股份每年收入达 30 万—40 万英镑。1886年，罗德斯的个人收入就达 25 万英镑。1887 年格罗柏雷协议的签订使英国殖民当局坐卧不安。英国加速入侵林波波河以北的地区。

1888 年 2 月 11 日，罗德斯利用在马塔贝莱兰多年从事传教活动的知名传教士罗伯特·莫法特之子约翰·莫法特，以欺骗的办法同恩德贝莱国王洛本古拉签订了条约，规定恩德贝莱领袖不经英国驻南非最高专员的同意，不得同任何人签订关于领土主权的协议。

罗德斯骗取了政治控制权之后，着手谋求矿山的租让权。1888 年 10 月30 日，他的心腹、开普殖民地的议员、德比尔公司董事查尔斯·拉德又从洛本古拉那儿骗得了所谓《拉德租让书》。拉德租让书的英文版同向洛本古拉口头翻译的内容差别很大。在英文版本上说，授权罗德斯集团"单独负责洛本古拉领土的所有金属和矿产"，"有权否决以后其他恩德贝莱租让权"；作为交换的条件是：拉德付出 1000 支步枪、10 万发子弹、1 条汽艇及每月 100

英镑的代价。而告诉洛本古拉的是："拉德最多只带 10 个人开采，绝不发掘任何靠近居民点的土地，并受恩德贝莱法律约束。"所有这些，英文本上只字没提。当时担任翻译的传教士查尔斯·赫尔姆供认，"洛本古拉只想出让一个洞"。

当拉德租让书正式公布后，恩德贝莱人才知道上当受骗。1889 年 1 月 18 日，洛本古拉给英国人办的南非各报写了一封信，说："报上发表消息说我已把我全国的矿产都租让给了拉德、马圭尔和汤普森。既然对此事有很大误解，一切以此租让权为根据的活动暂停。我拟在我的国土上进行查勘。"以后，洛本古拉两次写信给英国女王维多利亚，揭露拉德等人的欺骗行径。1889 年 8 月 10 日的信中说："白人对黄金的态度把我弄得不胜其烦。如果女王听说我已经让出整个国家，这是不正确的。在我国没有一个人懂得怎么写，我不明白争论些什么"。洛本古拉宣布废除拉德租让书，并通知英女王说，此租约无效。

英国当局不理恩德贝莱人的抗议。罗德斯等人以拉德租让书为基础，正式向英国政府申请统治当地的行政权力的特许状，并成立英国南非特许公司。1889 年 10 月 29 日，维多利亚女王向英国南非公司颁发特许状。特许章程第一条规定，公司的领域包括英属贝专纳兰以北、葡萄牙殖民地以西的地区，第三条规定，公司可行使领土、土地、财产等统治权及司法权，以及为公司的目的使用武力的权力，第十条规定，公司有权制定法令及保有军队与警察；第二十条规定，公司可以成立银行，修筑铁路、电车轨道、船坞。特许状有效期 25 年，必要时可延长 10 年。从上述条文可见，英政府完全承认南非公司统治包括现今津巴布韦和赞比亚的整个领土。恩格斯在评述这一事件时指出："非洲已被直接租给各个公司（尼日尔，南非，德属西南非和德属东非）。马肖纳兰（即马绍纳兰——引者）和纳塔尔也为了交易所的利益而被罗德斯占有了。"[①]

1890 年，英国南非公司派遣命名为"拓荒队"的武装队伍 212 人，由 500 名南非公司骑警护送，从东贝专纳兰的麦克劳齐出发，入侵津巴布韦。他们把矛头首先对准力量较弱的绍纳人。公司用标明赃物分配的办法去招募侵略者："每人可得 15 处金矿以及 3000 英亩面积的农庄。"侵略军于 6 月 27 日出发，9 月 12 日占领了现今津巴布韦的首都哈拉雷所处的地方，建立了一

---

① 《马克思恩格斯全集》第 25 卷，人民出版社 1974 年版，第 1030 页。

个城堡，并以当时英国首相索尔兹伯里的名字命名①。

洛本古拉于 1891 年 6 月 30 日和 8 月 6 日两次向英国南非公司发出抗议信，抗议他们在马绍纳兰的侵略活动。与此同时，他企图利用英德矛盾，同德国金融家利珀特签订租约，承认利珀特在赞比西河和林波波河之间享有建立农庄、城市、牧场等土地专利权，为期 100 年。南非公司用高价收买了利珀特租约中的所有权：利珀特同洛本古拉订约时只付 2400 英镑，罗德斯却以 300 万英镑的公司股份付给利珀特。

征服了绍纳人之后，消灭恩德贝莱武装力量便提到日程上来。当时，南非公司面临的政治经济危机也促使殖民者孤注一掷。当初南非公司声称在马绍纳兰将会发现第二个大金矿，于是股份激增，但事与愿违，马绍纳兰金矿发现不多，公司的股票由每股 3 英镑多降到 10—12 先令。加上生活条件的恶劣，入侵的殖民者诸多埋怨。1891 年，罗德斯不得不自己去马绍纳兰听取他们的意见。他认为，要摆脱这一危机，唯一的出路是征服恩德贝莱人。

1893 年 7 月，罗德斯的代理人、英国南非公司驻马绍纳兰的行政官斯塔尔·詹姆森借口恩德贝莱人逾越了马塔贝莱兰同马绍纳兰的"边界线"，勒令他们一小时内退出。这完全是蓄意的挑衅，因为人数众多的恩德贝莱军队不能在一小时内完成调动。英国南非公司警察首先开火，杀害了大约 50 名恩族战士。

南非公司反诬恩德贝莱人首先发动袭击，并以此为借口，大规模入侵马塔贝莱兰。公司再次用标明分赃办法来招募侵略者。规定每一个入侵士兵可获 6000 英亩土地、20 处黄金开采地。10 月，南非公司的军队，其中包括工干多名欧洲人、500 名被强征的非洲人，分三路纵队进攻恩德贝莱军队。第一队从索尔兹伯里出发，由行政官福布斯少校率领，第二队从维多利亚堡出发，由阿伦·威尔逊上尉率领，第三队从约翰内斯堡出发，由拉夫上尉率领。这些侵略军凭借精良的武器，气势汹汹地扑向手持长矛的恩德贝莱战士。自此，洛本古拉领导的恩德贝莱人抗英战争正式开始。

恩德贝莱人的抗英战争持续约四个月（1893 年 10 月—1894 年 1 月）。侵略军第一、第二队会合后，向布拉瓦约推进。

16000 名恩德贝莱战士奋力迎击侵略军。较大规模的战役有两次：

第一次，1893 年 10 月 25 日，恩德贝莱军事首领姆特沙尼和马南达率领

---

① 津巴布韦首都哈拉雷在殖民统治时期称索尔兹伯里，1980 年独立后改为现名。

五六千战士，在尚加尼河畔抗击福布斯为首的英军，夺回了被南非公司抢走的牛。但在撤退时遭英军机枪扫射，数百名战士阵亡，马南达自杀。此后，恩族军队 3 次对侵略军出击，都来得手，死亡达 500 人。尚加尼河成了一条血河。

第二次，1893 年 10 月 31 日—11 月 1 日，恩德贝莱人出动了所有精锐部队，总兵力达七八千人。在本贝齐河畔抗击英国侵略军。恩德贝莱人数量上占明显优势，但他们的武器主要是长矛，英国人则拥有马克沁机枪、大炮等威胁性很大的武器。在战术上多恩德贝莱人沿用传统的方阵密集战术来对付英国骑兵，结果阵亡达 1000 人之多。

英军乘胜逼近首都。恩德贝莱人使用坚壁清野战术，烧毁了布拉瓦约。洛本古拉率余部逃往北方。11 月 4 日，布拉瓦约沦陷。恩德贝莱军队在西北部和南部坚持抵抗。

殖民者起初对洛本古拉诱降，劝说他返回布拉瓦约，保障他个人的人身安全。为争取时间将辎重和牲畜运过赞比西河，洛本古拉假意答应，一面却加快向北撤退的步伐。英军摸清洛本古拉的真意后，立即向北攻击，企图活捉洛本古拉。但是，追踪了半个多月，未能得逞，又增派了 500 多名援军。12 月 3—4 日，在尚加尼河北岸，恩德贝莱战士奋力围歼由阿伦·威尔逊带领的 25 名侦察队，歼灭了 22 名。英国人称为"尚加尼悲剧"。福布斯和拉夫灰溜溜地回到布拉瓦约，几天后，拉夫死去。

1894 年 1 月，洛本古拉不幸死于天花。7 月 18 日，英政府颁布枢密院敕令，使南非公司对马塔贝莱兰的占领合法化。1895 年 5 月，殖民政府以罗德斯的名字，将马塔贝莱兰和马绍纳兰以及赞比西河北部领土命名为罗得西亚。两年以后，罗得西亚分成南、北两部分，马塔贝莱兰和马绍纳兰被称为南罗得西亚。

1896 年反英起义

英国南非公司残酷奴役与掠夺恩德贝莱人和绍纳人。仅 1894 年的头两个月，就有 400 多白人从南非公司领得开采黄金的执照，登记了 11000 个开矿权。公司的奴役与掠夺政策，主要有下述三个方面。

第一，掠夺土地。征服罗得西亚后，罗德斯对行将解散的"拓荒队"成员说："你们业已征服马塔贝莱兰……观在是你们选择土地的时候了。这是你们的权利，因为你们曾经征服了这个国家。"詹姆森许诺每个征服者有权选择 3000 摩尔根①的土地。1894 年南非公司委派土地专员掠夺了恩德贝莱人和绍纳人的大量土地，并迫使他们到矿山上干活，只留下面积狭小、土质贫瘠的一小部分地区为所谓"土著保留地"。英国殖民者入侵前，恩德贝莱人占地约 1 万至 11000 平方英里，经英国土地专员划定归恩德贝莱人聚居的格旺和桑格尼两个保留地，总面积不过 6500 平方英里。格旺保留地大部分缺水，桑格尼保留地则是萃萃蝇丛生之地，大量的恩德贝莱人只有被迫为欧洲人劳动才获准继续居住在他们世代生活的土地上。

第二，掠夺牲畜。牲畜在恩德贝莱人生活中一直占据重要地位。它们既是财产的主要标志，又是肉食和奶类的来源。当时洛本古拉的牛群由老百姓照料，南非公司就以没收洛本古拉的牲畜为名，将恩德贝莱人和绍纳人的私人牲畜一并抢走。公司抢来的牲畜竟达 9 万头之多。1896 年初，恩德贝莱人只剩 4 万头牲畜，只有 1893 年的 1/6。

第三，强迫劳动。他们迫使部族领袖派遣年轻男子到矿山劳动，通过交纳货币租税的办法迫使当地人向欧洲人出卖廉价劳动力。殖民当局规定村民必须用劳力支付部分赋税。殖民者经常使用体罚驱使当地人劳动，违者要挨 25 皮鞭。由于实行强迫劳动，非洲人被警察押去首都或西北部的矿山上干活，一些地方几乎渺无人烟了。

南非公司的奴役与掠夺政策，使恩德贝莱人和绍纳人生活在水深火热之中。英国传教士卡内曾经记述了非洲人的呼声："我们的国家已经灭亡。我们的牲畜已被掠夺。我们的同胞流离失所。我们无以为生。妻子离弃我们，白人任意调戏她们。我们是白人的奴隶。我们等于非人，没有任何权利或法律。"

自白人占领后，南罗得西亚连续四年旱灾，降雨量只相当于正常年景的一半。1896 年初起，北部开始蔓延牛瘟。南非公司以防牛瘟为名到处射杀恩德贝莱人的牲畜。

1895 年 12 月底，英国南非公司在罗德斯策划之下，由詹姆森出面，抽调驻扎在南罗得西亚境内的大部分军队，组成一支 500 多人的队伍，突击德兰士瓦的布尔人，企图一举推翻他们的政府，用英国人的统治取而代之。殖民者在南罗得西亚境内军力空虚，为两族人民的反英起义提供了有利条件。

---

①　每摩尔根大约相当于 2.1 英亩。

1896 年初，恩德贝莱人首先起义。不久，绍纳人也揭竿而起。两族人民夹击，给英国殖民主义者以沉重打击。

恩族起义军总数达 1 万人，大致可分三个集团。第一个集团在北部赞比西河岸，主要由洛本古拉之子尼亚曼达、洛本古拉之妻洛齐盖伊等王室人物及其他军事首领领导。他们在赞比西河中部建立了大本营，兵力约 4000 人。1896 年 6 月 25 日，尼亚曼达被军事首领们拥戴为恩德贝莱新国王。第二个集团较松散，主要在马托波山一带活动，由著名的宗教领袖乌姆鲁古鲁及军事首领巴巴亚内、德赫利索等人领导，兵力约 2000 人。第三个集团活跃在马托波山以东的因西扎河周围，领导人之一是索马布拉纳。兵力约 4000 人。这三个集团既没有统一的指挥系统，又没有形成统一的防卫系统，不能有效地打击殖民军。英军头目巴登·鲍威尔在回忆录中说："叛军首领内部的猜忌救了白人的命。"

1896—1897 年反英起义可分三个阶段。

第一阶段：1896 年 3 月至 6 月初，为恩德贝莱起义者主动进攻，英方被动防御时期。

早在 2 月份，恩德贝莱人就策划起义。祭司们早就组织人民在马托波山准备粮食及牲畜。他们到处宣传米林摩神①决定赶走欧洲外来人的谕旨。

3 月间，军事首领及祭司们举行联合会议，通过了行动纲领和起义计划。他们决定，全体人民在 3 月 30—31 日分三路向布拉瓦约推进，歼灭殖民者。在驱逐欧洲人之后，起义军将分成小股队伍完全解放马塔贝莱兰。

起义提前在 3 月 20 日爆发。导火线是乌姆津瓦尼②地区的恩德贝莱人同两名英国南非公司警察发生争吵，并将其杀死。三天之内，起义迅速蔓延到整个马塔贝莱兰的北部地区。起义者到处袭击白人的商店、矿山，见白人就杀，并抢回被南非公司夺走的牲畜。一些非洲籍警察也参加起义队伍。

4 月，恩德贝莱起义军解放了除布拉瓦约、格维罗、贝林格韦三个据点外的广大乡镇地区。在起义头 10 天内，就杀死了 145 名白人。在边远地区没有一个白人能活下来。起义者将夺回的牲畜圈养在马托波山等地。到 4 月下旬，起义军同殖民者转入对峙状态。起义军集结在靠近布拉瓦约的乌姆古萨，密切监视首都殖民者的动向。但是，起义者没有一鼓作气攻陷布拉瓦

---

① 米林摩神是恩德贝莱人对神的总称。
② 另一说是乌姆津瓦尼附近的费拉布西。

约，使敌人有喘息之机，这是战略上的重大失误。

5 月中旬，英殖民政府派遣布莱武上校从南非率领 500 名援兵赶到。形势急转直下，起义军转入守势。

第二阶段：1896 年 6 月初至 7 月底，为恩德贝莱人被动防御和绍纳人起义发展时期。

英国殖民当局正式任命弗雷德里克·卡林顿将军为镇压军队的总指挥，巴登，鲍威尔少将及布莱武上校为助手。6 月初，从开普和纳塔尔陆续调来援军，河间地区英军实力大增，总数已达 3000 人。他们到达布拉瓦约后，分兵三路进攻起义者。他们用炸药炸毁居民隐蔽的山洞，烧毁粮食及和平村庄，抢走牲畜。

6 月 6 日，英军与恩德贝莱起义军在乌姆古萨决战，战斗十分激烈。起义者英勇顽强，视死如归。据目击这次战斗的英国人维多利亚·格雷记载说："所有小洞穴填满了黑人的尸体"，"（那些）躺在丛林里的骷髅，枪、矛和盾仍放在旁边"。起义军失败，乌姆鲁古鲁率主力撤退到马托波山。此后，起义军据守两个据点。马塔贝莱兰北部的塔巴·齐—卡·曼布①，由尼亚曼达和宗教领袖姆克瓦泰指挥；马托波山由乌姆鲁古鲁指挥。

7 月 5 日，布莱武上校指挥的殖民军出其不意地袭击塔巴·齐—卡·曼布，起义军失败。

6、7 月间，聚集在马托波山的起义者人数日渐增多。英军切断起义者粮食供应、起义军濒于饥馑。在起义军内部就是否战斗到底的问题分歧加剧，处境极为困难。但是，战斗并未停止。起义军汲取了 1893 年的教训，放弃传统的方阵密集攻击战术，利用山区险峻地形、采取分散作战的战术，使英军的优势武器不能很好地发挥作用。起义军连续击退莱因贾及尼柯里逊所部的围攻。起义军英勇不屈的战斗精神特别表现在 6 月 19—21 日的会战中。卡林顿不得不承认："叛乱者战斗得特别出色。"

长期的战争消耗使英方损失巨大。《泰晤士报》抱怨说："常常报道士兵勇敢，却不能结束对土人的战争；我们常常听到胜利，而还是保持原状。舆论界对此不能不表示沮丧。"

绍纳人的起义也是由酋长领导的。主要领导人有姆克亨瓦、马科尼、马沙延岗贝、曼格温代等。

---

① 塔巴·齐—卡·曼布是最后一个罗兹维王朝统治者的所在地。

1896年4月，西马绍纳兰恰特地区酋长邦达同恩德贝莱起义者商量准备起义；5月，邦达又串联哈特利地区绍纳酋长，6月初，马沙延岗贝率部杀死了当地的土著专员，揭开了绍纳人反英起义的帷幕。起义发展迅速，数天之内，便席卷了整个马绍纳兰的西部地区。据目睹这场起义的殖民者记载："这个地区几乎每个山头都点起了火。"

6月中，马科尼在东部马绍纳兰开始战斗。6月16日，他率部攻陷乌姆塔利，占领该城整整一个月。与此同时，酋长姆克亨瓦领导袭击驻扎在马兰德拉斯的土著专员营地，并包围了当地殖民者。次日，起义军又占领了黑德拉斯。至此，起义军完全控制了由索尔兹伯里向东通往乌姆塔利以及向西通往布拉瓦约的交通线，切断了白人的后援和供应。他们杀死了驻马兰德拉斯的土著专员爱德华及其他官员，仅一周内就杀死白人119名。

在绍纳人起义过程中，一些宗教领导人也发挥了重要作用，巫师尼汉达是马绍纳兰中部马佐埃地区起义军的中流砥柱。从起义一开始，她就宣传和组织群众，号召非洲人不要同白人接触，"神的力量会使白人的子弹不能发挥作用"。在她的号召下，马佐埃和奇威谢的非洲人都参加了起义。以后，尼汉达同哈特利附近的宗教领导人卡古维结成联盟，坚持战斗到1897年12月，最后被殖民当局绞死。

卡古维王师帮助马绍纳兰西部的酋长们组成起义军司令部，以后又串联各地酋长起义。当起义军受挫后，他逃往外地坚持战斗，最后以所谓谋杀罪被绞死。

殖民者错误地估计了形势，他们以为恩德贝莱人奴役过绍纳人，在恩族人反英起义中，绍纳人会站到英国一边。绍纳人的起义完全出乎殖民者的意料，主管南罗得西亚事务的英国南非官员格累惊呼："万万没有想到绍纳人居然会起义。""当我们刚刚全力对付马塔贝莱兰的麻烦时，打击又从马绍纳兰袭来，这是最挑衅性的，它使一切都倒退了，使南非公司不得不花更多的钱！这是多么令人沮丧的事。"

绍纳人的反英起义直接配合恩德贝莱人的斗争，绍纳人的起义也受到恩德贝莱起义的强烈影响。绍纳起义者的队伍往往有恩族人做领导。卡林顿曾经报告说，查特附近有一支由来自布拉瓦约的恩德贝莱人领导的绍纳起义军。这种情况，东部马绍纳兰亦存在。

英国殖民者对绍纳人的起义没有思想准备，绍纳起义者一开始就切断了白人的供应线，因而直到1896年7月底，军事主动权仍操在绍纳起义者手中。

第三阶段：1896 年 8 月至 1897 年 10 月，恩德贝莱人谈判后放下武器，绍纳人处于被动防御阶段。

1896 年 8 月 5 日，布莱武上校率领近 700 人包围马托波山，凯肖少校前来增援。战斗十分激烈。恩德贝莱起义者杀死六名英军官兵。英军用武力歼灭马托波山起义者的企图遇到重重困难。罗德斯担心继续打下去会使英国南非公司破产，于是自己出面同恩族起义领导人举行谈判。起义军因弹尽粮绝，亦不能再坚持打下去。自 8 月下旬至 10 月中旬，双方在马托波山谈判了四次。在南非公司作出一定让步之后，恩德贝莱起义者停止了战斗。这些让步包括：南非公司答应解散除警察队伍以外的其他武装队伍；正式承认军事首领们的地位并发给薪俸，供应食物和种子，等等。

1896 年 10 月 13 日，驻守马托波山的起义者停止战斗，但零星的交火仍在马塔贝莱兰的东部和东北部持续一段时间。到 12 月，登位半年的尼亚曼达国王投降，标志着恩德贝莱起义最后结束。

恩族起义者停止战斗不利于绍纳起义者，加上英国派遣以陆军中校奥尔德森为首的四连援军从莫桑比克的贝拉港登陆，经铁路运抵索尔兹伯里，绍纳起义军处境更加不利。但绍纳人利用有利的地形，埋伏在岩洞里和丛林中射击敌人。殖民军除非逐一炸破起义者藏身的洞穴，才能迫使绍纳人投降。

以后，较大规模的战斗有 8、9 月间马科尼领导的在马绍纳兰东部的防卫战以及由马沙延冈贝领导的在马绍纳兰西部的战役。在东线，马科尼以乌姆塔利为中心频频攻击殖民军，取得重大战果。以后英军软硬兼施，一方面对马科尼进行诱降，另一方面发动军事进攻。在马科尼投降后，英方违背诺言将他秘密处死。临刑前，马科尼要求："我要同我的祖先葬在一起。"

1896 年底，在奥尔德森为首的英军的强烈攻击下，马沙延冈贝向东运动，同卡古维以及来自马塔贝莱兰的姆卡瓦泰结合在一起。1897 年 3 月，马沙延冈贝带领 400 名起义者攻击蒙多罗堡。7 月，英军从布拉瓦约调兵集中攻击马沙延冈贝。马沙延冈贝两次拒绝敌人的诱降，最后壮烈牺牲。他的余部一直战斗到 10 月，马绍纳兰西部的起义才告结束。马绍纳人反英起义失败了。

津巴布韦人民反帝斗争的序幕

恩德贝莱和绍纳反英起义之所以失败，力量悬殊是最根本的原因。除武器和装备不能同英殖民军相匹敌之外，缺乏统一领导也是起义失败的重要原因。这点在绍纳起义中更加突出。绍纳社会原来并不存在恩德见莱那样严密的军团组织。在起义过程中，一些绍纳人不仅没有参加起义，反而帮助殖民军镇压自己的同胞。恩德贝莱起义情况亦如此。个别忠于殖民政府的酋长在起义中起了极坏的作用。

1896 年恩德贝莱与绍纳反英起义，规模极为广泛。起义的地点几乎遍及整个赞比西河与林波波河之间，斗争的时间持续一年半之久，起义者包括两族很大一部分人民。起义给殖民者以沉重打击。根据英国议会辩论档案记载：这场起义杀死英军官兵 53 人，杀死白人殖民者 390 人，伤 150 人。这个数字占当时白人殖民者总数的 1/10。起义消耗了大量的人力、物力，迫使英军不仅出动在南部非洲的地方部队，并且几次三番派遣英帝国部队增援，甚至考虑雇用印度士兵去进行镇压。英军出动兵力总数达 12000 人。由于野蛮镇压起义者，英国南非公司名誉扫地，几乎丢掉了它从英女王那儿获得的统治权。为了镇压起义，花费了大量金钱，英国南非公司几乎破产。据英国议会档案记载，南非公司至少花了 225 万英镑。这个数字还不包括其他额外开销。直到 1924 年它对南罗得西亚统治结束时，一直不能对股东分红。

以英国南非公司为代表的殖民当局，从 1896 年起义中汲取了教训，改变了统治策略。他们在马塔贝莱兰，开始收买军事首领及部族酋长作为其统治的工具。1897 年 1 月，南非公司委派了 10 个行政官，其中 6 个是领导起义的头头。例如，尼亚曼达被封为布拉瓦约的长官，乌姆鲁古鲁原不是军事首领，也予以册封，在马绍纳兰，则大批杀害领导起义的部族首领，并推荐忠顺于英国的部族领导人。

不少历史学家对 1896 年起义给予很高的评价。鲍曼指出："1896—1897年起义是整个非洲史上最成功的抵抗欧洲人扩张的尝试。"肯特・拉斯马林指出："无论就规模或影响来说，（这次起义）都是热带非洲其他殖民地早期起义所不能比拟的。"

1896 年起义对津巴布韦历史进程的影响是深远的。它是津巴布韦人民反帝斗争的光辉序幕。1966 年，津巴布韦非洲民族联盟领导开始游击武装斗争。津巴布韦的民族主义者一直将自己所从事的反对白人种族主义解放斗争看成是这次起义的延续。他们称 1896 年的起义为津巴布韦历史上"第一次奇穆伦加"①，以后的游击武装斗争为"第二次奇穆伦加"。

---

① 绍纳语，意即起义。

中国社会科学出版社"社科学术文库"
已出版书目

1. 冯昭奎：《21 世纪的日本：战略的贫困》，2013 年 8 月出版。
2. 张季风：《日本国土综合开发论》，2013 年 8 月出版。
3. 李新烽：《非凡洲游》，2013 年 9 月出版。
4. 李新烽：《非洲踏寻郑和路》，2013 年 9 月出版。
5. 韩延龙、常兆儒编：《革命根据地法制文献选编》，2013 年 10 月出版。
6. 田雪原：《大国之难：20 世纪中国人口问题宏观》，2013 年 11 月出版。
7. 中国社会科学院科研局编：《中国社会科学院学术大师治学录》，2013 年 12 月出版。
8. 李汉林：《中国单位社会：议论、思考与研究》，2014 年 1 月出版。
9. 李培林：《村落的终结：羊城村的故事》，2014 年 5 月出版。
10. 孙伟平：《伦理学之后》，2014 年 6 月出版。
11. 管彦波：《中国西南民族社会生活史》，2014 年 9 月出版。
12. 敏泽：《中国美学思想史》，2014 年 9 月出版。
13. 孙晶：《印度吠檀多不二论哲学》，2014 年 9 月出版。
14. 蒋寅主编：《王渔洋事迹征略》，2014 年 9 月出版。
15. 中国社会科学院财经战略研究院：《科学发展观：引领中国财政政策新思路》，2015 年 1 月出版。
16. 高文德主编：《中国民族史人物辞典》，2015 年 3 月出版。
17. 李细珠：《张之洞与清末新政研究》，2015 年 3 月出版。
18. 王家福主编、梁慧星副主编：《民法债权》，2015 年 3 月出版。
19. 管彦波：《云南稻作源流史》，2015 年 4 月出版。
20. 施治生、徐建新主编：《古代国家的等级制度》，2015 年 5 月出版。
21. 施治生、徐欣如主编：《古代王权与专制主义》，2015 年 5 月出版。

22. 何振一：《理论财政学》，2015 年 6 月出版。

23. 冯昭奎编著：《日本经济》，2015 年 9 月出版。

24. 王松霈主编：《走向 21 世纪的生态经济管理》，2015 年 10 月出版。

25. 孙伯君：《金代女真语》，2016 年 1 月出版。

26. 刘晓萌：《清代北京旗人社会》，2016 年 1 月出版。

27. 陈之骅、吴恩远、马龙闪主编：《苏联兴亡史纲》，2016 年 10 月出版。

28. 朱庭光主编、张椿年副主编：《外国历史大事集》，2017 年 3 月出版。